“十三五”国家重点出版物出版规划项目

世界公益与慈善经典译丛

SOCIAL FINANCE

社会金融创新

亚历克斯·尼科尔斯（Alex Nicholls）
杰德·艾默生（Jed Emerson） 编
罗布·佩顿（Rob Paton）

沈国华 译

个人财富如何改变世界

上海财经大学出版社

图书在版编目(CIP)数据

社会金融创新/(英)亚历克斯·尼科尔斯(Alex Nicholls),(英)杰德·艾默生(Jed Emerson),(英)罗布·佩顿(Rob Paton)著;沈国华译. —上海:上海财经大学出版社,2021.1
(世界公益与慈善经典译丛)
书名原文:Social Finance
ISBN 978-7-5642-3687-8/F·3687

Ⅰ.①社… Ⅱ.①亚…②杰…③罗…④沈… Ⅲ.①金融学 Ⅳ.①F830

中国版本图书馆 CIP 数据核字(2020)第 246293 号

图字:09-2019-791 号

□ 责任编辑　李成军
□ 书籍设计　贺加贝

社会金融创新

亚历克斯·尼科尔斯(Alex Nicholls)
杰德·艾默生(Jed Emerson)　编
罗布·佩顿(Rob Paton)

沈国华　译

上海财经大学出版社出版发行
(上海市中山北一路 369 号　邮编 200083)
网　址:http://www.sufep.com
电子邮箱:webmaster@sufep.com
全国新华书店经销
上海景条印刷有限公司印刷装订
2021 年 1 月第 1 版　2021 年 1 月第 1 次印刷

787mm×1092mm　1/16　42 印张　687 千字
定价:188.00 元

作者简介

罗斯玛丽·艾迪斯(Rosemary Addis)是一名杰出的策略分析师,也是一位在社会创新和投资领域得到公认的全球思想领袖。她是影响力策略分析师(Impact Strategist)公司的执行董事,并且与他人一起共同创立了"澳大利亚影响力投资"(Impact Investing Australia)公司。她的这一切都是建立在跨部门担任高级职务的职业生涯基础上的,包括领导创建澳大利亚政府第一个专门的社会创新单位。罗斯玛丽是八国集团设立的社会影响力投资工作组(Social Impact Investment Taskforce)的澳大利亚代表,又是澳大利亚影响力投资咨询委员会(Australian Advisory Board on Impact Investment)主席、澳大利亚新南威尔士州政府社会投资专家咨询小组(NSW Government Social Investment Expert Advisory Group)成员,也是影响力投资政策合作组织(Impact Investing Policy Collaborative,IIPC)的高级研究员。她已发表的著作有《如何吸引对社会企业进行投资》(*Inviting Investment in Social Enterprise*,2007)和《影响力——澳大利亚:为社会和经济效益而投资》[*IMPACT-Australia*: *Investment for Social and Economic Benefit*,2013,并为《澳大利亚法律》(*Laws of Australia*,1998)供稿]。

马修·毕晓普(Matthew Bishop)是《经济学家》(*The Economist*)杂志美国商业版主编和纽约部主任。他已出版多本专著,其中包括与迈克尔·格林(Michael Green)合著的《慈善资本主义:捐赠如何才能拯救我们这个世界?》(*Philanthrocapitalism*: *How Giving Can Save The World*),这本书讲述了一场提出社会创新创业观的新运动。他又在2010年出版了《走出毁灭的道路》(*The Road from Ruin*,也是与格林合著),这本书讲述了在经历了2008年的金融危机和随后的经济衰退之后如何来改良资本主义。毕晓普是世界经济论坛的企业作用全球议程理事会(Global Agenda Council on the Role of Business)的成员。

杰德·艾默生是“混合价值”(Blend Value)概念的提出者,曾在他的国家一些主要影响力投资、风险慈善(venture philanthropy,又译“慈善创投”)、社区风投和社会企业中扮演过创始人的角色。他是5个(管理总资产超过18亿美元,并且完全实施影响力或可持续投资策略的)家族理财机构的高级战略顾问。艾默生是全球第一本影响力投资专著《影响力投资:创造不同,转变我们的赚钱思维》(*Impact Investing: Transforming How We Make Money While Making a Difference*,该书简体文版由上海财经大学出版社2018年出版)的合著者,该书获得了2012年度诺第留斯金书奖(Nautilus Gold Book Award)。他与人合著的第二本书《影响力投资者:协作资本主义的领导力和战略教训》(*The Impact Investor: Lessons in Leadership and Strategy for Collaborative Capitalism*)于2014年10月出版。他还在世界经济论坛(瑞士达沃斯)、克林顿全球倡议大会(Clinton Global Initiative,纽约市)、斯科尔世界论坛(Skoll World Forum,英国牛津)以及世界各地无数大会和专业会议上广泛发表自己的观点。艾默生是一家非营利金融服务公司“影响力资产”(Impact Asset)的首席影响力策略分析师,现在是德国海德堡大学(Heidelberg University)社会投资中心(Center for Social Investment)的高级研究员,曾在哈佛大学、斯坦福大学和牛津商学院任教。

迈克尔·格林是社会进步促进会(Social Progress Imperative)的执行主任。他与马修·毕晓普合著的几本书都论述了世界重大经济趋势,并且特别关注资本主义如何更好地为人类和我们的地球服务。他曾在英国政府担任高级官员,从事援助和发展工作。之前,他曾在华沙大学(Warsaw University)教授经济学,并在波兰做自由职业记者。他毕业于牛津大学圣彼得学院(St Peter's College),现生活在伦敦。

丹·格雷戈里(Dan Gregory)十分幸运,有机会在顶层制定政策并在基层付诸实施,因此而积累了许多关于为志愿、社区、互助和社会企业筹资和融资的经验。他曾在英国财政部和内阁办公室、“英国社会企业”(Social Enterprise UK)和社会经济联盟(Social Economy Alliance)任职。目前,他在“共同资本”(Common Capital)担任独立顾问。

雅各布·哈罗德(Jacob Harold)是全球最大的非营利信息来源“指南星”(GuideStar)的总裁兼首席执行官。哈罗德的职业生涯主要致力于应对两个相互关联的挑战:更加明智地做慈善捐赠和应对气候变化。他曾在休利特基金会(Hewlett Foundation)、帕卡德基金会(Packard Foundation)、布里吉斯潘集团(Bridgespan Group)、雨林行动网络(Rainforest Action Network)、美国绿色和平组织(Greenpeace USA)和绿色军团(Green Corps)做过募捐人、策略分析师和活动推动者。哈罗德的论文集被斯坦福、杜克、沃顿、哈佛、牛津和清华等大学用作教材。他在杜克大学获得了学士学位,在斯坦福大学获得了工商管理学硕士学位。

彼得·辛顿(Peter Hinton)是与撒哈拉以南非洲与影响力投资者合作的峰会发展集团(Summit Development Group)的首席执行官。2003 年,他创建了总部设在博茨瓦纳的企业银行集团(Enterprise Banking Group)。目前,这个集团在肯尼亚和卢旺达的营运资产达到了 1.2 亿美元。之前,他曾担任非洲银行公司(Africa Banking Corporation)发展部主管,还在英联邦投资有限公司(CDC Capital Partners)工作过,并在 1994 年南非大选前后经营过非洲贸易公司(Africa Trading)。他以特许会计师的身份开始自己的职业生涯,并在《金融时报》"英国百强零售商"BHS 的战略发展部任过职。他是有豆咖啡公司(Bean There Coffee Company,南非第一家公平交易咖啡公司)的非执行董事,还是萨伊德商学院(Saïd Business School)的副研究员。

罗布·约翰(Rob John)是新加坡国立大学(NUS)商学院亚洲社会创业与慈善中心(Asia Centre for Social Entrepreneurship & Philanthropy)的高级研究员,也是独立慈善顾问。2005—2009 年,他在萨伊德商学院斯科尔社会创业中心(Skoll Centre for Social Entrepreneurship)担任客座研究员。他是欧洲风险慈善协会(European Venture Philanthropy Association)的第一任执行理事,并且是亚洲风险慈善网络(Asia Venture Philanthropy Network)的共同创建者。在经历了长达 15 年的国际发展职业生涯之后,约翰领导了英国历史最悠久、总部设在牛津的风险慈善项目。目前,他的研究重点是亚洲慈善创新。

克莱尔·琼斯(Clare Jones)在加盟"确为社会"(Clearlyso)之前曾与影响力投资领域和社会部门组织特别是弱势妇女支持组织有过合作。她在剑桥大学获得了硕士学位,重点研究英国对人口贩卖的反应。目前,她正在探索社会企业如何才能填补公共部门和第三部门的空白,帮助性暴力幸存者。

奥斯玛·M. 莱纳(Othmar M. Lehner)是上奥地利大学(University of Upper Austria)的金融与风险学教授,也是牛津大学社会与可持续金融学客座教授。他的研究重点是社会金融参与者的动机和相互作用，以及公共政策对社会金融业形成的影响。勒纳现在英国与国外政府和中介机构担任社会金融顾问，目前对众筹程序特别感兴趣。勒纳博士还是《劳特里奇可持续金融与投资杂志》(*Routledge Journal of Sustainable Finance & Investment*)和《社会创业杂志》(*Journal of Social Entrepreneurship*)的副主编。

乔纳森・米希尔(Jonathan Michie)是牛津大学创新与知识交流学教授、凯洛格学院(Kellogg College)院长、继续教育部主任和牛津互助与员工所有企业中心主任。1992—1997 年，乔纳森在剑桥大学贾奇商学院(Judge Business School)任教，并且在罗宾逊学院(Robinson College)兼任经济学研究员和研究主任；1997—2004 年在伦敦大学伯克贝克(Birkbeck)管理学院主持圣斯伯里(Sainsbury)管理学讲席，并担任管理与组织心理学学院(School of Management & Organizational Psychology)院长；2004—2008 年任伯明翰商学院院长。

杰夫・马尔干(Geoff Mulgan)是英国国家科学、技术与艺术捐赠基金(National Endowment for Science, Technology and the Arts，NESTA，该基金通过投资、研究和捐赠项目来参与社会金融)的首席执行官。之前，他是青年基金会(Young Foundation，现在是一个重要的社会创新中心)的第一任首席执行官。1997—2004 年，杰夫在英国政府担任过不同的职务，包括政府战略资源室主任和首相办公室政策负责人。他是德莫斯(Demos)智库的创始人和第一任主任，他曾在伦敦经济学院(LSE)、伦敦大学学院(UCL)和墨尔本大学(Melbourne University)做过客座教授，还在中国干部管理学院(China Executive Leadership Academy)做过定期讲师。他的作品《蝗虫与蜜蜂》(*The Locust and the Bee*)于 2013 年 3 月由普林斯顿大学出版社出版。

亚历克斯・尼科尔斯是牛津大学社会创业学教授。他的研究兴趣涉及社会创业和社会创新，具体包括：会计、问责制与治理的关系，公共和社会政策背景，社会投资以及公平贸易。他发表过 60 多篇论文或文章，还出过 4 本书。他与人合著的论述公平贸易的专著(Sage，2005)和主编的社会创业论文集(牛津大学出版社，2006，2008)是相关领域全球最畅销和被引用最多的学术专著。他是《社会创业杂志》(*Journal of Social Entrepreneurship*)主编。在成为斯科尔社会创业中心第一名工作人员之前，他曾在加拿大多伦多大学(University of Toronto)和英国 3 所大学做过讲师。尼科尔斯在开始学术生涯之前曾在欧洲最大的互助零售企业约翰·刘易斯合伙公司(John Lewis Partnership)担任高级管理职务。他还担任过一家大型公平贸易公司的非执行董事。

杰里米·尼科尔斯(Jeremy Nicholls)是战略保险代理联盟(Strategic Insurance Agency Alliance,SIAA)主席,2008年以来还担任投资社会回报网络(Social Return on Investment Network,SROIN)的首席执行官。他在英国以特许会计师的身份开始了自己的职业生涯,曾在坦桑尼亚、利比里亚生活和工作,并在尼加拉瓜生活并工作过。他日益把工作重点放在理解和管理不同组织活动的影响力价值上,与人合作撰写了《没有什么企业比得上社会企业》(*There's no Business like Social Business*)和英国政府赞助的《投资社会回报率指南》(Guide to SROI)。他是FRC集团(一家总部设在利物浦的社会企业)的董事,也是影响力报告与投资标准咨询委员会、伦敦社会证券交易所准入委员会和英格兰及威尔士特许会计师协会(ICAEW)保险委员会成员。

安娜·奥莱克西亚克(Anna Oleksiak)是总部设在华盛顿特区,专注于农业、医疗和教育投资的"全面影响力投资人"(Total Impact Investors)公司的副总裁。她的主要职业背景是投资银行业,曾在一家正在加纳创建企业的制药公司担任高级职务。她在创建吸引财务和社会投资者的资本结构和指标方面发挥了积极作用。安娜以优异的成绩毕业于乔治·华盛顿大学(George Washington University),获得了金融和国际商务双学位。

罗布·佩顿是英国开放大学(UK Open University)社会企业学教授。他是英国开放大学商学院的创始教师之一,并且继续领导着主要课程开发活动以及对新的学习模式的研究。作为研究人员,他对价值导向型组织如何保持其社会承诺和有效、进取的管理和组织形式等问题进行过研究。他曾任斯科特·巴德共同财富受托人委员会(Trustees of the Scott Bader Commonwealth)主席和非营利组织与志愿行动研究协会(Association for Research on Nonprofit Organizations and Voluntary Action,ARNOVA)的秘书。他是"绿色依旧"(Still Green)社区利益公司的董事长以及英国公民联盟(Citizens UK)米尔顿·凯恩斯分会(Milton Keynes Chapter)的会长。

奥尼·巴顿(Aunnie Patton)是开普敦大学(University of Cape Town)伯莎社会创新与创业中心(Bertha Centre for Social Innovation and Entrepreneurship)和牛津大学萨伊德商学院的研究员。除了讲授社会金融课程以外,

她还向包括初创企业、金融中介机构、投资基金、家族理财机构和基金会在内的许多组织提供咨询服务。她积极参与非洲的社会影响力债券(Social Impact Bonds)和发展影响力债券(Development Impact Bonds)、影响力投资和可持续慈善项目。奥尼还有在北美、英国、非洲和亚洲的主流金融部门和以影响力为取向的金融部门工作的经历。她在迪保尔大学(DePauw University)获得了国际政治经济学学士学位,并且在牛津大学萨伊德商学院获得了工商管理学硕士学位。

斯维塔·佩内梅柴(Sweta Penemetsa)是一个在委托投资(principal investing)、投资银行和投资者关系等方面积累了一定经验的金融从业人士。她曾撰写并介绍过关于新兴市场投资资金流动的文章。在欧洲复兴开发银行(European Bank for Reconstruction and Development)、纽约梅隆银行(Bank of New York Mellon)和福克斯—皮特·凯尔顿(Fox-Pitt Kelton)公司工作期间,斯威塔曾负责过美国、中欧和东欧、非洲和中东等不同市场。她拥有罗格斯大学数学学士学位和牛津大学工商管理学硕士学位。

尼古拉斯·萨宾(Nicholas Sabin)是牛津大学萨伊德商学院博士后研究员。他利用不同的经验数据来研究小微金融领域取得的发展。他曾与西非小微金融机构进行过深入的实地调查和统计分析。他以前是基瓦(Kiwa)基金会的研究员。尼古拉斯先在沃顿商学院(Wharton School)获得了经济学学士学位,后来在牛津大学萨伊德商学院获得了硕士和博士学位。他还在牛津大学教授研究方法和统计分析方面的研究生课程。

罗德尼·施瓦茨(Rodney Schwartz)从1980年起在投资银行佩恩—韦伯(PaineWebber)、雷曼(Lehman)和法国巴黎银行(Paribas)的证券业务部开始了自己的职业生涯,然后在1997年创办了“催化剂基金管理与研究”(Catalyst Fund Management & Research)风投公司。催化剂基金管理与研究风投公司后来改名为“确为社会”,为具有巨大社会影响力的组织筹集资金,并且管理着“确是社会天使风投”(Clearly Social Angels)公司。他还担任过安盛投资管理公司(AXA Investment Managers)和丰泰人寿(英国)公司(Winterthur Life,UK)董事的职务,并且还担任过“慈善就这么简单”(Justgiving)、“庇护所”(Shelter)和“太空蜂巢”(Spacehive)的董事长。

罗杰·斯皮尔(Roger Spear)是英国开放大学工程与创新学系(Department of Engineering and Innovation)的社会创业学教授,他在那里教授组织与创新学课程。他还是罗斯基尔德大学(University of Roskilde)社会创业中心的客座教授。他经常承接联合国开发计划署(UNDP)、经合组织(OECD)、欧洲联盟委员会(European Commission)等的欧洲研究项目,以及欧洲社会企业研究网络(EMES,他是创始成员)和国际经济社会信息研究中心(CIR-IEC,他是社会经济科学委员会成员)的研究项目从事社会创业和社会企业研究。

玛丽耶克·斯宾塞(Marieke Spence)具有战略慈善、项目规划和影响力投资等的丰富背景。福特基金会(Ford Foundation)、非绑定慈善基金会(Unbound Philanthropy)、维基媒体基金会(Wikimedia Foundation)和哈特福德公共捐赠基金会(Hartford Foundation for Public Giving)都是她的客户。斯宾塞目前是 TCC 集团的顾问,还为包括慈善倡议(Philanthropic Initiative)基金会和总部设在北京的开封基金会(Kaifeng Foundation)在内的其他不同客户提供战略咨询、研究、分析、策划和方案设计。斯宾塞也是威廉与弗洛拉·休利特基金会(William and Flora Hewlett Foundation)的研究员,还是"探索大都会"(Exploring the Metropolis,EtM)——纽约市一个致力于围绕共享空间和人才资源主题培育充满活力和多产表演艺术社区,促进艺术界稳定和成长,并帮助公众增加接触表演艺术机会的非营利组织——的成员。斯宾塞毕业于布朗大学(Brown University)和塔夫茨大学(Tufts University)弗莱彻法律与外交学院(Fletcher School of Law and Diplomacy)。她接受过的高管教育包括 2013 年的牛津影响力投资项目(Oxford Impact Investment Program)。

约书亚·斯皮策(Joshua Spitzer)曾为创造社会、环境和财务价值而投资的企业和个人做过独立顾问。世界经济论坛、威廉与弗洛拉·休利特基金会、牛津大学和斯坦福大学商学院赞助出版了他的著作。他还为斯坦福大学商学院创业研究中心开发了工商管理学硕士课程。他目前是歇杜利迪(Schedulity)公司的首席执行官。他以前是保利资本公司(Preservation Capital)的合伙人,也是太阳牧场研究所(Sun Ranch Institute)所长,他曾带领全所工作人员、承包商和合作伙伴在美国西部和其他地区实现了可评估的生态和社会价值改善。

理查德·斯坦伯格(Richard Steinberg)是印第安纳大学经济学、慈善研究和公共事务教授。他与人合编了《非营利部门:研究手册》(*The Nonprofit*

Sector：*A Research Handbook*），与人合写了《非营利组织管理者的经济学》（*Economics for Nonprofit Manager*），并在1992年至1994年期间担任非营利组织与志愿行动研究协会（ARNOVA）的联合总裁。他的研究集中在捐赠和志愿活动的决定因素、非营利组织的理论、公共政策和非营利组织管理经济学。

艾玛·汤金森（Emma Tomkinson）是一名生活和工作在澳大利亚悉尼的社会影响力分析师。她特别关心影响力评估在循证政策——包括与社会投资有关的政策在内——制定中的作用。她为英国内阁办公室的社会影响力债券中心创建了社会影响力债券知识库，并且提出了适合澳大利亚新南威尔士州的社会影响力债券概念。她与许多社会目的组织合作，以提高它们的数据驱动型决策和讲故事的能力。

丹尼斯·R. 杨（Dennis R. Young）是佐治亚州立大学（Georgia State University）安德鲁·杨政策研究学院（Andrew Young School of Policy Studies）公共管理与政策学教授，也是《非营利组织政策论坛》（*Nonprofit Policy Forum*）的创始主编。他曾担任非营利组织与志愿行动研究协会会长。他曾获得过列日大学（University of Liege）荣誉博士学位和非营利组织与志愿行动研究协会颁发的非营利与志愿行动研究杰出成就和领导奖（Distinguished Achievement and Leadership in Nonprofit and Voluntary Action Research）。

目　录

第二篇　社会金融全貌

第三篇　模型与评价标准

第四篇　社会金融基础设施建设

第五篇　社会金融的未来发展方向

绪　论

——社会金融：如何利用社会影响力

亚历克斯·尼科尔斯　杰德·艾默生

引　言

组织都必须创造经济、社会和环境价值，但大多数组织并没有设法最大限度地挖掘自己创造社会和环境价值的潜能（Emerson，2003a）。近年来，越来越多的企业家和投资者有意致力于创造社会或环境影响力。这类社会或者环境价值创造活动需要专门的财务资源，才能满足其从初创到——在大多数情况下——规模化成长各不同发展阶段的需要（Bloom and Chatterji，2009；Bugg-Levine and Emerson，2011）。但显然，传统金融并不总能满足这个日益增长的部门的资金需要；或许更重要的是，不能充分满足这个部门对不同类型的资本/资金的需要（Emerson et al.，2007；Nicholls and Pharoah，2007；Nicholls，2010a，2010b）。

努力创建为创造社会和经济价值配置资本的机制，并不是什么新鲜事。事实上，在许多国家，宗教、慈善和互助或者合作金融组织和模式已经有长达几十年的历史。在过去的20年里出现了许多新的组织和金融工具，反映了一系列围绕社会背景和金融目标推行的重大体制变革（Emerson and Spitzer，2007；Nicholls and Pharoah，2007；Nicholls，2010a，2010b；Bishop and Green，2010；SIITF，2014）。因此，近来出现了一些新的机构，为填补这方面的资本/资金缺口而致力于提供多种不同类型的资本/资金（Spitzer et al.，2007；J. P. Morgan and GIIN，2010，2011，2013；O'Donohoe et al.，2010；Brown and Norman，2011；Cabinet Office，2011；Brown and Swersky，2012；Cabinet office，2012；Harji and Jackson，2012；Addis et al.，2013；Nicholls，2013；Clark et al.,2014;Nicholls and Lehner,2014;Schwartz,2014):这种资本/资金流构成了一个新的社会金融市场。

不同来源的估计数据表明,截至2013年,狭义的影响力投资市场有400亿(Clark et al.,2012)~890亿美元(Global Sustainable Investment Alliance,2013)的托管资产。另外几份报告显示,这个部门的管理资产规模有可能扩大到5 000亿(Freireich and Fulton,2009)~10 000亿美元(SIITF,2014)。重要的是应该指出,这些数字并没有包括慈善捐款和合作或互助投资,因此,就整个社会金融市场而言可能被大大低估。

本书将使用广义的社会金融,而不是可供选择的狭义社会投资,有两个原因:首先,关于旨在为社会目的组织融资的资本配置决策的分析表明,各种逻辑和理性的复杂混合既受到个人或文化价值观的驱动,也受到一组特定投资回报预期的理性计算的驱动(Nicholls,2010a)。因此,这个部门的一些金融活动既像消费又像投资,实际上是投资者在购买他们优先考虑的结果,而不是构建长期回报能力或者增加长期投资总回报。

其次,使用"社会金融"这个术语,本书就能收入更多的金融工具、混合金融模式以及明显超出这个新兴部门范畴的不同类型资本/资金的结构化交易。[1] 具体而言,它们包括慈善捐款(philanthropic donations)、政府拨款(government grants)、"软"债务与股权回报('soft' return debt and equity)融资、互助金融(mutual finance)以及"财务回报优先"(finance first)和"总投资组合"影响力投资策略('total portfolio' impact investing strategies)。在实践中,社会金融包括各种不同风险—回报模式的资金配置,从100%"亏损"的慈善资金配置到一些社会风投基金[如桥梁风投(Bridges Ventures)]实现市场回报——甚至高于市场回报——的资金配置。[2] 社会金融领域可用的各类资金以及其复杂的风险和回报组合为在这个部门之外不存在的创新性结构化交易和基金提供了用武之地。我们认为,只有这样的资本/资金组合才能向社会创业组织提供其所需的关键支持,才能有助于解决世界目前面临的

---

〔1〕 有人主张把"(社会)影响力投资"[(social) impact investment]这个术语扩展到包括任何可评估社会影响力的资本/资金配置。这样,"(社会)影响力投资"可能就要包括慈善和互助模式(SIITF,2014)。然而,截至2014年,这个术语的扩展使用还没有得到广泛认可。

〔2〕 另一方面,以社会"投资"为特点的资金配置,通常至少包括投资者的资金回报,有时还包括投资者的额外收益。这是影响力投资市场(impact investing market)和英国大社会资本(Big Society Capital)等一些重要新机构参与者的首选定义:"提供和使用旨在创造社会和财务回报的资本/资金。"社会投资者以不同的方式权衡他们期望从投资中获得的社会和财务回报。但不管怎样,我们在说社会投资时是指投资主要是为了产生社会影响力,但同时也期望获得一定的财务回报(BSC,2012)。

“棘手问题”（Rayner，2006）。

本书赞同所有“社会的”概念都具有文化建构性，并取决于许多制度逻辑和合法性（Suchman，1995），而不是制度的绝对概念。不过，我们在界定“社会的”时借鉴了一些已被用来界定民间社团以及不同于公共和商业部门的社会部门的成熟研究（如 Salamon and Anheier，1999）。这里的特殊意义在于：关注公共利益（常常采取创造公共产品或正外部性的形式）；重视利益相关者的呼声和责任；在分配问题上注重受益人而不是所有人[这有时在法律上被正式定义为“非分配约束”（non-distribution constraint），最典型的就是慈善机构]。考虑到社会金融中的“社会”具有或然性，因此，这种区别在现实中肯定相当模糊，特别是在目的性问题上。因此，社会金融中的社会分量包括配置给所有把任何特定规范的社会背景下取得正社会结果作为优先战略目标的项目或组织的资金，还包括支持正环境效应项目或者组织的融资。[1] 这里所说的在任何特定规范的社会背景下取得正社会结果作为优先战略目标的组织，既包括那些因生产产品或服务而产生外生性社会影响力的组织，也包括那些通过组织结构和程序产生内生性社会影响力的组织[特别是工作整合型社会企业（work-integration social enterprises）：参见奈森斯（Nyssens，2006）]。社会金融可能也有助于正“社会外部性”[也许更确切地说是“社会目的性”（social intentionalities）]的产生，而正“社会外部性”则是社会企业家所追求的结果。[2]

最简单地说，社会金融是指主要旨在取得社会和环境回报以及在某些情况下也为了取得财务回报的资金配置。（八国集团在 2013 年社会影响力投资论坛上成立的）社会投资特别工作组把社会金融市场的一个关键部分定义为：

> 社会影响力投资是指有意把以特定的社会目标作为自身的目标，同时兼顾财务回报并考虑社会影响力和财务回报实现情况

---

[1] 根据被认定为“社会”或者“环境”的组织行动的产出和影响力就能最佳地理解社会价值创造，而组织的“社会”和“环境”行动则可根据以下五个地理和人口维度规范性评价（通常是界定）其正效应来认定（Nicholls and Schwartz，2014）：谁是目标市场或者受益人，他们位于哪里，如在贫困地区或者为贫困群体实施的项目；组织程序，即组织内部如何为关键的利益相关者和受益人创造价值，如旨在把被排斥在外的群体重新纳入劳动力市场的工作整合型社会企业；生产什么产品或者提供什么服务，即如何从产出的角度来实现使命目标，如提供福利服务或者生产低价灌溉泵；组织所属部门，即组织适合从事哪类经济活动，如医疗卫生、教育、清洁能源/绿色技术、清洁水（新兴的影响力投资部门的主要活动领域）；财务或组织结构，即谁占有组织所创造的价值，如互助或合作企业、分红封顶或者资产锁定的法律形式组织[如英国的社区利益公司（Community Interest Companies）]。

[2] 如可参阅哈罗德等（Harold et al.，2007）和本书下文。

的投资。(SIITF,2014:1)

另有学者把社会金融配置的资本/资金称为“三维资本/资金”(three-dimensional capital)——按照常规的财务风险和回报标准再加上优化给定社会或环境效益配置的资本/资金。这种金融也被称为“混合价值投资”(blended value investing,World Economic Forum,2013,2014)。不管怎样,对于投资者来说,社会金融不只是一些新的“社会”资本/资金收益机会。就如尼科尔斯和法拉奥(Nicholls and Pharoah,2007:2)指出的那样:

> 社会金融不只是让资金流向社会或环境项目,而且被认为是一种关于如何使用资金的社会思潮……社会金融可被视为围绕这种资金流、正在具体发展成新的供给、中介和需求机制的话语,而且是一种因为不同的竞争性观点引发争论而不断变化的话语。

因此,社会金融既是社会影响力的资金来源,又是对现有金融体系的批判,这种批判把现有金融体系看作导致社会不平等和环境退化的市场失灵的罪魁祸首。因此,社会金融通过把社会和环境目标作为其资金配置策略的首要目标,对主流投资的外部性进行内化,它既是创造新的社会和环境价值的积极因素,又有纠正传统投资消极影响的作用。

此外,社会金融通过区分价值创造和价值占有逻辑的方式,向与传统投资者理性有关的制度逻辑发起了挑战(Nicholls,2010a)。在传统投资中,资本所有者可占有其投资——所谓的“攫取式投资”(extractive investing)——创造的(减去费用和交易成本后的)全部价值;而社会金融的情况则大不相同,社会投资者从一开始就知道自己投资创造的价值部分将被别人占有(或在环境投资的情况下则被其他项目占用)。

这种价值创造和价值占有相分离的逻辑使得社会金融能够同时关注不止一个利益相关方或者利益相关者群体的社会和经济总产出(Emerson,2000;Emerson,2003a)。当然,这种逻辑从一开始就是慈善捐款的基本逻辑。但今天,社会金融获得了进一步的扩展和发展,并且已经包括多种类型的资本/资金、投资方式和金融工具,所有这一切构成了一个涵盖大量不同类型资金——从传统捐款和风险慈善(venture philanthropy)到负责管理资本以优化给定资产组合总业绩的总资产组合投资,并且经由从可能会偿还全部或部分本金而没有其他任何财务回报的“影响力优先”投资到偿还本金和支付相当于(有时甚至超过)风险调整后市场利率的“财务回报优先”型投资(见

图 0.1)——的完整社会金融谱系。在这个多样化的金融谱系中，影响力投资已经成为“热门话题”：为以有明确目的性和向投资者偿还投资本金的方式创造社会或环境价值的组织构建资本化模型（O'Donohoe et al.，2010；Bugg-Levine and Emerson，2011）。

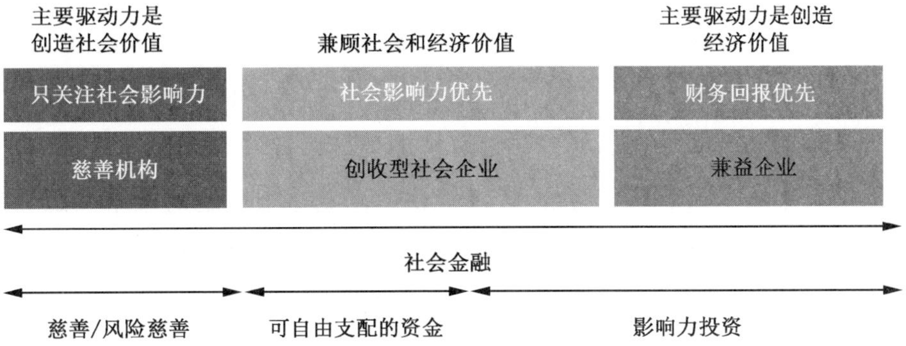

图 0.1　社会金融谱系

最好把这个社会金融谱系看作一个包括债权和股权等传统金融资产以及拨款、赠款和准股权或收益分享型债券等定制资产类别在内的总资产组合（见图 0.2）。

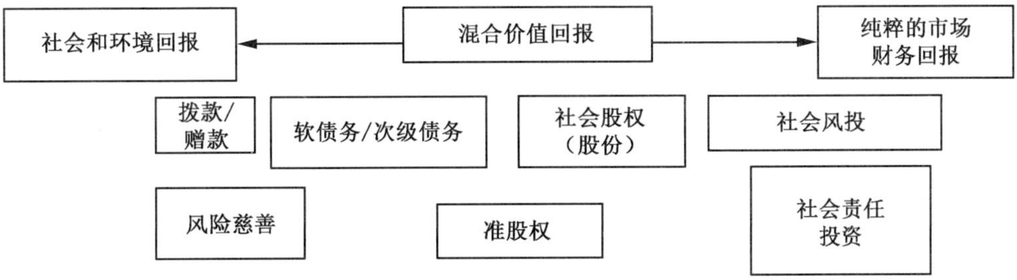

图 0.2　社会金融工具谱系

接受社会融资的被投资者包括慈善机构、非营利组织、社会企业、股份有限公司、担保有限公司、有限责任合伙公司、合作社和互助组织，甚至还包括承担明确社会使命的私人营利性有限公司[如公平交易咖啡公司（Fair Trade Coffee Companies）和共益公司（Benefit Corporations）]。

虽然现在已经有大量的社会金融实务文献，特别是有关所谓“影响力投资”这个社会金融分支的实务文献，但关于这一主题的学术文献为数仍然非常有限（Nicholls，2010 a；Nicholls et al.，2012）。社会金融实务文献主要关注对这类资本/资金的需求程度和它们的可得性(Bank of England,2003; OTS,2006,2008; Unwin,2006; Bolton and Kingston,2006; Emerson and Spitzer,2007; Goodall and Kingston,2009; NESTA,2009; Wood,2009; Freireich and Fulton,2009; O'Donohoe et al. ,2010; SITF 2010; Joy et al. ,2011; Impact Investment Shujog, 2011; BCG, 2011; Cabinet Office, 2011, 2012; Thornleyet al. ,2011; Grabenwarter and Liechtenstein,2011; Saltuk et al. ,2011; Arosio,2011; World Economic Forum,2013; SIITF,2014)。相比之下,这个主题的学术文献仍处于非常早期的发展阶段——小微金融研究文献例外(如可参阅本书萨宾所写的章节)。快速浏览这个主题的学术文献,就可以发现为数很少的有用研究主要集中在以下几个方面:投资结构(Brown,2006;Edery,2006;Scallata and Alemany,2012;Sunley and Pinch,2012);主流金融资金的作用(Geobey et al. ,2012; Moore et al. ,2012);社会投资者的动机(McWade,2012);社会影响力投资所涉及的伦理问题(Eadery,2006;Buttle,2007);社会影响力投资的投资组合方式(Ottinger,2007)。此外,介绍毕晓普和格林(Bishop and Green,2008)与爱德华兹(Edwards,2008;并参阅本卷)之间关于"慈善资本主义"(philanthrocapitalism)利弊激烈争论的文献也已经问世。但尼科尔斯(Nicholls,2010A)对这个主题进行的理论研究迄今仍是这个领域最前沿的尝试。[1]

社会金融学术著作相对较少,这可能说明,主流金融学者尚未认识到该专题是一个具有特殊性和合法性的研究领域。这种阻碍主流学者参与社会金融研究的障碍反映了这样一个事实:这是一个尚未形成明确认识论边界和制度结构的实务领域。因此,社会金融缺乏一种规范的叙事方式来建构其由更多学者认可的合法性,从而使之成为值得研究的新"范式"(Kuhn,1962;Suhman,1995)。事实上,金融经济学家已经指出,根本就不存在所谓的"社会"投资,它仅仅是一种以风险—回报选择不同的投资者偏好为特征并且本身没有(或许也不应该)考虑社会或环境外部性或目标因素的投资(Hayek,1944;Friedman,1962;Harvey,2005;Glyn,2006)。此外,在政治学中,国家支出的特点就是根据功利的成本效益分析和帕累托效率模型,而不是根据人际、社区和/或相对利益和福利来进行核算[关于这一方法的有效分析,请参阅 Offer(2003)]。从这个观点出发,社会投资概念也是多余的,因为政策制定者可

---

〔1〕 学术期刊《社会创业》[*Social Entrepreneurship*,3.2(2012)]还出了一期专辑。

能会辩称，他们的所有支出都是根据其民主受权和责任重点关注社会问题的（Moore，1995）。最后，关注民间社团或第三部门的研究通常认为，用于创造公共产品的资本/资金，用慈善的话来说，就是捐赠或赠款，而不是投资（Clotfelter，1992）。

本书的主要目的就是要填补这个重大的研究空白。本书收入的各篇论文首次运用学术文献来考察这个新兴市场，发展一套基本理论，探索关键的研究问题和疑问，描述这个市场的构成要素，并且预测这个市场的未来发展轨迹和机遇以及可能面临的挑战。从英国成立全球首个社会影响力投资特别工作组算起，社会金融市场已经发展了10个年头，现在已经实现了充分的制度化，并且足以证明：社会金融不只是一种时髦或者时尚。社会金融不会像时尚那样消失，但不管怎样，现实情况是：社会金融实务的发展远远快于学术研究。本书的目的就是为后续研究奠定思想和证据基础，而其本身也是这个市场日益成熟的一个标志。接下来，本章在“驱动因素”一节将考察现代社会金融产生的驱动因素，然后在“投融资工具”一节概述迄今在这个市场上发现的主要金融工具，在“市场结构”一节中分析社会金融的基本市场结构，并在“问题与讨论”一节中列出有关这个行业的一些关键问题和相关观点。最后，本章将在“全书简介”一节中介绍本书的结构和内容，并以简要总结的形式来结束这一章。

驱动因素

现代社会金融市场的出现，由需求和供给两方面的原因驱动。一方面，社会影响力组织（social impact organization）一直希望摆脱对赠款融资的依赖，但难以采用其他融资方式为其自身的初创和发展筹措到资金，原因往往就是它们的预期财务回报无法与它们被感知的风险水平相匹配。因此，社会金融市场的发展，在一定程度上就是为了满足具有明确社会影响取向的组织日益增长的资金需求。这里有两个彼此相关的问题——这个部门的总体规模和增长速度以及从赠款到合同或付款式供资模式（payment funding models）的转变。这些驱动因素已经促成了这样一种局面：社会影响力组织对赠款以外（但仍包括赠款）更多类别资金的需求在不断增长，并且越来越有能力接受更加多样化的融资。在包括加拿大、德国、英国和美国在内的一些国家，社会部门的产值已经占到国内生产总值的5%以上,而社会部门的就业人数则已经超过本国就业人数的10%(SIITF,2014)。[1] 一些欧洲大陆国家(以及世界其他地区的法语国家和西班牙语国家)长期以来一直保持着活跃且重要的社会与团结经济(social and solidarity economy)的传统。社会与团结经济的成员包括慈善协会、合作社、互助组织和社会企业等。例如,法国的社会与团结经济雇用了230万名员工。在其他国家,随着许多资金来源由赠款转为合同付款的形式,社会经济最近获得了发展。例如,英国慈善机构收到的政府资金中有80%以上是其与政府签约提供服务收到的付款,而不是政府资助慈善机构的拨款。2011—2012年度,英国政府采取购买服务的形式向慈善机构提供了超过110亿英镑的资金。在德国,福利制度包括有法律保证的资金来源,从而促进了利用政府资金提供社会福利服务的庞大社会部门的发展。

另一方面,越来越多的资本所有者寻求把自己的资源配置于创造社会价值和财务回报(有时并不谋求财务回报)。其实,资本所有者的这种行为由来已久,社会金融作为一种主要用于社会价值创造的资本配置模式,可寻根溯源到犹太教、基督教、伊斯兰教和其他地方基于信仰的捐赠传统。到维多利亚时期,这些传统在英国和其他国家已经变得更加正式,并且发展成为一个受到政府监管的慈善部门。

现代社会金融的第二个先驱是合作和互助部门。合作社运动起始于17世纪中叶英国激进的掘土派运动(Diggers movement)*,并且在19世纪初依靠兰开夏郡(Lancashire)罗旭代尔先锋社(Rochdale Pioneers)的不懈努力获得了制度化。一个半世纪后,由于主流投资者开始认识到通过传统的市场过程配置的资金往往无法评估某些投资产生的负外部性,因此,社会金融的下一个先驱应运而生,结果就是在社会责任投资(Socially Responsible Investing,SRI)的名下发展出一种经过筛选或有选择的股权投资业务。[2] 社会责任投资的目的在于根据投资者的偏好从股权投资组合中剔除“不道德”行业(如国防、烟草、酿酒、博彩)公司的股票,同时保持(接近)市场回报率。后来,

---

〔1〕 意大利是一种极端情况,社会部门的产值占国内生产总值的比例超过15%,而社会部门的就业人数要占到意大利总就业人数的10%。

* 17世纪英国资产阶级革命时期的一个空想社会主义派别。——译者注

〔2〕 本章使用的社会金融定义没有包括把资金配置给传统企业的业务,因为传统企业只是雇用劳动力,缴纳企业税,或者只是在专注于为股东或者其他投资人/所有者创造最大财务回报的前提下附带创造一些社会价值。因此,我们把大部分社会责任投资排除在外,而只把核心的社会责任投资作为社会金融的一部分。

各种与清洁/绿色能源有关的行业在过去10年里也获得了发展。

在基金会部门,慈善资产管理创新促使使命相关型投资(mission-related investment)或者项目相关型投资(programme-related investment)获得了发展(Emerson,2003b;Campanale,2005)。于是,基金管理人把慈善机构的部分核心资产用于实现使命相关型目标,而不再采用传统的运作模式,即利用自己管理的基金赚取尽可能多的财务回报来支持捐赠。由于公共部门在人口或经济的压力下不再提供传统的福利服务,因此,国家形态和职能的变化也促进了社会金融的发展。政府从福利服务的直接提供者到福利服务提供监督者或促进者的角色转换也促成了一系列的社会金融新举措,从推出新的契约模式,如社会影响力债券(Social Impact Bonds,英国、美国)或社会效益债券(Social Benefit Bonds,澳大利亚)到通过直接支持新的社会金融中介机构(如英国的大社会资本)来构建社会金融市场。

最后,许多发展中国家经济快速增长的态势也为发达国家创造了新的对外直接投资机会,对外直接投资日益超越缺乏明显当地价值创造特点的传统短期投资模式;而对农业发展基金和可持续能源项目的外国直接投资倒是创造了为产生正社会和环境影响力及有吸引力的财务回报而投资的机会。主流金融市场上证券化小微金融债务产品的全球化,也推动了一个被称为"影响力投资"的新部门的发展(O'Donohoe et al.,2010)。

随着自身规模和业务范围的不断扩大,社会金融部门开始引起公共部门、私营部门和民间社团的广泛关注。例如,有人估计,英国2010年至少向资本所有者还本的社会金融子市场(社会金融谱系中所谓的"影响力投资"部分)配置资金1.65亿英镑,而到了2016年已经增加到10亿英镑,年增长率高达38%(Brown and Swersky,2012)。[1]

此外,如今主流金融市场的参与者也在进入社会金融市场。例如,德意志银行是第一家筹集社会投资资金的商业银行;[2]高盛已经投资于美国的社会影响力债券;欧洲投资基金(European Investment Fund)也在英国的社会金融市场上进行直接投资。不管怎样,虽然近年来社会金融市场日臻成

[1] 但这仅相当于英国小企业贷款的1%。

[2] 这是一个1 000万英镑的"组合基金"(fund of funds)和"(资产负债)表内"(on balance sheet)基金,也就是说,这个基金全部靠内部集资,没有外部投资者。

熟，但还远远没有完全制度化。[1] 本章的目的就是要描述社会金融正在出现的新格局，介绍社会金融的不同构成要素、面临的主要挑战和未来的发展趋势。

随着社会部门资金需求的不断增长，主流金融市场也变得更加"社会化"，主要是为了满足客户需求（有时也是为了合规）。例如，到了 2014 年，管理资产超过 45 万亿美元的 1 200 多家资产管理公司书面认可六项"联合国责任投资原则"(United Nations Principles for Responsible Investment)，并且承诺把环境、社会和治理因素纳入其投资决策（SIITF，2014）。与此同时，社会责任投资市场通常会对投资组合进行筛选，以防某些有害或"反社会"行业公司的股票混入投资组合，最近还把环境、社会和治理这些资产负债表外因素，即所谓的"环境、社会与治理集成"(environment，social and governance integration)作为投资决策要考虑的因素。现在，社会责任投资托管资产总规模已经超过 13 万亿美元。

慈善基金会在其各种资产组合中也有大量的投资资产，总计超过 4 500 亿美元——但多少具有一点讽刺意味的是，其中很少是追求社会价值创造的投资，因为这些资产通常只是被作为赠款的资金来源。但不管怎样，随着项目相关型投资和使命相关型投资实务变得越来越普遍，这种情况正在发生变化——慈善基金会的部分已投资金配置给社会影响力组织。事实上，一些具有开拓精神的资产所有者和基金会[如美国的 F. B. 赫伦基金会(F. B. Heron Foundation)、加里社区投资(Gary Community Investments)和蓝色港湾倡议(Blue Haven Initiative)，欧洲的菲利斯塔斯基金会(Felicitas Foundation)，中国香港的 RS 集团(RS Group)以及澳大利亚的小巨人(Small Giants)]现在都把其全部资产集中在影响力投资上。此外，合作和互助部门——社会与团结经济的支柱部门——拥有超过 2 万亿美元的资产，但由于受自身法律地位和所有权结构的约束，它们通常不能在本组织之外投资。

因此，社会金融部门的发展在一定程度上要归功于以上所有这些趋势。然而，在一些国家，社会金融的发展也得到了积极主动的政策议程的推动（请进一步参阅本书艾迪斯和尼科尔斯以及斯皮尔等撰写的章节）。英国政府在

---

[1] 这份报告特别指出，继续需要：社会投资者接受更高水平的风险；中介机构更加专注于医疗卫生或者教育等不同部门，而不是专注于商业部门；政府和基金会进行新型"价值赞助"(value sponsorship)或者购买社会产品，而不是提供大笔拨款或者赠款来构建社会企业的现金流和损益账户。

这方面走在了前头，它推行旨在发展社会企业和社会金融部门的政策已有10个年头。在这10年里，英国政府在推行有针对性的财政政策（社区投资税收减免、社会投资税收减免）的同时还颁布了一些法律［《社区利益公司法》（Community Interest Company legislation）、《无人认领资产法》（Unclaimed Assets Act）］，进行直接投资［设立"未来建设者"（Futurebuilders）基金、投资与合同准备基金（Investment and Contract Readiness Fund）[1]、社会成果基金（Social Outcomes Fund）］，开展改革试点｛颁布《公共服务（社会价值）法》［Public Services (Social Value) Act］、发行社会影响力债券｝，并且提供大量的研究和营销支持。值得注意的是，这方面的政策议程在2010年间接引发了一次英国政府更迭，并于2013年在伦敦召开八国集团社会投资论坛时被列入英国当年召开的八国集团峰会的内容而达到了顶峰。这次峰会决定成立八国（加上澳大利亚，除去俄罗斯）社会影响力投资特别工作组，这个工作组于2014年9月提交了它的工作报告，提出了世界最富裕国家商定的一系列政策建议。这个特别工作组为了进一步支持探讨国际社会影响力投资议程，发起成立了四个分别负责资产配置、社会影响力评价、社会使命确定和国际发展议程的工作小组。除了英国之外，美国、加拿大、澳大利亚、南非、韩国、日本、法国和印度也制定了重要的社会影响力投资政策议程。

例如，许多国家目前正在把公共资金转化为支持不断演进的社会金融实务的工具。在意大利，"社会基金"（Social Fund）为影响力驱动型企业（impact-driven businesses）提供融资。2010—2012年，日本政府根据新公共计划（New Public Initiative）为社会创新提供了2.1亿美元的资助，其中8 600万美元用于支持800多家社会企业创业。法国在2014年通过了《社会与团结议案》（Social and Solidarity Bill ），旨在为社会部门组织融资提供便利，而公共投资银行（Banque Publique d'Investissement，一家国有银行）设立了一只社会创新投资基金。在美国，奥巴马政府白宫社会创新与公民参与办公室（Office of Social Innovation and Civic Participation）利用公共资金鼓励企业家具体通过现有社会组织和慈善机构来进行更多的私人影响力投资。

虽然了解社会金融领域的发展现状十分重要，但是，这一领域有各种各

---

[1] 2013年，英国内阁办公室创建了一个1 000万英镑的投资与合同准备基金，用于资助至少进行50万英镑影响力投资或者获得100万英镑合同的新创社会企业。此外，还设立了一个1 000万英镑的社会孵化器基金（Social Incubator Fund），支持社会孵化器向新创社会企业提供投资和资助。2014年，英国政府计划在未来10年投入6 000万英镑创建社会部门组织未来能力建设基金。

样的投融资工具和策略,因此,下面应该考察社会金融领域的各种投融资工具和策略。

投融资工具

赠款/拨款

除政府合同外,基金会和其他慈善赠款一直是资金流入社会组织的主要形式。这类赠款通常用于资助特定项目或使命相关型投资创造营运收入,而不是用于资助受赠组织构建提高业绩或扩大活动规模的能力。近年来,这种资助的效果和效率日益受到质疑,从而产生了以下两个结果:一是参与型慈善(engaged philanthropy)或者风险慈善(venture philanthropy)的兴起,试图采用风投的方式进行捐赠。二是基金会和慈善机构等越来越注重用创造营业收入(社会企业或社会商业模式)来取代赠款资助。

但不管怎样,赠款资助仍然非常重要,尤其是对于那些无法获得传统银行融资服务的新创社会企业。当然,赠款还有不用偿还的好处,这对于那些不太可能实现盈利的机构来说十分重要,它们可以用赠款来偿还欠社会投资者的资金。但是,赠款也有缺点,特别是它们往往是短期资金,可能缺乏灵活性和稳定性,并且要受到严格的项目限制的约束。此外,2008 年后,随着基金会资产的减少和政府加大削减支出的力度,获得赠款/拨款变得越来越困难,而且竞争也越来越激烈。最后,对于非营利组织来说,募集捐款也可能成本很高——甚至高达募集捐款的 30%,而制作捐款报告可能也要耗费时间。

债务融资

社会组织可在以下五种基本债务融资方式中进行选择:个人信用卡、个人银行透支、抵押贷款、商业贷款和银行按市场利率提供的信贷额度,以及政府和其他社会投资者发放的商业和准商业贷款。准商业贷款通常不按市场利率计息,还款期限较长,有时还有免息期,按约定期限偿还本金(Joy et al.,2011)。

债务融资的优点在于:如果借款人拥有抵押资产和/或持续现金流,那么获得贷款的速度往往要快于募捐。借款期(短期、中期或者长期)也可根据需要灵活确定,而且可以在未来根据需要通过重新谈判来加以变更。借款有益于弥补资金缺口,并且有助于组织成长和扩大规模。与赠款相比,借款合同通常也规定较少的报告要求,并且赋予借款人较大的自主权。但非营利组织可能无法借到贷款,因为贷款必须还本付息。而且,一旦发生违约,贷款的抵押要求可能会使资产面临风险。

小微信贷可用来解决社会金融市场无法满足无抵押品个人或小型组织融资需求的问题,并且已经取得了巨大的成功,现在代表着社会金融最重要和制度化程度非常高的子市场。然而,在发展中国家的 3.65 亿～4.45 亿家微型、小型或中型企业中,有 70%需要但无法获得外部融资。据称,这些企业在发展中国家创造了 33%的国内生产总值和 45%的就业机会。如果把非正规组织包括在内,这两个数字可能就更高。据计算,它们未得到满足的债信需求有 2.1 万亿～2.5 万亿美元,要占到发展中国家国内生产总值的 14%。

股权融资

在大多数情况下,社会金融中的股权融资与主流金融中的股权融资即便不是完全相同,也是非常相似。两者的主要区别通常在于公司的治理安排,这种区别可能由于以下原因而在一定程度上限制董事会的自由:为了保证持续履行社会使命,或者把一定比例的盈余用于社会投资或作为公司留存,或者受到其他社会导向型约束的限制,如为防止收购的资产锁定(asset lock)或"金边股"(golden share)。

发行社会公募股票[social public equity,有时被称为"另类公开发行"(Alternative Public Offering)],可以在无须偿还的情况下永久性地筹集大量股本。然而,社会组织在发行公募股票时必须放弃部分所有权和控制权,从而导致这种筹资方式对于许多社会组织来说往往不是缺乏吸引力[因为担心使命漂移(mission drift)],就是不可行(因为受到法律限制)。虽然英国、巴西、南非、新加坡和毛里求斯目前已经采取了一些重要举措,但缺少任何充分发挥作用的"社会"股票市场,从而造成社会股票流动性不足,也导致这种社会投资方式的发展面临重大挑战。奥杜赫等(O'Donohoe et al.,2010)指出,美国影响力投资迄今以私人借款(9.2 亿美元,占影响力投资总额的 37.1%)和私人股本(8.36 亿美元,占影响力投资总额的 33.7%)为主。亚洲影响力投资交易所(IIX Asia)完成的研究表明,亚洲的情况也是如此,但准股权融资或夹层融资和担保也是很重要的融资方式(Impact Investment Shujog, 2011)。

准股权融资

准股权融资是专门为社会金融市场开发的一种融资方式,目的是要让投资者获得类似股票收益的回报,它的特点就是回报与公司的基本业绩挂钩,通常是通过把投资者的收益与被投资组织或项目的增收挂钩的方式来实现的。事实上,准股权凭证通常就是某种形式的债务契约,因为被投资者常常是慈善机构或其他组织,无法(或不愿)发行标准股票,不愿把本组织的使命或业务的任何控制权拱手交给投资者。然而,为了获得投资高风险项目的资金,这些组织必须向投资者支付令人满意的回报。通过购买准股票,投资者就可以获得类似普通股的回报,但却没有任何与持有普通股相关的特殊权利。

新出现的投资工具和策略

除了上述金融工具外,社会金融市场上还出现了一些有别于主流金融市场的投资工具和策略,它们包括:

● 基于收入的融资策略。根据这种策略,投资者的未来收益不是依靠收回本金或他们在企业的所有权状况,而是通过约定按收入增幅分享企业未来增加的收入。

● 股权赎回安排。允许投资者购买股权——公司同意未来用一定百分比的收入回购股权。

● 众筹策略。允许潜在投资者向非营利组织和营利企业配置自己的资金(另请参阅本书由莱纳撰写的章节)。

● 直接公开募股。公司能够在众筹的基础上从认证和非认证投资者那里筹集资金。

● 合作和互助投资。允许企业员工、客户或当地社区对企业进行投资。

● 员工持股计划(Employee Stock Ownership Plan，ESOP)。这是美国企业激励员工的一种做法，现在被用来让社会企业员工持有本企业的股份。

表0.1列示了主要的社会金融融资工具。

表0.1　　社会金融融资工具和融资目的

融资工具	融资目的	融资类型	实例
私人赠款	履行使命	(风险)慈善	动力信托
	能力建设	项目相关型投资	F. B. 赫伦基金会
		使命相关型投资	卡尔弗特基金会
政府拨款	重建	社区发展贷款	社区发展金融机构(CDFI)
	开发市场	无人认领的资产	社会投资银行 (Social Investment Bank)
政府合同	政府福利服务	合同交易	格林尼治休闲 (Greenwich Leisure)
			伊琳社区交通 (Ealing Community Transport)
债务	社会经济发展	小微金融	格莱珉银行、花旗银行
准股权	成长资本	股权分享	桥梁社区风投 (Bridges Community Ventures)
			催化剂 (Catalyst)
子市场股票	成长资本	限制性“伦理”股	咖啡直达 (Cafédirect)
			伦理房地产公司 (Ethical Property Company)
主板市场股票	成长资本	标准股	伦敦桥梁投资公司 (London Bridge Capital)
			康帕图银行(Compartamos Bank，墨西哥)
合资	创业/成长资本	合作社制(IPS)	蒙德拉贡 (Mondragon)
			风湾 (BayWind)

结构化融资安排

在社会金融业，不同类型或类别的投资者往往具有不同的风险、回报以及社会影响力目标。政府投资者可能有较高的社会影响力目标，但对低回报、高风险或较长回收期等要宽容得多。虽然“财务回报优先”和“影响力优先”这两个术语都多少有点过时，但“财务回报优先”型投资者或许也希望参与社会金融，但不愿放弃风险调整后的财务回报，并且不会在乎社会影响力。另一方面，“影响力优先”型社会投资者可能愿意考虑对经济与社会回报进行权衡取舍。社会金融的结构化融资交易通常就是那些寻求财务回报与社会回报间平衡的交易安排，并且把部分或者完全平衡结果整合在单个产品或合同中，试图让每个投资者都能得到他们想要的东西，或者至少能够让融资交易顺利进行。这类交易很有可能为某项投资确定正确的总融资成本。但是，这类交易具有个性化性质，因此，安排成本很高，效率却很低。

贷款和其他信用担保也可以在结构化融资交易中发挥重要的作用。如果能找到愿意为投资风险提供全部哪怕是部分担保的实体，就能吸引其他参与者，就像“奠基性融资”(cornerstoning finance)在传统融资业务中所起的作用。通常，政府或者主要赠款机构可能有能力承担某项投资的部分风险，从而促成比在没有它们参与的情况下规模大得多的投资项目。例如，“公平金融”(Fair Finance)这个总部设在英国的小微贷款机构从法国兴业银行(Société Générale)和法国巴黎国民银行(BNP Paribas)筹集到了200万英镑的贷款，而这笔贷款由75万英镑的慈善耐心资金和35万英镑“大社会资本”(Big Social Capital)提供的软贷款承保。担保或承保对于安排某些社会融资合同也十分重要，尤其是对于美国发行的社会影响力债券[彭博社承保了高盛70%在赖克岛(Ryker's Island)社会影响力债券上的投资]和澳大利亚发行的第一笔社会效益债券(由新南威尔士州政府提供部分担保)。

在大致介绍了社会金融投、融资工具以后，下面转向社会金融资本市场本身的总体结构。

市场结构

八国集团的社会影响力投资特别工作组对社会金融市场进行了细致的分析，确定了社会金融部门的以下五个关键要素(SIITF，2014：2)：

- 影响力资本/资金(impact capital)的来源——可以提供影响力投资所需的资本/资金流；

● 影响力资本/资金的融资渠道——在影响力资本/资金来源不能与影响力驱动型组织(impact-driven organization)直接对接的情况下，影响力资本/资金融资渠道在投资者与影响力驱动型组织之间起到了联络的作用；

● 不同形式的融资——这些不同形式的融资为满足各种不同的投资需要所必需；

● 影响力驱动型组织——各种具有长期社会使命、设定影响力结果目标并评估目标实现程度的组织，包括社会部门的组织和被影响力驱动的企业；

● 影响力追求型买主——他们是支持投资于影响力驱动型组织的资金/收入来源，可以是政府、消费者、企业或者基金会。

以上分析凸显了社会金融所需工具和社会组织据以偿还债务或派发股息的收入来源的重要性。但简单地说，与主流金融一样，社会金融市场也是由供给、中介机构和需求这三个相互关联的要素构成的。下面逐一简要介绍这三个构成要素。

供　给

社会金融的供给侧有各种各样的资本/资金所有者要为其资本/资金寻求不同的"混合"回报(Emerson，2003a)，其中包括个人、机构和政府。在个人资本/资金所有者群体中有个人慈善家、社会/道德投资者、商业投资者、散户投资者[1]、为一些小微金融机构和社区发展金融机构提供资金的储户以及合作社和互助会成员。在第二个资本/资金所有者群体中有慈善基金会[2]，有时还有公司[如印度在颁布《2014 年企业社会责任法》(Corporate Social

---

〔1〕 例如，1995 年以来，已有 13 500 人把 100 多亿美元投在了卡尔弗特基金会(Calvert Foundation)发行的社区投资票据(Community Investment Note)上，以支持美国和世界其他国家的社区发展和社会企业。在法国，储户可以选择把自己的储蓄投入被称为"90/10"基金的"团结投资基金"(fonds d'investissement solidaires)，也就是至少把 10%的储蓄用于为社会企业融资，通常是向社会企业提供长期低息贷款。散户投资者中既有通过基瓦或"布兹卜恩科"(Buzzbnk)等众筹平台或者通过慈善银行(Charity Bank)等社会金融机构配置资金的小规模散户投资者，也有通过瑞银集团(UBS)等私人银行进行投资的高净值个人投资者。

〔2〕 活跃在社会金融领域的著名基金会有贝塔斯曼基金会(Bertelsmann Stiftung)、比尔与梅琳达·盖茨基金会(Bill and Melinda Gates Foundation)、布隆伯格基金会(Bloomberg Foundation)、凯斯基金会(Case Foundation)、埃斯梅·费尔伯恩基金会(Esmée Fairbairn Foundation)、凯洛格基金会(Kellogg Foundation)、麦克阿瑟基金会(MacArthur Foundation)、奥米迪亚网络(Omidyar Network)、潘兴广场基金会(Pershing Square Foundation)、罗宾汉基金会(Robin Hood Foundation)和洛克菲勒基金会(Rockefeller Foundation)。洛克菲勒基金会 2007 年在百乐宫(Bellagio)召开的会议上，为影响力投资领域的发展发挥了主导作用。

Responsibility Act of 2014)之后]。[1] 在最后这个资本/资金所有者群体中有公共基金、政府监管机构,间接的还有纳税人。

慈善捐赠和遗赠是社会金融的重要资金来源。仅在英国,据称就有60亿~80亿英镑的捐赠资产可用于捐赠或者投资(Nicholls,2010a)。在美国,这个数字估计要高达3 240亿英镑(Nicholls,2010a)。个人还通过纳税间接地"配置资金"。所有的政府支出在某种程度上都参与社会融资,因为它们都为公共产品生产提供资金,但这种"资金配置"有一部分专门用于社会融资。例如,2001—2011年,英国政府一直是为社会金融市场提供资金的全球领头羊,在社会金融领域投入了超过10亿英镑的公共资金(Nicholls,2010a)。

迄今,社会金融市场供给侧的研究为数非常有限(Emerson,1996;Hill,2011;Saltuk et al.,2011;McWade,2012)。有学者根据资本/资金所有者的投资动机和通过资金配置打算创造的价值类型把社会金融资金供给细分为不同的类别(Nicholls,2010a)。根据资本/资金所有者投资动机细分,社会金融市场上的投资者可被视为以工具主义(手段—目的)方式行事,也就是通过注重效率、分析以及风险调整后的回报来模仿标准的投资行为,或者以一种情绪、"非理性"的方式行事。后一种投资行为主要受个人价值观和偏好,而不是绝对回报的驱使。就创造价值而言,社会金融可能主要关注财务回报、社会回报或者注重两者平衡的混合回报。综合起来,这些维度可用来细分不断增长的社会金融资金供给。

社会金融市场供给侧的未来发展仍面临一些其他方面的挑战,其中包括:更好地对投资机会进行分类;开发有助于实现多种社会和经济目标的新金融工具;提高社会金融的业绩透明度和信息披露水平;推行担保和承保等更有针对性的投资激励措施。

中介机构

就市场总体结构而言,中介机构是社会金融部门获得最大限度发展的构成要素(请参阅本书施瓦茨和琼斯撰写的章节)。桑穆加林盖姆等(Shanmu-

---

[1] 意大利嘉利宝基金会(Fondazione Cariplo)拥有400多亿欧元的资产,它同样也从事影响力投资;而日本企业的基金会,如日本基金会(Nippon Foundation)和三菱基金会(Mitsubishi Foundation),也开始参与影响力投资。

galingam et al.，2011）研究了社会金融市场的中介机构，并且确定了它们在发展社会金融市场方面发挥的以下五方面的关键作用：（1）提供融资服务；（2）提供招聘人员、进入网络和获得专门知识的通道；（3）提供市场准入和分销（让供需双方配对）服务；（4）支持创新和创业；（5）向投资者提供投资监测服务和业绩信息。

社会金融市场连接供给侧和需求侧的中介机构有各种私募基金（包括养老基金和风险慈善基金）、小微金融机构、信用社、社区发展金融机构、社会证券交易所和其他“撮合”平台以及投资银行和资产管理公司[1]、保险公司[2]、专业银行[3]、批发金融机构[4]等主流金融机构。与此同时，社会金融市场上出现了一个新的支持社会金融的专业服务机构生态系统，如律师事务所、咨询公司、做市商和能力建设组织（capacity-building organizations）。

在过去10年左右的时间里，除了投资管理公司之外，一些新的专业社会金融机构在这个部门的演化过程中发挥了特别重要的作用，其中包括：社会金融公司（Social Finance，英国、美国、以色列）；“确为社会”（英国、印度）；“印记资本”（Imprint Capital，美国）；“影响力资产”（Impact Assets，美国）；“第三部门”（Third Sector，美国）；“法国投资促进会”（Société d'Investissement France Active）；社会经济发展研究会（Institut de Développement de l'Economie Sociale，IDES）和信用合作社（Crédit Coopératif，法国）；“澳大利亚社会风投”（Social Ventures Australia，澳大利亚）。

社会金融中介机构作为社会金融市场的构成要素获得了迅速发展，并且正在加速发展。其特点就是勇于创新和实践，而且还出现了一些在许多国家开展业务、日益全球化的机构。但不管怎样，中介机构这个社会金融市场构成要素还远远没有充分制度化，最明显的缺陷就是缺乏（社会和财务）业绩数

---

〔1〕 例如，高盛和美银美林投资社会影响力债券，以解决纽约市和纽约州的累犯问题；瑞银集团还帮助发行了发展影响力债券（Development Impact Bond），以降低印度拉贾斯坦邦（Rajasthan）女子小学辍学率高的问题；摩根士丹利为客户创建了一个影响力投资平台，以期在5年内帮助客户筹资100亿美元；作为全球最大资产管理公司之一的黑石（BlackRock）集团也开发了影响力投资产品；摩根大通银行还承诺向影响力基金注资近1亿美元。

〔2〕 其中包括美国的保诚保险公司（Prudential）、法国的安盛保险公司（AXA）和瑞士的苏黎世保险公司（Zurich Insurance）。

〔3〕 包括荷兰的特里多斯银行（Triodos Bank），意大利的普罗西马银行（Prossima Bank）、艾迪凯银行（Banca Etica）、益达银行（Extrabanca）和菲德凯斯（Federcasse）——合作银行网络。它们积极为影响力驱动型企业提供小额贷款和融资服务。

〔4〕 英国的“大社会资本”成立于2013年，是一家社会金融批发机构。它拥有4家位于商业中心的银行，持有这四家银行4亿英镑无人认领的资产和其2亿英镑的股本。这一模式引起了全球的关注，日本和法国政府在2014年考虑颁布类似的法律。这一模式也能扩展到不仅可以从处于休眠状态的银行账户中提取无人认领的资产，还可利用无人认领的人寿保单和养老金。

据统计和分析机构以及成熟的二级市场，而这两类活动的持续制度化发展对于构建功能齐全的社会金融市场至关重要。

需　求

社会金融市场的需求侧是各种被投资者，如社会企业，慈善机构，合作社，社会兼益企业（social "profit-with-purpose" businesses）以及兼有国家、私营和民间社团部门元素并参与社会创新的混合型机构（Nicholls and Murdock，2011）。许多社会投资对象已经存在很久，如基于信仰的慈善机构（下称"宗教慈善机构"）和互助会已有一个多世纪的历史。虽然许多组织都在寻求社会金融资本，但社会金融市场的需求侧似乎是这个市场制度化程度最低的构成要素。许多投资者抱怨，他们找不到很多"可投资"的社会金融交易机会，以至于或许是反直觉地出现了供给过剩与需求不足之间的失衡（尽管社会和环境需求巨大，而且在不断增长）。

有许多因素或者问题限制了在社会金融市场需求侧获得资金的能力。首先是规模。大多数社会影响力组织由于受限于其自身的规模和业务量，因此只能吸收相对较少的社会投资。这类投资的交易成本很高，因此，投资需求方必须更加有效地聚合利用投资机会，而投资方也应该更加果断地向这些组织提供创业所需的风险资本和发展所需的成长资本。

其次，在社会影响力投资发展的整个生命周期里，特别是在早期阶段的赠款与大规模债务或股权融资之间，社会影响力投资的筹资选择存在很大的缺口。[1] 社会金融中间环节"缺失"，在一定程度上是由许多社会企业的结构性问题造成的——社会企业故意把利润压得较低，无法向外部投资者分配，而且这么低的利润通常被用于为履行社会使命而进行的再投资，这在一定程度上是缺少反映社会投资实际风险和回报的数据造成的。在缺乏可靠的风险和回报数据的情况下，人们自然就会认为需要分摊高水平的"不确定性"风险，因而会要求高回报（通常是无法实现的回报）。因此，潜在投资者之间真有希望进行更加广泛的合作（一起安排可能的交易）。

最后，必须尽快大力推进社会金融潜在投资对象的能力建设，特别是有

---

〔1〕 投资对象可利用一种被称为"建设者资本"（builder capital）的新型成长资本来应对生命周期的挑战：http://www.bigsocietycapital.com/bloglinvestable-social-entrepreneurintroducing-builder-capital。还请参阅本章结尾部分更深入的讨论。

关金融知识的能力建设，帮助潜在投资对象更好地了解哪些投资方式最适合其自身的结构和战略使命目标，而且还能支持采用更有成效的方法接触公共部门采购专员来增加采购营业额和做好投资准备。[1]

风投者(Venturesome)公司的一份报告(Goodall and Kingston，2009)显示，社会金融的潜在投资对象需要做好以下几方面的准备工作：(1)更加清晰地确定自己的资金需求；(2)更加全面地了解现有各种融资机制和工具及其利弊(和风险)；(3)了解自己可求助的不同资金提供者及其要求；(4)有信心从多种来源寻求新的融资可能性，并且与风险和回报偏好不同的投资者进行混合型结构化交易；(5)在自己的会计和投资计划中明确区分收入和资本；(6)要明白赠款不是免费资金(它们的成本可能要占到赠款的15%～25%，通常是募股成本的3倍以上)。

此外，还必须完善法律和契约机制(如锁定资产)，以保护投资对象免受使命漂移的影响或被收购接管。这些措施可以降低投资接受社会融资的社会使命风险感，并且有助于构建它们推行不只局限于赠款的资金来源多样化的激励机制。建立稳健的潜在投资渠道，仍然是社会金融市场面临的重大挑战，但对于社会金融的发展却至关重要。

在阐述了社会金融部门的基本市场结构之后，下面考察有关这个新兴领域的一些关键问题和相关讨论内容。

问题与讨论

资产配置

关于社会金融——特别是影响力投资——是否构成单独的“资产类别”的问题，自奥多赫等(O’Donohoe，et al.，2010)[2]首次提出以来，一直备受争议。显然，社会金融使用的各种工具表明，如果把它们视为独立的资产类别，

〔1〕 请参阅英国政府投资与合同准备基金提出的这种倡议。

〔2〕 八国集团的社会影响力投资特别工作组确定了四个特别重要的问题，成立了四个工作小组并责成其在2014年年底就这四个问题的研究结果向特别工作组提交报告。这四个工作小组提交了以下报告：资产配置工作小组的主题报告——为社会影响力配置资产(Allocating for Impact)；影响力评价工作小组的主题报告——社会影响力评估(Measuring Impact)；国际发展工作小组的报告——国际发展(International Development)；使命调整工作小组的主题报告——兼益企业。

那么，它们与任何一种其他资产类别截然不同。但在实践中，对这个问题的处理出现了重大的创新。

虽然最近许多关于社会金融的讨论都侧重于单种投资工具、单个投资机会、公共政策和相关问题，但近年来越来越多的资产所有者不是从单笔交易或者单只基金的角度，而是从总资产配置的角度来考虑投资策略。这些个人资产所有者，有时也有机构资产所有者，非常关心如何根据环境、社会与治理集成和影响力来管理其总资产配置。出于对影响力的考虑，这些投资者根据基金会总资产管理（Total Foundation Asset Management）的理念和新的资产组合管理观（Emerson，2002，2003 b；Bugg-Levine and Emerson，2011；Christianansen，2011），千方百计地将其全部资产配置于各种历来按不同预期财务回报来管理有潜在下行风险的传统类别资产。

根据这种总资产管理观，资产所有者及其顾问并不是通过权衡“影响力优先”和“财务回报优先”策略之间的利弊来管理资金，而是设法在资产组合的构成分量之间配置资金。因此，他们会把资金投在许多不同类别的传统资产（固定收益产品、私募股权和公募股权、实物资产、现金和现金等价物）上，并且为每种策略寻求有竞争力的财务回报，同时还要寻求被认为与特定策略相适应的任何形式和水平的社会影响力。按照这种总资产管理观，投资于公开发行的证券是为了获得与标准基准（标准普尔 500 指数、罗素 1000 指数等）相称的财务回报，而“影响力”则用“代理投票权”（proxy voting）和“股东积极主义”（shareholder activism）来表示；把资产配置于各种品牌“影响力基金”则是为了追逐有竞争力的财务回报，因为这类有影响力记录可查的私募股权或债券基金都通过了按不同社会影响力评价指标进行的评估。

越来越多的理财咨询公司［冠岩资本管理公司（CapRock Capital Management）、威利斯财富咨询公司（Veris Wealth Advisors）、索侬资本公司（Sonen Capital）等］正在开发管理“100％影响力”资产组合的专门技能，而新的网络，如本书后面要讨论的各种 100％影响力网络（Impact Network）以及与其合作的 50 多个超高净值资产所有者，目前正在为这些投资者构建同行支持平台。

按照影响力管理自己总资产的资产所有者人数不断增多，是早期投资者积极体验各种离散投资策略（环境、社会与治理集成，小微金融，社区发展金融以及各种相关策略）的必然结果。他们最终认为，最好是根据总资产组合来管理这些离散领域的投资,而不是把这些离散领域的投资看作是为了“影响力”而进行的之间互不相关的资产配置。

社会影响力评价

今天,我们既没有评价社会影响力的标准单位,也没有约定俗成的方法或会计规范来记录和报告社会影响力[请参阅尼科尔斯(2009)以及本书中尼科尔斯等撰写的第九章],所有这些因素被普遍认为会拖累社会金融市场的未来发展,因为它们导致无法对各种混合型价值交易和投资进行比较分析。但不管怎样,在为社会金融建立公认的影响力会计制度方面还是取得了一些进展。相关的倡议或者标准包括:环境、社会与治理集成核算,全球报告倡议(Global Reporting Initiative,GRI),可持续会计准则委员会(Sustainable Accounting Standards Board,SASB)的相关准则,全球影响力投资网络(Global Impact Investing Network,GIIN)的“影响力报告与投资标准”(Impact Reporting and Investment Standards,IRIS)以及欧盟的“社会影响力标准”(Standard for Social Impact)。在英国,内阁办公室支持发起了“鼓舞人心的影响力”(Inspiring Impact)这个为期10年、旨在构建一种协调一致的方法来评价影响力的项目。该项目的一个内容就是承诺更加广泛地推行投资社会回报率(Social Return on Investment,SROI)这种最接近目前项目或组织层次社会影响力报告行业标准的方法。

全球影响力投资评级系统(Global Impact Investing Ratings System,GIIRS)——由共益实验室(B Lab)这个美国负责共益公司认证的机构开发——是推行社会影响力标准化评级与报告的一个著名例子。全球影响力投资评级系统使用全球影响力投资网络的“影响力报告与投资标准”指标和附加指标来评定公司或基金一级以及治理层、普通员工、社区、环境及以社会和环境为重点的商业模式等次一级的社会影响力等级。截至2014年,全球影响力投资评级系统对全球39个国家500多家公司的社会影响力进行了等级评定。按照从社会使命承诺和土地使用到员工待遇和对所在社区的态度的评级指标,每家公司最多可获得200分。

国际发展

社会金融对于国际发展的潜在作用，在 2013 年 6 月八国集团社会影响力投资论坛上经过了热烈讨论以后，就成了一个“热门话题”(另请参阅本书辛顿撰写的章节)。发展影响力债券作为社会影响力债券副产品的出现，是这次论坛后续工作取得成就的一个具体例子。此外，几十年来，许多国家的政府和国际机构都在进行影响力投资，并且正在探索采取更多行动的可能性。具体而言，它们主要采取了以下举措：

(1)2009 年，法国政府发起成立了 2.5 亿欧元的非洲企业投资支持基金(Fond d'Investissement Pour le Soutien Aux Enterprises En Afrique, FISEA)。这个基金由法国发展署(AFD)投资部 CDC 集团(CDC Group)下属的法国经合投资公司(Group Proparco)管理，其宗旨是通过创造体面的就业机会和鼓励可持续增长，对在非洲具有高度发展影响力的企业进行股权投资。

(2)2010 年，加拿大政府创建了“加拿大大应战”(Grand Challenges Canada)，负责对中低收入国家进行影响力投资。

(3)2011 年，德国开发银行(KfW)对艾维什卡尔(Aavishkaar)* 印度影响力基金注资 500 万欧元。

(4)2012 年，英国国际发展署(DFID)发起成立了 7 500 万英镑的英国国际发展署影响力基金。该基金由英联邦投资集团这个归英国政府所有的营利性发展融资机构管理。

(5)2012 年，美国政府自己的直接对外投资机构(DFI)——海外私人投资公司(Overseas Private Investment Corporation, OPIC)——获准为 6 只新的影响力投资基金提供至多 2.85 亿美元的融资。

(6)2013 年，英国国际发展署和美国国际开发署(US International Development Agency, USAID)宣布联合创建“全球发展创新风投”(Global Development Innovation Ventures, GDIV)这个旨在为世界最严峻的发展挑战提供创新解决方案的投资平台。

(7)2014 年，意大利通过了一部关于国际合作的法律，允许在公私伙伴关

* 北印度语“发明”。——译者注

系的基础上提供资金,以方便开展影响力投资。

把国际直接投资活动与社会融资结构和投资者结合起来的模式,为把社会金融的好处扩展到发达国家以外,并在最需要它的地方产生实际影响力创造了机会。然而,许多发展中国家缺乏本国社会金融资金的问题,使得发展社会金融成了发达国家从较贫穷经济体获利的另一个机遇。

锁定社会使命

如前所述,接受社会金融投资,对于被投资者来说,就意味着面临风险(请参阅本书尼科尔斯和汤金森撰写的章节),其中最主要的风险就是"使命漂移"或者在被收购接管的情况下甚至是"使命毁灭"(mission destruction)[另见本书有关本—杰瑞公司(Ben and Jerry's)的章节]。现在,社会组织采取不同的策略来保护自己的使命,包括采纳新的法律形式,如英国的社区利益公司(community interest company),其特点就是"资产锁定"(asset lock)。然而,迄今还没有一种达成一致的做法。

此外,虽然非营利组织被认为应该致力于履行社会使命,但营利性公司在执行使命驱动型商业模式时可能会遇到更大的挑战,原因就在于有这样一种假设:受托责任要求公司管理层采取能使股东投资财务回报最大化的策略。在社会金融生态系统中运作的影响力投资者以多种方式处理股东和利益相关者之间假定的利益冲突。现在,投资者已经设法把社会影响力写入投资意向书,作为一种确保社会影响力与财务回报相一致的方法。也有投资者主动要求把社会影响力作为专门条款写入投资意向书,并且允许其他投资者在未来安排新的投资交易时参考这些条款(De Proper and Campbell,2015)。

共益公司认证还试图通过修订公司章程来锁定社会使命,此举允许创办企业的管理层同时追逐市场机会和社会影响力。除了在公司章程中阐明有关社会和环境影响力的期望外,主流私募股权投资者也开始认识到把业绩和管理环境观纳入营利性公司经营战略的意义。科尔伯格－克拉维斯－罗伯茨(Kohlberg,Kravis,Roberts and Co.)和黑石集团等私募股权公司正在推行意图日益明确的战略,在可持续发展的基础上管理其资产组合中的成分企业,并从中取得财务业绩。

最后,如下文所述,最近的研究还揭示了这样一个现实:业绩最优的影响力投资基金常常是在“影响力 DNA”或“使命至上”的框架内运作。在实践中，这就意味着在基金生命周期的初始阶段，其经理人和有限合伙人就会提出一个定义明确的影响力论，然后在严格的财务纪律约束下开展基金投资实务的过程中贯彻影响力论。这样的影响力论已经把影响力深度整合进基金的投资活动，并且创建了一种永久性的社会使命锁定机制（Clark et al.，2014）。

兼益企业的作用

八国集团的社会影响力投资特别工作组负责探讨使命调整（mission alignment）问题的工作小组负责探索一种新的经营风格，而具有这种新的经营风格的组织被定义为利润完全分配型组织（fully profit-distributing organizations），长期致力于优先考虑、创造并报告其社会影响力。这种组织被冠以“兼益企业”（又称“目的与利润并行企业”）的称谓。以下三个特征可以定义这种类型的组织：目标、责任、报告。这种组织的目标必须是创造社会影响力，责任是努力实现这个目标，报告要求就是展示其创造的影响力。把一种新型营利性组织包括在社会金融市场需求侧中，由于多个原因而显得引人注目。

这样，许多现有企业就可重新被归入社会投资对象，于是就能获得经常打折的资金。对于社会投资者来说，这样就能进行风险较低、更加“常规”的、没有许多社会企业要求的业绩评价复杂性的投资。与许多社会目的组织相比，能获得这种投资的组织从一开始就有扩大规模和具有较大可伸缩性的潜力。然而，魔鬼就隐藏在细节中，在这里就是隐藏在任何旨在发展正经的兼益市场（profit-with-purpose market）的行动中。在缺乏明确的监管准则的情况下，搭便车的机会特别多。

2.0 版影响力投资

虽然学术界对有条不紊地研究社会金融领域新出现的实务和经验表现出越来越浓厚的兴趣，但一些最有希望的研究却是由社会金融从业人员完成的。最近的研究项目“2.0 版影响力投资”（Clark et al.，2012，2013）试图让投资者和基金管理人参与评估哪些做法不仅有助于管理有方的影响力基金，而且适用于那些按照财务和影响力标准被认为优于同行的基金。克拉克(Clark)等对300多只品牌影响力投资基金的普通和有限合伙人进行了访谈，探讨了投资者如何理解业绩优异的问题，并且记录下了最佳投资实践。在这些访谈和他们自己分析的基础上，克拉克等研究人员构建了一个由12只业绩优异的基金组成的集合，然后对它们进行正式、深入的案例研究。除了这些访谈之外，克拉克的研究团队还得益于数十名社会金融从业人员给出的评分，后者都参加过在像旧金山社会资本市场会议[Social Capital Markets Conference，SoCap，这个会议被称为“燃烧的人遇见华尔街”(Burning Man Meets Wall Street)，每年有2 000多人参加]和每年春天在牛津大学举行的斯科尔世界论坛这样的影响力投资者国际会议负责人主持的讲习班。

这个研究团队已经完成多份报告，还在2005年出了一本专著。这本专著介绍了他们的研究发现，并且概述了其他影响力投资者如何得益于他们研究的主要基金的实践。这个为期3年的研究项目阐述的四个核心主题包括以下概念：

● 政策共生(policy symbiosis)。影响力投资基于跨部门的深度合作，包括与公共部门的合作。影响力投资与各级政府都有交集，既能满足公共部门对最大限度地提高社会和环境效益的浓厚兴趣，又有助于影响力投资兑现能创造大量社会和环境效益的承诺(这一发现与某些影响力投资者有时颇显自恃的言论相矛盾，因为他们认为成功的基金本身就是“自由市场”的产物)。

● 催化剂资本/资金(catalytic capital)。即能使基金、企业、部门或地区获得追加资本/资金的资本/资金。这种资本/资金可能会导致变革，还可能产生指数级的社会和/或环境价值。催化剂资本/资金能从早期提供资金到驱动声誉效应全方位地帮助基金。

● 多能领导。那些负责投资的人必须遵守不可触犯的财务纪律，但成功的基金领导不但是有效的资金管理者，还必须有跨部门工作的经历，无论是在机构还是个人层面都应该游刃有余。

● 使命至上。与“财务回报优先”或“影响力优先”不同，“使命至上”要求成功的基金把财务和社会目标放在同等重要的地位，构建明确内嵌式的策略和结构，以便在开始投资之前就履行使命，并且使财务重点贯穿投资的整个生命周期。

环境投资

环境投资是社会金融的一个重要组成部分，因为环境退化通常对人类产生深远的影响（另见本书哈罗德撰写的章节）。广义地讲，环境投资包括很多投资策略和工具，从保护地役权到土地储备再到保护碳积分和碳交易。值得关注的计划或倡议包括：

（1）活力海洋计划（Vibrant Oceans Initiative）。一个耗资5 300万美元的彭博慈善项目，创建了一种非政府组织"海洋与稀有生物"（Oceana and Rare）与可持续金融公司"宜可资产管理伙伴"（EKO Asset Management Partners）合作的合伙关系，为世界重要渔场当地渔民和工业化渔船队向可持续渔业转型融资提供私人资本/资金。

（2）大自然保护协会（Nature Conservancy）发行的"保护自然票据"（Conservation Note）。大自然保护协会发行面额为25 000美元、不同期限的"保护自然票据"。资产所有者可以投资这种固定收益票据。发行这种票据筹集到的资金用于资助世界各地"高度优先"的保护项目。

（3）联合国环境规划署的金融计划（United Nations Environment Programme Finance Initiative）。这项计划力求把环境因素整合进主流金融公司的实践。虽然这是一项自愿响应计划，但在提升主流金融服务业可持续发展的形象和在机构投资者层面推进可持续环境投资实践方面发挥了重要作用。

环境投资并不是一个没有争议的领域，因为它的许多做法涉及"给地球定价"（put a price on the planet），并且要把资本市场创新引入土地、水资源和动物管理与保护。也就是说，在我们不断寻求人类日益增长的需要与向往健康、多样化地球这个最高要求间矛盾的解决方案时，环境投资是研究人员和从业人员探索金融和宝贵资源如何交叉互动的重要领域。

散户投资者

目前，对社会金融领域的关注大多集中在基金、超高净值资产所有者和机构投资者的资产配置以及其他远远超出大多数个人投资者——尽管他们可能也有兴趣根据某种融资策略把小额资本投入社会金融领域——财力的融资新方案上。但是，如果社会金融真正要达到一定的规模，就必须实行“民主化”，必须让那些投资 250 美元的人和投资 25 万美元的人都能参与社会金融活动。目前，社会金融几乎没有投资者能采用较小金额分期付款的方式进行投资的工具。不过，最近几年出现了各种不同的创新，可以作为社会金融领域未来投资可能性的一项指标。例如：

(1)卡尔弗特基金会推出的社区投资票据(Community Investment Note)使个人投资者能够通过其投资经纪人与养老金和其他资产管理部门协调的方式参与社会债务融资。

(2)“三连晶全球”(TriLinc Global)基金是一种“影响力共同基金”。其全球战略是为各新兴市场的小企业和成长期企业融资，并且把为位于金字塔底部的劳动者群体创造就业机会作为首要的影响力测量指标。它为小型散户投资者参与社会债务融资创造了机会。

(3)“影响力资产”是一个非营利金融服务机构，它管理着一只总资产达 1.5 亿美元的捐赠人建议基金(donor-advised fund，一种慈善捐赠工具，个人可以最少把 500 美元的捐款存入慈善账户；然后，存款将根据捐款人的建议用于慈善捐赠)，并且按照影响力原则管理这只基金 80% 的资产。2015 年初，“影响力资产”推出了两种面值为 25 000 美元的投资票据(一种为小微金融融资，另一种用于为发展可持续农业融资)，投资者可采用分期付款的方式认购。

(4)最后，正如前面提到的那样，各种众筹平台为个人投资者(无论是否经过认证)对营利和非营利社会新创企业进行小额投资创造了新的机会。

以上每项措施以及其他各种举措都在扩大可供散户投资者选择的范围，并为资金在社会金融资本市场上的流动开辟了新渠道。

全书简介

在本绪论之后，本书共有 19 章，分为五篇。第一篇“背景与争论”，以对社会金融市场不同方面的性质和发展进行离散、专业、批判性观察的方式为全书设定研究背景。第一篇共四章，旨在帮助读者了解迄今有关社会金融问题的一些重要争论。

第一篇以马尔干的文章作为开篇。马尔干在这篇文章中提出了“社会金融‘投资’方式真能增加价值”这样一个基本问题。第一章考察了社会金融的一些起源，分析了8种有时被混为一谈的不同类型的投资，并且对一些有关社会金融的论述进行了点评，还特别指出并没有很确凿的证据能够证明把主流金融的投资观点和方法引入社会部门真正的附加意义。作者根据他本人参与一些英国社会金融计划的经验，详细分析了英国社会金融生态系统的发展现状，然后考察了把资金流与（至少在理论上）有证据证明的社会影响力挂钩的“为成功付费”（pay-for-success）模式的发展现状。接着，重点介绍了关于回报、定义、影响力和规模四个方面的重大挑战。最后，对这一部门今后可能实现的发展提出了一些看法。

第二章由斯坦伯格撰写，重点研究了社会金融与非营利部门的关系。作者在这一章里提出了社会金融应该做哪些方面的投资以及对谁投资的问题。先讨论了可以通过普通金融投资满足的社会需要与必须通过社会投资才能满足的社会需要之间的区别，或者说“社会金融应该做哪些方面的投资”的问题。而“对谁投资”的问题则涉及投资对象，即利用社会投资创造社会影响力的组织。作者先阐述了社会金融在创造集体产品和解决市场失灵问题方面的传统理论，然后详细介绍了非营利组织进行社会投资的现状。随后讨论了把社会和财务目标结合在一起的混合型组织的演变情况——具体而言，考察了混合型组织的几个关键特征，如效率、可持续性和获得资本/资金的机会。最后，对各种相关论点进行了评述，并且指出了它们各自的局限性。

第三章由杨撰写。这一章从接受投资的社会企业类型的角度对社会金融进行了探讨，强调指出了社会企业是一种非常多样化的跨部门现象，通过从政府、慈善机构和市场那里获得的收入和投资的混合方式来筹集资金。因此，这一章基于非营利金融收益论（a benefits theory of not-for-profit finance）构建了一种跨部门的社会金融理论。作者对这种收益论进行了扩展，并且认为：首先可以把它应用于各种形式的社会目的组织，而不是仅仅局限于非营利组织；其次可以把关注重点从对非营利组织服务的需求转向社会创业者如何为他们的新创企业进行融资；最后又建议社会创业者应该使自己的使命关切与他们的企业借以创造公共和私人收益的潜在资金来源相匹配。这种收益论的发展和应用导致社会金融面临许多挑战。这一章的结论表明，相对于社会企业可能创造的收益而言，社会企业似乎将长期处于资本/资金不足状态——除非政府实施补偿性创业战略和公共政策。

第一篇以毕晓普和格林撰写的章节结束。他俩在这一章里基于之前的慈善资本主义研究探讨了这个行动领域的演化状况。他俩认为，虽然2008年爆发了金融危机，但捐赠活动仍有发展，而且已经变得更加制度化，而不是在逐渐消失。事实上，现在甚至连政府也倡导慈善资本主义。这一章旨在提出基本的论点来驳斥关于追求利润与社会一般福祉之间必然对立的规范性假设，介绍了慈善资本主义批评者展开的一系列辩论——当然，慈善资本主义本身也引起了一些争议。这一章还着重讨论了一些超越特定慈善资本主义观的重要问题，如更加严谨地评价影响力以及提高捐赠部门透明度和实行问责制的意义；然后重点介绍了这个领域正在出现的一些创新，包括像"克林顿全球倡议"(Clinton Global Initiative)这样的慈善"市场"。这两位作者在结尾部分谨慎地提醒我们，承担风险可能有回报，但证明能否取得回报也很重要。

第二篇着重展示社会金融的发展全貌。前四章按粗略的时间顺序深入分析了合作和互助金融、小微金融、风险慈善和影响力投资四个最发达的社会金融部门。在第五章里，米希尔详细介绍了合作和互助组织这种最早期的社会金融形式。作者首先给出了合作和互助金融的定义及其投融资方式；然后把合作和互助组织置于全球大背景下大致介绍了这种组织的一些历史背景，包括关于全球合作和互助金融规模的数据；接着用一整节的篇幅探讨了合作和互助组织与公共服务改革之间的关系。米希尔还表示，2008年以来有越来越多的人赞同，企业多元化有利于降低国民经济的总体风险。在这种背景下，合作和互助部门的扩大，除了个人社员身份和社区嵌入式社会价值创造的微观利益外，还创造了宏观层面的好处。然后，作者探讨了未来互助金融市场的可能形态和结构，最后在结尾部分对全文进行了总结。

第六章考察了另一个最成熟的社会金融领域——小微金融。在这一章里，萨宾表示，虽然经过了30多年的实践，但现代小微金融仍是一个面临许多重大挑战和问题，而且还在"不断变化"的领域。作者首先根据自己对这个领域变化的观察和已有研究的回顾，概述了小微金融，介绍了该领域使用的基本术语，并且考察了小微金融的两个重要历史先驱非正式社群协会(informal community associations)和国有开发银行。然后，作者介绍了小微金融如何从20世纪70年代中期开始逐渐发展成现代形式的过程，包括对其规模、地理覆盖范围、机构规模和组织类型的概述。接着，作者讨论了有关小微金融三个方面的基本争论——小微金融模式的关键特征、商业化的确切作用和小微金融的影响力。作者在结尾部分考察了小微金融盈利能力争论尚未得到解决的原因。萨宾在这一章里介绍了许多案例，用以说明有关小微金融的要点和问题。

第七章探讨了风险慈善问题。约翰和艾默生首先给出了“风险慈善”的定义，确定了风险慈善的组成要素和发展阶段，然后介绍了风险慈善从美国到欧洲最近再到亚洲的发展过程。从历史视角对风险慈善的这一剖析既显示了这个“参与”式慈善(“engaged” philanthropy)领域随着时间的推移发生了怎样的变化，同时又表明不同的社会文化背景和传统对于风险慈善发展产生了多么重要的影响。这一章与本书前文提到的“慈善资本主义”研究有明显的联系。在剖析了风险慈善的历史发展背景以后，这一章接着讨论了一些批评风险慈善的观点。约翰和艾默生在结尾部分提出了这样一个关键问题：风险慈善将成为一种“捐赠”常态还是仍将是一个“局外人”的部门。

第八章介绍了影响力投资这个社会金融最引人注目的子部门。这一章首先给出了影响力投资市场的定义，讨论了可以观察到的影响影响力投资市场发展的主要背景和趋势；然后介绍了影响力投资市场的主要特征，内容包括地域分布和多样性、行业分布、所采用的金融工具以及风险和回报状况等问题。随后，作者讨论了影响力投资这个新兴市场的结构，并且说明了政策在形成和支持这个领域方面的重要作用。然后，作者又继续讨论了影响力投资的未来发展方向、机遇和挑战。最后，作者在结尾部分对整章的论点和分析进行了总结。贯穿全章的简要案例为本章的分析和评论奠定了重要的现实基础。

第三篇“模型与评价指标”收录了4篇论文，每篇论文都围绕4个关于社会金融结果建模和评价的重要主题进行了全新的理论思考和分析。第三篇以尼科尔斯等学者的第九章“社会影响力评价”开篇。这一章首先对“社会影响力”进行了定义，然后介绍了目前关于如何衡量社会影响力的一些问题和争论，接下来着重分析了社会金融与众不同的特点对旨在为资金配置决策提供信息的评价指标产生的影响。这一章以构建关键问题框架的方式提出了许多有关社会影响力评价的重要问题，以便为选择反映社会价值创造和组织业绩的大量可用指标提供指导和信息。然后，这一章讨论了社会影响力评价方法，大致介绍了目前可供使用的与社会金融有关的具体评价指标和评级方法。接下来，作者构建了一个权变模型用以说明适合（采用各种不同的形式）或者不适合进行社会影响力评价的不同情况。结尾部分对全章的内容进行了总结。

第十章论述了一个重要但研究严重不足的主题：社会金融中的风险和回报。尼科尔斯和汤金森在这一章里探讨了主流金融计算风险和回报参数的现有工具和框架在多大程度上可用来为某一给定资金配置的可能社会回报进行建模。首先，第十章考察了主流金融中的风险和回报，确定了概率风险、方差风险和不确定性风险三个不同范畴；然后回顾了已有社会风险与回报（或收益）研究；接着就如何采用既有风险研究文献中的三个风险范畴来测度社会结果以及如何尽可能好地利用这些结果等提出了建议。作者考察了特定类型的社会风险与预期社会回报之间的相关性，发现两者呈复杂的相关关系。第十章还就如何评价和管理社会金融中的社会风险等问题提出了一些看法。结论表明，通过构建更加严谨的社会风险与回报概念模型，可帮助社会投资者创造投资机会。

第十一章以尼科尔斯和汤金森的研究为基础探讨了社会金融中的估值和定价问题，并且指出了社会金融市场进一步发展面临的一大挑战——缺乏连贯一致的混合估值和定价方法，因此无法做出资金配置比较判断。作者根据主流金融资产估值基础［即预测—估值—定价（projection-valuation-pricing，PVP）模型］来构建解决这个问题的新模型；然后详细考察这个模型的每个构成要素，并且就该模型在社会金融环境下的特殊性提出了重要看法。这一章着重强调了现有模型对社会金融非常有效，但必须根据新的应用环境进行调整的观点，接着探讨了从不同投资者的角度看签订个性化的社会金融投资意向书应该注意的一些重要问题，最后对这一章的贡献进行了总结。

第三篇的最后一章，也就是本书的第十二章，举例详细阐述了社会金融领域一项非常重要的创新——社会影响力债券。尼科尔斯和汤金森详尽分析了世界上第一个社会影响力债券案例——英国为彼得伯勒女皇陛下监狱（Her Majesty's Prison in Peterborough）发行社会影响力债券的例子。这一章首先对社会影响力债券模型及其关键组成部分进行了定义，介绍了社会影响力债券问世的历史背景。之后比较详细地介绍了彼得伯勒监狱社会影响力债券试点项目，讨论了社会影响力债券在全球范围内的发展。结论部分考察了随着第一个社会影响力债券试点项目的实施而出现的一些问题。这一章最后在后记中对 2014 年出现的一些重要相关问题进行了反思。

第四篇"社会金融基础设施建设"共分三章。前两章回顾了形成全球社会金融生态系统的政策背景和议程。艾迪斯和尼科尔斯（在第十三章）着重探讨了各种公共政策工具如何激励世界各国社会金融市场建设的问题。这一章考察了政策干预的理由，首先是基于市场的分析，然后是支持政府在鼓励创新方面发挥更大作用的论点。作者根据世界各国的相关案例打造了一只新的政策"工具箱"，最后考察了社会金融如何才能成为开展新的跨部门合作的协调中心，从而构建今后更有成效的新型公私伙伴关系。

艾迪斯和尼科尔斯集中讨论了有关全球不断变化的社会金融政策议程的问题和争议，而斯皮尔、佩顿和尼科尔斯在第十四章考察了英国、美国和加拿大（魁北克省）三个特定国家或地区背景下的社会金融政策议程。这三个国家/地区的选择既反映了成熟的政策环境，又凸显了自由市场经济体（英国和美国）与协调型市场经济体（加拿大魁北克省）的差别。第十四章讨论了政府实际采取的干预行动、政府干预的原因以及政府制定政策和发展新制度的方式这三个基本问题。这一章首先总结了英国的主要政策发展历程，考察了政府采取这种公共行动的政治和经济理由；然后考察了美国的政策环境，对这两个自由市场经济体的行动进行了简要综合。作者接下来把考察重点转向了协调型市场经济体，并介绍了加拿大魁北克省的相关政策议程。作者认为，魁北克为提供社会金融服务构建了非同寻常、异常坚固的基础设施。这一节的目的是要把这个主题讨论和分析范围扩大到英美两国的问题之外，因为现有的社会金融政策问题讨论通常局限在对英美两国的关注。最后，作者采用广泛论证不同司法管辖区的不同社会金融政策如何演化的方式对自己的研究进行了总结。

第四篇的第三章（也就是本书的第十五章）探讨了新出现的支持社会金融市场的基础设施。施瓦茨、琼斯和尼科尔斯首先通过详细讨论社会经济繁荣的基本要求，为他们随后的论述奠定了更加广泛的背景基础。在此基础上，作者接着确定并探索了支持社会金融市场发展的四种关键基础设施——

政府性基础设施、支持性基础设施、知识性基础设施和交易性基础设施。作者为证明自己的论点，在这一章剖析了许多国际案例，并且在结尾部分对整章的主要贡献进行了总结。

第五篇，也是本书的最后一篇“社会金融的未来发展方向”，着重介绍了4个新兴社会金融市场的例子，这些例子有助于我们洞察未来促进社会金融市场加速发展和扩大规模的可能机会。第五篇的开篇是莱纳的论文（第十六章），这篇论文考察了众筹，特别是与社会企业融资有关的众筹问题。莱纳认为，众筹为连接散户投资者与社会企业创造了真正的机会，同时也为填补这方面的一个重大研究空白创造了条件。作者首先研究众筹的各种商业模式，然后从社会金融的角度探讨了债务型和股权型众筹模式。最后，作者提出了日后众筹研究应该关注的主题以及社会企业背景下的研究课题。

第十七章重点考察了作为社会影响力来源的对外直接投资（DFI）和私募股权（PE）融资。辛顿评估了国际金融机构和私募基金目前在新兴市场投资的情况，特别侧重于非洲和南亚市场。他认为，几十年来，国际金融机构根据其影响力授权和所有权结构，向新兴市场提供了一种（基本上未得到承认的）社会金融服务。这种金融服务强调明确的环境、社会和治理业绩标准，并旨在透明地评价和报告环境、社会和治理业绩。然后，作者探讨了如何把各种基金分为“财务回报优先”型或“影响力优先”型两种，因为“财务回报优先”或“影响力优先”会对基金的活动和结构产生重大的影响。最后，作者探讨了许多与对外直接投资有关的重大社会金融问题，在结尾部分对全章提出的数据和论点进行了总结。

第五篇的最后一章，也就是本书的第十八章，考察了环境金融问题。具体而言，这一章阐述了人类家园、环境管理经济学和经济投资的环境影响之间的交叉问题。这一章包括四个主要部分：第一节探讨了环境经济学关心的主要问题，考察了环境投资与财务回报之间的关系，提出了一个便于了解环境导向型投资不同方面的框架。第二节提出了环境问题如何与财务性投资相联系的十大关键命题。第三节关注房地产这个与环境关系特别密切的领域，并且详细介绍了三个案例研究，用以说明把环境价值纳入房地产投资的现有战略。最后一节对全章进行了总结，并且为今后更深入的研究提出了一些建议。[1]

本书的结尾是格雷戈里写的跋。该文能对读者产生启发作用，启发读者去想象一些未来的社会关系和价值取向——包括那些定义和操纵金融市场的社会关系和价值取向，即从关注自身利益和“看不见的手”转向合作和互助——一种看得见的“握手”。

结束语

正如本绪论和本书所反映的那样，社会金融代表着一个由投资者、企业家和公共政策制定者组成的充满活力的多元化生态系统。然而，社会金融想要真正有效地继续把一套边缘的资本市场实践转化为真正植根于经济主流的资本市场实践，还必须应对许多挑战。伊文奈特和里克特(Evenett and Richter，2011：3)指出了社会金融市场进一步制度化所面临的七个持久性挑战：

(1)资本供给分散化以及联合和多元融资选择的缺失。社会金融业既需要更多的合作和共同投资，又需要更多的市场参与者加入竞争。此外，集聚需求侧的投资机会，也许能吸引那些认为目前市场规模太小的参与者。

(2)需要更多的量身定制的商业性支持，包括需要解决根深蒂固的文化和技术问题。

(3)现在还没有普遍认可的社会结果评价指标，也没有一种解决这个问题的“灵丹妙药”。缺乏评价标准的有害后果是，每笔交易的尽职调查成本很高，从而导致社会投资的高风险感(另见本书第十章)。

(4)没有明确的市场信号：上述各种社会投资工具(如赠款、软贷款等)使这个市场对潜在新进入者来说是一个复杂和难以进入的市场。

(5)基金会资产面临限制性的监管和立法环境。

(6)税收减免或政府担保等投资激励措施不足(尽管更具创造性的结构化金融交易可以解决这个问题)。

(7)需要效率更高的交易中介来解决二级社会投资市场流动性不足的问题。

---

[1] 这一章大量引用了作者另外两篇由牛津大学萨伊德商学院2007年发表的论文：Blended Value Investing：Integrating Environmental Risks and Opportunities into Securities Valuation；Blended Value Investing：Innovations in Real Estate。

虽然近年来在解决上述大部分问题方面取得了一些进展，但社会金融市场仍然呈碎片化状态，仅仅是实现了部分制度化。在某种程度上，由于这个领域具有很大的流动性，因此，许多创新和试点似乎正呈现跨越国界在全球各大洲加速推广的态势。各地区正在相互学习，共享不同的模式，并且根据本地的条件对商业模式进行调整——社会影响力债券在世界各地出现的多种修正模式就是一个例子。八国集团（加上澳大利亚，去掉俄罗斯）社会影响力投资工作组的努力，再加上影响力投资政策合作组织（Impact Investing Policy Collaborative，IIPC）等其他跨国机构的努力，在全球范围内为快速跟踪各国社会影响力投资成功发展的业绩奠定了重要的基础；风险慈善等领域区域性网络[欧洲风险慈善协会（EVPA）、美国风险慈善协会（AVPN）]的创建也有助于促进资本流动和最佳实践分享（另见本书第七章）。

虽然社会金融仍处在制度化的早期阶段，但我们已经可以设想一些社会金融未来发展的模式。未来似乎最有可能出现吸收、平行制度化、制度变革这三种情形中的某一种。

情形1：吸收

未来有可能出现的第一种情形是，社会金融融入主流金融市场，并有被主流金融市场所吸收的潜在可能性。出现这种情形的前提是，社会金融投资扩大其创造利润的能力，然后把社会责任投资作为主流投资组合的一个选项来整合。清洁能源投资的发展和成功可能是这种趋势的前兆。然而，现在尚不清楚有多少社会投资具有为主流投资所必需的规模；目前存在某种资本吸收的挑战，因为对于寻求影响力投资机会的主流投资者来说，“处于观望状态”的资本/资金多于可投资的机会。但不管怎样，已有证据表明，这种情形正在变成现实。自现代社会金融获得早期发展以来，传统金融中的行为主体发挥了主导作用，在社会金融的初始制度化阶段把市场/商业逻辑引入了社会金融，特别是社会金融的中介业务领域。在这个转型过程中，有一点非常重要，那就是要特别关注按照主流投资的思路，而不是秉承捐物赠款的传统来促进社会金融的“职业化”。

把资源配置于准主流影响力投资市场的发展，也体现了把社会金融纳入传统市场的愿望。此外，另有越来越多的证据表明，主流资本/资产管理公司不再拘泥于传统的“仅限于财务”的分析框架，开始考虑社会和环境因素所代表的“（资产负债）表外”风险和机会。这些管理公司把环境、社会与治理集成以及社会金融的相关实践看作对传统金融分析的补充，并且希望将其纳入更加全面的投资分析（Clark et al. ，2013）。

情形2：平行制度化

第二种情形表明，社会金融依然是在与其交叉的主流金融边缘运作，而这两种金融对这个边缘地带的共同兴趣使这个地带（即规模较大的社会企业）具有一定的生存力，但也使它作为一个独立的平行系统运作，并运用种类更多的金融工具、风险—回报模式和混合交易结构来支持更大范畴的社会经济。捐赠和主流投资逻辑（如果处于紧张状态的话）将通过更多的新型混合组织和金融工具来保持平衡，而这些组织和金融工具将逐渐获得更加广泛的规范和认知合法性，从而获得更多的慈善和投资资金。在这种情形下，风险慈善机构以及营利组织和非营利组织之间的合作将在促进以前截然不同的投资逻辑和投资者理性间新型关系制度化方面发挥关键的作用。互助化——地区性股票市场的恢复、本地货币的重新流通、互助会和建房互助会新浪潮的掀起，以及在公共和私营部门行动方面发挥重要作用的地方合作社——的复苏也将是这种情形的一个显著特征（另见本书米希尔和格雷戈里所写的章节）。

情形3：制度变革

在第三种情形下，社会金融将通过激进和破坏性行动，促进所有投资市场的系统变革，寻求更加广泛或者更深层次的社会转型，其特点是更明确的政治、批判和反文化取向（Davis et al. ，2005）。道德消费（ethical consumption）的兴起为这一变革提供了一种可能的模板。虽然道德商品和服务（ethical goods and services）市场的交易还不到欧洲全部商品和服务交易的1%（美国道德商品和服务交易的占比更小），但事实证明，这个市场准则的影响力要大得多。例如，在北方，公平交易模式激励消费者要求提高供应链的透明度，并且改善整个零售业的供应链实践（Nicholls and Opal，2005）。在这种情形下,社会金融既是资本投资重大调整的一种症状,又是资本投资重大调整的一种原因,因而要求把风险和回报计算重新嵌入其社会和环境中——某种在许多工业企业的碳足迹方面通过环境、社会和治理会计已经发生的事情。社会金融的这种变革情形将与道德消费持续增长和 2008 年全球金融危机后国家监管对策一起合成了一种新的"美德经济"(economy of virtue)(Offer,2006)、"后资本主义"(Mulgan,2009)和一种进化型"3.0 版资本主义"(Capitalism 3.0,Emerson and Bonini,2006)或者"协作资本主义"(collaborative capitalism,Clark et al.,2014)。

这个变革过程的发生并非偶然,它可能是由来源于主流和发展/社会金融界的新金融经理人阶层发起。有研究表明(Clark et al.,2013),得到最有效管理的社会影响力投资基金是那些由具有主流金融专业知识和发展金融经验的团队和经理管理的基金。因此,这种情形可能是由在两种投资框架内运作的新型投资从业人员的进化所驱动的。

总的来说,这些蕴涵社会金融实践的主流资本市场转型,可能是对阿玛蒂亚·森(Sen,1987)的论点——长期以来,伦理学和经济学在理论上一直被一种效用、理性和效率的人为表征方式分割开来,而这种表征方式显然没能带来最大限度的福利,而是实际加剧了不平等——做出的回应。建立在公平和人际尊重等美德基础上的经济,不但能够造就一种更加适合当今全球贸易文化复杂性的新经济,而且可能回归到一种更加人性化的交流和经济互动模式,但这种模式在过去的一个世纪里暂时被企业势力和市场营销的崛起所取代。从这个角度看,马歇尔(Marshall,1907)呼吁的"经济骑士精神"(economic chivalry)还可以通过不断变化的市场力量来体现。

当然,目前还无法确定这些未来情形中的哪一种(或者这里没有说明的其他情形)可能成为这个市场的主要表现。不管怎样,更加清晰的方向和路线正在开始融合。因此,2014 年是社会金融发展的重要一年。

罗纳德·科恩爵士(Sir Ronald Cohen)担任主席的社会影响力投资工作组对全球社会金融市场面临的机遇和挑战进行了为期一年的广泛讨论和分析,并且在 2014 年 9 月提交了一份包括以下八项高级别建议的研究报告:

1. 制定可评估的影响力目标,并跟踪目标的实现结果。

2. 投资者必须考虑风险、回报和影响力三个维度。

3. 明晰受托人的受托责任：允许受托人考虑其投资的社会和财务回报。

4. 各国政府应该考虑简化像社会影响力债券这样的根据结果付费的安排，并且为支持影响力投资调整国家生态系统。

5. 考虑设立以无人认领资产为资金来源的影响力投资批发机构，以推动影响力投资业的发展。

6. 提高社会部门的组织能力：政府和基金会应该考虑制定能力建设性拨款/赠款计划。

7. 赋予兼益企业锁定使命的能力：政府为有志于在未来履行社会使命的企业家和投资者规定适当的法律形式或条文。

8. 支持影响力投资在国际发展领域发挥作用：各国政府应该考虑赋予本国发展金融机构灵活性，以使它们努力进行影响力投资。探索创建影响力投融资机制，帮助吸引愿意投资于企业发展早期阶段的资本/资金，并且创建发展影响力债券社会成果基金（DIB Social Outcomes Fund）用于偿还成功的发展影响力债券（SIITF，2014：8）。

本书深入探讨了上述所有问题以及许多其他问题，以期尽可能全面地介绍现已公布的全球社会金融状况。希望本书提供的素材对社会金融研究、政策和实践的未来发展能做出实质性的贡献。我们迫切需要一个能充分履行自己职能的社会金融市场——资本充足和设计精良至关重要。资本市场只有能够识别由价值创造和价值占有的创造性组合所创造的机会，才能最大限度地提高社会金融解决最紧迫的全球问题和改善被边缘化最严重者生活的能力；否则，这些人似乎距离金融及其系统变革的潜力非常遥远。

参考文献

Addis, R., McLeod, J., and Raine, A. (2013). *IMPACT-Australia: Investment for Social and Economic Benefit*. Canberra, Australia: Department of Education, Employment and Workplace Relations/JBWere.

Arosio, M. (2011). 'Impact Investing in Emerging Markets'. Willow Tree Impact Investors/Responsible Research.

Bank of England (2003). 'The Financing of Social Enterprises: A Special Report by the Bank of England'. Bank of England, London.

Bishop, M. and Green, M. (2008). *Philanthrocapitalism: How the Rich Can Save the World and Why We Should Let Them*. London: A. & C. Black.

Bishop, M., and Green, M. (2010). 'The Capital Curve for a Better World', *Innovations*, 5(1): 25–33.

Bloom, P. and Chatterji, A. (2009). 'Scaling Social Entrepreneurial Impact', *California Management Review*, 51(3): 114–33.

Bolton, M. and Kingston, J. (2006). *Approaches to Financing Charitable Work: Tracking Developments*. London: CAF.

Brown, A., and Norman, W. (2011). 'Lighting the Touchpaper: Growing the Market for Social Investment in England'. Boston Consulting Group/Young Foundation, London.

Brown, A., and Swersky, A. (2012). *The First Billion: A Forecast of Social Investment Demand*. London: Boston Consulting Group/Big Society Capital.

Brown, J. (2006). 'Equity Finance for Social Enterprises', *Social Enterprise Journal*, 2(1), 73–81.

BSC (Big Society Capital) (2012). *What Is Social Investment?* <http://www.bigsocietycapital.com/what-social-investment>, accessed 5 May 2015.

Bugg-Levine, A., and Emerson, J. (2011). *Impact Investing: Transforming How We Make Money*. Hoboken, NJ: Jossey-Bass.

Buttle, M. (2007). 'I'm Not in It for the Money': Constructing and Mediating Ethical Reconnections in UK Social Banking', *Geoforum*, 38(6): 1076–88.

Cabinet Office (2011). *Growing the Social Investment Market: A Vision and Strategy*. London: HM Government, Cabinet Office.

Cabinet Office (2012). *Growing the Social Investment Market: Progress Update*. London: HM Government, Cabinet Office.

Campanale, M. (2005). *Mission Related Investing and Charities*. London: Henderson Global Investors.

Clark, C., Emerson, J., and Thornley, B. (2012). *A Market Emerges: The Six Dynamics of Impact Investing*. San Francisco, CA: The Impact Investor.

Clark, C., Emerson, J., and Thornley, B. (2013). *Impact Investing 2.0: The Way Forward—Insight from 12 Outstanding Funds*. San Francisco, CA: Pacific Community Ventures, Inc. (PCV), ImpactAssets, and Duke University's Fuqua.

Clark, C., Emerson, J., and Thornley, B. (2014). *The Impact Investor: Lessons in Leadership and Strategy for Collaborative Capitalism*. San Francisco: Jossey-Bass.

Christiansen, L. (2011). 'A New Foundation for Portfolio Management', RSF Finance and Portfolio 21.

Clotfelter, C. (1992). 'The Distributional Consequences of Nonprofit Activities', in C. Clotfelter (ed,), *Who Benefits from the Nonprofit Sector?* Chicago: University of Chicago Press, pp. 1–23.

Davis, G., McAdam, D., Scott, W., and Zald, M. (2005). *Social Movements and Organization Theory*. Cambridge: Cambridge University Press.

De Propper, D., and Campbell, B. (2015). 'Embedding Impact into Term Sheets', submitted for publication, Working Paper, Blue Haven Initiative, et al.

Eadery, Y. (2006). 'Ethical Developments in Finance: Implications for Charities and Social Enterprise', *Social Enterprise Journal*, 2(1): 82–100.

Edwards, M. (2008). *Just Another Emperor? The Myths and Realities of Philanthrocapitalism*. London: Young Foundation.

Emerson, J. (1996). 'Grants, Debt and Equity: The Nonprofit Capital Market and its Malcontents, in New Social Entrepreneurs: The Success, Challenges and Lessons of Nonprofit Enterprise', The Roberts Foundation.

Emerson, J. (2000). 'The Nature of returns: A Social Capital Markets Inquiry into Elements of Investment and the Blended Value Proposition', Social Enterprise Series Research Paper no. 17, Harvard Business School.

Emerson, J. (2002). 'A Capital Idea: Total Foundation Asset Management and Unified Investment Strategy,' *Research Paper Series*, no. 1786, Stanford University Business School.

Emerson, J. (2003a). 'The Blended Value Proposition: Integrating Social and Financial Returns', *California Management Review*, 45(4): 35–51.

Emerson, J. (2003b). 'Where Money Meets Mission: Breaking down the Firewall between Foundation Investments and Programming', *Stanford Social Innovation Review*, Summer 1(2): 38–47.

Emerson, J., and Bonini, S. (2006). 'Capitalism 3.0: Exploring the Future of Capital Investment and Value Creation', Blended Value Working Paper. <http://www.blendedvalue.org/capitalism-3-0/>, accessed 5 May 2015.

Emerson, J., Freundlich, T., and Fruchterman, J. (2007). *Nothing Ventured, Nothing Gained*. Oxford: Skoll Centre for Social Entrepreneurship.

Emerson, J., and Spitzer, J. (2007). *From Fragmentation to Functionality: Critical Concepts and Writings on Social Capital Market Structure, Operation, and Innovation*. Oxford: Skoll Centre for Social Entrepreneurship.

Evenett, R., and Richter, K. (2011). *Making Good in Social Impact Investment: Opportunities in an Emerging Asset Class*. London: Social Investment Business and The City UK.

Freidman, M. (1962). *Capitalism as Freedom*. Chicago: Chicago University Press.

Freireich, J., and Fulton, K. (2009). *Investing for Social and Environmental Impact: A Design for Catalyzing an Emerging Industry* New York: Monitor Group.

Geobey, S., Westley, F. R., and Weber, O. (2012). 'Enabling Social Innovation Through Developmental Social Finance', *Journal of Social Entrepreneurship*, 3(2): 151–65.

Goodall, E., and Kingston, J. (2009). *Access to Capital: A Briefing Paper*. London: Venturesome.

Global Sustainable Investment Alliance (GSIA) (2013). *Global Sustainable Investment Review 2012*. Washington, DC: GSIA.

Glyn, A. (2006). *Capitalism Unleashed: Finance, Globalization, and Welfare*. Oxford: Oxford University Press.

Grabenwarter, U., and Liechtenstein, H. (2011). *In Search of Gamma: An Unconventional Perspective on Impact Investing*. Barcelona: IESE Business School.

Harji, K., and Jackson, E. T. (2012). *Accelerating impact: Achievements, Challenges, and What's Next in Building the Impact Investing Industry*. New York, NY: The Rockefeller Foundation.

Harold, J., Spitzer, J., and Emerson, J. (2007). *Blended Value Investing: Integrating Environmental Risks and Opportunities into Securities Valuation*. Oxford: Skoll Centre for Social Entrepreneurship.

Harvey, D. (2005). *A Brief History of Neo-Liberalism*. Oxford: Oxford University Press.

Hayek, F. (1944). *The Road to Serfdom*. London: Routledge.

Hill, K. (2011). *Investor Perspectives on Social Enterprise Financing*. London: City of London/Big Lottery Fund/ClearlySo.

Impact Investment Shujog (2011). *Impact Investors in Asia: Characteristics and Preferences for Investing in Social Enterprises in Asia-Pacific*. Singapore: Impact Investment Shujog and Asian Development Bank.

Joy, I., de Las Casas, L., and Rickey, B. (2011). *Understanding the Demand for and Supply of Social Finance: Research to Inform the Big Society Bank*. London: New Philanthropy Capital/NESTA.

J.P. Morgan and the GIIN (2010). *Impact Investments: An Emerging Asset Class*. New York, NY: J.P. Morgan and the GIIN.

J.P. Morgan and the GIIN (2011). *Insight into the Impact Investment Market*. New York, NY: J.P. Morgan and the GIIN.

J.P. Morgan and the GIIN (2013). *Perspectives of Progress: The Impact Investor Survey*. New York, NY: J.P. Morgan and the GIIN.

Kuhn, T. (1962). *The Structure of Scientific Revolutions*. Chicago: University of Chicago Press.

Marshall, A. (1907). 'The Social Possibilities of Economic Chivalry', *The Economic Journal*, 17(65): 7–29.

McWade, W. (2012). 'The Role for Social Enterprises and Social Investors in the Development Struggle', *Journal of Social Entrepreneurship*, 3(1): 96–112.

Moore, M. (1995). *Creating Public Value*. Cambridge, MA: Harvard University Press.

Moore, M.-L., Westley, F. R., and Brodhead, T. (2012). 'Social Finance Intermediaries and Social Innovation', *Journal of Social Entrepreneurship*, 3(2): 184–205.

Mulgan, G. (2009). 'After Capitalism', *Prospect Magazine*, 26 April: 157–70.

NESTA (National Endowment for Science Technology and the Arts) (2009). *Capital Business: Risk Finance for Social Enterprises*. London: NESTA.

Nicholls, A. (2009). '"We Do Good Things Don't We?" Blended Value Accounting In Social Entrepreneurship', *Accounting, Organizations and Society*, 34(6–7): 755–69.

Nicholls, A. (2010a). 'The Institutionalization of Social Investment: The Interplay of Investment Logics and Investor Rationalities', *Journal of Social Entrepreneurship*, 1(1): 70–100.

Nicholls, A. (2010b). *The Landscape of Social Finance in the UK*. University of Birmingham: Third Sector Research Centre.

Nicholls, A. (2013). 'Filling the Capital Gap: Institutionalizing Social Finance', in S. Denny and F. Seddon (eds), *Evaluating Social Enterprise*. Basingstoke: Palgrave MacMillan, pp. 161–96.

Nicholls, A., and Lehner, O. (2014). 'Social Finance and Crowd-Funding for Social Enterprises: A Public–Private Case Study Providing Legitimacy and Leverage, *Journal of Venture Capital*, 16(4): 271–86.

Nicholls, A., Moore, M-L., and Westley, F. (2012). 'The Social Finance and Social Innovation Nexus', *Journal of Social Entrepreneurship*, 3(2): 115–32.

Nicholls, A., and Murdock, A. (eds) (2011). *Social Innovation*. Basingstoke: Palgrave MacMillan.

Nicholls, A., and Opal, C. (2005). *Fair Trade: Market Driven Ethical Consumption*. London: Sage.

Nicholls, A., and Pharoah, C. (2007). *The Landscape of Social Finance*. Oxford: Skoll Centre for Social Entrepreneurship.

Nicholls, A., and Schwartz, R. (2014). 'The Demandside of the Social Investment Marketplace', in L. Salamon (ed.), *New Frontiers of Philanthropy: A Guide to the New Tools and New Actors that Are Reshaping Global Philanthropy and Social Investing*. San Francisco: Jossey-Bass, pp. 562–82.

Nyssens, M. (2006). *Social Enterprise*. London: Palgrave Macmillan.

O'Donohoe, N., Leijonhufvud, C., and Saltuk, Y. (2010). *Impact Investments: An Emerging Asset Class*. New York: J.P. Morgan and Rockefeller Foundation.

Offer, A. (2003). 'Welfare Measurement and Human Well-Being', in P. David and M. Thomas (eds), *The Economic Future in Historical Perspective*, Oxford: Oxford University Press, pp. 371–99.

Offer, A. (2006). *The Challenge of Affluence*. Oxford: Oxford University Press.
OTS (Office of the Third Sector) (2006). *Social Enterprise Action Plan: Scaling New Heights*. London: Office of the Third Sector.
OTS (Office of the Third Sector) (2008). *Social Investment Pilots*. London: Cabinet Office.
Ottinger, R. (2007). 'Portfolio Philanthropy: How Philanthropists Can Apply Portfolio Theory to Make Wiser Social Investments', *Stanford Social Innovation Review*, 5(4): 25–6.
Rayner, S. (2006). 'Wicked Problems: Clumsy Solutions: Diagnoses and Prescriptions for Environmental Ills', Jack Beale Memorial Lecture on Global Environment, <http://www.scribd.com/doc/258818064/Rayner-Wicked-Problems-clumsy-Solutions#-scribd>, accessed 5 May 2015.
Salamon, L., and Anheier, H. (1999). *The Emerging Sector Revisited*. Baltimore, MD: Johns Hopkins University.
Saltuk, Y., Bouri, A., and Leung, G. (2011). 'Insight into the Impact Investment Market', J.P. Morgan Social Finance/GIIN.
Scarlata, M., and Alemany, L. (2012). 'Deal Structuring in Philanthropic Venture Capital Investments: Financing Instrument, Valuation and Covenants', in R. Cressy, D. Cumming, and C. Mallin (eds.), *Entrepreneurship, Governance and Ethics*, Springer, pp. 121–45.
Sen, A. (1987). *On Ethics and Economics*. Oxford: Blackwell.
Shanmugalingam, C., Graham, J., Tucker, S., and Mulgan, G. (2011). *Growing Social Ventures*. London: NESTA/Young Foundation.
SIITF (Social Impact Investment Task Force) (2014). *The Invisible Heart of Markets: Harnessing the Power of Entrepreneurship, Innovation and Capital for Public Good*. London: SIITF.
SITF (Social Investment Task Force) (2010). *Social Investment: Ten Years On*. London: Social Investment Task Force.
Spitzer, J., Emerson, J., and Harold, J. (2007). *Blended Value Investing: Innovations in Real Estate*. Oxford: Skoll Centre for Social Entrepreneurship.
Suchman, M. (1995). 'Managing Legitimacy: Strategic and Institutional Approaches', *Academy of Management Review*, 20(3): 571–610.
Sunley, P., and Pinch, S. (2012). 'Financing Social Enterprise: Social Bricolage or Evolutionary Entrepreneurialism?' *Social Enterprise Journal*, 8(2): 108–22.
Thornley, B., Wood, D., Grace, K., and Sullivant, S. (2011). *Impact Investing: A Framework for Policy Design and Analysis*. Insight at Pacific Ventures-Initiative for Responsible Investment at Harvard University/Rockefeller Foundation.
Unwin, J. (2006). *An Intermediary for the Social Investment Market?* London: CAF Venturesome/Futurebuilders.
World Economic Forum (2013). *From the Margins to the Mainstream: Assessment of the Impact Investment Sector and Opportunities to Engage Mainstream Investors*. New York, NY: World Economic Forum.
World Economic Forum (2014). *Charting the Course: How Mainstream Investors Can Design Visionary and Pragmatic Impact Investing Strategies*. New York: World Economic Forum.
Wood, A. (2009). 'Exploring a New Financial Paradigm in Social Investment', *Social Space*, 2: 113–15. Singapore: Lien Centre for Social Innovation.

第一篇

背景与争论

社会金融——投资能增加价值吗
社会金融应该投资什么和对谁投资
如何为社会创新融资
慈善资本主义日臻成熟

第一章　社会金融

——投资能增加价值吗

杰夫·马尔干

引　言

本章考察了社会金融的一些起源，分析了在社会金融标题下聚集的不同类型投资，介绍了社会金融面临的一些挑战（特别是投资工具和方法实际增加价值证据不足的问题），最后比较全面地考察了围绕社会结果投资的创新。

就像许多在社会金融出现之前已经存在的领域一样，社会金融既取得过真正的成就，也曾是大量炒作的对象。稳定的实际增长与媒体报道和会议数量以更快速度的增加两者搅和在了一起，当然媒体炒作也是功不可没，特别是为社会金融带来了人才和资源，也注入了热情。然而，媒体炒作也导致了困惑、混乱和概念模糊，而且还造成了对证据缺乏兴趣的问题。

本章旨在概述除宣传炒作外的社会金融研究和实践现状，特别是探讨社会金融领域的一个核心命题：投资心态和方法的运用是否能比其他替代性方法取得更好的效果，把眼光放得更加长远，并且更加清晰地揭示行动与结果之间的关系。此外，本章还将探讨这些运用投资心态和方法可能带来的好处是否超过所增加的交易成本。

目前，社会金融的迷恋者希望看到完全不同的东西——一些迷恋者希望看到一个资金流向基层组织的世界；另一些迷恋者则持几乎完全相反的观点，他们认为应该组建更多像通用电气或谷歌那样财力雄厚的跨国非政府组织。这两类社会金融迷的愿望都有可能实现，但同样的方法不太可能对两者都有效。

为何是现在

为实现社会目的而动员资金，这可不是什么新鲜事。事实上，在过去的1 000年里，社会和财务目的相结合的投资比纯粹的财务性投资更加普遍。社会导向型投资机构和基金在许多发达国家都很常见：在天主教国家，如意大利，就有一批与教会有关的银行——这个传统在最近还催生了艾迪凯银行和普罗西马银行；德国有其地区性小商业银行；西班牙有许多地区性银行和合作银行——有些银行有非常明确的社会目的，如巴斯克地区的劳动银行(Caja Labora)；法国有信用合作社[1]；荷兰和比利时有特里多斯银行；英国有慈善银行。此外，世界上还有数百家国有银行，它们也或多或少地承担了明确的社会使命，常常把财富配置到贫困地区，用于创造就业机会。

社会金融之所以以一种全新的面目出现，仅仅是因为一种纯粹的财务投资理念最近才占据主导地位：投资只是为了获得金钱收益，而不是为了获得地位、认可，或者取悦上帝或国王。近几十年来，狭隘的投资财务观(financial view of investment)大行其道，这主要得益于金融化的繁荣以及在1970年以来的几十年里二级和三级市场的发展。

目前人们对社会金融的兴趣既源自对金融业的信心，也来自金融业自身的负罪感，而这种信心和负罪感都出现在金融业快速增长且一度曾实现了占美国企业总利润40%的利润之后。最成功的投资者相信，帮助他们在商业上取得成功的投资方法也一定能有效地用来解决社会问题。因此，有人认为，通过投资者的积极参与，帮助组建合适的管理团队，并且重点关注结果和社会影响力，风投型慈善(venture-capital-type philanthropy)——虽然只有一小部分社会风投创业点子能取得成功，但——应该能够有助于为许多高风险的社会风投点子付诸实施提供资金。社会创新和社会风投的规模化发展必然要求对组织结构、文化、领导力和担责制进行变革。因为这每一项变革都是对现状的质疑，所以，不进行这些变革，往往不可能扩大规模，而只能扩散。因此，从原则上讲，敢想敢为、坚韧不拔的外部人的介入也许能够更好地使社会风投点子成为现实，并且充分发掘它们的潜力。私募股权融资可能也有它

[1] 该银行是由法国公共投资人存款银行(Caisse des Dépôts)管理的"社会凝聚力基金"(Social Cohesion Fund)的第一签字人，并且得益于其个人小微金融计划提供的担保。

的用武之地：可被用来重组和发展慈善机构和社会企业，帮助后者在一定程度上关注自己的边际影响力，而这些在不采用私募股权融资方法的情况下根本就不可能做到。社会证券交易所（Social Stock Exchanges）可以为社会企业提供流动性，并且在适当的时候为公共储蓄找到出路。相信这些投资方法能够促成更好的社会效果的信心并没有确凿的证据支持，但对于民间组织来说既是挑战又是激励，因为它们常常导致愿望好于结果。

金融业的负罪感是促使它关注社会金融的另一个因素。即使在经济繁荣时期，金融业获得的许多回报显然与其自身的能力或业绩几乎没有什么关系，而是由于银行享有的法定特权（在不履行相应责任的情况下创造信用的权利）、关键市场（如衍生品）的不对称性以及允许投资者分享可观的上行收益，而无须分担下行损失的回报机制。金融业的这种负罪感在 2008 年金融危机后就变得愈益明显，因为大部分金融机构被认为本质上具有掠夺性，从经济中的其他行业夺走了价值，而不是创造了价值——所谓的“回报归私人，而风险由社会承担”（privatizing rewards but socializing risks）[1]。毫不奇怪，许多成功人士都认为，有必要通过把自己的部分时间花在社会导向型投资（socially oriented investment）上来“赎罪”；而许多较为成功的人士则认为，把投资技能用于获取社会成果，是一种更有吸引力的职业选择。

不同类型的社会金融

那么，我们应该如何来理解何为社会金融和社会金融应该为何的问题呢？有关社会金融的大部分著述基本上都是倡导性的，有一小部分仅仅是纯粹的介绍。认真分析的著述相对较少，而检验假设的文献就更少，因此难免让人觉得这个领域还不成熟。不过，我们很容易描述这个领域的基本状况。各种形式的社会金融都有以下特点：

1. 有动机实现社会（有时还有财务）回报的资金提供者；

2. 能以产生社会影响力（有时也能产生财务回报）的方式使用资金的资金使用者；

3. 撮合资金提供者和使用者并能（利用自己的知识、技能、网络）提高资金使用效率的中介机构；

---

〔1〕 请进一步参阅马尔干（2013）。

4. 能促进或者防止每个群体动机和报酬趋同的法律、监管、税收激励环境。

与任何一种金融一样，社会金融领域的投资者和被投资者都必须判断风险（资金被浪费的可能性）和潜在回报（盈利可能性），同时还要判断能否产生社会影响力和能产生多大的社会影响力。

不管怎样，虽然这一基本架构得到了广泛的认同，但社会金融至少包括以下八种截然不同的投融资业务，而且它们之间的差异性可以说超过了它们之间的相似性：

1. 为低收入市场（“金字塔底部”：Prahalad，2004）服务的商业投资；

2. 具有某些社会或环境目的和财务目的的企业进行的商业投资（美国的大多数“影响力投资”就属于这一类）；

3. 对社会企业的投资——股权投资或提供贷款；

4. 其他类型的社会组织——慈善机构、互助组织——通常以贷款的形式提供资金；

5. 为希望既能创造社会回报又能获得财务回报的公众提供储蓄工具（然后投资于以上 1～4 项）；

6. 直接向遭社会排斥的个人和家庭提供个人贷款（低成本小额贷款、他们负担得起的抵押贷款）；

7. 政府和基金会（通常通过拨款/赠款的形式）创造的社会产出和社会回报；

8. 为高风险社会创新融资。

以上这份清单绝非详尽无遗，但我们立刻就能从中发现社会金融业务的多样性。总的来说，前几类业务简单明了。正常运行的金融市场应该能够开发出满足这些需要的产品。在某些情况下——如“金字塔底部”市场——社会效果可能令人怀疑：与这一想法有关的相当一部分方法——从分送极少量的消费品到发放商业性小额信贷，结果都会对贫穷的客户造成伤害。但投资市场普遍认为很容易为低收入大市场提供商业融资。

由混合动机驱动的经济活动要稍微复杂一些。社会企业的平均财务回报可能要低于其他企业（但它们在经济衰退时期的损失可能也较少）。但是，一般的银行融资或者风险投资方法，原则上相对比较容易适应，因为它们都有收入来源和可理解的市场。如果金融机构没有为这些市场提供服务，其原因通常与文化、缺乏技能、没有充分的时间序列数据可用来适当分析风险和回报等有关。在这种情况下，政策也许能起到帮助启动"社会"金融市场的作用，但从长远看可能没有这么做的理由。

社会金融的其他业务构成了截然不同的挑战。储蓄工具的创建在很大程度上取决于资金使用机构和市场成熟程度以及公众的需求。但是，世界各国有许多颇有发展前途的案例，而把财务和其他目标结合在一起的专业债券已有悠久的历史；直接向低收入群体提供资金也是如此，其实也是 19 世纪民间社团发挥的核心作用之一。当时，小微金融、互助储蓄会和建房互助协会在许多国家迅速发展。在较近的历史中，美国的《社区再投资法案》(Community Reinvestment Act)帮助建立一个基础稳固、主要侧重于住房建设的社区投资基金：20 年前，关于社会金融的许多讨论都引用了这些例子，并且吸取了社区发展公司(Community Development Corporations，CDCs)网络和地方计划支持公司(Local Initiatives Support Corporation，LISC)等全国性机构的经验教训。

"纯"社会结果的取得在本质上又有很大的不同。长期以来，一直有人在讨论如何更加有效地使用公共资金，而社会金融是这个话题的"新成员"，也是 40 年来为了取得更好的社会结果(不仅仅是产出)不懈努力的结果。至于社会金融的哪些业务有效，目前还没有定论，这在很大程度上取决于细节。但这是一个颇有希望的领域，真正的创新正在经受检验。

最后，社会创新投资又有它的不同之处。投资于创新事业的风险往往要比投资于已有事业的风险大得多。这就是各国政府通常要采取各种措施来补贴研发以承担大部分技术开发风险的原因。银行在创新融资中几乎没有发挥任何作用。风险资本可以在为创新提供资金方面发挥一定的作用，而在某些情况下，公共政策在创新激励方面取得了很大的成功(以色列可能是最近最能说明问题的例子)。但是，风险资本比较适合互联网技术融资，而不太适合创业早期的融资和其他类型的技术，更不用说是服务和概念开发融资了。在美国，风险资本勉强占到商业性创新投资的 2%，与政府补贴、企业内部投资和商业天使投资相比相形见绌；在英国，风险资本往往要么对互联网和数字技术风险事业不感兴趣，要么就是为管理层收购融资。创新资金往往来自朋友、家人和"傻瓜"，慈善事业或者愿意比银行承担高得多的风险的公共基金。

关于社会金融的任何评论都必须明确提到社会金融的投资业务，否则必然会导致读者对何为社会投资、它们的发展潜力及其面临哪些障碍等问题感到困惑。

哪种类型的社会金融业务有效

就其目前的形态而言，社会金融相对比较年轻，因此也就意味着几乎没有确凿的证据能够证明哪种社会金融业务比较有效。例如，关于哪种一般投资工具比较有效或者需要多少专门知识才能对风险和回报做出正确的判断等问题，几乎没有确定的答案。关于采用更加“严谨”的投资方法能够获得的收益是否会超过交易成本的问题，我们也知之甚少。

可以说，术语混乱对社会金融领域的发展并无助益，我们可以列举其中的三个例子：目前世界上有几家“社会证券交易所”在做一些有益的工作，但实际上没有一家真正在做证券交易。在政治学中，社会金融和社会投资这两个术语被用来指称政府花在“幼儿期”干预上的支出。与此同时，社会金融继续与社会创新相混淆（如与世界经济论坛有关的出版物）。由于上述原因，社会金融的融资方法往往根本不适合激进式创新；而在商界，没人会把金融和创新混为一谈。所以，在社会领域，了解金融与创新两者之间的区别十分重要。

这些例子都表明，术语使用必须确切。社会金融领域的另一个关键任务是好好向其他金融领域学习，因为它的可信度在很大程度上取决于哪一种方法实际能比传统的慈善或公共供给等替代性方法收到更好的效果。

然而，要做到这一点并非总是十分容易。例如，风险投资常常被说成是误导人的投资方式。的确，风险投资家往往以极高的投资回报率为目标，投资组合的目标回报率高达20％甚至更高。但英国和美国的风投实际回报率远低于这些回报率——事实上，英国的风险资本并没有在各种投资中获得任何正的平均回报率。

同样，私募股权融资常被说成能帮助企业确定非常精确的战略目标，但金融界有很多人认为，这在很大程度上是由美国和英国糟糕的税制设计造成的，从而使得私募股权投资者能获得可观的隐性补贴。而且，众所周知，英美的税收设计还允许私募股权投资者缴纳比文秘人员和清洁工还要少的所得税。

在很多情况下,确定精确的投资回报率无疑是有利无弊,但往往以投资机构增加间接费用的形式产生成本(有时由于金融部门工资过高,因此费用也很高)。正如风险投资的业绩纪录参差不齐一样,指数追踪型基金与管理型基金孰优孰劣尚无定论(现在可说的是,少数管理型基金的表现有时优于市场)。总的来说,令人惊讶的是,许多商业投资领域也几乎没有确凿的证据可用来准确权衡成本和收益,因此,社会金融就更不用说了。

有人得出了一个比较正面的结论:虽然学术研究仍在努力探索不同投资方式能实现的实际增值,但社会金融部门的从业人员正在积累大量的"技术知识",其中有很多是风险投资等领域的技术知识,包括有关估值、交易结构安排、退出、投资组合管理的知识,特别是处理财务风险和社会结果无法实现的风险的知识。但从长远看,只有通过实践和认真的评价才能更加清楚地认识社会金融的哪些业务能够创造新的价值。

在过去的几十年里,很大一部分金融创新破坏的价值多于它们创造的价值,究其原因,它们在某种程度上是市场不对称的产物,但部分又是金融市场变化的结果,从而扩大了决策与根据决策采取行动之间的背离程度。后者导致知识退化(尤其是普遍误判的风险),并且使我们患上了道德短视症(不关心投资决策的任何影响)。因此,按照严格的标准检测社会金融采用的工具和规避的风险,也就是像对待其他金融市场上那些富了中介机构但却穷了投资者和预期受益者的创新,这一点非常重要。

英国社会投资生态系统的演变

可以说,英国有世界上最好的社会金融政策环境,因此能为围绕社会金融提出的许多主张提供一个实验平台(Cabinet Office,2014)。20 世纪 90 年代中期,英国涌现出一大批新型组织,包括社区行动网络(Community Action Network)和社会企业家学校(School for Social Entrepreneurs),它们提倡商业手段和社会目的相结合的理念。虽然它们几乎没有提出什么全新的建议,但却为营造良好的社会金融政策环境播下了种子。英国的社会聚焦型商业(socially focused business)传统至少可以追溯到 19 世纪。历史上,英国就有很多企业家创办的慈善机构(entrepreneurial charities)、互助组织、合作社、行业和福利组织(industrial and provident organizations)以及有社会责任感的家族企业(socially committed family firms)等。罗伯特·欧文(Robert Owen)是维多利亚时代许多知名企业家中的一员,他深信企业也有社会使命。此外,丹尼尔·贝尔(Daniel Bell)认为,已故的迈克尔·杨(Michael Young)"可能是世界上最伟大的社会企业家",因为他在20世纪50年代~90年代创建了数十家新型社会聚焦型企业(social-focused ventures)。

20世纪90年代,英国社会的政治气候非常有利于社会企业家和社会投资,左翼政党不再讨厌企业话语,而右翼政党则摆脱了撒切尔主义和里根主义的两个极端。安妮塔·罗迪克(Anita Roddick)通过"美体小铺"(Body Shop)向我们展示了主流企业也可以有社会良知,而把自力更生精神作为其核心价值观的"大问题"(Big Issue)则是社会企业的现行典范。具有悠久慈善传统的城市金融机构开始有兴趣缩小其(运用越来越复杂的工具来评估、汇总和分散风险的)核心业务与(仍没有为慈善事业捐款的)慈善工作之间的差距。不断壮大的社会企业部门在支持(提供合同和赠款除外的)新型融资方式时变得更加直言不讳,但却发现主流银行提供的融资方式几乎不适合它们。英国历届政府看到了社会创业、社会企业和社会金融的潜力符合自己需要的政治优势,并且制定政策来发展这些领域,其中包括:直接资助伞形机构;改革社会企业的法律形式;实行税收减免;开放公共采购;设立新的创业初期融资和新企业成长融资专项基金;支持认证计划。20年来,英国社会企业部门产值年年超过200亿英镑,并且拥有从"非凡巧克力"(Divine Chocolate)和"人树"(People Tree)到"格林尼治休闲"(Greenwich Leisure)和HCT集团[原来的"哈克尼社区交通"(Hackney Community Transport)]这样实力雄厚、自信满满的社会企业。单单英国国民医疗服务系统(NHS)就宣称要委托3万多家慈善机构和社会企业提供服务,许多内阁大臣(和每届政府的首相)竞相表现自己对社会企业部门的热情。

推动英国公共服务供给向非政府独立机构开放,立法鼓励企业进行内部或外部分拆,沿着由"中央萨里健康"(Central Surrey Health)等组织开辟的道路前行,又使这股热情不断升温。舆观调查网(YouGov)在2011年完成的一项民意调查表明,43%的英国公众认为"把自己的盈利再投资于改善服务的社区企业"或者社会企业最适合提供公共服务;36%的公众支持由中央和地方政府提供公共服务;而只有4%的公众支持由商业企业来提供公共服务。

最初,英国并没有制定建立社会投资市场的整体规划。但到了20世纪90年代末,英国对建立社会投资市场所需的主体架构达成了相当广泛的共识,然后以零敲碎打和渐进的方式构建了一个相当成熟的为今天社会项目融资的生态系统。

笔者参与了这一领域发展的四个阶段:第一阶段,在政府以外致力于创建社会企业家(或社会创业者)学校和社区行动网络,并且委托出版推介出版物,如《社会企业家的崛起》(*The Rise of the Social Entrepreneur*, Leadbeater,1996)。第二阶段,作为首相政策研究小组的成员,笔者帮助建立了社会排斥部(Social Exclusion Unit),内设政策行动小组(Policy Action Teams)专门负责社会投资问题。笔者还负责与美国的全美社区发展计划(National Community Development Initiative)机构(由基金会和银行组成的合作机构)密切合作,因此参与起草了最终成为社会投资工作组工作大纲的文件。第三阶段,作为政府战略小组的负责人,笔者在21世纪初负责监督慈善机构法律改革的法律修订工作,从而为慈善机构引入了公益监察制度,并创建了一种具有新法律地位的组织——社区利益公司。后来,笔者还担任卫生部社会企业与第三部门小组的联合组长,帮助推进许多旨在克服委托过程中遇到的障碍的改革。第四阶段,作为英国科学、技术与艺术基金会(NESTA)的首席执行官,笔者负责资助许多社会风投中介机构,成立了我们自己的影响力投资基金,并且出任社会投资批发银行——"大社会资本"(Big Social Capital)——的董事会成员。

笔者的这些经历表明,各国政府为推行协调一致的社会金融政策,必须协调以下三种类型的干预措施:

(1)创造有利的条件:其中一个构成要素是法律方面的——规定能使新创社会企业更加容易接受投资的新的法律形式,如旨在增加社会风险投资的社区利益公司。共益公司(B-Corporation)在美国的扩展为法律创新开辟了另一个途径。另一个构成要素是税收待遇——一些针对某些(如果不是全部)天使投资和风投的激励措施:最近几年,由于有人向政府游说,因此,天使投资和风投可享受很多税收优惠。

(2)扶持出资能力:英国政府试图通过建立包括凤凰基金(Phoenix Fund)、未来建设者(Future builders)基金、冒险资本基金(Adventure Capital Fund,ACF)和风险资本基金(Risk Capital Fund)在内的重要基金来推动这个领域的发展。这些重要基金的宗旨是作为过渡基金(transitional funds)向商业投资者表明,社会金融可以取得良好的回报,开展社会金融业务比开展其他业务更可能取得成功。

(3)促进需求:通过开放公共采购和委托、提供“投资准备资金”(investment readiness funds)和其他类型的能力建设资金,帮助新创社会企业实现更加合理和更可预测的收入来源。

在采取了以上这些措施以后,接下来面临的具体挑战就是,为社会项目和新创企业发展的每一个阶段提供各种形式的融资,从风险极高的创业初期阶段的融资到支持成长或收购的融资。这些不同阶段的融资除了规模大幅扩大、风险相应降低以外,重叠程度也大幅度提升。图 1.1 对这些种类的融资方式进行了图示,图 1.1 后面的各要点介绍大致描绘了不同融资方式之间的层级关系。

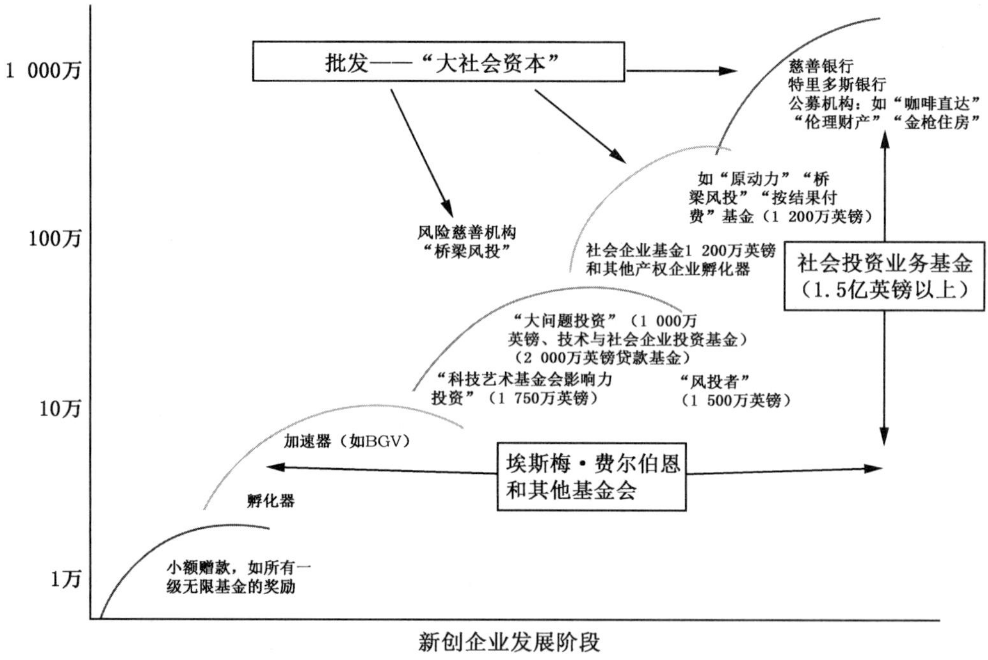

图 1.1 社会金融在企业生命周期不同阶段的融资

(1)创业初期融资:“无限基金”(Unltd)向数以千计的个人发放 500~10 000 英镑的小额赠款,理论上几乎没有任何附加条件。

(2)概念证明阶段出资:通常由基金会提供金额略大一点的融资(如 10 000~40 000 英镑),用于帮助创新者在现实环境中证明自己的想法。例如，埃斯梅·费尔伯恩基金会在新创企业发展的这个阶段提供的融资以及在以下其他类别的融资中开展的业务。

(3)“加速器”(Accelerator)：这些“初创企业工厂”(start-up factories)在以集约化的方式支持初创企业的高技术部门已经十分常见，最初融资不到 20 000 英镑——现正在向社会领域扩展。贝瑟尔绿色风投公司(Bethnal Green Venture)就是英国加速器的一个很好例子。

(4)生活实验室(Living Labs)和社会孵化器(social incubators)：一种相关方法就是大力推广在现实生活条件下测试通常由非政府组织提出的新想法的生活实验室。全球生活实验室网络(Global Living Labs Network)充当了把许多生活实验室联系起来的角色。其他社会孵化器还有多伦多的“社会创新世代@mars”(Social Innovation Generation@MaRS)、伦敦的“青年基金会”或西班牙毕尔巴鄂的德诺金社会创新园区(Denokinn Social Innovation Park)。

(5)早期投资基金：新创企业经过孵化后的下一个阶段是早期债务和股权融资，英国开展债务和股权融资业务的基金有“风投者”基金、卫生部的社会企业投资基金(Social Enterprise Investment Fund，SEIF)和苏格兰社会投资基金(Scotland Social Investment Fund，SSIF)等。这些基金往往为比较成熟的新企业而不是为创新融资。

(6)“财务回报优先”型基金：“财务回报优先”型基金都是一些优先考虑财务回报同时又注重社会影响力的商业投资基金，融资规模稍大。英国的桥梁风投、法国的“Phi Trust”基金和德国的“好风投”(Bon Venture)基金(Freireich and Fulton，2009)都属于这类基金。

(7)社会投资基金：这类基金类似于“财务回报优先”型基金，但在优先考虑社会影响力的同时，有时也会为它们的投资者追逐财务回报，有时是为了把资金“循环”使用于新的投资。这类基金有英国的“CAF 风投者”(CAF Venturesome)基金、“大问题投资”(Big Issue Invest)基金和“社会投资企业”(Social Investment Business)基金，希腊社会投资基金(Hellenic Social Investment Fund)以及意大利的 CRT 基金会(Fondazione CRT)。

(8)风险慈善基金：这类基金规模相对较小，旨在把赠款与密集参与结合起来。原动力信托(Impetus Trust)和私募股权基金会(Private Equity Foundation)(现在这两者已经合并)、社会商业企业信托(Social Business Trust)和荷兰的“出生日期”基金会(d. o. b. Foundation)。

(9)创新基金:这些公共基金明确侧重于创新融资,把拨款、贷款和股权融资结合在一起。许多创新基金主要侧重于高技术创新融资,如英国的技术战略委员会(Technology Strategy Board)、芬兰的国家研发基金(SITRA)和瑞典的“VInnoa”,但它们越来越多地与非政府组织合作参与社会问题的解决。英国国民医疗服务系统的区域创新基金就是一个很好的例子,主要侧重于医疗服务创新融资。

(10)社会银行:如特里多斯银行和慈善银行提供更大比例的贷款融资,通常又同时接受存款。

(11)公开发行:大型慈善机构和社会企业[“咖啡直达”、伦理房地产公司(Ethical Property Company)和金枪住房公司(Golden Lane Housing)]都公开发行股票、债券和其他融资工具。

(12)批发和中介融资:最典型的例子是英国的“大社会资本”,资产超过6亿英镑,部分是无人认领的银行账户存款,部分是大零售银行认购的股本。

(13)与合同挂钩的贷款(loans linked to contracts):这种贷款明确面向签订按结果付费的合同的社会组织,向它们提供营运资金。

以上这些类型的融资和投资旨在覆盖社会企业发展的各个不同阶段。有些社会金融模式不太适合这个框架——特别是那些为公众提供产品的模式(如信用社)。但是,确保社会企业在每个发展阶段都能融到资金的目标,对于任何政府来说都是合理的目标。

英国国家科学、技术、艺术基金会作为英国包括“桥梁风投”“大问题投资”“动力信托”“青年基金会”“贝瑟尔绿色风投”基金等在内的其他基金的重要出资人,还通过创建自己的社会金融基金专门致力于循证投资(evidence-based investing)的社会金融基金,在社会企业发展的很多阶段发挥了重要作用。

英国这方面的经验表明,在社会金融基金创建到位的情况下,阻碍扩大社会影响力的主要障碍并不是具体的法律或者法规,而是缺乏能力、技能、工具和评价标准。传统的金融工具仍然过于粗糙,无法满足社会的实际需要;与此同时,大多数第三部门组织的管理和实践仍然不符合投资者的要求。这些差距证明有理由对能力建设进行大量投资,包括创设投资准备基金和推行统一评价标准的计划。

从以上介绍中可以看出，虽然已经出现了一个复杂的社会金融生态系统（仍未得到充分的制度化），但政府在填补重大缺口方面发挥了主导作用。由少数表现活跃的基金会主导的慈善事业也发挥了积极作用。在慈善委员会（Charity Commission）采取的监管措施的推助下，各基金会得以把部分资金用于使命相关型投资和项目相关型投资。相比之下，私营部门的参与程度远远低于20世纪90年代的预期。当时的预期也许不切实际，部分原因在于企业增强社会责任感产生的视觉效应放大了企业实际承担的社会责任。但最根本的一点是，从商业的角度看，投资机会似乎吸引力不足，因此需要公共资金来启动其他领域的市场活动。

“为成功付费”模式

虽然社会金融大多聚焦于新创企业，但这一领域的另一个重要部分是围绕投资取得社会结果的新方式进行实验。有大量的证据表明，对犯罪预防工作、医疗卫生领域学前儿童项目或预防措施进行投资都有可能获得回报。但事实证明，很难把这些学前儿童项目和预防措施转化为投资方案。主要的原因就是动机错位：那些有能力改善社会结果的人缺乏采取行动的动机。例如，负责向年轻人提供服务使他们远离犯罪或者失业的地方当局，并不能分享监狱数量或福利支出减少所节省的资金。

21世纪初的几项发展促使人们思考：

（1）政府评估公共投资对人力资本影响的方法取得了稳定的发展，因此能够更加系统地分析公共支出与犯罪减少或健康状况改善等社会成果之间的关系。

（2）关于如何评价民间社团的社会价值和影响力的辩论愈演愈烈。

（3）关于私人融资计划和公私伙伴关系及其在什么情况下能够并在什么情况下又不能创造价值这个问题，有很多经验可以总结，也有很多教训可以吸取。

（4）《京都议定书》（Kyoto Protocol ）和欧盟的碳交易市场推动了碳减排市场的发展。虽然在定价和计量方面仍存在许多复杂的问题需要解决，但《京都议定书》和欧盟的碳交易市场导致新的资产类别和大量交易的产生，从而提高了人们对社会回报投资潜力的信心。

(5)围绕高端市场承诺(advanced market commitment)——或有收益债券(contingent revenue bonds)——等计划开展的公共卫生实验,付费方可保证为疟疾疫苗等的突破找到市场。

未来几年,许多不同的社会影响力融资方法很可能要经受考验,其中有些是公共部门内部的融资方法,既可用于公共机构内部明确针对预期社会结果和经费节约的投资,也可用于把公共部门不同机构联系起来,从而使一些机构采取措施把自己的经费结余供其他机构使用的合同或者安排;另一些融资方法可能涉及按结果付费和根据结果委托的变体,所有这一切都是为了对激励措施进行更好的协调,从而使公共支出有更高的概率实现预期的结果:为成功付费。

社会影响力债券是一种可能做到事半功倍的融资工具。自2008年初英国城市领导人集团(UK City Leader's Group)开始为社会结果项目确定新型投资工具以来,影响力债券的设计和试行工作就一直没有间断过:"社会影响力债券"被作为比较时髦的术语用来取代"或有收益债券"。世界不同国家使用其他不同的术语来命名"社会影响力债券",包括"为成功付费债券"(Pay-for-Success Bond)和"社会效益债券"。这方面的有些工作是由英国"社会金融"公司推进的。这个组织在2010年5月英国工党政府执政的最后几天里同意发行第一笔社会影响力债券。

简单地说,社会影响力债券的买方(通常是中央、地区或地方政府)同意为社会项目可评估的社会结果改善付款,而这种预期收入被用来吸引商业、公共或社会投资者提供必要的营运资金,以抵消社会结果改善活动所花费的成本。如果社会结果的改善能带来实实在在的公共财政节余,就可以采用发行社会影响力债券的方式来为社会项目融资。

社会影响力债券可用来在早期大规模吸引新的资源,集中关注预防行动,并为面临政府融资大幅度削减的民间社团开辟了新的融资渠道。然而,社会影响力债券不太可能满足我们对它的所有期望,并且要应对以下三个严峻的挑战:

(1)目前证据基础相对比较薄弱,从而给任何想要判断特定干预措施风险的投资者或银行以及执行干预措施的机构造成了判断困难的问题。这就是在没有机构出面担保的情况下,社会影响力债券的商业投资一直进展缓慢的关键原因。

(2)与已有公共项目和支出重叠的问题。在没有公共支出的情况下,采用社会影响力债券融资要相对比较简单,但仍需要证明额外支出与可取得结果之间的因果关系。这对于已经获得公共支持的目标群体,如对 18 岁以下的青少年来说,是很难做到的。要解决这个问题,必须改用复杂的合同和评价方法——并要求其他公共机构不削减或改变已有项目——或者需要达成某种形式的合伙协议与其他公共服务提供者建立联系。

(3)规模和交易成本问题。实际上,大多数 2 500 万英镑以下的公共融资计划(public finance initiatives,PFI),由于交易成本高,因此,结果都是不经济的。发行社会影响力债券可能也有类似的下限,这可是一个必须面对的挑战,因为大多数社会影响力债券的发行规模要比公共融资方案小很多。此外,社会影响力债券还要接受公共服务部门全部新的融资工具都要经受的挑战,即政府的资金成本总要大大低于其他机构。对于许多社会影响力债券融资项目来说关键的策划问题也是各种社会金融的关键问题——求助于额外的管理和监督机构能增加多少价值。在一些社会影响力债券的变体中,额外的管理和监督成本也许要占到早期社会影响力债券总成本的 1/3。在其他社会影响力债券变体中,如果社会影响力债券由服务提供组织直接发行,就能降低交易成本。但严格地讲,收益可能也会减少。到目前为止,还没有对这个基本问题进行认真的研究——美国的彭博慈善基金会(Bloomberg Philanthropies)和洛克菲勒基金会以及英国的大彩票基金(Big Lottery Fund)等慈善组织都对与社会影响力债券有关的费用提供了大量补贴。

如果能够令人满意地解决这些问题,社会影响力债券就有希望见证风险评估方法可能会随着时间的推移而日臻成熟,并足以使投资组织能够评估特定干预措施的风险和回报以及执行这些干预措施的组织的风险和回报。这里,我们可以碳排放和污染物减排交易市场为例来进行类比。

英国政府一直恪守它早期做出的发展这个领域的承诺,到了 2014 年已经签约同意发行 20 多笔社会影响力债券,用于筹资解决从儿童保健到无家可归者的问题。2012 年,英国内阁办公室发起创建"社会成果基金"[1],对复杂地区的社会影响力债券实行"补充结果付费"(top-up to outcomes payments)制;2013 年,"大彩票基金"推出了对社会影响力债券实行补充结果付费制的结果改善委托制(Commissioning Better Outcomes)。发行这两笔社

〔1〕 http://www.gov.uk/social-impact-bonds#sources-of-funding-for-sib-projects.

会影响力债券总共筹集到 6 000 万英镑可用于解决累犯和吸毒成瘾等复杂问题。社会影响力债券的市场也开始逐渐形成。2014 年,“桥梁风投”设立专项基金专门投资于由“大社会资本”作为奠基性投资者(cornerstone investor)支持的社会影响力债券。

这种规模的活动会产生大量的证据。到了 2015 年,我们应该有可能对早期试点取得的成功做出明智的判断,如第一笔为彼得伯勒监狱在押犯改造项目发行的社会影响力债券(请参阅本书第十二章)。到 2020 年,我们应该可以得出更一般性的结论。但在这之前,为彼得伯勒监狱项目发行的社会影响力债券仍是一次重要、值得关注但结果有限的试点。

这些不确定性很重要,因为像其他类型的社会融资工具一样,社会影响力债券也有“竞争对手”。社会影响力债券也将随着试验时间更长的结果委托(commissioning for outcomes)制和“按结果付费”(payment by results, PBR)制经验的积累而获得发展。许多不同层次的政府一直希望能够直接与私人或第三部门供应商签订合同,让他们为取得降低失业率或累犯率的结果承担风险。例如,英国政府在采用“按结果付费”制的合同上投入的资金远远多于投在社会影响力债券上的资金——并且表现出明显的“显示性偏好”(revealed preference)。

目前,“按结果付费”制有着广泛的全球性经验,特别是在“从依赖福利变为就业自立”(welfare to work)方面,但在某些卫生领域也是如此。任何签订“按结果付费”合同的组织都面临筹集营运资金的挑战。这通常可以通过采取以下三种方式中的一种来解决:

(1)私营大企业在正常的资本市场上筹集资金[如像英国信佳(Serco)或 Capita 这样的公司]。

(2)社会组织用自己的财产作担保向现有贷款机构申请贷款筹集资金;或在某些情况下,以未来合同作抵押借款(但它们遇到了银行业现在不做这种贷款业务的问题)。

(3)政府委托机构预付部分合同款,因而可以把现金流风险降到最低限度。

“大社会资本”作为社会投资的批发商,不但为最近发行的几笔社会影响力债券提供担保,还向争取到“按结果付费”合同的社会企业发放贷款。

由于新创社会企业有望获得新的贷款和透支便利,因此,有人认为,社会影响力债券只不过是一种向用途更多的结果委托制或“按结果付费”合同过渡的工具，因为实行结果委托制和签订“按结果付费”合同都不用政府机构承担额外的交易费用。虽然社会影响力债券有很大的潜在好处，但政府财政部门的共同反应是，这种债券并不是一种为取得更好的社会项目结果融资所必需的复杂方式。由于政府的资金成本明显低于市场，因此，政府机构可以为按结果付费项目提供比市场便宜的资金（即便社会金融寻求折现回报率）。如果真的有更好的办法能够减少累犯或者失业，就应该由政府直接提供资金，而不是通过发行社会影响力债券来进行间接融资。而相反的观点认为，社会影响力债券——就像之前的私人融资计划（private finance initiative，PFI）——有助于进行更加严格的管理和业绩评估（而且还能获得额外的资源）。

另有组织——主要是慈善机构——担心，社会影响力债券有挪用慈善资金弥补公共支出不足的风险，实质上就是把慈善资金锁定在政府的福利议程上。或者，随着时间的推移，社会影响力债券允许政府减少其法定的福利服务供给。

最好的结果应该是，在未来几年里，对社会影响力债券的许多变体进行试验、检测和评估，并在方法、法律形式和结果方面做到最大限度的公开。这方面的工作与基础设施私人融资方面的早期试验有一些相似之处。当时所犯的一个主要错误是缺乏适当的评价或控制。私人融资计划被作为一种信念来宣传，并由直接受益的企业非常积极地推销。在英国国家审计署（National Audit Office）等公共审计机构虽然姗姗来迟，但进行更加彻底的调查以后，看似最有希望的模式最终被证明是不可行的，或者成本太高。事实上，一些估计数字表明，大部分项目不经济，主要是因为交易成本太高，而且风险没有从政府完全转移给私营部门承包商。但不管怎样，有些方法的确已经成为主流方法的一部分，特别是在建筑和其他基本建设项目达到足够大规模的情况下。

社会影响力债券和更加广义的社会金融的希望在于：采取更加严格的措施，把资源转向最有效的干预措施，并允许在收入型筹资（revenue funding）以外采用多种资源提供方法。在这方面，社会金融必须与包括循证决策（evidence-based policymaking）与循证实践和管理（evidence-based practice and management）在内的循证研究工作共同发展。在英国国家科学、技术、艺术基金会的主持下，在经济与社会研究委员会（ESRC）和大彩票基金的支持下，有用证据联盟（Alliance for Useful Evidence）的创立已经为认真讨论证据能证明什么和不能证明什么创造了条件。同样，设立 6 个涵盖从老龄化到早期干预等问题的研究“是什么在起作用”的中心，将使我们更好地共同理解哪些模式产生的影响最大。

一些围绕社会金融的言论表明，投资者只有找到起作用的模式，才能扩大社会金融的作用。在实践中，很少有充分的证据能够证明这一点是可行的；如何把想法付诸实施与想法本身一样重要，在某地和某时起作用的东西有可能在其他地方和其他时候就不起作用。当然，这些都是商业上的问题，我们可以在证据的搜集和使用方面进行很大的改进。然而，把社会金融投资与结果证据联系起来还涉及方法问题，其中包括现有证据相对比较脆弱、社会科学方法普遍存在要面对较大不确定性、价值观或者多种价值观的挑战以及确定适当折现率的挑战（Mulgan，2010）的问题。因此，英国科学、技术、艺术基金会提出了一种补充方法，试图解决结果证据标准的问题，目的就是采用共同的语言来描述特定干预措施证据的威力。这种五步法整合了世界各国许多类似的模式，目的是帮助组织和融资机构逐步采用这种方法——把部分资金用于支持评估结果更好的项目，或与对照组进行比较。这些措施必须是适当的，因为没有必要花费很多钱来评估规模很小或者早期阶段的项目。但是，如果真有什么规模问题，那么重要的是，应该明白现有的规模就是实际有效的规模。

问题与挑战

在未来的 10 年里，全球可能会有大量的资金、技能和人才流入社会金融；而且，社会金融还会吸引很多政治注意力，但是，社会金融也可能在这个成长时期迎来重大的挑战。

回报。社会金融在未来面临的最基本挑战，就是在不同发展阶段为不同类型的组织创造回报。这一挑战在一定程度上是不同类型的投资（有时是同一基金）过度集聚的症状造成的。有些具有社会目的的商业企业（social purpose businesses)可以获得优厚的回报,有些社会事业(social enterprises)* 也是如此。但大多数社会组织都难以获得哪怕是非常微薄的回报,因此,进行债务融资也可能是不明智的。真正的创新必然是有风险的,需要合适的融资方案,同时还要有适当的赠与资金和投资组合。社会金融在回报方面面临的挑战意味着,社会金融的一个主要重点可能始终是住宅——因为住宅很容易理解,使用传统的投资方法为投资者提供保障,并且至少看起来实现了社会目标。由于这些原因,几十年来,实物资本投资一直没有执行更新政策——因为更新政策比较容易评估和管理。但经验一再表明,这并不是实现目标的明智途径——没有更好的学校、更低的犯罪率或更多的就业机会,就不可能有更好的住宅小区,而只会产生外观比较漂亮的贫民区。有人担心,社会投资可能会重复这种经历。

明确定义。正如前面已经指出的那样,社会金融领域存在着界限模糊和标签混乱的问题。这本身可能并不重要。但是,专用基金需要明确自己想要扮演的角色,还必须对市场进行更好的细分,并且收紧投资标准和预期。

影响力。为更好地理解和评价影响力,并把影响力与社会金融投资决策联系起来,我们已经做出了巨大的努力。其中的有些理解和评价可能过于乐观——尤其是在实践中往往难以找到可评估的"投资社会回报率"。但不管怎样,许多投资者感兴趣的是,找到一种既可描述具体项目或新创企业的证据水平,又可描述证据能证明什么的共同语言。

规模。有关社会金融的一个主要论点认为,社会金融能使一些伟大的社会思想付诸实施并产生巨大的影响力。目前,只有一小部分社会组织实现了发展壮大的目标,比例要比商业企业小很多。15 年前就有人希望,食品和交通等行业能够出现社会企业的大品牌,并且届时能像森宝利(Sainsbury's)或沃达丰(Vodafone)那样随处可见。今天,虽然出现了一些具有社会或互助维度并有点名气的品牌,如约翰·刘易斯合伙公司(John Lewis Partnership)和合作社集团(Co-operative Group),但很少有社会企业家能让自己的企业达到他们所期待的规模。大多数民间组织觉得自己很难扩大规模,虽然有一些非常大的非政府组织,如德国的红十字会(Red Cross)或明爱会(Caritas),但大多数都规模很小。这里有缺乏资本/资金或技能的原因,但也有合理的担心,

* 既有"社会事业"又有"社会企业"的意思;在本书有些章节为与"social purpose businesses"相区别,"social enterprise"译作"社会事业",而在其他章节译作"社会企业"。——译者注

即扩大规模有可能会影响价值标准、承诺以及与利益相关者的关系。民间组织即使真的获得了发展壮大，也常会维持较小的活动单位，不是采取联盟式组织结构把数百个地方分支机构[就像英国的“老年英国”(AgeUK)那样]联合在一起，就是采取细胞型结构[就像“匿名酗酒者”(Alcoholics Anonymous)那样]保持小规模的活动单位。还有一个原因造成社会企业难以成长，那就是善于创办社会组织的人往往不擅长巩固和发展组织，甚至对组织成长所需的东西——从随心所欲的非正式文化转向科层制组织结构和正式对投资者负责的担责制——感到不适。理事会往往不愿舍弃那些魅力非凡的创始人，也不愿让他们担任更高级别的荣誉角色。

有些社会金融模式有助于克服这些障碍，因为它们把重点放在可变的元素上，并推行正确的策略来构建“有效需求”和“有效供给”(Nicholls and Schwartz，2014)。财力雄厚的投资者还能改组或者撤换管理层，并且引进更多的技能。但还有一个问题，那就是许多商业模式难以复制。虽然包括“基瓦”和“妈妈网”(Netmum)这样的互联网组织在内的一些企业已经获得了蓬勃发展，但另一些企业在成长的道路上举步维艰。英国最大的社会企业之一，位于格拉斯哥的智者集团(Wise Group)试图把业务扩展到英格兰的城市，但迅速积欠了不可持续的债务。“大问题”在一些它的模式根本不可行的国家遭遇了挫折，而最近最令人激动的一种社会企业——韩国在线报纸《噢我的新闻》(OhmyNews)——商业模式，迄今在其他地方的复制并未取得成功。甚至连格莱珉银行(Grameen Bank)的模式也不适合各种小微金融模式蓬勃发展的印度或者19世纪帮助小微金融取得成功的社会条件基本上已经消失的欧洲。这方面的教训似乎是，成功的条件常常具有当地性和特殊性。

比较乐观地看，利好消息是社会金融知识库正在快速发展。最发达的创新领域得益于一种“深奥的工艺”——我们积累了如何把事物整合在一起、如何使它们发挥作用以及如何将想法转化为现实的经验。社会金融只有与这类技能相结合才能产生影响力，这就是培养技能的举措如此重要的原因。更狭义地说，我们显然需要更多地分析具体的基金及其所涉及的利益相关者，并且就如何充分利用不同类型的社会金融进行培训。

结束语

目前，社会金融呈现出强劲的发展势头。2013年6月在伦敦举行的社会影响力投资论坛(Social Impact Investment Forum)以及英国首相戴维·卡梅伦(David Cameron)主持的八国集团峰会,对于社会金融界来说,是值得关注的大事件。这次论坛宣布成立一个包括八国集团和澳大利亚在内的社会投资特别工作组(俄罗斯后来被取消资格)。2014 年 9 月,这个特别工作组发表了许多内容广泛的报告,其中包括许多关于社会金融领域下一个全球化发展阶段的建议。在发展"为成功付费"模式方面也进行了大量的尝试,其中的一些尝试采用了社会影响力债券的变体。现在,更多的参与者正在为促进社会金融业的发展做出贡献。

除了本章所述的各种有利因素外,其他一些政策选择也可能对这个领域的发展产生了重要影响。第一种政策选择就是规定更加合适的企业形式。第二种选择是在欧洲内部可以创建更加开放的公共服务和结果市场。这样,在芬兰提供老年人护理的社会组织就能在意大利拿到合同,反之亦然。第三种选择就是扩大新的金融创新的影响力,如 P2P 金融和众筹模式,这些模式为更加成熟的组织提供了社会金融投资选择的替代方案。最后,税收改革也会影响社会金融的发展,如英国政府对慈善机构、社区公益会(community benefit societies)和社区利益公司(CIC)等社会部门指定组织的"零售"投资实行社会投资税收减免。投资者能够要求返还最多相当于其投资额 30%的所得税或资本利得税款。

本章介绍的八种类别的社会金融业务都将以不同的方式发生变化,其中有些将以渐进的方式变化,并且向社会企业发放低风险贷款,而另一些则最好被理解为是激进式的高风险尝试。

整个社会金融领域看起来都处在可成为主流金融一部分的有利位置。在许多国家,各种不同定义的社会经济已经占到国内生产总值的 5%～10%。我们能够合理地预期,从长远看,通过社会金融实现的投资占总投资的比例有可能呈上升趋势。

如果未来情况真是这样,那么,一个更加根本的问题,即权力问题,就可能会浮出水面:投资者和投资机构进入社会领域是否会削弱民间社团的自主权,并且影响民间社团的价值观?或者,这种现象能为独立自主奠定新的基础?同样,答案可能是各种各样的。乐观者也许会认为,拥有自己资金来源的社会组织能更好地抵御来自政府的压力。然而,更极端的风险慈善倡导者主张出资人应该更多地干预慈善事业,这听起来好像很不民主,有可能把财富精英的权力从经济领域扩展到社会领域。归根结底，只有在金融服务提供者与使用者之间存在互惠关系的情况下，社会金融才有它存在的正当性。当然，对于更加广义的经济来说，情况也是如此。金融应该被看作为经济服务而存在的重要投入产业——就像教育和电力产业那样。任何允许金融成为主宰而不是附庸并且给予金融比其他部门更多报酬的社会，只有在情况变得非常糟糕时才会责备自己。

参考文献

Cabinet Office (2014). *Growing the Social Investment Market: 2014 Progress Update*. London: Cabinet Office.

Freireich, J., and Fulton, K. (2009). *Investing for Social and Environmental Impact: A Design for Catalyzing an Emerging Industry*. Cambridge, MA: Monitor Institute.

Leadbeater, C. (1996). *The Rise of the Social Entrepreneur*. London: Demos.

Mulgan, G. (2010). 'Measuring Social Value', *Stanford Social Innovation Review*, Summer, pp. 38–43.

Mulgan, G. (2013). *The Locust and the Bee*. Oxford: Oxford University Press.

Nicholls, A., and Schwartz, R. (2014). 'The Demandside of the Social Investment Marketplace', in L. Salamon (ed.), New Frontiers of Philanthropy: A Guide to the New Tools and New Actors that Are Reshaping Global Philanthropy and Social Investing. Oxford: Oxford University Press, pp. 562–582.

Prahalad, C. K. (2004). *The Fortune at the Bottom of the Pyramid*. Pennsylvania: Wharton Press.

第二章　社会金融应该投资什么和对谁投资

理查德·斯坦伯格

引　言

社会需要无处不在，而社会投资者也日益如此——但对他们的需要太多，而他们的投资则太少。那么，为让世界变得更加美好，明智的社会投资者应该拿自己有限的财力去做什么呢？本章考察这个问题的两个方面：首先考察可通过普通的财务性投资能够满足的社会需要与需要社会投资来满足的社会需要之间的区别。这就是本章要阐述的“投资什么”的部分，而本章要论述的“对谁投资”的部分则涉及投资对象，也就是在一切顺利的情况下利用社会投资来满足社会需要的组织。那么，在资金稀缺的情况下，投资于社会导向型营利或非营利组织何者更好？是否有第三种选择方案，也就是选择一种以最佳方式协调营利部门和非营利部门的混合型组织？

笔者在这里选择一条漫长、曲折的路径来回答以上这些问题。为了不让读者感到厌烦，笔者先给出本章结论的基本内容。首先，社会和经济目标可以并行不悖，但在很大程度上仅限于已经达到的水平。除此之外，还需要权衡取舍——社会目标需要不图盈利的投资。营利性企业只有在有利可图的时候和范围内才会提供社会产品。除非社会投资者或政府出钱雇用营利企业供给社会产品，否则供给社会产品满足大部分社会需要将永远无利可图。其次，在难以或者无法观察到服务质量构成要素的情况下，社会投资者应该帮助非营利组织，而不是营利企业。再次，投资者为新创社会企业融资的意愿十分有限，而且即使在发现新的投资对象，如新型混合组织时，投资者也不会自动增强自己的投资意愿。在没有比过去做更多事情的情况下到处转移资金，是有风险的。因此，这一章探讨组织结构扩大或更好地引导社会投资池的原因。最后，各种新型混合组织绝不可能把营利性企业和非营利组织的优点结合在一起。

在社会投资这个新的领域，我们还没有就一些关键的定义达成共识。因此，在深入考察之前，有必要说明本章所使用的术语。社会投资是指对社会企业进行的投资，但不同的作者采用不同的方式使用这个术语。本章区分了被忽视但一旦进入就完全可持续的细分市场(通过销售收入、特许权使用费和租金支出来测度)的社会投资和那些不可持续的社会投资。社会投资者可帮助后一种社会投资“发芽生长”，但没有必要为其持续地投资，因为财务投资者会收购这种社会投资项目。本章侧重于考察后一种社会投资，因此宜采用霍顿(Horton，2006)的社会企业定义：

> 社会企业提供或试图提供社会需要但由于某种原因通常不是由私营企业提供的商品或服务，通常是因为它从事的活动不容易通过它所提供的服务或商品的价格或财务回报来反映它的社会价值。

这个定义把重点放在了反映价值的困难上，而不是所创造价值的性质上。另一个替代性定义，即关于社会目的组织(organizations with social purposes)的定义，提出了社会目的与其他目的之间有什么不同的问题。创造就业机会和生产消费者愿意购买的产品，可以说是一种社会目的，但按照这种分类，每一家成功的企业都是社会企业。其他分类方法留下太多的灰色区域。例如，礼来公司(Eli Lilly and Company)发明、生产和销售各种形式的胰岛素就是对于礼来公司的运营至关重要的社会目的？很难用某些社会企业的定义来回答这个问题，但根据笔者所选择的定义，就能对礼来公司进行明确的归类：礼来公司不是社会企业，因为专利允许礼来公司获取胰岛素研究的价值，而胰岛素销售收入则允许它获得胰岛素生产和销售的价值。

现有的社会企业文献聚焦于通过非营利和营利的方式为社会产品(social good)供给提供资金的商业活动，而本章则侧重于社会产品本身，包括由捐赠和拨款提供资金的社会产品。关于社会产品的任何分析都不取决于是否采取商业策略来从事商业活动。

营利企业与非营利组织的详尽定义因时间和政治管辖权不同而异，其实存在许多亚型或者子类型。这里的讨论通过聚焦于按照所有者的权利定义的纯粹组织类型来简化问题。享有全部权益的所有者有三种产权:控制财产使用的权利、获得使用财产创造的财务盈余的权利以及按照市场价格转让以上两项权利的权利(Ben-Ner and Jones,1995)。投资者可采用多种营利方式,并且拥有所有这三种产权。营利方式有由所有者的类型所决定的不同亚型:投资者所有、员工所有、生产者和消费者合作社、互助保险公司,等等。为了便于阐述,本章仅限于分析投资者所有的营利企业,但读者应该记住:本章的分析忽视了一些社会投资工具。

非营利组织归一个指定、选举产生或者自我延续的理事会"所有",这种理事会拥有资产使用的控制权,但并不拥有其他两项财产权利。非营利组织不能把自己的盈余分配给投资者(确切地说是捐赠者)或者那些控制组织资产使用的人(即理事)(Hansmann,1980)。相反,非营利组织的投资者能够取得实物股利(Wedig,1994),享受与组织成就联系在一起的相关感和满足感。与营利企业不同,非营利组织不创造市场回报,因此不用承受来自股东、派生诉讼和敌意收购的压力,从而能够持续履行其非市场使命。

本章的下一节将回答"投资什么"的问题,先详细介绍通过普通市场交易无法维持的社会产品种类,然后分营利和非营利两部分来考察作为社会投资工具的私人组织。最近,世界不同国家的社会都尝试了不同形式的非营利和营利混合型组织,如低利润有限责任公司(Low-Profit Limited Liability Companies,L3Cs)、社区利益公司(CIC)和共益公司,试图把各种纯组织形式的优势组合在一起。笔者将在本章的结尾部分讨论这些尝试是否有可能取得成功。

社会金融应该投资什么

普通市场交易无法确定集体可消费产品和服务[集体产品(collective good)]的价值,也无法确定产品或服务的不可验证属性[即所谓的"契约失灵"(contract failure)]、社会某些成员认为价值被其他成员低估的产品[优质品或有益品(merit good)]以及成本高于消费者所能支付的价格(即高于消费者负担能力)的基本商品和服务。

集体产品

集体产品是指那些一旦提供就可供许多人同时享用的产品。由于学者们关注的是政府在纠正市场失灵方面所起的作用，因此，文献中经常使用“公共产品”而不是“集体产品”这个术语。但很明显，私人非营利组织也提供集体产品，而政府也提供非集体产品，所以旧名称正在慢慢失去它的市场。集体产品有两种——排他性和非排他性，主要根据消费是否仅限于付费个人来区分。国防是非排他性集体产品——逃税者和纳税人一样受到国防的保护。对非排他性集体产品收费是一种愚蠢的行为，因为付费完全是自愿的，所以，这种付费与其说是“购买”，还不如说是“捐赠”。非排他性集体产品不能通过普通市场交易来维持供给。

歌剧表演或摇滚音乐会属于排他性集体产品——虽然观众集体“消费”演员的表演，但很容易向观众收取入场费，从而排斥部分消费者。买票的观众通过普通市场交易来确保演出的持续供应。尽管如此，排他性集体产品也有问题，因为对有能力买票观看演出的人的限制会把太多的人排斥在外。由于演出是集体产品，因此没有充分的理由排斥任何个人——应该让每个想看演出的人都能不付费观看演出，但也不能影响付费观众的享受。集体产品之所以会丧失社会价值，是因为普通的市场交易会导致过度的排斥。

契约失灵

“契约失灵”是汉斯曼(Hansmann，1980)提出的一个极具一般性的概念。契约之所以失灵，是因为我们难以观察产品或者服务的质量或数量。在把契约失灵的概念应用于集体产品时，问题就在于观察个人的购买或捐赠是否确实能增加特定集体产品的供应量。购买者可以观察到集体产品的总量，但观察不到有多少人购买这种集体产品，这就是问题的根源。例如，假设 100 个人每人向一个组织捐赠 1 000 美元，让这个组织向有需要的人提供食品。如果这个组织总共提供了 5 000 美元的食品，那么，它就能留存 95 000 美元的利润。很明显，这个组织欺骗了大多数捐赠者，但没有一个捐赠者能证明自己没有得到付钱想得到的东西。如果有人多捐了 1 000 美元，而这个组织仍可花 5 000 美元提供食品，并且声称有人没有捐款。这个例子可以说明现在所说的“边际影响型契约失灵”(marginal-impact contract failure)，并且也能解释普通市场交易导致集体产品供应资金不足的原因。

在难以或者无法观察到质量关键方面的情况下，非集体产品也会出现契约失灵的问题。即使直接买主和卖主能观察到产品的质量，仍有可能无法交第三方验证，从而导致在质量层面无法签署可执行的契约。以住院治疗为例，这种服务的某些方面(如是否做过手术)很容易观察到，但其他方面则很难或者无法观察到(如是否因医生“偷工减料”而导致手术效果不佳)。普通市场交易无法为这些属性提供质量保证，声誉不会受影响，而退款保证也容易受到消费者虚假索赔的影响。

有益品

有益品是指那些价值被消费者根据某种外部标准低估的商品和服务。这里有一个明确的“家长作风”问题：在任何时候，只要社会否定消费者主权，就有可能引起争议。歌剧迷会认为歌剧是一种有益品。有时，我们其他人必须学会喜欢歌剧，而且除非有人推动(如组织我们到学校实地考察参加表演)，否则就不会喜欢歌剧。吸烟、饮酒、暴食暴饮和危险的性行为都是消费者比较喜欢但不应该做的事情、应该劝住的“坏习惯”或者“有害品”。虔诚对于宗教信仰者来说是一种有益品。普通市场交易关注的是消费者喜欢什么，但并不关心他们应该喜欢什么。

负担能力

虽然社会福利理论家从收入和财富的角度考察了分配正义的问题，但讲究实效的政策制定者关心的是民众负担医疗和住房等特定商品的能力。的确，收入再分配真能使他们负担得起医疗和住房支出，但我们不愿把钱给那些不正常的父母，而是提供免费医疗服务和租房券，因为这些不正常的父母不会选择把给他们的钱花在满足子女医疗和住房需求上。

非营利组织受到社会投资青睐的原因

这一节讨论非营利组织受到社会投资青睐的程度，说明为什么非营利组织往往是社会投资者最青睐的投资目标。笔者在以下部分将讨论非营利组织形式的优势和劣势。

社会投资者通过捐赠、赠款、贷款和合同等方式向非营利组织提供资金。实际上，义务劳动也是捐赠。有时，非营利组织的员工在工作过程中会向自己供职的非营利组织捐赠义务劳动，因为他们愿意接受低于市场水平的工资(Preston，1989)。消费者有时会支付高价购买非营利组织的产品(如女童子军做的饼干或者大都会艺术博物馆的画)，这实际上是把捐赠和购买捆绑在了一起。会员缴纳的会费往往超过他们收到的商品和服务的成本，这也是把捐款与会费捆绑在了一起。

对非营利组织进行社会投资[2009 年美国非营利组织收到 303 亿美元的捐款(Giving USA Foundation，2010)，再加上志愿服务、善因营销(cause-related marketing)和偏债性投资(debt-like investment)的价值]的程度很容易理解。非营利组织提供集体产品和有益品，避免契约失灵，提供资助、实行浮动收费制，并且以低于市场的价格或免费提供慈善服务。这些有益于社会的活动植根于非营利组织的使命宣言和组织文化。非营利组织之所以能够长期保持其社会使命不变，是因为不存在非营利组织控制权交易的市场。

非营利性集体产品供应

很久以前，韦斯布罗德(Weisbrod，1975)就观察过非营利组织提供集体产品的问题。帮助有需要的人的慈善机构也提供集体产品，但通常与非集体(竞争性)产品混在一起提供。例如，施舍所提供的食品是竞争性产品，因为被某人消费以后，就会排斥其他人消费。但是，施舍食品是按照一种非竞争方式提供的，能让所有关心饥饿者的人(无论是出于同情、共情还是对财产价值的关注)都受益。特定疾病的慈善基金会，如美国糖尿病协会，创造了可能为特定患者(非集体)提供治疗的集体知识；非营利学校增加了学生日后一生的收入(非集体),但也提高了毕业生(集体)日后的公民参与程度。艺术机构提供各种不同的排他性和非排他性集体产品。宗教活动场所生产非集体产品(取决于宗教体系),但也通过培养志同道合的个人之间反复互动的方式创造了社会资本。因此,很明显,集体产品供给是许多非营利组织的主要活动。

营利机构有动力和能力供应少于所需数量的集体产品。除非某一单个社会投资者愿意为整个项目提供资金,否则从某个营利机构购买产品所付(或捐赠给营利机构)的钱做不成任何事情。相反,非营利形式可以被认为是一种由一个能观察到购买、捐赠和投资总额的实体(通常是国家)强制非营利组织集体执行的标准化契约——不分红约束(non-distribution constrain),从而消除了组织决策造成边际影响型契约失灵的可能性(Krashinsky,1986)。这种不分红约束也确保了由普通投资可逆性造成的边际影响型契约失灵(Bilodeau and Slivinski,1998 年)。最后,不分红也意味着没有采取机会主义行为的股东,也没有敌意收购迫使股东采取这种行为的可能性。

营利企业也提供一些排他性集体产品(如摇滚音乐会),而不提供其他排他性产品(如歌剧表演)。它们在提供排他性集体产品时排斥了太多的人,否则就会颠覆它们的收费制。笔者没有在这里广泛研究非营利组织的优势,但理论表明,非营利组织提供非排他性集体产品,而营利性企业却没有,但采用高超的定价策略来减少排斥(Hansmann,1981a;Benner 1986;Bilodeau and Steinberg,1997)。

商业市场上的契约失灵

边际影响型契约失灵可用来解释营利企业不提供非排他性集体产品、捐赠者不向营利企业捐赠以及当社会投资者希望增加集体产品供应时受赠性非营利组织是较好的载体等问题。

营利企业有动机在难以观察到的代价高昂的质量属性上欺骗消费者,而且只要这些属性不能交第三方验证,就可以成功地做到这一点。守规矩的营利企业倘若选择提供所承诺的质量水平,就要面临股东要求它们分配像其他(欺骗消费者的)企业分配的那么多的利润。因此,营利企业提供服务的质量(在它不可观察的属性上)低于契约规定的服务质量,就是另一种契约失灵。

相比之下，虽然非营利组织有时也会提供低质量的产出（施粥所的粥几乎不可能获得米其林奖），但它们提供了自己承诺的质量。现有理论并没有预测哪个部门会提供更高质量的商品和服务，而只是预测到了营利企业提供的产品和服务的质量会低于它们承诺的水平。

在商业市场上，契约之所以会失灵，是因为企业为了让当前和未来所有者满意而试图以它们可以避责的方式来削减成本。非营利组织不能把任何利润分配给组织的控制人，因此就有较少的动机去欺骗社会投资者。不过，这些只是理论上说说而已，非营利形式能否补救契约失灵是一个有争议的问题。正如其他文献（Steinberg，2006）比较详细地总结的那样，不分红约束只是消除了一种，而不是全部提供数量少于承诺的集体产品或者质量低于承诺的商品的动机。此外，我们很难强制执行不分红约束，诚信与信任并不是一回事。许多消费者甚至并不知道他们光顾的医院、疗养院或者儿童日托中心是非营利、营利还是政府机构。另一方面，宗教信仰有可能成就诚信和信任（但并非总是如此），而宗教附属组织几乎总是非营利性的。因此，消费者只要根据营利机构所没有的特点来做出选择，就不必知道某个机构是不是非营利组织，就能得益于契约失灵概率的下降。非营利组织不太可能占消费者和捐赠者的便宜，因为它们由一个志愿者理事会管理，并且有不领取报酬的现场观察员（志愿者）。现场观察员只要发现任何不正当行为就会辞职。非营利组织有公益使命和文化，并且支付较低的薪酬（但并非总是如此），因此吸引了一批以帮助组织履行使命为荣的普通员工和管理人员。

由于争论双方都有非常有力的论据，“就契约失灵而言，总的来说，非营利是否优于营利”就变成了一个实证问题。遗憾的是，我们无法对契约失灵进行直接检验，因为我们要解决的是不可观测的问题。如果消费者、监管机构和法院无法观察到质量承诺是否兑现，那么，研究人员又怎能观察到呢？但是，有许多学者对契约失灵问题进行了间接验证，斯坦伯格（Steinberg，2006）对这些研究进行了综述。笔者在阅读了这些研究文献之后觉得，在契约失灵被认为很严重的产品和服务市场上，平均而言，非营利组织要比营利企业更值得信赖。因此，在目标行业生产具有重要的不可观察属性的产品和服务的情况下，社会投资者应该把钱捐给非营利组织，而不是用于购买营利公司的股票。

非营利性有益品供应

有时，国家通过禁止销售大量含糖的饮料（改变那些不重视饮食卫生的人的消费习惯），对那些不系安全带（不重视自身安全的）司机开交通罚单，对烟、酒（也就是对那些不重视自身健康和他人福祉的人）征收禁止性税收等方式来提供有益品；有时，国家通过向公民征税为免费分发埋单的方式提供有益品。在这两种情况下，国家都是通过行使其强制权来解决有益品供应的问题。国家的这种做法难免会引起争议，因为我们没有就国家的这种行为是否属于合法行使强制权的范畴达成共识。

非营利组织也通过社会营销活动、改进宣传和价格补贴（包括免费赠送分发）的方式来供应有益品。社会营销是通过传递信息的方式来改变人们在采取无保护措施性行为、吸烟、酗酒和开车以及儿童保育等问题上的选择。非营利交响乐团为学龄儿童提供免费演出，希望他们能成为终生热爱古典音乐的音乐爱好者。与国家供应有益品的方式不同，非营利组织采取自愿的方式提供有益品，通常至少部分资金是通过捐赠和销售商品和服务筹集的。

营利组织通常更倾向于向消费者提供他们想要的东西，而不是他们应该要的东西。当然，也有一些例外——社会投资者通过投资一家生产尼古丁替代品的公司来帮助吸烟者减少吸烟。在这个例子中，逐利性促成了说服吸烟者戒烟的营销努力。但与此同时，不受监管的卷烟制造商却在做反向努力。在其他情况下，营利性标签会让人怀疑社会营销努力的真实性和诚意，而这样的社会营销最好由非营利组织来完成。罗斯—阿克曼（Rose-Ackerman，1986：53）在略有不同的背景下指出：

> 非营利形式是由组织的创始人选择的，因为他们的主要目标往往与利润最大化的行为不相容，甚至与利润最大化行为的外表也不相容……出于改变宗教信仰的原因，他们可能希望树立一种服务和奉献的形象，而不想给人以“自私自利”和追逐利润的印象。不分红约束帮助无意赚取高额利润的组织以很低的成本传递了这种形象的信息。

非营利组织在可负担性和再分配方面发挥的作用

有时,利润最大化目标完全可以和再分配努力并行不悖。因此,营利和非营利儿童日托中心都采用分级收费模式;营利大学和非营利大学都提供助学援助。收取单一价格既无助于穷人,也不利于利润最大化,因此,营利和非营利部门实行差别定价,意味着对不同的客户收取不同的费用。差别定价有助于盈利,因为企业不需要在高利润率和低批量价与低利润率和高批量价之间做出选择——它们可以两者兼得。差别定价在帮助穷人让他们支付负担得起的价格的同时,又让组织通过高价销售赚取足够的收入来支付成本。

非营利组织与营利组织动机不同,但计价模式却相似。非营利组织向部分服务对象收取较高的价格,以便有资源补贴其他服务对象。然而,实行差别定价法的营利组织和非营利组织在计价模式上至少存在两个重要差别。首先,他们向客户收取的最低价格不同。营利组织的最低价必须高于向最后一名客户提供服务的成本(边际成本);否则,营利组织出于对利润的考虑就会舍弃最后一名客户。因此,只有那些能够承担服务成本的客户才能获得他们愿意支付的价格。非营利组织的最低价格有可能低于边际成本,在组织使命瞄准的目标人群(mission-target population)需要补贴的情况下可以把价格定为零。其次,营利组织会制定能使利润最大化的价格。营利组织在知道每个消费者最大支付意愿的极端情况下,会把个性化的价格制定在每个消费者能承受的最高水平上。相反,由于非营利组织把差别定价法作为达到目的的手段(补贴其使命瞄准的目标人群),因此,在大多数情况下,非营利组织的价格都要低于营利组织(Steinberg and Weisbrod,1998,2005)。最后,这两类组织应对不断增加的社会投资的策略各不相同:营利组织会继续最大限度地利用差别定价法;而非营利组织则会在降低向高支付意愿客户收取的价格的同时,进一步降低向低支付意愿客户收取的价格,并且扩大被允许以补贴价格购买商品的低支付意愿客户的份额(Steinberg and Weisbrod,2005;Starke,2012)。

对营利组织进行社会投资的原因

本章把社会企业定义为提供市场通常不愿提供的产品或服务的组织,所以，这一节应该比较容易写。营利组织一般不提供非排他性集体产品，极力限制排他性集体产品的供应，在契约失灵的情况下不会交付所承诺的质量，不能有效供应某些有益品，并且把自己的再分配努力限制在那些可望增加利润的产品上。至少有些营利组织的所有者希望获得最大限度的利润分配，而另一些营利组织的所有者则在偏离利润最大化时受到控制权市场的约束。所以，营利组织是否更有效率和更加灵活并不重要，因为它们并不参与社会企业活动。

但也有例外，如营利组织提供集体产品，否则就是背离营利行为的标准(新古典)模式。本节首先介绍营利社会企业的潜在优势；然后说明社会企业在什么时候和情况下会出现在营利组织中——要么是因为社会生产能增加企业利润，要么是因为控制权市场允许企业偏离利润最大化；接着讨论营利社会企业的局限性。导致营利组织参与社会企业活动的相同因素会削弱营利组织的效率和资金优势。笔者最后用两个案例研究来结束本节的讨论。

虽然关于企业社会责任的文献没有强调这个问题，但大部分相关文献适合我们的讨论。基茨米勒和西姆萨克(Kitzmueller and Shimshack，2012：53)对企业社会责任的各种定义进行了综述，并且下了一个结论性的定义：

> 企业社会责任本质上是超越相关市场和/或经济体的法律或者法规要求的企业社会或环境行为。

就像我们在这里使用的社会企业的定义一样，这些作者也允许例外，因为他们继续表示(p. 54)：

> 为了体现其完全的经济相关性，这种观点强调，企业社会责任可以由市场驱动或者是“策略性”的，而不像麦克威廉斯和西格尔(McWilliams and Siegel，2001)所说的那样，只是把企业社会责任等同于超越市场力量的社会或环境业绩……企业社会责任可能是策略性的，但也不一定都是如此。

企业社会责任可被视为是小型社会企业与普通私人企业结合的产物，但本章得出的大多数结果同样适用于专门从事社会企业活动的营利组织。

营利组织的优势

自亚当·斯密以来，经济学家就已经认识到，营利组织有时就好像有一只看不见的手在为它们指引方向，并且都会朝着公共善的方向发展。自那以来的发展使得亚当·斯密的这个直觉成为福利经济学的第一基本定理。在大多数情况下，可以把这个定理阐释为：当营利组织在信息对称的条件下，在完全竞争的市场上生产和交易各种产品时，均衡就是社会有效的。这个定理的影响常常被夸大，因此，它的每一项都可以扩展。首先，社会效率是基于整个经济——生产、消费和分配每种产品和服务——做出的一种具体判断。根据消费者的判断，某个经济体如果没有明显更好的替代品，就是有社会效率的。换句话说，有效率的经济体，按照个体的估计，在不使任何个体境况变坏的情况下就没有办法让任何其他个体的境况变好。在有社会效率的均衡中不允许有任何有益品存在，因为消费者主权在这种均衡中得到了充分的尊重。

这个定理虽然采用了"如果……那么……"的形式，但根本就没有假设：在现实世界中所有的产品都参与交易。具体而言，非排他性集体产品不能参与交易，市场交易的副作用（外部性）在大多数情况下也不能单独分开交易；也没有假设信息对称分布——但却存在契约失灵。最后，还有其他可供选择的有效经济，它们的收入分配各不相同。该定理没有说明怀疑目前的资源所有权分布状况会导致公平或公正的收入分配或者使人人都能买得起关键产品的理由。非营利组织的优势来源于所有这些上述定理没有涵盖的情形。

不管怎样，福利经济学的第一基本定理提供了许多可扩展运用到现实世界的洞见。追求利润最大化的企业会以尽可能低的成本（生产效率）组织生产，力求创新，并关注消费者偏好（配置效率）。所有这一切都非常适用于可观察到竞争性行业特点的私人产品。现在，我们在这里界定的社会企业定义排除了这种情形，但在需要社会投资的时候，生产效率和配置效率或许会转移到营利性社会企业。

组织需要资本/资金才能成长，才能适应不断变化的消费者偏好。营利组织通过创始人投资、首次公开募股（IPO）和债务融资来获得所需的资本/资金。资本/资金充盈（在正常时期），并且可被用于所有有望产生利润的项目。但是，财务投资者并不关心没有市场回报的活动，因此，资本/资金对于社会企业来说是稀缺资源。许多人认为，这是非营利组织会遇到，而且营利组织也要面对的一个特殊问题，但笔者在这里认为，非营利组织可以获得比通常认为的更多的资本/资金。稍后，笔者还要表示，营利组织的资金来源在被用于为社会企业融资时会趋向于枯竭。

汉斯曼(1981b)证明了营利组织在获得资本/资金方面的优势。不分红约束排除了非营利组织利用传统的股权资本——出售全部股份——筹资的可能性。在没有股东分担风险的情况下,银行和其他金融机构就会要求非营利组织支付较高的贷款利息。因此,有人断言,非营利组织缺乏资金,在经济中占据太小的份额,而且成长太慢。但是,非营利组织有营利组织不可利用的资金来源,主要是时间和金钱捐赠,但非营利组织的资金来源也取决于司法管辖区、特殊补贴或者免税债券收益权。此外,汉斯曼认为,在许多司法管辖区,非营利实体和营利实体之间的税收差别,允许非营利实体通过留存收益来实现较快的成长。

资本/资金在营利组织之间自由流动,以追逐尽可能高的财务回报;而资本/资金不可能轻易从非营利组织流出,因为,即使在非营利组织解散或者转变为营利组织的情况下,资产锁定的惯例也禁止非营利组织把资产分配给所有者。相反,非营利组织的资产必须按公允市价出售,变卖资产的收入必须用于使命与原先的非营利组织尽可能接近的其他非营利组织。资金不会为了追逐尽可能高的社会或财务回报而在非营利组织之间流动,因此会造成效率低下(Hansmann,Kessler and McClellan,2003)。

盈利的社会企业

关于市场力量促使企业承担社会责任的文献表明,企业慈善或直接社会投资通过以下四个方面增加企业的利润:增加收入、降低成本、增加投资和减少公共监管。消费者不会花更多的钱从利润最大化者或社会投资者那里购买相同的产品,因此,改进后的收入模式明确了消费者不认为后者是前者的完美替代品的原因。按照企业慈善模式(Clotfelter,1985;Navarro,1988;Webb and Farmer,1996),企业的形象会影响消费者对其产品的支付意愿,企业对受欢迎、无争议的慈善机构做出高度可见的捐助有助于改善企业的形象,进而有助于提高均衡价格。

相比之下,巴尼奥里和瓦茨(Bagnoli and Watts,2003)、柯秦(Kotchen,2006)以及贝斯利和加塔克(Besley and Ghatak,2007)等最近构建的企业社会责任模型,把企业社会责任看作是一种有别于营利性产品生产的私人产品和集体产品"连带生产"(joint production)。例如,制造商选择了一种污染较少的技术，他们“连带”生产其出售的私人产品以及清洁空气和水等集体产品。获得公平交易认证的咖啡种植者同时为那些关心该行业工作条件和报酬的人创造了私人利益和集体福利；或者，由残疾人制造的电灯泡既能发光，又能产生帮助有需要的人的温暖光辉。消费者愿意花较多的钱购买含有集体产品的私人商品。只要较高的价格能够补偿连带生产增加的额外成本，企业履行社会责任就是一项有利可图的活动。企业履行社会责任增加自身收入的另一种方式，就是降低关注社会绩效的积极分子组织抵制购买企业产品活动的可能性(Baron，2009)。

连带生产经济促使营利性企业履行社会责任。但在大多数情况下，这种经济并没有赋予营利性企业相对于非营利组织的比较优势。事实上，连带生产模式最初是用来解释那些为非市场活动寻求交叉补贴的商业性非营利组织的行为的(Posnett and Sandler，1986)。

企业慈善和其他社会投资可从几个方面降低企业成本。首先，企业慈善活动可以降低企业员工招聘和离职的成本，特别是降低那些喜欢为进行社会投资、被认为是有道德的公司工作的关键高管的招聘和离职成本。其次，正如上文在讨论收入时指出的那样，当私人和集体产品之间存在范围经济时，企业履行社会责任就能降低成本(在这种情况下，连带生产比单一生产便宜)。最后，企业社会责任可以作为一种筛选手段，吸引有道德动机的员工。这种员工在没有代价昂贵的激励和监督的情况下也能自觉为组织的利益努力工作(Brekke and Nyborg，2004)。同样，在这些降低成本的可能性方面，营利性企业相对于非营利组织并没有比较优势可言。

社会投资者既会购买追求利润最大化的公司的股票，也会购买履行企业社会责任的公司的股票，而且还在格拉夫・齐文和斯莫尔(Graff Zivin and Small，2005)以及巴伦(Baron，2009)后来的扩展模型中直接捐钱给非营利组织。追求利润最大化的公司把所有的利润作为股息分配，而履行企业社会责任的公司则把部分利润捐赠给慈善机构。投资者注意自己的消费以及自己对慈善事业的直接和间接(通过拥有履行企业社会责任的公司)贡献。但投资者的直接捐款与间接捐赠的相对价值各不相同，从而导致股东资产组合的多样性，有些社会投资者只投资于追求利润最大化的公司并进行个人捐赠，而另一些社会投资者则同时购买追求利润最大化的公司和履行企业社会责任的公司的股票，但不捐赠钱物。

在这些模型中，公司履行社会企业责任的预期支出不会损害投资者，因为股票的价格反映了预期的未来股利支付流。履行企业社会责任的公司支付较少的股利，但获得股利的权利成本也较低。巴伦引用了“全食超市”（Whole Foods）首席执行官约翰·麦基（John Mackey，2005）说的话，笔者在这里加以转引：

> 我认为，企业家，而不是公司股票的现有投资者，有权利和责任来确定公司的宗旨。是企业家创立了公司……与——包括投资者在内的——所有自愿合作的利益相关者就交易条件进行谈判。在全食超市，我们“雇用”了我们的原始投资者，而不是他们雇用我们……我们在起草使命声明时第一次宣布我们将把5%的公司净利润捐赠给慈善事业……我们执行这项政策……比我们首次公开募股早7年。在我们制定这项政策时，所有7个在我们董事会任职的私人投资者都投了赞成票……如果全食超市的创始业主一致赞同这项策略，随后的所有投资者都在这项策略生效并广为宣传后才投资购买公司股票的，那么，全食超市做慈善怎么就是在“盗窃”现有投资者呢？

在投资者知道企业未来社会支出水平的情况下，企业的社会支出成本完全由创始企业家承担。除非企业家愿意承担这个责任，否则就不会有认为履行企业社会责任会导致利润减少的企业问世。社会投资者会购买公司股票，但公司不会为了吸引更多的投资而承担更多的社会责任。

这些模型最令人惊讶的结果是：首先，企业社会支出的增加完全以牺牲慈善捐赠为代价；其次，虽然慈善捐赠遭到挤压，但企业的社会支出仍会增加总社会支出。公司履行企业社会责任导致股票折价，但会导致股权增加，进而导致购买股权所做的捐赠超过投资者只有直接捐赠慈善一种选择时的捐赠。但不管怎样，从“如果把更多的钱花在集体产品生产上，社会平均幸福感水平就会提高”的意义上讲，社会支出通常仍处于次优水平。

巴伦（2009）把收入和投资影响因素纳入模型，并且得出了以下结论［见基茨米勒和西姆萨克（2012：67）的综述］：

> 企业社会责任的均衡水平因类型而异，并且取决于各种社会贡献渠道——投资、消费、捐赠或支持维权人士——之间的可替代程度。

最后,企业慈善活动对企业形象的改善可以阻止代价昂贵的监管和立法行动。感兴趣的读者可参阅麦克维斯、莱昂和哈克特(Maxwell,Lyon and Hackett,2000)以及卡拉韦拉斯、加努萨和廖贝特(Calveras,Ganuza and Llobet,2007)的正式分析。

社会投资与控制权市场

营利性企业的所有权可以出售,股份公司的股票可以买卖,而大股东掌握着公司的控制权。一般来说,单个股东持有远远少于公司一半流通股的股权就能掌握公司的控制权;只有在其他股东团结一致的情况下,控股股东才需要持有公司多数股权。营利性私营公司也通过转让股份来出售所有权,但透明度较低,因为它们既不受通常对上市公司实施的报告和监管约束的限制,股票又不在交易所公开交易。其他形式的企业(如美国的合伙企业和独资企业)较难出售所有权,但全部组织资产(包括企业名称和商誉)都可以出售给新的实体。

在典型的营利组织模型中,控制权市场有助于限制偏离利润最大化的行为。例如,弗里德曼(Friedman,1970)把企业履行社会责任说成是公司高管在乱花股东的钱,并且设问"难道股东不会解雇他们(无论是公司的现任高管还是那些在以企业社会责任的名义采取行动降低公司利润和股票价格时的接管者)"。在典型模型中,履行企业社会责任的公司股价低于追求利润最大化的公司,而这种价差激励收购竞标人去获得前一类公司的控制权,并且让这类公司恢复利润最大化行为,然后再把它们卖掉获利。更一般地说,巴伦(2007:705)的结论是:"为了可持续发展,履行企业社会责任的公司必须免受控制权市场的侵扰。"

在更加贴近现实的模型中,公司由于在不同程度上受到法律、法规、投资者偏好多样性和信息不对称的保护而不受控制权市场的侵扰。虽然投资者作为委托人希望公司实现利润分配的最大化,但经理人作为代理人还有其他目标。这种委托—代理问题可以通过采取不同的成本很高的措施来缓解,但无法解决。至少有些企业慈善活动是由经理人的私人和社会利益驱动,他们通过特殊捐赠来提升自己的社会地位或进一步提高社会福利。大多数观察人士认为,与利润导向型"战略慈善"(strategic philanthropy)相比,这种企业慈善正在萎缩(Porter and Kramer,2002)。但在股东无法控制管理层行为的情况下,营利性组织可以自由履行其他"使命",包括社会使命,但也包括任人唯亲、薪酬过高和其他不那么可取的行为。

股东的权利因时、因地而大不相同。如果对股东施加足够的约束,他们将无法约束管理层偏离利润最大化的行为,因为他们无法获得必要的信息,或者他们无法要求管理层强制接受他们的意愿。此外,在公司所有权相对分散的情况下,个人股东宁愿搭便车或者干脆购买其他公司的股票,也不愿花时间和精力提高管理层的素质。营利性企业可采取各种策略(如毒丸和金色降落伞策略)来保护自己免受收购威胁。规范这类行为的法律也是因时、因地而异,执法的情况也各不相同。维基百科(2012)关于收购的讨论,很遗憾,一直很少被引用,但在 2006 年 10 月就得出如下结论:

> 公司收购事件在美国、加拿大、英国、法国和西班牙经常发生,只有在意大利是偶尔发生,因为意大利公司的大股东(通常是控股家族)往往在公司董事会享有特别投票权,设计这种投票权的目的就是要让大股东掌握公司的控制权。公司收购在德国并不经常发生,因为德国公司采取董事会和监事会双重委员会结构;在日本也不经常发生,因为日本大公司都是交叉持股的所谓"财团"(keiretsu)。

如果公司所有者更看重公司的社会责任,而不是收购竞标人发出的最高财务回报(股票差价)报价,那么就不会发生收购事件。综上所述,在所有者人数较少、公司为私人所有、当前所有者因看重企业社会责任而选择购买股票的情况下,控制权市场对营利性组织的行为产生较小的影响。

营利性社会企业的局限性

笔者在尽自己所能充分解释了营利性社会企业后得出了如下结论:营利性组织的常见优势在他们从事社会事业活动时就已经消失殆尽;而且在任何情况下,营利性社会企业在数量和业务范围方面都是有限的。由于定义的多样性和数据的匮乏,因此,很难评估营利性社会企业的实际规模。营利性社会企业的一个构成要素可用私人社会投资数量来表示。根据社会投资论坛基金会(Social Investment Forum Foundation)的一份报告(2010, Executive

Summary:8)的估计,“根据明确把环境、社会和治理(ESG)标准纳入投资分析和(环境、社会与治理)资产组合构建的策略管理的资产总额为2.51万亿美元”,而美国的托管资产约为25万亿美元。2009年,美国企业把一小部分的托管资产用于捐赠——140亿美元的现金和实物捐赠(Giving USA,2010),仅占3 040亿美元捐款总额的4%左右。世界大企业联合会(Conference Board)一项对大公司的调查显示,2008年美国大公司捐款的中值只占其税前收入的1.55%。2008年,接受调查的公司还在海外捐赠了25.9亿美元,大多是实物捐赠(Cavicchio and Torok,2009)。社会投资咨询公司(Social Investment Consultancy,2010)完成的一项调查表明,“英国企业估计每年捐赠14亿英镑资助公益事业”。

企业慈善也仅限于捐赠无争议的事业。那些支持有争议事业的企业面临遭遇抵制和公共关系恶化的风险,从而阻止有些企业捐赠有争议事业,并且惩罚那些继续捐赠有争议事业的企业(Himmelstein,1997)。因此,辛梅尔斯坦(Himmelstein)得出以下结论[就如加拉斯基耶维茨和科尔曼(Galaskiewicz and Colman,2006:184)概述的那样]并不令人惊讶:

> 特别是公司捐赠专员坚定地承诺,为他们的公司所在社区做一些真正有价值的事情。然而,那些受到心怀不满的股东的攻击、卷入激烈竞争或者容易受到无法控制的危机影响的公司,是很难为行善辩护的。由于公司捐赠专员往往不会对本公司的业绩做出直接的贡献,因此想要生存下去,就必须得到首席执行官或者董事会主席的支持,或者必须顾及公司的战略利益。然而,公司回馈计划为了确保自己的完整性,必须防止自己成为公司高管手中的“玩物”或者营销/人事/公关部门的一项子计划。捐赠专员的工作通常就像是走钢丝。

如果消费者愿意为购买有社会责任感的企业的产品支付较高的价格,那么社会支出就会受到鼓励。但在巴尼奥里和瓦茨(2003)的连带生产模型中,集体产品的私人供给水平与私人产品市场的竞争程度呈反比关系。

投资者愿意购买履行企业社会责任的公司的股票。但就如格拉夫·齐文和斯莫尔(Graff Zivin and Small,2005)以及巴伦(Baron,2007)所言,企业的社会支出部分或全部以牺牲个人捐赠为代价。在全体投资者都认为企业的社会支出是个人捐赠的完美替代品的特殊情况下,总社会支出就不受企业社会责任的影响。企业社会支出的每次增加都会导致个人捐款的等量减少。此外，由于在这些模型中，企业履行社会责任的预期成本完全由创始企业家承担，而企业履行社会责任的程度受到愿意做出必要牺牲的企业家稀缺程度的限制。

虽然控制权市场在防止偏离利润最大化行为方面远不如标准模型所说的那么有效，但从来就没有完全缺位，因此始终存在关于企业社会责任支出可持续性的问题。企业的当前所有者可能都已经接受麦基(Mackey,2005)提出的那种社会使命，但当前所有者迟早会去世，偏好也会随着时间的推移而发生变化，而那些对企业社会责任估值较低的投资者有动机模仿他们更有社会责任感的同伴。罗杰斯(Rodgers,2005)曾评论说：

> 关于他的公司如何"雇用"初始投资者，而不是相反，麦基是满嘴胡说八道。如果全食超市长期陷入困境——也许就是卢德派分子(Luddites)不再能够用垃圾科学(junk science)和恐惧来阻止基因食品革命，那么，麦基很快就会明白到底是谁雇用了谁，因为是他的投资者解雇了他。

即使在企业所有者多少有点赞同的情况下，经理人也要面对尤努斯(Yunus,2010)所说的难题：

> 如果你把利润和社会回报混为一谈，也就是说，你的公司追求这两个目标，那么，你就让首席执行官的生活变得复杂，而他的思维过程就会变得模糊不清，他甚至看不清楚。在需要平衡利润和社会回报的特殊情况下，天平应该向哪头倾斜？……在经济困难时期，如经济衰退时期——完全取消社会福利以帮助企业渡过难关难道是正确的做法？……"混合"公司的概念在这些问题上没有提出明确的建议。在实践中，利润往往会在这种斗争中胜出。最常见的情况是，首席执行官——或许是无意识地——倾向于追逐利润，并且会夸大公司正在创造的社会回报……社会目标的重要性将逐渐减弱，而赚钱的需要在公司文化中会变得越来越根深蒂固。

当营利性社会企业变更所有者时，问题就会被放大。麦科马克等(MacCormac et al.,2007:97)下结论认为："许多社会导向型营利组织发现，它们的社会使命取决于创始人的热情。在创始人退休或者转让组织以后，他们的社会遗产往往会因为被组织更加传统的所有者接管而丢失。"卡茨和佩奇(Katz and Page,2010:96)认为,这个问题是"理想主义的创始人(委托人)和比他年长或许更加贪婪的自我(代理人)之间的跨期代理问题"。

只有在控制权市场疲软或者不存在的情况下,营利性组织的社会支出才能可持续。但控制权市场的缺失使得营利性组织能够维持其效率低下的行为,因此,营利性组织的效率优势在它们从事社会企业活动时就会减弱甚或丧失殆尽。

营利性组织有充分的机会为利润最大化活动获得股权资本,但在前面考察的各种模型中,投资者购买履行企业社会责任的公司的股份就是连带"购买"未来的股息和捐赠。虽然巴伦(2007)表示,在特定情况下,相对于纯私人捐款均衡而言,这一安排可能会增加社会投资总额,但增幅有限。因此,营利性组织为社会投资,不会像为逐利型投资那样,有充分的机会获得资金。

在以上讨论的各种企业社会责任模型中,没有一种包含所谓的社会参与型营利性组织与消费者、捐赠者、员工和投资者之间信息不对称的问题。营利性组织无论在哪里都有相同的动机,但笔者认为契约失灵是最常见的结果。夸大企业社会支出的程度是有好处的,因为轻信的消费者愿意支付高价购买社会支出多的企业生产的商品,而轻信的员工则愿意接受较低的薪酬。这种信息不对称会造成所谓的"漂绿"(greenwashing)——有选择地披露关于企业环境业绩的正面信息,而不披露负面信息(Lyon and Maxwell,2011)——的问题。虽然有私人社会责任评级服务和反欺诈法律,但对于集体产品,边际影响力造成的契约失灵问题依然存在。

两个案例

纽曼私传公司(Newman's Own Inc.)由保罗·纽曼(Paul Newman)创立并由私人控股。纽曼私传公司从创建伊始就成功地把税后利润全部捐赠给纽曼私传基金会(Newman's Own Foundation)这家非营利性捐助机构。保罗·纽曼这位公司创始人非常希望把公司的全部利润捐赠给慈善事业,并且能够如愿以偿。在他去世以后,纽曼公司仍在执行这项策略,而纽曼基金会捐款已经超过3.5亿美元(http://www.newmansownfoundation.org,2012年6月30日浏览)。那么,纽曼先生是如何面对控制权市场成功地把自己确立的使命维持这么长时间的呢？关键是纽曼是纽曼公司唯一的初始投资人。他可以在任何时候分配公司的利润，但他没有选择这样做，因为他更看重公司的社会使命，而不是可分配获得的潜在利润。当然，纽曼公司可能收到的最高收购报价不会超过其潜在的可分配利润，因此没有也不可能发生互利的所有权转让。这就是布拉克曼·赖泽(Brakman Reiser，2009：2451)得出以下结论的原因："社会事业公司(social enterprise companies)通常规模较小，并且由那些对社会目标有个人承诺的所有者控制。有些社会事业公司就是这样开始它们的事业的，因为事业有成而获得了发展壮大。"

如果纽曼需要超过自身财力的投资才能创建他的营利组织，就得在若干投资者之间分拆公司的所有权。也许纽曼能够找到足够人数的投资者来分享他的愿景，而他的营利组织将在没有控制权市场压力的情况下继续为慈善做贡献。但如果他押错了宝，如果投资者声称愿意分享他的社会使命，但在公司盈利时却采取相反的行动，那么，控制权市场就会导致他的社会使命不可持续。我们很难事先准确判断投资者的动机，因为贪婪的投资者会假装愿意分享组织的社会使命，以便日后投票赞成分配利润。

即使创始投资人都充分致力于逃离控制权市场，在去世后把公司股份转让给别人，而且在任何时候都不能保证纽曼初始使命的支持者能持续掌握公司的控股权，纽曼也不会遇到初始贪婪暴露的问题(initial greed-revelation problem)，因为他不需要其他投资者。但纽曼终归要面临死亡，他也的确去世了。生前，他与"newmansown.com"的罗伯塔·皮尔森(Roberta Pearson)有电子邮件来往。后者在(2010年5月12日)写道：

> 纽曼病后成立了纽曼私传基金会，现在基金会拥有纽曼私传公司。目前，纽曼私传公司把全部的特许使用费收入和税后利润都上缴给纽曼私传基金会，而基金会的理事会把这些钱都捐给了慈善组织。

把"纽曼私传"这家营利企业改制成非营利基金会下属的全资子公司，就创建了一个依法不能分配利润的混合机构。我们也可以通过把公司并入基金会来达到同样的目的：基金会依法缴纳适用于非营利组织的无关商业所得税(unrelated business income tax)，而不是缴纳适用于营利组织的企业所得税。换句话说，无论出于什么意图和目的，纽曼私传公司被改成了非营利组织，并且具有这种形式的组织所具备的全部相对优势和劣势。

我们的结论是，如果创始人自己能够获得必要的初始资本，并持续致力于履行社会使命，就有可能创建营利性社会企业，并且能维持很长一段时间。但创始人不会长生不老；最终，他们会像所有凡人一样撒手人寰。于是，除非企业改成或者实际改成非营利组织，否则就越来越可能面临恢复传统的利润最大化行为并把利润分配给股东的风险。所需投资者的人数越多，建立营利性社会企业的概率就越小；即使建立，它们作为社会企业的续存时间也不会太长。

"Google. org"(DotOrg)是由谷歌公司创建的一家营利性慈善事业(for-profit philanthropy)，最初获得了谷歌1%的股权，并且把赠款管理从之前的非营利性谷歌基金会(Google Foundation)转到了它的名下。此外，谷歌公司还向"DotOrg"捐赠它的员工的时间和善款。"DotOrg"就像传统的基金会一样捐款行善，但它已经把大部分精力放在了为世界紧迫问题开发项目寻求解决方案上(Google. org，2012)。与传统基金会不同的是，这个基金会没有规定资产锁定机制——在基金会解散时，要把资产归还给其所有人谷歌公司。这个特点阻碍了"DotOrg"吸收外部人的捐赠。与谷歌公司不同的是，"DotOrg"不向外部人发行股票，因此，它获取资金的渠道局限于谷歌得到公认的雄厚财力。

"DotOrg"的这种做法独一无二，它选择放弃非营利组织的许多优势(包括免税和接受免税捐款的权利)，因为非营利组织在美国要接受特别的监管。作为营利组织，"DotOrg"可不受投资于其他营利组织的限制、直接从谷歌公司获取资源的限制以及联邦税法和州法对从事政治活动的限制(Brakman Reiser，2009)。

由于谷歌公司在首次公开募股(IPO)前曾宣布把1%的利润用于社会投资项目，因此，布拉克曼·赖泽(2009：2468)得出了如下结论："任何对这种资本使用方法不屑一顾的股东，都可以把目光投向其他投资。"……事实上，一些股东可能是因为谷歌公司的慈善承诺而购买这家公司股票的，他们希望公司能够信守承诺。

贪婪暴露问题没有产生任何影响，来自控制权市场的压力也很小，因为谷歌公司的捐款只占其利润的1%，这是传统企业捐赠的典型数额。公众可以看到"DotOrg"的善行，因此，有助于谷歌公司树立公司形象，促进市场营销，降低对母公司实施昂贵的监管或提起反垄断诉讼的政治意愿。谷歌公司的高管和关键员工支持对社会事业进行投资，从而降低了员工招聘和离职成本。所有这些因素结合在一起,使得谷歌公司对试图终止社会事业投资的敌意收购缺少吸引力。

因此,“Google.org”的社会使命是可持续的,至少在短期和中期内是如此。不过,“Google.org”的社会使命之所以能够持续,是因为它就像传统的企业慈善机构,规模和范围有限。一些目前不做企业捐赠的公司也许想做像谷歌公司与“Google.org”的伙伴关系所体现的那种可逆性捐赠(reversible donations),因此,这种模式可能会略微增加社会投资,但不会大幅度改变控制权市场对企业社会投资的限制。

新型混合组织形式

那么,我们是否有办法把营利组织进入传统股权资本市场的机会和生产效率与非营利组织的信誉、获得赠款和捐赠的机会以及使命可持续性结合起来呢?美国已经做了一些这样的尝试,但正如凯利(Kelley,2009:3)所说的那样:

> 一些实践者已经学会把一些复杂的组织结构拼凑在一起……运用不同的营利和非营利组织形式和学说为混合型机构构建法律框架。但是,这些复杂的组织结构,不管涉及拥有多种类别股票和股东协议的公司或者创建多个连锁实体,还是涉及使用精心起草的合资协议,往往成本很高,维护起来负担很重,而且由于它们太新而没有法律保障。

这就是美国从佛蒙特州开始的不同州和地方政府从2008年起就颁布法律允许成立低利润有限责任公司的原因。英国在2005年立法允许创建和经营另一种新型混合组织——社区利益公司。美国不断有其他新的混合形式[如社会影响力债券、共益公司和弹性目的的公司(Flexible Purpose Corporations)]涌现。

美国最灵活的公司形式是有限责任公司。这种公司形式把合伙企业的结构特征和公司的有限责任结合在一起。有限责任公司只有合伙人,而没有股东,而且可以有多种类别的合伙人,每个类别的合伙人具有不同的治理权限。不同类别的合伙人可能要为公司做出不同的财务贡献,但利润不一定按合伙人的投资比例分配。从联邦税收的角度看,有限责任公司被视为合伙企业,因为只有在收到所分配利润时才缴纳所得税。从事社会事业的混合型组织可以在低利润有限责任公司的名下合并采用多种不同的结构，但允许把低利润有限责任公司作为一种不同公司类别的立法旨在创建一类具有利益相关者认可的标准特点的“品牌”公司。组织想获得有限责任公司的资格，还必须明确有一个以上（联邦税法界定的）慈善或教育目的，不得以创收或财产增值为主要目的，而且还要证明：如果不是因为组织与实现一个或多个慈善或教育目的（组织目的中不得有影响立法或竞选的目的）有关系，就不会成立有限责任公司。

布拉克曼·赖泽（2010：628，脚注省略）对低利润有限责任公司的倡导者提出的分档合伙人结构做了以下总结，并且认为这种结构旨在促进获得公司股权资本和提高效率，同时履行可持续的社会使命：

> 低利润有限责任公司的一个股权档次合伙人可以是做项目相关型投资的私人免税基金会。由于关于项目相关型投资的规定明确禁止基金会考虑把获取财务回报作为投资动机，因此，这个股权档次的合伙人只能获得很少或者遥遥无期的分配权利。一个中间档次的个人或实体可以购买低利润有限责任公司合伙人的资格作为社会责任投资。这个档次股权的投资者必须同意有限责任公司的营运协议。这份协议为此类投资者规定了一些获得分配的机会，但回报率低于市场回报率，这样做想必是为了让有限责任公司创造社会或精神价值。然后，低利润有限责任公司的运营协议可以为寻求准市场回报的高股权档次个人和实体提供市场回报，这样做大概是为了与其他市场回报率投资展开竞争。这些有关低利润有限责任公司的规定可能更像是债务或股权（如果是后者，那么更像是优先股，而不是普通股）融资条款，要么提供担保回报，要么提供与低利润有限责任公司利润挂钩的回报。

社会使命是通过赋予各股权档次合伙人控制权或者排他性治理权来履行的，这就意味着：组织在处理社会使命和利润之间的冲突时决定支持社会使命，并且保护自己不受逐利型收购侵扰。倘若组织采用了这种结构，但社会使命失去了首要地位，那么，根据有关的法律规定，组织就得恢复为普通的有限责任公司。在恢复为普通有限责任公司以后，组织就没有法定的资产锁定机制阻止组织把所累积的资产分配给合伙人。

在英国，社区利益公司可以采取股份有限公司（company limited by shares，类似于美国的营利性组织）或者担保有限公司（company limited by guarantee，类似于美国的非营利组织）的形式，但必须遵守一些附加规定和类似于资产锁定这样的规定。一般而言，股份有限公司的董事对股东负有受托责任，但可以考虑其他利益。股份有限形式的社区利益公司必须把这些其他利益作为自己的首要目标。一般来说，担保有限公司有一个或多个符合规定的公益目的。但是，如果这些公司选择注册为社区利益公司，就失去了税收和一些赋予公益机构的管理优势。无论社区利益公司采取哪种形式，其董事都必须保证组织有通过“社区利益检验”（community interest test）——“理性人认为（社区利益公司）是为了社区利益开展自己的运营活动”（Regulator of Community Interest Groups，2009）——的能力。社区利益公司必须报告遵守这项检验标准的情况，还必须“确定获得它所提供的利益的机会不只局限于人数过分有限的群体”（Regulator of Community Interest Groups，2009）。社区利益公司的参加成员可以是股东、捐赠人或其他被指定人，他们拥有一定的治理权，有责任监督公司是否继续保持通过社区利益检验的能力，并且激励全体社区居民充分参与社区利益公司的活动和发展。

社区利益公司监管机构有权限制采取股份有限形式的社区利益公司分红。最初，上限定得太低，因此无法吸引投资者。后来，社区利益公司监管机构放宽了限制，并且把分红额度限制在可分配利润的35%。此外，监管机构还强制推行一种有效的资产锁定机制——社区利益公司不得以低于市场公允价格的价格出售资产，除非是为了履行使命或向另一家公益机构或社区利益公司转让资产。这个资产锁定机制还对社区利益公司解散或者变更形式后的资产分配做出了规定。

由于其他新型混合组织在不断快速变化，因此，我们在这里只对它们做简要介绍。美国的非营利组织共益实验室为符合其认证标准的营利组织创建了一种共益公司标签。共益公司网站发文表示：

> 共益公司不同于传统企业，它们必须符合内容全面、透明度很高的社会和环境业绩标准；符合要求更高的法定责任标准；建立支持可持续商业公共政策的企业群体（http://www.bcorporation.net/about）。

共益实验室还进行游说，成功地说服一些州立法（在七个州获得通过，还有更多的州正在走程序)允许创建共益公司这种新型公司形式。与低利润有限责任公司一样,共益公司的法律地位也被确定为给社会企业创建品牌名称。共益公司与其他营利机构的区别在于,授权立法统一而又明确地规定,共益公司董事的受托责任包括保护股东利益以外的利益。一家公司如果获得 2/3 股东的授权,就能变更为共益公司。无论何时,继承组织通过合并和改制变更自己的共益公司身份,就必须获得绝对多数股东的授权。共益公司必须有创造“一般公益”的目的,并且被允许从一份并非详尽无遗的清单中选定一个或多个“特定公益”目标。共益公司必须提交有关自己经济、社会和环保业绩的年度报告,要求对它们自己编写的业绩报告进行独立的第三方评估(Clark and Vranka,2013)。弹性目的公司于 2011 年作为共益公司的一种替代形式在加利福尼亚州出现(Strom,2011)。弹性目的公司类似于非营利组织有比较严格的目的限制,但与共益公司不同,没有必须请第三方评估每个特定目的实现状况的规定。

社会影响力债券(SIB)仍然是社会金融市场上一个相对较新且效果未经证实的投资品种,它把对社会企业进行股权投资和债务投资的机会结合在一起(Social Finance,Inc.,2012; Callanan and Law,2012)。在社会影响力债券这种安排下,政府机构要求投资者和捐助者组团竞标政府与营利或非营利服务提供者之间签订的合同。合同规定了详细的业绩标准,中标群体(债券持有人)负责为项目融资并进行监督,而风险由政府和服务提供者转移给了债券持有人,因为只有在项目绩效达标以后,政府才向债券持有人付款。英国在 2010 年发行了第一笔社会影响力债券,而美国马萨诸塞州在 2012 年发出了社会影响力债券的申购邀请。

对混合型组织的评价

混合型组织的倡导者谋求两个世界的最佳——把营利世界和非营利世界的优势——集合在单个实体身上。本节对他们的这种主张进行评估,首先考察混合型组织是否能取得据称只有营利组织才可能拥有的效率优势,然后探讨它们是否可能为社会事业提供更多的资金,接下来讨论混合型组织是否可能避免契约失灵,最后研究混合型组织的使命可持续性。

混合型组织的效率

混合型组织是利润分配型组织，因此被认为具有营利组织才可能有的效率优势。然而，从逻辑上讲，类推引申的做法并不可靠。笔者认为这个论点没有说服力。营利组织由于以下三个原因才变得有效率：所有者希望组织有效率，控制权市场消除了低效率的可能性，竞争导致无效率的营利组织消亡。在混合型组织中，有各种不同的所有权结构，但一般来说，为了获得财务回报而进行投资的人（如低利润有限责任公司的高档次股权投资者）几乎没有多少治理权（本例中主要是股权档次）。与有发言权（要求管理层变更）或可以退出的普通股东不同，财务投资者别无选择。如果他们不满意自己获得的回报，就会在其他地方投资。由于这个同样的原因，因此也不会发生出于财务动机的收购。

此外，所谓的营利组织高效和非营利组织低效，常常言过其实。首先要注意的是，福利经济学的第一基本定理声称：均衡是一种有效率的状态。但没有任何理由可以认为，现实世界曾经达到过这种均衡，因为重要的基本参数（消费者的口味和生产者的效率）在不断变化，即使在完全竞争的条件下，我们仍然不能充分了解调整的动态变化状况。其次，这个“如果……那么……”式定理中的“如果……”部分在现实世界里是不能成立的。市场并非充分竞争，有些产品没有交易，而且还有无数的委托—代理问题殃及效率。公司得采用代价昂贵的策略（如毒丸策略、金色降落伞策略）来保护自己免受收购的侵扰，从而造成低效率，损害控制权市场的效率。最后，效率是通过重组低效率营利组织或者让其消亡的方式来实现的。除非低效率营利组织的消亡在瞬间发生，否则在任何时候都会有许多“尚未死亡”的营利组织（Python，1975），从而会降低营利组织的平均效率。实际上，企业尤其是那些“太大而不能倒”的大公司的愚蠢行为，导致我们越来越难以相信营利组织通常是有效率的。

相反，非营利组织效率低下的说法也是言过其实。而且在某些情况下，非营利组织比营利组织更有效率。金钱不是激励人的唯一手段，在社会事业领域，金钱常常不是激励人的最有效手段。的确，非营利组织利用经济刺激手段激励员工的能力受到相对的限制。但斯利文斯基（Slivinski，2002）曾经表示，员工享受企业的集体产出（实物红利），是激励员工团队生产的最有效方式。确实，非营利组织的理事并没有经济激励手段来向他们控制的组织灌输效率，但浪费不利于组织履行使命，因此，非营利组织的理事会成员和高层管理人员有强烈的动机杜绝浪费和提高组织的效率。事实上，潜在的收购竞价者绝不会谋求非营利组织的低效率，但还有很多其他代理人会这么做。关于对这些观点的更多细节和经验证据的综述，可参阅斯坦伯格（Steinberg，1987，2006）以及施莱辛格和格雷（Schlesinger and Gray，2006）。

具有讽刺意味的是，混合型组织可能是有效率的，因为它们和非营利组织一样，是由那些关心组织社会使命的人控制的。但是，无论是在混合型组织还是在商业性非营利组织，负责追求利润的人与负责追求社会目标的人之间的文化冲突一直是造成组织效率低下的根源。在范围经济缺失的情况下，利益相关者之间持续争斗的调解成本很高，而相互竞争的利益相关者把大量的稀缺资源用于他们之间的争斗。

混合型组织的资金获取

那么，混合型组织是否能比营利组织获得更多的资金？混合型组织的倡导者宣称，社会投资具有吸引营利性投资的杠杆作用。同样，从理论上讲，这似乎不可信。有些混合型组织的倡导者使用了不同的定义，但由于社会投资在这里被定义为对市场通常不愿做的事情进行的投资，因此，社会投资的总回报率必然低于市场。在低利润有限责任公司和社会影响力债券等的分档投资安排中，其他档次的投资者需要交叉补贴优先级（追逐市场回报的）档次的投资者。其他档次投资者补贴优先级档次投资者的能力有限，而社会投资者是否愿意补贴其他投资者也值得怀疑。花钱补贴投资者请他们来投资有什么意义呢？社会影响力债券的情况尤其如此，因为逐利型投资者需要更高的回报率（来补偿万一有关项目最后没有达到绩效标准，政府不赎回债券的风险）。如果美国国税局认定交叉补贴和风险转移是“危害性投资”（jeopardizing investment），那么，美国的私人基金会将受到追加约束。

低利润有限责任公司的拥护者认为，低利润有限责任公司可以通过私人基金会提供低息贷款（项目相关型投资）的方式来获得追加资金。事实上，授权立法借用了税法允许符合特定标准的项目相关型投资的措辞。到目前为止，美国国税局的指导方针一直不明确，很少有私人基金会愿意做项目相关型投资(Kelley，2009；Doeringer，2009－2010)。2012 年 4 月 19 日，美国国税局提议修改《联邦法规总览》(Code of Federal Regulations)。如果这项提议得到采纳，就能减少法律上的不确定性，而且还能促进项目相关型投资(IRS，2012)。

虽然目前还没有确凿的经验证据，但我们采用一个非随机抽样框架随机调查了 3 500 名早期社会企业家绿色回声奖(Echoing Green Fellowships)的申请者(Battilana et al.，2012)，结果发现“接受我们调查的混合型企业家大多遇到了筹资困难”。但必须指出，在大衰退期间，许多营利企业家也遇到了筹资困难。混合型组织可能遇到了更加严重的筹资问题，但几乎没有证据能够证明这一点。

社区利益公司在分红方面受到限制，这样的限制降低了它们筹集股权资本的能力。多林格(Doeringer，2009－2010)告诉我们，有一家社区利益公司在被迫把其几乎全部资产出售给私营部门之前，如何因为投资者对它兴趣有限而没能利用发行股权的额度；因此，这家社区利益公司早期的成功已经耗尽了它的信用额度。多林格最后总结道：

> 分红限制是否会禁止性地限制社区利益公司获得资本，或者说，创造性的社会估值指标是否能够培育活跃的社会股权市场，仍有待观察。但不管怎样，企业家继续注册社区利益公司的速度至少显示了他们对后者仍抱有希望。

混合型组织的契约失灵

混合型组织在多大程度上能够避免契约失灵？从理论上讲，混合型组织能否避免契约失灵取决于它自身的结构。虽然低利润有限责任公司和社区利益公司都由主要目标并非利润分配的缔约方管理，但低利润有限责任公司在解散或改制时可以分配利润。这就为逐利型代理人提供了激励，使他们有动机假装受使命激励投资于股权或者中间档次的股权。这些效颦者可以投票赞成解散公司，从而导致边际影响型契约失灵。普通的非营利组织和社区利益公司受到资产锁定机制的约束，因此，模仿使命激发型投资者的尝试就不那么诱人。

非营利组织的可信度总是受到获取充足资源需要的限制。在资源稀缺的环境中，非营利组织可能被迫做出妥协或者干脆关门歇业。那么，混合型组织是否会变得非常依赖市场利率资金，从而被迫把实际控制权拱手让给市场投资者？

混合型组织的可持续性

从理论上讲，由使命导向型各方实施的控制能确保混合型组织不被收购或者不进行会导致混合型组织转向利润最大化从而偏离社会目标的改制。这种控制对于共益公司这样的认证型混合组织作用最弱，但对于低利润责任有限公司的作用要弱于对受到资产锁定机制约束的混合型组织。资产锁定对于维持社会使命来说不可或缺。

然而，有些社会使命并不需要永远持续的努力。卡茨和佩奇（2010：98）指出，“社会企业可以采取证明自己不再必要，而且非营利组织要解决的市场失灵不再存在的方式让其他组织来接替自己”。但是，最终的利润分配可能会吸引那些采取导致合约失灵的行为的投资者，或许还会让社会投资者望而却步。

坚持双重使命中的社会使命，需要某种形式的严厉监督。但是，共益公司和弹性目的公司的利益相关者对机会主义的董事会和经理人实施严格约束的权力有限（Brakman Reiser，2011，2012；Munch，2012）。在这两种形式的组织中，股东是唯一有权提起诉讼的一方，但股东可能不太注重保护其他利益相关者的利益。要求董事只考虑他们的决策对股东以外其他利益相关者影响的法律，导致这类股东即使提起诉讼也不太可能胜诉。公司董事总能为自己的行为辩护，说它们符合组织的商业使命要求。但不管怎样，如果股东对公司商业使命和社会使命之间的平衡或者对追求社会使命的热情感到不满，在指控公司管理层没有履行勤勉义务（duty of care）的代位诉讼中“几乎总是败诉”（Brakman Reiser，2012：16）。共益公司的评级要求可能会有所帮助，但由于共益实验室网站上列出了100多个评级师的名单，而且有更多的评级机构可供选择，因此，那些不那么严格履行勤勉义务的董事可以购买受约束最小的评级机构的服务。

结束语

本章认为，社会金融投资者应该把他们的资源投向集体产品、有益品和消费者负担得起的产品。营利性企业受到契约失灵的困扰，这就意味着社会投资者应该警惕集体产品中边际影响型契约失灵的问题；在质量的重要属性无法观察或者无法交第三方验证的情况下，营利组织就会占集体产品购买者的便宜。非营利组织受到保护，不会受组织控制权市场的影响，因此能够更加可持续地履行自己的社会使命。非营利组织很难通过普通市场交易来筹集资金，但社会投资者有机会解决这个问题。

营利性企业之所以能够供应大量的社会产品，主要是因为并且在一定程度上是通过消费者的良好意愿、实施连带生产、降低员工招聘和离职成本以及减少监管来增加利润；在更有限的程度上，营利性企业以牺牲利润为代价供应社会产品。但是，只要大多数投资者追逐市场回报，社会企业家和投资者的稀缺就会限制社会产品供应的进一步增加。此外，我们有充分的理由认为，营利性社会投资是以牺牲其他捐赠和社会投资为代价的。

有许多新出现的组织法律形式试图把非营利组织（可信度、可持续性、公信力）的优势与营利组织（获得资本、效率）的优势结合在一起。具体的细节因具体的法律形式而异，但迄今混合型组织适当平衡市场和社会回报的指导方针尚不明确。容易衡量的市场回报在正常情况下可以与不精确的社会回报达成平衡，但随着生存压力、来自控制权市场控制的压力和未经检验的执行结果，会导致社会使命难以为继。一些观察人士对这种做法能否奏效持怀疑态度。《纽约时报》（*New York Times*）的记者斯特罗姆（Strom，2011）在她那篇关于失败的"杂交体"的文章中下结论指出：

> 就像多利特尔博士（Dr. Dolittle）的"推我—拉你"（pushmi-pullyu）一样，这种动物有行动障碍，因为它的两个脑袋无法就某个行动方向达成一致。事实证明，非营利混合模式是有问题的。有时，为投资者创造回报的需要压倒了社会使命；而在其他时候，组织的企业活动完全陷入了困境，无法支持组织的非营利活动。

虽然有必要考虑更多有可能把这两个部门的优点结合在一起的混合结构，但总有把这两个部门的缺点整合在一起的危险。营利组织很容易获得资金，因为大多数资金供应者都能获得市场回报率。具有混合使命的营利组织或者新型混合组织不能提供市场回报率，或者，在低利润有限责任公司的例子中，只有在有社会意识的投资者补贴市场投资者，而不是补贴社会产品的情况下，低利润有限责任公司才能提供市场回报率。所谓的营利组织效率优势源自对市场回报率的追求，但在营利组织或者混合型组织要履行混合使命的情况下，这种优势也就会随之消失。因此，本章赞同布拉克曼·赖泽(2010:654—655)得出的结论，并且认为笔者不可能比她说得更好：

> 现在要确切地判断现有的混合型组织形式中哪些形式能取得成功，哪些会败下阵来，还为时尚早。但不管怎样，确实出现了一种惊人的模式。一种混合型组织模式必须做出的两个非常重要的贡献——必须扩大筹资选择范围，并且就混合使命做出可兑现的承诺，两者似乎呈取舍关系。这种困境有可能无法打破，任何混合模式的创建者都只能选择一个他们愿意为履行混合使命而舍弃筹资机会的平衡点。

社会金融对营利组织和新型混合组织也许能产生几种可能的积极影响。第一，即使社会金融对一些组织投资的增加会导致对其他组织投资的减少，社会投资的价值也仍会增加。很明显，一些所谓的社会投资只不过是一些"漂绿投资"——如果这些投资在不增加支出的情况下被真正的社会投资所取代，就会有更多的社会投资。第二，行为经济学表明，财务决策并不总是理性的。泰勒(Thaler，1980)认为，人们会把自己的资源存入心理账户，并且不愿意把资源存入另一用途的账户。这一理论已经获得了蓬勃发展，并且得到了许多经济决策领域的证据的支持。但到目前为止，社会金融领域还没有找到能证明心理账户的证据。如果营利组织、非营利组织和混合型组织有不同的心理账户，那么，管理和组织形式的创新就有可能扩大社会投资总量。当然，也有可能出现相反的情况。因此，不难预见，社会金融显然还需要更深入的研究。

参考文献

Bagnoli, M., and Watts, S. G. (2003). 'Selling to Socially Responsible Consumers: Competition and the Private Provision of Public Goods', *Journal of Economics and Management Strategy*, 12(3): 419–45.

Baron, D. P. (2007). 'Corporate Social Responsibility and Social Entrepreneurship', *Journal of Economics and Management Strategy*, 16(3): 683–717.

Baron, D. P. (2009). 'A Positive Theory of Moral Management, Social Pressure, and Corporate Social Performance', *Journal of Economics and Management Strategy*, 18(1): 7–43.

Battilana, J., Lee, M., Walker, J., and Dorsey, C. (2012). 'In Search of the Hybrid Ideal', *Stanford Social Innovation Review*, Summer: 51–5.

Ben-Ner, A. (1986). 'Nonprofit Organizations: Why Do They Exist in Market Economies?' in S. Rose-Ackerman (ed.) *The Economics of Nonprofit Institutions: Studies in Structure and Policy*. New York: Oxford University Press, pp. 94–113.

Ben-Ner, A., and Jones, D. (1995). 'Employee Participation, Ownership, and Productivity: A Theoretical Framework', *Industrial Relations*, 34: 532–54.

Besley, T., and Ghatak, M. (2007). 'Retailing Public Goods: The Economics of Corporate Social Responsibility', *Journal of Public Economics*, 91(9): 1645–63.

Bilodeau, M., and Slivinski, A. (1998). 'Rational Nonprofit Entrepreneurship', *Journal of Economics and Management Strategy*, 7: 551–71.

Bilodeau, M., and Steinberg, R. (1997). 'Ransom of the Opera', IUPUI Department of Economics Working Paper, Indianapolis.

Brakman Reiser, D. (2009). 'For-profit Philanthropy', *Fordham Law Review*, 77(5): 2437–73.

Brakman Reiser, D. (2010). 'Governing and Financing Blended Enterprise', *Chicago-Kent Law Review*, 85(2): 619–55.

Brakman Reiser, D. (2011). 'Benefit Corporations: A Sustainable Form of Organization?' *Wake Forest Law Review*, 46: 591–625.

Brakman Reiser, D. (2012). 'The Next Big Thing: Flexible-Purpose Corporations', *Legal Studies Working Paper 331, Business Law Review*, pp. 1–21, available at SSRN: <http://ssrn.com/abstract=2166474>.

Brekke, K. A., and Nyborg, K. (2004). 'Moral Hazard and Moral Motivation: Corporate Social Responsibility as Labor Market Screening', University of Oslo Department of Economics Memorandum 25/2004.

Callanan, L., and Law, J. (2012). 'Will Social Impact Bonds Work in the United States?' McKinsey and Company, available at: <http://mckinseyonsociety.com/downloads/reports/Social-Innovation/Social-impact-bonds.pdf>.

Calveras, A., Ganuza, J.-J., and Llobet, G. (2007). 'Regulation, Corporate Social Responsibility and Activism', *Journal of Economics and Management Strategy*, 16(3): 719–40.

Cavicchio, C., and Torok, J. (2009). 'The 2009 Corporate Contributions Report', The Conference Board, Report Number R-1458-09-RR, New York.

Clark, W. H. Jr, and Vranka, L. (2013). 'The Need and Rationale for the Benefit Corporation: Why It Is the Legal Form that Best Addresses the Needs of Social Entrepreneurs, Investors, and ultimately, the Public'. White Paper, January, 18, available at: <http://www.benefitcorp.net/attorneys/benefit-corp-white-paper>.

Clotfelter, C. T. (1985). *Federal Tax Policy and Charitable Giving*. Chicago: University of Chicago Press.

Doeringer, M. F. (2009–10). 'Note, Fostering Social Enterprise: A Historical and International Analysis', *Duke Journal of Comparative and International Law*, 20: 291–329.

Friedman, M. (1970). 'The Social Responsibility of Business Is to Increase Its Profits', *The New York Times Magazine*, 13 September: 32–3, 122, 126.

Galaskiewicz, J., and Sinclair Colman, M. (2006). 'Collaboration between Corporations and Nonprofit Organizations, 'in W. W. Powell and R. Steinberg (eds), *The Nonprofit Sector: A Research Handbook, Second Edition*. New Haven: Yale University Press, pp. 180–98.

Giving USA Foundation (2010). *Giving USA*. Giving USA Foundation.

Graff Zivin, J., and Small, A. (2005). 'A Modigliani-Miller Theory of Altruistic Corporate Social Responsibility' *B. E. Journal of Economic Analysis and Policy: Topics in Economic Analysis and Policy*, 5(1).

Hansmann, H. (1980). 'The Role of Nonprofit Enterprise', *Yale Law Journal*, 89: 835–901.

Hansmann, H. (1981a). 'Nonprofit Enterprise in the Performing Arts', *Bell Journal of Economics*, 12: 341–61.

Hansmann, H. (1981b). 'The Rationale for Exempting Nonprofit Corporations from the Corporate Income Tax', *Yale Law Journal*, 91: 54–100.

Hansmann, H., Kessler, D., and McClellan, M. (2003). 'Ownership Form and Trapped Capital in the Hospital Industry', in E. Glaeser (ed.), *The Governance of Nonprofit Organizations*. Chicago: University of Chicago Press, pp. 45–69.

Himmelstein, J. L. (1997). *Looking Good and Doing Good: Corporate Philanthropy and Corporate Power*. Bloomington, IN: Indiana University Press.

Horton, R. (2006). 'Thoughts on the Meaning and Field of Social Enterprise'. Columbia, Graduate School of Business.

IRS (2012). 'Examples of Program-Related Investments'. Document IRS-2012-0015-0001, Posted online and in the Federal Register on 19 April 2012, available at: <http://www.regulations.gov>.

Katz, R. A., and Page, A. (2010). 'The Role of Social Enterprise', *Vermont Law Review*, 35: 59–103.

Kelley, T. A. (2009). 'Law and Choice of Entity on the Social Enterprise', *Tulsa Law Review* 84, available at: <http://works.bepress.com/thomas_kelley/2>.

Kitzmueller, M., and Shimshack, J. (2012). 'Economic Perspectives on Corporate Social Responsibility', *Journal of Economic Literature*, L(1): 51–84.

Kotchen, M. J. (2006). 'Green Markets and Private Provision of Public Goods', *Journal of Political Economy*, 114(4): 816–34.

Krashinsky, M. (1986). 'Transaction Costs and a Theory of the Nonprofit Organization', in S. Rose-Ackerman (ed.), *The Economics of Nonprofit Institutions*. New Haven: Yale University Press, pp. 114–32.

Lyon, T. P., and Maxwell, J. W. (Forthcoming). 'Greenwash: Corporate Environmental Disclosure under Threat of Audit', *Journal of Economics and Management Strategy*.

MacCormac, S., Glass, J., and Cooke, J. (2007). 'The Emergence of New Corporate Forms: The Need for Alternative Corporate Designs Integrating Financial and Social Missions', in A. White and M. Kelley (eds), *Paper Series on Corporate Design*, available at: <http://www.corporation2020.org/pdfs/SummitPaperSeries.pdf>.

Mackey, J. (2005). 'Putting Customers Ahead of Investors', *Reason*, available at: <http://reason.com>.

Maxwell, J. W., Lyon, T. P., and Hackett, S. C. (2000). 'Self-Regulation and Social Welfare: The Political Economy of Corporate Environmentalism', *Journal of Law and Economics*, 43(2): 583–617.

McWilliams, A., and Siegel, D. (2001). 'Corporate Social Responsibility: A Theory of the Firm Perspective', *The Academy of Management Review*, 26(1): 117–27.

Monty Python (1975). *Monty Python and the Holy Grail* (film). Relevant segment available at: <http://www.youtube.com/watch?v=dGFXGwHsD_A>.

Munch, S. (2012). 'Improving the Benefit Corporation: How Traditional Governance Mechanisms Can Enhance the Innovative New Business Form', *Northwestern Journal of Law and Social Policy*, 7(1): 170–95.

Navarro, P. (1988). 'Why Do Corporations Give to Charities?' *Journal of Business*, 61(1): 65–93.

Posnett, J. W., and Sandler, T. (1986). 'Joint Supply and the Finance of Charitable Activity', *Public Finance Quarterly*, 14: 209–22.

Porter, M. E., and Kramer, M. R. (2002). 'The Competitive Advantage of Corporate Philanthropy', *Harvard Business Review*, 80(12): 56–68.

Preston, A. E. (1989). 'The Nonprofit Worker in a For-profit World', *Journal of Labor Economics*, 7: 438–63.

Regulator of Community Interest Companies (2009). 'Frequently Asked Question 13', available at: <http://www.cicregulator.gov.uk/CICleaflets/FAQ>.

Rodgers, T. J. (2005). 'Put Profits First', *Reason*, available at: <http://www.reason.com/0510/fe.nf.rethinking.shtml>.

Rose-Ackerman, S. (ed) (1986), *The Economics of Nonprofit Institutions*. Oxford: Oxford University Press.

Schlesinger, M., and Gray, B. H. (2006). 'Nonprofit Organizations and Health Care: Some Paradoxes of Persistent Scrutiny', in W. W. Powell and R. Steinberg (eds), *The Nonprofit Sector: A Research Handbook, Second Edition*. New Haven: Yale University Press, pp. 378–414.

Slivinski, A. (2002). 'Team Incentives and Organizational Form', *Journal of Public Economic Theory*, 4: 185–206.

Social Finance, Inc. (2012). 'A New Tool for Scaling Impact: How Social Impact Bonds Can Mobilize Private Capital to Advance Social Good', available at: <http://www.socialfinanceus.org/sites/socialfinanceus.org/files/small.SocialFinanceWPSingle-FINAL_0.pdf>.

Social Investment Forum Foundation (2010). 'Report on Socially Responsible Investing Trends in the United States 2010, Executive Summary', available at: <http://ussif.org/resources/pubs/trends/documents/2010TrendsES.pdf>.

Starke, C. (2012). 'Serving the Many or Serving the Most Needy?' *Economics of Governance*, 13(4): 365–86.

Steinberg, R. (1987). 'Nonprofits and the Market', in W. W. Powell (ed.), *The Nonprofit Sector: A Research Handbook*. New Haven: Yale University Press, pp. 118–40.

Steinberg, R. (2006). 'Economic Theories of Nonprofit Organizations', in W. W. Powell and R. Steinberg (eds.), *The Nonprofit Sector: A Research Handbook, Second Edition*. New Haven: Yale University Press, pp. 117–39.

Steinberg, R., and Weisbrod, B. A. (1998). 'Pricing and Rationing by Nonprofit Organizations with Distributional Objectives', in B. A. Weisbrod (ed.), *To Profit or Not to Profit: The Commercial Transformation of the Nonprofit Sector*. New York: Cambridge University Press, pp. 65–82.

Steinberg, R. and Weisbrod, B. A. (2005). 'Nonprofits with Distributional Objectives: Price Discrimination and Corner Solutions', *Journal of Public Economics*, 89: 2205–30.

Strom, S. (2010). 'Hybrid Model for Nonprofits Hits Snags', *New York Times*, October 25, available at: <http://www.nytimes.com/2010/10/26/business/26hybrid.html?_r=0>.

Strom, S. (2011). 'A Quest for Hybrid Companies that Profit, but Can Tap Charity', *The New York Times* (October 13).

Social Investment Consultancy (2010). Press release, March 23, 2010, available at: <http://www.tsiconsultancy.com/corporate-giving-to-be-cut-by-a-third/>.

Thaler, R. (1980). 'Towards a Positive Theory of Consumer Choice', *Journal of Economic Behavior and Organization*, 1: 39–60.

Webb, N. J., and Farmer, A. (1996). 'Corporate Goodwill: A Game Theoretic Approach to the Effect of Corporate Charitable Expenditures on Firm Behavior', *Annals of Public and Cooperative Economics*, 67: 29–50.

Wedig, G. (1994). 'Risk, Leverage, Donations and Dividends-in-Kind: A Theory of Not-for-profit Financial Behavior', *International Review of Economics and Finance*, 3: 257–78.

Weisbrod, B. (1975). 'Toward a Theory of the Voluntary Nonprofit Sector in a Three-Sector Economy', in E. S. Phelps (ed.), *Altruism, Morality, and Economic Theory*. New York: Russell Sage Foundation.

Wikipedia (2012). <http://en.wikipedia.org/wiki/Takeovers>.

Yunus, M. (2010). Excerpt from *Building Social Business: The New Kind of Capitalism that Serves Humanity's Most Pressing Needs*, as cited at: <http://www.businessweek.com/smallbiz/content/jun2010/sb2010067_884209.htm>.

第三章　如何为社会创新融资

丹尼斯·杨

引　言

即使在 20 年以后，公众对社会企业的认识仍然是有限的，就连这个领域的从业人员也经常因为“什么是和什么又不是真正的社会企业”的问题发生争论。一个基本的问题是：社会企业是否必然涉及新的组织形式，如具有社会目的的商业企业或者社会合作社（social co-operatives），还是也包括传统形式组织的活动，如非营利组织的商业活动或者企业的社会责任活动。简而言之，我们还没有就社会企业本身与传统企业、政府或非营利组织之间的界限问题达成共识。但不管怎样，有一种普遍的观点认为，社会企业是一种以市场为基础并须在财务成就与社会目标之间取得平衡但要依靠私人在市场上赚取的收入进行融资的企业。这个观点既适用于在非营利组织背景下运作的社会企业，也适用于包括具有社会目的（营利）的商业企业不同变体在内的一些采取新的组织形式的社会企业。在前一种情况下，社会企业被认为部分是通过创造利润交叉补贴主流的使命聚焦型项目的方式为非营利组织履行社会使命做出了贡献；在后一种情况下，社会企业被视为一种反映找到了既有利可图又有益于社会的细分市场的成功企业的标志。

事实上，大多数社会企业比刻板印象暗示的要复杂得多。社会企业的各种不同有限概念很容易导致对整个领域融资和发展需要什么的看法过于狭隘。以市场为基础的非营利企业（not-for-profit market-based ventures）可能盈利，但也可能不盈利，而有些社会商业企业（social businesses）可能直接或间接依赖慈善机构或公共部门的资金和它们自己的营运收入。此外，许多社会企业由多方面的业务伙伴(非营利组织)和政府机构组成,并有不同的服务收入来源。这一点已在其他文献中得到确认(Depedri,2010)。迄今较少受到关注的问题是,这些不同的组织如何来实现资本化以及由谁投资创建这些组织或者在它们有增长机会时投资扩大它们的规模。

社会企业通过自己赚取的收入以外的资金来源进行融资,这一点不足为奇。毕竟,这些组织目的是创造公共和私人利益;因此,支持公共利益的资金来源,如政府和慈善机构,很可能会对它们提供资助。此外,如果有社会动机并讲究实效的创业者也有意推动社会新创企业的发展,我们就没有理由认为这样的创业者会忽视或者放弃任何合法的资助来源(Young and Grinsfelder,2011)。事实上,社会创业者似乎更可能并不知道可用来实现他们所追求的社会影响力与物质利益平衡的资助来源和组织载体(非营利组织或者商业企业)。

本章简要介绍了社会投资的不同种类,并且考察了社会投资这个正在发展中的领域的参与者所面临的挑战。为此,首先有必要说明社会企业范畴、社会企业的多样性及其资金来源。为了说明社会企业是一种通过政府拨款、慈善赠款、市场收入和资本投资的混合方式融资的非常多样化的跨部门现象,我们需要一种跨部门的社会企业融资理论来理解当代社会企业复杂的融资模式和能为未来社会企业创业提供最佳支持的融资策略。

为此,本章在第二节里介绍非营利组织融资利益说(benefits theory of not-for-profit finance)*(Young,2007,2010)。非营利组织融资利益说最初是为了解释和帮助传统非营利组织发展其营运收入投资组合而提出的,因此,这个理论如果想要应对范围更大的社会企业领域的挑战,就必须扩大自己的适用范围。

这就是本章第三节的任务。在第三节里,我们将从两个维度对利益说进行拓展。首先,这种利益说可以单独应用于非营利组织领域以外不同形式的社会目的组织。其次,这个理论虽然到目前为止一直专注于考虑对社会目的(非营利)组织服务的需求,但可以扩展考虑社会创业者如何通过使自己的使命爱好与新创企业创造的公共和私人利益相匹配所产生的潜在资金来源为新创社会企业进行融资。

最后,利益说的发展和应用引导我们去探索社会企业融资所面临的挑

---

* 即"谁受益谁负责对非营利组织融资"。——译者注

战。本章的非营利组织融资利益说研究表明，每种潜在的社会新创企业融资来源都有其严重的局限性。因此，社会企业相对于它们可能创造的利益而言可能会长期资金不足——除非制定补偿性企业策略和公共政策。

请读者注意，本章的讨论主要集中关注美国的社会创新融资发展现状和相关案例，但又不完全局限于美国的案例。不管怎样，社会企业是一种世界性的现象，有关社会企业形式和侧重点的各种变化以及不同解释为我们的讨论提供了素材，并且也丰富了讨论的内容。据说，最早使用"社会企业"（social enterprise）这个术语的是意大利学者。当然，欧洲的社会企业研究发展与美国和其他地方对这个问题的充分理解密切相关（Defourny and Nyssens, 2008）。

百花齐放

虽然有人可能会表示异议，但社会企业的多样性在两个层面上显而易见。首先，社会企业可以采取各种不同的法律和组织形式；而且，社会企业的这种法律和组织形式多样性特别是随着新型社会企业的出现而不断发展。其次，非营利组织、合作社、具有社会目的的商业企业及其各种不同组合等社会企业大类采用了大相径庭的新创企业融资方式。事实上，在奉行社会使命的过程中，部门间和融资来源间的界限变得日趋模糊；这一点已经变得如此明显，以至于我们可以使用很能反映其特点的"杂交"（hybridization）这个词（Billis, 2010）。

部门间界限的模糊和资金来源的混合既反映了社会企业家/创业者的创造力，也表明他们对传统组织形式容纳富有想象力的社会创新，为社会创新寻求充分的资助或者容纳驱动创业者、投资者和慈善家的公私混合动机的能力感到失望。例如，一些新的商业形式旨在吸引那些寻求既能产生财务回报又能创造社会回报的投资项目的投资者，同时保护公司经理人和董事免受追求利润最大化的股东提起诉讼的困扰。其他新的商业形式旨在通过鼓励基金会为补充它们传统的赠款把项目相关型投资纳入其捐赠组合来撬动更高水平的公益投资。另外，传统的非营利组织纷纷创建新创企业或者设立合伙企业或营利性分支机构，目的就是要创造新的净收入来支持主流的使命聚焦型活动，并且采用新的方式——如雇用由于有生理、行为或技能缺陷，有犯罪记录或者其他原因而无法找到工作的人，并培养他们掌握或者养成在工作场所取得成功所必需的技能和习惯——为履行使命做出贡献。在社会企业的拼图中加入一些不同类别的非营利组织、新型企业形式以及营利与非营利组合的插图，将有助于展示现有社会企业的丰富多彩。

非营利形式的社会企业

广义的社会企业——出于社会目的在私人市场上从事经营活动的组织——包括传统的非营利组织，无论它们是否接受商业性风投还是主要依靠自己创造的收入。根据这个标准，不难发现，这些组织依赖各种不同的收入来源。整体而言，美国按规定需要提交报告的公益组织（收入超过 25 000 美元的公益组织，不包括隶属于教会的公益组织）有 46%的收入来自私人来源的收费服务，另有 24%的收入来自政府支付的服务费用。政府拨款占这类公益组织收入的 8%，而私人捐款和投资收入分别占它们收入的 12%和 8%（Wing，Roeger and Pollak，2010）。不过，这个总体收入构成因服务领域不同而存在很大的差异。如果把私人和公共来源的服务收费收入合并在一起，医疗保健领域公益机构的服务费收入占其总收入的 88%，教育领域公益机构的服务费收入占其总收入的 56%，公共服务部门公益机构的服务费收入占其总收入的 53%，而环保组织的服务费收入占其总收入的 25%（Winy，Pollak and Blackwood，2008）。同样，对慈善捐款的依赖程度也从注重国际问题的非营利组织的 67%、环保组织的 48%、非营利艺术机构的 41%、人文服务组织的 16%到非营利医疗机构的 4%不等。在非营利组织涉及面广泛的领域里，收入组合也有很大的差异。总之，美国非营利组织收入的多样性反映了几个关键要点：对于这种社会企业来说，服务收入虽然在某些领域占据非常重要甚至主导地位，但到目前为止并不是唯一重要的收入来源。此外，收入来源组合因所从事非营利活动的类别不同而异。

当然，非营利公益组织要依靠慈善和公共来源的资助和自己所赚的收入，这一点不足为奇。更值得注意的是，这些组织经营的企业被明确定义为“社会企业”，这些社会企业无论是在短期还是在长期内都不仅仅依靠自己所赚的收入。下面考察几个实例：

(1)“北佐治亚善意”(Goodwill of North Georgia)是一个使命为“让大家

有工作”(to put people to work)的非营利组织。它经营二手货商店、捐赠中心、职业介绍中心以及各种职业培训和就业服务。它的营业收入主要是通过自己经营的二手货商店出售捐赠物品赚取的销售收入。不过,它也收到一些慈善捐款以及政府购买它提供的就业服务的付款。

(2)“大学峰会”(College Summit)是一个以增加低收入学区报考大学的高中毕业生人数为自己使命的非营利组织。为此,“大学峰会”通过与公立学校学区进行合作,并与急于提高这些学区生源质量的高等院校建立伙伴关系来履行自己的使命。这些高等院校向“大学峰会”支付服务费用,“大学峰会”还从基金会那里募集赠款,并且争取政府提供大量资助。

(3)“佐治亚州司法项目”(The Georgia Justice Project,GJP)是一个非营利项目,为贫困的刑事犯提供免费的法律服务以及社会和就业援助。“佐治亚州司法项目”在1993—2011年间经营一家名叫“新视野环境美化”(New Horizon Landscaping)的营利企业,为那些因有犯罪记录而难以找到工作的客户寻找工作机会和提供职业培训。“新视野环境美化”公司为佐治亚州司法项目创造了部分收费收入,但佐治亚州司法项目主要依靠慈善捐款。

总之,在非营利传统框架下的新创社会企业并不完全依赖市场收入或传统投资者为自己融资,也不一定能创造利润支持整个组织履行自己的使命。它们虽然经历各不相同,但都可能直接为组织履行自己的使命做出贡献,而不只是一种赚取收入的战略手段。

具有社会目的的商业企业

近来,很多人对社会企业的兴趣主要集中在致力于追求社会目的的营利性商业企业身上。实际上,社会企业的这条发展路径已经具有悠久的历史,始于企业慈善事业的发展(Burlingame and Young,1996)。近年来,企业开始接受“企业社会责任”的理念,认为这是一种明智的长远盈利策略。然而,现如今“社会创业者”和“社会投资者”更有兴趣利用商业形式来实现自己的社会目的,而不仅仅把商业形式作为谋取更多利润的手段。这种“双重底线”思维既驱使他们创建传统企业来实现特定的社会目的,也催生了一些明显旨在平衡社会和财务目的的新型企业法律形式。在其中的一些情况下,公益和投资之间的界限变得模糊不清,因为投资者/捐赠者试图把自己的资金投到能为投资创造某种财务回报和社会回报组合的组织和项目中。下面考虑以下几个实例：

(1)纽曼私传公司是一家营利企业，这家企业的所有人决定把其全部利润捐给指定的慈善机构。

(2)佐治亚州亚特兰大的“最后机会二手货商店”(Last Chance Thrift Store)是一家族企业。这家企业接受“一切为了发育障碍患者”(All About Developmental Disabilities，AADD)这个非营利组织捐赠的商品，然后按一定比例把部分销售收入返还给后者。

(3)本—杰瑞公司是一家信奉社会(环保、工作场所和其他)目标的知名上市公司。联合利华(Unilever)收购了这家公司，但新老板能在多大程度上维持社会关注度仍存在疑问。

(4)WCLV 是俄亥俄州克利夫兰的一家营利性广播电台，专门致力于“坚持在电台播送古典音乐”。这家电台的老板在退休时希望 WCLV 能够继续履行它的使命。在经历了一系列复杂的交易后，这家电台被卖给了当地(非营利)公共电台/电视台“IdeaStream”，现在并入了“IdeaStream”的公共广播电台。

(5)“让世界变得美好”书店(Better World Books，BWB)是一家在线零售书店，它的使命是通过向 80 多个国内和国际扫盲组织[如非洲图书(Books for Africa)、“阅读空间”(Room to Read)、“世界基金”(Worldfund)和“盲童”(Invisible Children)]捐赠部分销售收入，采用一种环保意识的方式来促进全球扫盲工作。“让世界变得美好”书店是按照共益公司的形式组建的，它本质上是一家已经达到共益实验室(一家认证企业是否达到社会目的标准的非营利机构)确定的共益公司标准的传统企业。

以上这些不同的案例说明了一些重要的问题。首先，很明显，一家能够盈利的营利企业的管理层或者所有人如果选择追求值得称道的社会目标，并且已经为此推行盈利(或至少盈亏平衡)策略，就能追求它的社会目标。然而，正如本—杰瑞公司和 WCLV 的案例所显示的那样，它们也无法以超越现有所有权状况的方式保证利润和社会影响之间的平衡。此外，虽然独资企业或者由一小群就他们的目标达成共识的投资者牢牢控制股权的公司可以相对容易地追求社会和财务目标之间的平衡，但所有权基础更加多样化的公司很难做到这一点。具体而言，倘若所有权比较分散的公司的投资者坚持追求尽可能高的利润，那么，公司总经理一旦做出被认为有损公司利润的决策，就有可能要承担责任。正是这种认识促进了新型（但仍处于实验阶段的）法律形式的企业的发展，如低利润有限责任公司、共益公司以及其他对此类决定给予法律认可的变体。此外，这些新的企业法律形式为慈善机构进行投资打开了方便之门。具体而言，低利润有限责任公司这种法律形式为慈善基金会提供了把部分捐赠组合投资于这种公司的可能性，并且通过这种公司形式进行既能带来财务回报又能促进社会目标实现的所谓“项目相关型投资”。再者，还有人认为，新的社会企业形式也许能吸引既希望通过投资获得财务回报但也看重社会目标实现的新型“捐助者”。总之，各种形式的营利性社会企业的不断涌现足以表明，社会企业融资即使是在目前的名称之下也可能获得很多资金来源的支持，而不仅仅局限于商业收入和追逐尽可能高的投资回报的金融资本。

合作社与其他形式的组织

在欧洲、加拿大魁北克省和其他地方，“社会经济”一词用来表示政府和企业以外的“第三部门”。在这个部门中，行业协会、基金会、合作社和其他“有关的非营利私营企业形式”（related not-for-profit private forms of enterprises）（Defourny and Nyssens，2008：204）都是为了满足社会或其中各种有需要或有价值的群体和选民的需要而开展经营活动的。“社会企业”就是在这样的大背景下，特别是以合作社形式运行的。但值得注意的是，并不是所有的合作社都被认为是社会企业。事实上，“社会合作社”与其他合作社的区别在于：“社会合作社要为更多的社区居民服务，更加强调……总体利益”，而其他合作社则“主要专注于合作社成员的利益”（Defourny and Nyssens，2008：205）。在包括意大利、法国、葡萄牙和希腊在内的一些欧洲国家，社会合作社已经成为一种独立的法律形式存在。这些合作社的成员和利益相关者往往（但不总是）呈现出多样化的趋势，并且已经普遍反映在它们的治理中。此外，这些合作社在向其社员分配财务盈余方面受到限制。社会合作社通过在市场上销售自己的产品或者服务来谋生，但也往往能从政府那里获得大量的资金，并与公共政策的特定领域关系密切，特别是在把被边缘化的人群纳入劳动力队伍的领域和其他社会服务领域。在美国，社会合作社和传统合作社以及普通合作社和新型社会企业之间有着值得关注的相似之处。特别是社会合作社和社会企业的经理人和董事在做出不能使其股东或成员直接利益最大化的决定时，因受法律保护而无须承担责任。因此，虽然所有的合作社都本能地追求其社员（无论他们是员工、消费者还是其他类似的群体）的集体利益最大化，但社会合作社这种形式允许其将自己的侧重点扩大到涉及面更广的社会利益。

在英国，社区利益公司已成为另一种引人注目的社会企业形式。社区利益公司是一种值得关注的非营利组织与营利企业的混合体。2005 年，英国已经依法成立 1 400 多家社区利益公司，并且按照法律规定为社区利益开展运营活动，但也可向外部股东支付有限的股利（不得超过上限），并且向董事会成员支付财务补偿（Chertok，Hamoui and Jamison，2008）。社区利益公司既可以公有（由政府拥有），也可以私有。不管怎样，社区利益公司有投资者（股东），但也受到“资产锁定”机制的约束，因此必须把它们的资产（包括利润）用于为社区居民谋利益，或者由公司留存、按公允市场价格出售或转让给其他受资产锁定机制约束的机构（Community Interest Companies，2010）。

社会企业组合

正如科德斯、鲍勒茨和斯特尤勒（Cordes，Poletz and Steuerle，2009）所讨论的那样，社会企业可以采取由营利和非营利组织组合而成的不同类型集团的形式。这种营利和非营利组织混合的策略允许新创企业能够利用公共、私人和慈善收入等不同来源，并且赋予社会企业为各下属单位制定目标和战略的灵活性和前瞻性。一种常见的方法是建立一家非营利控股公司负责控制一些非营利和营利附属机构组合。例如，曼彻斯特—比德威尔公司（Manchester-Bidwell Corporation）是一家为受到挑战的青年和其他群体提供技能培训的公司，控制着一些营利和非营利实体。它控制的非营利附属机构包括比德威尔培训中心（Bidwell Training Center）、曼彻斯特工匠协会（Manchester Craftmen's Guild）、曼彻斯特—比德威尔发展信托基金（Manchester-Bidwell Development Trust）（设立和维持捐赠基金）和德纳利学院（Denali Institute）；而它控制的营利性附属机构则包括拥有和管理一栋办公楼的海港花园公园（Harbor Gardens Park）以及（直到 2001 年）毕德维尔食品服务公司（Bidwell Food Services)。总体而言,曼彻斯特—比德威尔公司在2001年的收入中,服务收入占28%强,而政府合同收入约占64%(Cordes et al.,2009);服务收入包括自助餐厅收入、培训班和餐饮收费、爵士音乐会门票和光盘销售收入。

科德斯等(Cordes et al.,2009)提出了另一种所谓的企业补偿(Corporate Quid Pro Quo)法。这种方法的简单例子就是以上介绍的"最后机会二手货商店"和"一切为了发育障碍患者"的安排,而比较复杂的例子有"第一本书"(First Book)。"第一本书"通过参与当地扫盲计划向低收入家庭儿童分发新书,并与出版和媒体公司开展合作。"第一本书"经营着"第一本书全国图书银行"(First Book National Book Bank),它为出版商提供有效捐赠大量滞销图书的平台——"第一图书市场"(First Book Marketplace),而在第一图书市场注册的机构可在那里买到大幅打折的图书。

综上所述,社会企业在组织形式和组合方面的变化似乎只受到了想象力的限制,而新创社会企业融资的情况可以说也是如此。虽然服务收入似乎是各种形式社会企业的主要营收来源,但绝不是唯一的资金来源。具体而言,政府拨款和慈善赠款仍然至关重要。社会企业筹集资本也是一个混合其他投资来源的问题,包括慈善捐赠和"项目相关型投资"、留存收益、政府资金以及风险资本家和股东的传统(但有社会敏感性的)投资。

社会企业利益说

社会企业的多样化融资模式提出了一些彼此相关的问题——如何解释社会企业实际采用的不同融资模式;现有的可用融资策略是否足以有效支持社会企业;如果说参与社会企业活动部分反映了决心把社会目的项目扩大到超过依靠传统的政府和慈善组织形式和资金来源可达到水平的努力,那么是否有可能取得成功,即是否有可能实现服务或社会影响的大幅度发展。

要回答这些问题,首先需要通过描述对社会企业的潜在需求,了解怎样的资助水平才可能有效;然后评估通过社会创业来利用这种需求的可能性。我们在这一章里使用了经济学家所说的"对社会企业的需求"这个概念,也就是说,社会愿意通过各种手段为这些新创企业的产出付出多少。我们认为,社会创业者是试图获取资源的供给侧代理人,但受到与可以反映需求的各种资金(组织所赚收入、慈善捐款、政府拨款等)供给有关的限制和约束因素的制约。

社会企业利益说(benefits theory of social enterprise)是杨(Young,2007)和他的一些同事最近提出的非营利组织融资利益说的自然延伸,并在最近的一些实证论文中得到了证实。这些实证论文显示,美国非营利组织提供的服务的公共/私人性质与非营利组织的组织所赚收入与慈善收入的占比具有相关性(Fischer, Wilsker and Young, 2011; Young, Wilsker and Grinsfelder, 2010;Wilsker and Young,2010)。这个结论十分简单:

(1)非营利组织在生产只能由特定个人受益——不付费(如博物馆门票)就不能受益——的私人物品的情况下可以通过收费来获取收益。

(2)非营利组织在为特定目标群体(如那些易患某种疾病的群体或某所大学的校友)创造集体利益的情况下,就可以有效地求助于这些群体的公益捐助。

(3)非营利组织在创造面向全社会的集体利益的情况下就可以要求政府通过征税来提供资助或者有资格向政府申请资助。

(4)非营利组织在能够与赞助商(如可通过与非营利组织合作受益的公司)进行“企业补偿”安排的情况下,就可以采用企业补偿的方式来获得赞助商的货币或实物资助。

在以上每一种情况下都有具体的(对非营利组织的)需求来源(支付意愿)和可能利用需求的特定机制。每种情况下的挑战都是消除与确定受益人和向受益人收费有关的交易费用。这其中的每一种机制都提出了不同的挑战(但如上所述,典型的社会企业有可能涉及其中的几个收入来源)。社会创业者的职责就是既要发现潜在的交易,又要找到应对这些因收入来源不同而异的挑战的办法。

如果受益人不愿支付规定的价格,对赚取收入的需要要求组织有能力排斥这样的受益人;如果组织不是为了销售自己的服务、处理付款和避免资金处置不当而建立的,那么成本可能会很高。更重要的是,对于社会企业来说,提供私人物品可能与再分配的使命目标有关,如让低收入家庭的儿童能够接受学前教育。在这种情况下,社会企业也许希望设计按比例调整的价目表,以接受那些无法支付高额费用的人,并且/或希望为低收入家庭子女提供助学金。这种助学金可以被视为有望吸引慈善机构或政府资助的集体产品。

因此，在这种情况下，收费虽然可行，但可能会受到社会企业社会目标的内在限制。

为某个特定群体——如某大学的校友或某种患遗传病的高危人群——集体利益埋单的公益项目，当然要受到经典的免费搭便车计划的影响。由于集体利益不可分割，受益不受排斥，因此必然要求助于利他动机，并且不可避免地造成实收价值(潜在支付意愿)与实际捐款之间的缺口。有几种策略可以克服搭便车问题，如采取有针对性的个人激励措施(如赠送纪念日历、T恤衫)，施加社会压力(如把捐助者列入募捐计划或年度报告，或者由同伴亲临募捐)，但这些策略的有效性依具体情况而异。

政府资助需要确定社会企业可能会申请的现行资助计划以及社会企业可能对政府进行游说争取新的资助计划或者特别资助项目。对于小单位来说，政治参与可能遥不可及，也没有能力参与政府支出的管理和报告。此外，政府的现行资助计划可能仅限于针对能吸引大量公民注意力的项目，以体现多数决定规则或积极投票群体联盟的意愿。申请政府资助通常还需要社会企业掌握高超的资助申请书填写和资助申报技巧。所有这些因素都因服务领域不同而异，并且会限制为支持社会企业活动的公共产品维度可能获得政府资助的程度。

企业的赞助或其他形式的交换性资助取决于有关易货交易研究者所说的“需求双重巧合”的研究发现(Ben-Ner，1993)。社会企业必须找到它们可给予赞助商的特殊利益，以换取自己所需的资源或者资助。社会企业给予赞助商的利益可能与其组织使命相关，也可能关系不大。例如，名为“你建我拆！”(Ka Boom!)的(非营利)社会企业为城市低收入社区的儿童建造游乐场，并且用家得宝(Home Depot)因参与这个项目可获得的公关价值换取家得宝的建材。类似地，“林地”(Timberland)公司为“城市年”(CityYear)提供现金和志愿者，并且向“城市年青年军”队员提供靴子、装备和制服，以换取大量的公众认可以及提升林地公司志愿者士气的利益。在较小的范围内，为艺术团体提供志愿服务的讲解员既能获得个人满足，又能免费欣赏藏品和表演。企业赞助或其他形式的交换性资助这个资金来源由于其固有的易货特点而具有自身的局限性，也就是需要认真寻找合适的合作伙伴和能够互惠互利的合作项目。这个过程可能成本很高、有风险，而且结果难料。找错合作伙伴可能会损害社会企业的声誉。例如，如果某公司(如安然)卷入了丑闻，或者做与社会企业的使命格格不入的事情(如医疗机构接受烟草公司的赞助)。企业赞助商可能会变,也可能靠不住,特别是如果他们被收购接管,在市场上表现不佳,或者他们的公司总部搬离受助社会企业的所在地。

综上所述,根据利益说,由于社会企业的每一种收入来源都要受到其自身局限性以及阻止这类企业最大限度地利用其潜在受益人潜在支付意愿的约束因素的制约,因此,社会企业在努力构建其稳定收入组合的过程中要面对各个方面的挑战。此外,这个论点可以扩展应用到新创社会企业创立和成长的资本/资金来源。

资本/资金筹集与利益说

资本/资金筹集可定义为:为规模较大的“资本”项目(如建造大楼、收藏艺术品)支出或者为新企业启动资金等不那么有形的支出筹集资本/资金;这些资本/资金“为推动项目发展所必需,而且在相对较短的时间内需要较大的数额”(Yetman,2010:59)。集资的目的是在未来进行投资,而不是用于支付本期运营资源消耗(Tuckman,1993)。非营利组织的资本/资金筹集方式包括债务融资,项目相关型投资,个人、基金会、企业或政府的捐赠或拨款,以及内部营运盈余积累(Tuckman,1993;Yetman,2010)。非营利组织的资本形成理论尚不成熟(Yetman,2010),这个结论同样也适用于社会企业。这一节通过把社会企业的潜在资本/资金来源及其所创造利益的性质联系起来,把同样的利益说原理应用于社会企业的集资/融资和运营收入。具体而言:

(1)归属个人消费者的私人利益能够成为通过留存营收盈余、用未来营收作抵押借贷(如向银行)和与未来收益密切相关的股权融资等方式集资/融资的基础。

(2)可识别的利益共同体的集体利益,有助于激励与这种利益共同体有关或同情它们的捐助者进行资本馈赠(如慈善捐赠和其他大笔捐款)。

(3)归属一般公众或者社会大部分成员的公共(和再分配)利益有助于从大型(全国性或区域性)基金会获得资本/资金馈赠,或者从政府获得拨款或合同。

(4)归属被选中合作伙伴组织、赞助人或群体的交换性利益,有助于从这些合作伙伴或赞助人那里获得(货币或实物)馈赠。

根据定义，馈赠资本/资金旨在提供启动资金，投资于建筑物和设备等资本资产，或者进行财务扩张或采取其他重大行动。对于努力创办和培育新创社会企业的社会创业者，特别是对于那些长期依赖未来营收流、年度捐赠或政府持续采购服务付款的社会创业者来说，资金来源（尤其是在初创阶段）至关重要。启动资金只是指在营业收入流完全上线之前启动业务所需的资金。因此，资本馈赠通常需要商业计划，向资源提供者说明新创企业在开始使用启动资金后将如何融资。

总体而言，图 3.1 描述了应用于社会创业的利益说，重点在于社会创业者在评估预期收入（不只限于营运收入）来源和融资以及新创企业的使命和服务与利益进行适配方面所扮演的重要角色。

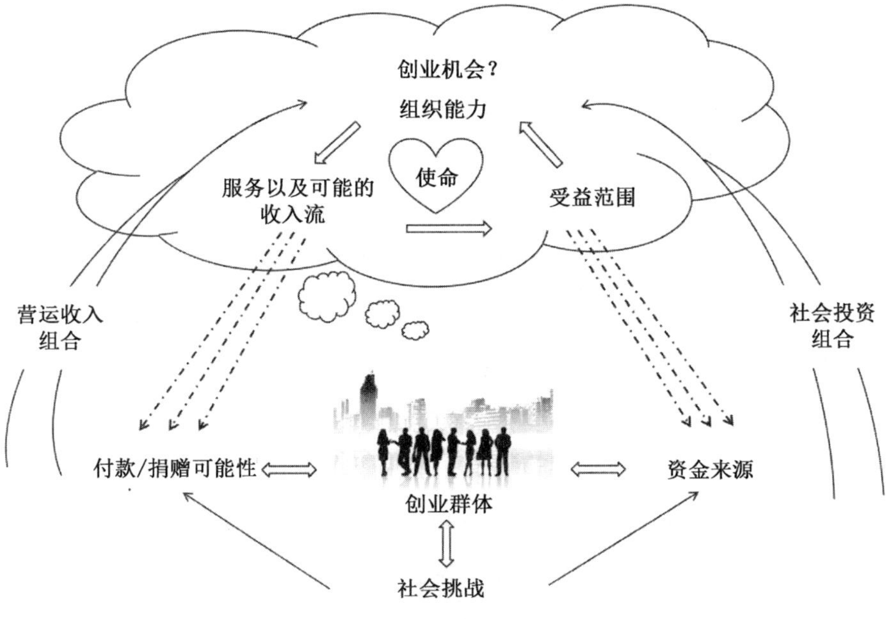

图 3.1　社会企业融资利益说

如图 3.1 所示，从本质上讲，社会创业者扮演着做市商或者催化剂的角色，在塑造他们的企业以吸引资本/资金提供者的同时要募集资金为实现他们的愿景埋单。在集资时，他们必须表明，新企业能够创造为维持和发展新企业所必需的营运收入。如果他们能使新创企业的预期收益满足潜在资本来源——无论是银行、基金会、个人、政府机构还是企业赞助人——的利益诉求，社会创业者的努力大概就能取得成功。与此同时，社会创业者采用任何组织形式或不同形式的组合来支持他们选择适当的资本/资金来源。

因此，如果营利性投资者是可能的资金来源，那么某种形式的商业企业将受到青睐。但如果慈善机构是最有可能的资金来源，则更有可能选择非营利组织的形式。这些形式的组合，或者可能是混合形式，如非营利子机构或具有社会目的的商业企业，都能接受多种资金来源。

社会企业融资的有限性

社会企业的融资利益说分析揭示了每个潜在融资来源的有限性，每个潜在融资来源似乎都无法充分发挥其资助社会企业的潜力。现将它们的各种有限性概述如下：

如果社会企业生产的私人产品和服务可以收费卖给个人，就可以采取某种商业企业的形式来创造未来的收益流，从而允许通过盈余留存、出售股票或者用未来收益作抵押借贷来融资。然而，这可能受到以下事实的限制：社会企业生产私人产品或者提供私人服务，可能是为了满足弱势群体的需要或者是为了强化组织使命的影响力，因此，供应量必须大于自由市场出清价格下的供应量，从而限制甚至消除利润。假设利润为正但受到限制，出售股票或借贷仍可吸引一些寻求某种令人满意的个人和社会回报组合的个人或企业投资者，但这类投资总量似乎要大大少于在某种给定风险水平下寻求财务回报最大化的投资。当然，这是一个经验性问题，新型社会企业，如低利润有限责任公司和共益公司都可望以自身的经历来验证这个问题。

如果社会企业创造的集体利益仅限于特定的受益群体，就可以从这些受益群体那里寻求资本馈赠。虽然社会企业可采取各种不同的补偿策略，如施加社会压力和选择性奖励(如赋予冠名机会)，但搭便车倾向在某种程度上仍将继续存在。百万富翁/亿万富翁文化变革(changes in millionaire/billionaire culture)，就如比尔·盖茨(Bill Gates)和沃伦·巴菲特(Warren Buffet)所宣称的那样，可能会改变这种局面，但实际上，与富人总数相比，大捐赠人为数很少。因此，(各种形式的)慈善捐款有可能保持在约占国民收入2%的历史水平上，而且很可能远低于某些群体(如大学校友、某种疾病高危人群、宗教团体、艺术爱好者团体)因富人个人捐赠而获得的集体利益的价值。

如果社会企业造福于选民或者有活力的政治联盟普遍关心的主要人口群体，政府提供的创业启动资金或者其他融资方式就成了可供它们选择的另一个融资来源，但这需要达成广泛的共识，还需要政治技巧并做出巨大的努力，特别是在当前保守主义盛行和偏好有限政府的时代。由于社会企业往往有自己的关注重点和特殊使命，因此，很多社会企业没有资格申请现有的政府资助或者无法在政府内部找到拥护者。

最后，社会企业常常向特定企业或其他伙伴提供某些产品或者服务以换取他们的资助。无论是赞助还是其他合作交易，都需要在狭小的特殊市场上找到合适的合作伙伴。此外，这些交易往往是基于社会企业特有使命以外的考虑因素——与其说社会企业要出卖自己的使命、服务和利益，还不如说要确定潜在合作伙伴的需要，并且提升新创社会企业的能力来满足合作伙伴的需要。许多社会企业成功地找到了理想的合作伙伴，但也有很多社会企业尚未找到中意的合作伙伴，而且迄今仍不清楚是否能为所有的新创社会企业找到这样的合作伙伴。

结束语

本章概述了不同类型的社会投资，考察了致力于社会企业发展的参与者所面临的各种挑战，并且介绍了各种形式的社会企业及其资金来源，从而说明了社会企业是一种多样化的跨部门现象。社会企业运用政府、慈善和市场收入与资本投资的不同组合来为自己融资。社会创业者本身都是善于发现和利用机会的人，而且在开始创业时并不知道能从哪里获得资金和构建收入来源。他们的活动可以被看作本质上是交易性的，他们通过让为社会企业提供资金的各缔约方受益来换取他们的支持。因此，成功的社会创新需要企业家找到商业投资、公益机构和政府资助的适当组合。

因此，我们需要一种跨部门的社会企业融资理论来理解当代社会企业复杂的融资模式和能够为未来新创社会企业提供最佳支持的融资策略。因此，本章通过考察社会企业家/创业者的供给侧活动，提出了新创社会企业融资利益说，并借此确定了社会企业家/创业者在项目融资方面所面临的各种挑战。具体而言，社会企业往往通过向支付能力有限的个人创造私人利益来筹集资金，从而限制了私人投资、留存收益和借贷等融资方式。这样的社会企业还需要慈善投资来为其向特定利益共同体提供外部性、公共产品或者再分配利益进行融资，从而面临这种资助来源的搭便车约束。此外，社会企业提供的“造福于全社会或者整个利益共同体的利益”可以由政府提供资金，但也受到多数人偏好的约束。最后，社会企业家/创业者往往可以与创造特殊私人利益的企业和其他赞助人确定“交换利益”，以换取他们对公共利益的支持，但这些做法也受到以下因素的制约：需要确定社会企业及其赞助人都感兴趣的活动以及社会企业从事这些额外活动的能力。

社会企业融资利益说还告诉我们，社会企业具有从不同渠道或者通过不同方式融资的巨大潜力，包括私人市场，公益组织，政府机构以及与企业、其他赞助人或者合作伙伴的交换安排。因此，社会创业的支持者可能没有说错：有许多新的组合仍有待探索，因此一旦冲破狭隘的部门思维的束缚，就有许多支持社会企业工作的创造可能性。随着新的社会企业形式和社会企业融资方式——如项目相关型投资和社会影响力债券（Young，Salamon and Grinsfelder，2012）——的问世，我们将迎来这种创造可能性的新高潮。

不管怎样，本章认为，社会企业融资的每一个基本来源在本质上都要受到搭便车、政治或市场交易清淡的影响，但目前仍不清楚，我们能在多大程度上实际消除这些影响。最后，富有创意的新组织形式组合可能无法克服社会企业的四个资本/资金来源（市场、政府、公益和组织间交换）固有的局限性，而严重的市场失灵和有价值的社会企业计划资金短缺的问题仍将继续存在。

因此，重要的是应该明白，为解决这些问题，我们在政策层面可以采取哪些措施。一种可能的措施是：就社会企业需要投资资金和政府支持社会创业的机制达成社会共识。我们已经推行鼓励对非营利组织进行公益捐款的税收激励措施，可以把这种税收激励措施扩大应用到定义更加宽泛的社会企业；可以创建创业启动资金基金，也许是在循环使用的基础上鼓励私人和政府捐助，以便能够评估和支持具有新想法或新方案的潜在社会创业者在初步取得成功的基础上获得进一步的发展；可以改变组织所赚收入的管理规则，以鼓励更快地积累营运盈余，从而加快社会投资的速度；可以组建社会企业产权交易市场来吸引更多有社会意识的投资者。未来，我们将根据以上阐述的各种思路来进行实践，而且还要按照现在尚未形成的其他思路进行不同的实践。

参考文献

Ben-Ner, A. (1993). 'Obtaining Resources Using Barter Trade: Benefits and Drawbacks', in D. C. Hammack and D. R. Young (eds.), *Nonprofit Organizations in a Market Economy*. San Francisco: Jossey-Bass Publishers, pp. 278–93.

Billis, D. (ed.) (2010). *Hybrid Organizations and the Third Sector*. New York: Palgrave Macmillan.

Burlingame, D. and Young, D. R. (eds.) (1996). *Corporate Philanthropy at the Crossroads*. Indianapolis: Indiana University Press.

Chertok, M., Hammoui, J., and Jamison, E. (2008). 'The Funding Gap', *Stanford Social Innovation Review*, 6(2) Spring: 44–51.

Cordes, J. J., Poletz, Z., and Steuerle, C. E. (2009). 'Examples of Nonprofit-for-profit Hybrid Business Models', in J. J. Cordes and C. E. Steuerle (eds.), *Not-for-profits & Business*. Washington, DC: The Urban Institute Press, pp. 69–82.

Defourny, J. and Nyssens, M. (2008). 'Social Enterprise in Europe: Recent Trends and Developments', *Social Enterprise Journal*, 4(3): 202–28.

Depedri, S. (2010). 'The Competitive Advantages of Social Enterprise', in L. Becchetti and C. Borzaga (eds.), *The Economics of Social Responsibility*. Abingdon, Oxon: Routledge, pp. 34–54.

Fischer, R. L., Wilsker, A. L., and Young, D. R. (2011). 'Exploring the Revenue Mix of Nonprofit Organizations—Does it relate to Publicness?' *Nonprofit and Voluntary Sector Quarterly*, 40(4): 662–81.

Regulator of Community Interest Companies (2010). 'Information Pack: Community Interest Companies', BIS: Department for Business Innovation & Skills, March.

Tuckman, H. P. (1993). 'How and Why Nonprofits Obtain Capital', in D. C. Hammack and D. R. Young (eds.), *Nonprofit Organizations in a Market Economy*. San Francisco: Jossey-Bass Publishers, pp. 203–32.

Wilsker, A. L. and Young, D. R. (2010). 'How Does Program Composition Affect the Revenues of Nonprofit Organizations? Investigating a Benefits Theory of Nonprofit Finance', *Public Finance Review*, 38(2): 193–216.

Wing, K. T., Pollak, T. H., and Blackwood, A. (2008). *The Nonprofit Almanac 2008*. Washington, DC: The Urban Institute Press.

Wing, K. T., Roeger, K. L., and Pollak, T. H. (2010). *The Nonprofit Sector in Brief*. Washington, DC: The Urban Institute.

Yetman, R. J. (2010). 'Capital Formation', in B. A. Seaman and D. R. Young (eds), *Handbook of Research on Not-for-profit Economics and Management*. Northampton, MA: Edward Elgar Publishers, pp. 59–68.

Young, D. R. (ed.) (2007). *Financing Not-for-profits: Putting Theory into Practice*. Lanham, MD: Alta-Mira Press.

Young, D. R. (2010). 'Nonprofit Finance: Developing Not-for-profit Resources', in D. O. Renz and Associates (eds.), *Jossey-Bass Handbook of Not-for-profit Leadership and Management*, 3rd edition. San Francisco: Jossey-Bass, pp. 482–504.

Young, D. R. and Grinsfelder, M. C. (2011). 'Social Entrepreneurship and the Financing of Third Sector Organizations', *Journal of Public Affairs Education*, 17(4): pp. 543–67.

Young, D. R., Salamon, L. M., and Grinsfelder, M. C. (2012). 'Commercialization, Social Ventures and For-Profit Competition', in L. M. Salamon (ed.), *The State of*

Not-for-profit America, 2nd edition. Washington, DC: Brookings Institution Press, pp. 521–48.

Young, D. R., Wilsker, A. L., and Grinsfelder, M. C. (2010). 'Understanding the Determinants of Nonprofit Income Portfolios', *Voluntary Sector Review*, 1(2): 161–73.

第四章　慈善资本主义日臻成熟

马修·毕晓普　迈克尔·格林

引　言

雷曼兄弟公司是世界最大的貌似不可战胜的金融机构之一。2008 年，雷曼兄弟公司破产，引发了一场自 20 世纪 30 年代以来前所未有的全球经济危机。我们曾出书为企业（一般而言）尤其是富豪企业家（具体来说）在解决世界最重大问题方面能做些什么确定了一种乐观的愿景。这本名叫《慈善资本主义》（*Philanthrocapitalism*，2008）的书讲述了新一代慈善企业家（entrepreneur philanthropists）利用商业工具对解决重大全球问题施加影响的做法，其中包括吸取了对冲基金和风投行业经验教训的慈善捐赠，还有一些不涉及传统赠款方式的技术，如社会投资或者影响力投资。从更广泛的意义上讲，《慈善资本主义》还审视了资本主义重新定位的问题：转向包括但又超越企业社会责任的具有社会和环境可持续性的赚钱方式。

2008 年，慈善资本主义与黑暗恐怖时期的时代精神发生了冲突。在危机爆发以后的几年里，经济复苏时断时续，商界领袖尤其是金融界领导人，一直在艰难地重新设法使自己对社会有用。但不管怎样，慈善资本主义作为一场准运动仍在继续发展。

富有的企业捐赠人并没有像有些人预测的那样停止捐款（Mulgan，2009）。事实上，在比尔·盖茨和沃伦·巴菲特的带领下，慈善资本主义蓬勃发展。到了 2012 年底，已有 90 多名美国亿万富翁签署了“捐赠誓言”（Giving Pledge），决定把自己至少一半的财富捐献给慈善事业。正如最先发明了“慈善资本主义”这个词的毕晓普（Bishop，2006）在《经济学家》（*The Economist*）

的专题报道中所指出的那样，这些新型慈善家在其捐赠活动中继续运用来源于商界的洞察力和话语。以社交媒体为基础的捐赠和众筹平台——如基瓦——的普及发展，继续将一些传统上只有富有的捐赠者才能享有的直接参与和承担更大的责任扩展到普通公众。在使用市场化解决方案和社会或影响力投资工具应对社会弊病方面的创新蓬勃发展。最后，越来越多的公司信奉“行善得福”的信条，致力于“创造共享价值”(Porter and Kramer，2011)。

评价慈善资本主义是否已经融入主流资本主义的最重要指标，或许就是政府开始与这些“新型”参与者合作解决最棘手社会问题的方式。这在一定程度上反映了政府资源的减少以及私人部门财务危机“国有化”的财政后遗症。这种与私人捐助者合作的新热情在国际开发援助领域表现得最为明显，因为援助预算常常是公共预算中首当其冲的被砍项目。经合组织(Organisation for Economic Cooperation and Development)常被称为“开发援助委员会”(Development Assistance Committee，DAC)的援助国俱乐部(club of aid donors)在 2008 年金融危机之前和之后使用的话语随时间发生的变化，就可被视为这方面一个值得关注的例子。开发援助委员会 2005 年发布的《巴黎援助成效宣言》(Paris Declaration on Aid Effectiveness)根本就没有提到慈善事业，也几乎没有提到私人部门。但在 6 年以后，该委员会的《釜山宣言》(Busan Declaration)全文充斥“私人行为人”，由全球最大的 20 个经济体组成的 20 国集团甚至委托比尔·盖茨为 2011 年在法国戛纳举行的扶贫大会提出新的援助思路。

然而，政府对慈善资本主义的兴趣不只表现在为削减后的公共预算“拾遗补缺”。政治家们越来越多地认为，与私人行为人结成伙伴关系是一个推动公共政策和服务提供创新的途径。在《慈善资本主义》中，我们描述了纽约市市长迈克尔·布隆伯格(Michael Bloomberg)利用善款而不是公款来检验有争议的学制改革计划，如对校长进行精英领导培训，向家长支付让孩子上学的费用。布隆伯格决定利用自己的慈善机构为高盛投资美国最早发行的社会影响力债券提供进一步的证据。自那以来，公私合作创新的理念在英国首相戴维·卡梅伦(David Cameron)的“大社会”(Big Society)愿景中得到了最明确的表达。这项政策作为一种政治理念在很大程度上遭遇了失败，因为在选民心目中，卡梅伦的财政紧缩措施意味着大幅削减公共支出。但是，“大社会”的理念仍然存在于联合政府为推动新工党在英国建立社会投资市场的早期计划所做的工作中。随着社会要努力在下一代人的时间里推行财政整顿，而且还要面对人口老龄化造成的不可持续的成本，更多的政府可能会把与慈善资本家建立伙伴关系作为履行福利义务的途径。

慈善资本主义的另一个"需求侧"驱动因素是公众对不平等的日益关注，有时甚至是愤怒。正如哲学家斯拉沃热·齐泽克(Slavoj Žižek)指出的那样，全球性的经济停滞对过去大约30年的经济繁荣使资本主义合法化的假设提出了质疑。在经济繁荣的上升趋势提高全体公民生活质量无望的情况下，经济学辩论被越来越多地框定在富人和穷人为分得一杯羹而展开的"零和斗争"中。我们能够在对不平等日益加剧的关切以及反映占人口99%的其他人对占人口1%的特权阶层表示失望的2011年占领华尔街运动(Occupy Movement of 2011)思潮中找到经济学辩论被框定在"零和斗争"中的证据。富人多做慈善加上更加开明、更负责任的商业实践，将是一种有可能打破现有平衡的新型社会契约的最低要求。但不管怎样，就像已经发生的情况所显示的那样，如何通过税制来规范和鼓励慈善事业，作为这种新社会契约的组成内容，也可能引起越来越多的争论。

在这里有必要指出，慈善资本主义正日臻成熟，但接下来该何去何从的问题依然存在。为了回答这个问题，我们将在这一章里来评论三种批评慈善资本主义的常见观点："慈善资本主义"是一个有修饰矛盾问题的词语；忽略了更加广泛的社会变革驱动力；它试图把社会正义"私有化"。然后，我们将在这一章里考察三个结果与2008年最初预测大相径庭的问题——慈善家的风险爱好、中介机构在慈善资本市场上的作用以及大公司与社会创新之间的关系，并且总结这些方面可吸取的经验教训。

利润与目标：是"朋友"而不是"敌人"

慈善资本主义对一种广为接受的观点——追求利润与社会一般福祉之间存在着根本的对立——提出了质疑。齐泽克在2006年《伦敦书评》(*London Review of Books*)上讨论比尔·盖茨和乔治·索罗斯(George Soros)的慈善行为时最生动地表达了这种观点：

> 在美国的很多药店里都能买到一种"巧克力味的泻药"(chocolate-favoured laxative)，这个药名存在修辞矛盾：你有便秘问题？

> 请多吃这种巧克力！也就是说，多吃本身就会导致便秘的东西。在今天的意识形态领域也可以看到“巧克力味泻药”这样的修辞结构，这就是导致索罗斯这样的人物如此令人反感的原因。他主张把无情的经济剥削与对不受约束的市场经济造成的灾难性社会后果具有中和作用的人道主义关怀结合在一起。索罗斯的日常生活就是一个谎言：他把一半的工作时间用于金融投机，把另一半用于与他的金融投机格格不入的“人道主义”活动（资助中东欧国家的文化和民主活动，写文章出书）。

换句话说，在齐泽克看来，慈善资本主义概念有一个内在的矛盾：在他的理论中，利润总是剥削劳动价值的产物，因此，资本家除了剥削者以外不可能成为其他人。

这似乎是一种极端、边缘化的批判，但它似乎影响了多个慈善资本主义的批评者。《只不过是另一个皇帝？》（*Just Another Emperor?*，2008）的作者、率先对慈善资本主义发起攻击的迈克尔·爱德华兹（Michael Edwards）认为，“必须推行系统变革来解决财产如何拥有和控制以及资源和机会如何在全社会分配的问题”。这就是“生产资料”问题，它把我们带回到了马克思生活的那个时代，而不只是带回到亚当·斯密生活的那个时代。同样，全球妇女基金（Global Fund For Women）前首席执行官卡维塔·兰达斯（Kavita Ramdas）在反思盖茨和巴菲特以及一群印度亿万富翁为宣传“捐赠誓言”而举行的一次会议时表示，“在这个精英俱乐部里很少有人愿意思考关于经济增长模式——一种能使他们在一个仍有 8 亿多人生活在贫困之中的国家获得巨额财富成为可能的增长模式——的尖锐问题”。最近，马尔干（Mulgan，2013）令人信服地主张在某些对纯市场理论的一些基本原则提出质疑的交易环境里重新关注“生活价值”（lived value）的概念。

我们能够并且应该完善资本主义制度，以便使它更好地为社会服务。虽然这一点毋庸置疑，但只能提供为数有限的替代性方案。第二本批判慈善资本主义的书《走出毁灭的道路》认为，在 2008 年金融危机爆发之前，资本主义过于强调短期成功，最明显的表现就是对季度利润和股价每日上涨的痴迷。现在，经过改进的新型资本主义必须从旧资本主义的废墟中走出来，如果资本主义希望继续创造一个更加繁荣的世界，就必须把重点放在长期成功的评价标准上。在这方面，慈善资本主义可被看作一种其核心体现了对社会和环境可持续发展的承诺的资本主义。

这种论点并不必然排斥弗里德曼关于企业的唯一社会责任就是利润最大化的观点,而是越来越多地认识到,以一种更加建设性的态度去解决社会问题,从长远看,也许能通过“开明的自利”(enlightened self-interest)来增加公司的利润,这是在评价差不多10年前被艾默生首次称为“混合价值”的机构方面发生的一次革命性变化。

对于爱德华兹来说,认为资本主义的赢家能够或者会成为我们经济体制变革过程一部分的想法,就“类似于一个试图用头发把自己从沼泽里拉出来的人”。相反,他认为,是民间社团的制衡力量推动了对资本主义的改革并且解决了社会问题:“民间社团与市场不但不同,而且背道而驰”。

民间社团显然至关重要——盖茨、索罗斯和杰夫·斯科尔(Jeff Skoll)等知名慈善资本家都完全赞同这一点,他们正利用自己的慈善机构来创建民间社团,目的就是要让其成为解决社会问题更加有效的合作伙伴。但是,为了正确反映今天正在发生的事情,有可能需要根据爱德华兹使用并被广泛认同的狭义版本来拓展民间社团的定义。

民间社团不同于市场,因为它的丰富性和多样性不但能产生重要的结果,而且它们本身就很重要。爱德华兹认为,最好把民间社团看作一个其多样性就非常珍贵的生态系统,而不是一个竞争对手角逐的市场。这样界定就会把慈善资本主义与民间社团对立起来,因为它倾向于把民间社团和非营利组织视为同义词,而把营利组织排除在民间社团之外。爱德华兹断言,“20世纪,没有一项伟大的社会事业是依靠市场动员起来的”,因为在这个体系中,资本主义没有发挥积极公民作用的空间,而慈善资本主义从一开始就被认为是消极的。

然而,我们可以说,这样界定忽视了营利组织创造社会价值或公民价值的方面。最近一个引人注目的例子是“沃达丰/狩猎通信”的MPesa业务单位(Vodafone/Safaricom business MPesa)——这家私营企业在过去的10年里推动非洲移动电话实现了爆炸式的增长,在赋予公民经济和政治权利方面发挥了巨大的作用。国际妇女研究中心(International Center for Research on Women)也把由营利性企业创建和推广的矮座摩托车确定为近年来赋予妇女权利的最重要创新之一。这些例子表明利润与社会价值并不一定矛盾。事实上,利润甚至可能有助于加强民间社团建设,英国广播公司(British Broadcasting Corporation，BBC）领导的“非洲媒体发展计划”（Africa Media Development Initiative）强调了商业成功作为在非洲发展强大和独立的媒体关键部分的重要性。当然，还有营利组织开展的各种公益活动。

慈善资本主义要求重新评估我们如何理解和定义民间社团。与其陷入“商业坏、民间社团好”的二分法，我们更应该接受这样一种可能性：营利组织和非营利组织都可以成为民间社团的成员。它们只是一些不同形式的组织，以不同的方式创造经济和社会价值。

其实，这并不是什么新的发现，提出慈善资本主义概念的一个意图就是要把今天的趋势放在其历史背景下来界定。这本书试图解释，现代慈善事业是如何作为欧洲文艺复兴的产物与资本主义同时出现的。例如，16 世纪的企业家制定了第一批小微金融计划，并且创建了第一批慈善基金会，他们与 21 世纪的企业家一样关心慈善事业。他们有着解决社会问题的责任感以及对失败后果的恐惧。之前的四个“慈善黄金时代”可以说是：文艺复兴时期、18 世纪股份制资本主义诞生时期、维多利亚时代以及美国的安德鲁·卡内基（Andrew Carnegie）时代。今天，类似的模式可能被视为第五个慈善黄金时代：一个新的企业家阶层正在利用资本主义创新来解决社会问题。

实力并非业绩

那些对商业持怀疑态度的人批判慈善资本主义的第二种观点认为，慈善资本主义引发了对评价标准和评价本身的痴迷，从而有可能导致分散对改变世界的实体商业的注意力。我们的发展思想肯定正在经历一场革命，因为杜弗洛和班纳吉（Duflo and Banerjee）的《穷人经济学》（*Poor Economics*）等书提出了运用随机比较研究（randomized control trials）来检验发展干预措施是否真正有效的想法。一些慈善家一直站在这项工作的前列，尤其是在他们的捐赠中采用了评价指标驱动型金融观（metric-driven approaches of finance），如由对冲基金支持的罗宾汉基金会（Robin Hood Foundation）、儿童绝对回报基金会（Absolute Return for Kids）和儿童投资基金基金会（Children's Investment Fund Foundation）。

那么，证据是否会有什么问题呢？有人认为，评价慈善事业的影响力是傻瓜才会做的事情，因为社会部门没有统一的价值单位（社会部门与商业世界不同，商业世界采用利润等指标来比较跨国家和跨部门经营的企业）。爱德华兹曾经指出，“市场之所以起作用，是因为它们坚持明确的财务底线，使用一种简单的机制（竞争）来做到这一点，并且需要相对较少的条件就能使这一机制发挥作用”。但是，在商业世界，情况可能并非那么简单。2008年金融危机的一个重要教训就是，评价企业成功与否的“简单”标准，如季度利润或股价（例如，这两项指标都没能暴露雷曼兄弟公司已经陷入困境），可能会起到令人难以置信的误导作用。改进评价指标和方法对于营利和非营利组织来说都是一种挑战。

评价社会影响力确实很难，但并不意味着毫无意义。没有评价，怎样判断哪些干预措施有效，哪些措施无效？拒绝接受评价可能会让慈善事业受到谴责，因为在这个世界上，凡是善款都可以被认为是成功的。也许，这就是很多老牌职业慈善家抵制评价的原因，他们害怕对其业绩记录进行严格的分析，可能会暴露一些不为人知的问题。

盖茨在2013年的慈善公开信中专门谈到了为什么要评价慈善业绩的问题，他的观点似乎正在被越来越多的捐赠者所接受。盖茨在信中写道：“如果我们设定了明确的目标，并且找到了能推动目标实现的措施，那么就能取得惊人的进步。”当业绩评价得出了不正常的结果时，可能并不总是由于业绩评价系统本身的错误。更确切地说，盖茨认为，“很多努力都遭遇了失败，因为我们没有采取正确的措施，或者在实施正确的措施时没有进行足够的投资”。因此，慈善资本家面临的挑战就是确定正确的目标和措施，让受益人和关键利益相关者参与进来。

2013年，发展问题专家罗莎琳德·埃博恩（Rosalind Eyben）和克里斯·罗氏（Chris Roche）在一次网上辩论中很好地反映了一个反对评价慈善业绩的更基本理由：“可以说，循证法构建了一堵反政治防火墙。”发展援助成为一种基于严格客观证据的“技术性”最佳干预实践，通常在不干预受援国政治的情况下，为援助国纳税人和受援国公民最大限度地提高了捐款的价值。

不管怎样，认为慈善资本家或官方援助机构的干预可以是政治性的，甚至是明显具有政治性的干预的观点本身并没有任何问题。例如，索罗斯自称是一个在美国和东欧得到公认的“政治慈善家”。同样，盖茨基金会认为，2005年的“让贫困成为历史”（One/Make Poverty History）支持运动获得了更多的援助是其最大的成功之一。莫·易卜拉欣非洲领导人奖（The Mo

Ibrahim Prize for African Leadership)是另一个通过政治运作创新性地增加潜在慈善活动的例子。

慈善资本主义似乎常常被误解或曲解为完全是由业绩评价指标驱动的技术性干预。本章认为，它实际上是一场像资本主义那样多元化的运动。一些资本家通过模型和业绩评价来赚钱，而另一些资本家则通过富有远见地下大赌注来赚钱；一些慈善资本家通过模型和业绩评价来追逐社会影响力，而另一些慈善资本家则通过富有远见地下大赌注来寻求社会影响力。例如，特德·特纳(Ted Turner)在创建美国有线电视新闻网络(CNN)时把赌注压在了有线电视新闻的崛起上，后来成了一名亿万富翁。他以近乎即兴承诺的方式向联合国捐赠了10亿美元，并且就此发起了这场慈善资本主义革命。他评价自己对联合国的这笔资助是否取得成功的标准被非常简单地定义为："我只是觉得这笔资助有助于联合国变得更加强大。"

慈善"私有化"

克鲁伊斯蒂亚·弗里兰(Cluystia Freeland)在她的畅销书《富豪》(*Plutocrats*)中指出，"弄清富豪与我们其他人的关系是全球超级精英崛起面临的挑战之一"。她这句话呼应了一个多世纪前安德鲁·卡内基在他的《财富的福音》(*Gospel of Wealth*)中提出的一个问题。卡内基在他那本影响了当今许多慈善资本家的书中写道："我们这个时代的问题是如何正确管理财富，兄弟情谊仍可把富人和穷人以和谐的关系联系在一起。"他描述了19世纪工业世界所面临的各种挑战，当时迅速的工业化为美国创造了令人难以置信的财富，也给美国造成了破坏性的社会动荡。不过，卡内基也可以这样来描述21世纪的世界：贸易和劳动力市场的全球化使得比历史上任何时期都多的人摆脱了贫困，但也使我们在平等和环境可持续性方面付出了代价。

那么，慈善难道就是解决富人和其他人、1%的富人和99%的其他人或者0.001%的富人和99.999%的其他人之间差距的手段？"不是"，弗里兰总结道。她断言，富人为了保护自己的财产免受税务人员的侵扰，创建了一个由咨询顾问组成的"收入防卫行业"(income defence industry)。只有更加公平的税收，才能确保有尽可能多的纳税人承担尽可能多的税负，才能构建公平社会。

大多数人都同意这种观点的大部分内容，但具有讽刺意味的是，这种观点往往被视为是对慈善资本主义的攻击。然而，这本书对什么是“善良的”亿万富翁进行了明确的三步检验：他们的财富一定是采用公平的手段赚来的；他们应该致力于有效的慈善事业；他们应该缴纳公平的税收。许多慈善资本家都同意，他们应该缴纳更多的税收，尤其是巴菲特。巴菲特谴责了美国税法的不公平，因为美国税法允许他缴纳比他的秘书少的所得税。事实上，像瑞典这样的高税收国家的富人（假设税收并非完全可逃避）比美国这样的低税收国家的富人更有能力证明其财富的合法性。

然而，单独的税收并不足以构成富人和其他人之间社会契约的基础。有证据表明，在某些税率下，财富创造受阻，从而损害整个社会。这样做的逻辑是，如果社会要在功利主义意义上充分发挥其潜能，就必须允许某种程度的不平等存在。然而，社会赢家应该对慈善事业持期待和欢迎的态度，这不仅是因为慈善是公正的，而且因为慈善是推动社会进步的潜力。但不管怎样，我们必须在慈善应该承担更广泛的社会责任方面仔细考虑慈善事业的私人性质。巴菲特可能已经注意到，他宁愿把钱捐给盖茨基金会，也不愿捐给美国财政部，因为盖茨基金会有可能更有效地利用他的善款，但这并没有考虑任何民主程序。

不管怎样，本章认为，慈善资本家通过捐赠、投资和倡导，有可能利用他们的资源比同等数额的公共支出产生更大的有益影响。当然，这并不是说慈善必然比政府更加有效，而是认为存在一种有效的分工——至少大体上是这样，慈善资本家可以通过承担更大的风险、更具创新性、放眼更加长远来做政府可能无法做到的事情。同样，有些任务只有政府才能完成，如提供全民福利和公共产品，并确保全社会机会均等。正如盖茨本人所指出的那样，与政府和私人资本市场的资源相比，就连他的数十亿美元的基金会也是一个“小而又小的组织”。只有通过明智地利用这一相对较小的资源来影响并撬动其他资源，才能产生更大的影响力，这才是对慈善资本主义做出的最佳辩解。事实上，只有得到证明的成效才是检验慈善事业是否“慈善”的一个关键部分。

因此，今后几年的一个关键挑战可能就是，如何评价和以其他方式证明慈善事业的成效，以满足广大民众对公平的要求。我们可能会越来越关心改善慈善监管和慈善事业应该在多大程度上可以免税等问题。目前，慈善监管力度不大、大多无效。透明度和公众监督是慈善资本家必须习惯的事情；而理想的情况是，他们将被视同盟友；他们不应指望在未来能获得税收补贴，因为这些活动不会（或至少是不希望）产生明显的公益。

厌恶风险的风险

慈善资本主义的一个核心概念是，我们在进行捐赠时相信自己正在投资建设一个更加美好的世界。慈善资本家的投资心态，本质上就是寻求他们捐献的善款创造最大的社会和环境回报。慈善资本主义追求的目标要比风险慈善追求的目标更加远大，后者主要关注社会公益创业（或社会公益创业前）捐赠。事实上，社会投资者可以沿着“资本曲线”反映营利性资本市场的各个方面——从债务融资到风险投资再到私募和公募股权融资，更进一步到只求社会回报而不图任何财务回报的赠款等投资（Bishop and Green，2010）。2012 年，易趣网（eBay）创始人皮埃尔·奥米迪亚（Pierre Omidyar）创建的奥米迪亚网络发表了一组题为《为影响力投资做好准备》（Priming the Pump for Impact Investing）的文章，采用一个将不同风险水平和潜在社会回报联系在一起的矩阵展现了这种“资本曲线”的另一种愿景。

随着慈善资本主义的发展，有人提出了这样一个重大关切：在我们更加需要承担风险的意愿来实现真正具有变革潜力的突破性社会创新时，投资者却往往持保守和厌恶风险的态度。

《金融时报》（*Financial Times*）专栏作家蒂姆·哈福德（Tim Harford）在他分析创新的文章《适应》（Adapt，Harford，2012）中指出，失败是成功的关键因素。哈福德从伊拉克政权更迭到全球金融危机再到消灭疟疾的努力等内容广泛的议题中收集证据。关于所有这些议题，他证明了成功需要准备很多不同的潜在解决方案——其中许多方案或者策略都遭遇了失败，它们并不是清一色的自上而下型策略，而且要对证据进行严格的筛选，这样才能从全部的潜在解决方案中找出那个有效的方案。虽然硅谷的企业家喜欢讲述过去经历的灾难以及他们从中吸取的教训，但在慈善事业中，“失败”仍然是一个很少听到的词语。

《慈善资本主义》把 1993 年由媒体业亿万富翁沃尔特·安南伯格（Walter Annenberg）资助 5 亿美元改革美国教育制度的努力作为一个被广泛认为失

败(尽管相关负责人并不这样认为)的罕见慈善行动例子来援引。我们希望，在未来几年里能够听到关于敢冒风险的慈善资本家遭遇失败的故事。因为，这样的故事可以证明，慈善机构有进行失败学习的新意愿，而这种学习意愿为各种创新所必需。

在慈善领域也有一些例外。奥米迪亚网络已经承认过去所犯的错误，从而帮助它进行了改进。盖茨基金会承认，过去为了解决全球卫生问题采用了一些过于技术化的方法。正如哈福德所描述的那样，慈善资本家们也很好地把“激励奖”(incentive prizes)作为鼓励创新、只为成功付费的一种手段来利用，例如，X 奖(X-Prize Foundation)和盖茨基金会在推进前期市场承诺(Advance Market Commitment)方面所做的工作。

但是，有关慈善资本家失败的正面报道仍然少之又少。为“英勇失败”(Heroic Failure)设立年度风险庆祝奖，可能会产生催化剂作用，尤其是鼓励慈善家分享他们从失败中吸取的教训，就像硅谷的企业家们所做的那样。

正如亚利桑那州慈善家杰里·赫希(Jerry Hirsch)所展示的那样，慈善领域与其他设奖促进变革的领域一样成熟。为了鼓励非营利组织之间的合作，特别是合并，赫希的洛德斯塔基金会(Lodestar Foundation)创设了一种事后颁发的合作奖用于祝贺成功，而不是进行事前激励。2009 年，洛德斯塔基金会第一次颁发这个奖项，奖金 25 万美元，获奖的是俄亥俄州托莱多(Toledo)一个与基督教青年会(Young Men's Christian Association)合并的犹太社区中心。2 年后，洛德斯塔基金会再次颁奖时吸引了为数更多、范围更广的参赛者。这个奖项看来在使慈善合法化和鼓励慈善活动方面发挥了有益的作用，而这些活动在慈善事业领域，相对于商业领域而言一直十分罕见。

不管怎样，我们并不提倡轻率鲁莽，而是提倡那种有时需要冒险精神来迎接挑战而且受到传统观念质疑的创新。慈善资本家通常不会被专家意见所吓倒，而只是遵循得到公认的最佳实践。一些捐赠者——尤其是个人捐赠者，而不是由觉得自己授权太小不敢造次的职业经理人管理的捐赠基金——可以检验慈善资本家发挥作用的界限。硅谷风险投资家彼得·蒂尔(Peter Thiel)就是这样一个的捐赠者。他为了吸引青年才俊从常春藤盟校退学创办自己的企业，悬赏每个退学学生 10 万美元的奖金。这种悬赏引起了相当大的恐慌，就像他向“花园小屋”(garden shed)科学家提供的资助项目(学者和企业研究人员不需要申请就可获得)。

中介机构

最近有学者对慈善资本主义市场的出现进行了值得关注的讨论，这个市场把有钱人和有想法的人——如社会企业家——聚集在一起。虽然这个市场还在发展，但它并没有像预期的那样发展，而且还有一段路要走。

市场需要丰富且有用的信息。如果没有信息，或者信息传播不均匀，市场就难以确定准确的价格，也无法有效地分配资源。《慈善资本主义》描述了许多新型中间商——所谓的“美德中间人”(virtue’s middlemen)——承诺为创造公共善建立一个更加有效的包括做市召集人(如克林顿全球倡议)、咨询公司{如布里奇斯潘集团(Bridgespan Group)、市场分析机构[如新慈善资本(New Philanthropy Capital)]}和社会证券交易所(伦敦和新加坡)在内的慈善公益市场。自那以后，这方面的故事也一直是既有成功的，也有失败的。

合作是在慈善资本家中间出现的一个新主题，所以，能把他们聚集在一起的召集人总的来说已经做得很好。“克林顿全球倡议”每年 9 月都会在纽约市举行克林顿“慈善奥斯卡”(Philanthropy Oscars)，吸引政治领袖、企业老板、慈善家、慈善机构和社会企业家承诺为了让世界变得更加美好而共同努力。浮华和魅力并不符合每个人的口味。同样，“克林顿全球倡议”并没有像有些人希望的那样取代每年在达沃斯举行的世界经济论坛(World Economic Forum)年会，而是成了正经人交流建立人脉关系的场所。然而，在 2009 年由于政治和经济低迷而经历了摇摆不定之后，“克林顿全球倡议”仍然是捐赠日程表上的主要日程。克林顿总统不得不推迟执行把“克林顿全球倡议”变成一个全球运动的雄心壮志，因为他的身份可能与他妻子国务卿的职务相冲突。在希拉里决定辞去内阁职务后，也就是在没有这种冲突的情况下，从 2013 年初开始，“克林顿全球倡议”之前的全球化雄心正在重新抬头。

与此同时，对于超级富豪来说，盖茨/巴菲特的“捐赠誓言”已经启动，并且不断发展壮大。这个誓言的发起人坚持认为，誓言本身并不是要协调行动，也不是要其他亿万富翁“断臂”支持他们最喜爱的事业。尽管如此，许多“捐赠誓言”的立誓人发现，这个群体为他们聚在一起交换意见，有时则是进行合作，提供了一个有用的平台。“捐赠誓言”的立誓人年会正在成为最富有的慈善资本家商谈业务的渠道之一。

此外,2012 年底,一个曾在咨询顾问行业受到尊敬的品牌宣告破产,就像雷曼兄弟公司在投行业的遭遇那样。摩立特集团(Monitor Group)由世界顶级管理大师、哈佛商学院的迈克尔·波特(Michael Porter)创立,现已成长为一个为竞争成功提供战略建议的大型咨询集团。《慈善资本主义》讲述了摩立特集团如何像它的竞争对手麦肯锡咨询公司那样开始朝着为非营利组织提供低成本、无偿咨询服务的方向实行多样化。这种商业模式需要公司的营利部门保持盈利。当情况恶化时,由于全球经济低迷、竞争优势丧失和财务过度扩张,摩立特公司的慈善机构不得不关门歇业。

完全专业化于非营利部门和慈善事业的咨询公司似乎表现较好。布里奇斯潘集团是从汤姆·蒂尔尼(Tom Tierney)领导的贝恩咨询公司(Bain Consulting)分拆出来的一家公司,在非营利部门的发展中继续发挥着主导作用。"有效慈善中心"(Center for Effective Philanthropy,CEP)似乎也找到了一个稳健的商业模式,向基金会老板提供受赠人明确、真实的反馈信息。

然而,布里奇斯潘集团的严谨和"有效慈善中心"的活力可能是慈善咨询业许多其他公司(尤其是私人银行)所遵循的规则的例外。在这个行业里,让客户满意的商业要求往往会导致公司采取行动阻止更具挑战性并且能产生更大社会影响力的交往。

对于慈善资本主义的新一代分析师来说,生活并不容易,他们常常要在评价慈善影响力方面面临挑战。美国广受欢迎的网站"慈善导航"(Charity Navigator)功不可没。这个网站通过评估慈善机构的管理成本赢得了众多粉丝,但在肯·伯杰(Ken Berger)的领导下试图找到一种不那么没有意义但同样引人注目的评价非营利组织业绩的方法。一个类似的网站"指南星"也为评估它跟踪的慈善机构的影响力做了大量的工作,但没有为它自己找到一种可持续发展的商业模式。

"慈善导航"的努力在很大程度上应该归因于这样一个事实:它正试图找到一个可用于众多慈善机构的单一业绩评价指标,采用可公开获得的数据,这样就能把专家投入减少到最低限度。其他公司从相反的方向来解决这个问题,它们只想甄别业绩最优的非营利组织。一个重要的网络公司例子就是"givewell. org"。这家网络公司对从事海外援助的慈善机构进行了随机对照研究和评估,以告诉普通捐款者他们的捐款可以最有效地使用在哪些方面。"givewell. org"的研究在方法和证据方面看似严谨而又透明,但它的研究努力的强度和成本意味着只有一小部分非营利组织能够享受这种待遇。

英国最引人注目的咨询中介机构是“新慈善资本”。“新慈善资本”由高盛投资银行的高级合伙人在2002年创建，目的是要对业内和跨界慈善机构进行严格的比较分析。这始终是一项高成本的业务，但“新慈善资本”的创建者希望，新公司一旦被新一代捐助者，特别是伦敦金融城的金融家们铭记在心，就能成为一项可持续的事业。虽然“新慈善资本”的分析受到了好评，但即使在2008年金融危机爆发之前也难以找到愿意付费的客户。现在，“新慈善资本”似乎正在从为捐赠者提供服务转向为慈善机构提供建议。

虽然“新慈善资本”还没有找到一种可持续的商业模式，但这并没有妨碍它取得相当大的成就，尤其是在马丁·布鲁克斯(Martin Brookes)主政时期。“新慈善资本”对一些慈善机构在影响力评价方面表现出来的自满提出了质疑，因此经常受到业内的批评。“新慈善资本”的目标是：“就什么才是慈善部门的业绩这个问题展开更加广泛的辩论。”从这些角度看，“新慈善资本”看起来取得了成功。它还新建了社会影响力分析师协会(Social Impact Analysts' Association，SIAA)，从而为慈善业绩分析留下了一份遗产。这个协会仍在继续开展慈善业绩分析。技术的应用或许也能提高社会业绩分析的质量，特别是采用分析无处不在的“大数据”的算法来寻找能证明影响力的证据。

2013年6月，伦敦社会证券交易所成立。那些除了常规财务招股说明书外还发布经过审计认证的社会招股说明书(social prospectus)的公司有资格在伦敦社会证券交易所发行股票上市，通过吸引潜在社会投资者来满足自己的资本需要。2013年，新加坡也为社会企业家开设了类似的交易平台。

虽然评价、分析和“推销”社会业绩已被证明是一个困难的过程，但创建一个有望同时保证最低财务和社会/环境回报的“影响力投资”市场的努力很快就取得了进展。社会业绩评价、分析和推销行业的迅速成长，在一定程度上是社会投资与商业投资具有某些相似性的结果。如果投资者因希望通过支持社会企业获得回报(尽管是社会和财务回报的某种“混合”)而拿自己的资金去冒险，就需要一些像主流资本市场中介服务机构那样的机构。全球影响力投资网络(Global Impact Investing Network，GIIN)在让这个新兴行业把自己的重点放在寻找共同语言和评价标准方面所起的作用，对于加快这个行业崛起的速度具有非常重要的意义。

推动这个行业快速增长的另一个因素是，它得到了各国政府特别是英国政府(最近成立了社会投资批发银行“大社会资本”)、大基金会和一些银行的大力支持。如果能像摩根大通银行预测的那样,全球影响力投资能够达到10 000亿美元的规模,那么,影响力投资的中介机构可能就会迎来光明的未来。

“使尽浑身解数”

慈善资本主义既关乎企业在赚钱的同时还应该做些什么,又关涉企业的创始人在做私人捐赠时如何用好自己的利润。慈善资本主义尤其是通过强调像“Google. org”(2004年成立的营利性“Google. com”的公益性兄弟公司)提出的那种雄心勃勃的目标预示着“行善公司”的崛起。谷歌公司的创始人拉里・佩奇(Larry Page)和谢尔盖・布林(Sergey Brin)相信,“Google. org”(获得“ Google. com”1%的股权、1%的利润和1%的员工工作时间的支持)总有一天会超过互联网搜索引擎巨头“Google. com”的全球影响力。“Google. org”的第一任首席执行官拉里・布里连特(Larry Brilliant)表示,通过把“Google. org”打造成公司的一个部门,而不是传统的捐赠型基金会(grant-making foundation),“Google. org”就能使出浑身解数来产生巨大的影响力。然而,到目前为止,“Google. org”还没有达到这么崇高的境界。

“Google. org”的问题是一个复杂的故事。2009年,布里连特已经开始为另一位著名的慈善资本家杰夫・斯科尔掌管“全球紧急威胁基金”(Urgent Global Threats Fund)。他在成功掌管一家非营利网络组织的基础上利用谷歌搜索引擎追踪流感的传播状况,建立了一个追踪范围更广的流行病跟踪系统。“Google. com”也在努力践行其关于在互联网自由方面“不做坏事”的座右铭。

虽然“Google. org”(至少目前)遭遇了失败,但在过去的几年里,作为企业慈善资本家还是获得了显著发展,部分原因是受到了2008年金融危机对企业提出的问题的刺激;而一个关键的原因则是,人们日益认识到慈善可能是成为优秀企业公民最不重要的考核标准。以高盛公司为例,在2008年金融危机爆发之前,高盛公司是世界上最受尊敬的公司之一。危机爆发以后,高盛公司被广泛作为资本主义问题的典型来援引,并且被《滚石》(*Rolling Stone*)杂志嘲笑为“一只缠在人脸上的大吸血乌贼,无情地把它的吸盘插进任何有铜钱味的东西”。高盛公司仍然可以举出一些了不起的善举,如支持发展中国家女性商界领袖的“万名女强人”计划。但如果就像批评者所说的那样,这家标志性的投资银行仍在以对社会无用甚至有害的方式赚钱,那么,它做慈善可能只不过是为了“遮羞”。高盛公司面临的挑战并不是捐赠更多的钱,而是让公众相信,它所做的一切都符合全社会的利益。

私募股权投资巨头科尔伯格·克莱维斯·罗伯特公司(Kholberg,Kravis and Roberts,KKR)已经找到一种更加具体地把慈善资本主义纳入其商业实践的方法。20年前,这家公司杠杆收购了RJR纳贝斯克(RJR Nabisco)的交易震惊了整个商界,一本有关这笔杠杆收购交易的书把KKR描绘成“守候在门口的野蛮人”。但不管怎样,KKR一直在以非常不野蛮的方式使自己“变绿”。2007年,这家公司收购了总部设在得克萨斯州的电力公司TXU,后者曾因计划建造11座燃煤发电厂而受到环保人士的抨击。KKR在收购了TXU以后就取消了这些计划,并与受人尊敬的绿色非营利组织环境保护基金(Environmental Defense Fund,EDF)合作核查KKR是否恪守承诺,并帮助寻找更加环保的替代方案。通过避免名誉损失和实现宝贵的成本节约,KKR至少在这方面做到了“行善得福”。

《慈善资本主义》提出的理念“营利性企业可以通过自己的供应链和分销网络,以负责任的行为方式来实现业务增长,并且为人类和地球做出积极的贡献”,在“创造共享价值”的理念中得到了明确的体现(Porter and Kramer,2011)。波特(Porter)和克莱默(Kramer)表示,公司应该奉行创造共享价值的战略,把社会和环境价值与利润结合在一起。“创造共享价值”本身并不是一个原创性想法,但它能帮助把企业的“行善”重新界定为一种理性的竞争战略,而不是以牺牲股东利益为代价的高管利益的象征。2013年,联合利华公司成了共享价值观的主要实践者,它把社会和环境可持续性作为其“2020年愿景”战略的核心内容,而且还确定了大胆的目标,如在10年内把自己的环境足迹(environmental footprint)减少一半,并且帮助其供应链上的50万个小农户,同时通过使其产品的消费者人数翻番来增加利润。

然而,由于企业需要利润,因此,把企业改造成“美德拥护者”(champions of virtue)的做法只能是一种片面的做法。监管对于消除某些有害于社会的获利机会至关重要,企业在某些方面常常做得很好,而在另一些方面则做得不好。例如,沃尔玛公司一直在减少包装上的浪费和二氧化碳排放,但仍因其限制性的用工做法和大量销售枪支而受到广泛的批评,更不用说因涉嫌在国外搞腐败而丑闻缠身。公司很难在任何时候都为其全体利益相关者奉公守法。

一种新型企业由于在自己的DNA中植入了社会使命而有可能比大多数企业做得更好。共益公司在美国越来越受欢迎,它们是具有明确社会目标的营利性企业;在其他国家也有类似的尝试,如英国的社区利益公司。无论是美国的共益公司还是英国的社区利益公司,都可能被证明是对慈善资本主义的一个令人兴奋的发展。

然而,如果企业因奉行共享价值观而需要削减短期利润,那么,共享价值观可能就不合股东的口味。理查德·布兰森(Richard Branson)认为他的所有企业都具有社会使命,并且一直试图通过创建一个由开明企业巨头组成的"共益团队"(B Team)的方式把首席执行官们结集在创造共享价值(或者他所说的长期价值)的目标下。但是,布兰森有追求激进战略的自由,因为他的维珍(Virgin)集团旗下的公司都是私有公司,如果他想达到其他目的而牺牲一些利润,那么,他唯一需要说服的人就是他本人。就如弗里德曼(Friedman)指出的那样,对于使用他人资金的上市公司来说,情况要复杂得多。

企业慈善资本主义面临的一个主要障碍就是机构化的投资界普遍奉行短期主义。这种短期主义既是如何评估公司价值经济思维方式的缺陷造成的结果,又是养老基金等主要投资者的结构和监管缺陷导致的后果。如果不对金融业进行适当的变革,即使是开明的首席执行官试图把长期利益放在短期利益之前,也要为持续获得股东的支持而进行艰苦的斗争——包括证明更加有益的长期战略最终更有利可图。虽然目前还不清楚变革是否会进行,但2008年的金融危机及其余波为进行必要的变革创造了机会。

结束语

《慈善资本主义》以推测性地展望疟疾在未来终将被消灭为全书的结尾。消灭疟疾有多大可能?在盖茨开始向这种在富裕国家已经被根除的疾病发起进攻时,全球每年仍有100万人死于此病,其中大多数是儿童。根据世界卫生组织(World Health Organization)的报告,2010年,这个数字已经下降到了66万。在2000—2010年间,100多万疟疾患者获救。现在看来,到2025

年甚至更早消灭疟疾，具有现实可能性。

消灭疟疾成了慈善资本主义的一个重要故事。盖茨并不是通过单独行动取得成功的。他为了消灭疟疾这一事业，曾经向其他慈善家、制药业、公众，更重要的是，向政府捐助者募集资金。盖茨能够为致力于解决某个特定问题而创建"正能量联盟"(coalitions of the positive)，堪称是21世纪全球治理领域的一大创新。

在未来的几年里，可能会有更多这种致力于解决具体问题的"正能量联盟"出现。除了医疗卫生问题以外，盖茨还把重点放在非洲农业发展上，目的就是要复制亚洲"绿色革命"(Green Revolution)的成功。亚洲的"绿色革命"在第二次世界大战以后的几十年里提高了农作物产量。对盖茨基金会来说，妇女权利也是一个值得高度关注的问题，它特别重视改善生殖健康服务。"长者会"(The Elders)是一个关心全球性问题的退休领导人团体，这个团体的宗旨就是利用它自己的影响力来阻止童婚。"长者会"的一个创始人杰夫·斯科尔已经开始把精力集中在"全球紧急威胁"上，如开发尽早发现和预防流行病的工具。

通过组建和领导这样的联盟，慈善资本家有可能会成为解决"棘手问题"的全球决策核心力量，但也有风险需要管理。过去的慈善黄金时代已经结束了，这些慈善黄金时代结束的原因告诉我们，今天的慈善资本家在前进的道路上会遇到种种障碍，并面临各种风险。

第一个风险是可能会导致基本经济和政治制度崩溃的战争和冲突。在16和17世纪的欧洲，这种冲突是由基督教内部天主教和新教之间的分裂造成的。现代慈善事业第一个黄金时代迎来的巨大繁荣，就是被宗教改革期间发生的宗教冲突扼杀的。今天，许多慈善资本家正在积极努力降低这类包括核扩散、资源竞争和疾病大流行等在内的风险。

第二个更加直接的风险是政治因素造成的对财富的挤压，这种挤压会削弱慈善事业的资源基础。英国从19世纪末的世界慈善领先国家沦落为慈善不再是创造公共福利核心模式的国家，是政府在这个时期不断扩大其作用的结果，并且又得到了增税的推波助澜。今天的慈善资本家在一定程度上是始于20世纪70年代的正统经济观念转变的产物，也是正统经济观念从20世纪70年代开始接受降低总税收水平以及取消适用于富人的惩罚性税率的结果。随着人们对不平等的担忧不断加剧，正统的经济观念可能会重新回归，而慈善资本主义本身为富人降低这种风险开辟了一条道路。

最后，我们可从 18 世纪——资本主义和慈善事业非同寻常的创新时期——英国的经历中吸取教训。英国的这个慈善黄金时代由于信心危机而逐渐消失。18 世纪的"理性时代"(The Age of Reason)* 为社会问题带来了新的实证分析工具。人口学家托马斯·马尔萨斯(Thomas Malthus)是那个时代非常有影响力的思想家，他用统计技术预测人类最终会经历一场人口过剩的噩梦。马尔萨斯的悲观预测在一场关于以下主题的辩论中起到了关键作用：慈善和政府福利计划究竟是真正帮助了穷人，还是只不过加剧了人口问题，并使较不富裕的人陷入了"贫穷"(pauperism)[就是现在常说的"福利依赖"(welfare dependency)]。这场辩论也给 21 世纪的慈善资本家们上了这样一课：成功是保持慈善资本主义发展势头的关键，成功必须按照问题是否得到切实解决这个标准来评价，而不仅仅是根据捐赠是否更加有效来衡量。10 年内消除疟疾造成的死亡——或许甚至更快就消除小儿麻痹症——是一个具有挑战性的目标，但如能实现，就有助于营造必要的乐观氛围，为解决其他问题组建下一个"正能量联盟"，而且必然会对于慈善资本主义革命的未来发展产生明显的影响。

参考文献

Bishop, M. (2006). 'The Birth of Philanthrocapitalism: The Leading New Philanthropists See Themselves as Social Investors', *The Economist*, 23 February, p. 56.

Bishop, M., and Green, M. (2008). *Philanthrocapitalism: How the Rich Can Save the World and Why We Should Let Them*. London: A & C Black.

Bishop, M., and Green, M. (2010). 'The Capital Curve for a Better World', *Innovations*, 5(1): 25–33.

Edwards, M. (2008). *Just Another Emperor*. London: Young Foundation/Demos.

Harford, T. (2012). *Adapt: Why Success Always Starts with Failure*. London: Abacus Books.

Mulgan, G. (2009). 'After Capitalism', *Prospect Magazine*, 26 April: 157–70.

Mulgan, G. (2013). *The Locust and the Bee: Predators and Creators in Capitalism's Future*. Princeton, NJ: Princeton University Press.

Porter, M., and Kramer, M. (2011). 'Creating Shared Value', *Harvard Business Review*, Jan./Feb.: 1–17.

* 指 17 至 18 世纪末欧洲启蒙主义哲学盛行、以理性和常识占据主导地位为特征的时期。——译者注

第二篇

社会金融全貌

第五章 合作与互助金融

乔纳森·米希尔

引 言

在全球范围内——和大多数国家里——有各种各样的企业,包括私人个体企业、家族企业、合伙企业、担保有限公司、股份有限公司、上市公司、国有企业(归中央、地区或地方政府所有)以及不同类型的合作、互助和员工持股企业。就如下文要讨论的那样,本章使用“合作”和“互助”这两个术语来指称以上最后三种形式的企业——各种成员所有制组织,这里的成员可以是客户、员工或是两者的混合,也可以是其他成员所有者,如当地社区的代表。在某些情况下,这种成员所有权也会与其他所有者共享;换句话说,可能存在某种程度的私有权——无论是直接私有权还是持有股权——和一定程度的成员所有权。

合作和互助金融有两种类型,两者都很重要,有必要加以考察。首先,互助制是一种由来已久的企业融资制度,尤其是通过各种形式的信用合作社、住房互助会和合作银行向客户提供资金。今天,互助形式的企业金融在全球范围内仍然比较普遍。其次,这些合作与互助组织也需要为自身的投资和发展筹集资金,它们可以通过借贷以及“合作和互助”股份制,采取不同的方式来做到这一点。本章讨论合作和互助组织筹集和提供资金两个方面。

因此,本章考察的组织是那些既不是由单个个人或家族拥有,也不是由外部股东拥有或政府拥有的企业,而是由它们的“成员”——客户、员工或其他利益相关者群体——拥有的企业。在某些情况下,这些企业的所有权由两个或两个以上这样的利益相关者群体共同所有。这种企业最明显的例子很可能就是不论成员出资多少一律采用“一人一票”治理结构的合作社。这种合作社按其成员构成往往可分为三类：一是生产合作社，农业合作社是这类合作社的典型例子；二是消费合作社，在零售业比较常见；三是员工合作社，通常是小规模的生产体。合作社的定义包括符合合作运动的七项原则，即：自愿和开放的社员制；实行社员民主管理；社员的经济参与；合作社自主独立经营；开展社员教育培训工作，社内信息公开；开展合作社之间的合作；关心社区——就如国际合作社联盟（International Co-operative Alliance）在其网站上提出和讨论的那样。

第一条原则“自愿和开放的社员制”，是一项重要的合作社定义性原则，因为许多合作社组织是为其社员或者所有者的利益而创立的。如果合作社限制社员人数，从而限制受益者人数，就违背了这条原则。第二条原则“实行社员民主管理”，标志着合作社不同于大多数私营或股东所有公司，因为这些公司的管理权或者控制权掌握在业主及其任命的董事和经理人手中。“社员的经济参与”（第三条原则）意味着，合作社的全部利润都必须由社员民主管理，并为他们的利益服务。以消费合作社为例，合作社的利润可用于为社员谋福利的一种重要方式，就是降低卖给社员的商品和服务的价格，此举可能会导致利润下降；因此，利润分配可能不如先报告利润然后把利润作为“合作红利”分配的情况那样明显。合作社即使与政府或者其他组织签订协议，也必须保持独立自主，这就是第四项原则规定的内容。第五项原则意味着，合作社必须致力于教育和培训自己的社员和工作人员（后者可能是社员，也可能不是）。第六条原则要求合作社与其他合作社合作，以巩固整个合作社运动。最后，第七项原则意味着合作社还必须努力改善和发展与当地社区和国际社会的关系。

符合这七项原则就意味着，向合作社这种组织融资通常符合“社会投资”的定义和描述。第七项原则“关心社区”，即“合作社推行社员批准的政策，努力为社区的可持续发展做出自己的贡献”，能最明确地体现这一点。[1]

除了合作社之外，还有其他类型的成员所有企业，但它们不一定符合合作社原则。最明显的例子也许是完全或部分员工持股企业，这种企业可以采取员工个人持股的所有制形式，也可以是采取代表员工的受托人持股或这两

〔1〕 关于社会金融的定义、描述和讨论，请参见尼科尔斯和法洛夫（Nicholls and Pharoah，2008）以及尼科尔斯（2010）。

种形式的某种混合，但这些所有形式仍然可能有着私人股东的部分所有权。例如，克鲁斯、弗里曼和布拉西（Kruse，Freeman and Blasi，2010 年）对美国的许多这类组织进行了分析和介绍。英国的一个例子是大型连锁百货公司约翰·刘易斯合伙公司及其食品连锁店维特罗斯（Waitrose）。约翰·刘易斯连锁百货公司销售服装、家具和其他居家用品，由一家为公司当前和未来员工的利益服务的信托公司所有。这是一个约有 8 万名员工的大型组织，虽然员工参与公司事务的商议，并且享有包括投票表决罢免董事局主席在内的各种权利，但这家公司并不被认为是一家合作社，许多其他员工所有的组织也同样如此。

这类成员所有组织在国际上并没有普遍约定的名称，但在有些国家出现了一种用“互助”（mutual）来统称这类组织的趋势。但令人费解的是，“互助”一词传统上只用来指称金融和保险业的成员所有制组织，而在一些国家（如美国），这个词被用来指称与这个词的“成员所有权”释义无关的投资基金。因此，在这一章里，“合作和互助”将被用来表示经济中整个成员所有制企业部门，不管成员所有制企业是否符合合作社的定义。

创建合作或互助组织或者选择这样的所有权结构——无论是新组织还是已有组织——的动机通常是，创建一个消费者成员觉得在提供他们所需的产品和服务方面可以信任的组织。有了这样的组织，消费者成员就不用担心自己的组织为了（以派息和分红的形式）增加外部股东的财务回报而降低产品或服务质量；或者出于类似的治理动机，以生产者或员工的身份聚集在一起。创建合作或互助组织的另一个动机可能与地方有关，也就是为地方经济和社区做出贡献。在这种情况下，合作或互助形式可以通过包括参与组织所有权和治理结构的当地社区组织在内的全体成员把自己的努力与地方发展结合在一起。公平交易运动就是通过合作社来开展的，目的就是通过合并赋予小生产者一定的生产者权力。因此，公平交易运动兼有上述关于获得可信任的产品和服务以及为地方经济和社区做出贡献的动机。[1]

对于这些组织来说，在它们希望扩展业务，而其内部财务盈余无法满足资金需求时，就会出现融资问题。因此，选择互助形式的动机是从客户信任和满意、生产者合作、员工激励和承诺的潜在优势中获益，于是融资就成了为

---

〔1〕 关于公平交易运动，如可参见兰塞姆（Ransom，2001）和鲍斯（Bowes，2010）；还请浏览 http://www.wfto.com。

支持组织运营和成长必须解决的问题。

不过，合作和互助金融还有一个方面，即其成员拥有的银行和其他金融机构不仅可以向其成员提供上述好处，而且整个金融部门——因而是整个经济——都可能得益于一个机构多元化的金融服务部门，而金融服务部门拥有足够数量的合作和互助金融组织则有助于金融服务部门的机构多元化。这样，合作和互助金融就有三重潜在的好处。第一是成员所有制互助形式自身可带来的好处，因为互助金融组织有动机向其成员提供他们所希望的服务，而不是采取冒险的投机行为来努力向外部股东创造高额财务回报；非互助金融组织决策者的奖金有可能与为外部股东创造的财务回报挂钩。这种潜在好处往往会因为监管约束而增加，因为监管约束禁止这种成员所有制组织——至少在相同程度上——从事那种私人银行被允许从事的投机活动。[1]

合作和互助金融具有的第二个潜在好处就是强大的合作和互助部门会向私人银行和股份制银行施加竞争压力，从而迫使这些银行更加重视向消费者提供高质量的金融产品。[2] 第三个潜在好处是，更加多元化的金融服务部门在面对金融业不时遭受的那种冲击时可能会变得更加稳健。由于合作与互助组织采取不同的所有制模式、治理安排和激励机制，因此，它们的行为、策略和做法也不同于其他金融机构。这些行为差别有助于抵抗金融市场易受的那种危机传染(就如凯恩斯在1936年分析的那样)。在2007—2008年的全球金融危机以及随后发生的2009年——自20世纪30年代以来，世界收入和产出由于私人银行和股份制银行及其他金融机构倒闭而实际下降的第一个年份——国际经济衰退之后，这一因素的重要性得到了越来越多的认可。

除了金融服务业外，采取合作或互助融资结构的企业(相对于从外部股东那里融资的公司)也可能具有自己的优势。例如，在公共服务提供方面，对提供者的信任被认为是一个极其重要的因素；而从损害潜在服务接收者的角度看，服务质量——也许只是在将来某个时候——有被为外部股东寻求短期财务回报，因而通过奖金也为自己牟利的经理人所牺牲的危险，而且是非常严重的危险。这也许是一个在全球范围内变得日益重要的问题，因为各国政

---

〔1〕 米希尔(Michie，2011a)详细讨论和评估了本段中的论点；还请参见所有权委员会(Ownership Commission，2012)的分析。

〔2〕 米希尔和布莱(Michie and Blay，2004)报告了这方面的证据，并且进行了讨论。

府越来越关心如何通过加强员工参与和组织所有制文化让公共服务部门更多地向用户负责；与此同时，各国政府也越来越关心经济环境，因为它们正在寻找削减公共支出的途径。国际劳工组织（International Labour Organization，ILO）在其2002年《促进合作社发展的建议》（Promotion of Cooperatives Recommendation）（国际劳工组织第193号建议）中（主要）建议各国——不论发展水平——采取措施促进挖掘合作社潜力的工作，目的包括创造创收活动和就业机会、发展人力资源开发能力和合作知识、发展商业潜力、增加储蓄和投资以及提高社会经济福利。国际劳工组织还建议把合作社作为国家和国际经济与社会发展的一个支柱，并希望各国政府为合作社获得支持性服务、投资融资和信贷提供便利。[1]

同样，不但在金融服务部门，而且在整个经济部门实行企业多元化，因此做强合作和互助部门，也是好处多多。[2] 例如，英国所有权委员会（2012）和国际合作社联盟（International Cooperative Alliance，2013）都曾详细论述过这个问题。不过，本章主要关注上述合作和互助金融的两个关键方面：第一，实现企业多元化，拥有稳健的金融服务部门的好处；第二，合作与互助组织在获得投资和发展资金方面所面临的问题。这一章首先介绍合作和互助金融的历史，并且回顾一些合作和互助金融在历史上取得的成就和遭遇的失败；[3]然后介绍合作和互助金融的国际经验，并展望这种金融的发展前景；接下来再考察合作与互助金融提高企业多样性的潜力以及企业多样化能给整个经济部门的复原力带来什么好处；最后探讨如何深入发展互助金融市场及其面临的严峻挑战和重大机遇。

合作与互助模式

合作与互助组织一般通过内部盈余和借贷来为其运营、投资和发展融资，也可以选择发行股票来筹集股权资本，但这种可能性因司法管辖区而异。但不管怎样，正如本章的最后一节要讨论的那样，这是一个随着合作和互助

---

〔1〕 正如国际合作社联盟（2013）所报告和讨论的那样。

〔2〕 正如《经济学家》指出的那样，“就像生态系统得益于多样性一样，世界也会因为企业形式多样化而变得更加美好”（*Economist*，2010：58）。

〔3〕 关于英国互助部门的介绍和分析，请参阅牛津大学互助与员工持股企业研究中心（Oxford Centre for Mutual and Employee-owned Business，2012）的相关研究成果；有关全球互助部门的介绍和分析，请参阅国际合作社联盟（2012）。

金融的发展很可能在未来出现新模式的领域。

合作社和互助组织与其他形式的企业之间的主要区别在于所有权安排、治理结构和利润分配三个方面。这三方面的区别往往会造成与文化和领导、策略和实践以及行为和业绩有关的其他差别,但后几方面的差别并不是自动产生的,而且必须通过有意识和坚持不懈的努力来维持。

第一,作为所有者的互助组织成员能否通过利润分配来分享经济效益,是一个值得关注的问题。互助金融组织的成员肯定希望组织能够收取较低的价格或者保费,并对储蓄支付较高的利息。这是不必向外部股东支付股息而产生的经济效益,但是,这里的“经济效益”不同于“财务回报”,因为“财务回报”是指股东获得的投资回报——在这种情况下,股东获得的回报随其所持股份的增加和公司盈利能力的提高而增加。因此,公司提高盈利能力,外部股东有直接的实际利益,因为公司提高盈利能力能增加外部股东作为公司所有者个人可获得的财务回报。股票期权通常也能把这种激励效应传递给经理人。[1] 而合作或互助组织旨在创造足够的利润来实现为其成员服务并使其受益这个更加基本的目标。

第二,在治理方面,互助组织通常实行“一人一票”制。基于这个原则,每个成员无论出资多少,对组织有相同的影响力。譬如说,互助银行允许其成员通过储蓄的方式对银行进行投资;或者,任何互助组织在发行债券集资时都允许自己的成员购买债券对组织进行投资。发行债券的组织要按一定的利率支付利息,但债券的利率不太可能与债券发行组织的盈利能力或业绩挂钩。即使债券被设计成债券利率与公司盈利能力有这样的关系,持有这种债券(或者对这种债券投资的相对规模)也不会像持有股份制企业的股份那样,在公司治理方面拥有更大的话语权。

第三,关于所有权,互助组织的成员大体上可以“兑现”组织或者公司的价值,在他们之间分享收益。20 世纪 90 年代,在撒切尔政府修改了规范此类组织的立法后,英国许多大型住房互助会就出现过这种情况。住房互助会成员在财务上有所收获。一般来说,住房互助会向其会员建议股份制改革的理事以及建议采取这种行动并监督股权销售的金融或其他专业人士在财务上也会有所收获。这个过程还会导致“投机取巧”,也就是加入互助会仅仅是为

〔1〕 例如,“高管以股票期权方式获得超高薪酬的公司更有可能报告达到或者超过分析师预期的收益”(Tabb,2012:48)。塔布(Tabb,2012:48—49)介绍了这种公司为达到这个目的而采取的手段,并且提供了能够证明这种活动规模的证据。

了投票赞成互助会的股份制改革。因为，这样，他们就能从股份制改革收益分配中获得财务上的好处。[1]

历史背景

19 世纪，互助会作为一种企业形式在英国的出现，实际上是对工业革命期间和之后私有企业和股份制企业发展做出的一种回应。当时，很多英国人已经不信任已有营利企业的商品质量，这是包括彻头彻尾的不诚信行为在内的一些有害的利润最大化行为造成的后果，这些行为对比较贫穷的消费者产生了负面影响，通常导致产品和服务质量不如在公司战略目标是最大限度地提高产品和服务质量的情况下提供的产品和服务的质量。例如，考科斯(Cox，2010)详细介绍了零售行业在寻求更高利润和财务回报的过程中频频出现各种由不诚信行为造成的问题。

1844 年，就是由于以上原因，罗奇代尔先锋社(Rochdale Pioneers)才得以出现在了英格兰北部。这些先锋社实际发起了合作社运动，促进了以提供高质量并值得信任的食品和其他商品(包括金融服务)为宗旨的消费合作社和互助企业日后的蓬勃发展。当时，第一批住房互助会应运而生，并且发展成为很有社会基础的金融机构。当地居民可以把自己的储蓄托付给它们，并且获得利息收益，以后还能借钱买房，采用按揭的方式偿还贷款。凯特利住房互助会(Ketley's Building Society)是英国第一家住房互助会，成立于 1775 年。到了 1825 年，英国已经拥有 250 多个住房互助会。这种住房互助会常常是地方性的，往往用互助会所在城镇或者地方的名字来命名，如巴恩斯利住房互助会(Barnsley Building Society)、巴斯住房互助会(Bath Building Society)，等等。能否申请到大额住房贷款——或者说抵押贷款——通常取决于申请人是否已经参加住房互助会以及存钱的年限，也就是说，贷款的条件是借

[1] 在英国，住房互助会在住房贷款市场上一直发挥着主导作用，直到保守党政府(1979—1997 年)的立法改革导致住房互助会实行股份制改造。从 1989 年改制为银行、现在由桑坦德(Santander)持有的艾比国民(Abbey National)银行开始，住房互助会会员能够"兑现"互助会多年来甚至几代人积累的价值。在 10 年左右的时间里，住房贷款市场在很大程度上已经由成员所有组织占有变成了由外部股东拥有的股份有限公司(public limited companies，PLC)占有。这些股份制改革行动大约从住房互助会和保险业撤走了 70%的资产，从而大大缩小了其临界规模。到了 2013 年，经过股份制改革的互助会没有一家能够作为独立实体存续下来：不是被接管就是破产，或者两者兼而有之。

款人必须是得到证明的“忠实”会员，这样能够降低贷款人的风险。[1]

1862 年，弗里德里希·威廉·赖菲森(Friedrich Wilhelm Raiffeisen)在德国成立了第一家信用合作社；这种成员所有的金融合作社实行成员民主管理，旨在为其成员提供信贷和其他金融服务。此后，信用合作社和其他形式的金融合作社以及互助组织在全球范围内蓬勃发展。例如，1/3 的加拿大人是储蓄互助会的成员，储蓄互助会在加拿大零售存款市场和住宅抵押贷款市场占据越来越大的份额——2010 年分别为 16%和 19%。[2] 在美国和英国，社区发展金融机构(community development financial institutions，在英国或称“finance”，而在英美两国都称“CDFIs”)具有类似的宗旨，但也支持企业和经济发展，寻求向市场和金融服务部门服务不足的人群提供信贷和其他金融服务。

在大多数发达资本主义经济体，合作与互助组织历来就是一个规模相对较小但有弹性的经济部门——而且常被股东所有的有限责任公司所埋没。

全球合作与互助组织发展现状

一段时间以来，联合国一直认为合作社对世界各国的经济做出了重大贡献，并且敦促各国政府鼓励和促进合作社的建立和发展，包括采取措施使生活贫困或属于弱势群体的人能够自愿参与创建和发展合作社[联合国 2001 年通过的第 56/114 号决议(UN Resolution 56/114)]。联合国宣布 2012 年为国际合作社年，目的是要：(1)提高公众对合作社及其对社会经济发展和实现千年发展目标的贡献的认识；(2)促进合作社的建立和发展；(3)鼓励各国政府制定有利于合作社创建、成长和稳定的政策、法律和法规。

国际合作社联盟以 2012 年的活动为基础，目标直指到 2020 年把合作经营方式提升到一个新的水平，具体而言，就是使合作社这种经营形式被公认为世界可持续金融领域的引领者、全球大多数人青睐的经营模式和增长最快的企业形式(ICA，2013)。

2012 年，合作社和互助组织在 96 个国家的成员人数已经超过 10 亿。世

---

[1] 有关住房互助会历史的更多细节，如请浏览：http://www.bsa.org.uk，“The History of Building Societies”；还可参见普莱斯(Price，1958)、克利里(Cleary，1965)、阿什沃思(Ashworth，1980)和伯勒特(Bolétla，1982)。

[2] 正如国际合作社联盟(2013)所报告和讨论的那样。

界上最大的 300 家合作社(2008 年)的合并营业额为 1.6 万亿美元(ICA,2011)。国际合作社联盟(2012)报告了 61 个国家 2 190 家不同行业合作社的合并营业额,其中银行业合作社的合并营业额为 1 853 亿美元,保险业合作社的合并营业额为 11.018 亿美元,非银行或保险业合作社的合并营业额为 1 550 亿美元。因此,在合作社 24 422 亿美元(四舍五入到万亿,则为 2.4 万亿美元)的合并总营业额中,大部分(12 870 亿美元,约合 1.3 万亿美元)是银行和保险业合作社的营业额。上述统计数据仅限于年营业额至少 1 亿美元的合作社,共有 46 个国家 1 478 家合作社的年营业额超过 1 亿美元,这些国家银行业合作社的年营业额为 1 830 亿美元,保险业合作社的年营业为 10.964 亿美元,而非银行和保险业合作社的年营业额为 11.42 万亿美元。在 1 478 家年营业额超过 1 亿美元的合作社中只有一家是非洲合作社,52 家来自大洋洲,72 家来自亚洲,440 家来自美洲,913 家来自欧洲。在年营业额过 1 亿美元的合作社最多的前 20 个国家中,这类合作社的国别年总营业额为:美国 5 980 亿美元;法国 3 610 亿美元;日本 3 240 亿美元;德国 3 030 亿美元;荷兰 1 100 亿美元;意大利 1 090 亿美元;瑞士 810 亿美元;英国 760 亿美元;西班牙 670 亿美元;芬兰 590 亿美元;加拿大 510 亿美元;丹麦 480 亿美元;巴西 360 亿美元;奥地利 320 亿美元;新西兰 290 亿美元;比利时 280 亿美元;瑞典 240 亿美元;挪威 210 亿美元;澳大利亚 150 亿美元;韩国 10 亿美元。

按行业分,这类(2010 年年营业额超过 1 亿美元)合作社有 30%在保险业,28%在农业和食品业,19%为消费者和零售业合作社,8%在银行和金融服务业,5%在工业和公用事业,4%在其他服务业,2%在医疗和社会关爱业,1%为住房合作社,3%在其他部门。因此,这类合作社几乎有 40%集中在银行和保险业。

在银行业合作社中,营业额排名前 15 位的是:法国农业信贷集团(Groupe Crédit Agricole),457 亿美元;法国人民储蓄银行集团(BPCE),312 亿美元;法国互助信贷银行集团(Groupe Crédit Mutuel),197 亿美元;荷兰合作银行集团(Rabobank Group),170 亿美元;加拿大德贾丁集团(Desjardines Group),116 亿美元;美国联邦农业信贷银行融资公司(Federal Farm Credit Banks Funding Corporation),64 亿美元;奥地利中央合作银行(RZB),57 亿美元;德国中央合作银行(DZ Bank),51 亿美元;美国农业银行(Agribank,FCB),40 亿美元;美国海军联邦信贷联盟(Navy Federal Credit Union),32 亿美元；芬兰波赫尤拉银行集团（OP-POHJOLA Group），23亿美元；瑞士信用合作社联盟（Swiss Union of Raiffeisen Banks），21亿美元；美国第一农业信贷银行（Ag First Farm Credit Bank），17亿美元；日本信金中央金库（Shinkin Central Bank），17亿美元；美国农业银行（US Agbank，FCB），14亿美元。

在保险业，排名前15的合作社是：日本的共济连（Zenkyoren），710亿美元；美国的州立农业保险集团（State Farm Group，），570亿美元；日本的日本生命人寿（Nippon Life），560亿美元；美国的恺撒医疗保险（Kaiser Permanente），440亿美元；日本的明治安田人寿（Meiji Yasuda Life，），380亿美元；日本的住友人寿（Sumitomo Life），350亿美元；美国的利宝互助保险公司（Liberty Mutual Insurance），280亿美元；荷兰的阿契美亚保险公司（Achmea B. V.），270亿美元；美国的全美互助保险公司（Nationwide Mutual Insurance Company），260亿美元；西班牙的曼弗雷保险集团（Mapfre），240亿美元；美国的纽约人寿集团（New York Life Group），280亿美元；法国的安盟保险集团（Groupama），200亿美元；法国的科维亚保险公司（Covea），190亿美元；美国的农民保险集团（Farmers Insurance Group），180亿美元；德国的R＋V韦尔西赫龙股份公司（R＋V Versicherung AG），150亿美元。

就合作社对本国经济的重要性而言，瑞典合作社产出占瑞典国民产出的13％，瑞士占16％以上，新西兰为17％，芬兰为21％（Worldwatch Institute，2012）。

如上所述，在德国、法国、意大利和西班牙等欧洲大陆主要经济体中，合作和互助部门相对比较发达，其中包括金融合作社。不同的法律和监管传统对各国合作与互助部门的实力和组织形式都产生了重大的影响——甚至在欧洲大陆国家也是如此。

在具有民法（法国）或者日耳曼法律传统的国家，合作与互助组织之间的高度整合比较普遍，而普通法国家的情况通常正好相反。因此，在斯堪的纳维亚和欧洲大陆（西班牙除外），这种整合被推进到战略网络的水平。相比之下，美国、加拿大、英国和英联邦国家的这种网络规模要小得多，并且被奎瓦斯和费舍尔（Cuevas and Fischer，2006）称为"两相情愿网络"。对于斯堪的纳维亚和欧洲大陆国家来说，这些网络往往代表着本国最大的金融中介机构，如德国斯帕卡桑（Sparkassan）网络，它"控制着德国30％的金融资产，是德国金融机构中占据市场份额最大的网络"（Cuevas and Fischer，2006：36）。荷兰合作银行——如前所述，年营业额达到 170 亿美元——利用自身强大的网络优势，提供并利用“后勤部门”(back office)的规模和范围经济。

公共服务改革

英国 2010 年 5 月成立的联合政府旨在扩大互助会在提供公共服务方面的作用。哈姆等(Ham et al. 2010)已经讨论和分析了这种举措的潜在好处，主要包括提高员工承诺、工作和创新积极性的潜力：

> 员工所有制——加上工作场所参与机会——可以在提高生产率和创新水平、减少缺勤和员工流动以及提高员工承诺和福利水平方面带来一系列好处。员工所有制通过更紧密地把员工的利益和目标与组织更加广泛的利益和目标联系在一起的方式来实现这些结果。有证据表明，员工所有制可能有助于英国国民保健服务系统吸引员工，并释放他们推动改善服务的潜力。(Ham et al.,2012:12)

长期以来积累的学术文献、有关员工承诺和激励的企业实践及公共政策的历史以及“主人翁意识”的作用等都与这个问题有关。在相关文献中，这个问题与“高投入工作系统”的理念有关。[1] 有证据表明，只有员工觉得自己确实拥有公司股权，这种策略才会收到最好的效果。参与管理实践的效果也很显著，如果员工真正拥有公司股权，参与管理实践就更有可能发挥重要作用。如果没有这种股权关系，员工就更有可能认为任何参与管理实践只不过是一种时尚而已，或者认为在现任经理人离职以后不一定还会坚持下去[如米基和奥顿(Michie and Oughton,2003)所报告和讨论的那样]。

所谓的“社会合作社”是为了提供社会服务——如照顾老人——而创建的。在意大利，成员既是有关社会服务的提供者又是受益者的合作组织依法被定为“A 类”社会合作社，而旨在把失业者重新纳入劳动力、其成员既有在职员工又有合作社寻求帮助的失业者的合作组织则被定为“B 类”社会合作社。意大利现在大约有 7 000 家 A 类和 B 类社会合作社。比利时和波兰也按照类似的思路进行了立法，而英国和其他国家都没有对这一领域进行专门

---

〔1〕 就像米希尔和希恩(Michie and Sheehan)讨论、检验和分析的那样。请参阅米希尔和希恩(2005)。

的立法，但却存在提供这类服务的合作与互助组织。事实上，提供这类服务的合作与互助组织目前正在不断增加[正如戴维斯和约曼（Davies and Yeoman，2013）所报告和讨论的那样]。

合作与互助组织在发展中国家的福利背景下也发挥着重要作用。例如，一项针对墨西哥亚基河流域（Yaqui Valley）农民的研究表明，他们更有可能从当地信用社，而不是农科专家那里，获得有关新技术实施情况的信息。这项研究的研究人员得出的结论是，把新的、更可持续的技术引入农业的努力更有可能通过合作社等参与性组织取得成功（ICA，2013）。2009 年，印度政府修订了宪法——通过了其（第 111 号）宪法法案，使组建合作社的权利成为一项基本权利。[1] 上述许多有关美国和欧洲国家的要点也适用于发展中国家。当然，在发展中国家，农业、金融业和零售业也有许多合作与互助组织；非洲国家的情况就是如此。与主要发达经济体的合作与互助组织相比，发展中国家典型合作与互助组织的营业额规模一般都相对较小，但面临的机遇和挑战却与发达经济体的合作与互助组织非常相似。已有证据表明，即使面对全球"冲击"和其他压力，只要做到可持续增长，就能取得稳定的潜在好处。事实可能会证明，一定程度上的企业多样化，加上足够数量的合作与互助组织，包括金融服务业的合作与互助组织，有益于降低私营金融服务业风险如此易受传染的危险。但是，在投资和经济增长的资金来源方面，发展中国家的合作与互助组织与其他国家的合作与互助组织面临着相同的挑战。国际合作社联盟（2013）强调指出了这个问题——必须为全球合作和互助组织发展合作资本。

国际援助与发展机构以及非政府组织可以通过合作与互助组织实现其他方面的宗旨和目标。当然，在福利国家得到发展之前，很多人确实要依靠合作与互助组织提供的医疗保健和其他公共服务。因此，从这个意义上讲，当前的发展可被视为回归以前的安排——把压缩福利国家作为紧缩措施的一部分，而不是发展全新的东西。这也意味着，利用合作与互助组织提供公共服务是一个有争议的问题。因为，政府最初可能会把这种服务提供合同交给互助组织，但随后的招标可能会让私营承包商中标获得这些合同。因此，这个变化过程在某种程度上就是一种私有化过程，从而就提出了公共责任的问题。

---

[1] 请浏览 http://agricoop.nic.in/cooperation/hpcc2009new.pdf，转引自国际合作社联盟（2013）。

机构多样化

在 2007—2008 年金融危机爆发以后，欧洲政策研究中心（Centre for European Policy Studies，CEPS）对欧洲金融服务业进行了两项深入的研究，并得出结论认为，银行业结构和商业模式具有一定程度的机构多样化，是一种重要的优势（Ayadi et al.，2009，2010）。这两份研究报告包括几个欧洲经济体的案例研究，作者认为，这些案例说明从一定程度的机构多样性中可以获得好处：

> 最重要的结论是，当前的危机使我们比以往任何时候都更加清楚地认识到，在欧洲推进多样化市场观念并为此而保护和支持各种类型的所有权结构有多么重要。（Ayadi et al.，2009：3）

在英国，英格兰银行的金融稳定报告指出：

> 我们必须采取政策措施来减少由银行"太大而不能倒"造成的结构性问题。在危机爆发前，英国大银行的扩张速度远快于小银行，并在危机期间获得了纳税人不成比例的支持。这在这些因太大而不能倒的银行的资产负债表上就表现为：它们的负债由于获得了隐性担保，因此完全不能真实反映它们所面临的风险。（Bank of England，2010：11）

就如卢埃林（Llewellyn）在 2010 年预测的那样，2008 年的金融危机造成了一个严重的问题，它仍将制约 2013 年的银行贷款。除了宏观经济成本以外，个人消费者的利益被主要关注股东价值的经理人所牺牲。2009 年，股东价值倡导者杰克·韦尔奇（Jack Welch）称这个观点为"世界上最愚蠢的想法"。美联储前主席艾伦·格林斯潘（Alan Greenspan）——曾被英国《金融时报》说成是"自由放任资本主义的大祭司"——在 2008 年宣布，金融危机暴露了自由市场意识形态中的一个"错误"，而正是这种自由市场意识形态指导他对美国货币政策长达 18 年的管理。格林斯潘在谈到他的经济理念时声称："我发现了一个问题，我不知道它有多么严重，或者说会存在多久，但我因这一事实而感到非常难过。"[1]

---

〔1〕 请参阅 Andrew Clark and Jill Treanor，"Greenspan-I was wrong about the economy. Sort of"，*The Guardian*，24 October 2008。

这场金融危机在很大程度上是由私营部门银行造成的，结果英国政府向其提供了约800亿英镑的救助款。此外，英国政府为了防止全球经济陷入衰退，还举债实施国际协调的财政刺激。这些成本，加上经济衰退对政府财政造成的额外打击——如税收减少，失业救济金和其他此类支出增加，共同导致财政赤字和债务积欠。鉴于这场金融危机和接踵而至的经济衰退造成的金融、经济和社会代价，采取措施防止金融危机卷土重来，已经成为一个重要的优先政策目标。否则，这样的问题很可能在10年、20年或者30年以后死灰复燃[有证据表明，世界各国银行危机的发生频率已经随着时间的推移而有所上升。请参阅艾肯格林和波尔多(Eichengreen and Bordo，2002)]。

建立更加多样化的金融服务部门有助于确保必要的系统性稳定，而所有制和商业模式的多样化则可促进系统性稳定，并且也有利于客户，因为这种多样化有利于竞争水平的提升，丰富客户的选择，并且提高服务质量和公平水平。英格兰银行负责金融稳定部的执行董事安德鲁·霍尔丹(Andrew Haldane)在分析造成2007—2008年全球金融危机的原因时指出，一些金融机构一直在实行多样化，虽然这可以被认为是为了降低风险，但如果所有的金融机构都以同样的方式进行多样化，就不能达到降低风险的目的，而会导致金融系统变得更加集中(Haldane，2009：18－19)。这是一个典型的合成谬误——对单个单独行动的机构可能有好处的东西，在综合考虑所有机构以后并不一定适用。除了通过降低多样化水平来增加风险外，这个过程还产生了把风险从进入投资银行领域的股份制银行转移给公共部门的结果，原因是英格兰银行有义务充当最后贷款人的角色，而英国政府有义务支持具有系统重要性的银行。考虑到这些问题，英国2010年当选的联合政府承诺采取包括支持互助模式在内的措施来提高金融服务部门的机构多样性：

> 我们希望银行系统能为企业服务，而不是相反。我们会提出详细的建议，以促进金融服务业多元化和互助组织发展，并且打造一个更具竞争力的银行业。(HM Government，2010：9)

英国商业、创新与技能部和财政部联合发布关于“为私营部门复苏而融资”的咨询文件指出：

> 互助组织在当地社区发挥着重要的作用，与自己的成员建立了长期关系，而且往往在经济和社会资源匮乏的领域开展业务活动。随着法律框架的更新以及技术和客户需求的变化，住房互助

> 会和其他互助组织的服务范围也在不断扩大。政府十分关心互助组织在方便企业获得资金和提供更多金融服务选择方面可发挥的作用。(Department for Business,Innovation & Skills,2010:32)

同样,关于"金融监管新办法"的财政部白皮书也强调了保持金融服务部门多样性的必要性——譬如,尽可能消除进入壁垒,确保金融服务业规则不会导致互助金融机构处于不利地位(HM Treasury,2010:32)。

在全球范围内,为了对付2008年爆发的金融危机,其他国家的政府也采取了类似的举措来应对银行"太大而不能倒"的问题,处理银行投资业务与消费业务之间的关系,并确保金融服务部门实现一定程度的机构和地区多样化。在美国,《多德—弗兰克华尔街改革和消费者保护法案》[Dodd-Frank Wall Street Reform and Consumer Protection Act,通常被简称为《多德—弗兰克法案》(Dodd-Frank Act)]于2010年7月签署成为法律。目前有三种主要的观点赞成在经济中建立一个"重要"的合作与互助部门。这里的"重要"是指临界市场份额足以改变整个经济的运作方式。

首先,与股份制或其他企业模式相比,成员互助模式具有某些潜在的优势,因为成员可以信任"他们自己的"企业将为他们的利益服务,因为这是他们的企业的宗旨。因此,让这样的成员所有组织开展业务,至少符合那些选择成为其成员的客户的利益。此外,互助组织往往都忠于它们所在的社区,如在当地采购;它们有时提供非互助组织根本无法提供的产品和服务;由于许多互助组织固有的社会目的,它们往往会给当地慈善机构更多的支持。[1]

其次,如果有足够数量的互助企业在市场上运作,选择与股份制企业做生意的客户也能受益,因为这样就能给股份制企业施加竞争压力,从而迫使它们为应对竞争压力而降低价格或以其他方式来改进服务。有证据表明,股份制金融机构在面对互助金融机构的竞争时确实会改善其在服务客户方面的表现,特别是降低贷款费用与储蓄利率之间的价差。[2]

最后,如上文所述,与股份制企业相比,互助企业拥有不同的所有权和治理结构、不同的企业宗旨和目标以及不同的管理层结构和行为。因此,互助企业的行为往往不同,包括对待新的事件或激励,如系统受到外部冲击。因

---

[1] 关于这些行为的证据,请参阅米希尔和布莱(2004)。
[2] 库克等(Cook et al.,2003)报告并讨论了这一证据。

此，拥有不同的企业模式往往能使整个系统更具复原力，更不可能受到多米诺骨牌效应的影响，所有企业都会以同样的方式应对外部冲击。[1]

当然，合作与互助金融机构可能也要承担犯错误的风险，它们可能会领导和管理不善，而且可能破产倒闭，但它们的所有者没有私人银行的所有者那样的动机采取高风险的投机行为，合作与互助部门的监管机构通常也不会允许其像私营银行那样行事。

互助金融市场

鉴于金融服务市场上有合作和互助企业能带来各种潜在的好处，那么，为推广这种企业形式，我们实际做了些什么呢？一个关键的因素就是：我们对这类企业制定了不同于对股份制等不同形式企业的立法和监管制度。股份制企业往往会为股东的利益进行游说。鉴于股份制是大多数经济体中占主导地位的企业形式，因此，我们通常倾向于默认支持这种形式的企业，而且还倾向于反对被认为有利于某些替代性企业形式——如合作与互助形式——的法律或者法规。结果，无论是出于这个明确的理由，还是仅仅由于股份制被视为企业形式的规范，大多数法律和法规都倾向于假设股份制是“自然”的企业形式，因此，法律法规往往是为这种形式的企业设计的，从而常会影响互助企业的运营能力。

阿雅迪等（Ayadi et al.，2009，2010）研究发现，欧洲各国的合作和互助银行的风险偏好往往低于股份制银行，部分原因就在于：合作和互助银行无力轻而易举地吸引外部资本。这种较低的风险偏好通过降低金融服务业的总体风险水平和为整个行业提供不同水平的风险偏好来积极促成金融服务部门的复原力。

英国于2010年成立并于2012年结束工作的所有权委员会在全球范围内取证后，详细分析了英国企业的所有制性质[2]，并且在2012年发布报告称，更加多样化的所有制结构确实有利于包括金融服务业在内的整个经济；[3]股份制大企业这种单一的企业形式主导着英国经济，从而损害了所有制形式的多样性。这个委员会的报告还指出，“既能为不同的商业模式及其投资者

---

[1] 米希尔（Michie，2001a）报告并讨论了这方面的证据。
[2] 遗憾的是，这只是英国的一项倡议，其他国家也许可以复制。
[3] 可从 http://www.kellogg.ox.ac.uk/researchcentres/mutuals/activities 免费下载。

提供更多的选择和可用的企业形式，又能更加有效地分散风险，这难道不应该被视为一种经济效益”。加格里亚蒂(Gagliardi，2009)表示：

> 所有制和商业模式的多样性在公司治理、风险偏好和管理、激励机制、策略及其实施以及行为和结果等方面造就了相应的多样性，而且还通过提高竞争水平为消费者提供更加广泛的选择，而竞争水平是通过让不同商业模式参与竞争来提高的。多样性有助于经济发展和生物进化。整个经济需要多样性，而金融业自身的多样性——包括企业形式和地域分布的多样性，再加上更加强劲的当地存在性——往往能提高经济其他部门的企业形式多样性，从而促进竞争并增加消费者的选择。

英国所有权委员会还为短期财务业绩正越来越多地影响私人股份制企业决策而感到担忧，因此提出了各种改革股份有限公司模式的建议用于实施更加长远的想法和行为，但也提出了改善合作与互助企业运营环境的建议，以促进这个部门的发展，并创造更加多样化的经济。

在这个背景下，海塞和契亚科(Hesse and Cihak，2007)得出结论：

> 多样化企业形式的存在有利于竞争和消费者选择，但更重要的或许是，它们的存在对于我们的商业经济起到了降低风险的作用……然而，监管和政策制定机构始终没能认真对待互助这种企业形式。这种情况至少在某种程度上是由于互助企业无法方便地筹集到资金造成的。虽然互助企业难以筹集到资金，有助于降低它们的风险偏好，从而意味着一个具有强大互助部门的金融服务业会出现更大的风险偏好多样性，但从建立稳定和健全的金融服务部门的角度看，这可是一种积极的结果——正如国际货币基金组织和其他国际机构的研究报告所指出的那样。有许多例子表明，不同所有制的企业能够并且确实在促进企业形式多样化方面发挥积极的作用；而且，只要有适当的环境和政治意愿，就能大幅放大这种积极作用。创建更加多样化的企业部门具有提高企业部门的稳定性、为消费者承担更多的责任、降低系统性风险和提高竞争水平等好处。

在制度层面，有两项拟议中的改革尤为重要：第一，提高互助企业的融资能力；第二，加强法制建设，建立永久性的互助关系，让选民和当地居民相信把公共服务由公共部门提供改为由互助组织提供不会导致公共服务被营利性股份制企业控制。股份制企业可以通过增发股票来筹集投资和发展所需的资金。事实上,这往往是企业从一开始就选择股份制的原因所在。而互助企业往往不会采用这种方式来筹集资金,因为它们一般都没有私人股东。如果互助企业发行股票,股东就会想掌握企业经营的话语权,而且还可能想使利润最大化。这样,股东不但能通过股利分配来获得财务回报,而且还能通过出售手中持有的股份来实现资本利得。因此,互助企业在很大程度上只能满足于通过举债来筹集资金,并且按某个固定数额或某种利率支付利息——可能因银行利率等外部因素或变量而异,但与企业本身的盈利能力无关。这样,就能促使互助企业关注自己的盈利能力,而不是关注互助企业成员的交易利益。然而,互助企业确实需要为投资和扩张筹集资金,而只能求助于债务融资——银行贷款、发行债券或其他类似的机制,这对互助企业来说可能是一种约束。这个难题能否解决和如何解决并不是一个简单的问题,但不管怎样,在立法和监管改革方面还是可以做一些事情,这也是国际合作社联盟(2013)在全球范围内倡导的。当然,可能会有一些投资者愿意提供"耐心"资本,以换取互助企业的部分股权,同时继续接受为保持企业的互助性质而采取的某种程度的保护措施。这种投资者不会获得互助企业很多的投票权,因为他们持有的股权有限。因此,虽然各国互助企业可用的融资方式确实因国家立法和监管框架不同而异,但新成员融资和股东融资仍是一种选择。

另有一条途径可用来扩大合作与互助企业的资本市场,从而促进经济发展。这条途径为企业传承提供了另一种选择——也许是一种更加有力并且更加可持续的选择。在家族企业主后代不再愿意投入时间和精力继续经营家族企业的情况下,有哪些撤离的选择呢?财务顾问通常会建议同行转让,或在证券交易所上市交易。其实还有另一种选择,那就是把企业卖给现有的某个利益相关者群体——员工、客户、供应商或当地社区——或者这些利益相关者群体的某些组合。这种交易的一个著名例子就是:约翰·斯佩丹·刘易斯(John Spedan Lewis)把他父亲约翰·刘易斯(John Lewis)创建的连锁百货公司转让给公司员工。在这个案例中,为了这笔交易专门设立了一个收购信托基金代表公司现有和未来员工接管这家公司——每年拿公司的利润偿还欠原业主的收购公司的价款。不过,许多业主——本人或家族——可能希望提前收到出售公司的价款,而不是像斯佩丹·刘易斯那样愿意等待。在这种情况下，必须向收购信托基金提供资助，以便它借款支付原业主出售公司的价款。但私人银行和股份制银行往往对这种安排持有偏见，因此不愿提供帮助。

因此，一个更加稳健的互助金融部门也可以为企业的传承提供更多的可靠选择。戴维斯和米希尔(2012)以英国威尔士的经济为例详细讨论过这个问题。在一般情况下，每年都有许多成功的企业因为继承问题处理不当而倒闭。企业传承失败会造成严重的经济和社会成本，而这些成本可以通过制定财务和管理上更加先进的传承策略来避免。目前，中小企业的主要传承方式是同行转让(给竞争对手)或者是家族持有(创始人仍保留在企业的权益)。从企业的可持续竞争力、对创始人的奖励和员工的角度来看，这两种方式都有不足之处。家族持有不像看上去那么可持续。在英国，家族企业通常无法在第二代以后存续下来，而转让给同行对企业的其他利益相关者没有连续或安全感。员工收购可以避免这些风险，而且是一种竞争力可持续、企业可存续、对目前的业主具有财务吸引力的传承模式。员工收购可以通过设立员工受益信托(Employee Benefit Trust)采取一种间接持有的方式，或通过员工购买企业股份采取直接持有的方式。不管是采取直接持有还是间接持有方式，员工收购都可以债务、股权或留存收益融资来完成。

结束语

本章首先证明了企业多样化有益于经济，拥有足够数量的合作与互助企业——尤其是在金融服务部门——是有好处的，而其他部门拥有充分多的合作与互助企业也同样如此；然后阐述了合作与互助企业形式在提供其成员认为质量可信赖的商品和服务方面具有一些固有的好处——在特别是向本来可能得不到充分服务的市场和消费者提供金融服务方面。扩大合作与互助部门需要投资资本/资金，但对于合作社和互助企业来说，发行股票和债券并不一定容易。必须采取保护措施，才能确保引入外部股东持股不至于损害成员所有权和治理模式。这是一个全球性的未来政策应该关注的问题，即开发新的合作与互助融资工具。

鉴于合作与互助金融在大多数经济体中处于"少数群体"地位，目前尚不清楚哪些现象需要解释——为什么互助企业只占有少数市场份额，或者为什么它们仍能在不被完全挤出市场的情况下持续运营一个多世纪。由于合作和互助企业的市场占有率只有几个百分点,因此,可以预期,这类企业可能会受到消费者一定程度的怀疑,或者至少是面临某种程度的不确定性。但不管怎样,我们大多数人一生中所做的最大交易很可能是借钱买房。很多人多年来一直乐意与住房领域的互助组织打交道,究其原因,就在于合作与互助组织的社会根植性和由此而来的与利益相关者关系的合法性以及与此相伴的信任程度提高。[1]

如上所述,互助形式的这个积极方面是希望鼓励互助部门发展的原因之一。此外,互助企业在数量上得到充分发展,具有提高竞争压力的好处,而且还能通过提供企业形式多样化水平和丰富"生态系统"来确保经济系统的稳定。

当然,合作与互助形式可能并不适合各种类型的融资,如大型基础设施项目可能更适合通过国有或地区公有银行或者主权财富基金来融资。关键的问题是:互助组织的成员(或者潜在成员)是否希望由一个专注于其成员的组织通过履行其宗旨来满足他们感知到的市场需求——无论是对储蓄、抵押贷款还是任何其他金融产品的需求。因此,这样的互助组织能否取得更好结果的能力在一定程度上取决于所在国家的立法和监管制度支持这类企业的力度。

由于合作和互助金融具有平息传统资本市场波动的作用,因此,上文提到的合作与互助金融的历史渊源——以及互助所有制形式——在今天仍然至关重要。事实上,有人可能会争辩,20 世纪 80 年代和 90 年代的股份化趋势促成了 2007—2008 年的全球金融危机:

> 20 世纪 80 年代以来的全球化时代,是一个优先考虑生产性资产私有制收益的时代,而私有化、股份化和放松管制为这个时代的到来起到了推波助澜的作用。认为这种全球化的批评者反对国际经济活动的观点一直是一种错误的二分观——受到质疑的并不是全球化本身,而是正在提倡的特别是自由放任的新自由主义形式。这不仅仅是一种事后之明。如上所述,安德鲁·格林在他去世前夕就曾告诫过这一点,而且还警告称,被证明是庞氏骗局的全球崩溃——从字面上看就是伯尼·麦道夫(Bernie Mad-

[1] 有关金融服务业合作与互助企业信任问题的详细讨论,请参见米希尔(Michie,2011b)。

off)诈骗案；而从象征意义上看，英国和美国的"贪婪是资本主义的一个良好变体"。[1]（Michie and Labao，2012）

因此，除了上文提到的关于金融合作社与互助组织适合向其成员提供产品和服务以及为私营和股份制经济部门营造健康的竞争氛围这些要点以外，在国家和全球范围得到发展的互助部门还可以帮助我们迎来一个比 20 世纪 80 年代以来经历的更加可持续的经济发展新时代。[2]

这些不同的问题确实需要深入研究，因为当前面临的一个问题——试图使经济活动多样化、鼓励金融服务部门更加多样化以及寻求合作与互助组织更多地参与公共服务供应的努力，恰恰就是合作与互助这个经济部门相对被学术研究人员以及公共政策制定机构、监管机构和其他人所忽视。我们必须深入研究整个经济如何实现和维持更大的企业多样性，特别是如何打造一个更加强健的金融服务部门。这种研究必须跨越不同的产业部门和不同的经济活动领域以及立法和监管制度不同的国家[3]，而且还要跨越私营、公共和第三部门不同形式的企业结构。

因此，有必要研究利用成员所有制组织形式可能带来的潜在利益以及如何最好地实现这些潜在利益，其中包括经济复原力的"宏观"问题，而且还包括竞争的性质和质量以及如何通过让私营企业面对其他性质的企业发起的竞争对私营企业施加更大的竞争压力等问题。

本章提出了一组需要研究的问题，并且阐述了它们的政策含义。正如我们在本章引言中指出的那样，其他一些前沿研究问题涉及合作与互助部门筹集投资资本/资金的需要以及如何在保持组织的合作和互助性质的同时做到这一点。这种对新的研究、政策建议以及随之产生的对监管和立法行动的需要是国际性的——正如国际合作社联盟在它为未来描绘的新"蓝图"中明确指出的那样。我们现在面对的挑战是为这些组织创造条件，使它们具备技术和法律能力通过发行股票来吸引投资资本/资金，同时让这些成员所有制组织在引入股东后保持自己的合作和互助性质。关键是要确保治理结构不发

---

[1] 伯尼·麦道夫原来是美国商人，也是美国纳斯达克证券市场董事局的非执行主席，他承认自己策划了一个被认为是美国历史上最大金融欺诈案的庞氏骗局。2009 年 3 月，麦道夫承认骗取了数千名投资者的数十亿美元，按照法院估计是 80 亿美元。他被判 150 年监禁，目前正在服刑。

[2] 关于新的政治解决方案如何在过去重塑资本主义并在今后很可能改变资本主义的讨论以及关于社会创新、企业和投资领域表明未来资本如何能更多地扮演仆人而不是主人角色的论点，请参阅马尔干(2013)。

[3] 例如，包括长期以来拥有一个充满活力的合作企业网络的富庶的意大利埃米莉亚·罗马涅(Emilia Romagna)区以及通过一个工业、零售业和金融业合作网络雇用 83 000 多名员工的西班牙蒙龙公司(Mondrae Corporation)。

生变化，使话语权与持股额（如在股份制企业中）成比例，而且还要建立资产“锁定”机制，以阻止互助企业对任何人的财务利益进行股份化。

这些都是重要和难以解决的问题，但它们并不是不可解决的问题。全球合作与互助部门表现出新的创新热情，从而也反映了一种新的信心和雄心，一种发展这个部门并扩大其未来全球影响力的信心和雄心。[1]

参考文献

Ashworth, H. (1980). *The Building Society Story*. London: Franey.

Ayadi, R., Llewellyn, D. T., Schmidt, R. H., Arbak, E., and De Groen, W. P. (2010). 'Diversity in European Banking: Why Does it Matter?' Centre for European Policy Studies (CEPS), Brussels.

Ayadi, R., Schmidt, R. H., Valverde, S. C., Arbak, E., and Fernandez, F. (2009). *Investigating Diversity in the Banking Sector in Europe: the Performance and Role of Savings Banks*. Brussels: Centre for European Policy Studies (CEPS).

Bank of England (2010). 'Financial Stability Report'. Issue No. 27, June, Bank of England, London.

Boléat, M. (1982). *The Building Society Industry*. London: George Allen & Unwin.

Bowes, J. (2010). *The Fair Trade Revolution*. London: Pluto Press.

Cleary, E. J. (1965). *The Building Society Movement*. London: Elek Books.

Cook, J., Deakin, S., Michie, J., and Nash, D. (2003). *Trust Rewards: Realising the Mutual Advantage*. London: Mutuo.

Cox, P. (2010). *Spedan's Partnership: The Story of John Lewis and Waitrose*. London: John Lewis Partnership.

Cuevas, C. E., and Fischer, K. P. (2006). 'Cooperative Financial Institutions: Issues in Governance, Regulation, and Supervision'. World Bank Working Paper No. 82, The World Bank, Washington, DC.

Davies, W., and Michie, J. (2012). *Employee Ownership: Defusing the Business Succession Time-bomb in Wales*. Cardiff: The Wales Co-operative Centre.

Davies, W., and Yeoman, R. (2013). *Becoming a Public Sector Mutual: Understanding Transition and Change*. Oxford: Oxford Centre for Mutual & Employee-owned Business, for the Co-operative Group and Mutuo.

Department for Business, Innovation & Skills (2010). *Financing a Private Sector Recovery*. London: The Stationery Office.

Eichengreen, B., and Bordo, M. (2002). 'Crises Now and Then: What Lessons from the Last Era of Globalization'. NBER Working Paper 8716, National Bureau of Economic Research, Cambridge, MA.

Gagliardi, F. (2009). 'Financial Development and the Growth of Co-operative Firms', *Small Business Economics: An Entrepreneurship Journal*, 32(4): 439–64.

Haldane, A. G. (2009). 'Rethinking the Financial Network'. Speech delivered at the

[1] 正如国际合作社联盟（2011，2012，2013）和牛津大学互助企业和员工持股企业研究中心（2012）所指出的那样。

Financial Student Association, Amsterdam.
Ham, C., Dixon, A., and Brooke, B. (2012). 'Transforming the Delivery of Health and Social Care: The Case for Fundamental Change', The King's Fund, London.
Ham, C., Michie, J., and Mills, C. (2010). 'A Mutual Health Service'. Oxford Centre for Mutual and Employee-owned Business, Kellogg College, University of Oxford.
Hesse, H., and Ĉihák, M. (2007). 'Co-operative Banks and Financial Stability'. IMF Working Paper No. WP/07/2.
HM Government (2010). *The Coalition: Our Programme for Government*. London: Cabinet Office.
HM Treasury (2010). *A New Approach to Financial Regulation: Judgement, Focus and Stability*. London: The Stationery Office.
International Co-operative Alliance (2011). *Global 300*. Brussels: ICA.
International Co-operative Alliance (2012). *World Co-operative Monitor*. Brussels: ICA.
International Co-operative Alliance (2013). *Blueprint for a Co-operative Decade*. Brussels: ICA.
Keynes, J. M. (1936). *The General Theory of Employment, Interest and Money*. London: MacMillan.
Kruse, D., Freeman, R., and Blasi, J. (2010). *Shared Capitalism at Work: Employee Ownership, Profit and Gain Sharing, and Broad-based Stock Options*. Chicago, IL: University of Chicago Press.
Llewellyn, D. T. (2010). *The Global Banking Crisis and the Post Crisis Banking and Regulatory Scenario*. Amsterdam: Amsterdam Centre for Corporate Finance, University of Amsterdam.
Michie, J. (2011a). 'Promoting Corporate Diversity in the Financial Services Sector', *Policy Studies*, 32(4): 309–23.
Michie, J. (2011b). 'Mutual Financial Firms', in J. Springford (ed.), *A Confidence Crisis? Restoring Trust in Financial Services*. Chapter 7, pp. 125–31, London: The Social Market Foundation, Chapter 7, pp. 125–31.
Michie, J. and Blay, M. (2004). *Mutuals and Their Communities: How One in Three Enjoy the Mutual Advantage*. London: Mutuo.
Michie, J. and Labao, L. (2012). 'Ownership, Control and Economic Outcomes', *Cambridge Journal of Regions, Economy and Society*, 5(3): 307–24.
Michie, J. and Oughton, C. (2003). 'HRM, Employee Share Ownership and Corporate Performance', *Research & Practice in HRM*, 11(1): 15–36.
Michie, J. and Sheehan, M. (2005). 'Business Strategy, Human Resources, Labour Market Flexibility, and Competitive Advantage', *International Journal of Human Resource Management*, 16(3): 448–68.
Mulgan, G. (2013). *The Locust and the Bee: Predators and Creators in Capitalism's Future*. Princeton, NJ: Princeton University Press.
Nicholls, A. (2010). 'The Institutionalization of Social Investment: The Interplay of Investment Logics and Investor Rationalities', *Journal of Social Entrepreneurship*, 1(1): 70–100.
Nicholls, A. and Pharoah, C. (2008). 'The Landscape of Social Investment: A Holistic Topology of Opportunities and Challenges'. Skoll Centre for Social Entrepreneurship Working Paper, Oxford.
Ownership Commission (2012). *Plurality, Stewardship and Engagement: The Report of*

The Ownership Commission. London: Mutuo.

Oxford Centre for Mutual & Employee-owned Business (2012). *Mutuals Yearbook 2012*. London: Mutuo.

Price, S. J. (1958). *Building Societies: Their Origins and History*. London: Franey.

Ransom, D. (2001). *The No-nonsense Guide to Fair Trade*. Oxford: New Internationalist Publications.

Tabb, W. K. (2012). *The Restructuring of Capitalism in Our Time*. New York: Columbia University Press.

The Economist (2010). 'The Eclipse of the Public Company', *The Economist*, 21st August, p. 58.

Worldwatch Institute (2012). Membership in Co-operative Businesses Reaches 1 Billion, *Vital Signs*. <http://www.worldwatch.org/membership-co-operative-businesses-reaches-1-billion>, accessed 1 February 2014.

第六章　小微金融

——一个仍在不断变化的领域

尼古拉斯·萨宾

引　言

小微金融经常被作为范围更大的社会金融运动的成功故事来讲述。在过去的 40 年里，贫困和低收入者的融资渠道急剧扩大，其中包括 3 500 多家覆盖全球 2 亿多客户的小微金融机构（Maes and Reed，2012）。小微金融往往被看作一个采用市场原则推进社会目标的典型例子，它主要利用无补贴贷款来减轻贫困（Nicholls，2006）。这一运动还广为公众称道，联合国也把 2005 年定为国际小微金融年，挪威诺贝尔委员会在 2006 年把这一年度的和平奖颁给了穆罕默德·尤努斯（Muhammad Yunus）博士和格莱珉银行。

然而，把小微金融运动作为一个无可争议的成功故事来讲述，会降低我们对为开拓社会金融空间而面临的挑战的理解能力。对小微金融进行更加细致的观察就能发现，小微金融是一个充满争议、不断变化的领域。小微金融的市场结构正在发生变化，而市场参与组织则获得了越来越多的商业资金（Glisovic，Gonzalez，Saltuk and de Mariz，2012）。有些小微金融市场出现了过热的势头，招来了大量的批评（CGAP，2010）。最近进行的影响力评价又提出了一些关于小微金融实际能够并且应该努力达到什么目的的新问题（Bauchet，Marshall，Starita，Thomas and Yalouris，2011）。为了更好地满足穷人的需要，小微金融界甚至正在重新考虑基本的产品和服务供应（Morduch，2011）。在这些事态的发展过程中，小微金融的全球覆盖面也在不断扩大（Maes and Reed，2012）。在小微金融不断变化的情况下，了解这个领域的统一发展趋势和分歧点就显得越来越重要。

本章旨在探讨小微金融的历史渊源和它在过去10年里经历的重大变化。为了能在小微金融语境下讨论问题，我们先简要介绍有关的术语，并且回顾与现代小微金融的出现特别相关的两个重要的历史先驱，非正式社群协会和国有开发银行（state-owned development banks）；然后讲述现代小微金融运动是如何从20世纪70年代中期开始并发展到今天这样的形式的；再后从小微金融的规模、地理覆盖范围、小微金融机构规模和组织类型等方面来介绍小微金融的发展现状。

本章的其余部分围绕小微金融三个最基本问题的辩论展开。这些问题不但一直影响小微金融的发展进程到今天，而且迄今仍未得到解决，很可能将左右这一领域的未来发展。第一个问题涉及小微金融模式的关键特征。几十年来，小微金融的从业人员和研究人员一直在努力探明是哪些因素使得小微信贷（microcredit）看起来确实有效（Stilitz，1990；Attanasio，Augberg，de Haas，Fitzsimons and Harmgart，2012）。有些机构已经不再满足于只做小微信贷业务，正在把关注重点扩大到小微储蓄（microsavings）和小微保险（micro insurance）产品（Dupas and Robinson，2011；Karlm1，Osei-Akoto，Osei，and Udry，2011）。第二个问题涉及小微金融商业化的确切作用。随着不同性质的组织开始在公开股票市场上筹集股本，有时还为股东实现了可观的利润，关于这个问题的看法就变得日益两极分化（CGAP，2007）。商业融资是急需的资金来源还是朝着社会方向走错的一步，可能是小微金融领域最有争议的问题（Yunus，2011）。第三个问题关系到小微金融的实际影响力。一些随机比较研究取得的成果表明，信贷对小微企业成长的影响要小于原先的预期（Bauchet al.，2011）。然而，这类研究显示的小微金融优势在于，小微金融计划往往能为穷人带来其他意想不到的好处，如降低风险、改善现金流管理（Morduch，2011）。这些研究发现很有用处，因为它们告诉我们应该如何重新构建小微金融才能扩大其社会影响力。本章最后总结小微金融运动中迄今吸取的经验教训对范围更广的社会金融领域具有的意义。

小微金融术语介绍

小微金融的一个基本定义是"为贫困和低收入客户提供金融服务"（Gonzalez and Rosenberg，2006：1）。虽然这个定义确定了一个很好的起点，但进一步阐明“小微金融”一词通常与什么相关，仍然是有益的。总的来说，为穷人提供金融服务的想法和做法并不新鲜。例如，贫困社群的非正规储蓄信贷协会(informal savings and credit associations)在世界许多国家已经存在了几个世纪(Helms，2006)。不过，今天在使用“小微金融”一词时，业界普遍认为，是更狭义地指一场在过去 40 年里围绕一种更加具体的金融模式发起的运动。这场运动通常被称为“现代小微金融”(modern microfinance)(Trezza，2006：20)或者“新小微金融”(new microfinance)(Robinson，2001：224)。在这一章里，我们在使用“小微金融”时采用这个比较狭义的概念。

那么，现代小微金融运动主要有哪些特征呢？20 世纪 70 年代由穆罕默德·尤努斯在孟加拉国创办的格莱珉银行经常被作为现代小微金融典型例子来引用(Morduch，1999)。这种模式有两个关键原则：首先，小微金融服务提供者在财务上的自我可持续性；其次，小微金融的目标客户常常被排斥在正规金融市场之外。虽然并非所有的小微金融机构都能做到财务上的自我可持续性，但其宗旨通常是只收取能使服务提供者支付其运营成本的利息和费用。这可以与 20 世纪 50 年代到 80 年代期间许多国有开发银行的模式相比，因为这些国有开发银行是根据向乡村农民提供信贷必须得到补贴的理念创建的(Robinson，2001)。现代小微金融的第二个宗旨是社会包容，这个宗旨通常表现为把发展中国家历史上受排斥的客户——如妇女和穷人(Yunus，2003)——作为服务对象。正如我们将要看到的那样，新的组织日益模糊了小微金融机构特征的边界。

小微金融术语另一个有必要澄清的方面就是对小微金融与小微信贷的区分。小微金融是一个更加广义的术语，指各种金融服务；小微信贷是小微金融的一个子集，专指发放小额贷款。小微金融除贷款业务外，还可包括存款、保险、付款和转账等金融服务(Daley-Harris and Awimbo，2011)。从历史上看，小微金融的重点一直是采取小组联保贷款(group loans)的形式提供小微信贷。因此，大多数小微金融研究迄今都是探讨这类贷款服务的特点和效果。但在过去的 10 年里，除了小微信贷以外，小微金融在提供更加完整的服务方面发生了重大变化(Armendáriz and Morduch，2010)。

历史上的现代小微金融先例

为被排除在正规市场之外的客户提供金融服务的想法由来已久。在发展金融领域，为什么某些人群似乎被排除在全球信贷市场之外，一直是一个长期存在的问题（Braverman and Guasch，1986；Stilitz，1990）。针对这个问题，有人提出了几个解释发展中经济体贷款困难的理由。由于贷款金额小和交易成本高，因此，贷款机构要想在财务上保持可持续性，就必须保持高效率和低违约率。虽然这一挑战并非无法克服，但贷款人通常还面临以下的额外困难：在发放贷款之前，缺少潜在客户的信息；贷款发放后，客户有效执行贷款的能力有限；如果客户违约，缺乏可依赖的抵押品（Besley and Coate，1995）。这些挑战合在一起，为金融机构实现财务上的可持续发展营造了一个令人生畏的环境。那么，在这样的环境下，过去采用过哪些金融模式呢？

对于理解当前的小微金融运动，有两种先前的金融模式特别重要，它们就是社群协会（community association）和国有开发银行。社群协会，特别是合会（rotating savings and credit associations，Roscas）和信用合作社，已经存在了几个世纪，并且与它们采用小组联保贷款的方式有关。据认为，这些模式在激发尤努斯产生格莱珉银行团结小组的想法方面发挥了作用（Morduch，1999）。国有开发银行的作用与它们使用补贴贷款有关。它们之所以对补贴贷款业务感兴趣，主要是因为它们在20世纪50年代到80年代期间的失败尝试为采用新的小微金融模式提供了强大的动力（Armendariz and Mordnch，2010）。

社群协会

小组联保贷款可追溯到一种被称为“合会”的社群协会（Geertz，1962；Besley，Coate and Loury，1993）。阿德纳（Ardner）把“合会”定义为一种由一些核心参与者组建并且约定会员定期向基金缴款并由全体或部分会员轮流使用基金的非正规协会（1964：201）。合会的职能就是允许会员在没有正规机构参与的情况下把自己的缴款聚集成整笔资金。如果一名会员较早轮流收到整笔资金，则就如同收到了合会发放的贷款。如果一名会员较晚轮到使用整笔资金，那么，对于这个会员来说，合会更多是发挥了储蓄工具的作用。这种基本安排在世界各地得到了广泛的应用，并且具有高度的相似性。[1]

---

〔1〕 基本模式存在明显的差异，包括合会组织人的收费、小组人数、基金规模、还款频度、借钱顺序的确定等方面。

自19世纪以来，合会被用不同的名称记录下来：例如，在尼日利亚被称为“埃苏苏”(esusu)，在苏格兰被称为“menages”。有书面证据表明，早在1275年，日本就开始使用合会来融资(Ardener,1964)。

合会有一个重要的特点，那就是会员之间通常在社会上相互了解。它们很少始于正规的管理或组织结构，但通常有很高的偿还率。许多研究人员关心过它们是怎么维持高偿还率的。合会似乎是依靠群体的社会凝聚力来避免违约问题(Geertz,1962;Ardener 1964;Besley et al.,1993)。合会的会员不但能提供具有正能量的互助，而且还在对付压力、窘境或排斥等问题方面需要付出巨大的社会代价。这种社会机制是现代小微金融模式中涉及小组联保贷款的关键特征。

信用合作社是一种比较正式的社群融资组织。与合会比较，信用合作社通常有正式的章程和某种法律地位(Armendáriz and Morduch,2010);贷款额往往比较大，期限也比较长。在信用合作社模式中，成员都是股东，但并非所有的成员都需要借钱。社群借贷(community lending)概念仍然是这种模式的核心，因为信用合作社成员在确定借贷条件方面有发言权，而且还会持续关心贷款偿还的问题。19世纪末，德国出现了信用合作社。现在，爱尔兰、法国、肯尼亚、马拉维和印度等不同国家都有自己的信用合作社(Hupi and Feder,1990)。

国有开发银行

虽然历史上社群协会往往能够成功地利用地方凝聚力，但国有开发银行却常常能证明补贴信贷计划的局限性。在20世纪50年代到80年代期间，政府对农村穷人的补贴主要集中在发展上。国有开发银行希望通过利用外部资金来源和正式的组织结构来扩大对穷人的金融服务。向农民提供补贴信贷是最常见的做法。这些贷款项目虽然意图积极，但实施结果被普遍认为并不理想(Morduch,1999)。请参阅以下“印度农村综合发展计划”(Integrated Rural Development Programme,IRDP)的详细介绍。

这些项目往往未能实现它们的发展目标，导致很高的违约率。在此期间，非洲、中东、拉丁美洲和南亚的政府补贴信贷计划的违约率大多在40%～95%(Braverman and Guasch,1986)。这些项目的失败往往被归因于借款人无力有效地利用贷款、贷款机构内部的腐败以及资金被转移给了富裕客户(Braverman and Guasch,1986)。国有开发银行的经历受到了很多质疑,如这种项目是不是一种能把融资机会扩展到穷人的可行办法。到了20世纪80年代,对不同融资方式的需要已经变得十分明显。

案例介绍1:印度农村综合发展计划

印度在20世纪80年代实行的农村综合发展计划,就是一个政府试图通过发放补贴信贷来促进发展的失败例子。在整个80年代,印度政府向农村贫困家庭提供了大约60亿美元的补贴(Armendáriz and Morduch,2010),目的显然就是想对农民产生社会影响:“制定全国农村地区计划的当务之急是通过执行一项具有社会正义的发展战略来提高生产力,具体地说,这项计划高度关注包括小农和边缘农民、农业工人及农村工匠在内的目标群体”(Rath,1985:238)。

鉴于投入金额巨大,结果惊人的平淡无奇,那么,为什么印度农村综合发展计划未能实现其目标呢?批评人士常常把这项计划糟糕的执行结果归咎于以下几个因素:地方腐败成灾;缺乏基础设施;行政管理糟糕(Dreze,1990)。其他人士则普遍不赞同这项补贴信贷计划,认为这种计划不可持续,而且扰乱了金融市场。这项计划的扶贫效果令人失望,违约率超过40%。“除了借鉴任何正面的历史先例以外,正是对这些负面历史先例的否定驱使小微金融运动到私营部门去寻找灵感”(Armendáriz and Morduch,2010:11—12)。

现代小微金融运动

继补贴信贷计划执行效果令人失望之后,现代小微金融取得的最大成就是证明了贫困群体也能成为银行可靠的客户(Fall,DemirgucKunt and Morduch,2009)。有人把小微金融模式的迅速传播说成是一场金融“革命”(Robinson,2001)。那么,现代小微金融运动有哪些特点呢?这种创新模式从何而来?

有关开拓型小微信贷机构的报告显示,这种模式由孟加拉国、印度尼西亚和玻利维亚等低收入国家的实践演变而来(Armendáriz and Morduch,2010)。穆罕默德·尤努斯因为在20世纪70年代设计开发出孟加拉国格莱珉银行这个现代小微金融原型而备受称道。用尤努斯自己的话来说，他并没有试图修复金融市场，而是要解决一个社会问题："我无意借钱给任何人，我真正想做的是解决眼前的一个问题，一个羞辱和诋毁个人全部的贫困问题"（Yunus，1998：12）。对于尤努斯和他的同事们来说，20 世纪 70 年代末还处在实验阶段："我们对于如何为穷人经营银行一无所知，所以，我们必须从头开始学习。1977 年 1 月，我们开始研究别人是如何经营贷款业务的，并且从他们的错误中吸取了教训"（Yunus，1998：104）。

尤努斯从一开始就把贷款计划的重点主要放在女性借款者身上。她们毫无道理地受到了银行部门的排斥，从而驱使尤努斯要为她们做点什么。尤努斯先是向妇女群体发放小额贷款。他认为，联保小组的特点允许银行比较容易跟踪贷款的使用情况。此外，联保小组还能对改变行为模式提供积极的支持并施加社会压力。在收款方面，他还尝试过小额、频繁还款的方式，认为一次性还款的方式会给借款人造成心理障碍。对于 365 塔卡（taka）的贷款（约合 15 美元），他只要求借款人每天偿还 1 塔卡（Yunus，1998）。在接纳女性、小组联保借贷和小额频繁还贷原则的基础上，格莱珉银行在 1983 年正式成为一家独立经营的银行。

差不多在同一时间，其他国家的金融机构也开拓性地采用类似的方法发放小微信贷。在印度尼西亚，印度尼西亚人民银行（Bank Rakyat Indonesia，BRI）的小微银行部在 1983 年进行了重大改革。在政府放松金融管制一揽子重大计划的推助下，印度尼西亚人民银行能够以非同寻常的速度成功地建立了一个规模庞大、具有商业可持续性的小微金融体系。临近 20 世纪 80 年代结束时，格莱珉银行和印度尼西亚人民银行都表明，小微金融机构也能向 100 多万借款人贷款，而且还能维持较高的偿还率（Robinson，2001）。1992 年，玻利维亚创建了阳光银行（BancoSol），目的是要在全国范围内提供小微金融服务（Rhyne，2001）。阳光银行的很大一部分资金来自国际投资公司，因此进一步引起了全球的关注。这些开拓性组织采取的方法各不相同，但它们的共同点就是在没有补贴的情况下为穷人开发融资手段。一些组织正在根据小组联保贷款和个人贷款的特点设计新的金融产品，重新确定够支付营业费用的恰当利率，开发新的管理和信息系统，重新考虑如何对员工进行适当的培训和激励。到了 20 世纪 90 年代末，小微金融已从一些机构变为一个迅速发展的行业（Robinson，2001）。

准确量化小微金融的发展是一项具有挑战性的工作，因为许多机构都是一些不正规的小机构。然而，一些研究机构对全球范围内的小微金融进行了估计。小微信贷峰会运动(Microcredit Summit Campaign，MSC)提供了最多的第一手来源的小微金融数据。根据小微信贷峰会运动提供的数据，图 6.1 列示了登记在册的小微金融计划及其客户数目(Maes and Reed，2012)。[1]

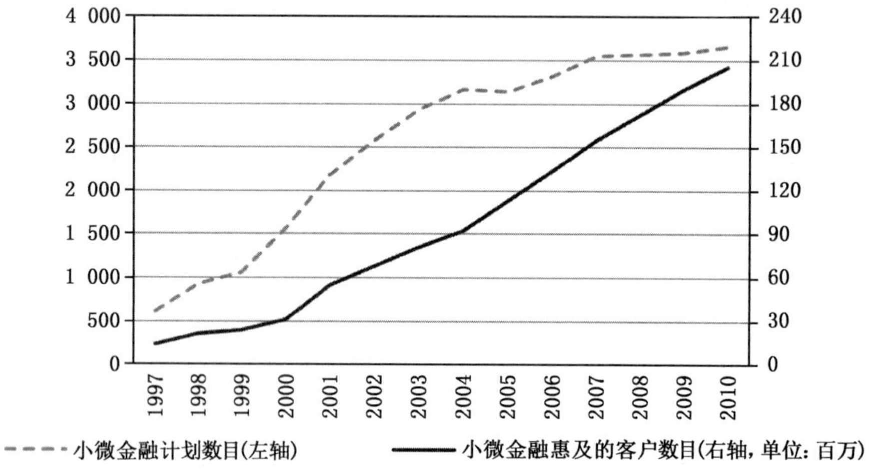

资料来源：《小微信贷峰会运动 2012 年国别报告》(State of the Microcredit Summit Campaign Report 2012)。

图 6.1　小微金融计划及其惠及的客户

2010 年，小微信贷峰会运动记录在案的小微金融计划有 3 652 个。这些计划报告称，全世界共有 2.053 亿客户获得了贷款。1997—2010 年期间，向小微信贷峰会运动报告的小微金融机构的客户平均每年以 23%的速度增长。扶贫咨询团体(Consultive Group to Assist the Poor，CGAP)通过统计第一次向小微信贷峰会运动报告了现有小微金融机构，对 1998—2004 年间小微金融增长做出了比较保守的估计。采用这种方法得出的结果是，小微金融客户总数估计每年增长 12%(Gonzalez and Rosenberg，2006)。关于小微金融普及的更多细节，请参阅班纳吉、钱德拉塞卡、杜弗洛和杰克逊(Banerjee，Chandrasekhar，Duflo and Jackson，2013)的深入研究。

[1] 关于其他估计数据，请参阅扶贫咨询团体(http://www.cgap.org)或者小微金融信息交流中心(http://www.mixmarket.org)。还要注意的是，小微信贷峰会的数据包括首次登记的现有计划的增长数据，因此可能会导致同比增长数据过大。有关小微信贷峰会数据的更详细信息，请浏览：http://www.www.microcreditsummit.org。

小微金融发展现状

我们已经考察了小微金融业的起源和发展，那么，小微金融供应商的现状又如何呢？今天的小微金融业有各种各样的机构。这里仅举几个方面的例子，小微金融业的不同组成机构在组织使命、目标客户、产品提供和资金来源等方面存在很大的差别。随着越来越多、各不相同的行为主体不断进入小微金融业，小微金融供应商应该具备哪些从业资格的问题也正变得越来越模糊（Helms，2006）。在这一节里，我们通过考察地理覆盖面、从业机构规模和类型三个基本方面来介绍小微金融业的概况。

图 6.2 根据 2010 年小微金融业惠及"最贫困"家庭数对小微金融业的地理覆盖面进行了图示。这里所说的"最贫困"家庭是指那些按购买力平价调整后的人均每日生活费低于 1.25 美元的家庭（Maes and Reed，2012）。该图通过比较小微金融业惠及的最贫穷家庭数和最贫穷家庭总数来估计每个地理区域的小微金融覆盖率。从小微金融业客户的绝对数和小微金融业惠及的相关人口百分比（68.8%的覆盖率）[1]来看，自 20 世纪 80 年代以来，亚太地区的小微金融覆盖率最高。就如上文所述，孟加拉国的格莱珉银行和印度尼西亚人民银行等许多开拓型小微金融机构都位于亚洲。

反映小微金融业发展状况的第二个关键方面是从业机构的规模。目前，为数很少的大机构的客户占小微金融业客户的大多数，从而造成了相当集中的市场结构。关于根据小微信贷峰会运动提供的数据进行的小微金融市场结构细分，请参见表 6.1。2010 年小微信贷峰会运动记录在册的 3 652 家小微金融机构中，最大的 21 家机构向 75%以上的全世界最贫穷家庭发放贷款；而数以千计的小机构平均为不到 2 500 个最贫困家庭提供服务，小微金融业的小机构只占全球小微金融市场 1.1%的份额。

---

〔1〕 众所周知，有些客户在多个机构有未偿还贷款。这在一定程度上高估了小微金融的客户、人数和覆盖率。但根据单一小微金融业数据，目前无法准确衡量借款人的重叠程度（Gonzalez，2008）。

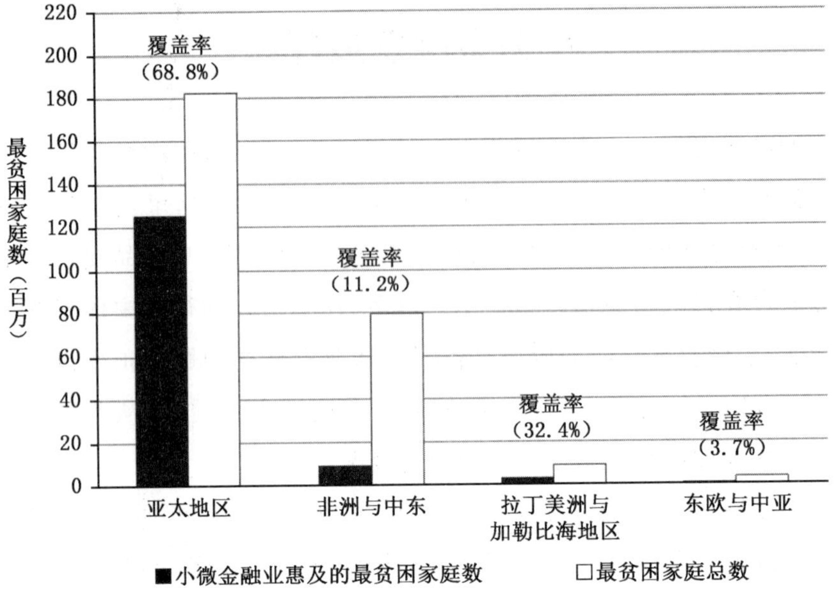

资料来源：世界银行和《小额信贷峰会运动 2012 年国别报告》。

图 6.2　不同地区的小微金融覆盖率

表 6.1　　按机构规模区分的小微金融业市场结构

机构规模和类型	机构数	合并客户数	占客户总数的百分比
网络	8	65 105 273	47.3%
客户超过百万的机构	13	40 267 670	29.3%
客户在 100 000～999 999 的机构	64	17 095 196	12.4%
客户在 10 000～99 999 的机构	361	10 877 810	7.9%
客户 2 500～9 999 的机构	558	2 731 044	2.0%
客户少于 2 500 的机构	2 648	1 470 448	1.1%
合　计	3 652	137 547 441	100.0%

注：机构规模中的客户是指人均每天生活费低于 1.25 美元的最贫困家庭。

资料来源：《小额信贷峰会运动 2012 年国别报告》。

最后来看看小微金融有哪些类别的从业机构。小微金融信息交流中心是提供小微金融从业机构类别的数据来源。我们根据小微金融从业机构的法律地位将其分为以下五类：(1)银行，由国家银行监管机构监管的特许金融中介机构；(2)合作信用联盟，会员制非营利金融中介机构；(3)非银行金融机构，通常由提供类似银行服务的金融中介机构为进入小微金融业而专门设立，但资本要求可能较低或受到经营范围的限制；(4)非政府机构，通常不受银行监管机构的监管、注册为非营利组织的机构；(5)其他机构。

图 6.3 显示了 2011 年不同法律地位的小微金融从业机构占据的市场份额。非政府机构是最常见的小微金融从业机构类别，但规模较小，按借款人数计只占据 23.6%的市场份额。历史上，非政府机构曾在小微金融市场占据较大的份额。目前，小微金融日益商业化，因此，银行和非银行金融机构的市场份额正在不断扩大。我们可以说，这些不同类别的机构为小微金融市场的不同部分服务。卡尔等(Cull et al.，2009)分析发现，小微金融非政府从业机构通常更加看重社会目标，往往尽可能以妇女为目标客户，贷款金额最小，并且能惠及最贫困家庭。本章将在下文更加深入地讨论支持和反对利用商业资金的不同论点。

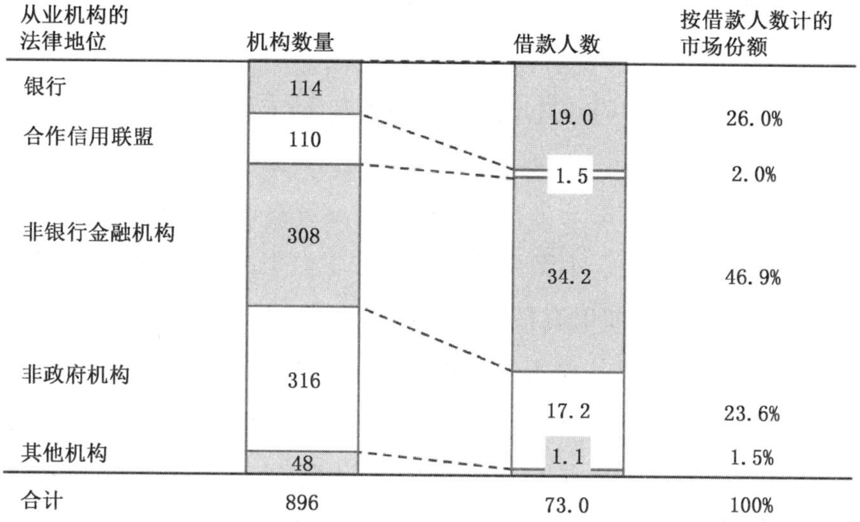

注：对 2011 年向小微金融信息交流中心报告的 896 个机构进行的分类。用来确定小微金融服务供应商资格的标准有可能导致不同的市场结构分类。关于另一种不同的观点，请参阅赫尔姆斯(Helms，2006)。借款人数以百万计。

资料来源：MIX Market 2011。

图 6.3　按机构类别计的小微金融市场结构

小微金融的主要特点剖析

到目前为止，我们在这一章里介绍了小微金融的有关术语、历史沿革和现状。在这个基础上,我们现在把注意力转向有关小微金融的三个有争议的核心问题。关注尚未解决的问题有助于理解一个目前仍在不断变化的领域。这些问题突出反映了关于小微金融领域迄今哪些因素最为有效和未来可能的发展方向等的不同看法。

第一个有争议的问题涉及小微金融的主要特点。由于业界历来对信贷计划比较重视,因此,迄今为止的研究大多集中在贷款特点上。小微金融的开拓者们往往在多个方面同时进行创新,从而导致了一种难以区分哪些可能是最有效因素的情况。当试图在不同的文化背景下复制成功的模式时,了解基本机制就显得尤为重要。小微金融的哪些特点必不可少、如何把更多的服务和产品纳入小微金融,仍然是一些悬而未决的问题。我们总结了小微金融的五个特点:(1)小组联保与个人贷款;(2)公开还款的必要性;(3)最优还贷频率;(4)动态激励的效果;(5)除信贷外的产品和服务供应范围。

小组联保与个人贷款

小微金融最受关注的一个特点就是采用连带责任小组联保贷款法(joint-liability group lending)。小微金融机构通常不向个人发放贷款,而是向联保小组发放贷款。因此,如果有借款人违约,则由联保小组的其他成员承担还贷责任。贷款机构采用各种不同的小组规模和结构。在小组规模和结构谱系的一端,阳光银行向小到只有3个借款人的“互助小组”(solidarity groups)贷款。在这个谱系的另一端,“乡村银行”(village banking)模式则采用成员多达50人的借款小组。这种模式由国际社区援助基金会(International Community Assistance,FINCA)首创。格莱珉银行先是采用介于以上两种极端情况之间的小组规模:由5个成员组成的8个小组组合成一个40人联保组。

那么,为什么小组联保贷款法特别适合穷人呢?基本原因在于,金融机构往往缺乏有关潜在客户的信息,因此无法有效发放贷款;如果借款人违约,几乎没有什么抵押品可以扣押。这些问题往往导致传统的贷款业务在小微金融市场上缺乏财务可持续性。小组联保贷款似乎可以通过利用借款小组的社会关系来应对其中的一些挑战。有研究人员认为,借款小组的成员能够较好地相互筛选、监督和执行(Ghatak,1999;Stilitz,1990;Besley and Coate,1995)。

不过，也有人认为，小组联保贷款法给借款人带来了太大的负担。其中的一个问题就是，虽然银行常常更有能力承担客户违约的成本，但小组联保贷款把部分风险从银行转移给了小组成员(Stilitz，1990)。小组联保贷款的第二个问题是，小组联保贷款会给借款人造成巨大的社会成本。我们很容易想象，对还贷的积极支持会变成一种有害的小组压力(Woolcock，1999；Brett，2006)。此外，有调查表明，当客户被问到喜欢小组联保借款还是个人借款时，他们大多表示强烈支持不承担连带责任(Murray and Lynch，2003；Ditcher and Harper，2007)。

那么，借款人能通过小组联保借款获得的好处是否超过他们因小组联保借款而需承担的额外成本呢？在回答这个问题之前，应该先了解责任类型对偿还率的影响。如果贷款机构从小组联保贷款中只能获得最低限度的营运收益，就可以证明小组联保贷款的社会成本大于边际经济收益。迄今为止，直接针对这一问题的研究为数有限，但已有学者开始评估责任类型对还款的影响。吉内和卡兰(Giné and Karlan，2006)在菲律宾进行了一项实验。在这项实验中，一家农村银行的现有客户分别被指定继续履行连带责任合同或者签署个人贷款合同。结果，吉内和卡兰发现还贷率并没有受到任何的影响，从而表明个人贷款可以和小组联保贷款一样有效。

阿塔纳西奥等(Attanasio et al.，2012)最近在蒙古完成的实验也表明，虽然已经注意到小组联保贷款的其他积极影响，但偿还率并没有差别。在他们的研究中，不同的村庄被随机分为签署小组联保贷款合同、签署个人贷款合同或无法获得贷款三个组别。他们虽然没有发现基于合同类型的违约率差异，但确实发现，小组联保贷款在创业和扶贫方面对借款人产生了额外的积极影响。阿塔纳西奥等认为，小组联保贷款确保了对借款人行为的更严厉约束，尤其是在更好地选择项目和长期执行方面。萨宾和利德—曹加斯(Sabin and Reed-Tsochas，2014)在塞拉利昂进行的一项研究表明，举借小微信贷的小组在社会结构方面的差异对小微信贷的经济绩效产生重大影响。研究表明，小组特征，如平均空间密度和碎片化程度，有助于我们理解为什么小组在还款方面表现不同。

到目前为止，尚不清楚小组联保贷款对小微金融有多重要。但不管怎样，这一领域的一个普遍趋势就是放弃连带责任贷款合同。阿门达里兹和默多克(Armendáriz and Morduch，2000)认为，虽然小组联保贷款在某些情况下可能值得关注，但现在应该关注对于小微金融来说更加重要和社会成本较低的其他机制。

公开还贷

小微信贷的另一替代机制是公开还贷。当着社群其他成员的面偿还贷款，就可以在不需要签署完全连带责任贷款合同的情况下利用一种社会激励机制来促进贷款的偿还。有学者（Rahman，1999）研究发现，借款人避免尴尬和社会耻辱的动机可以提高贷款偿还率。此外，举行公开还贷会议让借款人参加，能为培训借款人提供更多的机会。格莱珉银行被视为这种做法的创新者，它在 2001 年修订了小组联保贷款办法，不再发放连带责任贷款，但仍采用大组公开还贷的方式来管理贷款回收工作（Yunus，2003）。最近移动电话银行业务创新的实例也充分说明了公开还贷的重要性。有关更详细的说明，请参阅“案例介绍 2：移动钱包与小组联保贷款”。

案例介绍 2：移动钱包与小组联保贷款

2007 年，“狩猎通信—沃达丰”（Safaricom-Vodafone）在肯尼亚推出了一个名为“移动钱包”的新的移动银行平台。这个平台允许客户通过手机转账。4 年里已经有 1 400 多万客户和 70% 的肯尼亚家庭采用“移动钱包”转账（Suria，Jack and Stokera，2012）。

虽然“移动钱包”不再局限于小微金融客户，但实际上是为了方便肯尼亚一个名为“Faulu Kenya”的小微金融机构发放和收回贷款而在 2005 年作为一个试点项目启动的（Kumar，McKay and Rotman，2010）。在为期 6 个月的试点过程中，“Faulu Kenya”认识到，如果借款人可以用手机还贷，就没有必要举行公开会议来收回贷款。然而，“Faulu Kenya”的管理层和工作人员担心，如果不召开公开还贷会议，群体凝聚力——他们的贷款模式的关键内容——就会不起作用。试点结束后，“Faulu Kenya”决定不借助“移动钱包”来收回贷款。

其他小微金融机构已经想出了一种把“移动钱包”与公开还贷会议结合在一起的混合方法。小微企业计划（Small and Micro Enterprise Programme）开创了一种借款人可以在召开全体还贷会议之前通过“移动钱包”偿还贷款但仍必须参加公开还贷会议的办法（Kumar et al.，2010），从而缩短了花在现金还贷上的会议时间，并且可以把更多的会议时间用于讨论商业问题和讲解金融知识。这种方法把最新的银行技术与公开会议利用群体凝聚力的优势结合在了一起。

还贷频率

频繁的还贷频率是小微金融受到质疑的另一个方面。之所以会出现借贷双方基本的紧张关系，是因为还贷频率越高，通常收贷业绩就越好，但操作起来成本也越高。如果还款不够频繁，借款人就会面临一次性偿还较大金额的挑战。由于实际原因，如借款人往往没有储蓄账户，还由于心理因素，如把钱花在消费上更有诱惑力，因此，借款人很难做到一次性还贷（Fischer and Ghatak，2011）。此外，莱和斯约斯特洛姆（Rai and Sjostrom，2004）认为，要求借款人频繁还款就有更多的机会从借款人那里获得借款项目实施进度的信息；这样，贷款人可以更加深入地了解拖欠贷款的借款人是真的无力偿还贷款还是根本就不愿还贷。希尔瓦尔（Silwal，2003）通过分析经验数据发现，还款频率（每周或每月偿还一次）越高，贷款拖欠率就越低。

然而，如果还贷安排得太过频繁，就会给贷款人和借款人造成不必要的时间和资源成本。格莱珉银行最初试过“每天一还”的还贷方式，并且认为这应该是借款人最容易还贷的方式。然而，尤努斯发现，“每天一还”的方式造成沉重的后勤负担，最终改为“每周一还”（Yunus，1998）。世界各地的小微金融贷款机构仍在继续试验不同的小额信贷产品，以便找到适合借款人特定文化背景和他们需要的适当还贷频率。

动态激励

小微金融成功的另一个特点是采用了“动态激励”（dynamic incentives）或“递增式放贷”（progressive lending）（Hulme and Mosley，1996）。这种做法是指贷款人向借款人发放金额不断增加的贷款。例如，4 笔 6 月期的贷款可以 100 美元、125 美元、150 美元和 200 美元金额递增的方式发放。采用这种动态激励机制，就能让借款人为了较快地借到更多的资金，有强烈的动机偿还到期的贷款（Tedeschi，2006）。

采用动态激励机制的贷款项目从一开始就向客户明确表明，他们按时偿还到期贷款的表现直接影响其下次可申请的借款金额。借款人一旦违约，通常就会被切断未来贷款的全部通道。在小微金融领域，已有个人和小组联保贷款机构采用过这种方法。在小组联保贷款的情况下，如果联保小组中有成员违约，而其他成员又不愿代为还贷，那么所有的成员以后都无权申请贷款。默多克(Morduch，1999)指出，如果借款人很容易从其他组织借到贷款，动态激励机制可能无法催生有效的还贷机制。例如，如果借款人拖欠贷款不还，随后又能从不了解其还贷历史的其他机构那里申请到贷款，就有较小的动机偿还到期的贷款。这表明，如果没有信用记录系统能汇总多家贷款机构借款人的还款历史记录，那么，动态激励机制的影响力将随着小微金融行业的成熟而减弱。小微金融从业机构饱和程度的提高将使借款人更容易实施策略性违约，并从其他机构借到贷款。

产品和服务供应范围

到目前为止，我们在这一节里一直关注小微金融有争议的特点，小微信贷，这也反映了这个行业历来就注重信贷问题。但在20世纪90年代，这个行业的名称发生了变化，“小微金融”取代了“小微信贷”，成为这个行业的标准名称(Helms，2006)。这一变化由“穷人需要更加完整的金融产品”这个认识所驱动。关于新增小微金融产品的介绍，请参阅本章图6.4。虽然小微金融从业机构大多仍然把信贷作为自己的核心业务，但今天我们可以看到更多的从业机构从事信贷、储蓄、保险、转账等业务，并且还提供“小微金融+”服务。总部设在拉丁美洲的“职业女性”(ProMujer)* 就是一个采用“小微金融+”模式的显著例子。除了开展小微金融业务外，“职业女性”还为妇女提供商业培训和保健支持。

那么，小微金融业为什么直到最近才把注意力扩大到为贫困家庭开发更加完整的金融产品系列呢？就小微储蓄而言，它的支持者几十年来一直为它的适用性辩护，并称它为农村金融被遗忘的“半边天”(Vogel，1984；Gonzalez-Vega，1994)。小微储蓄有助于达到双重目的——既可为金融机构开辟新的

---

* 拉丁美洲一个致力于为妇女提供至关重要的金融、保健和人类发展服务的非营利发展组织。——译者注

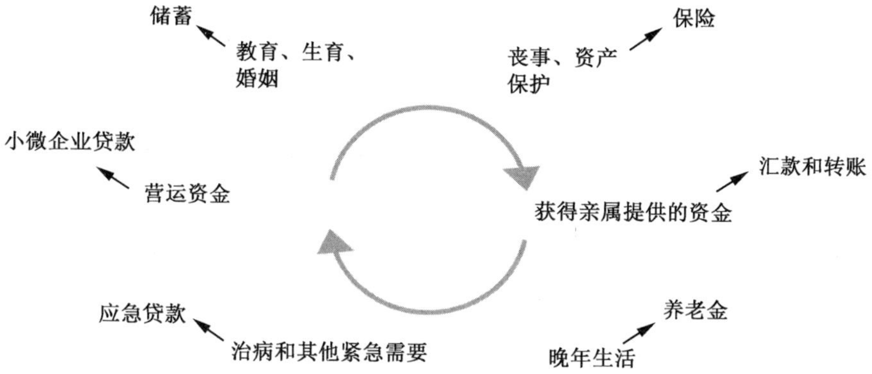

资料来源：扶贫咨询团体(2006)。

图 6.4　对更多小微金融产品和服务的需要

资金来源，又能为客户提供他们急需的产品。反对开展储蓄业务的理由往往是发展中国家的小额存款账户难以管理。金融机构通常认为，这类业务无利可图(Robinson，2001)。虽然有人已经认识到储蓄和保险等补充产品有很大的需求，但到目前为止，这些产品的供给还没有像小微信贷那样实现突破性的创新(Armendáriz and Morduch，2010)。随着从业人员尝试"移动钱包"等新的银行平台，这种情况现在也许正在发生变化(Scharwatt et al.，2015)。

小微金融商业化

本章要讨论的第二个核心问题涉及小微金融商业化的适当作用。在开始讨论之前，有必要先说明"商业化"的一般含义。由于大多数小微金融机构根据市场原则来实现自己的目标，两极分化问题与其说是组织设计造成的问题，还不如说是使用商业资本——出于盈利目的进行融资——造成的问题(Armendáriz and Morduch，2010)。小微金融商业化的反对者认为，为投资者创造利润的期望必然会导致"使命漂移"，并且最终会伤害穷人(Bateman，2010；Yunus，2011)；而商业化筹资的支持者们则认为，商业资本虽然与小微金融的社会侧重点格格不入，但是一种积极并迫切需要的资金来源。他们辩称，能赚取利润会吸引更多的资本进入这个行业，并且能使小微金融机构更好地满足全球对小微金融的需求(Akula，2010；Rangan，Chu，and Petkoski，2011)。阿门达里兹和默多克(Armendáriz and Morduch，2010：10)描述道："如果说有一种尚未解决的紧张关系鼓舞着那些整日为小微金融工作的人，那就是如何在社会影响力最大化和打造实力雄厚的大型金融机构之间进行平衡。这是一种健康的紧张关系,但也是一种不可避免的紧张关系。”

普拉哈拉德(Prahalad,2004)提出的“金字塔底部人群的财富”(The Fortune at the Bottom of the Pyramid)概念使我们更加重视在减轻全球贫困的同时也能创造利润的想法。小微金融业通过举债方式进行商业性杠杆融资已有相当长的时间。最近,这个行业开始被认为是私人和公共股权投资的合适场所。迄今,已有一些小微金融机构,如印度尼西亚人民银行(在2003年)、肯尼亚的股份银行(Equity Bank,在2006年)、墨西哥康帕图银行(在2007年)和印度的Swayam Krishi Sangam(SKS,在2010年)在证券交易所首次公开发行股票。最后两家银行首次公开发行的股票都以13倍的市盈率发售(CGAP,2007;MicroCapital,2010),从而引起了公众的大量争议。批评人士声称,这些机构不应该从穷人那里赚取利润。这些首次公开发行股票的行动受到了广泛的关注,公众纷纷发表自己的看法,既有正面的,也有负面的。但不管怎样,小微金融业通过私募方式也吸收了大量的股权投资(Glisovic,Gonzalez,Saltuk and de Mariz,2012)。表6.2列示了小微金融私募股票交易数量和价值增长状况。那些支持小微金融业增加商业收益的人认为,这是一种自然发展趋势。“安信永”(Accion)的前总裁迈克尔·楚(Michael Chu)认为,除非吸引利润导向型资本(profit-oriented capital),不然就无法满足全球对小微金融的需求。竞争加剧最终将有助于把利率和利润率降到有利于消费者的水平(Rosenberg,2008)。

表6.2　　历史上的小微金融私募股权交易

年份	交易(次数)	价值(百万美元)
2005	28	106
2006	37	20
2007	37	60
2008	63	144
2009	32	230
2010	37	205
2011	68	292
合计	302	1 057

注:据世界银行扶贫咨询团体和摩根大通银行估计,这个样本涵盖了小微金融业70%~80%的私募股票交易。

资料来源:扶贫咨询团体研究、2012全球小微金融股权调查(Global Microfinance Equity Survey 2012)。

那么，反对小微金融商业化的理由是什么呢？关于为什么说增加商业化是小微金融的一个错误发展方向，穆罕默德·尤努斯表达了一种非常明确的观点。他认为，对商业融资的期待会促使小微金融机构成为新型“高利贷者”（Yunus，2011：1）。有人认为，商业融资机构为了满足利润导向型股东的逐利欲望，必然会提高利率，以逼迫方式收回贷款。不断增长的利润需求会导致小微金融偏离自己的使命，最终导致无法实现改善穷人生活的目的。对于那些赞同尤努斯观点的人来说，墨西哥康帕图银行公开发行股票就是尤努斯所关注的一个突出例子。在首次公开发行股票之前，墨西哥康帕图银行平均向客户收取接近100%的年利率（CGAP，2007）。在发行期间，这家银行的所有者以4.58亿美元的总价出售了30%的股票。批评人士声称，这样的利率和利润从道德的角度看是没有道理的。尤努斯认为，这类交易的另一个不利之处在于给穷人带来了更大的金融风险负担。寻求首次公开发行的机构非但没有建立主要基于本地存款的基金，反而在波动不定的全球市场上筹集资金，然后把市场波动不定的风险转嫁给无力减轻风险的贫穷借款人（Yunus，2011）。

一种关于小微金融商业化的中间观点认为，小微金融业将不可避免地增加商业融资。因此，这种观点首先关注的是，如何才能把商业融资最好地融入小微金融业。商业融资曾多次导致小微金融市场过热。例如，20世纪90年代，玻利维亚有大量的商业资本涌入小微金融市场，导致市场过度饱和，违约率飙升，其结果是市场濒临崩溃（Rhyne，2001）。近年来，印度的小微金融市场一直在动荡中苦苦挣扎。想了解更多细节的读者，请参阅案例介绍“安得拉邦的危机”（The Crisis In Andhra Pradesh）。不过，有实证分析显示，小微金融机构的高速增长并不会对资产组合质量造成内在的损害，除非是在最极端的情况下（Gonzalez，2010）。如果小微金融机构专注于地域扩张而不是局限于本地增长，那么资产组合质量的恶化就能得到缓解。通过向不发达地域市场扩展，可以降低本地市场饱和的风险。

另有一种办法可以使商业和非营利融资建设性地在小微金融业中和睦相处，那就是让这两种融资方式分别专注于不同的社会目标和市场定位。商业性小微金融银行更有可能涉足个人贷款业务，发放金额较大的贷款，并且减少最需要帮助的客户（Cull et al.，2009）；而非政府小微金融机构则更有可能从事小组联保贷款业务，发放金额较小的贷款，并且主动增加最需要帮助的客户(Cull et al.,2009)。此外,虽然就如本章前一节所述,小微金融行业充斥各种不同规模和类型的机构,但迄今为止,通过首次公开发行和私募股权融资方式筹集的商业资本集中在规模较大、成熟度较高的小微金融机构(Glisovic et al.,2012)。所以,这也表明,虽然有多种资金来源进入小微金融行业,但它们往往是流向目标不同而且可能是互补的组织。

案例介绍 3:安得拉邦的危机

最近,印度安得拉邦正在努力解决小微金融市场过度饱和的问题。在过去的 5 年里,印度市场是全球小微金融增长势头最强劲的市场之一,客户人数增加占全球 65%以上(Maes and Reed,2012)。安得拉邦是印度 4 家最大的小微金融机构(MFIs)和许多提供类似小微金融服务的国家资助型自助团体(SHGs)的所在地。截至 2010 年,小微金融机构和国家资助型自助团体在安得拉邦的客户超过 2 300 万。同年 7 月,印度最大的小微金融机构 SKS 小微金融公司(SKS Microfinance)首次公开发行股票,这足以证明印度的小微金融市场呈现爆炸式增长的势头。该公司发行股票筹集了超过 1.55 亿美元的股本,并且为其股东创造了可观的利润。

然而,安得拉邦的小微金融业陷入了危机。这个邦的小微金融客户负债累累,超过 80%的客户向多家小微金融机构借贷。这个邦的小微金融机构大多没有制定评估客户负债水平的标准。这场危机发生在 20 世纪末。当时,有人指控小微金融机构的强制收贷行为导致客户自杀,从而引发了一场政治辩论,一些政界人士呼吁小微金融机构的客户不要偿还积欠的贷款。于是,贷款的回收率跌破了 10%。许多小微金融机构无法维系自己的业务,安得拉邦的小微金融部门几乎遭遇了灭顶之灾。

有人把安得拉邦的这场危机说成主要是一个政治问题;而另一些人则认为,这是一种追逐商业利润推助的过度扩张。危机之后,印度立法部门一直在为颁布旨在稳定市场和防止日后再度发生此类事件的法规忙碌。[本介绍主要援引了世界银行扶贫咨询团体(CGAP,2010)以及梅斯和里德(Maes and Reed,2012)提供的材料。]

小微金融影响力

第三个有争议的问题涉及小微金融的实际影响力。近年来,人们越来越重视严格评估小微金融效果的问题，而不再仅仅满足于探讨小微金融的发展前途。总的说来，研究报告和从业人员的经验表明，小微金融可以对其客户产生积极的影响，但影响程度往往低于预期，而且其造福穷人的方式常常也不同于之前的预期。

既然小微信贷强劲增长，且偿还率又高，那么，为什么说影响力评估是一个关键问题呢？首先，影响力的量级十分重要，因为对小微金融的投资利用了可投资于其他减贫活动的财力和人力资源。如果小微金融产生了积极但微弱的影响，那么，倘若把这些资源投到其他方面，如发展中国家的大型劳动密集型企业，就可能会对减贫产生更大的影响(Karnani，2007)。其次，随着越来越多的不同类型投资者进入小微金融领域，了解小微金融产生的实际影响就变得日益重要。洛克菲勒基金会(Rockefeller Foundation)和摩根大通银行共同制定了一个重点关注“影响力投资”的议程(O’Donohoe，Leijonhufvud and Saltuk，2010)。有关这个议程的更多细节，请参阅“洛克菲勒基金会和摩根大通银行：影响力投资倡议”介绍。这类投资者往往比较关心运用各种社会和财务业绩指标来衡量影响力。最后，影响力评估对于小微金融的未来发展起到关键的作用。认真的影响力研究有助于深入了解小微金融业如何改善自己的服务才能更好地满足客户的需要和实现机构的目标。

案例介绍4：洛克菲勒基金会与摩根大通银行发起的影响力投资倡议

洛克菲勒基金会和摩根大通银行联合发起的影响力投资倡议反映了一种投资者可以在追求财务回报的同时解决社会和环境问题的观点(Bugg-Levine and Emerson，2011：17)。为了获得非财务回报而投资的做法已有很长的历史；然而，洛克菲勒基金会和摩根大通银行最近发起了一项旨在界定和统一影响力投资的倡议。监测研究所(Monitor Institute)发布的一份社会和环境投资报告显示，影响力投资市场支离破碎，缺乏得到广泛接受的影响力评价指标，而且几乎没有中介平台(Freireich and Fulton，2009)。为了应对这些挑战，洛克菲勒基金会和摩根大通银行联袂发布了《影响力投资：一种新出现的资产类别》(Impact Investments：An Emerging Asset Class)的报告(O’Donohoe，Leijonhufvud and Saltuk，2010)，试图探明和评估影响力投资的潜在市场。据它们估计，在未来10年里，这个市场有容纳4 000亿～10 000

亿美元投资的潜力。

那么,影响力投资日益增长的势头将如何影响小微金融领域呢?虽然影响力投资并不局限于发展中国家,但这种投资瞄准的是世界资源研究所(World Resources Institute)所界定的年收入低于3 000美元的"金字塔底部人群"。《2010年度影响力投资报告》(O'Donohoe,Leijonhufvud and Saltuk,2010)把小微金融确定为"影响力投资倡议"针对的关键部门之一。影响力投资者类型多种多样,既有像埃斯梅·费尔伯恩基金会这样的私人基金会,又有像花旗集团这样的大型金融机构;影响力投资者的回报预期大相径庭,他们的财务目标也各不相同;这一切都表明有效地把投资者的利益与小微金融机构的社会金融使命结合在一起的重要性。随着影响力投资基础设施的不断完善,投资者的关注将日益推动小微金融机构对其他业绩评价指标的需求。

影响力评估面临的挑战

推动小微金融影响力评估的基本问题通常是"如果项目没有付诸实施,参与者的生活相对于项目付诸实施会有什么不同"的一些变体(Karlan and Goldberg,2011)。然而,由于以下几个原因,要对这个问题做出有价值的回答颇具挑战性。首先,即使个体没有参加小微金融计划,我们也很难准确衡量他们的生活发生了怎样的变化。在研究期间,没有参加小微金融计划的个体也可能由于其他原因而改善了自己的经济状况,如所在国家的宏观经济环境可能有所改善,或者社区基础设施投资有所增加。为了准确确定小微金融服务相对于这类其他因素的影响程度,有必要对相反情况的影响力进行有效的评估(即所谓的反事实影响力评估),也就是,如果小微金融计划没有付诸实施,小微金融客户能过上怎样的生活(Karlan and Goldberg,2011)。反事实影响力评估通常是通过比较小微金融计划参与者经历的变化与未参与者经历的变化来完成的。

这种比较导致小微金融影响力研究面临第二个基本挑战:选择偏倚。选择参加小微金融计划的个体往往与不选择参加这种计划的个体有系统性差别。例如,那些选择参加小微金融计划的人可能已经有了发展较好的企业,并且更有还贷信心(Hashemi,1997)。对小微金融计划参与者与非参与者进行简单的比较，可能会因为没有考虑这种选择偏倚而显著放大参与小微金融计划的影响。

与小微金融关系特别密切的第三个影响力评估挑战是必须考虑退出计划的个体(Armendáriz and Morduch，2010)。例如，根据小组联保贷款合同，借款人往往因业绩不佳而被逐出借款联保小组。如果出现这种情况，小微金融计划可能会对退出者的生活产生负面影响，但退出者往往不参加评估，从而导致对影响力的高估。

最后，确定影响力评价指标是一项具有挑战性的任务，因为小微金融的影响力可能影响客户生活的许多方面。评价小微金融影响力的最常用指标涉及企业收入和家庭消费(Karlan and Goldberg，2011)，但其他社会影响力评价指标也引起了更加广泛的关注，如消费平滑(consumption smoothing)、医疗保健、教育和妇女权利(Armendáriz and Morduch，2010)。了解这些不同评价指标之间的相互关系也很重要，因为它们常常彼此相关，如一个评价指标数值的增大会导致另一评价指标数值的减小(Karlan and Goldberg，2011)。

这里提到的各种影响力评价挑战并不是一些次要的问题。如果这些问题不能得到妥善解决，就可能对影响力评估的结果产生100%的影响，甚至得出相反的结果(Armendáriz and Morduch，2010)。

随机对照试验结果

为了应对影响力评价方面的挑战，小微金融业已经对随机对照试验(randomized controlled trials，RCTs)表现出更大的兴趣(Bauch et al.，2011)。随机对照试验通过比较试验组(如获得小微金融服务的试验组)与对照组(如那些没有获得小微金融服务的小组)受到的影响，就能减缓上述某些挑战。通过抽取足够大的样本，随机确定试验组和对照组，被作为对照组的人群被认为平均具有与试验组相同的基本特征，并且被认为能明确估计试验组受到的影响(Karlan and Goldberg，2011)。虽然随机对照试验法对研究有些助益，但请记住，它可以通过有选择地向一些潜在客户提供获得小微金融服务的机会，而没有赋予其他可能同样需要这种服务的潜在客户获得小微金融服务的机会，从而引发严重的道德问题。

在过去的10年里，在不同的文化背景下，研究者对有机会获得小微金融服务的影响进行了一些研究。巴纳吉、杜弗洛、格兰内斯特和金南(Banerjee, Duflo, Glennerster and Kinnan, 2010)研究了印度海得拉巴(Hyderabad)随机挑选的贫民窟被赋予举借小微信贷机会所产生的影响。克雷彭、杜弗洛和帕里恩德(Crepon, Devoto, Duflo and Pariente, 2011)对摩洛哥随机挑选的村庄进行了一项类似的研究。卡兰和津曼(Karlan and Zinman, 2011)研究了菲律宾城郊居民个体获得小微信贷的影响。那么,这些研究在哪些方面得出了相似和不同的结论呢?

一般来说,以上这些研究表明,有机会获得小微信贷对受援者的财务状况可能产生温和的正面影响,但往往不能像预期的那样产生直接影响,如直接增加营业收入。班纳吉等(Banerjee et al., 2010)研究发现,有机会获得小微信贷的人比那些没有机会获得小微信贷的人更有可能开办新企业;但是,他们没有发现利润在统计上有显著的增加。但这些研究还表明,有机会获得小微信贷,可以通过促使客户改变财务行为来改善客户的福利。虽然小微信贷并没有导致家庭平均支出额发生变化,但确实影响了家庭经营活动的支出方式。如果小微信贷接受者在获得信贷之前开办了一家新企业或拥有一家企业,就更有可能减少在消费品上的支出,并且把更多的资金用在企业投资和家庭购买耐用品上(Banerjee et al., 2011; Crépon et al., 2011)。然而,如果小微信贷接受者在获得信贷前没有企业或者在获得信贷后没有开办新企业,就更愿意增加在消费品上的支出(Banerjee et al., 2010; Crépon et al., 2011)。所有这些研究都表明,如果小微信贷是专门发给企业主的,就能把家庭支出转向长期改善家庭生计的用途。但不管怎样,这些研究都没有发现小微信贷对教育、医疗保健、雇用更多工人或赋予妇女权利等更广泛的层面产生任何重大的影响(Banerjee et al., 2010; Crépon et al., 2011; Karlan and Zinman, 2011)。

我们可以从三个视角来解释随机对照试验的结果。第一个视角的解释是,小微金融没能达到对它的预期(Bennett, 2009)。因此,就应该考虑把更多的资源用于其他减贫方式。第二个视角的解释是,不应过分重视为数如此之少的研究(Maes and Reed, 2012)。用这些研究来以偏概全可能特别危险,因为已有研究发现,小微金融计划实施的文化背景对其成败产生很强的影响(Ahlin, Lin and Maio, 2011)。此外,这些影响力研究的考察期相对较短,一般在11～24个月。可以想象,小微金融需要更长的时间才能产生显著的影响。

对最近获得的小微金融影响力评价研究结果的第三种解释是，虽然小微金融本身并不可能像预期的那样对微型企业产生革命性影响，但它正以各种意想不到的方式正面影响贫困家庭（Morduch，2011）。越来越多由一些正式的影响力评价研究和其他形式的描述性研究（Collins，Morduch，Rutherford and Ruthven，2009）得出的证据表明，小微金融的真正影响并不是它对微型企业的影响，而是对管理贫困家庭紧张的现金流的影响。这些研究表明，小微信贷更经常被用来应对财务风险（如支付丧葬费）、进行家庭投资或者购买食品、支付医疗费和学费（Morduch，2011；Bauch et al.，2011；Karlan and Zinman，2011）。小微信贷接受者正在调整自己的产品以使其能够满足他们自己的需要，而扩大企业规模常常不是最紧迫的问题。

这些证据还进一步证明了这样一种观点：小微金融基本模式应该超越信贷的范畴推出品种更多的产品。虽然以上都是一些初步的研究结论，但侧重于储蓄和保险等其他小微金融产品的影响力评价研究显示，这些小微金融产品对客户的生活产生了更大的正面影响（Bauch et al.，2011）。杜帕斯和鲁滨孙（Dupas and Robinson，2011）完成的一项关于肯尼亚小额储蓄的研究表明，储蓄账户有强劲的需求，而且还有广泛的用途。开立储蓄账户的妇女增加了她们的商业投资，有更多的钱可为她们的家庭购买食物；而且与对照组相比，她们能更好地应对健康风险。

一项评估加纳农民小微保险影响的研究显示，小微保险对农民的家庭福利产生了积极的影响，获保的家庭成员不太可能没饭吃（Karlan，Osei-Akoto，Osei and Udry，2011）。以上这些研究表明，虽然关于小微金融的好评几乎都集中在有利于微型企业成长的机制上，但仍有很大的机会通过推出关注现金流管理和风险缓解的产品来改善福利（Bauch et al.，2011）。

对社会金融的意义

在过去的40年里，现代小微金融的开拓者们一直致力于开发一种能使贫困家庭获得融资机会的有效方法。现代小微金融业从最初几个组织演变为一个世界性的行业，既受到了创新进步的影响，也受到不幸失误的干扰。我们在小微金融方面积累的经验对于更广义的社会金融具有什么意义呢？

根据本章考察的内容，我们认为有三方面的意义。

首先，小微金融的历史表明，融资模式和产品特征的细节并不是次要问题，而是这场运动取得成功的核心要素。在过去的几十年里，小微金融没能获得显著的扩展，原因就是只有信贷需求和供给。20世纪50年代到80年代，针对农村贫困人口的政府补贴信贷计划普遍遭遇失败，足以说明只有良好的愿望和可用的资金是不够的。更加确切地说，现代小微金融的一个关键区别是，它在早期就展示了一种具有财务可持续性和可扩展性的信贷模式(Cull et al.,2009)。小组联保贷款、频繁还贷和动态激励等看似微妙的创新都是这场新运动的核心内容。对于范围更广的社会金融领域来说，小微金融的成功经验表明，金融产品和服务等细节在决定成败的过程中发挥着核心作用。正如我们对影响力投资的兴趣与日俱增所显示的那样，社会投资的可用资金在未来10年很可能继续急剧增加(O'Donohoe et al.,2010)。社会金融面临的挑战是，开发能实现其目标的创新产品和交付系统，而不是满足于对现有模式的松散适应。

其次，小微金融运动中出现的一些失误对在商业融资推助下实现极端增长的做法敲响了警钟。在一些不同市场，如20世纪90年代的玻利维亚和21世纪10年代后期的印度，利用商业资金的机构导致市场规模急剧扩大。但是，这些市场又迅速趋于饱和，而且很快就达到危机点并濒临崩溃(Rhyne,2001;CGAP,2010)。社会金融主要是面临过度增长的风险，因为它往往以迫切需要社会变革的市场为目标市场。这些市场往往欠发达，缺乏减轻系统风险的重要基础设施。以小微金融为例，玻利维亚和印度没有独立的征信机构跟踪各小微金融机构客户的个人负债水平。无节制的增长更容易导致这些市场崩溃，最终损害社会金融的预期受益者。

最后，随着公众对小微金融认识的不断提高，影响力评价研究发挥了不同的作用。早期，小微金融的故事和发展前景在引起全球关注方面发挥了主要作用。在小微金融模式引起国际关注以后，对照研究就发挥了越来越重要的作用。此外，小微金融案例表明，质量评价研究不仅可以评价影响力，而且可以有效地用来说明某项计划的具体缺陷和弥补缺陷的方法。小微金融从业人员的经验以及对小微金融的定性研究和评价研究都支持促进企业成长的基本小微金融产品没能满足穷人最迫切的融资需要这个结论(Morduch,2011)。小微金融机构的客户以意想不到的方式使用小微金融产品来满足他们对现金流管理和降低风险的需要，从而表明小微金融有必要继续拓展小微储蓄和小微保险业务；而对于涉及范围更广的社会金融来说，这就意味着影响力研究不但可作为直接评价小微金融计划成败的手段，而且能带来实质性的好处。深入了解为什么某项小微金融计划没能像预期的那样发挥作用，这本身就能向我们指明可选的前行道路。

结束语

本章对小微金融历史沿革和发展现状的评介表明，这个行业正在发生迅速的变化。这是一个多方面都在不断变化的领域。新的商业资金来源的出现正在改变小微金融的市场结构。从组织设计和使命的角度看，小微金融机构正呈现出日益多样化的格局。近年来，有些小微金融市场过热，凸显了市场过度饱和的风险。认真的影响力评价研究提出了小微金融究竟能实现怎样的目标这个新问题，而这个新问题又驱使许多人重新思考应该如何改变标准的小微金融产品和服务才能更好地满足穷人的融资需要。

穆罕默德·尤努斯甚至表示，不应该允许一些进入这个行业的新商业机构把"小微金融"这个术语用到其商业模式中（Yunus，2011）。他认为，"小微金融"这个术语是在过去几十年里逐渐形成的，它意味着对社会目标某种程度的承诺，这是一种基于信任和尊重对待穷人的方式。现在，这个术语很容易不适当地用来表示某个组织的商业活动。不管我们是赞同还是回避尤努斯的观点，小微金融确实是一个越来越多样化的领域，区分组织目标的作用并不明显。这种局面正说明这一领域正在发生变化，我们必须认识到构成现代小微金融的模式的多样性。

参考文献

Ahlin, C., Lin, J., and Maio, M. (2011). 'Where Does Microfinance Flourish? Microfinance Institution Performance in Macroeconomic Context', *Journal of Development Economics*, 95(2): 105–20.

Akula, V. (2010). *A Fistful of Rice: My Unexpected Quest to End Poverty Through Profitibility.* Cambridge, MA: Harvard Business Press.

Ardener, S. (1964). 'The Comparative Study of Rotating Credit Associations', *The Journal of the Royal Anthropological Institute of Great Britain and Ireland*, 94(2): 201–29.

Armendáriz, B., and Morduch, J. (2000). 'Microfinance Beyond Group Lending',

Economics of Transition, 8(2): 401–20.
Armendáriz, B., and Morduch, J. (2010). *The Economics of Microfinance* (2nd ed.). Cambridge, MA: MIT Press.
Attanasio, O., Augsburg, B., De Haas, R., Fitzsimons, E., and Harmgart, H. (2012). 'Group Lending or Individual Lending? Evidence from a Randomised Field Experiment in Mongolia'. European Bank for Reconstruction and Development, Working Paper Issue No. 136.
Banerjee, A., Chandrasekhar, A., Duflo, E., and Jackson, M. (2013). 'The Diffusion of Microfinance', *Science*, 341: 363–73.
Banerjee, A., Duflo, E., Glennerster, R., and Kinnan, C. (2010). *The Miracle of Microfinance? Evidence from a Randomized Evaluation*. MIT Working Paper.
Bateman, M. (2010). *Why Doesn't Microfinance Work? The Destructive Rise of Local Neolibralism*. London: Zed Books.
Bauchet, J., Marshall, C., Starita, L., Thomas, J., and Yalouris, A. (2011). 'Latest Findings from Randomized Evaluations of Microfinance'. Access to Finance Forum Reports by CGAP and its Partners (No. 2).
Bennett, D. (2009). 'Small Change: Billions of Dollars and a Nobel Prize Later, It Looks Like 'Microlending' Doesn't Actually Do Much to Fight Poverty', *The Boston Globe*, 20 September, pp. 36–40.
Besley, T., and Coate, S. (1995). 'Group Lending, Repayment Incentives and Social Collateral', *Journal of Development Economics*, 46: 1–18.
Besley, T., Coate, S., and Loury, G. (1993). 'The Economics of Rotating Savings and Credit Associations', *The American Economic Review*, 83(4): 792–810.
Braverman, A., and Guasch, J. (1986). 'Rural Credit Markets and Institutions in Developing Countries: Lessons for Policy Analysis from Practice and Modern Theory', *World Development*, 14(10/11): 1253–67.
Brett, J. (2006). '"We Sacrifice and Eat Less": The Structural Complexities of Microfinance Participation', *Human Organization*, 65(1): 8–19.
Bugg-Levine, A., and Emerson, J. (2011). 'Impact Investing: Transforming How We Make Money While Making a Difference', *Innovations*, 6(3): 9–18.
CGAP (2006). 'Annual Report 2006', CGAP.
CGAP (2007). 'CGAP Reflections on the Compartamos Initial Public Offering: A Case Study on Microfinance Interest Rates and Profits'. Focus Note, No. 42.
CGAP (2010). 'Andra Proadesh 2010: Global Implications of the Crisis in Indian Microfinance'. Focus Note, No. 67.
Collins, D., Morduch, J., Rutherford, S., and Ruthven, O. (2009). *Portfolios of the Poor: How the World's Poor Live on $2 a Day*. Princeton, NJ: Princeton University Press.
Crépon, B., Devoto, F., Duflo, E., and Parienté, W. (2011). 'Impact of Microcredit in Rural Areas of Morocco: Evidence from a Randomized Evaluation'. MIT Working Paper.
Cull, R., Demirguc-Kunt, A., and Morduch, J. (2009). 'Association Microfinance Meets the Market', *The Journal of Economic Perspectives*, 23(1): 167–92.
Daley-Harris, S., and Awimbo, A. (eds) (2011). *New Pathways out of Poverty*. Sterling, VA: Kumarian Press.
Ditcher, T., and Harper, M. (2007). *What's Wrong with Microfinance?* Warwickshire: Practical Action Publishing.
Dreze, J. (1990). 'Poverty in India and the IRDP Delusion', *Economic and Political Weekly*, 25(39): A95–104.

Dupas, P., and Robinson, J. (2011). *Savings Constraints and Microenterprise Development: Evidence from a Field Experiment in Kenya.* NBER Working Paper No. 14693.

Fischer, G., and Ghatak, M. (2011). 'Spanning the Chasm: Uniting Theory and Empirics in Microfinance Research', in B. Armendáriz and M. Labie (eds), *The Microfinance Handbook.* Singapore: Singapore World Press, pp. 59–71.

Freireich, J., and Fulton, K. (2009). *Investing for Social and Environmental Impact: A Design for Catalyzing and Emerging Industry.* Cambridge, MA: Monitor Institute.

Geertz, C. (1962). 'The Rotating Credit Association: A "Middle Rung" in Development', *Economic Development and Cultural Change*, 10(3): 241–63.

Ghatak, M. (1999). 'Group Lending, Local Information and Peer Selection', *Journal of Development Economics*, 60(1): 27–50.

Gine, X., and Karlan, D. (2006). 'Group versus Individual Liability: Evidence from a Field Experiment in the Philippines'. Yale University Working Paper.

Glisovic, J., González, H., Saltuk, Y., and de Mariz, F. R. (2012). 'Volume Growth and Valuation Contraction: Global Microfinance Equity Valuation Survey 2012'. CGAP & J.P. Morgan. Access to Finance Forum, No. 3.

Gonzalez, A. (2008). *How Many Borrowers and Microfinance Institutions (MFIs) Exist?* Washington, DC: Microfinance Information Exchange (MIX).

Gonzalez, A. (2010). 'Is Microfinance Growing Too Fast?' MIX Data Brief No. 5.

Gonzalez, A., and Rosenberg, R. (2006). 'The State of Microcredit—Outreach, Profitability, and Poverty: Findings from a Database of 2600 Microfinance Institutions'. CGAP Working Paper.

Gonzalez-Vega, C. (1994). 'Stages in the Evolution of Thought on Rural Finance: A Vision from the Ohio State University'. Economics and Sociology, Occasional Paper No. 2134.

Hashemi, S. (1997). 'Those Left Behind: A Note on Targeting the Hardcore Poor', in G. Wood, and I. Sharif, *Who Needs Credit? Poverty and Finance in Bangladesh.* Dhaka: University Press.

Helms, B. (2006). *Access for All: Building Inclusive Financial Systems.* Washington, DC: Consultative Group to Assist the Poor, The World Bank.

Hulme, D., and Mosley, P. (1996). *Finance Against Poverty, Volume 2.* New York: Routledge.

Huppi, M., and Feder, G. (1990). 'The Role of Groups and Credit Cooperatives in Rural Lending', *The World Bank Research Observer*, 5: 187–204.

Karlan, D., and Goldberg, N. (2011). 'Microfinance Evaluation Strategies: Notes on Methodology and Findings', in B. Armendáriz, and M. Labie, *The Handbook of Microfinance.* Singapore: World Scientific Publishing, pp. 17–28.

Karlan, D., Osei-Akoto, I., Osei, R., and Udry, C. (2011). 'Examining Underinvestment in Agriculture: Measuring Returns to Capital and Insurance'. Yale University Working Paper.

Karlan, D., and Zinman, J. (2011). 'Microcredit in Theory and Practice: Using Randomized Credit Scoring for Impact', *Science*, 332(6035): 1278–84.

Karnani, A. (2007). 'Microfinance Misses its Mark', *Stanford Social Innovation Review*, Summer, pp. 34–40.

Kumar, K., McKay, C., and Rotman, S. (2010). 'Microfinance and Mobile Banking: The Story so far'. CGAP Focus Note, No. 62.

Maes, J., and Reed, L. (2012). *State of the Microcredit Summit Campaign Report 2012.* Washington, DC: Microcredit Summit Campaign.

MicroCapital (2010). 'SKS Microfinance IPO Experiences Strong Demand, Total Share Offer 13 Times Oversubscribed'. MicroCapital Brief.
Morduch, J. (1999). 'The Microfinance Promise', *Journal of Economic Literature*, 37(4): 1569–614.
Morduch, J. (2011). 'Why Finance Matters', *Science*, 332(6035): 1271–2.
Murray, I. and Lynch, E. (2003). 'What Do Microfinance Customers Value?', *Women's World Banking*, Focus Note 20(1).
Nicholls, A. (ed.) (2006). *Social Entrepreneurship: New Models of Sustainable Social Change*. Oxford: Oxford University Press.
O'Donohoe, N., Leijonhufvud, C., and Saltuk, Y. (2010). *Impact Investments: An Emerging Asset Class*. London: J.P. Morgan Global Research.
Prahalad, C. (2004). *The Fortune at the Bottom of the Pyramid: Eradicating Poverty Through Profits*. Philadelphia: Wharton School Publishing.
Rahman, A. (1999). 'Micro-credit Initiatives for Equitable and Sustainable Development: Who Pays? *World Development*, 27(1): 67–82.
Rai, A., and Sjostrom, T. (2004). 'Is Grameen Lending Efficient? Repayment Incentives and Insurance in Village Economies', *Review of Economic Studies*, 71(1): 217–34.
Rangan, V. K., Chu, M., and Petkoski, D. (2011). 'Segmenting the Base of the Pyramid', *Harvard Business Review*, 89(6): 113–17.
Rath, N. (1985). '"Garibi Hatao": Can IRDP Do It?' *Economic and Political Weekly*, 20(6): 238–46.
Rhyne, E. (2001). *Mainstreaming Microfinance: How Lending to the Poor Began, Grew, and Came of Age in Bolivia*. Bloomfield, CT: Kumarian Press.
Robinson, M. (2001). *The Microfinance Revolution: Sustainable Finance for the Poor*. Washington, DC: International Bank for Reconstruction and Development, The World Bank.
Rosenberg, R. (2008). 'Mohammed Yunus and Michael Chu Debate Commercialization'. Geneva: Accion Media Coverage, CGAP.
Sabin, N., and Reed-Tsochas, R. (2014). 'Social Collateral: Structural Embeddedness and Economic Performance in Microfinance'. University of Oxford Working Paper.
Scharwatt, C., Katakam, A., Frydrych, J., Murphy, A., and Naghavi, N. (2015). 'State of the Industry 2014: Mobile Financial Services for the Unbanked.' *GSMA Report*.
Silwal, A. (2003). 'Repayment Performance of Nepali Village Banks'. Public Policy Thesis, Swarthmore College.
Stiglitz, J. (1990). 'Peer Monitoring and Credit Markets', *World Bank Economic Review*, 4(3): 351–66.
Suria, T., Jack, W., and Stokera, T. (2012). 'Documenting the Birth of a Financial Economy', *PNAS*, 109(26): 10257–62.
Tedeschi, G. (2006). 'Here Today, Gone Tomorrow: Can Dynamic Incentives Make Microfinance More Flexible? *Journal of Development Economics*, 80(1): 84–105.
Trezza, S. (2006). 'Products and Services in Modern Microfinance', in M. La Torre, and G. Vento, *Microfinance*. New York: Palgrave Macmillan, pp. 20–37.
Vogel, R. (1984). 'Savings Mobilization: The Forgotten Half of Rural Finance', in D. Adames, D. Graham, and J. Von Pischke, *Undermining Rural Development with Cheap Credit*. Boulder, CO: Westview Press.
Woolcock, M. (1999). 'Learning From Failures in Microfinance: What Unsuccessful Cases Tell Us About How Group-Based Programs Work', *American Journal of Economics & Sociology*, 58(1): 17–42.

Yunus, M. (1998). *Banker to the Poor: The Authobiography of Muhammad Yunus, founder of the Grameen Bank*. London: Aurum Press Ltd.

Yunus, M. (2003). *Banker to the Poor: Micro-Lending and the Battle Against World Poverty*. New York: PublicAffairs.

Yunus, M. (2011). 'Sacrificing Microcredit for Megaprofit', *New York Times*, January 14, pp. 1–3.

第七章　风险慈善

——在全球范围内的发展、演化和扩张

罗布·约翰　杰德·艾默生

引　言

“风险慈善”是一个极具可塑性的术语，在过去的15年里，它在同等程度上被采纳、修正和拒绝（Letts et al.，1997；Letts and Ryan，2003）。在有些人看来，这是一种矛盾的修饰手法，受到了影响力投资者（被“慈善”所困扰）和捐赠人（认为“风险”意味着商业动机）的质疑。为了理顺这种修饰乱象，我们可以把“风险慈善”看作首先是表示“创业性社会融资”（entrepreneurial social finance）这个谱系的捐赠一端。创业性社会融资有越来越多的融资模式，其重点是向社会创业者（social entrepreneurs ）及其创业性社会风投事业（entrepreneurial social ventures）或新创社会企业提供资金和非资金支持（John，2012）。风险慈善家（venture philanthropists）在很大程度上满足于将赠款作为自选的融资方式，因为他们首先关心的并不是收回资本或者赚取投资的财务回报。

风险慈善与传统的慈善捐赠相比，最主要的区别在于参与程度，而不是融资类型（赠款、贷款和股权）或者受助组织的法律形式（非营利组织或社会企业）。典型的私人或企业慈善基金会每年可能要分散赠送数百笔赠款，而每个赠款主管每年要与很多受赠人打交道，因此不可能详细了解每个受赠人的日常业务状况。相比之下，风险慈善管理人很可能只负责管理三四个投资项目，通常在每个项目有可能持续多年的生命周期里对自己管理的每个投资项目一直保持关注。

欧洲风险慈善协会（European Venture Philanthropy Association，EVPA）提出的以下风险慈善基金运营准则是一种良好捐赠实践与风投资本关

系更加密切的专业术语的融合(Balbo et al.,2010):(1)投资策略,风险慈善基金必须确定自身投资策略的参数和偏好;(2)被投资者类型,非营利(公益)组织、社会事业、社会企业;(3)被投资者所处的发展阶段,创业者自助阶段、初创阶段、早期成长阶段、成长和规模化发展阶段;(4)投资领域,狭义和专业化、广义和未知;(5)地域,本地、国内、国际。

表 7.1 列示了风险慈善基金可用的投资和组织策略矩阵(John,2012)。

风险慈善资金的配置分阶段进行,我们将在下一节里对每个阶段进行考察。

表 7.1　风险慈善矩阵

被投资者类型	收入靠捐赠和公募的非营利性公益机构	有补贴、捐赠/耐心资本补贴、任何再投资盈余的社会事业	无补贴、几乎或者根本没有捐赠补贴、进行盈余再投资、对股权投资回报规定上限的社会事业	采用旨在创造社会影响力的交易模式并向投资者和所有者分配盈余的社会企业
被投资者所处的发展阶段	创业者自助阶段:个人融资/学习寻求对社会创业者的资助	创办企业、早期成长阶段	成长、规模化发展阶段	国际化发展/复制/特许经营、并购阶段
投资部门	窄聚焦(专业化;单个部门,如医疗卫生、教育、环保)	宽聚焦(多部门;多样化投资组合)	扮演召集人角色(召集不同部门的参与者进行合作)	
融资工具	赠款(大多是不用归还但与业绩挂钩的捐款)	贷款、包销债券、耐心资本	"准股权融资",可能要分享收入	股权融资
投资者回报	只有社会影响力(本金损失)	高风险、只求本金保值或者循环使用	把社会影响力放在第一位的投资者(财务回报率在－15%～＋5%)	把财务回报放在第一位的投资者(财务回报率在5%～10%)
非资金支持	"前重式"(front-loaded)——主要是在投资前制定商业计划期间提供资助	在整个投资期内持续提供资助	提供组织内部支持(人员、董事会、合伙人)	分包给外部咨询顾问的支持
参与深度	主要与管理团队接触	每周与管理团队接触一次	出席或者列席董事会	
退出/毕业	没有任何明确的退出"事件"、约定时间结束后脱离	在硬性规定的时间里提供约定的一揽子支持	风投式退出事件,如在二级市场上出售或者首次公开发行股票	"毕业生俱乐部"——进行外部学习

续表

地域范围	社区	本国	本地区	全球
业绩与影响力	投资项目组合、组织或者基金业绩评价指标(如综合评价表)	社会影响力评价指标(如投资的社会回报率)		
信息披露	基金公布所有的内部运营和投资账目	基金公布其详细的投资信息	有限公布或完全不公布账目	

资料来源:约翰(John,2012)。

交易流

与风投公司一样,风险慈善基金往往积极寻找潜在的投资对象,而不是使用已有赠款基金会的被动申请程序。基金的网络或其他捐款机构的推荐通常是潜在"交易"的来源。

投资评估

投资评估通常是一个三阶段"漏斗"形初步筛选过程,包括案头研究和现场走访,对被投资者进行尽职调查,最后是评估通过初选的被投资者的投资方案。尽职调查可能需要几个月的时间,包括主动帮助制定商业计划、确定社会影响力目标、评估管理团队及其治理水平,并且确定基金可做出的财务和非财务贡献。

投资组合管理

与被投资者管理团队的日常关系是区分风险慈善基金与大多数私人基金会和其他出资人等传统方式的一个重要方面。投资组合管理人对每个被投资者的工作进度有更加敏锐的"嗅觉",他们与被投资者的接触频率从每月至少一次到每周数次不等(John,2007)。投资组合管理人按照投资建议书中的约定负责管理非财务、指导和咨询投入要素。这些投入要素可以包括提供战略和运营方面的咨询意见以及指导主要的社会创业者,所有这些直接由投资组合管理人或基金团队的其他成员负责,或者由外部志愿合作者来完成。

与传统的出资人不同，风险慈善家通常会选择在被投资者董事会（或理事会）中担任正式职务或者以观察员的身份列席董事会（或理事会）；这种做法在私募股权投资中十分常见，但在私人基金会资助非营利组织的情况下，即使没有遭到反对，也非常罕见。

退　出

“退出”是从私募股权基金那里借用的另一个术语。刚开始，这个术语出现在社会部门的词汇中给人有点不舒服的感觉。毕竟，私募股权基金常见的“退出事件”（如首次公开上市或者在二级市场上出售）与风险慈善家资助的非营利和社会企/事业无关。“退出”意味着有限合伙人（私募股权基金的投资者）为了获得最大回报而以一种相当“不讲理”的方式结束合作关系。退出一个风险慈善项目，更多是指让被投资者在完成当前一轮融资后做好进入下一轮发展和成长的准备（Alter，Shomerker，Tuan and Emerson，2001）。由于风险慈善往往是要帮助构建一个实力更强的组织，因此，风险慈善机构事先就已经与待建组织商定把有计划地分阶段撤走资金和其他服务作为投资计划的一部分。当然，在实际投资过程中，情况可能会发生变化。一些基金倾向于使用“毕业”一词来表示与被投资者不涉及硬性投入的下一阶段关系，但这个待建组织仍然是基金“家族”一员，并且能够通过分享指导经验为其他被投资者做出贡献。

美国风险慈善业的起源与发展

虽然“当你看到基金会时，你就看到了……基础”是一句老话，但这句话还是有道理的：人们可能会谈论私人、家族和企业基金会，或描述看似不同的慈善战略的各种构成要素，但现实是，每个基金会都可以自由地确定自己认为合适的发展方向、运营方式和具体做法。没有一种正式的问责机制要求那些打着“慈善”的旗号做事的人采取任何一套单一实践。然而，正如有人对20世纪80年代末美国风险慈善兴起的反思所反映的那样，聚集在这一旗号下的战略和实践确实有别于当时大多数基金会。事实上，如果我们赞同这些年来一直持以下主张的人的观点：这些聚集在“风险慈善”旗号下的实践只不过是一些好的慈善实践——在风险慈善兴起之前早就已经存在并为基金会管理人员采用的实践——的基本要素[1]，那么，我们可以得出的唯一结论就是，到了20世纪80年代末，活跃在美国的大多数基金会实际上并没有在它们的工作中采用健全的基本慈善实践。

毫无疑问，20世纪80年代末，有很多富有创新和创业精神的基金会活跃在美国的慈善界，但当时的慈善实践由慈善经理人——认为自己的职责就是管理慈善资产并向非营利组织发放赠款的高管——主导。这一领域由一种认为慈善基本上就是交易（侧重于赠款交易），而不应该以投资者的心态来运作[侧重于把慈善理解为一种打造某组织能力的投资行为——慈善机构进行这种投资是为了把自己的干预扩大到能在受赠组织的运营领域（如教育、职业培训等）里实施变革并产生可持续的影响力]的观点所驱动。[2] 采取慈善交易观的慈善实践具体操作如下：非营利组织寻找某个基金会，并向该基金会提交获赠申请；基金会审核申请，进行实地考察，发放赠款（从提交申请到发放赠款通常需要3～9个月）；最后，受赠方在赠款使用期（通常1～3年）结束时提交赠款使用情况报告。相比之下，上述风险慈善实践（某个基金会在进行市场调查后确定受赠方，根据商业战略提供资金，并且定期派工作人员与受赠方联系）基于以下这种慈善观：慈善是公益，但更是融资和投资。

虽然有人认为，20世纪90年代末参与旧金山湾区开发的风险慈善是互联网企业家[巴克兰、海因伯格和海伊（Buckland, Hehenberger and Hay, 2013）]在高科技企业家和网络公司百万富翁出现之前创造了新慈善资源的结果，但20世纪80年代末曾有过一个其特点就是"走，到华尔街去赚钱"（Go, Go Wall Street）时兴并过热的时期。当时，杠杆收购巨头是王，而股票交易员则成了财经媒体头版头条新闻的报道对象，而且日益成为主流媒体头版头条新闻的报道对象。对于社会工作者和社会活动家来说，美国重新为财富而狂并回到新的"镀金时代"（Gilded Age）似乎是一个过度和浪费的时期，但也催生了新一代的慈善家。有一些在华尔街称王的巨头通过赞助交响乐团、歌剧院和芭蕾团或者建造以他们的姓名命名的大楼等传统慈善手段来回馈社会，而另一些巨头则把他们的投资眼光用在了慈善事业和非营利部门。他们开始思考："能否把自己在市场上创造了如此巨大财富的智慧、理念和实

[1] Kramer(2002)，转引自John(2006)，Venture Philanthropy: The Evolution of High Engagement Philanthropy in Europe。

[2] 想要了解更多关于慈善交易观和慈善投资观的信息，请参阅艾默生（Emerson, 2000）。

践用来创造社区影响力和价值呢?”[1]

这些人在有生之年创造了财富,创办了基金会和捐赠机构,他们不会把这些基金会和捐赠机构交给慈善经理人掌管,而是打算按照他们创造财富的方式——通过自由企业,相信市场以及商业智慧不仅可用来创造市场价值,还能用来创造社区价值和社会影响力(如改善前无家可归者的就业选择、儿童在成绩不佳的学校的表现,或者提高针对穷人的社会服务计划的效率)——经营自己创办的基金会和捐赠机构。这里仅举三个值得关注的方面。

试图确定是谁最早把风险慈善实践作为一种策略,就如同试图认定是谁发明了内燃机。在美国,有许多行为主体致力于把所谓的风险慈善付诸实践。由华尔街一些重要投资者资助的罗宾汉基金会(Robin Hood Foundation)于1987年成立,并在慈善商业观的框架下运作。同样成立于1987年的“绿色回声”(Echoing Green)基金会由泛大西洋(General Atlantic)投资集团首席执行官埃德·科恩(Ed Cohen)担任理事长。科恩认为,通过确定企业家个人(他们被称为社会企业家/创业者)的资产组合,并为他们提供不只是少量的种子资本赠款,而是为他们新创企业的发展提供支持网络,为解决美国一些最棘手的问题而进行的创新和提出的新思想就有望被用来为公共利益服务。用科恩的话来说:

> 我们刚开始考虑创建“绿色回声”时,是想创建一个采取风投的方式来做慈善的基金会。我们想做的不只是捐钱,我们想帮助资助对象实现他们的梦想。我们的想法是寻找有才华、具备领导力或潜在领导力、勇于冒险的人,并且支持——和借助于他们的精力和动力——他们实现自己的梦想。我们希望他们有点狂妄,就像我们认识的大多数私营部门企业家一样。我们希望通过积极主动地寻找,能够找到值得我们支持的人和群体;我们不想被动地等待,等收到赠款申请方案才做出反应……我们为“绿色回声”做这项工作,因此必须一如既往地做弘扬企业家精神,敢于冒险,善于建立和保持关系以及有追求的组织。我们之所以能够取

---

〔1〕 例如,请参阅“The Funders Perspective:Grantmaking as an Investment Strategy”,Emerson and Twersky(1996)。

得成功，是因为我们不是传统的基金会。[1]

1989年，位于美国西海岸的私募股份公司科尔伯格－克拉维斯－罗伯茨公司的管理合伙人乔治·R. 罗伯茨(George R. Roberts)发起创建无家可归者经济发展基金[后来改称罗伯茨企业发展基金(Roberts Enterprise Development Fund,REDF)]。这个基金不但进行了早期的风险慈善实践，而且对自己所做的风险慈善工作进行了全面的书面总结，从而成为第一个发表大量有关社会创业和风险慈善文章的风险慈善基金。1996年，罗伯茨基金会出版了一本400页厚的书，书名叫《新社会创业者：创建非营利事业的成功、挑战和教训》(*New Social Entrepreneurs: The Success, Challenge, and Lessons of Not-for-profit Enterprise Creation*)。[2] 这本书用几章的篇幅专门论述了"出资人的观点：作为投资策略的捐赠"(The Funder's Perspective: Grantmaking as an Investment Strategy)，并且有几节专门介绍"作为风险资本家的出资人"(Funder as Venture Capitalist)。他们在这本书里最先记录下了风险慈善策略的新要素。[3] 这本记录无家可归者经济发展基金或者罗伯茨企业发展基金工作和实践的书反过来又告诉我们，在未来几年里，美国、欧洲和世界其他地方还会有许多其他风险慈善基金问世。

从20世纪90年代中期到后期，一些引领潮流的风险慈善基金应运而生，其中包括[由风投家马里奥·森利诺(Mario Morino)创建的]"风险慈善合作伙伴"(Venture Philanthropy Partners)和[欧特克公司(Autodesk)的创始人保罗·布雷纳(Paul Brainer)和微软公司前高管保罗·舒梅克(Paul ShoMerkel)创办的]西雅图"社会风投合作伙伴"(Social Venture Partners-Seattle)。"新利润"(New Profit)(波士顿)、"新学校风投基金"(New Schools Venture Fund)(旧金山湾区)和德雷伯·理查茨基金会(Draper Richards Foundation)(旧金山湾区)都为推动风险慈善实践做出过贡献，并且把这个领域的业绩提高到了一个新水平。这些基金或者基金会都在其实践中贯彻自己独特的风险慈善观。例如，"新利润"开创了一种动员一大批有限合伙人投资该基金的新方法(不同于其他由高净值创始人个人出资创建的基金)；又如，"社会风投合作伙伴"动员了大批新慈善家为非营利组织提供管理和技术

[1] Echoing Green(1995). Community Report.
[2] 可浏览 http://www.redf.org 获得。
[3] 本章的合作者杰德·艾默生曾参与创建并管理过无家可归者经济发展基金，并且是罗伯茨企业发展基金的创始理事。

咨询服务。但是，所有这些——以及其他——在长期、高投入的核心业务下运营的基金不但把非营利组织作为单个受赠方提供资助，而且将其作为投资组合调整的组成部分进行资助。

1997 年 1 月，《哈佛商业评论》发表了一篇题为《慈善资本：慈善机构如何向风投资本取经》（Virtuous Capital：What Foundations Can Learn from Venture Capital）的文章。随后，风险慈善就逐渐成为主流，并且围绕以下两个关键问题展开了大辩论：第一个问题是“风险慈善是新生事物还是装在新盒子里的旧玩具”；第二个问题是“这种新一代慈善家所倡导的实践是否真的有效提高了非营利合作伙伴的能力，或者仅仅是不恰当地采用了商业和市场理念”。自从风险慈善发展为一个不同于传统慈善的实务领域以来，已有很多人撰文对这些问题发表了不同的看法。

欧洲风险慈善的历史沿革

1929 年，华尔街股市崩盘时，有人说：“美国打喷嚏，欧洲就会感冒。”事实上，在慈善事业和许多社会创新问题上，美国也要领先于英国几年，而欧洲大陆又要滞后于英国。2000 年，牛津大学第一个真正的现代捐款人亨利·德鲁克（Henry Drucker）发起了一场关于风险慈善的辩论，作为他对涉及面更广的美国和英国捐赠文化比较的一个内容。这场辩论又被英国当时唯一一只明确自诩是风险慈善的基金“帮助世界”（World in Need）[1]引向深入。“帮助世界”基金于 1965 年由事业有成的企业家塞西尔·杰克逊·科尔（Cecil Jackson Cole）创建。虽然科尔堪称英国第一个风险慈善家，并且在牛津饥荒救济委员会（Oxford Committee for Famine Relief，Oxfam）、“行动救援”和其他非营利组织的创建过程中发挥了重要作用，但这位深受贵格会思想熏陶的商人把商业智慧应用到沉闷的英国慈善界的开创性努力，至今仍未得到承认（Black，1992）。作为企业家，杰克逊·科尔认为，创办和经营慈善机构就像创办和经营初创企业，需要种子资本和成长资本，还需要商业头脑，才能实现可持续的社会目标。把慈善作为投资工具，而不仅仅是对有价值的项目的被动

〔1〕“帮助世界”成立于 1965 年，当时名叫“菲利斯信托基金”（Phyllis Trust）；后来为了突出它与房地产经纪业务的关系而更名为安德鲁斯慈善信托基金（Andrews Charitable Trust）。本章的一名作者罗布·约翰在 2000——2004 年间曾在该信托基金担任过执行理事。请浏览 http://www.andrrewscharitabletrust.org.uk。

资助的观点并不是杰克·逊科尔独有。历史上,英国总有一些捐赠基金和个人慈善家寻求在较长时间内为创新提供风险融资,而且还想增加创新的价值。值得注意的是,就如卡林顿(Carrington,2003)已经指出的那样,联合邓巴慈善信托基金(Allied Dunbar Charitable Trust)、约瑟夫·朗特里慈善信托基金(Joseph Rowntree Charitable Trust)和巴罗·吉百利信托基金(Barrow Cadbury Trust)几十年来一直向有风险、不受欢迎的初创企业进行长期机构资助。虽然这种具有远见卓识和战略意义的赠款也许并不是现代意义上的风险慈善,但它有自己的一些特点,尤其是在组织建设(不仅仅是为项目提供资金)以及通过提供战略和运营方面的建议来增加价值方面。

在英国和欧洲大陆,以下两个因素在很大程度上一起推动了21世纪头十年风险慈善事业的发展:一是社会创业势不可挡;二是私募股权投资专业人士在慈善领域遭遇了挫折。

李德彼特(Leadbeater,1997)讲述社会创新的小册子把社会创业者放在英国创新和可持续基层社会发展的核心位置上,影响着托尼·布莱尔(Tony Blair)新工党政府的工作日程。李德彼特对社会变革推动者——我们今天所说的社会创业者这个最初由阿育王(Ashoka)组织提出后被其他许多人沿用的全球认可的称谓——“不合群和特立独行”这个长期形成的传统进行了分析。李德彼特描述的三位社会创业者创建了英国第一个支持社会创业者及其混合型新创企业的社区行动网络。在过去的15年里,在支持组织、政策制定者、学术机构、出资人乃至政府的推动下,社会创业在整个欧洲乃至全球范围内已经成为一种主流活动。

2004年,5个成功的私募股权投资专业人士采用他们在美国和英国研究过的风险慈善模式创建了欧洲风险慈善协会[1],并明确为他们自己的专业机构欧洲私募股权风险投资协会(European Private Equity and Venture Capital Association)[2]点赞:欧洲风险慈善协会是它的创建人对自己经历的失望——他们曾希望自己的个人捐赠能产生长期的社会影响,而非营利组织似乎不具备其商业投资企业那样的透明度、治理能力和企业家精神——做出反应的结果。此外,他们还预见到了风险慈善有机会动员私募股权投资业的企

〔1〕 欧洲风险慈善协会于2004年在英国成立,是一家具有慈善机构身份的担保有限公司。本文的作者罗布·约翰曾在2004—2009年间任这家公司的执行董事。该公司于2009年迁至布鲁塞尔。

〔2〕 The European Private Equity and Venture Capital Association,http://www.evca.eu.欧洲风险慈善协会的创办人都与欧洲私募股权风险投资协会有着长期的联系,包括2名前理事和1名首席执行官。

业建设技能，并通过展示一种他们认为比被动的传统“开支票”慈善（“cheque-writing” philanthropy）更加有效的模式来鼓励更多的个人和企业慷慨解囊。欧洲风险慈善协会的这些创建人本身都是推动欧洲私募股权投资业发展的领军人物，他们最初设定了相当温和的目标——让协会成为一个投资专业人士的非正式网络。然而，欧洲风险慈善协会与当时正在借用风投术语采用新的叙事方式的慈善领域的时代精神产生了共鸣。这种新的“慈善资本主义”（Bishop and Green，2008）讲述了旨在解决根深蒂固的社会问题的创业观或者扩展观，并且试图让雄心勃勃的社会创业者掌握经营企业的诀窍。

2005 年创建“突破”（Breakthrough）风险慈善基金——社区行动网络和私募股权公司佩米拉（Permira）合办的一家具有协同效应的合资企业——就体现了社会创业和私募股权投资的这种融合。[1] 社区行动网络的联合创始人阿黛尔·布雷克布（Adele Blakebough）本人也是一位足智多谋的社会企业家。她坚信，社会企业想获得真正吸引力和知名度的唯一途径就是展示少数能在不损害社会使命的情况下成功地持续成长的企业。佩米拉公司是当时欧洲第二大私募股权收购公司，它的执行合伙人达蒙·巴菲尼（Damon Buffini）带领公司的其他合伙人寻找一种“可以利用公司权力，但不只局限于利用公司‘金权’（power of money）创造真正影响力的企业慈善事业”[2]。在为找到一种企业慈善模式而进行了长时间的探索以后，巴菲尼在遇到布雷克布后意识到社会创业者与佩米拉这类投身于商业活动的人士并没有太大的区别。在巴菲尼看来，他们相信企业，能够创办企业，并且具有长远的眼光（John，2007）。突破基金为 25 家社会企业提供了 250 万英镑的直接捐助和相当于 170 万英镑的咨询服务。“大声疾呼”（Speaking Up）这家总部设在剑桥的小型残疾人慈善机构依靠风险慈善基金“动力信托”在 4 年的时间里提供的成长资金最终变身为一家多网点的社会企业。“大声疾呼”的首席执行官克雷格·迪顿—菲利普斯（Craig Deardon-Phillips）在 2009 年向突破基金求助，请它帮助企业实现下一阶段的发展，即与“倡导合作伙伴”（Advocacy Partners）合并。在合并后的关键 100 天里，突破基金继续负责合并可行性计划和提供支持，这些工作需要大量的技能，大部分都由佩米拉的员工完成，他们自愿利

[1] 部分根据本文作者罗布·约翰 2009 年在牛津大学萨伊德商学院斯科尔社会创业中心担任访问研究员期间完成的未发表研究论文，以及未发表的突破风险慈善基金首席执行官和员工及佩米拉私募基金管理公司员工访谈录。

[2] 转引自本章作者罗布·约翰 2007 年对约翰（John）、戴维斯（Davis）和米切尔（Mitchell）的采访。

用自己的业余时间帮助迪顿—菲利普斯有效地管理合并过程。突破基金利用佩米拉公司的商业经验为一个并购比较罕见或者执行不力的部门带来了新思维和管理诀窍。合并后的企业改名为“发声能力”(VoiceAbility),通过进一步的合并和收购一家营利性倡导公司(advocacy company)而继续实现了成长。突破基金的目标就是并购有显著成长机会的中小社会企业。在一个正在形成的细分市场上,突破基金的资助者佩米拉公司看到了资助规模更大、有潜力在全国范围内运作的大型社会企业的可能性。佩米拉公司与几家重要的金融服务和咨询公司结成了独特的伙伴关系,在2010年发起创建了社会商业企业信托基金[1],为英国雄心勃勃、可扩展的社会企业带来了一种增强型的风险慈善模式。

然而,并非只有私募股权投资专业人士对风险慈善产生了新的兴趣,对冲基金经理和经营自家投资公司的企业家也表达了这种兴趣,他们在自己职业生涯的巅峰时期皈依了慈善家的“生前给予”(give while you live)观。在进取型对冲基金经理克里斯·霍尔姆(Chris Holm)和他的妻子杰米·库珀·哈恩(Jamie Cooper Hahn)决定对自己的捐赠行为采取更加策略的态度时,对于哈恩来说,霍尔姆显然可以利用自己投资经理的技能来创造慈善资本。哈恩把自己总部设在伦敦的对冲基金命名为“儿童投资基金”(The Children's Investment Fund),并且从结构上把基金的业绩与它的同名基金会的捐赠联系起来,这一大胆创举并未阻止潜在投资者。这只对冲基金1/3的管理费以及0.5%的管理资产(由商定的绩效费)约定用作对基金会的年度捐赠。这只表现良好的对冲基金能使它的同名基金会奠定超过20亿英镑的资产基础,并且在2010年有近2 800万英镑的慈善支出(更多的例子,请参阅表7.2)。

表7.2　由私募股权基金、对冲基金或家族理财机构（家族或个人所有的私人投资公司）发起的欧洲风险慈善基金

风险慈善基金	国别	与创建人有关的行业	网站
城市商业天使 (Business Angels des Cities)	法国	私募股权	—
公民资本 (Citizen Capital)	法国	私募股权	http://www.citizencapital.fr
好风投 (Bon Venture)	德国	家族理财机构	http://www.bonventure.de

[1] 这个信托基金的创始合伙人包括高伟绅律师事务所(Clifford Chance)、贝恩公司(Bain and Company)、瑞士信贷银行(Crédit Suisse)、安永会计师事务所和汤姆森路透集团(Thomson Reuters)。

续表

风险慈善基金	国别	与创建人有关的行业	网站
社会风投基金 (Social Venture Fund)	德国	风投和投资银行	http://www.socialventurefund.com
夏利特基金 (Stiftung Charite)	德国	家族理财机构	http://www.stiftung-charite.de
壹基金 (The One Foundation)	爱尔兰	企业家/家族理财机构	http://www.onefoundat ion.ie
雾都孤儿基金会 (Fondazione Oliver Twist)(对冲基金)	意大利	其他资产	http://www.fondazioneoliver-twist.org
教化基金会 (Fondazione Paideia)	意大利	家族理财机构	http://www.fondazionepaideia.it
为了儿童投资基金 (Invest for Children)	意大利	家族理财机构	http://www.investforchildren.org
另类风投 (Oltre Venture)	意大利	私募股权	http://www.oltreventu re.com
捐赠基金会 (dob Foundation)	荷兰	家族理财机构	http://www.dobfoundation.nl
诺伯基金会 (Noaber Foundation)	荷兰	企业家/家族理财机构	http://www.noaber.com
菲德社会创业者 (Ferd Social Entrepreneurs)	挪威	家族理财机构	http://www.ferd.com
维科特拉 (Voxtra)	挪威	私募股权	http://www.voxtra.org
LGT 风险慈善 (LGT Venture Philanthropy)	瑞士	家族理财机构	http://www.lgt.com
超越资本基金 (Beyond Capital Fund)	瑞士和英国		http://www.beyondcapitalfund.org
儿童绝对回报基金 (Absolute Return for Kids, ARK)	英国	另类资产 (对冲基金)	http://www.arkonline.org
儿童投资基金基金会 (Children's Investment Fund Foundation, CIFF)	英国	另类资产 (对冲基金)	http://www.ciff.org
突破基金 (Breakthrough Fund)	英国	私募股权和社会创业	http://www.breakthroughfund.org.uk
动力信托基金	英国	风投和咨询	http://www.impetus.org.uk
风投伙伴基金会 (Venture Partnership Foundation)	英国	私募股权	http://www.vpf.org.uk/
伍德家族信托基金 (Wood Family Trust)	英国	家族理财机构	http://www.thewoodfoundation.org.uk
桥梁风投(与社会创业者基金) [Bridges Ventures (and Social Entrepreneurs Fund)]	英国	私募股权	http://www.bridgesventures.com
艾克士有限公司 (IKARE Ltd)	英国	私募股权	http://www.ikinvest.com/IKare
私募股权基金会 (Private Equity Foundation)	英国	私募股权	http://www.privateequityfoundation.org

续表

风险慈善基金	国别	与创建人有关的行业	网站
阿尔塔倡议(与里安达公司合作)(The Artha Initiative)(Rianta Capital)	英国	企业家/家族理财办公室	
萨顿信托基金(The Sutton Trust)	英国	企业家/家族理财办公室	

资料来源:EVPA Annual Directory 2011,http://www.evpa.eu.com。

那些勇于创新并创建了成功的企业的企业家对处于成长阶段的企业所面临的挑战有着不可多得的洞察力。那些把注意力转移到慈善事业的企业家,也许是机缘巧合与社会部门的创业发生了天然的亲缘关系。成功商人进入慈善界的动机多种多样,并且相互关联,有家庭背景、人道主义或宗教信仰的因素,但个人与事业的联系是关键因素(John,2007)。但从最广泛的角度看,对于那些专注于通过创新、构建竞争优势和实现增长来创造股东价值的企业家来说,社会部门是一个令他们困惑的环境。社会创业提供了从商业世界进入社会世界的突破口,并且降低了进入有意义的慈善事业的门槛。荷兰高科技企业家保罗(Paul)和约翰·巴恩(John Baan)通过出售他们的数据库软件公司创造了可观的个人财富。2000 年,保罗·巴恩受保守的荷兰改良主义和圣经中的"睦邻"观念的强烈影响,创立了诺伯基金会。如今,这个基金会通过支持企业家在医疗保健领域创建社会企业,为老年人或自闭症患儿提供服务,在荷兰开创性地进行被称为"社会风投"的影响力投资。

2004—2012 年,风险慈善在欧洲迅速发展,这得益于社会创业的兴起以及富有投资意识的慈善家的出现。这些富有投资意识的慈善家希望把商业头脑和慈善意识整合在一起。这种强有力的整合最终通过发起成立把投资专业人员及其公司联系在一起的风险慈善基金(见表 7.1)在整个欧洲得到了体现,并且得到了欧洲风险慈善协会热情的支持。这种领域构建的结构化方式促成了欧洲风险慈善事业的高度网络化,与私募股权投资业紧密关联,并且还能通常比较舒适地体验除不用归还的赠款以外的其他融资方式(John,2008)。

据欧洲风险慈善协会估计,2011 年,欧洲各风险慈善基金总共投入了 10.4 亿欧元,主要用于支持处于发展早期阶段的新创企业,尤其是处于早期阶段的医疗和教育领域的新创企业。[1] 据欧洲风险慈善协会披露,2012 年,

〔1〕 资料来源:EVPA Press Release 16th November 2011,http://www.evpa.eu.com。

欧洲61只风险慈善基金总共支出2.78亿欧元；估计有80～100只基金活跃在欧洲（Buckland，Hehenberger and Hay，2013）。中欧和东欧也有为数很少的风险慈善基金获得了蓬勃发展。欧洲风险慈善协会现在的会员遍布欧洲16个国家，但只有3个成员位于西欧以外的捷克、匈牙利和爱沙尼亚。不过，这三只基金都是创新基金，开创性地在一种要求苛刻的环境中支持社会创业。总部位于布拉格的媒体发展投资基金（Media Development Investment Fund）向在自由媒体受到威胁的国家的小型独立媒体公司提供股权融资和技术咨询。NESsT是一只投资中欧社会企业的知名基金，总部设在布达佩斯。在波罗的海小国爱沙尼亚，Heateo SA是第一个为这个国家实验性社会企业部门提供有组织资助的机构。

在俄罗斯、波兰、斯洛伐克和其他波罗的海国家创建和维持基金的努力，在充满挑战的环境中基本上都以失败而告终，因为当地缺乏可持续的慈善资本。有一只风险慈善基金采用创造性的投资方法积极寻求有可能在欧洲各国进行复制的创新。总部设在德国的社会风投基金（Social Venture Fund），与几个欧洲国家的投资者合作，提供社会企业成长融资和基础设施建设资助，特别是寻求跨境社会商业模式。

亚洲：风险慈善的新疆界

除了美国和欧洲以外，亚太地区的创业慈善事业（entrepreneurial philanthropy）在未来几十年的发展将非常迅速，该地区国家创业慈善的风格和发展轨迹将受到以下三个相互关联的因素（John，Tan and Ito，2013）的影响：（1）亚洲，特别是高净值部门迅速而持续地创造财富；（2）慈善、社会投资和社会创业的全球化发展；（3）新一代创业慈善家的问世。

财富创造

亚洲创造财富的速度快于世界任何其他地区。凯捷与加拿大皇家银行财富管理公司（Capgemini RBC）的《世界财富报告》（World Wealth Report，2012）显示，虽然2011年全球可投资财富减少了1.7%，但高净值人士（High-

Net-Worth Individuals，HNWIs）增加到了 1 100 万。[1] 亚太地区第一次成为全球拥有高净值人士最多的地区，原因是 2010 年这个地区的高净值人士增加了 1.6%，2011 年增加到了 337 万（欧洲 320 万，北美 335 万，拉丁美洲、非洲和中东 110 万）。亚洲高净值人士在 2011 年总共拥有 10.7 万亿美元的财富，大致相当于欧洲，但略低于北美的 11.4 万亿美元。2011 年，日本富人占亚太地区富人总数的 54.1%，中国占 16.7%，澳大利亚占 5.3%。2009 年，世界增长最快的前 20 个高净值人群中，亚太地区占了 14 个；2010 年，在前 20 个高净值人群中，亚太地区占 8 个。2011 年，世界前 7 个高净值人群都在亚太地区。印度尼西亚的高净值人士在 2010 年飙升了 23.8%，在 2011 年又增加了 8.2%。2010 年和 2011 年，泰国的高净值人士增长率分别为 16.0% 和 12.8%，中国分别为 12.0% 和 5.2%。据凯捷与加拿大皇家银行财富管理公司预测，虽然全球经济危机蔓延，出口市场疲软，通货膨胀、房地产市场低迷，但 2012 年及其后，亚太地区的经济基本面仍将保持强劲增长的势头。中国和印度很可能仍将是全球增长速度最快的经济体，预计 2013 年中国的国内生产总值将增长 8.5%，印度的国内生产总值也将增长 7.4%。在《福布斯》全球亿万富翁富豪榜前 30 名中，亚洲人占据了 5 席。这些都是令人印象深刻的财富统计数据。

哈文斯和舍尔维什（Havens and Schervish，1999）想象的美国慈善"黄金时代"——把所积累的财富捐献给慈善事业，而不是传给下一代——绝不可能在亚洲出现，因为在亚洲，财富的创造、赠与和家庭都非常复杂，而且相互紧密地交织在一起。据估计，亚洲 80% 的企业是家族企业（Fock，2009），因此，家族成了影响亚洲富人捐赠文化发展的关键因素。巴克莱财富管理公司（Barclays Wealth，2010）的调查显示，美国 41% 的富人把捐赠放在本人议程的重要位置，而新加坡和中国香港这样的富人分别只有 23% 和 16%，大大少于美国。[2] 不管怎样，亚洲目前正在创造的大量财富仍掌握在第一代富人手中，对他们来说，赚钱是新鲜事儿，而把钱捐给别人更是新奇事儿。那么，在财富创造为亚洲慈善事业创造了巨大发展潜力的情况下，未来 20 年有哪些因素会左右亚洲慈善事业的发展速度、风格和方向呢？亚洲的风险慈善事

---

[1] 高净值人士的可投资资产超过 100 万美元（不包括主要居所、收藏品和耐用消费品）；超高净值个人的可投资支出至少有 3 000 万美元。

[2] 这种财富调查的学术严谨性值得怀疑，请参阅约翰·塔恩和伊藤（John，Tan and Ito，2013）收集的亚洲慈善数据。

业会充当怎样的特殊角色呢?

慈善事业与社会创业全球化

在当今全球化的世界中,无知不是借口。如今,孟买、雅加达或深圳的财富创造者很可能会像10年前欧美财富创造者那样,接触到社会创业、风险慈善和影响力投资等概念。在当今世界,如果你创造了财富,就会被期待在捐赠问题上有公开的态度,更重要的是,你被期待成为同龄人中一位富有成效的慈善家。"捐赠誓言"(The Giving Pledge)这项由比尔·盖茨和沃伦·巴菲特发起的捐赠承诺活动,旨在鼓励全球富人把自己的大部分财富捐献给慈善事业。在印度或中国的路演中,"捐赠誓言"并未受到欢迎。这说明,许多亚洲人希望描绘自己的个人慈善旅程,而不想在一些高调事件上被迫接受媒体的监督或者受到媒体的关注。在"捐赠誓言"上签名的114个富豪中,只有7个亚洲富豪。[1]

如今,社会创业促进会议和网络在整个亚洲已经司空见惯,其中越来越多的会议和网络吸引了慈善家。在一个历史上很少有赠款人网络或慈善支持组织的地区,最近亚洲地区和国家内部慈善活动的增多正在满足该地区富人的新需求。2005年,欧洲风险慈善协会在伦敦成立,当时只有22个会员;而它的亚洲姊妹网络亚洲风险慈善网络(Asian Venture Philanthropy Network,AVPN)在2012年成立时就拥有92个创始会员,2012年举行的第一次会议就吸引了300多人参加。

生活在欧洲或北美的亚洲侨民是一个受其居住国捐赠方式影响的全球化人群,他们正在自己的原籍国创建基金会,重点支持社会创业者,并采用风险慈善方式。古鲁拉伊·德什潘德(Gururaj'desh'deshpande)是一位波士顿的信息技术连续创业者,他创建了10家非常成功的互联网网络基础设施公司。德什潘德出生在印度南部的"二线"小镇胡布里(Hubli),在美国创造了他的财富之后,于2007年设立了"社会创业沙盒"(Social Entrepreneurship Sandbox)(Ghosh,Applegate,Ghosh and Kumar,2012)。他把家族的一些慈善活动集中在胡布里。"社会创业沙盒"为社会创业者提供高管教育,并且创

[1] 这7个在捐赠誓言上签名的亚洲富豪分别来自印度、马来西亚和中国台湾。更改时间是2013年10月,请浏览 http://givingpledge.org。

建了一个帮助他们检验自己的想法并把最有希望的项目做大的孵化器。作为一个了解如何培育技术创新的企业家，德什潘德就是采用这种方法来满足家乡社会创业者的不同需要，并且使这种方法适应家乡的环境。

新一代创业慈善家

亚洲创造财富的速度和慈善事业的全球化为培育新一代慈善家提供了肥沃的土壤。新的富人可能本身就是企业家和创业者，自然会被创业慈善所吸引。那些通过家族企业继承财富的人士，也看到了尊重家族传统的表达方式，但也面临为当下社会创业者融资的挑战。在亚洲创造财富的企业家们正以新的眼光看待如何使自己的捐赠具有影响力、无愧于自己的企业家身份、如何利用自己的技能和人脉关系，并把捐赠与支持社会创业者的新机会联系起来等问题。雪绒花集团（Edelweiss Group）是今天印度企业取得成功的一个案例。这家金融服务巨头在印度 144 个城市雇用了 2 900 名专业人员。雪绒花集团是由拉希什·沙赫（Rashesh Shah）和温卡特·拉玛斯威米（Venkat Ramaswamy）白手起家创建的。拉希什的妻子薇迪亚·沙赫（Vidya Shah）在 2007 年公司上市之前一直是这家公司的财务总监。她在这家公司刚创建不久就在发展慈善事业方面发挥了重要作用。在公司上市以后，新董事会要求她“做一些有影响力的事情”，以反映公司的创业价值观和根深蒂固的回馈社会的意识（John，Tan，and Ito 2013）。结果，由薇迪亚管理的雪绒花集团创建的“雪绒花捐赠”（EdelGive）基金会采用风险慈善模式来支持非营利组织创业，并且从雪绒花集团内部筹集发展赠款和技能。自 2008 年以来，雪绒花捐赠基金会已经向 20 个有前途的组织提供了 350 万美元的资助，同时还奉献了雪绒花集团员工志愿者 6 000 小时的义务劳动。雪绒花捐赠基金会已经证明，它可以通过雄心勃勃的发展计划来适应并利用雪绒花集团内部的专业技能为非营利组织服务。

中国香港的 ADM 资本基金会（ADM Capital Foundation）利用赠款投资东南亚、印度和中国内地极具潜力的非营利组织，利用一个很小的团队认真挑选那些最有可能从注入成长资本和能力建设建议中获得成功的机构。这个基金会是在 2006 年由“ADM 资本”（ADM Capital）公司的合伙人创建的，“ADM 资本”是一家另类资产投资顾问公司，为亚洲人类发展和环境保护的创新方法提供资金。这家公司的创始人凭直觉感到，投资于组织而不是资助它们的项目将产生更大、更加可持续的影响力。ADM 资本公司的创始人都是投资专业人士，他们还希望采用一种适合公司的投资策略——运用其风险管理、财务结构的智慧来建立庞大的本地关系网络——和亚洲非营利组织的运营模式。ADM 资本基金会利用自己的影响力鼓励其商业伙伴与投资者共同投资，并为他们提供慈善平台。ADM 资本基金会并没有自诩是风险慈善基金会，但它提供金融资本加构建运营基础架构战略建议的模式使它成为真正的风险慈善基金会。

如今，家族经营的企业正在将控制权传给新一代，这为家族的传统捐赠接受当代慈善实践的检验和借鉴当代慈善实践创造了机会。瑞士联合银行—欧洲工商管理学院（UBS-INSEAD）在 2011 年基于 200 项对慈善家和慈善专业人士的调查和 100 次深度访谈完成了一项关于家族慈善的研究。这项研究表明，社会创业是亚洲慈善事业重点领域正在形成的一个重要趋势。这一代年轻的家族慈善家比较关心环保和公民权利等全球性问题，同时也敏锐地意识到有必要评估捐赠的影响力。虽然许多财富和商业利益将继续在家族内部传承，但很多新一代的家族成员正在对家族捐赠进行令人耳目一新的审视，一方面是为了引用慈善创新成果，而另一方面则是为了继承家族传统。

詹姆士·陈（James Chen）是一位中国香港企业家，也是其家族投资办公室的负责人。陈的祖父于 1948 年离开中国内地来到香港创业。现在，这家企业已经成为陈氏家族成功的陶瓷公司。自 20 世纪 70 年代以来，陈氏家族在香港和内地从事许多慈善活动。陈的父母要求他评估陈家 30 年来的捐赠传统，因为他的父母觉得近几年陈家捐赠的成效有所下降。通过开展广泛的国际学习和商业接触，陈对家族慈善事业进行了现代化改造，使它更加关注影响力，支持新创企业，并且不再局限于赠款，而是进行影响力投资。如今，陈氏基金会采用风险慈善的方式致力于解决中国的扫盲问题。目前，陈氏家族正在寻求进行创新性影响力投资，包括投资于西藏的经济发展和全球的低成本处方眼镜项目（Carlock and Florent-Treacy，2009）。陈最近创办了零售解决方案公司（Retail Solutions Inc.），在保持财务可持续性的同时投资于具有很高潜在社会影响力的企业和项目，而且还投资于“遗产风投”（Legacy Venture）这只“由一些以慈善为目的的风投基金创立的”风投基金。零售解决方案公司已经同意把它投在遗产风投基金中的全部本金和获得的利润捐赠给它选中的慈善项目。

同样是在中国香港，RS集团(RS Group)是陈安妮(Annie Chen)的家族理财机构。长期以来，RS集团一直是亚洲地区社会创业和可持续发展的主要促进者。作为“参与香港”(Engage-HK)的主要出资人和“思汇亚洲城市指数”(Civic Exchange's Asian Cities Index)的投资人，RS集团深度参与了推动该地区新的社会资本市场创新的过程。在我们撰写本章时，RS集团正在推行全面资产管理[1]，公司的全部资产投资一律遵循一套利用慈善、准市场和市场利率投资工具的整合策略。RS集团作为处于领先地位的影响力投资者，正在展示如何从亚洲的视角把风险慈善和影响力投资的基本概念应用于亚洲背景。[2]

承诺式捐赠小组

亚洲承诺式慈善(engaged philanthropy)获得的最令人兴奋的发展之一，就是捐赠小组(giving circle)的发展(John，Tan and Ito，2013；John，2014a，2014b)。捐赠小组就是一群把慈善捐款集中在一起并在社区内选择非营利性新创事业向它们提供资助和义务劳动的捐赠人。这种捐赠模式是风险慈善的一个变体，类似于商业投资中的天使投资小组。这样的小组可以由集体或者机构管理，也可以根据赠款或投资项目组建，还可以是通过小组成员直接提供的非融资服务或通过第三方来增加价值。在实践中，捐赠小组可以采用以上这些属性的某种组合来构建其成员觉得最合适的本地模式。

这种捐赠小组模式是由社会风投伙伴国际(Social Venture Partners International，SVPI)和硅谷社会风投基金(Silicon Valley Social Venture Fund，SV2)于20世纪90年代末在美国率先采用。美国在2009年至少有600个这样的捐赠小组，吸引了12 000人参与，并且捐赠了1亿美元的善款(Eikenberry and Bearman，2009)。社会风投伙伴国际帮助在日本、印度、中国和澳大利亚建立了分支机构。在印度，“达斯拉”(Dasra)把捐赠小组法提升到了一个新水平。“达斯拉”是一只总部设在孟买的风险慈善基金，通过直接投资和实

---

[1] Emerson，“A Capital Idea：Total Portfolio Management and a Unified Investment Strategy”，Research Paper ＃1786，Stanford Business School，Januaq，2002.

[2] 本章的合著者杰德·艾默生是RS集团的高级顾问。

行高管培训计划来支持社会创业者，并通过印度慈善论坛（Indian Philanthropy Forum）在印度高净值人群中推广慈善事业。“达斯拉”的捐赠小组走出论坛，现在成了印度最大的合作捐赠组织。“达斯拉”的捐赠小组由 10 人组成，每人承诺在 3 年内每年捐赠 100 万印度卢比（约合 2 万美元）。每个捐赠小组 3 年能捐献 60 万美元，85％用于扩充该非政府组织赠款资金，剩下的 15％用于支付“达斯拉”为捐赠小组提供服务以及 3 年捐助周期内以辅导和技术咨询的方式向每个被投资者提供 250 天非金钱捐助的费用。捐赠小组的捐赠部门和潜在投资对象的筛选都是有牢固的研究基础的。“达斯拉”的咨询研究团队会深入研究社会部门某些值得关注的问题，如印度女童教育或城市儿童营养不良的问题。然后，通过邀请慈善家参与，根据研究结果组建达斯拉捐赠小组；接着，确定哪些已有非营利组织成功的记录和可扩展的运作模式，作为小组成员决定将支持重点放在哪些非营利组织的依据。到 2014 年，“达斯拉”以这种方式发起组建了 7 个捐赠小组。这些最早组建的捐赠小组把资助重点放在了女童教育、改善孟买公立学校设施以及解决城市儿童营养不良的问题上。“达斯拉”计划把参加捐赠小组的“门票”提高到每年 2.5 万美元，相信通过以质量研究为基础的合作行动来展示高度的社会影响力，将能吸引源源不断的新捐助人加入捐赠小组。

中国：亚洲的风险慈善前沿

1988 年以前，中国没有关于民间社团组织的法规；除了那些由政府组织的非政府组织（Government Organized Non-Government Organizations，GONGOs）之外，非营利实体的概念几乎就不存在。爱德基金会（Amity Foundation）是中国第一批注册的早期基金会之一，在政府的鼓励下进行慈善捐赠尝试。爱德基金会在 1985 年由中国基督教会授权成立，以应对之前社会和经济实践造成的普遍贫困。今天，它是中国规模最大、最受尊敬的慈善基金会之一，有自己的慈善计划，也是中国实力最雄厚的私募基金会倡导者。在中国社会政治制度的约束下，这个部门以一种典型的中国方式，通过采纳和借鉴西方的经验和实践获得了快速的发展。如果基金会部门要应对贫富差距和工业增长造成的环境压力的挑战，就必须实现自身的快速成长。据中国基金会中心网（China Foundation Center）估计，截至 2012 年 11 月，中国共有 2 882 个基金会,公募基金会(允许向公众募集资金的基金会)与非公募基金会(由个人出资并使用投资收益的基金会——其实就是“私募基金会”)几乎各占一半,分别为 1 291 个和 1 591 个。85%的捐赠基金会是在 2004 年后注册登记的。那年,鼓励私募基金会的新立法开始生效。其中有几个基金会至少在部分活动中积极从事风险慈善事业。李连杰的壹基金、友成企业家扶贫基金会、非营利性孵化器联想创业慈善项目(Lenovo Venture Philanthropy Project)和南都公益基金会都是中国采用风投方式支持雄心勃勃的非营利组织的几个新型慈善机构(John,2012)。

对风险慈善事业的批评

虽然最近有一些风险慈善评论员对风险慈善的沿革和未来持乐观态度(Grossman,Appleby and Reimers,2013),但这场运动从一开始起就一直受到批评。许多批评意见是由那些主要的传统慈善机构提出的[请参阅布鲁斯·西弗斯(Bruce Sivers)的文章《如果猪有翅膀》(If Pigs Had Wings)],它们觉得风险慈善既没必要,也不是真正意义上的创新,而且在一些权威人士看来,只不过是一种“错误”的慈善方式而已。虽然也有其他人批评过风险慈善,但西弗斯在他最初的评论文章中提出的观点是有关风险慈善基本观点的典型:

(1)慈善事业不宜采用商业/投资者模式,因为慈善与商业实践“不同”——在某些情况下是为了弥补“市场”的各种不同缺陷。

(2)社会部门没有相当于投资回报这样的评估成功的指标,因此不宜把投资回报的概念强加给非营利组织。

(3)认为我们需要一种“新的”慈善方式的看法,是基于慈善事业已经“破碎”或需要修复的观点。虽然关键的社会问题依然存在,但西弗斯认为,人类生活和地球健康通过传统的慈善已经获得了显著的改善,因此,传统慈善需要的是调整,而不是替代。

(4)基金会不是投资机构,而是捐助机构,向非营利风险事业提供资金,支持领导层的愿景。它们没有“自己的”企业,也没有权利在实行非营利风险事业战略的过程中过度发号施令。

卡尼亚和克莱默(Kania and Kramer,2011)认为,风险慈善促成了他们所说的“孤立影响”(isolated impact)——一种“寻找和资助某个适合单个组织的解决方案"的取向。他们表示，这种强调构建单个卓越组织的做法与深度合作的集体影响力法——多个组织处理复杂的多利益相关者社会问题的方法——是格格不入的。不管这种批评是否有价值，风险慈善基金应该利用自己的号召力，在复杂的问题上实施支持多个参与者的策略——而且常常就是这样做的。例如，罗伯茨发展基金(REDF)支持并召集了旧金山湾区和洛杉矶的多家非营利社会企业，为经济弱势者提供过渡性和支持性就业机会。

虽然这些观点在关于慈善的作用和宗旨的讨论中肯定有它们的位置，但在风险慈善演化的讨论中，最引人注目的或许就是，这种实践的许多核心假设(必须制定和适当运用评价标准来跟踪风险慈善的业绩；证据和"概念证明"应强调慈善战略；认为慈善事业是一种资本投资形式，可以开辟新的途径来加强非营利组织的能力建设；捐赠只是考虑非营利组织和社会企业可供选择的融资方案的起点)现在已经成为更加广义的慈善——其实就是影响力投资——领域的主流。今天的慈善实践反映了风险慈善的许多教训，风险慈善的持续发展——无论是在欧洲、亚洲还是世界其他地方——无疑将继续为慈善事业和整个社会金融工作提供信息支持。

结束语

风险慈善从在美国的早期发展到在欧洲背景下的演变再到在全亚洲不断完善的整个过程表明，虽然风险慈善与传统慈善有着共同的元素，但从根本上是向前看和不断创新的结果。不过，无论是在哪个洲，风险慈善的核心要素都是一样的：(1)慈善投资观；(2)对被投资者的高度参与；(3)确定业绩评价标准；(4)致力于能力建设；(5)构建长期投资观；(6)把"退出"看作是达到新规模的结果。

现在，我们还无法确定，风险慈善再经过未来几十年的持续发展，是否能够保持"局外人"的优势。事实上，在风险慈善家们把风险慈善引入慈善事业后的25年里，他们提出的许多主题和想法，不是被主流慈善基金会所采纳，就是因经过整个非营利部门的之前探索而加快了成熟的速度。不管我们是把这种实践理解为一种全新的实践，还是认为它只是现代慈善遗忘已久的理念和战略的最新再现，风险慈善有助于推动非营利部门内部的对话和辩论，而且这种对话和辩论将持续多年。

参考文献

Alter, K., Shoemaker, P., Tuan, M., and Emerson, J. (2001). *When Is It Time to Say Goodbye? Exit Strategies in Venture Philanthropy*. Virtue Ventures, SVP and The Roberts Foundation.

Balbo, L., Hehenberger, L., Mortell, D. and Oostlander, P. (2010). *Establishing a Venture Philanthropy Fund in Europe*, 2nd edition. Brussels: EVPA.

Barclays Wealth (2010). *Global Giving: The Culture of Philanthropy*. <http://www.barclayswealth.com>, accessed 2010.

Bishop, M., and Green, M. (2008). *Philanthrocapitalism: How the Rich Can Save the World*. London: A & C Black.

Black, M. (1992). *A Cause for Our Times: Oxfam. The First 50 Years*. Oxford: Oxfam Professional.

Buckland, L., Hehenberger, L., and Hay, M. (2013). 'The Growth of European Venture Philanthropy', *Stanford Social Innovation Review*, Summer, 1(3).

Capgemini RBC Wealth Management World Wealth Report (2012). *Asia-Pacific Wealth Report*. <http://www.capgemini.com>, accessed 2015.

Carlock, R. S., and Florent-Treacy, E. (2009). *The Chen Family: Succession through Philanthropy and Social Entrepreneurship*. Paris: INSEAD.

Eikenberry, A. and Bearman, J. (2009). 'The Impact of Giving Together'. Forum of Regional Associations of Grantmakers, University of Nebraska at Omaha, and the Center on Philanthropy at Indiana University. <http://www.givingforum.org>, accessed 2009.

Emerson, J. and Twersky, F. (eds) (1996). *New Social Entrepreneurs: The Success, Challenge, and Lessons of Not-for-profit Enterprise Creation*. San Francisco, CA: Roberts Enterprise Development Fund, <http://community-wealth.org/content/new-social-entrepreneurs-success-lessons-and-challenge-non-profit-enterprise-creation>, accessed 2015.

Fock, S. T. (2009). *Dynamics of Family Business: The Chinese Way*. Singapore: Cengage Learning Asia.

Ghosh, S., Applegate, L., Ghosh, R., and Kumar, A. (2012). 'The Sandbox: Creating a Bottom-up Entrepreneurial Ecosystem'. HBS Case Collection, Harvard Business School, Cambridge, MA.

Grossman, A., Appleby, S., and Reimers, C. (2013). 'Venture Philanthropy: Its Evolution and Its Future', *Harvard Business Review*, May 2013, N9-313-111.

Havens, J. J. and Schervish, P. G. (1999). 'Millionaires and the Millennium: New Estimates of the Forthcoming Wealth Transfer and the Prospects for a Golden Age of Philanthropy'. Boston College, Boston, MA.

John, R. (2006). *Venture Philanthropy: The Evolution of High Engagement Philanthropy in Europe*. Oxford: Skoll Centre for Social Entrepreneurship, Said Business School, University of Oxford.

John, R. (2007). *Beyond the Cheque: How Venture Philanthropists Add Value*. Oxford: Skoll Centre for Social Entrepreneurship, Said Business School.

John, R. (2008). *Venture Philanthropy Takes off in Europe*. Die Stiftung, Berlin.

John, R. (2012). *The Emerging Ecosystem of Entrepreneurial Social Finance in Asia*. Singapore: Asia Centre for Social Entrepreneurship and Philanthropy, NUS Business School.

John, R. (2014a). 'Virtuous Circles: New Expressions of Collective Philanthropy in Asia'. Singapore: Asia Centre for Social Entrepreneurship and Philanthropy, NUS Business School.

John, R. (2014b). 'Giving Circles in Asia: Newcomers to the Asian Philanthropy Landscape', *The Foundation Review* 6(4): Article 9.

John, R., Davis, R., and Mitchell, L. (2007). *Give and Let Give: Building a Culture of Philanthropy in the Financial Services Industry*. London: Policy Exchange.

John, R., Tan, P., and Ito, K. (2013). 'Innovation in Asian Philanthropy'. Working Paper No. 2 in the Entrepreneurial Social Finance in Asia Series, Asia Centre for Social Entrepreneurship and Philanthropy, NUS Business School, Singapore.

Kania, J., and Kramer, M. R. (2011). 'Collective Impact', *Stanford Social Innovation Review*, Winter, 9(1): 36–41.

Kramer, M. R. (2002). 'Will "Venture Philanthropy" Leave a Lasting Mark on Charitable Giving?' *Chronicle of Philanthropy*, May 2.

Leadbeater, C. (1997). *The Rise of the Social Entrepreneur*. London: Demos.

Letts, C., and Ryan, W. (2003). 'High Engagement Philanthropy: What Grantees Say about Power, Performance, and Money'. *Stanford Social Innovation Review*, Spring, pp. 36–43.

Letts, C., Ryan, W., and Grossmann, A. (1997). 'Virtuous Capital: What Foundations Can Learn from Venture Capital', *Harvard Business Review*, 75(2): 36–44.

Mahmood, M., and Santos, F. (2011). 'Family Philanthropy in Asia'. INSEAD and UBS Philanthropy Services, <http://www.ubs.com/1/ShowMedia/wealthmanagement/philanthropy_valuesbased_investments?contentId=194353&name=Insead_Report.pdf>, accessed 5 May 2015.

Sievers, B. (1997). 'If Pigs Had Wings: It's Sexy to Compare Grantmaking to Venture Capitalism. It's Also Dead Wrong.' *Harvard Business Review*, November/December 1997.

Sievers, B. (2001). If Pigs Had Wings: The Appeals and Limits of Venture Philanthropy'. Issues in Philanthropy Seminar, 21st November, Georgetown University, Washington, DC.US

第八章　影响力投资

——一个发展中的市场

安娜·奥莱克西亚克　亚历克斯·尼科尔斯　杰德·艾默生

引　言

在广义的社会金融市场的不同细分市场中，最引人注目的细分市场可能就是影响力投资市场。虽然这个细分市场的参与者在做法上各有千秋，但奥杜赫等(O'Donohoe et al.，2010：7)提出了一个被普遍接受的影响力投资定义：

> 影响力投资是指旨在创造除财务回报以外的正影响力的投资。影响力投资者向旨在创造正社会和/或环境影响力的企业(基金经理或公司)提供资金/资本，并且期待获得财务回报。

因此，影响力投资的目的是在获得财务回报的同时还要创造正的影响力。[1] 从影响力投资最简单的形式看，这种投资的一般做法可以定义为在对营利性社会或环保项目进行投资时至少还希望收回投资本金。因此，影响力投资是同时为了获得财务回报和(正的)社会回报(而不是为了创造作为财务价值创造过程中产生的副产品的社会外部性)。虽然影响力投资市场特有的一些做法已经存在几十年，但这个统一在“影响力投资”标签下的市场直到最近才出现(Kramer and Coach，2006)。显然，特别是在2008年金融危机后的紧缩时期，政府和慈善机构可用的资源已不足以应对影响数十亿人口的全球性挑战，如食品不安全、缺乏高质量的医疗保健服务、缺乏负担得起的住房、缺乏饮用水和卫生设施不足。影响力投资旨在帮助填补这方面的空白，

[1] 值得注意的是，越来越多的影响力投资者正在探讨“全面资产管理”(total portfolio management)观。这种全面投资资产管理观认为，除了财务回报预期外，还应该把被视为慈善资金的赠款包括在他们根据影响力投资策略管理的资产组合中。

并且创造一些投资者通过它们能够参与并资助以解决方案为导向的创新性社会和环保项目的机制。简而言之，影响力投资的目的就是扩大可用来资助社会和环境价值创造的资本池，填补慈善赠款、公共资金来源和主流资本市场留下的融资缺口。

投资于为社会问题提供解决方案的企业或为公益动员资金的概念并不新鲜。英国（建于 1948 年）的英联邦发展公司（Commonwealth Development Corporation，CDC）和现为联合国附属机构（建于 1956 年）的国际金融公司（International Finance Corporation，IFC），几十年来一直投资于最贫穷国家的可持续发展企业，同时创造了财务回报和社会回报，并且吸引其他共同投资者参与它们投资的项目。在美国，支持创建社区发展金融（community development finance）的《社区再投资法案》（1977）已经促使数以百万计的私人资本流入经济适用房和各种经济发展风投项目的融资。1998 年，美国成立了社区发展风险资本基金"太平洋社区风投"（Pacific Community Ventures），而英国在 2002 年发起成立了"桥梁风投"基金。睿智基金（Acumen Fund）一直利用慈善资金投资于各种社会投资项目，并且从 2001 年开始成功地在非洲、印度和其他贫困地区进行投资。这些基金和其他一些基金开启了影响力投资的先河，并且充当了构建影响力投资行业的平台。2003 年，艾默生确定了一套以综合或混合价值创造为目的的资本管理实践。艾默生的这项研究介绍了影响力投资早期创新的案例，而这些创新是今天影响力投资市场的重要前身。

"影响力投资"这个术语本身就相对较新。虽然早期这个术语曾被用来描述没有获得进一步发展的参与式慈善（engaged philanthropy）（Kramer and Cooch，2006），但它的起源可追溯到在意大利百乐宫举行的两次特别会议。2007 年和 2008 年，在洛克菲勒基金会的牵头下，一些著名的行业从业人员和思想领袖聚集在百乐宫讨论如何建设一个新的社会和环境影响力投资的全球性行业。虽然"影响力投资"这个核心概念是建立在"社会资本市场""社会投资"和"风险慈善"等相关概念的基础上的，但它是在百乐宫召开的两次会议上最早提出的（Emerson and Spitzer，2007）。[1] 百乐宫会议启动了一系列旨在建立新的影响力投资"资产类别"的活动。在这两次会议以后，从发展金

〔1〕 值得注意的是，这个新"资产类别"的首个被推荐名称是"社会影响力投资"（social impact investing），但后来在美国市场上被认为不合适，于是取消了"社会"两字。但在欧洲，2013 年 6 月在伦敦举行的英国社会投资论坛再次使用"社会影响力投资"这个名称。

融机构和基金会到私人财富管理公司、养老基金和商业银行等新的影响力投资者开始参与这种新出现的投资实务。它们利用各种金融工具,对发达和新兴市场包括农业、医疗卫生、教育、饮用水、住房和其他部门在内的不同行业进行投资。影响力投资行业的确切规模难以估计,但 2008 年,监测研究所表示,影响力投资在 5～10 年内可能会增长到 5 000 亿美元,约占届时全球管理资产的 1%(Freireich and Fulton,2009)。2010 年,摩根大通银行和洛克菲勒基金会在一项调查中预测,未来 10 年,这个行业的投资本金将位于 4 000 亿美元至近 1 万亿美元(O'Donohoe et al. ,2010)。总体而言,对影响力投资的承诺已经有所增加,有积极的迹象表明,今后甚至有可能有更多的资本流入影响力投资领域,并会出现更多的影响力投资活动。但据另一项调查估计,截至 2013 年,影响力投资的托管资产总额在 80 亿～100 亿美元(Jackson and Harji,2012)。不过,这个数字受到其他研究的质疑。那些质疑这个数字的研究仅聚焦于 12 只影响力投资基金,其管理的影响力投资资产总额就达到了 13 亿美元(Clark,Thornley and Emerson,2014)。此外,据美国社会投资论坛(US-SIF)报告,2012 年,美国社区发展金融组织管理的社会投资资产超过 60 亿美元(US-SIF Foundation,2012)。

本章可作为影响力投资的导论,对这个行业发展的现状和趋势进行概述和预测,并且举例说明这个行业参与者和行业本身的发展。我们参考了摩根大通银行的全球研究单位(Global Research Unit)、洛克菲勒基金会、全球影响力投资网络、监测研究所、杰克逊合伙公司(E. T. Jackson and Associates)、太平洋社区风投慧见(Pacific Community Ventures Insight)社群以及许多其他机构完成的影响力投资研究。本章的第一节介绍这个行业发展的历史背景和当前趋势。第二节在第一节内容的基础上介绍一些具体的发展实例,把这个行业目前所处的发展阶段确定为处于行业演进中的市场建设阶段。第三节对影响力投资涉及的不同部门、市场、工具和预期市场回报进行了统计和事实概述,还如实介绍了撒哈拉以南非洲医疗卫生状况,并且从潜在医疗卫生投资者的角度介绍了一个影响力投资的实例。第四节按照职能类别对影响力投资市场的参与者进行分类,以勾勒出这个市场的总体形态和基本架构。第五节概述当前与在发达和发展中市场进行影响力投资有关的政策议程。第六节概述了影响力投资当前面临的各种挑战。最后一节总结本章内容。

产生背景与发展趋势

虽然现代历史上一直存在经济贫困、穷人缺医少药和买不起住房的问题，但近年来，人类世界面临更多的前所未有的挑战，有迹象表明这种趋势仍将继续下去。造成这一现象的一个原因就是人口急剧增长。2014 年，全球人口超过 70 亿，在过去的 50 年里翻了一番多。人口的急剧增长已经造成水资源和食品短缺，福利和教育服务受到挤压，特别是在发展中国家。人口增长加上工业化速度加快，导致自然环境退化，包括毁林、碳排放增加和自然保护区减损，最终给地球造成过大的压力。

更糟糕的是，近些年来，政府援助停滞不前。在从发达国家流向发展中国家的资金总额中，私人资金占 80%以上，政府援助占比不到 20%，而 40 年前的情况正好相反（Hudson Institute，2013）。2011 年，经合组织发展援助委员会（Development Assistance Committee，DAC）援助国的官方发展援助（Official Development Assistance，ODA）为 1 340 亿美元（Hudson Institute，2013）。虽然总体而言，总额保持稳定，但一些国家明显减少了其官方援助——往往就是私营部门银行危机实际“国有化”以后迫使政府削减支出的结果。官方援助减幅最大的国家是西班牙和希腊。西班牙的官方援助从 2010 年的 59 亿美元减少到了 2011 年的 42 亿美元（减幅高达 34.1%）；希腊的官方援助从 2010 年的 5.08 亿美元减少到了 2011 年的 4.25 亿美元（减幅也达到了 22.1%）。此外，其他国家也减少了官方发展援助。与此同时，经合组织发展援助委员会的其他成员国，特别是意大利、瑞典和瑞士的官方援助有所增加。但与往年一样，2011 年只有 5 个国家的官方发展援助达到了占国民总收入 0.7%的目标（Hudso Institute，2013）。

全球形势的显著恶化和定向融资（targeted finance）的减少促使一些影响力投资的先驱致力于寻求新的解决方案。“投资者圈子”（Investors’ Circle）是早期影响力投资者群体的一个很好例子。投资者圈子是一个由高净值人士组成的天使投资者网络，多年来一直在资助营利性小企业解决社会和环境问题。自 1992 年以来，这个圈子促使了 1.3 亿美元流入 200 多家企业（Bugg-Levine and Goldstein，2009）。其他早期影响力投资者的例子包括保诚保险公司（Prudential Insurance）和花旗银行进行的影响力投资。保诚保险公司社会投资部门迄今在美国各地的影响力投资已经超过 10 亿美元，主要投资于保障性住房和发展融资机构；而花旗银行发展了"EQ 2"机制，以便更有效地为社区金融机构提供资金。

这些机构和许多其他组织的努力激励其他投资者效仿，越来越多的传统投资者考虑在自己的投资组合中增加影响力投资。在过去的几年里，又有许多专门的影响力投资基金问世，有些基金的管理资产超过 10 亿美元(Crédit Suisse and the Schwab Foundation，2012)。许多基金在向投资者提供市场利率或高于市场利率的回报以后，正在筹建第二或第三基金。非营利金融服务风投机构"影响力资产"(ImpactAsset)每年都要公布一份名为"影响力资产前 50"(IA-50)的主要影响力投资基金名单，记录这个领域的增长速度以及影响力投资者的投资题材。2013 年度的"影响力资产前 50"报告称，列入名单的 50 只基金管理着超过 108 亿美元的资产。

在多种资产类别中出现了成功的影响力投资机制的案例。[1] 一种常见的投资模式就是直接投资中小型企业，为一些全球性问题提供灵活的解决方案。一个更具创新性的影响力投资机制是国际免疫融资机制(International Finance Facility for Immunization，IFFIm)。这个机制利用捐助者做出的具有法律约束力的长期承诺，在国际资本市场上发行债券。发行这种债券获得的现金可用于资助各种疫苗接种计划(WHO，UNICEF and The World Bank，2009)。另一个更受欢迎的影响力投资机制是社会影响力债券。社会影响力债券最早由社会金融公司于 2009 年在英国发行，这笔社会影响力债券是根据一份与公共部门签订的融资合同发行的，目的是要回报取得预定社会结果的私人投资者(Social Finance，2010)。表 8.1 列示了一些影响力投资案例。

[1] 虽然迄今为止，很多影响力投资是私募股权和私人债务投资(O'Donohoe et al.，2010)，但一种"全面资产管理"观(与社会责任投资观有关)越来越多地把影响力投资看作利用各种金融产品和资产类别来运作的投资。

表 8.1　影响力投资案例

“生命源泉直接投资”(lifeSpring Direct Investment)	“生命源泉直接投资”是睿智基金与印度一家公共部门企业“印度斯坦乳胶有限公司”(Hindustan Latex Limited)创建的合资企业。这家合资企业是一家小医院(25 个床位)遍布印度各地的连锁医院。这家医院大幅度提高了医院监护分娩的水平,降低了母婴死亡率和发病率,并从投资时的 1 家医院发展到了现在的 9 家医院。“生命源泉直接投资”目前是印度南部最大的连锁妇产科医院——迄今已经收治 30 多万病人,并且接生了 18 500 名健康婴儿(资料来源:http://acumen.org/investment/lifespring)
根源资本投资基金(Root Capital Investment Fund)	根源资本投资基金向为农村贫困人口[所谓的“缺失的中间层”(missing middle)]服务的大型合作社提供优先债务融资服务。农村贫困人口对于小微金融来说人数太多,而对于公司性银行来说则利润太小或者风险太大,根源资本投资基金通过与星巴克等农产品买主签订合同来减轻贷款方的风险,而且还提供融资渠道,在农民和农产品买家之间创建可持续合作伙伴关系(资料来源:Bridges Ventures/Parthenon Group,2012)
国际免疫融资机制债券结构化产品	这种债券是为了支持全球疫苗与免疫联盟(Global Alliance for Vaccines and Immunization,GAVI)的倡议,按市场利率向企业和散户投资者发行的,它们的信用等级是 AAA/Aaa。通过发行这种债券,全球疫苗与免疫联盟就能提前 20 年承担所承诺的资金。全球疫苗与免疫联盟正把这些资金用于直接接种,从而在全球范围内预防疾病并拯救更多的生命(资料来源:Bridges Ventures/Parthenon Group,2012)

后来又出现了其他几种截然不同的影响力投资趋势,例如:

(1)包括约翰·麦克贝恩(John McBain)、鲍勃·约翰逊(Bob Johnson)和皮埃尔·奥米迪尔(Pierre Omydiar)在内的一些在商界发家致富的慈善家,看到了把商业准则和资本用于解决社会问题的机会,并且认为投资比赠款和捐赠更具约束性和可持续性(Simonand Banneier,2009)。他们还驳斥了“在有穷人参与的市场上赚钱就是剥削”的观点。

(2)世界富豪的知名家族理财机构、大型养老基金和保险公司等财力雄厚的行为主体,由于缺乏应对重大全球危机的干预资金而变得越来越不耐烦,于是就主动设法发起并进行影响力交易(Freireich and Fulton,2009)。

(3)大银行的零售业务顾客在配置其资本时需要比营利性投资或者纯粹慈善二元选择更多的选项,从而迫使银行考虑提供不同的影响力投资产品。

(4)企业逐渐认识到,社会和环境问题对它们的经营业绩和结果至关重要。因此,它们开始探讨投资应该成为企业社会责任议程内容的观点。例如,壳牌基金会(Shell Foundation)投资的中小企业融资机构格罗芬(Gro-Fin),雪佛龙德士古公司(Chevron Texaco)在安哥拉建立了自己的小微金融银行。

(5)有些国家的政府也在寻找新的方法来解决日益严重的社会问题并顺

应这种趋势。为此，它们制定了有助于影响力投资市场发展的政策。除了推行新的政策外，在过去的几年里还采取了一些新的举措，包括建立了方便政策制定机构与私营部门保持联系的影响力投资政策协同（Impact Investing Policy Collaborative，IIPC）机制。此外，2013 年的八国集团峰会首次成为讨论社会影响力投资重要意义的平台。

在社会层面，投资影响力的想法已经从一种利基理想主义变成了一个受到主流关注的焦点。有些商学院报告称，社会企业课程订阅量超高；而一些处于职业生涯中期的专业人士在能使他们应对关键性社会挑战的角色中看到了诱人的就业机会。影响力投资业的另一个影响因素是 2008 年的金融危机。有些研究人员认为，这是一种积极的影响；而另一些研究人员则认为这是一种消极的影响。无论 2008 年的金融危机对影响力投资是产生了积极影响还是消极影响，这场危机之后出现了一个积极的结果：很明显，市场对投资风险判断出现了严重的错误。因此，主流投资的风险和回报预期发生了巨大变化，而影响力投资的风险则似乎小于危机前的预期（Freireich and Fulton，2009）。事实上，在整个经济低迷时期，小微金融债券基本上都保持了自己的价值，并且有利于许多影响力投资组合降低波动性。此外，宏观经济增速放慢，特别是在发达经济体，使得影响力投资对于投资者实施投资组合多样化更有吸引力。从不利方面看，由于危机，投资者恢复使用一些被认为较为保守的投资方式，回避一些像影响力投资这样的投资新趋势，而许多采用传统策略投资于主流工具的资产所有者则遭受了重大损失。

一个新兴行业

虽然影响力投资多年来一直保持强劲的发展势头，但影响力投资市场直到最近才得以形成，影响力投资的共同题材和趋势也开始出现。影响力投资业在形成的最初几年里还曾发布过几份非常不错的报告，2011 年出版了第一本介绍影响力投资概念和做法的专著（Bugg-Levine and Emerson，2011）。2008 年，监测研究所仔细观察了影响力投资这个新兴市场，并且认为影响力投资即将从“不协调创新”阶段过渡到以交易量不断增加、基础架构不断完善、共同的目标和影响力评价标准逐渐形成为特点的“市场建设”阶段（Freireich and Fulton，200）。杰克逊合伙公司报告称，影响力投资市场已经在持续的“市场建设”阶段取得了重大进展(Jackson,2012)。就在这个“市场建设”阶段,影响力投资市场已经从注重自我构建和创建初始基础架构转变为更加注重实施(见图 8.1)。

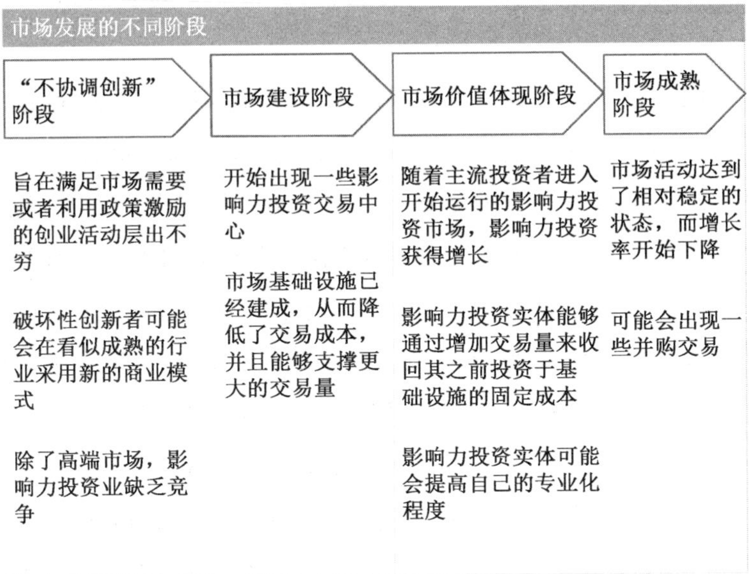

资料来源:监测研究所(Freireich and Fulton,2009)。

图 8.1　影响力投资市场发展的不同阶段

市场建设阶段的一个特点就是,市场向资本开放,并且接受更大的交易量。在影响力投资领域,做成了几笔有助于在世界各地吸引新资本的重大交易。2007 年,墨西哥康帕图银行成为第一家通过首次公开发行股票提供股权融资的拉丁美洲小微金融机构。这家银行发行的股票以 13 倍的市盈率获得超额认购,按照任何金融市场的标准来衡量都算得上一次巨大的成功(Rosenberg,2007)。墨西哥康帕图银行的这次首次公开发行只能被看作是一个市场的成功,随后印度的 SKS 小微金融公司因股票大幅贬值而遭到了普遍而又尖锐的批评:小微金融是在鼓励借款人举债消费,而不是为商业和经济发展融资。

2008 年,世界银行发行了第一笔价值 23.25 亿瑞典克朗的绿色债券(Green Bonds)。2009 年,比尔与梅琳达·盖茨基金会为影响力投资注资 4 亿美元,而加利福尼亚的新工程公司(Fresh Works)则发起募集了 2 亿美元的贷款资金投资于为服务不足社区提供健康食品选择。许多国家的政府也加入了资助影响力投资的行列。例如,英国政府向一些支持社会企业的基金注资超过10亿英镑，澳大利亚政府宣布设立两只价值2 000万澳元的社会事业发展投资基金（Social Enterprise Development Investment Fund）；中国香港特别行政区政府发起成立了一只2亿美元的基金支持社会事业发展，而美国联邦政府承诺在5年内为针对弱势群体的“成功后付费”项目注资1亿美元。

随着专门用于实施影响力投资战略的资本流的稳步增加，瞄准不同部门和地区的影响力导向型基金的数量也不断增加。然而，也许与直觉感知不同，在某些方面，进行影响力投资要比筹集影响力投资资金困难得多，因此出现了一些专门从事影响力投资交易发起、结构化安排和投资组合管理的中介机构。一个突出的例子是英国的“大社会资本”，这家于2011年成立的机构旨在帮助发展社会投资市场，并于2012年发起成立了一只6亿英镑的投资基金。一些主流金融机构，如德意志银行（Deutsche Bank）、摩根大通银行和瑞士联合银行（United Bank of Switzerland，UBS），都成立了专门从事影响力投资的部门。其他机构，如教师退休基金会（Teachers Insurance and Annuity Association-College Retirement Equities Fund，TIAA-CREF），纷纷加强了内部已有的影响力投资专业部门。

在投资端，这个行业的发展势头要弱很多。有人似乎认为，如果有更多的资金可用，就会有更多的投资机会。但事实很快证明，这种观点并不正确，因为许多个人和机构投资者难以做成大量的交易。促成这些挑战的是与交易规模小（机构投资者需要较大的投资机会才能调动大量资金）、交易成本较高（部分原因是，许多影响力投资的整体交易规模较小）以及夹层融资“缺失中间层”（迫使不断壮大的社会企业为了能够占据有利位置吸收更多的新资本/资金而在影响力投资的早期发展阶段就进军这个领域）等有关的问题。

然而，这种经历不应与资本需求不足混为一谈。事实恰恰相反，影响力投资对资本的需要和需求量巨大。例如，霍普咨询公司（Hope Consulting）在2010年报告称，影响力投资有1 200亿美元的市场机会；而据达尔贝格合伙公司（Dalberg Associates）预测，仅西非的高社会影响力部门就需要650亿美元的投资（Jackson，2012）。实际上，需要投资者准备并能够取得相当规模的交易，已经成为未来影响力投资市场面临的主要挑战之一，因为这个市场的一些新来者并没有认识到他们必须在一定程度上“创造机会”，而不是进入一个有明确行为主体和交易渠道的完全成型的市场。这个领域的其他挑战包括与交易规模较小以及要到偏远地区开展工作有关的交易经济性和高交易成本。此外，在影响力投资领域的大多数交易需要一种类别以上的资本/资金，因此通常需要多个投资者参与交易。

最近影响力投资市场发展的一个关键方面是注重专门为影响力投资设计新的评价指标和标准（见下文题为"如何产生影响"一节）。在过去的几年里，为了能让投资者采用共同的工具来评价投资的社会影响力，曾有人提出过一些方案。2008 年，推出了"影响力报告与投资标准"，旨在为社会、环境和财务业绩进行标准化的分类和定义。"影响力报告与投资标准"可紧密结合对企业和基金进行第三方评估的全球影响力投资评级系统一起使用。

总的来说，影响力投资市场目前只是一个以连贯、有效的方式正在形成的新兴市场。但是这个市场的一些子市场，如小微金融和社区发展金融子市场，已经日臻成熟，因而可以提供宝贵的经验教训（见专题 8.1）。

专题 8.1　小微金融的历史沿革

小微金融是影响力投资的一个分支，在过去的几十年里已经经历了早期的行业发展阶段。包括孟加拉国格莱珉银行在内的第一批小微金融机构，在 20 世纪 70 年代就获得了支持，并且在最初几年作为非营利机构运作。它们正在不断证明，小微金融可以是一种创收活动，并且是一种在社会和财务两方面都可以持续的模式。

在随后的几年里，一些著名的组织开始涉足这个领域。1985 年建立了一个名为"小企业教育与促进网络"（Small Enterprise Education and Promotion，SEEP）的会员制国际小微金融网络；1995 年发起组建了扶贫咨询团体。扶贫咨询团体是一个致力于向贫困人口提供融资渠道的独立组织，由发展机构、金融机构和基金会组成。这些机构和其他组织比较关注小微金融，也促进了整个社会对小微金融的关心，这反过来又促进了必要的基础设施建设，而且吸引了更多的资本/资金进入这个部门。

20 世纪 90 年代，随着对标准化的日益重视，开始精确评价小微金融业绩和影响力。1996 年推出小微金融评级系统（Microfinance Rating Systems，MicroRate）；1997 年举行了第一次小微信贷峰会，旨在交流小微信贷知识和最佳实践，并努力使小微信贷惠及世界 1 亿多最贫穷家庭（Freireich and Ful-

ton,2009);2008年,标准普尔公司宣布计划为小微金融机构提供全球风险评级服务。所有这些活动吸引了更多的机构投资者,小微贷款金额从2001年的40亿美元增加到了2006年的250亿美元(Freireich and Fulton,2009)。在21世纪10年代中期,小微金融变得更加“主流”,并开始从市场建设阶段进入市场价值获取阶段。

关键特点

影响力投资者遍及很多部门和地理区域,并且使用多种金融产品。他们既可以在发达市场,也可以在新兴市场运作,具体取决于投资者的侧重点和偏好。影响力投资可在农业、医疗卫生、教育、净水供应、住房和其他领域进行,而且还可以用来解决污染和毁林等环境问题,向清洁能源生产和废物管理企业以及许多其他以环境为中心的项目提供资金。影响力投资使用与财务和社会目标密切相关的投资工具,并且能给投资者创造不同程度的财务回报和其他不同类型的影响力。

地域与部门

许多影响力投资者选择把投资的重点放在发展中市场或发达市场,这种专业化的部分原因是影响力投资市场存在巨大的地区差别,而这种地区差别需要当地的专门知识,而且常常需要亲临当地才能弥合。另一个原因是投资者偏好,一些投资者倚重近邻来解决国内问题,而另一些投资者则在他们认为最有需要的地方进行投资。

新兴市场作为影响力投资目的地的受欢迎程度正在迅速飙升,当然也不足为奇。它们吸引了各种希望既能产生社会影响力又能获得合理财务回报率(或至少不希望损失全部投资本金)的影响力投资者。在新兴市场上,每天生活费不足2.5美元的人口有250万,他们被统称为位于消费市场金字塔底部(Bottom of the Pyramid,BoP)的消费群体(Bridges Ventures and Parthenon Group,2012)。根据世界银行的数据,生活在极端贫困线以下的人口主要集中在撒哈拉以南非洲和南亚。在这两个地区,每天生活费不足1.25美元的人口分别占其总人口的50%和40%。

从宏观经济的角度看，在过去的10年里，许多新兴市场经济体的国内生产总值增长率通常高于发达市场经济体，而且也比较稳定。此外，新兴的发展中国家中产阶级的崛起为外国投资者建立了诱人的市场，并且造就了一批新的本地投资者。虽然新兴市场可能也意味着一定的挑战，如一般商业环境不佳、政治不稳定和腐败，但投资于新兴市场对于很多人来说仍然具有吸引力。

在发达市场上，许多人也得益于影响力投资。虽然美国、加拿大和西欧低收入人群的收入远高于新兴市场的穷人，但相对于他们所在经济体的其他人群而言，他们仍然生活在贫困线以下，因此也可以从影响力投资项目中受益。例如，2010年，加州的新工程公司发起成立一只为服务不足社区提供健康食品选择的总额2亿美元的基金。发达国家影响力投资基金关注的其他社会问题包括青年失业、累犯、保障性住房短缺以及艺术和文化保护。

2013年1月，摩根大通银行发布了一份报告，介绍了对99个影响力投资者和其他行业参与者的调查结果。根据这份报告，影响力投资者最关注的地区是撒哈拉以南非洲、拉丁美洲和加勒比地区以及美国(见图8.2)。

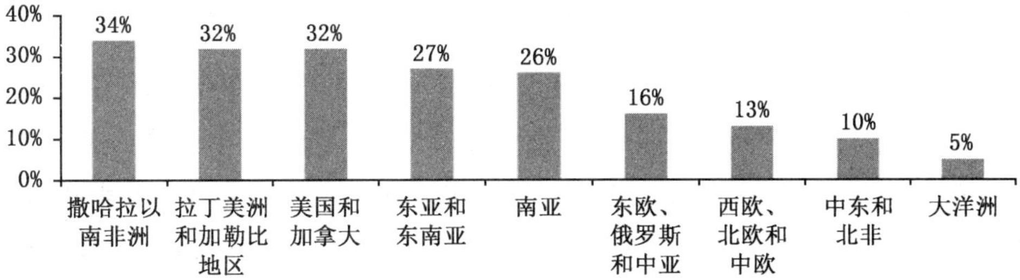

资料来源：GIIN/J. P. Morgan(2013)。

图8.2　影响力投资的地域分布

同一组接受调查的影响力投资者按要求选择他们感兴趣的行业(见图8.3)。无论是发达市场还是新兴市场，对于影响力投资者来说，食品和农业都是最重要的行业之一，医疗和教育紧随其后。然而，在发达市场和新兴市场，影响力投资者对小微金融和金融服务的关注程度大不相同。虽然小微金融对于新兴市场的影响力投资者来说非常重要，但对发达市场的影响力投资者来说却并不那么重要。然而，根据摩根大通银行(Saltuk et al.，2011)早些时候一份显示实际投资统计数据的报告，食品和农业类影响力投资仅占所报告交易总额的15%，排在小微金融之后名列第二。医疗卫生类投资仅占所报告投资总额的3%。这可能意味着，鉴于目前的影响力投资者关注的重点，对食品、农业和医疗卫生部门的投资可能会增加(见专题8.2和案例8.1)。同样值得注意的是，据摩根大通银行的另一份报告(O'Donohoe et al.,2010)预测，城市保障性住房将是未来10年最重要的影响力投资领域之一，所需的潜在投资资本/资金将高达2 140亿～7 860亿美元。[1]

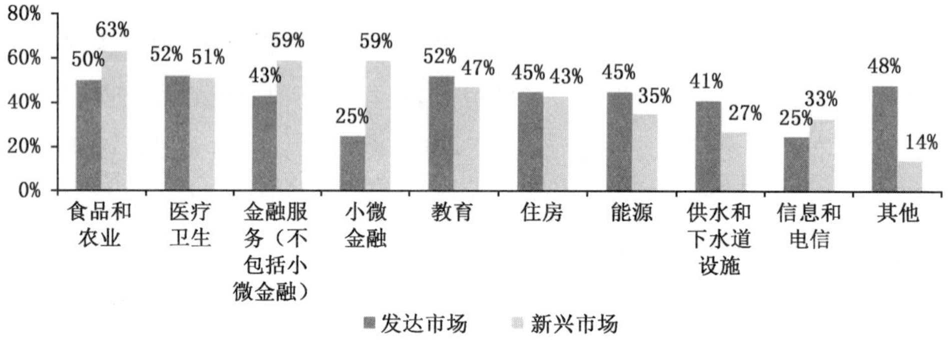

资料来源:GIIN/J. P. Morgan(2013)。

图8.3 影响力投资行业分布

专题8.2 非洲的医疗卫生

撒哈拉以南非洲的大部分地区仍然是世界上医疗卫生状况最糟糕的地区，这个地区的人口约占世界人口的11%，但承担着24%的全球疾病负担。全世界5岁以下儿童的死亡几乎有一半发生在非洲，但撒哈拉以南非洲的医疗卫生支出还不到世界医疗卫生支出的1%，医护人员严重短缺。只有约占全球3%的卫生工作者在这个地区工作。这里只举一个例子，每年仅疟疾就要造成120亿美元的工资损失，斯威士兰(Swaziland)[2]的预期寿命只有30岁，而瑞士的预期寿命则高达81岁。

许多非洲国家的政府缺乏为发展有效的医疗卫生系统所必需的技能和资源。此外，腐败仍然是妨碍投资的一个主要障碍，而在非洲不同国家推行能解决这个问题的系统性改革也面临截然不同的前景。但除了少数例外情况，双边机构常常在公共卫生系统框架内提供支持，大多数国际援助是通过公共部门来部署的。

---

[1] "大社会资本"(2013)指出，对资本密集型社会部门的投资可能是最大限度利用其资产的最明显方式：社会投资虽然不适合所有的社会部门组织，但提供了大规模筹资的机会，特别是在教育和医疗卫生等支出最大的领域以及社会性住房和收容留宿服务供应等资本密集领域。

[2] 非洲东南部国家。——译者注

通常，这些投资只有很小一部分用于为城市和农村许多贫困人口提供服务的小诊所和小机构。由于本地银行缺乏这方面投资的经验，再加上被投资者资产负债业务有限，因此，本地银行很少向这种机构提供贷款。由于监管问题和自身的内部约束，发展金融机构——可能是这些小诊所的资金来源——经常觉得这个领域颇具挑战性。

目前，专注于全球医疗卫生的影响力投资基金仍然相对较少。国际金融公司支持的非洲卫生基金(Health in Africa Fund)和荷兰的非洲卫生投资基金(Dutch Investment Fund for Health in Africa)是这个领域的 2 只私募股权基金，但它们只专注于大规模的投资。其他影响力基金，如草根企业基金(Grassroots Business Fund)和睿智基金，在其投资组合中有一部分是对医疗卫生部门的投资，但也有其他部门(如教育和农业)的投资。有几只知名的风投基金正在发展之中，如法尼西(Fanisi)基金和黎明(Firstlight)基金。但在通常情况下，这类风投基金寻求高回报，只投资于有良好业绩的行业。

目前正在发展中的新金融机制，如社会影响力债券和发展影响力债券(债券结构相似，但筹款用于发展)，目前被用来为一些最需要的干预措施融资。例如，莫桑比克疟疾业绩债券(Mozambique Malaria Performance Bond, MMPB)旨在为未来 10 年提供资金和提高干预措施的效率。发行这种债券的目的是防止多达 800 万的新感染病例，并把目标地区的疟疾流行率降低到 75%。其他类似的举措也在进行中。

但不管怎样，撒哈拉以南非洲的医疗卫生需求正在增长。据国际金融公司在麦肯锡咨询公司的帮助下完成的一项研究估计，未来 10 年，这个地区仅在医院、诊所、配送仓库和其他基础设施等医疗设施上就需要 250 亿～300 亿美元的新投资。

资料来源：International Finance Corporation(IFC),"The Business of Health in Africa."; Han Lily,"Malaria in Mozambique: Trialling Payment by Results." Guardian Professional; TIA Analysis。

案例 8.1　乌干达"非洲诊所"的影响力投资

"非洲诊所"(Clinic Africa)是一个乌干达发展迅速的初级保健诊所网络。随着城市诊所的盈利能力得到证实，"非洲诊所"面临的挑战是在积极发展农村诊所的同时提高它们的盈利能力。

情况介绍

才成立2年的“非洲诊所”网络已经开设了5家诊所(3家城市诊所和2家农村诊所),并且在开业后的一年半时间里为5 000多名主要是贫困患者提供了服务。

(1)诊所归“非洲诊所”所有,但由当地医生独立经营。

(2)非政府组织负责监督该网络的发展和质量管理,但诊所的大部分利润归经营诊所的本地医生。

(3)城市诊所在开业3～6个月里就实现了盈利,而农村诊所没能实现类似的营利性。

(4)典型诊所的特征:3～6名医生;2 600人次药房就诊;1 500人次门诊;1 400人次化验检查;500人次住院治疗。

投资考虑因素

城市诊所很快就能盈利

(1)收入3万美元的城市诊所利润率为5%;农村诊所还没做到可持续盈利。

(2)典型诊所需要非政府组织提供约15 000美元的种子资本,主要用于营运资金和采办设施设备。

快速扩张:一年半时间里开办了5家诊所

(1)城市诊所模式已经证明能够盈利,并且有开设新诊所的能力。

(2)农村诊所模式还没有证明自己的可持续性。

目标是在这个地区开设100家诊所

(1)持续快速增长需要资金,可以是捐赠人、非政府组织或者私人投资者的资金。

(2)城市诊所有很多发展机会。

(3)农村诊所发展需要以下一个条件:发展独立盈利模式;把农村诊所网络作为社会事业来发展,由非政府组织出资和用城市诊所网络利润给予补贴。

资料来源:IFC/McKinsey(2011)。

环境(环保)投资

环境可持续性是影响力投资所关注的一个中心题材。在过去的几十年里,地球受到自然资源过度利用、碳排放增加、水和空气污染以及废物管理不当等问题的影响。仅在发展中国家,大规模毁林和砍伐就对当地生态系统造成了严重损害。根据联合国粮农组织(Food and Agriculture Organization,FAO)的数据,印度尼西亚、尼日利亚和柬埔寨等国在过去的15年里失去了很大比例的森林——分别为31%、79%和58%(Bridges Ventures and Parthenon Group,2012)。

幸运的是,可持续林业和其他绿色模式正变得更加有利可图,并越来越受到投资者的欢迎。例如,1990年设立的全球环保基金(Global Environment Fund,GEF)有10亿美元的管理资产,目前正积极投资于发达国家和新兴市场的环保项目。该基金的投资组合包括投资印度的清洁能源生产公司绿科集团(Greenko Group),在印度经营涉水卫生、灌溉和配电业务的赛舒希尔基础设施有限公司(Saisudhir Infrastructure Ltd),在斯威士兰经森林管理委员会(Forest Stewardship Council,FSC)认证的松树和桉树人工林公司"山峰木材"(Peak Timbers)以及许多其他环保投资。

替代能源也越来越受欢迎,特别是在中东和非洲。太阳能技术在过去的几年里取得了很大的进步,从而降低了成本,增加了利润。但与其他可再生和传统能源相比,太阳能仍可能是一种成本昂贵和前景不可预测的能源。随着技术的不断进步,对太阳能开发利用的投资可能很快就会过时,而且投资回报也很难准确预测。然而,有几个项目可以证明对太阳能开发利用的投资是值得的。例如,以色列的保障房再生能源(Renewable Energy for Affordable Living Housing,REALH)项目提供了可持续的保障房,既减少了能源消耗,又降低了能源成本。再生能源保障房比市场上的同类住房可节省60%的采暖降温费用(Spitzer,Emerson and Harold,2007)。

金融工具

影响力投资工具的选择取决于投资者的偏好,因为与传统金融一样,不同的投资工具具有不同的特点。实际上，投资者想要选择合适的工具，就必须考虑几个标准，包括未来的现金流、潜在的业务风险、所有权结构和退出策略。从这个意义上说，影响力投资本身在过程上非常类似于传统投资。重要的是要认识到，影响力投资只不过是传统投资实践在考虑社会和环境价值创造以及风险管理框架下的扩展。虽然融资机制（如社会影响力债券或只用慈善资金提供贷款担保）的核心部分确实有所创新，但影响力投资是建立在传统金融的基础上的，并含有新的工具和应用组合。

影响力投资者可以投资于债券、股票、包含债券和股票元素的夹层基金，也可以投资于包括债券、股票和赠款的结构化混合资本交易。除了这些传统的资本形式之外，所选定的投资项目也可以用直接赠款来融资。赠款虽然不用还，但往往是短期的，并且仅限于特定项目和活动。表 8.2 列示各种不同的影响力投资工具。

表 8.2　影响力投资工具

投资工具	期限	对社会企业的意义
赠款	期限：短期	· 通常限定用于预定项目
	年度付款：无	· 筹款成本高
	还款：无	· 创业灵活性低
借入资金	期限：长期（3～7 年）	· 每年要支付利息，因此要求采用低风险商业模式
	年度付款：利息	· 没有所有权稀释的问题
	还款：有	· 贷款人在借款人违约的情况下有追索权
股权资本	期限：无限期	· 所有权稀释
	年度付款：股息	· 投资者享有控制权和表决权
	还款：无	· 社会投资者分享利润
		· 对企业文化可能产生影响
夹层基金	期限：长期（3～7 年）	· 每年支付利息，因此要求预测现金流
	年度付款：利息	· 在转换成股权的情况下，所有权会稀释
	还款：有	· 强制还款
		· 社会投资者分享利润
混合资本	期限：长期（3～7 年）	· 低成本融资工具
	年度付款：无	· 无所有权稀释
	还款：取决于混合结构	· 与社会投资者分担风险
		· 结构化安排灵活性大

资料来源：Schwab Foundation/Technical University of Munich（2011）。

2011 年，摩根大通银行和全球影响力投资网络基于对 2 200 多项影响力投资的分析发布了一份报告。该报告显示，影响力投资采用的最普遍融资方式是债务融资；在 44 亿美元的投资中，75％采用了债务融资的方式，特别是私人债务融资（Saltuk et al.，2011）。

在有关影响力投资实务的讨论中，有一个值得关注的变化，那就是人们已经认识到慈善资金在影响力投资交易和交易结构化过程中发挥的重要作用。在 2009 年发表的《影响力投资初步监测报告》中，赠款——由于不用向投资者偿还本金——没有被视为影响力投资工具箱中的一种工具。最近，越来越多的影响力投资者认识到慈善资金在弥合向投资者提供回报的资本/资金与传统慈善捐赠之间的"资金缺口"方面发挥着关键作用。慈善资金可用来"买保险投保"或降低风险感，从而使主流资本投资者能够参与在没有慈善资金介入的情况下就不会参与的交易。

正如英国内阁办公室最近发布的《混合投资》（Co-Mingling）报告所说的那样，各基金会可以利用慈善资金，与商业资本一起投资于混合投资基金（co-mingling investment fund），从而解决本来无法解决的规模问题（UK Government，2013）。例如，如果小微金融领域没有前期的高风险慈善资金投入，那么，后期为获得市场利率的投资者就永远也不可能跟进。事实上，在许多影响力投资的讨论中，除了慈善资金之外，公共资金的作用也被大幅低估。对于传统投资者来说，影响力投资的吸引力在很大程度上在于它是一种解决社会问题的"自由市场"方法。但事实上，最近对业绩最好的影响力投资基金的一项研究表明，在各个案例中，公共资金[无论是充当"锚定"投资（anchor investment）、担保人的角色还是对影响力基金进行其他方面的支持]对于吸引主流传统投资者至关重要（Clarke，Emerson et al.，2014）。

回报预期

关于影响力投资的回报预期，目前仍存在争议。已经发表的几份报告表明，影响力投资的回报预期存在很大的差异：一些投资者为了超越清一色传统投资的业绩，利用影响力投资来构建混合投资组合；而另一些投资者则希望利用他们的部分财务回报来增加自己的社会影响力。例如，杰克逊合伙公司在它的一份报告中介绍了四个回报预期不同的影响力投资者案例。根据这份报告，卡尔弗特基金会的预期回报率最低，是0～2%；而活跃在拉丁美洲的风投公司IGNIA的预期回报率最高，达到25%。

有几个因素会影响影响力投资的预期回报率，包括所使用的工具类型和投资的地域分布。在发达市场和新兴市场投资的回报预期往往存在差异。摩根大通银行在2011年的一项研究中得出了以下结论：

> 发达市场：债券投资者的预期回报率往往低于市场回报率。这可以部分解释为，在许多发达市场，监管框架和税收激励措施鼓励投资于实现较低财务回报的新创社会企业。股权投资者的业绩喜忧参半，尽管在发达市场，股票回报率往往比较可观。
>
> 新兴市场：债权投资的预期回报似乎与长期指数回报持平。此外，股权投资回报率(以20%～25%的总回报率或15%～20%的净回报率为基准回报率)似乎与发达和新兴市场的典型私募股权投资或风投预期回报率持平。

在影响力投资领域，关于同时追求财务回报和社会回报的问题也存在争议。有些投资者认为财务业绩和社会影响力两者负相关，这就意味着其中一个变量的增大会导致另一个变量的减小。其他投资者则认为财务业绩与社会影响力相互独立，这就意味着两者有可能同时增加。根据摩根大通银行的报告(Saltuk et al.，2011)，大约有60%接受调查的影响力投资者认为，通常没有必要在社会影响力和财务回报之间进行权衡。约有相同比例的接受调查的影响力投资者表示，如果他们必须在考虑投资时权衡财务回报与社会影响力，那么，他们愿意为获取更大的社会影响力牺牲财务回报。

一般来说，影响力投资可以吸引影响力和收益目标差别很大的投资者。例如，在上面介绍的一些案例中，混合基金吸引了具有不同影响力和收益预期的投资者。这种基金的结构各不相同，风险和回报都是为满足投资者的不同需求设计的。每只混合基金通常都包括慈善资金和商业资金，风险和回报结构也存在很大的差别。基金会可以承担与其他投资者相同甚至更大的风险，并且获得与所承担的风险相同或者较低的回报，这样就能大幅降低交易风险，好让比较保守的投资者参与影响力投资。英国内阁办公室(2013)发表的《混合投资》报告介绍了关于混合基金的案例研究和分析结果。

如何产生影响

企业可以通过多种手段来追求产生影响的目标，投资者可以在设计投资策略时参考这些产生影响的手段。在许多情况下，投资者产生影响的目标与被投资者的所在部门密切相关。例如，新建学校应该会对当地扫盲率产生直接的影响，提供医疗服务的医院应该能改善所在地区的健康状况。其他领域的影响力投资，如对小微金融公司的投资，被认为会产生间接的影响，应该会增加小微金融公司的资金，而小微金融公司又会把这些资金分配给企业家创造就业机会、增加收入并促进产业发展。投资于旨在改善环境的企业也是投资于潜在影响力的一个明显例子。

摩根大通银行（Saltuk et al.，2011）把影响分为“过程”和“结果”两种。就“影响过程”而言，企业可以通过从传统上代表人数不足或受到排斥的群体中雇用员工来产生其一定的使命影响。至于“影响结果”，例如，制造太阳能灯的企业可以通过向无法接入电网的居民提供他们负担得起的照明手段来产生社会影响。瞄准位于“金字塔底部”的消费者可被认为隐含地属于影响结果观（Saltuk et al.，2013）。表 8.3 列示了几种由“影响力报告与投资标准”开发的企业可用来实现其影响力目标的方法。

表 8.3　　社会与环境影响力

“影响力报告与投资标准”3.0 版影响力目标	“影响力报告与投资标准”3.0 版环境目标
创造使用清洁水的机会	保护生物多样性
创造接受教育的机会	提高能源和燃料使用效率
提供使用能源的机会	保护自然资源
提供获得金融服务的机会	污染防治与废物管理
提供获得信息的机会	可持续能源的开发利用
提供经济适用房	可持续的土地利用
提高农业生产率	水资源管理
有助于能力建设	
社区发展	

续表

“影响力报告与投资标准”3.0 版影响力目标	“影响力报告与投资标准”3.0 版环境目标
解决冲突	
疾病防治	
创造就业机会	
平等与赋权	
食品安全	
创建慈善捐赠基金	
改善医疗卫生状况	
保护或扩大人权	
增加收入/提高生产率	

注:“影响力报告与投资标准”倡议由全球影响力投资网络负责管理。

资料来源:影响力投资报告与投资标准。

市场基础设施

在过去的几年里,影响力投资部门的市场基础设施一直在显著增长,许多新的投资者和其他市场参与者纷纷进入这一领域。杰克逊合伙公司(2012)提出了一个被广为接受的描述市场如何形成的框架(见图 8.4)。这个框架把不同的市场行为主体分为资产所有者、资产管理者、需求侧行为主体和服务提供者四类。资产所有者和资产管理者包括高净值人士、私人基金会、影响力投资基金以及包括银行和养老基金在内的机构投资者。需求侧行为主体包括接受和利用影响力投资的被投资者,其中包括规模较小但在不断扩大的企业、社会企业、一些公司、合作社和小微金融机构。最后一组市场主体包括服务提供者,如标准制定机构、咨询公司、政府机构和行业网络。值得注意的是,一些市场主体,如公司,可以履行多种职能。例如,有些公司可以是资产所有者或投资者,而另一些公司则可能是需求侧的行为主体或者是投资接受者。

影响力投资市场的行为主体

资产所有者	资产管理者	需求侧行为主体	服务提供者
• 高净值人士 /家族 • 公司企业 • 各级政府机构 • 员工 • 散户投资者 • 基金会	• 投资咨询顾问 • 基金会 • 银行 • 公司 • 风投基金 • 影响力投资基金/中介机构 • 养老基金 • 主权财富基金 • 发展金融机构 • 政府投资项目	• 公司企业 • 规模小但不断成长的企业 • 合作社 • 小微金融机构 • 社区发展金融机构	• 行业网络 • 标准制定机构 • 咨询公司 • 非政府组织 • 大学 • 能力发展服务提供者 • 政府项目

资料来源:哈吉和杰克逊(Harji and Jackson,2012)。

图 8.4　影响力投资市场的行为主体

影响力投资者

资产所有者和资产管理者或者资产管理公司为影响力投资项目提供和配置资金。与传统投资市场上的资产所有者和资产管理者或者资产管理公司一样,他们在动机、风险和回报预期以及社会影响力目标方面也各不相同(见表 8.4)。有人建议,可以把影响力投资市场上的投资者分为影响力优先型投资者和财务回报优先型投资者,但在现实中,并不总能做这么明确的区分。影响力优先型投资者已经被定义为:其特定的社会或环境回报预期高于某个最低影响力水平,且能接受较低财务回报率的投资者。这里所说的较低财务回报率通常是投资者事先确定的(资本回报率最低为零),影响力优先型投资者包括一些基金会、家族理财机构和高净值人士;而财务回报优先型投资者设有某个最低的财务回报下限(有时低于市场利率,有时则并不低于市场利率),并且把影响结果作为投资决策的次要目标。银行、养老基金、主权财富基金和一些发展金融机构都是财务回报优先型投资者的例子。有许多投资者拥有构成多样化的投资组合,对不同的具体投资项目采取不同的处理方法。因此,同一投资者可能既做“影响力优先”型投资交易,也做“财务回报优先”型投资交易。

表 8.4　　影响力投资者实例

大银行的分支机构：摩根大通银行的社会金融公司	摩根大通银行的社会金融公司成立于 2007 年，通过市场调研和发布报告来提供构建思想领导力的服务，并且还把摩根大通银行的资金投入影响力投资基金。它最成功的投资包括非洲农业资本基金(African Agricultural Capital Fund)
机构投资者：美国教师退休基金会（TIAA-CREF）	美国教师退休基金会是一家处于领先地位的金融服务机构，它管理的资产总额超过 4 400 亿美元。这只养老基金将 6 亿美元投在了不同资产类别的影响力投资项目上
风投企业和家族基金：奥米迪亚网络	奥米迪亚网络以慈善投资基金的形式运作，它有一个捐赠基金会和一家营利性责任有限公司，并且把很多资金用在了影响力投资上
家族基金会：托尼·伊卢梅鲁基金会（Tony Elumelu Foundation）	托尼·伊卢梅鲁基金会总部设在尼日利亚拉各斯，2010 年由尼日利亚商人托尼·伊卢梅鲁(Tony Elumelu)创建。该基金会致力于非洲的经济转型，通过提供创业资金和企业发展服务来支持中小企业发展
中小企业投资基金：格罗芬	格罗芬公司是处于领先地位的中小企业融资和业务发展服务供应商，专门在非洲和中东支持可持续发展企业。格罗芬公司目前在 13 个国家开展业务，通过 7 只基金进行了 300 笔影响力投资交易，投资额达 3 亿美元
发展金融机构：荷兰发展金融公司	荷兰发展金融公司是一家荷兰开发金融机构，成立于 1970 年，管理着 50 亿欧元的资产。该公司支持发展中和新兴市场私人部门发展，并且把重点放在它认为具有高度长期影响力的行业，包括金融、能源、住房、农业综合企业、食品和清洁水

资料来源：E. T. Jackson(2012)；Bridges Ventures/Parthenon Group(2012)。

自从把影响力投资分为“影响力优先”和“财务回报优先”两种不同目的的影响力投资以来，影响力投资界已经认识到了这个区分框架虽然在甄别影响力投资目的时也许有暂时的帮助，但并不总能反映影响力投资者在管理他们的投资项目时采用的操作方式。近几年来，许多影响力投资者对投资业绩的理解已经转向“两者兼顾”，而不是采用这个现实的“非此即彼”的区分框架。在资产所有者手中持有每种资产类别(固定收益、私募股权和债务凭证等)影响力和财务回报水平不同的投资项目时，情况更是如此。由于投资者可能同时为了获取财务回报和不同类型的影响力来管理自己的投资组合，因此，影响力和财务回报水平可能取决于投资者的具体投资策略和意图。诸如 100%影响力网络这样的集团通过寻求财务、社会和环境综合回报这样的总业绩来实行全面资产管理。这种方法试图在优化适合任何给定类别资产的财务回报的同时，尽可能扩大适合同一类别资产的影响力。有兴趣实施影响力投资策略的资产所有者越来越多地采用这种方法管理自己的投资资产。

虽然过去有许多影响力投资者把自己归入“影响力优先”或者“财务回报优先”这两个类别，但目前的趋势是投资者为总业绩管理其投资资产。艾默生·克拉克等(Clark,Emerson et al.,2014)介绍了12只兼顾财务回报和社会回报的影响力基金。这些基金涉及不同的部门和地区,从印度的小微金融到英国的可持续房地产。它们的行为表明,帕累托假设——在社会回报和财务回报之间进行取舍——可能不会在所有情况下都能成立。克拉克等还表示,今后,兼顾财务回报和社会回报将被视为标准的最佳实践(Insight,Duke and ImpactAsset,2013)。

影响力投资者享有不同程度的资产配置自由,有些投资者负有受监管的受托责任,必须创造合理的风险调整后的财务回报,也就是可与传统投资媲美的财务回报。例如,退休基金管理机构美国教师退休基金会被要求投资于能产生有竞争力的回报的项目,因此,在投资决策时必须优先考虑财务回报,而不是社会影响力回报。一些利用捐款进行影响力投资的基金会,如凯洛格基金会和安妮·E. 凯西基金会(Annie E. Casey Foundation),通常也会寻求具有竞争力的风险调整后回报率,但在所谓的使命或项目相关型投资(mission-or programme-related investments,MRI/PRI)中就没有这么明确的财务回报目标。纽约的F. B. 赫伦基金会长期以来一直是这种投资的先驱者,它或许是第一个为了帮助其工作人员跟踪上市公司的环保和社会业绩而在他们的办公室里安装彭博社终端的美国基金会,而且还推行一项旨在长期尽力推进其社会使命的战略。

相比之下,洛克菲勒和比尔与梅琳达·盖茨等基金会进行项目相关型投资,它们的主要目标是推进某项社会使命。它们根据这种策略为了产生影响力,而不是实现竞争性的财务回报率而投资。值得注意的是,许多通过赠款和项目相关型投资项目来促进影响力投资的主要基金会,实际上并没有用其资金来进行影响力投资。超高净值人士通常具有最大的投资委托灵活性。他们可以选择他们希望支持的特定社会或环境使命,把自己的部分投资配置于回报率低于市场回报率的项目。在这些做法的演变过程中最值得关注的也许是,有越来越多的人认识到,那些不考虑资产负债表外因素——如全球气候变化或流行病——的受托人实际上有可能不履行他们的受托责任。正是由于这个原因,美国的许多养老基金率先探索如何既保护自己的投资组合免受气候变化的影响,又让自己的投资得益于创新性投资策略,通过投资于未来的气候变化解决方案来创造财务回报。

此外,不同类别的投资者可以对被投资者生命周期的不同阶段进行投资，以满足不同的风险—回报—影响力组合。像风险慈善家这样的影响力投资者可以参与风险较大、潜在社会回报较高的早期阶段融资，其他投资者可以在新创企业发展的后期阶段，在有增长和扩张机会的情况下投入资金；而后续投资则可通过辛迪加或联合投资的方式来完成。例如，在“谷糠电力”（Husk Power，一家设在印度的可持续能源社会企业）的案例中，壳牌基金会以赠款的形式提供种子资金，帮助这家公司证明它的概念的可行性，并使它能在准备扩大规模时获得商业资金。谷糠电力公司的后续投资者有睿智基金、LGT 风险慈善基金、绿洲基金（Oasis Fund）以及后期阶段进行投资的国际金融公司（Harji and Jackson，2012）。

需求侧市场主体：直接投资与融资结构

如上所述，影响力投资可以采取不同的方式，并且可以跨越不同的资产类别、部门、地域和融资结构来进行。通常，影响力投资采用对社会企业进行直接投资的方式。这种直接投资可能涉及广泛的领域，包括食品安全、医疗保健和教育。特别是在新兴经济体，中小企业被认为是社会创业的中坚力量；如果中小企业资金充足、管理得当，就有可能成为扶贫、创造就业和促进经济增长的强大力量。表 8.5 举例介绍了几种在新兴市场取得成功的模式。

表 8.5　发展中国家的需求侧市场主体

企业	商业模式	部门	国家
“团队招聘”（TeamLease）	为大学生与企业界建立联系，并向他们提供培养就业能力所需的职业教育课程	教育	印度
“生命源泉”	连锁利基医院，提供低价高质的产妇保健服务	医疗	印度
“塔伊布市场”（Souk el Tayeb）	当地小生厂商农家厨房用品市场	营养	黎巴嫩
“柬埔寨乡村发展综合企业”（Cambodian Business Integrated in Rural Development，CBIRD）	为发展乡村商业活动提供贷款	小微金融	柬埔寨
“扎拉太阳能”（Zara Solar）	提供小型光伏太阳能装置，解决电气化不足的问题	基础设施	坦桑尼亚

资料来源：Arosio（2011）。

直接向社会企业提供资金，只是通过影响力投资实现变革的一种方式。

还有许多其他金融机构也为创造影响力提供资金，投资基金就是一种颇受欢迎的金融机构。投资基金把投资者的资金聚集在一起，然后把资金投资于一些符合其投资标准以及财务及社会目标的企业。影响力投资基金可以只有一种或者多种类型的投资者。在许多情况下，具有不同要求和动机的两种或更多类型的投资者可以进行合作，把不同类型的资金组合在一起进行某项投资，并且创造不同分层结构的投资（Crédit Suisse，2012）。

在英国内阁办公室（2013）发布的《混合投资》报告中，作者更加详细地探讨了不同的影响力投资结构，并且介绍了最近几个影响力投资基金的案例研究。其中包括德意志银行的眼睛基金（Eye Fund）、桥梁社会创业者基金（Bridges Social Entrepreneurs Fund）、非洲农业资本基金和纽约市收购基金（New York City Acquisition Fund）等。这份报告将投资结构分为三类：一是等额投资结构（pari passu），意思是在平等的基础上，或者平等地分担风险和分享财务回报；二是风险补偿结构，社会投资者承担较大的风险，获得较多的回报；三是特殊结构，基金会承担较大的风险，但获取较少的回报。影响力投资基金的结构可以根据特定情况和投资者的动机和风险偏好进行调整。混合或者综合基金通过合并不同类型的资本并向商业投资者创造有吸引力的投资条件，可以杠杆化利用慈善资金，并且可对社会项目进行数额巨大的投资。德意志银行发起成立的“眼睛基金”就是这种结构的投资的一个典型例子。在这种结构下，德意志银行吸引了许多目标不同的投资者，并且邀请其他行业的参与者帮助筹集资金（见图 8.5）。

社会影响力债券就是一种流行但仍处在试验阶段的影响力投资结构化融资工具。2010 年，英国彼得伯勒（Peterborough）发行了社会影响力债券。发行这种社会影响力债券是为了降低关押在彼得伯勒女皇陛下监狱的短期徒刑男囚犯刑满释放后的累犯率而发行的（Nicholls and Tomkinson，2013）。这种债券采用了一种创新方式鼓励非政府投资者投资于社区建设支持项目，目的就是要改善社区的社会成果（Cave et al.，2012）。自那以后，世界各地发行了许多不同结构的社会影响力债券。2012 年 8 月宣布发行的里克斯岛监狱社会影响力债券，是美国知名度比较高的第一批此类规模的社会影响力债券之一。这种结构的社会影响力债券是高盛、彭博慈善基金会（Bloomberg Philanthropies）、奥斯本协会（Osborne Association）、人力示范研究公司（Manpower Demonstration Research Corporation，MDRC）和纽约市紧密合

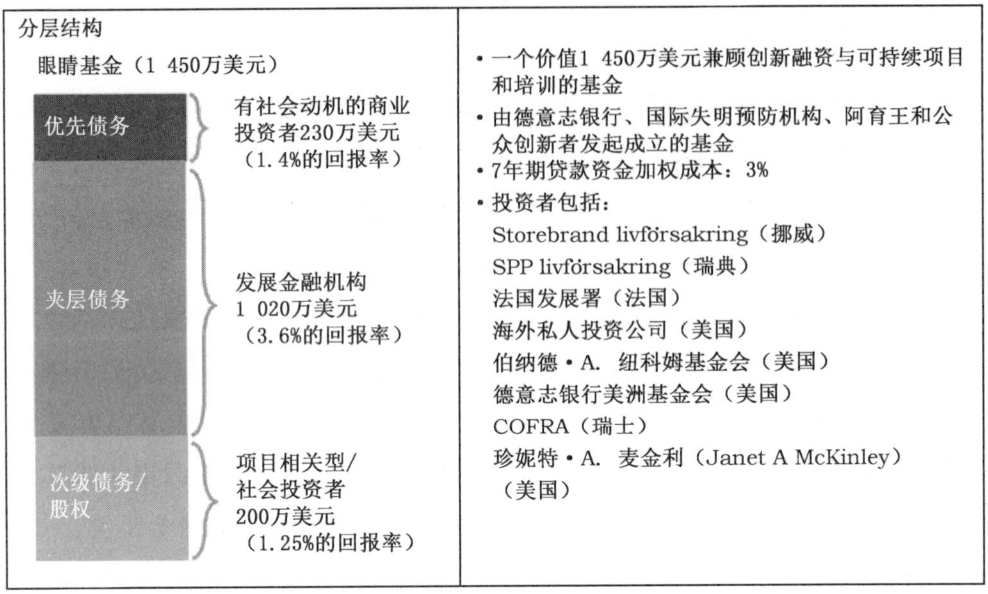

资料来源：德意志银行。

图 8.5 “眼睛基金”分层投资结构

作的结果。高盛银行为了资助向关押在里克斯岛监狱的 16～18 岁的青少年囚犯提供治疗服务，提供了一笔由彭博慈善基金会担保的 960 万美元的贷款。这笔贷款将根据纽约市狱政局(Department of Correction)与累犯率下降直接相关的经费结余情况偿还(见图 8.6；Olson and Phillips，2013)。

业绩评价与标准设置

为影响力投资制定可被广泛接受的业绩评价标准仍然是一项重大挑战，共同的报告标准有可能提高投资效率，降低尽职调查费用，能够根据投资项目的生命周期制定业绩基准(O'Donohoe et al.，2010)，而且还能提供真实的风险和回报数据来指导未来的投资，并通过在投资之前制定一套明确的指导方针改善投资的社会影响力。近年来，为了给世界各地许多不同类型的影响力投资制定业绩评价标准，相关机构和人员已经开展了一些著名的研究项目。与此同时，仍有人在进行许多规模较小、分散化的研究项目，特别是组织层面的研究项目。

在制定共同报告标准方面，全球影响力投资网络做了非常重要的工作。这个机构制定了一套被称为“影响力报告与投资标准”的报告标准，并且自 2009 年以来一直在关注“影响力报告与投资标准”的发展情况。在此之前，洛

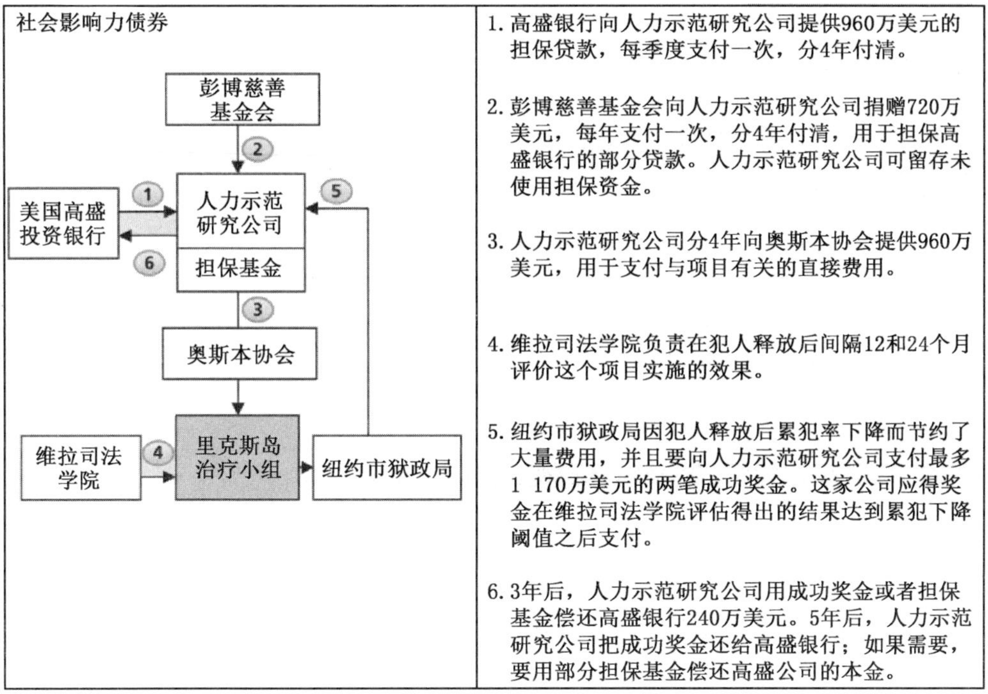

资料来源：奥尔森和菲利普斯(Olson and Phillips，2013)。

图 8.6 里克斯岛监狱社会影响力债券结构示意图

克菲勒基金会、睿智基金和共益实验室于 2008 年初，在日立公司、德勤会计师事务所和普华永道会计师事务所的支持下开始制定影响力报告与投资标准。

影响力报告与投资标准和其他影响力投资业绩评价指标，特别是共益实验室开发的全球影响力投资评级系统相互兼容。虽然影响力报告与投资标准和全球影响力投资评级系统两者彼此兼容，但后者更加注重投资者。全球影响力投资评级系统这个评级和分析平台是一种第三方影响力评估工具，用于评估包括公司、基金和直接投资项目在内的社会企业的业绩。全球影响力投资评级系统采用“影响力报告与投资标准”的定义和关键业绩指标分类法，从治理、员工、社区和环境四个方面评估影响力投资基金的业绩。评估必须全面，并且便于对不同部门和地区进行比较。凭借全球影响力投资评级系统 15 个开拓型投资者接近 15 亿美元的投资(Jackson，2012)，这个评级和分析平台于 2011 年下半年投入使用。自那时以来，这个平台的用户和知名度都有了显著增长。图 8.7 给出了全球影响力投资评级系统的一个评级实例。

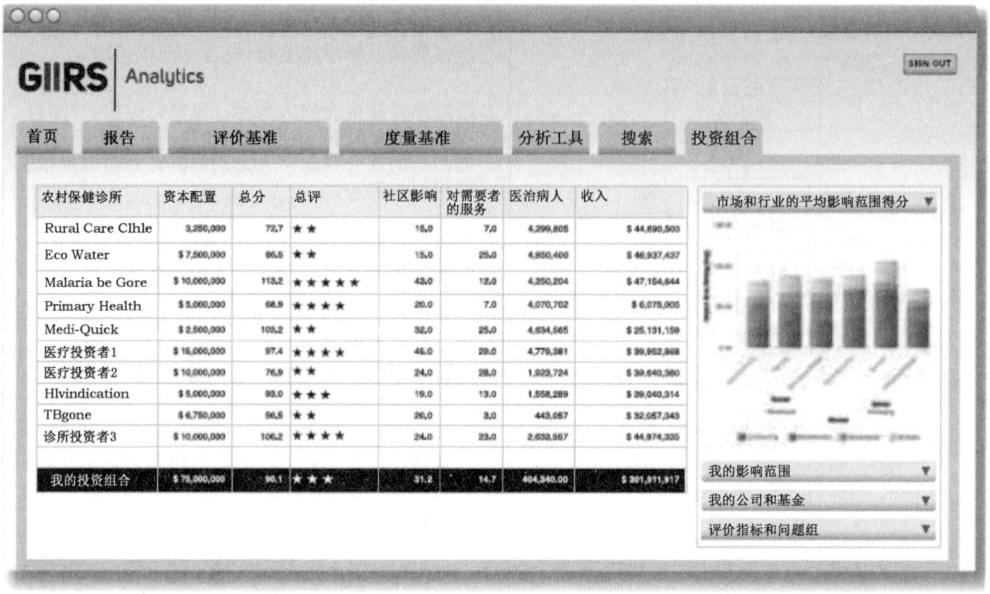

图 8.7 全球影响力投资评级系统评级举例

值得注意的是，事实证明，影响力评价数据对投资者来说非常重要。根据摩根大通银行 2013 年初发布的一份研究报告，基金经理证实，影响力评价指标对于吸引和筹集资金至关重要。事实上，研究显示，82%的受访者认为，影响力评价对于吸引投资者和让他们投资非常必要，且十分重要；约 16%的受访者表示，影响力评价对所有投资者都很重要；没有一个受访者认为影响力评价不重要。

行业网络

有几个机构在发展影响力投资市场基础设施方面发挥了重要作用。上面提到的全球影响力投资网络已经成为一个能够帮助影响力投资者更多地了解行业和基金投资项目的平台。在洛克菲勒基金会、摩根大通银行、美国国际开发署(USAID)和许多其他知名机构的支持下，全球影响力投资网络已经成为这个市场的主要国际协调机构，它的投资者委员会为 50 个基金会、基金和公司提供服务(Harji and Jackson，2012)。虽然它的早期成员大多在美国，但最近，全球影响力投资网络开始与欧洲和其他地方，特别是正在进行大量影响力投资活动的南方合作伙伴建立了关系。

与影响力投资有关的其他行业网络还有阿斯彭发展企业家网络(Aspen Network of Development Entrepreneurs, ANDE)、托尼伊克网络(Toniic)和前面提到的100%影响力网络。阿斯彭发展企业家网络是一个为发展中和发达市场小型和成长型企业提供专业知识和投资资金的机构的全球性网络。2010年，这个网络有110个业务遍及世界150个国家的成员。到了2013年，阿斯彭发展企业家网络成员管理的基金联手进行了2 500项投资，总计9亿美元(Harji and Jackson, 2012)。托尼伊克网络是一个投资社会项目促进可持续全球经济的国际投资者网络，主要向自己的成员提供投资工具和交易流程支持。

影响力投资也已经成为世界各地社会和环境问题会议的重要主题，如英国的斯科尔世界论坛、美国的社会资本市场会议、印度的桑科普社会企业奖论坛(Sankalp Social Enterprise Awards Forum)、每年在英国举行的"好交易"(Good Deals)会议以及欧洲风险慈善协会年会，等等。

公共政策

政府政策在建设和扩大影响力投资市场方面发挥了非常重要的作用。在一些国家，有效的公共政策有助于动员和配置为该行业制度化所必需的关键资源，投资环境一直是一个很重要的因素。在2008年经济衰退期间，不少发达国家长期承受了金融和财政压力，影响力投资为缓解这些压力提供了手段。在发达国家，政策制定者把影响力投资看作利用私人资本结合(或者取代)公共福利支出获取社会成果的机会。当然，这种观点也不是没有引起争议。但在发展中国家，情况有所不同，许多国家实现了相对较快的增长速度，创造了人数可观的高净值人士和大型联合投资机构，如国际公司和主权财富基金。同时，这些国家通常仍有很大一部分人口生活在贫困之中。因此，发展中国家的政府纷纷推行旨在减轻贫困与鼓励国内和国际投资者投资于为贫困人口提供就业和服务的项目的政策(Harji and Jackson, 2012)。

无论是在哪个地区，无论行为主体的社会经济地位如何，政府的政策都会对影响力投资市场及其行为主体产生深远的影响。事实上，有研究表明，在12只表现优异的影响力投资基金中，有8只基金因政府的公共政策和杠杆化利用私人投资而获得了重大收益。不同的政策可以帮助建立支持性基础设施，鼓励创新，并确保影响力投资资金的有效供给。艾默生·克拉克等

(2011)介绍了政府政策能够正面影响影响力投资的不同方面：

(1)正面影响影响力投资供给的政策：包括用于制定投资准则的政策和用于制定共同或联合投资规则以增加影响力投资资金供给的政策，以及采用政府分担风险的方式来吸引更多投资者的政策。

(2)正面影响影响力投资需求的政策：包括旨在促进投资机构能力建设、创建授权机制和通常有助于影响力投资项目和被投资者发展的政策。

(3)引导影响力投资流向的政策：这里指的是引导资本市场投资方向的政策。这类政策也鼓励投资者转向影响力投资，可以通过调整市场价格、提高交易效率和市场信息的可获得性来改变影响力投资的风险感和回报特征。

美国、欧洲和世界各地的发展中国家都颁布了很多旨在促进影响力投资市场发展的法律。美国的《社区再投资法案》是第一批此类法律之一。《社区再投资法案》于 1977 年颁布，旨在促进社区发展金融机构部门的发展。英国在 2002 年颁布了相应的社区投资税收减免(Community Investment Tax Relief)法律。最近颁布的此类法律有美国 2008 年颁布的低利润有限责任公司(L3C)法律架构以及英国 2011 年颁布的《慈善机构影响力投资指南》。2008 年，欧盟成立了欧洲社会投资工作组，欧洲委员会通过了社会企业融资“单一市场法”。最近，新兴市场国家颁布的影响力投资政策或者法律包括巴西的“清洁发展机制”(Clean Development Mechanism)、肯尼亚的《小微金融法》(Microfinance Act)、南非的第 28 号条例(Regulation 28)和马来西亚的《公司社会责任披露规则》(Corporate Social Responsibility Disclosure Rule)。

英国政府在影响力投资领域表现得非常积极，颁布了一些旨在扩大影响力投资市场和加强英国世界影响力投资中心地位的计划和法案。2012 年的《社会投资市场增长：2012 年最新进展》(The 2012 Report Growing the Social Investment Market：2012 Progress Update)报告概述了自 2005 年以来采取的主要行动，重点就是刺激影响力投资供给和需求，通过消除影响力投资的法律和监管障碍来改善环境。其中值得注意的行动包括通过了《公共服务(社会价值)法案》，要求地方当局在采购过程中注意所有公共服务合同的社会影响力，利用废除繁文缛节的机会来删除或补充现行社会投资法律法规框架中前后不一致和疏忽遗漏的条文，并且在 2014 年 4 月实行社会投资税收减免。此外，英国政府在 2012 年与牛津大学萨伊德商学院合作，主办了世界首届社会影响力债券和其他创新金融产品的国际研讨会，并且发起成立了国际发展影响力项目部(Department for International Development Impact Programme),目的就是对撒哈拉以南非洲和南亚进行1亿英镑的社会投资,以帮助改造发展中国家的影响力投资市场。

专题8.3　伦敦原则

影响力投资政策合作组织(IIPC)2013年年会在伦敦牛津大学举行,这届年会的主题是制定伦敦原则,并把它作为发展影响力投资市场的资源和催化剂。经过5天的辩论,会议就以下五项原则达成一致:

(1)目标明确原则:明确的目标允许各国政府能够避免资源使用效率低下或者分配不当、政策支持不够(阻碍取得成功、政策体制脱节),根据这项准则,各国政府应该明确规定社会目标,确定这种影响力投资战略或者政策可能适合用来实现这些目标的原因,而且还应该确定对结果的现实预期和实现这些目标可能需要的时间。

(2)利益相关者参与原则:利益相关者的有效参与确保了全体市场主体的参与,而且有助于预期管理,以免提出不适合目标实现的原则。这条原则可以指导各国政府确定从观念执行到战略和政策调整的关键利益相关者并与他们进行合作,并且告诉各国政府应该支持政策共享,并且防止激励不当和权力冲突。

(3)市场管理原则:市场管理旨在确保构建影响力投资战略和政策的整体愿景,并且注重投资者利益、投资机会和投资机制的平衡发展,以实现预期的社会结果。这一原则建议各国政府确定市场干预措施的适当用途,全面开发市场,平衡资金供给、投资准备和对中间基础设施的支持。

(4)机构能力原则:这项原则允许有效利用资源,增加现行政策的价值,并且为制定解决关键社会问题的创新战略创造条件。按照这项原则,各国政府应该确定其目前可用或者为成功执行政策所必需的资源,而且必须根据既定目标衡量和评价这些政策的执行效果。

(5)全面透明原则:全面透明原则要求既定目标明确,公开评价目标实现进度并且向利益相关者和广大公众报告。各国政府应该报告影响力投资业绩,提倡透明文化,开展共同学习,并且致力于既定社会目标的实现。

资料来源:影响力投资政策合作组织(2013)。

此外，在过去的几年里，有几项旨在促进对话并帮助各国政府有效推行政策的新举措，把政策制定者与影响力投资领域的投资者和其他行为主体联系在了一起。例如，2012 年 6 月，八国集团会议这个平台首次被用来讨论社会影响力投资问题。八国集团峰会旗下的社会影响力投资论坛（Social Impact Investing Forum）汇集了包括政府官员、大慈善家、商界和金融界的高管、社会企业家和学者在内的 190 名代表，为他们讨论使影响力投资市场能在全球运行所需的步骤创造了机会（UK Government，2013）。这个论坛取得的一个主要成果，就是成立了社会影响力投资工作组。这个工作组的主要任务就是审核其他相关倡议，确定并提出整个八国集团加澳大利亚的影响力投资未来发展建议。英国在 2014 年颁布的《社会投资减税法案》（Social Investment Tax Relief Act）允许社会风投投资者在缴纳所得税时享受 30％的减免。

影响力投资政策合作组织是把政府与影响力投资市场联系在一起的另一个突出例子。影响力投资政策合作组织是太平洋社区风投公司慧见团队与哈佛大学豪泽民间社团研究所（Hauser Institute for Civil Society）的“责任投资倡议”（Initiative for Responsible Investment）协调的结果。“责任投资倡议”旨在让英国、美国、加拿大和澳大利亚等发达国家政策制定部门的领导人，以及来自世界各地十多个发展中国家的合作伙伴参与进来。影响力投资政策合作组织把通过建立一个支持这一领域的政策研究和创新的全球网络来扩大影响力投资市场作为自己的使命，并且建议根据目标、透明度、协调、参与、承诺和执行六个方面的基本标准设计和评估影响力导向型政策，而这六个方面的基本标准最终导致 2013 年 7 月“伦敦原则”的问世（见本章专题 8.3）。

未来面临的挑战

毫无疑问，自百乐宫会议以来，影响力投资市场已经获得了显著的增长。新的投资模式已经形成，许多新的投资者也加入了影响力投资行列。然而，投资者似乎通常对未来投资市场的扩大持“谨慎乐观”的态度（Saltuk et al.，2011）。虽然影响力投资取得了积极进展，但仍面临着严峻的挑战。摩根大通银行（Saltuk et al.，2013）指出，有投资者报告称，“资金不足”和“高质量投资项目的短缺”是影响力投资未来增长面临的主要挑战，但我们也可以发现其他方面的挑战。下面就说说影响力投资未来发展所面临的其他挑战。

可投资项目供给有限

虽然影响力投资市场的资金供给受到了高度的重视，但对从需求侧提高投资准备水平(investment-readiness)的关注可能还不够(Harji and Jackson, 2012)。许多基金在资金配置问题上仍然面临着挑战，有人认为，与影响力投资项目所付的利息和所用的资金相比，真正成功的投资实例仍然太少。此外，有些地区的可投资项目似乎比其他地区更少，而另一些地区投资者最初筛选的投资项目与最终获得资金的投资项目两者的比率非常低。根据摩根大通银行的研究报告(Saltuk et al.,2013)，接受调查者表示，美国、加拿大、南亚以及拉丁美洲和加勒比地区的投资渠道发展最为稳健；而在撒哈拉以南非洲这个投资者最感兴趣的地区，可投资项目却相对较少。2013 年，英国政府率先认识到必须加大提高投资准备水平的支持力度，为此还专门设立了价值 1 000 万英镑的投资与合同准备基金。

能力建设

影响力投资领域的很多活动都集中在处于创业初期或者企业发展初期的企业家身上。这些阶段的能力建设包括提供财务和管理培训、巩固商业模式和准备投资项目。在准备接受影响力投资时，企业家应该学会了解和解释社会和环境影响力有关的挑战和机遇，也十分重要(Harji and Jackson, 2012)。提供这类技术援助需要许多不同的模式。企业家在接受早期培训并能够管理种子资本/资金和创业资本/资金以后，往往已经做好接受追加扩展资本/资金和其他更先进的技术援助和培训的准备。因此，对旨在帮助企业家从启动阶段转入早期创业阶段的计划也有很大的需求。幸运的是，现在一些发展机构越来越关心帮助企业家提高能力，例如，国际金融公司和奋进(Endeavor)公司是推行这类计划的机构。

交易的财务可行性受到挑战

有几项影响力投资调查证实，与传统的私募股权投资的平均规模相比，影响力投资市场上的私人债务投资和股权投资大多规模很小。但是，影响力投资的尽职调查和其他交易相关成本却同传统投资相差无几，因此，影响力投资的执行成本相对较高。在投资规模很小的情况下，投资的初始成本可能等于甚至高于未来利润，从而使得投资项目从财务的角度看缺乏可行性。依据国际金融公司的数据，平均而言，200 万美元及以上的影响力投资交易才有利可图；在许多情况下，低于这一阈值的交易就无利可图（Wilton，2011）。为进一步说明这个问题，摩根大通银行（Saltuk et al.，2011）分析了 2 211 笔影响力投资交易，并得出结论认为，大部分影响力投资交易的规模都小于 100 万美元（见图 8.8）。如果中介机构能聚集小规模的影响力投资交易，以降低传统上很高的执行成本，从而使这些投资交易在社会和财务两个方面同时具有吸引力，那么未来可能就有更多的影响力投资机会。

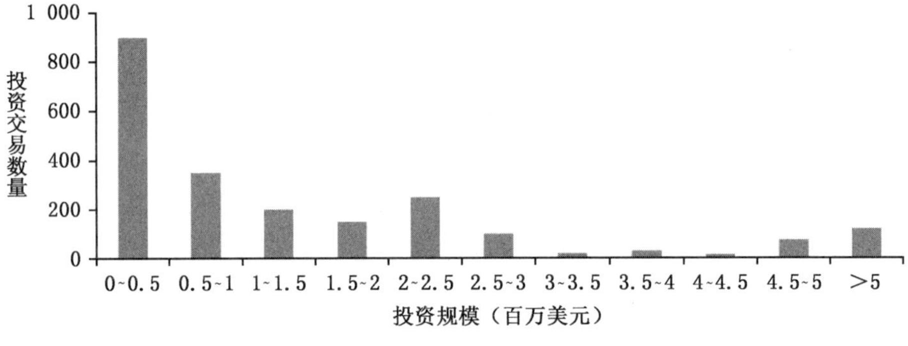

资料来源：摩根大通银行(2011)。

图 8.8 影响力投资交易规模

业绩记录有限

缺乏业绩数据和影响力投资整个行业的业绩记录，是影响力投资者，特别是那些关注新兴市场的影响力投资者面临的另一挑战。之所以很难获得准确的影响力投资财务数据，主要是因为这个行业还很年轻，而且大多数交易都是在私人公司之间完成的。根据摩根大通银行的研究(Saltuk et al.,2011),有投资者报告称,到目前为止,他们大约只撤出10%的投资。上市项目的退出大多是通过债务到期和以股权转让或卖断的形式完成的。不管怎样,影响力投资也有一些早期的成功案例,但主要出自社区发展和小微金融等比较成熟的部门,这些项目的投资者都已经成功退出。例如,2007年,墨西哥康帕图银行首次公开发行使得原始投资者连续8年获得100%的年均内部回报率(Freireich and Fulton,2009)。不过,这也引起了争议。

资金匹配的问题

影响力投资可获得许多不同的资金来源,包括发展金融机构、私人基金会、天使投资资本/资金和影响力投资基金。成功的企业家有能力驾驭这些资金来源,并且与不同风险/回报偏好的投资者合作,从而能够安排适当的交易并获得所需的资金。然而,为"正确"的机会安排"正确"的资金仍然是一项严峻的挑战。根据摩根大通银行(2012)的研究,调查接受者认为,影响力投资业增长面临的最大挑战是"风险/回报谱系中缺乏适当的资金"和"缺乏有业绩记录的高质量投资机会"。这两项挑战在2011年摩根大通银行调查中名列前两位。

影响力投资领域的另一有关特点是,无法很好地保持传统的资金成本或者债务交易的回报率曲线。在传统金融中,利息预计会随着期限的延长而增加。但在影响力投资交易中,各种期限的回报率曲线相当平坦(O'Donohoe et al.,2010)。这一趋势与"最大的风险在近期"的认知相一致,因为新企业正试图确立自己的地位,并在市场上站稳脚跟。在新企业渡过了最初的不确定期以后,对它们进行投资被认为风险较小。此外,有些基金会和政府计划发放贴息贷款,从而有可能人为地把长期回报率维持在较低水平上。

综上所述,在实践中,影响力投资市场的特点就是寻求适当投资机会的资本过剩。这种资本常常会寻求不同于市场上现有的风险/回报组合(Harji and Jackson,2012),而这种情况也可被称为"正确交易、错误资本"的挑战。企业家和基金在面临这种挑战时,就会对那些没有能力投资他们正在推销的创业项目或基金的资产所有者实施推销策略。例如,为社会企业寻找早期启动资金的企业家向养老基金寻求直接投资支持。但是,养老基金可能希望投资于各种类型的固定收益工具，而这些工具所筹集的资金可用来进行不同类型的影响力投资（经济适用房、发展融资等），并且预期会面临不同程度的风险和获得不同水平的回报。实现在投资机会和投资资本/资金之间适当匹配的问题，与其说是缺乏可投资机会，还不如说是资本市场中介作用受到了挑战。如是这样，可投资机会只是与“错误”的资本类别结合在了一起。

创新性融资

影响力投资往往要涉及许多不同的资产类别、地域和市场部门。但在过去的几年里，影响力投资只使用种类有限的融资工具，主要包括股份、贷款形式的（有担保和无担保）私人债务以及社区发展机构的存款。显然需要采用同时适合影响力企业和影响力投资者的创新性融资工具。如果没有创新性融资工具，许多资金就会呆在场外观望，而影响力企业的资金成本就会因此而居高不下（Huppe and Silva，2013）。

为了向投资者提供更多的选择，我们通常能看到在为一个影响力投资项目融资时采用“资本堆栈”（capital stacking）式的安排。这种融资结构旨在为不同的投资者实现混合回报。证券化是另一种可有效地用于为影响力投资项目融资的方法，这是一种汇集不同类型契约债务的融资实务。虽然资产支持证券的受欢迎程度由于金融危机和有关这种证券的争议而有所下降，但这种证券能在影响力投资领域发挥重要的作用。证券化有助于有效分摊风险，从而能够帮助寻求特定风险调整后回报的机构投资者排除投资障碍，让最合适的参与者分担相关风险，并且安排最优的混合资本结构。2009 年“IFMR Capital”和“Equitas MicroFinance”在印度进行的小额贷款证券化是这种做法的一个很好例子。这两家机构总共对 300 万美元的小额贷款进行了证券化，而基础贷款池由 2010 年到期的城市小额贷款组成（Huppe and Silva，2013）。英国社会债券基金施瑞德（Threadneedle）是另一个债务证券化的很好例子。这只基金在 2013 年底由施瑞德投资（Threadneedle Investments）公司发起成立，现在主要投资于企业、协会、慈善机构和信托机构发行的固定收益证券，涉及的社会成果领域包括经济适用房、社区服务、就业和培训、普惠金融、医疗和社会关怀、基础设施和环境保护。这只基金的创新机制就是提供日常流动性，让散户投资者涉足社会投资领域（http://bigissueinvest.com）。

虽然以上这些都是重要的考虑因素和策略，但对于很多影响力投资者来说，风险仍然是一个重要的问题。2014年，伦敦的桥梁风投[与美洲银行(Bank of America)/美林公司(Merrill Lynch)合作]发布了它们名为《转移视角：影响力投资者消除风险的工具箱》(Shifting the Lens: A De-Risking Toolkit for Impact Investors)的报告。这份报告概述了影响力投资实务中的各种风险管理策略，从如何构建下行保护到利用技术援助来减少管理风险。

中介能力

中介能力不足是限制投资者寻找和利用影响力投资机会的能力的主要挑战之一(Freireich and Fulton, 2009)。中介对于影响力投资者尤为重要，因为传统的投资渠道往往不能满足他们的需求。如果没有有效和专门的中介，许多个人影响力投资者就很难找到规模足以证明采购和尽职调查成本合理的投资机会。中介短缺也使得交易的技术层面更具挑战性。有些投资者对影响力投资望而却步，因为很难组织有多层级资本和不同投资者参与的交易。此外，许多投资者需要非常专业化的投资渠道。例如，机构投资者只能考虑一定规模的交易，并且在进行影响力投资时需要能帮助他们履行受托义务的产品。

在过去的10年里，影响力投资市场的中介机构化获得了长足的发展。例如，英国的社会金融公司成立于2007年，是一家综合性咨询研发公司，为社会部门客户提供安排和投放影响力投资资金的服务。在其他影响力投资创新中，社会金融公司组织了世界上第一笔社会影响力债券的发行工作。美国的总影响力基金(Total Impact Capital)帮助美国和欧洲的投资者寻找非洲、亚洲和其他地区的影响力投资机会。同样，印度的联宇投资基金(Unitus Capital)正在为印度企业构建销售侧服务能力(Bugg-Levine and Goldstein, 2009)。

影响力评价

如上所述，制定共同和约定的评价标准来反映影响力投资的混合价值表现，是影响力投资市场持续发展面临的一个核心挑战。影响力报告与投资标准和全球影响力投资评级系统是目前在影响力投资领域两大处于领先地位的社会影响力评价系统，但其他评价方法，投资社会回报率或由大社会资本基金和“EngagedX”正在制定的英国的新标准，也正在被证明是投资者的有用工具。标准化的评价指标可以降低交易成本，并且有助于把资金导向最有效的项目。随着更好、更一致的数据的搜集，现在就有可能开始计算一些重要的比率，如跨部门和投资类型的风险和回报比率。此外，为影响力投资设立一个可信、独立的评级和审计机构，将有助于让投资者投入更多的资金（Bugg-Levine and Goldstein，2009）。

然而，对于影响力投资这个行业来说，影响力评价仍然是一个复杂的问题。一方面，大家都希望采用标准的评价方法；另一方面，又有一些重要的原因表明量身定制的评价方法可能更有价值。有时，评价的目的也会造成一些问题，譬如，对于投资者来说很重要的评价方法可能与企业家实际使用的注重实效的评价法不同。此外，投资者和企业家可能会以不同的方式和不同的目的使用这些评价方法，而且还很难在收集到的数据的数量和数据收集成本与这些数据在实践中帮助影响力投资者做出正确决策的作用之间取得平衡。

结束语

虽然影响力投资的各有关方面已经经历了几十年的发展，但影响力投资在许多方面仍然是一个新的正在形成的领域，依旧处在制度化的早期阶段，它的总体市场结构仍有许多缺陷有待克服。不过，在过去的 10 年里，已经采取了许多旨在建立市场的创新举措，并且取得了重大进展。这种创造性促使跨多个资产类别的总体投资活动大幅增加，从而能够同时满足影响力优先型和财务回报优先型投资者的偏好。影响力投资市场已经从“不协调的创新”阶段过渡到“持续建设”阶段（Harji and Jackson，2012），预计到 2020 年影响力投资将达到 4 000 亿～10 000 亿美元的规模。

这个市场的诞生正逢其时，当今世界正面临前所未有的挑战，如食品短缺、发展中国家缺少有质量的医疗卫生和教育、自然环境加速退化。虽然由政府和慈善机构驱动的传统的援助和发展模式仍然具有重要的意义，但它们不能提供足够的资源来单独解决当今世界遇到的全部“棘手问题”。事实上，由于金融危机，政府援助在最近几年已经停滞不前。虽然总额保持不变，但一些国家近年来减少了它们的援助性捐赠。因此,我们迫切需要更多的资金。

新兴市场已经成为影响力投资的热门目的地,它们吸引了各种各样的影响力投资者,后者希望同时实现社会影响力和像样的财务回报率。在新兴市场国家,有250万人口生活在金字塔底部,他们每天的生活费还不到2.5美元。从宏观经济的角度看,新兴市场国家通常经历了比发达国家更迅速、更稳定的经济增长,从而造就了一个新的中产阶级。这个新生的中产阶级既构成了一个有吸引力的新消费市场,又造就了一批新的投资者。虽然新兴市场国家的经济增长在今后几年可能会受到挑战,但其发展不能被忽视——事实上可能会继续为影响力投资者和传统投资者创造大量的新的投资机会。

传统上,影响力投资者被分为"影响力优先"和"财务回报优先"两类。影响力优先型投资者是指那些具有特定的社会或环境效益预期,而且还有一定财务回报预期灵活性的投资者;而财务回报优先型投资者往往有自己的最低财务回报预期,并且在进行投资决策时把影响力结果作为次要目标。这种最初的两种不同的影响力投资者现在正让位于许多为了获得不同水平影响力和财务回报而管理自己总投资组合的资产所有者。在交易结构层面,有许多投资者联袂创造所谓的"资金堆栈"的例子,他们把不同类型的资金组合在一起,用来满足不同投资者的不同目标和动机。

影响力投资市场已经在世界各地出现了见证量身定制的网络和支持机构。制定达成一致的影响力业绩评价指标和标准仍是一项重大挑战。不管怎样,为了给不同类型的影响力投资制定业绩评价标准,现在已经完成了一些值得注意的项目,而特别值得注意的是全球影响力投资网络所做的工作。这个网络制定了一套被称为影响力报告与投资标准的报告标准,目的是要制定与其他系统——如全球影响力投资评级系统用于对企业、基金和直接投资方进行第三方影响力评估报告——的评价指标兼容的标准。

政府同样也发挥了重要作用。各国政府通过推行不同的政策促进了影响力投资市场的发展,并且帮助把私人资本引入创造社会和环境效益的模式。在过去的几年里,有些国家的政府采取措施促进国家和私人影响力投资部门之间进行更好的对话,以帮助制定有效的政策。英国政府特别积极地通过颁行有针对性的财政政策、法律法规、公共服务委托准则以及进行直接和间接投资等方式支持影响力投资。

虽然影响力投资市场在过去的几年里获得了显著增长，但仍然面临一些重大的挑战。影响力投资市场在其发展的第一阶段主要侧重于动员和供应资金，但并没有大幅度增加可投资项目的数量。此外，影响力投资交易并不总是具有经济可行性。与普通私募股权投资的平均水平相比，影响力投资大多规模很小，但投资项目评估成本相差无几，从而导致影响力投资交易只有很少的盈利或者根本就没有盈利。缺少业绩数据和行业业绩记录，是影响力投资者，特别是那些专注于新兴市场的影响力投资者面临的另一挑战。

影响力投资市场的特点还在于重大的创新，现在正在出现一些值得关注的投资退出机制，从而提升了投资者对影响力投资项目的信心。像疫苗债券这样的结构化产品已经吸引了大量的资金，而像社会影响力债券和按业绩偿付的债券（pay-for-performance bonds）这样的结构化新产品已经在全球范围内流行起来。交易安排和基金创设方面的创新层出不穷，而创建在降低商业投资者风险的同时允许注重社会回报的投资者杠杆化利用资金的分层投融资机制就是其中的一项创新。

影响力投资市场中介机构化的相对不足，使得影响力投资交易在技术方面更具挑战性。一些投资者由于难以安排具有正社会和环境影响力的交易，同时又有多层资本和不同的投资者参与，因此不愿进行影响力投资。幸运的是，影响力投资市场上已经出现了一些新的公司，它们专门安排定制的信息供给和结构化交易服务，组织不同类型的投资者参与同一笔交易。

综上所述，近几年来，影响力投资市场取得了显著的发展，但直到现在才刚刚成为一个正式的市场。在影响力投资成为传统慈善家或主流投资者稳定和可持续的选择之前，仍需要更加有力地发展影响力投资市场的基础设施。随着市场基础设施的进一步完善以及更多的基金投资于不同类别的资产并且实现颇具吸引力的回报率，影响力投资也许能够引入主流资本，让它成为解决重大社会和环境问题的有力工具，为整个金融服务业开辟新的道路，并作为数十亿穷人的社会和经济增长引擎。为了成功地执行这一议程，投资者必须成为“多面手”（有能力在追求市场收益的投资者、发展机构、非政府组织和政府机构之间游刃有余地周旋），他们必须利用最好的公共政策措施（以影响力投资者和公共部门行为主体等不同群体之间的共生关系的形式），他们必须以能使私人资本为公益服务的方式来利用资本，并在制定和执行其影响力投资策略时必须自始至终都不忘使命（Clark，Emerson et al.，

2013)。真正的挑战依然存在，但有关如何“做”影响力投资的知识也在增加。而且，由于需要迫切，因此，掌握这种专门知识绝不会太早。

或许罗纳德·科恩爵士在2014年斯科尔世界论坛闭幕式上说得最为贴切：

> 我们听到了很多关于市场看不见的手的消息。让我们来听听市场看不见的心，好帮助那些被看不见的手抛弃的人。(Cohen, 2014)

参考文献

Acumen Fund. [online], Available: http://www.acumenfund.org/investment/lifespring.html [31 Aug 2014].

Arosio, M. (2011) *Impact Investing in Emerging markets,* Singapore: Responsible Research.

Barby, C., and Gan J. (2014) *Shifting the Lens: A De-Risking Toolkit for Impact Investors*, Bridges Ventures and Bank of America/Merrill Lynch, London: Bridges Ventures.

Bayon, R., Hawn, A. and Hamilton, K. (2009) *Voluntary Carbon Markets: An International Business Guide to What They Are and How They Work*, 2nd Edition, London: Earthscan.

Bernholz, L. and Richter, L. (2009) *MRI and Community Foundations Report*, Ford Foundation, New York: Ford Foundation.

Bertocci, B., Bolli, B., Friedman, A., Hudson, A., Khan, K., Reiman, K., Stiehler, A. and Zlotnicka, E. (2013) *UBS Research Focus: Sustainable Investing*, UBS CIO Wealth Management Research, New York: UBS Financial Services.

Big Issue Invest. *Social Enterprise Investment Fund LP: Threadneedle.* [online], Available: http://bigissueinvest.com/funds/threadneedle [2 Aug 2014].

Big Society Capital. (2013) *Social Impact Tests and Threshold,* London: Big Society Capital.

Big Society Capital. (2013) *Social Investment Compendium: Portfolio of Research and Intelligence on the Social Investment Market,* London: Big Society Capital.

Big Society Capital. (2013) *Social Investment from Ambition to Action: Annual Review 2013,* London: Big Society Capital.

Bishop, M. and Green, M. (2008) *Philanthrocapitalism: How the Rich Can Save the World,* New York: Bloomsbury Press.

Bolton, E. and Savel, L. (2010) *Towards a New Social Economy: Blended Value Creation through Social Impact Bonds,* Social Finance, London: Social Finance.

Bridges Ventures and The Parthenon Group. (2012) *Investing for Impact*, London: Bridges Ventures, Parthenon Group and GIIN.

Bugg-Levine, A. (2013) *Complete Capital*, Stanford Social Innovation Review, Winter 2013, Stanford, CA: Stanford Social Innovation Review.

Bugg-Levine, A. (2009) *Impact Investing Bold Models to Drive Development at Scale*, Beyond Profit Magazine, Inaugural Issue, May/June, pp. 17–21.

Bugg-Levine, A. and Emerson, J. (2011) *Impact Investing: Transforming How We Make Money While Making a Difference*, San Francisco, CA: Jossey-Bass.

Bugg-Levine, A. and Goldstein, J. (2009) *Impact investing: Harnessing Capital Markets to Solve Problems at Scale*, Community Development Investment Review, vol. 5, no. 2, August pp. 30–41, San Francisco: Federal Reserve Bank of San Francisco.

Cave, S., Williams, T., Jolliffe, D., and Hedderman, C. (2012) *Peterborough Social Impact Bond: An Independent Assessment*, London: Ministry of Justice Research Series 8/12.

Chung, A. and Emerson, J. (2013) *From Grants to Groundbreaking: Unlocking Impact Investments*, ImpactAssets Issue Brief No. 10, Washington, D.C.: ImpactAssets.

Clark, C., Emerson, J. and Thornley, B. (2013) *Impact investing 2.0: The Way Forward—Insight from 12 Outstanding Funds*, InSight, Center for the Advancement of Social Entrepreneurship, and ImpactAssets.

Cohen, R. (2014) *Keynote Remarks at the 11th Skoll World Forum*, April 9th, Oxford.

Conservation Finance Alliance. (2014) *Supporting Biodiversity Conservation Ventures: Assessing the Impact Investing Sector for an Investment Strategy to Support Environmental Entrepreneurism.* Washington, D.C.: Conservation Finance Alliance.

Cooch, S., Kramer, M., Cheng, F., Mahmud, A. Marx, B. and Rehrig, M. (2007) *Compounding Impact: Mission Investing by U.S. Foundations*, Boston, MA: FSG Social Impact Advisors.

Credit Suisse and the Schwab Foundation. (2012) *Investing for Impact: How Social Entrepreneurship Is Redefining the Meaning of Return*, Zurich: Credit Suisse.

EIRIS Foundation Charity Project. (2009) *The Value of Environmental, Social and Governance Factors for Foundation Investments*, London: EIRIS Foundation.

Elkington, J. and Hartigan, P. (2008) *The Power of Unreasonable People: How Social Entrepreneurs Create Markets That Change the World*, New York: Harvard Business School.

Elsen, T. and Yonavjak, L. (2012) *Scaling up Environmental Entrepreneurship in Emerging Economies—Framing the Discussion*, Next Billion. [online], Available: http://www.nextbillion.net/blogpost.aspx?blogid=2680, [31 Aug 2014].

Emerson, J. (2003) *The Blended Value Map: Tracking the Intersects and Opportunities of Economic, Social and Environmental Value Creation.* [online], Available at: http://www.blendedvalue.org/wp-content/uploads/2004/02/pdf-bv-map.pdf.

Emerson, J., Berenbach, S. and Freundlich, T. (2007) *Where Money Meets Mission: Creating a Unified Investment Strategy*, Washington, D.C.: Calvert Foundation.

Emerson, J. and Spitzer, J. (2007) *From Fragmentation to Function: Critical Concepts and Writings on Social Capital Markets' Structure, Operation and Innovation.* Alex Nicholls, Editor. Said Business School, Skoll Centre for Social Entrepreneurship, Oxford.

Emerson, J., Spitzer, J. and Harold, J. (2007) *Blended Value Investing: Innovations in Real Estate.* Alex Nicholls, Editor. Said Business School, Skoll Centre for Social Entrepreneurship, Oxford.

European Venture Philanthropy Association. (2013) *A Practical Guide to Measuring and Managing Impact.* Brussels: European Venture Philanthropy Association.

Eurosif. (2012) *High Net Worth Individuals & Sustainable Investment*, Belgium: Eurosif A.I.S.B.L.

Fitzgerald, N. and Cormack, M. (2007) *The Role of Business in Society: an Agenda for Action*, The Conference Board, Harvard University Kennedy School of Government, and the International Business Leaders Forum.

Fleishman, J. L. (2007) *The Foundation: A Great American Secret; How Private Wealth is Changing the World*, New York: PublicAffairs.

Forum at Google. (2007) *Creating Social Capital Markets for Fourth Sector Organizations: Opportunities and Challenges,* New York.

Freireich, J. and Fulton, K. (2009) *Investing for Social & Environmental Impact,* Monitor Institute, San Francisco, CA: Monitor Institute.

Fulton, M., Kahn, B. Ph.D. and Sharples, C. (2012) *Sustainable Investing: Establishing Long-Term Value and Performance,* Deutsche Bank Group, Frankfurt: Deutsche Bank.

Global Environment Fund. [online], Available: http://www.globalenvironmentfund.com/category/portfolio [9 Sept 2014].

Hammond, A., Kramer, W., Katz, R., Tran, J. and Walker, C. (2007) *The Next 4 Billion: Market Size and Business Strategy at the Base of the Pyramid,* New York: World Resources Institute and International Finance Corporation/World Bank Group.

Han, L. (2014) *Malaria in Mozambique: Trialing Payment by Results,* Guardian Professional. [online], Available: http://www.theguardian.com/global-development-professionals-network/2014/mar/31/malaria-control-payment-by-results [31 Aug 2014].

Hudson Institute/The Center for Global Prosperity. (2013) *The Index of Global Philanthropy and Remittances 2013,* Washington, D.C.: Hudson Institute.

Humphreys, J. (2007) *The Mission in the Marketplace: How Responsible Investing Can Strengthen the Fiduciary Oversight of Foundation Endowments and Enhance Philanthropic Missions,* Washington, D.C.: Social Investment Forum Foundation.

Humphreys, J., Solomon, A. and Electris, E. (2012) *Total Portfolio Activation: A Framework for Creating Social and Environmental Impact across Asset Classes,* Tellus Institute, Boston, MA: Tellus Institute.

Huppé, A. and Silva, M. H. (2013) *Overcoming Barriers to Scale: Institutional Impact Investments in Low-Income and Developing Countries.* Winnipeg, Manitoba: International Institute for Sustainable Development.

Impact Capital Summit. (2014) *Smarter Money: 2014 Primer.* Watershed Capital Group and Kellogg School of Management, Chicago, IL.

Impact Investing Policy Collaborative (IIPC). (2013) *Policy Innovation in Impact investing—The London Principles,* '3rd Annual IIPC Conference, Oxford and London.

Jackson, E. and Harji, K. (2012) *Accelerating Impact: Achievements, Challenges and What's Next in Building the Impact Investing Industry,* E.T. Jackson and Associates Ltd, New York: E.T. Jackson and Associates Ltd

Koh, H., Karamchandani, A., and Katz, R. (2012) *From Blueprint to Scale, The Case for Philanthropy in Impact Investing,* Monitor Group and Acumen Fund.

International Finance Corporation (IFC). *The Business of Health in Africa,* Washington, D.C.: International Finance Corporation.

Johnson, K. and Lee, H. (2013) *Impact Investing: A Framework for Decision Making,* Cambridge Associates LLC.

LaVoie, V. and Wood, D. (2009) *Handbook on Climate-Related Investing across Asset Classes,* Chestnut Hill: Boston College Center for Corporate Citizenship.

Kramer, M. and Cooch, S. (2006) *Investing for Impact: Managing and Measuring Proactive Social Investments,* Foundation Strategy Group.

Martin, M. Dr. (2013) *Status of the Social Impact Investing Market: A Primer,* Impact Economy, Geneva: Impact Economy.

Microfinance Banana Skins (2008) *Risk in a Booming Industry,* Tonbridge: Centre for the Study of Financial Innovation.

Nicholls, A. and Tomkinson, E. (2013) *The Peterborough Pilot Social Impact Bond.* Said Business School, Skoll Centre for Social Entrepreneurship, Oxford.

O'Donohoe, N. et al. (2010) *Impact Investments: An Emerging Asset Class*, J.P. Morgan, The Rockefeller Foundation and Global Impact Investing Network, London and New York: J.P. Morgan.

OECD netFWD (2014) *Venture Philanthropy in Development: Dynamics, Challenges and Lessons in the Search for Greater Impact*, Paris: OECD Development Centre.

Olson, J. and Phillips, A. (2013) *Rikers Island: The First Social Impact Bond in the United States*, Goldman Sachs: Community Development Investment Review. pp. 97–101, San Francisco, Federal Reserve Bank of San Francisco.

Parthenon Group and Bridges Ventures. (2009) *Investing for Impact: Case Studies across Asset Classes*, London: Bridges Ventures and Parthenon Group.

Robins, N., Clover, R. and Singh, C. (2009) *A Climate for Recovery: The Colour of Stimulus Goes Green*, HSBC Global Research, London: HSBC Global Research.

Population Services International and Zurich Insurance Group (2014) *Using Private Investor Capital to Increase NGO Impact: A Framework and Key Considerations to Facilitate Engagement*, Washington, D.C.: Population Services International and Zurich: Zurich Insurance Company.

Rosenberg, R. (2007) *CGAP Reflections on the Compartamos Initial Public Offering.* [online], Available: http://www.cgap.org/publications/cgap-reflections-compartamos-initial-public-offering [9 Sept 2014].

Saltuk, Y., et al. (2014) *Spotlight on the Market*, J.P. Morgan and Global Impact Investing Network, London and New York: J.P. Morgan.

Saltuk, Y., et al. (2013) *Perspectives on Progress*, J.P. Morgan and Global Impact Investing Network, London and New York: J.P. Morgan.

Saltuk, Y., Bouri, A. and Leung, G. (2011) *Insight into the Impact Investing Market*, J.P. Morgan and Global Impact Investing Network, London and New York: J.P. Morgan.

Schwab Foundation for Social Entrepreneurship & Technical University of Munich. (2011) *Social Investment Manual: An Introduction for Social Entrepreneurs*, Munich: Technical University of Munich.

Senge, P., Smith, B., Kruschwitz, N., Laur, J. and Schley, S. (2008) *The Necessary Revolution: How Individuals and Organizations Are Working Together to Create a Sustainable World*, New York: Doubleday.

Schwab Foundation for Social Entrepreneurship. (2013) *Breaking the Binary: Policy Guide to Scaling Social Innovation*, Switzerland: Schwab Foundation for Social Entrepreneurship.

Shanmugalingam, C., Graham, J., Tucker, S., and Mulgan, G. (2011) *Growing Social Ventures: The Role of Intermediaries and Investors: Who They Are, What They Do, and What They Could Become*, The Young Foundation and NESTA.

Simon, J. and Barmeier, J. (2009) *More than Money: Impact investing for Development*, Center for Global Development, Washington, D.C.: Center for Global Development.

Social Finance. (2014) *A New Tool for Scaling Impact: How Social Impact Bonds Can Mobilize Private Capital to Advance Social Good*, Social Finance, Boston, MA: Social Finance.

Social Finance. (2014) *Foundations for Social Impact Bonds – How and Why Philan-*

thropy Is Catalyzing the Development of a New Market, Social Finance, Boston, MA: Social Finance.

Social Investment Forum. (2008) *2007 Report on Socially Responsible Investing Trends in the United States*, Social Investment Forum, Washington, D.C.: Social Investment Forum.

Swack, M., Northrup, J., and Prince, J. (2007) *Expanding Philanthropy: Mission-Related Investing at the F.B. Heron Foundation*, Southern New Hampshire University, School of Community Economic Development.

Thornley, B., Wood, D., Grace, K. and Sullivant, S. (2011) *Impact investing: A Framework*, San Francisco, CA: InSight and Cambridge, MA: The Initiative for Responsible Investment at Harvard University.

UK Government. (2013) *Achieving Social Impact at Scale: Case Studies of Seven Pioneering Co-mingling Social Investment Funds*, London: Cabinet Office.

UK Government. (2013) *G8 Social Impact Investing Forum Outputs and Agreed Actions*, London: Cabinet Office.

UK Government. (2013) *Growing the Social Investment Market: 2014 Progress Update*, London: Cabinet Office.

UK Government and Design Council (2014) Social Finance in the UK—Designing the Experience for Ventures, London: Design Council.

Voorhes, M., Humphreys, J. and Solomon, A. (2012) *Sustainable and Responsible Investing Trends in the United States 2012*, US SIF Foundation.

Wilson, K. (2014) *New Investment Approaches for Addressing Social and Economic Challenges*, OECD Science, Technology and Industry policy papers, No. 15, OECD Publishing.

Wilton, D. (2011) *Private Equity, Public Equity, Risks & Opportunities*, Presentation.

Wood, D. and Hoff, B. (2007) *Handbook on Responsible Investment across Asset Classes*, Chestnut Hill, MA: Institute for Responsible Investment, Boston College Centre for Corporate Citizenship.

World Economic Forum. (2013) *From the Margins to the Mainstream Assessment of the Impact Investment Sector and Opportunities to Engage Mainstream Investors*, Switzerland: World Economic Forum.

World Health Organization, UNICEF, and The World Bank. (2009) *State of the World's Vaccines and Immunization*, 3rd Edition, Geneva, World Health Organization.

World Bank Development Indicators. (2011) [online], Available: http://www.google.com/publicdata?ds=wb-wdi&met=sp_pop_totl&tdim=true&dl=en&hl=en&q=world+population [22 Nov 2013].

Yunus, M. (2008) *Creating a World without Poverty-Social Business and the Future of Capitalism*, New York: PublicAffairs.

第三篇

模型与评价标准

社会影响力评价

社会金融中的风险与回报——“我就是市场”

社会金融领域中的预测、估值和定价

彼得伯勒监狱的社会影响力债券试点项目

第九章　社会影响力评价

亚历克斯·尼科尔斯　杰里米·尼科尔斯　罗布·佩顿

引　言

凭直觉,任何参与社会金融市场的社会投资者显然都会关心自己的投资是否创造了它声称会创造的价值——通常是社会和财务价值的混搭。然而,目前在社会金融领域可用的评价指标和数据在某种程度上仍无法提供这样的证据。但不管怎样,一些被投资者和寻求为新创社会企业和社会企业筹集资金的金融中介机构仍然声称社会金融产生了有益的结果,这也许是有根据的,但也可能没有根据。事实上,应对重大社会挑战的创新计划可能基于简单化的思维[“解决方案主义”(solutionism)],其效果可能远远低于承诺(Morozov,2013)。同样,由于小微金融引起了主流金融的注意,因此有报告称,小微金融为了改善财务业绩已经出现了“使命漂移”的问题,而且不仅仅是印度安得拉邦发布了这样的报告(Arunachalam,2011)。事实上,正如全球影响力投资网络——因印度小微金融危机而——发表的一封公开信所表明的那样[1],金融市场接受社会金融的程度越高,这种挑战就可能变得越严峻。当涉及大量资金时,难以证实的需求可以提升人们对某项计划的兴趣,并且会导致溢价。因此,社会投资者必须有能力区分计划周全的项目和一厢情愿的项目以及鱼龙混杂和虚假的项目。同样,被投资者必须能让潜在投资者放心:他们正在实现他们所说的目标,他们正在努力评估和管理自己追求的社会业绩。在尽可能考虑已知风险和不确定因素的情况下,社会投资双方

[1] “由于影响力投资越来越引人注目,并且在很多企业家和投资者——包括一些并没有做出社会影响力承诺的人——看来,正在变成一个吸人眼球的标签,因此,这个问题会变得越来越重要。”http://www.thegiin.org/binary-data/MEDIA/pdf/000/000/13-2.pdf.

都必须对预期(或持续)的社会结果和影响力要求有合理水平的信心。现在面对的挑战,就是要找到这种信心的依据。

要想解决社会回报评价指标的问题,我们还必须迈出一小步,也就是要解决"如何才能证明我们所说的社会回报,不仅仅是笼统地说说,而是以业绩可在时间上跟踪并且可以预测甚至与别人所取得的业绩进行比较的方式来加以证明"这个问题。然而,这一小步可是意义重大的一步,因为提出评价标准的问题就等于是在假设:通过评价社会影响力,就能最佳地应对社会投资或者影响力投资所面临的基本挑战。社会金融界普遍接受这个假设,其实并不奇怪;各种业绩评价数据为分析和报告主流金融市场运行状况提供了"燃料"。然而,如果我们假设制定社会回报评价指标是加快社会金融市场增长速度的手段,那么就可能会受到不同的质疑。其中一个关键质疑的依据是60年来的持续研究观察到的业绩评价方法和机制的局限性和功能障碍(Blau 1963; Austin,1996)。另一个质疑反映了关于比例性和成本的关键、实际的执行问题。社会影响力并不总是,但常常是一个多层次、多维度的概念。即使在有资助的(学术/政策)研究项目中,社会影响力评价也具有挑战性,更不用说在日常报告中了。的确,在受到高度尊重的银行监管机构已经表示,在银行监管方面,财务会计可能已经达到了计量极限(Haldane and Madouros,2013)的情况下,我们依旧认为可以用标准化的定量方法来令人信服、可靠地反映社会影响力概念中那些不那么熟悉和更具挑战性的维度,似乎有轻率之嫌。

因此,本章考虑了社会影响力评价指标可用来产生社会金融关系有效运行所需的合理信心的各种情况——可用来适当、有效地评估社会投资的社会影响力的各种不同方法。解决这个问题可能需要考察大量的学术和专业文献。虽然投资关系设定了特定的背景,但一些研究业绩评价、发展政策、非政府组织和非营利/志愿部门等问题的学者(Sawhill and Williamson,2001; Ebrahim and Rangan,2010)已经深入讨论了如何确定是否正在取得预期的社会成果这个一般性问题。此外,正如马尔干(Mulgan,2010)所指出的那样,越来越多的专业业绩评估人士提供了数百种可能相关的产品和方法。有些熟悉的方法的变体是为特定领域量身定制的,而另一些方法则提供了有助于数据收集和分析的信息传播技术工具。但在过去的20年里,出现了一些从方法论的角度看颇有特点的方法,这些采用完全不同评价逻辑的方法也越来越得到认可(Ebrahim and Rangan,2010; Pattou,2011; Hall,2014)。因此,选择方法和评价指标并不容易。

标准化问题是当前社会影响力评价辩论的核心问题。从主流金融的角度看,社会影响力评价标准化是社会金融市场有效发挥配置效率作用的必要条件。标准化的路径可被看作是三个可能的制度化进程中一个进程的结果。首先,标准化的数据便于监管,就如对财务数据可进行一波又一波的会计监管。其次,标准化的数据可以采用社会金融行业中出现的各种自我监管方法——投资社会回报率代表着这样一种社会金融市场的主要自我监管方法——来获得(Nicholls,2004),而全球影响力投资评级系统的评价指标也可以用来生成标准化的数据。最后,标准化可能以完全自流放任的方式来实现,因为社会投资者是围绕一种受欢迎的方法聚集在一起并塑造市场的(Mulgan,2010)。无论通过哪种路径实现了标准化——如果确实达成了共识,似乎就有可能逐渐出现更受青睐的解决社会问题的方法和更受欢迎的评价实践。同时,根据关于实际涉及哪些不同方法的信息以及强调选择适合不同环境的评价标准的分析,对评价实践的渐进式选择可能会较快地收到较好的效果。

本章旨在回顾有关社会金融资本配置社会影响力评价的关键问题和争论,提出一个社会影响力评价的关键问题框架,以便为选择评价方法提供信息依据,并且逐一介绍目前正在使用的主要影响力评价方法。本章旨在为社会企业家和社会金融投资者构建一个考虑自己如何选择评价指标的框架,一个确定主要方法并说明每种方法在什么时候会变得比较合适或不合适的框架。因此,这是一个类似于易卜拉欣和兰根(Ebrahim and Rangan,2010)框架的权变框架。但是,如果这项研究关心的是什么时候适合或不适合(而不是根据活动水平、产出和中间结果)来评价结果和影响力,那么,这个框架就侧重于如何评估不同情况下的社会结果。因此,它从信息处理的角度来看待投资者与被投资者之间的关系;基本命题就是,随着决策复杂性的提高,决策参与者必须在两种基本策略之间做出选择,或者找到对两种策略进行组合的方式:要么提高信息处理能力,要么减少对信息处理的需要。[1]

当然,社会影响力评价已有数十年的历史。几十年来,福利经济学通过

---

〔1〕 我们借鉴了J.R.加尔布雷思(J.R.Galbraith,1973)关于组织设计的经典著作中的重要观点,并把它应用于投资环境。

分析福利结果的成本和效益来提供支持政策决策的指导(Feldman,1980;O'Connell,1982)。发展金融机构、慈善机构和其他非营利组织在同样长的时期里一直在“捕捉”和报告它们的社会影响力。最近,公司和其他企业利用自己的企业社会责任报告,有时利用自己的内部经济、社会和治理(ESG)业绩评价指标来突出它们的社会价值创造作用。最后,各国政府也越来越重视国民福利或者幸福的评价标准。因此,有许多被广为接受的方法可用来反映社会影响力,包括随机对照试验(在发展研究中十分常见)、行为科学研究方法(包括偏好显示和表达模型)以及上文所说的福利经济学的成本效益分析方法。

然而,组织及其影响力混合价值(Emerson,2003)分析的问世,促使我们重新关注社会和财务价值创造之间的复杂关系,这种关系需要一种并不是把社会和财务价值流作为独立、无关的价值流来处理的新框架。

出于对下文需要的考虑,我们把社会金融领域的社会影响力理解为:

> 社会投资资金——无论是有意还是无意——的配置能给关键人群福祉带来的超预期的重大变化。[1]

在通常情况下,这个定义为争论留下了伏笔——例如,我们可以说,被投资者关心的是净的积极变化(变化大多同时导致输家和赢家),而且希望变化当下就充分大,并且相当显著。在这一章里,我们将讨论一些比较具体的问题。

本章的内容安排如下:首先考察传统投资和社会金融之间的一些主要结构性差别及其对旨在为资金配置决策提供信息的评价指标的影响;然后介绍一个新的关键问题框架,并且在这个框架下提出一些有助于选择可用来评价组织社会价值创造能力和业绩的方法和指标的基本问题。在阐述和讨论这一框架之后,本章探讨了与社会影响力有关的评价方法,并把这些方法与关键问题框架提出的问题联系起来。然后,本章概述了目前用于社会金融的具体指标和评级方法。最后,我们提出了一个权变模型,用于说明(各种形式的)社会影响力评价适用和不适用的不同背景以及社会影响力评价的替代方法。在结尾部分对全章进行了总结。

---

[1] 当然,这种影响可以是积极的,也可能是消极的——尽管人们倾向于接受社会影响总是有利于关键利益相关者这样一个一般性规范假设。

社会金融的特殊性

传统投资和社会投资有两大结构性差别。第一，在主流市场上，投资人和希望获得投资所创造的价值的人是同一个人——同一价值的创造和占有都与投资者本人有关（Nicholls，2010a）。在社会金融投资中，财务回报的获得者与社会回报的获得者通常并不是同一个人。这个差别就造成了一个直接的责任差别。在正常的情况下，接受投资的组织仍要对财务回报负责。在没有财务回报的情况下，投资接受组织的管理者要通过他们的薪酬和职位承担责任。但在通常情况下，无论投资者还是被投资者都不必对预期可从影响力中受益的人负责。这是一个根本性的问题，在为了获取财务回报的投资中是一个不可接受的问题，但在社会金融投资中却已成为一个可以接受的问题。我们通常认为，问责制是一种好制度，不仅因为它有助于确保各相关组织不自欺欺人，并且不会导致弊大于利的情况，而且还因为它能推动创新并增加所创造的价值。但问责制常会令人不安，相关人员唯恐避之不及。

第二个主要区别与这两种金融市场的竞争力和取代效应性质有关。传统金融适用自由市场逻辑——寻求可持续竞争优势成为确保企业获得最佳财务回报的核心战略目标，垄断能带来最高的财务回报（但消费者分享不到），因此，虽然可持续竞争优势通常趋向于扭曲市场，但对于企业来说却是一个至关重要的战略目标。相比之下，社会金融关注的不只是财务回报——投资的社会回报只能是超过任何竞争对手的额外社会影响力。如果不能更加有效率或有效果地创造社会影响力，就没有必要简单地取代已有的社会影响力——由于上文提到的责任差别，这一点往往难以证明。

假如社会投资者真的关注社会影响力，那么，理解以上两个差别对于社会影响力管理和评价至关重要。通常，不可能采用可在竞争市场（受益人是消费者，可以自由和知情地选择表达自己的偏好）上采用的方法来使投资者或投资接受组织对社会影响力负责。因此，社会投资需要一种不同的方法，一种必须能够降低遗漏与投资的相关价值或者把与投资不相关的价值被算在投资账上的风险的方法。社会投资领域有一种强推定：不仅仅社会投资的管理者和投资者，而且其他外部利益相关者都可以获得社会投资方法所产生的信息。如果我们承认上述责任差别，那么就会出现这种情况；此外，这些其他外部利益相关者(消费者/受益人/顾客)通常参与提供影响力报告和评价所依据的数据。

然而,这很快就导致了涉及交易成本(比例性)以及业绩数据提供的细节和相关性的困难问题。虽然上市公司的财务账目要接受审计和监管,但还没有对社会影响力评估和报告进行监管——除了英国慈善机构这种组织法律形式或社区利益公司通常要求的基本报告外(Nicholls,2010b)。因此,在新出现的竞争性社会影响力评价规范中还没有被广为接受的标准或实践。本章所讨论的问题和方法可以看作是对社会金融初期制度化及其面临的挑战的说明。

关键问题框架

在对投资进行社会影响力核算和报告时,应该思考的最重要问题并不是投资产生了多大的影响力,而是投资产生的影响力与预期相差多少。这个问题自然要分解成若干需要回答的问题。回答这些问题可以降低社会影响力在评价过程中被忽略或处置不当的风险。评价需要多高的精确度取决于投资者可接受的风险水平、交易成本和为证明因果关系所需的详细程度。综上所述,社会金融市场的上述两个显著特征意味着,投资者可以接受的风险水平远远高于影响力的预期受益人所能接受的风险水平。因此,为了保护影响力的受益人,无论投资者对风险或需要的看法如何,都必须仔细考虑其中的每一个问题。所以,表明对框架中的关键问题的适当考虑是成功评价社会影响力的最佳保证。这些问题也代表了主流金融领域用来保护投资者的竞争市场机制的替代机制(至少在原则上是这样)。

构建逻辑模型是反映社会影响力业绩的被普遍接受的研究方法(Ebrahim and Rangan,2010)。这种线性业绩表示法可用来确定组织(或项目)投入(财务、社会、智力资本)与最终导致(取决于干预或行动战略重点的)持续或系统变化的影响力之间的五个阶段。中间阶段是:活动(组织或项目营运层面发生的活动)、产出(即时结果)、成果(中期和长期结果)。例如,以扶贫项目为例,投入可能就是资金和专门知识;活动可包括技能和其他方面的培训以及企业/事业发展;产出可能就是接受培训的人数;成果包括收入水平的提高;而影响力则涵盖收入提高者对家庭和子女的影响等问题。但是,逻辑模型由于它的基本假设——它的五个阶段中的每一个阶段都会导致下一个阶段——过于简单化而广受诟病。假设某一特定产出导致某种特定的结果,更不用说产生更加广泛的影响,可能是不合理的。

当然,评价组织的社会影响力并不是什么新鲜事。多年来,政策制定者、发展机构和慈善机构一直十分关注自身社会影响力的评估,并有许多成熟的方法(Mulgan,2010;Ebrahim and Rangan,2010)和支持这些方法的理论传统,特别是福利经济学和发展经济学的理论传统。然而,社会创业(Nicholls,2006)在范围更广的社会创新领域(Nicholls and Murdock,2011)的异军突起为社会影响力评价构建了新的语境。这一部门主要驱使我们重新关注组织/项目的影响力,特别是在数据收集的参与模式下(Nicholls,2010c;Jacobs and Wilford,2010)。社会金融(Nicholls,2010a)和影响力投资(O'Donohoe et al.,2010)市场的出现和扩大也改变了评价社会影响结果的方法,要求采用更具说服力、更加精确的方法,为包括政府在内的社会投资者提供可靠的业绩数据[1](Nicholls and Tomkinson,2013)。因此,有越来越多的证据表明,提供令人信服的社会影响力数据是获取和维护组织内部和外部资源与公共合法性的关键(Nicholls,2008,2010d);而可靠的数据则有助于提高效率和效能,并且强化利益相关者担责制。不管怎样,虽然发生了上述重大变化,但社会影响力评价方面的许多挑战依然存在,特别是标准化和可比性、重要性和归因、组织自身的比例性/交易成本等问题。

我们认为,有效的会计和报告制度是建立在以下这些关键问题上的:为什么要评价;由谁来参与评价和为谁评价;何时评价;评价什么;如何评价(Nicholls,2009)。这些问题的核心就是认识到会计和报告制度调动和阐明权力结构的作用(Chua,1986;Power and Laughlin,1996;Lukes,1974)以及以更加注重实证的方式来捕捉组织价值的创造过程(Hopwood and Miller,1994)。这种观点承认会计作为报告数据的一种更具解释性的框架,可作为组织实践与主要利益相关者之间讨论的符号中介(Ryan et al.,1992;Gamble et al.,1993;Nicholls,2009)。此外,使用关键框架建立最佳的社会影响力评价和报告制度,需要重新注意会计程序方面的专业判断,因为这个框架提出的问题通常没有明确的答案。

---

〔1〕 例如,英国在2013年通过了《公共服务(社会价值)法案》。这部法律规定,服务合同必须采用竞争性委托的方式发包,因而会增加对可靠的社会影响力数据的需求。

关键问题框架中的问题可分为以下几类。下面，我们逐一考察这些问题。

为什么要评价社会影响力？

评价和报告投资的社会影响力有三个——相互关联的——重要原因：投资者的外部责任；旨在使投资创造的价值最大化的内部战略规划和决策；评估某项投资的总影响力。对某项投资的社会影响力进行准确和适当的评价，既能评估（投资者和被投资者履行）使命的成功程度，也可为未来的资本配置提供信息。评价投资的社会影响力可能会造成一些道德风险，因为常会导致人们对自己的缺点不那么坦诚——“坎贝尔定律”（Campbell's law）就会发挥作用（Campbell，1976）。但不管怎样，道义论仍然站得住脚：声称能创造社会价值并因此而吸引更多支持（减税、政府补贴或者更大的公共合法性和更多的捐赠）的投资者和被投资者有义务证明自己的诉求的合理性。此外，制定有效的社会影响力评价指标以及报告和分享由此产生的数据，有助于创造更多的最佳实践，并为其他投资提供基准（例如，这可能是社会影响力债券模式的一个重要外部性）。

评价什么才能反映社会影响力？

评价什么才能准确反映投资的社会影响力，这个问题其实比看上去更加复杂。首先，是只关注直接影响力还是关注包括（可能是负的）外部性或者意外影响力在内的全部影响力？如果只是想评价直接影响力（这往往是最适当的方法），那么还应该回答影响力产生在社会变革标准逻辑模型的输入、活动过程、产出或者结果阶段（还是所有四个阶段）的问题。每个阶段也许需要不同的方法才能评价社会影响力。

接下来需要考虑分析单位。应该分析和评价个人、家庭、社区、部门或者社会层面（还是所有这些层面）的社会影响力？然后，环境和偶然性问题也会产生作用。也就是说，所报告的社会影响力只有参考价值还是具有绝对价值？是社会建构性的还是对“现实”的某种程度的实证描述？此外，相关的社会影响力是动态还是静态的——只是评价时的产物？

为了更好地理解社会影响力评价过程中的分析单元(就是评价“什么”的问题),需要考虑两个附属问题:哪些人因某项投资发生了变化?他们发生了怎样的变化?投资者和被投资者都希望知道他们想要改变哪些人以及哪个群体将得益于投资。然而,这里要解决两个问题。第一,除主要预期受益群体以外,其他群体也可能因投资而发生变化。如果其他群体因投资而发生负面的变化,那么,投资就不会产生像预期那样大的社会影响力,或者甚至可能产生负的总影响力。即使投资导致了正面变化,为了使投资者的社会总影响力最大化,也有必要了解某项干预所影响的人群范围。

第二个问题是,预期受益群体可能会经历多次变化,了解每次变化对受益人的相对重要性对于整个服务设计尽可能有效非常重要。主要受益群体内部不同的子群体可能发生了不同的变化。有些成员可能没有获得预期的收益,甚至由于经历了这些变化,他们的境况可能有所恶化。有些子群体可能遭遇了不同的结果,服务设计需要把这一点考虑进去。有些子群体可能获得了相同的结果,但他们可能不会像其他子群体那样按照相同的相对顺序来评价结果。再顺便强调一下,了解这些复杂性和细微差别是设计有效的社会影响力评价指标的一个重要环节。总之,关注人群间外部性的作用是准确反映社会影响力的一个重要内容,确定某项特定投资的适当属性也是如此。

确定哪些人发生了变化以及发生了怎样的变化,可能都需要主观判断。这符合传统会计中的重要性原则,但可能更加注重用户生成的数据,而不是生产者业绩的信息。利益相关者的参与有助于降低遗漏重要变化的风险,而固定的规范性变化理论可能会使数据收集偏向于预期变化。在没有采用健全的问责制以及利益相关者承诺和参与机制的情况下,我们总有倾向于重申投资者和被投资者看法和目标的偏倚。主要的风险在于:并非所有的利益相关者群体都会经历预期的变化,并且假定他们不会因经历预期变化而情况变得更糟(通常没有任何证据证明,甚至没有承认这一假设)。

确定在社会影响力评价过程中评价“什么”,可能还需要考虑收集此类业绩数据的管理背景,而这反过来又与问责问题有关。如果投资者只想了解预期的积极结果,那么,这个问题就容易解决。不过,这表明问责水平较低。如果投资者想要了解关于所有利益相关者群体重要的积极和消极结果的信息,就需要一个决策过程来确定应该管理哪些结果。一些现行方法,如投资的社会回报率或“全球报告倡议”(Global Reporting Initiative)(和其他可持续性方法)的情况就是如此。在这些方法中,这一决策过程被称为“重要性”决策过程,而且是要做的最重要决策。那么,哪些结果重要到必须包括在内,哪些结果并不足够重要且可以被排除在外呢?首先要考虑的是,信息是否影响利益相关者就其参与组织问题做出的决定。如果利益相关者没有这方面的信息,是否会改变自己的决策?如果不会改变决策,就可以将其排除在外;如果会改变决策,就应该将其包括在内。

接下来就应该做出包括还是不包括结果的决定,而做这样的决定需要做出判断,而且还要了解本组织重要策略的信息。在财务会计中,也要根据会计准则、大量的会计实践和审计过程提供的信息做出相同的决定。如果由投资者驱动决策,那么,决策就取决于信息对投资者是否有用,但汇总信息可能就足够了。如果是被投资者为了价值创造最大化而驱动决策,那么可能需要相当详细的信息。我们可以概括投资者需要的详细信息,但无法对汇总信息进行分解,以便供被投资者内部决策使用。

哪些人应该参与社会影响力评价?

如上所述,用户(外部利益相关者)和生产者(组织本身)都可以生成社会影响力数据。用户可以包括投资项目的直接受益者或者客户,也可以包括其他利益相关者,如范畴更大的社区、合作伙伴组织、政府(通过节省福利费用)、雇员、社会全体成员甚至投资者本人。这些利益相关者群体对同一干预措施的社会影响力可能有非常不同的感知,因此确定谁的意见重要非常关键。如表 9.1 所示,确定特定社会影响力的“客户”有多么复杂。

表 9.1　　谁是社会影响力的“客户”

	用户	购买者	影响者
临床服务	患者	捐赠者	政府
老年人服务	退休人员	当事人子女	竞争对手
儿童健康	儿童	家长	其他儿童的家长
药品	患者	保险公司	监管部门
化验服务	公立诊所	政府	政府政策

确定谁最适合成为最适当的社会影响力数据来源,是一个确定重要性的问题,而确定重要性的问题反过来又是一个被投资者的专业判断问题。投资

社会回报率模型基于以下这些把重点受益人作为确定重要性的关键行为主体的原则：(1)让利益相关者参与(以确定重要性)；(2)(从利益相关者的角度来)理解变化；(3)重视(对于关键利益相关者来说)重要的因素；(4)只把(对关键利益相关者来说)重要的因素包括在内；(5)确认数据来源作为系统组成部分所做的贡献。

在这一过程中，数据收集和评估本身就是社会影响力的来源——赋予经常被边缘化的受益人/客户群体参与权和发言权(见表 9.1)。

基于针对潜在用户的讨论和访谈的研究与支撑商业计划的市场调研并没有什么不同，但与有关需求水平的案头研究一样重要。我们需要对所有这些问题做出判断，而且还存在偏见和一厢情愿的风险。投资者和被投资者可以通过确保利益相关者适当参与社会影响力评价、设计和实施的全过程，来降低由过于乐观的判断造成的社会价值风险。先从利益相关者意见出发，然后对他们的意见与专家实践进行调适的过程，可能比先从专家意见开始然后与利益相关者一起检验专家意见是否正确的过程更加有的放矢。

无论是由于正在谋求更加可持续的社会变革，因此造成这个问题的原因有所减少，还是投资表明：如能大规模推广，这个问题就会消失，投资者和被投资者都应该确保所有有助于成功的组织和群体参与进来且干预规模适当，对投资者来说，也许仍有必要对所有对结果做出贡献的组织和群体进行尽职调查。否则，由于其他某个关键组织的原因，社会回报有可能无法实现。决定应由谁参加和在多大程度上参加，是一个判断问题。让利益相关者参与是降低遗漏预期成果重大贡献者的风险的一种手段(Jacobs，2006)。

何时评价社会影响力？

早期的一次干预往往能比后期的多次干预产生更大的社会影响力：这种干预模式遵循的是预防而不是治疗逻辑。这种模式为清洁水项目提供前期贷款资金而发行或有负债债券(contingent liability bond)(Wood，2010)奠定了基础，后来又被用于发行疫苗债券(Vaccine Bond)，并且确定了社会影响力债券模式的基本逻辑。这里遵循的是社会净现值计算原则，根据这个原则，今天的社会影响力投资会比几年后的社会影响力投资产生更大的社会价值。不管怎样，虽然社会影响力债券已经开始为使财务估值中的这种关系(通过把投资者为早期预防支付的款项与未来改善的社会结果联系起来)明朗化确定了方法,但气候变化等一些问题必然在非常长的时间内产生影响,因此,双曲线折现法仍然是实践中的标准做法(如何计算气候改善对50年后未来几代人的价值)。

另一组时间问题有更加明确的投资者关注焦点。有些投资者因投资于那些“注重治疗,而不是预防”的商业模式而能创造财务回报的组织。投资者和被投资者都承认他们正在处理的问题仍将继续存在,但也认识到:通过采取具体的干预措施,个人生活仍可得到大幅度的改善。虽然影响力预期比较长期,但干预措施影响力的损耗率也将是个重要的问题。也就是说,干预结束后多久才能证明对目标人群的后续社会影响是干预的直接后果。

如何评价社会影响力?

很明显,我们必须对为评价社会影响力收集数据应该采用的具体技术做出决定,这可能不只是一些技术问题:社会影响力评价的参与观本身有可能为外部利益相关者创造额外的“过程”社会价值;但不那么明显的是,我们还需要一些技术才能根据社会影响力评价指标来估计在多大程度上能够取得社会结果并产生社会影响(通常所说的“自重计算”)。可用来解决这个问题的术语和技术包括估计反事实(如果没有干预会出现什么情况)和基准测试(其他类似情况的数据集说明什么)。目前有许多方法可供选择,通常情况下,更大程度的自信是要付出代价的。但不管怎样,如果被投资方的管理者正在考虑这个问题,那么就可以把这看作是一个积极的信号,预示着投资的成功——无论是从社会回报还是财务回报的角度看。

有一个相关的问题关系到被投资方结果的归属。只要所产生的结果是若干组织、干预措施或行动的产物——而不仅仅是被投资方工作的结果,那么就会出现这种情况。这个问题与关于这些变化(和结果)是否可持续这个更加深入的问题有关。

总之,我们在这里建议,在深入研究数据收集方法之前考虑上述五个关键问题,就能奠定有用的基础,并确定接下来的工作方向,或提升到更高的方法论原则,甚或更有可能进入嘈杂的市场购买(无论是定制还是现成的)评估服务。这些问题共同构成了某种保证,即随后的数据收集和分析将全面反映投资能带来的积极社会变化。这方面——以及通常区分社会金融与传统金融的东西——的核心就是利益相关者参与确定重要性的界限和其他关键问题(如损耗、归属和自重等的估计)——的过程。那么,到底需要怎样的评估精确度呢?这(通常)取决于投资者可以接受的风险水平(比如说,他们究竟希望拟议中的创新有多大的可伸缩功效)。但是,正如上文已经指出的那样,社会投资的风险并非平均分摊。投资者可能接受的社会风险远高于预期的影响力受益者所能接受的水平。的确,为了保护影响力受益人,也许必须仔细考虑这些关键问题。

三种不同的方法观

正如前文已经指出的那样,我们并不缺少评价社会影响力的方法。但每一种方法都有它的使用条件——据以成立的假设——以及它的预期用途。提出这些假设是一种对相似方法进行分组并且突出显示否则有可能被忽视的内容的简便做法。

为此,有必要把三种主要的会计理论应用于三种不同的影响力评价观。第一种理论持会计实证观:这种观点认为,会计数据是并且应该是财务现实的体现(Whittington,1986)。第二种理论从批评理论家的视角审视会计,认为会计过程本质上是对权力的设定(Chua,1986;Power and Laughlin,1996;Lukes,1974)。关键问题是:由谁来决定搜集和报告哪些数据;出于什么目的要搜集和报告数据,因为大家都清楚,要评价的东西比无需评价的东西能吸引管理人员更多的注意力。第三种理论最终把会计重构为一种解释性活动——一种提供共享符号介质(术语、准则、惯例)和制度空间(实践、正式场合)供有关各方讨论价值创造的性质和范围以及如何最佳反映价值创造的活动(Ryan et al.,1992;Gambling et al.,1993)。以上三种观点代表了从科学过程到代表一组控制和行动的框架性原则的会计和报告概念化系列。从与社会影响力评价的关系来看,这三种观点进一步揭示了所涉及的挑战。由于这些都是相当严峻的挑战,我们还要介绍第四种观点——一种基本上是试图通过求助于审计和认证来减少额外影响力评价需要的观点。下面依次讨论这三种方法观(见表 9.2)。

表 9.2 关于社会影响力评价法的不同观点

方法观	关注重点	逻辑	实例
实证观	真相	反映经验现实	审计决算
批判观	权力	设定权力机制	参与式方法
阐释观	对话	作为组织实践与利益相关者对话的符号介质	利益相关者驱动的数据收集设计

实证观下的评价方法

实证评价法的核心就是假设社会影响力以一种从一组投入要素和过程到一组产出和结果的线性方式生成，这种评价法通常被称为“逻辑模式”，是许多影响力评价研究采用的典型模式。逻辑模型的基本理念就是提出一组思考社会、经济或者发展干预的“如果……那么……”式因果命题。评价者的任务就是阐明这些因果关系，并确定收集为跟踪预期干预措施是否如预期的那样发挥作用并产生预期的结果和社会影响力所需信息的成本效益方法。收集这类信息的方法多种多样——从业务记录、访谈、调查、观察到官方统计。但是，无论收集信息的方法有多么多、多么复杂，它们的基本原理都是一样的。

关于逻辑模型观有两点值得注意。首先，我们可以认为，对于影响力研究来说，唯一真正重要的信息是是否真的产生了影响力。情况也许是这样，但一般来说，有关人员都希望了解他们的结果：如果是产生了些许影响力，但没有希望的那么大，那么，是什么原因造成的呢？能否通过改进计划的执行方式来改善结果？或者干预是否基于错误的想法？许多评价人员和教育者都知道这是形成性评价（formative evaluation，旨在改进过程）和总结性评价（summative evaluation，实际产生了什么）之间的区别。通常情况下，投资者希望两者兼得。

其次，如果投资者想要确定是否实现了（比如说）一些持久的社会效益，那么确实需要非常大的信息量。此外，结果往往不明确，因此，评价者可能会感到有责任报告所涉及的不确定和模棱两可的东西。结果，数据丰富的评价往往会被尘封，因为它们无法告诉时间紧缺的决策者渴望知道的明确结论。这类报告也不可能披露标准化的信息供他人进行比较和/或汇总及使用。通常情况下,它们也不会对收益与实现收益所花费的成本进行比较。

大多数社会影响力评价与报告方法都是明确建立在一种逻辑模型上的,因此,它们属于实证范畴。这一点首先表明,各相关方都青睐一种似乎提供"确定性"或"科学严谨性"并且特别注重数字抽象的方法。在极端情况下,这种方法还试图对社会影响力进行货币化和"价值化",以便通过把财务价值作为评价社会影响力的共同单位来进行跨项目和干预措施的比较分析。

实证观下的方法包括:成本效益分析法或者预期收益模型法(expected return models);如睿智基金采用的最佳替代慈善选择法(best alternative charitable option,BACO);选择建模与估值实验法(experimental methods of choice modelling and valuation),如随机对照试验法[1];行为模型法(behavioural models),如陈述或显示偏好检验法(stated or revealed preferences tests);福利经济学模型,如公众重视程度评价法(public value assessments,评估公众对某项服务的重视程度)、增值计量法(在教育领域评估某所学校给学生增加了多少价值)、健康方面按生活质量调整的生存年数法(quality-adjusted-life-years,QALYs)、生活满意度评价法(life satisfaction assessments,需要多少额外收入才能获得相当的生活满意度增量);使用福利干预标准化"定价"法来计算政府支出的政府会计核算指标法。

批评观下的方法

虽然目前用于评价社会影响力的方法主要是那些基于实证逻辑的方法,但也有其他方法可供选择。投资社会回报率目前是最受关注的另一种社会影响评价方法(特别是在英国)。随着时间的推移,投资社会回报率法已经从注重计算精确度(非常关注折现率和影响力货币化的最佳代理变量)发展成一种可用来选择最合适的输入数据来源、更加通用的基于原理的框架。这种方法已经从注重技术转向了注重原理,在一定程度上反映了这样一种认识:对更加精确的数字模型的追求并没有换来可靠的标准化或者可比数据集。因此,没有证据表明,投资社会回报率法改善了流向社会项目的资金的质量

---

[1] 近年来,随机对照试验法在社会影响力评价中的应用显著增加(Bannerjee and Dutlo,2011;Haynes et al.,2012)。然而,关于随机对照试验法适用范围和使用价值的争议仍然很多,在很大程度上,是因为科学是一项需要积累的事业,所以,单项随机对照试验法所能确定的东西往往相当有限。随机对照试验常常得出一些令人困惑的结果,倒也的确提出了更多、更好的问题,但却没有清晰地说明"什么在起作用",而不难理解,忙碌的投资者长期以来就是想弄明这一点。

或者数量。尽管如此，投资社会回报率法的原理为促进利益相关者的参与并对此进行更好、更全面的评价开辟了一条可靠的途径。因此，投资社会回报率法现在已经远远超越它的逻辑模型起源，着重体现了一种承认权力关系并在利益相关者协商过程中确定重要性判断的原则。投资社会回报率法结合成本效益模型，采用净现值折现原则来对未来的混合价值（财务和社会价值）结果进行货币化。虽然投资社会回报率法引发了不少争议，但它的优点是包含了会计和金融领域的核心概念；它的优点也许只有隐喻意义，但有助于以投资者容易理解的方式来表示目标，从而获得更多的合法性。

其他充斥与批评观相关的假设的方法都可归入“战略观”方法（Ebrahim and Rangan，2010）。通常，战略观认为，组织内部和外部的决策是多元过程而不是一元过程的结果，涉及内部和外部利益相关者联盟。例如，平衡记分卡——最初恰恰是为了提供一种抵制（通常是短期）财务问题在企业领域占据主导地位的方法——旨在牢牢掌握直接受组织行动影响的各种行为主体的业绩数据，并且从不同利益相关者的视角去解释数据。其他版本的战略观法有“仪表板”（dashboards）法，这种评价方法试图赋予管理者和出资人跨重要但不同维度的可管理业绩总汇手段（Paton，2003）。

阐释观下的方法

优先考虑利益相关者参与、话语权和对话的方法也与会计实务的阐释理论密切相关。这些基于关系的方法通常注重基于相关利益相关者或受益群体深度参与［如结果星形模型（outcomes star model）］[1]的结果筹划（outcome mapping ）和投资社会回报率。利益相关者或受益群体的这种参与通常在干预之前就已经开始，并且有助于通过与利益相关者协商来设计干预措施，确定适当的业绩计量单位和随后要采用的评价方法。此外，这类方法通常有内置型反馈回路用于测试数据的持续准确性和方法的有效性，因此具有迭代性、动态性和适应性等特点。阐释观下的方法能很好地捕捉复杂或综合环境下的关键社会影响，包括协作学习、互为主体性和直接相关者间的对话。正如前文已经指出的那样，优先考虑利益相关者判断和受益方话语权的评价系统有可能通过评价过程产生额外的社会影响力。

〔1〕 http://www.outcomessatr.org.uk.

然而,我们可能难以做到把这样的深入对话和学习作为社会影响力评价过程的组成部分,因为这在很大程度上可能要取决于能否构建有弹性的信任关系(如怎样使用这些评价指标)以及管理权力是否对称。事实上,从以上三种广义的会计理论及其相关方法来看,有一点显而易见,那就是每种方法都有自己的优点和缺点,而且难以相互弥补(当然,使用其他方法会增加评价成本)。投资社会回报率法确实曾试图借鉴并整合实证、权力(或批评)和阐释观下的不同方法。结果是提出了一种非常灵活的观点,这种观点有可能会被认为是某种会计的一个优点,但也可能不会。

保证、合规和审计

面对上述各种挑战,有些投资者和被投资者希望求助于保证程序,而不是直接参与影响力评价。从本质上讲,保证程序考虑的是,参与有关组织或者计划的人是否已经在影响力评价方面做了他们说要做的事情,通常是采取遵循某种版本的"最佳"实践或者"良好"实践的方式(也就是说,与标准相比,他们所做的是否合理)。

保证过程的某些魅力立即就会显现出来:实际上是把不间断、有选择地检查适当的实践是否得到遵循的工作外包给了第三方(有时是外包给了同行),目的在于提高被投资者主张的合法性;第三方以可信和公正的方式提供评估结果。标准化保证程序的实施也创造了在元级别上比较投资(事前或事后)的机会。虽然就像鲍尔(Power,1996)证明的那样,许多费用已经被作为必须以可审计的方式完成并记录的过程内部消化,但与审计相比,保证也可能不那么麻烦(只是"较轻的触碰")。

不过,目前还没有约定的社会影响力评价标准,也没有统一的分析单位和公告的监管规定(除了慈善机构和英国社区利益公司等具有其他法律地位的组织被要求遵守的一些一般社会报告规定之外)。因此,这类数据没有普遍商定的审计准则或者要求,也就不足为奇了,但却出现了各种社会和环境认证计划。这些认证计划可能涉及就业条件(以糊口工资为标志)、环境因素[如森林管理委员会认证(FSC certification)]、与利益相关者的接触以及以适当方式对结果的监管(如社会审计、投资社会回报率)。然而,它们通常关注的是鼓励合乎道德的消费——目的是要首先影响消费者。目前尚不清楚这些计划会增加多少合法性，特别是对投资者而言。

量身定制的社会金融评价指标

随着影响力评估工具和技术的扩散，现在出现了一些专门为社会金融设计的评估工具和技术。下面介绍一些最近的例子。

影响力报告与投资标准

影响力报告与投资标准[1]由全球影响力投资网络[2]设计和管理，目的是要为影响力投资制定一种标准化业绩评价指标的基准。影响力投资者可以按照影响力报告与投资标准来测量其投资产生的社会、环境和财务影响力，并且评估未来要进行的投资交易。此外，全球影响力投资网络有意通过把社会影响力评价指标与通常用于财务业绩评价和报告的指标结合在一起来制定影响力报告与投资标准，以提高影响力投资部门的可信度。全球影响力投资网络是一个致力于扩大影响力投资市场规模和效能的非营利性组织。影响力报告与投资标准是一种旨在提高影响力投资部门透明度、可信度和问责性的可免费使用的公共产品，制定这个标准的目的就是与其他已有的报告标准保持一致，以降低总交易成本，从而使投资者能够进行跨投资组合、特定部门或者投资目标的业绩信息比较。到了 2014 年，已经有 5 000 多个组织在采用影响力报告与投资标准评估、交流和管理其社会和环境业绩。

影响力报告与投资标准的整套评价指标是根据现有的 40 多种评价指标分类法和第三方标准构建的。一个由影响力评价专家和其他相关专业专家组成的正式咨询机构负责这个标准的维护和更新。影响力报告与投资标准的每个评价指标都有标准化的定义和用户指南。影响力报告与投资标准的评价指标有六个重点方面：

(1)组织描述：关注组织使命、运营模式和定位的指标；

(2)产品描述：描述组织产品/服务和市场的指标；

(3)财务业绩：通常报告的财务指标；

---

[1] http://iris.thegiin.org.

[2] http://www.thegiin.org.

(4)组织影响力:描述组织政策、员工和环境业绩的指标;

(5)产品影响力:描述组织产品和服务业绩和影响力的指标;

(6)术语表:影响力报告与投资标准评价指标中运用的常用术语的定义。

影响力报告与投资标准的评价指标既不是第三方认证指标,也不是进行业绩评级的指标,而是为其他影响力评价方法奠定标准化基础的指标。

全球影响力投资评级系统

全球影响力投资评级系统[1]是由共益实验室[2]开发的,开发这个系统的目的是要通过向投资者提供一套可比、透明、使用方便的标准化第三方影响力评级标准来促进影响力投资市场的发展。全球影响力投资报告系统采用类似于"晨星投资排名"或"资本智商(Capital IQ)财务分析"的评级和分析方法来评估发达和新兴市场企业和基金的社会和环境影响力,并且向投资者、基金和企业提供服务和数据分析,以促进资金的筹集和配置。这个系统的目的是及时发布影响力投资聚合数据,为未来市场和行业基准分析奠定基础,因此,它是一种元级别的分析工具,而不是测量系统本身。全球影响力投资报告系统要对它提供的分析服务收费,但它是一个非营利实体,同样也发布数据供公众使用,并且还提供任何组织都可免费使用的透明的评价标准和工具。

全球影响力投资报告系统侧重于组织活动五个方面的业绩指标:

(1)责任指标:这些指标用于评价组织治理、透明度以及发布公告的范围和质量。

(2)员工指标:这组指标用于评价员工的薪酬和福利、组织是否实行某种员工股份制以及组织的总体工作环境。

(3)消费者指标:这组指标用于报告关键产品和服务对目标顾客带来的益处;生产过程是否产生正社会影响力;生产组织是否执行为有需要的人(如位于金字塔底部的顾客)服务的宗旨。

(4)社区指标:这组指标用来反映组织在当地的嵌入情况,是否接受多样性,是否做慈善和/或提供直接服务。

---

[1] http://b-analytics.net/giirs-ratings.

[2] http://www.bcorporation.net.

(5)环境指标:这组指标用于评估公司办公场所、运输以及分销和制造设施分布是否适当的环境绩效。

虽然这些评价指标的名称已经反映了它们的用途,但这些指标有许多是用来评价过程和产出,而不是评价影响力的。目前还不清楚全球影响力投资报告系统对影响力投资市场的扩大发展产生了什么影响,但它有许多支持者,并且——以与投资社会回报率在影响力评价层面相似的方式——已经成为影响力投资市场的引领者。

EngagedX 数据库

主流资本市场的发展需要汇集可靠、一致的数据集,而这种需要反过来又推动了特定风险和回报指数的出现。风险和回报指数这种基础工具刺激了主流资本市场的投资流,但社会投资者目前无法获得这样的信息。EngagedX 数据库成立于 2012 年,目的就是要填补这方面的空白。[1]

"EngagedX"指数本身并不是评价影响力的工具,而是一个旨在汇总并呈现整个市场社会投资数据的框架。这些数据从现有社会投资者投资组合中匿名收集,作为一个时间数据序列内容包括投资本金、投资日期、回报率、到期日、冲销/专项准备、简单产品分类、简单行业分类,以及——重要的是——有关投资评价和报告社会影响力所用的方法。试点数据集只收入了英国的数据,但这个数据框架在任何市场上都有相同的效用,或者是整个全球市场的聚合代表。它的"核心"指数数据被作为公共产品向感兴趣的各方免费开放,而指数管理和分析部作为社会企业运行,指数数据的许可和订阅模式类似于彭博社的许可和订阅模式。

"EngagedX"指数内含财务数据和社会影响力数据,但主要侧重于前者。这是因为精确的聚合财务风险与回报基准有可能提升社会回报隐含定价的透明度(就像社会影响力债券模型那样)。编制这个指数所用的数据可以更好地让专业投资者、资产所有者和投资顾问在可与其他市场和资产类别比较的基础上,谨慎地考虑把社会投资作为自己投资组合的一个组成部分。

---

〔1〕 http://www.engagedinvestment.com/engagedx.html.

结果矩阵

结果矩阵（Outcomes Matrix）[1]在英国是由“善投资”（Investing for Good）[2]和“大社会资本”开发的。它们开发这个矩阵的目的在于反映社会金融投资导致关键受益人发生的变化和对他们产生的影响力——增强幸福感的主要好处和收益。这种变化和影响力被归入 9 个结果区域，并且可细分为更加具体的结果以及针对个人、社区和整个社会的相应评价指标。它们是：(1)就业、培训和教育；(2)住房和本地基础设施；(3)收入和金融包容（financial inclusion）*；(4)身体健康；(5)心理健康和幸福；(6)家庭、朋友和亲属；(7)公民与社区；(8)艺术、遗产、体育和信仰；(9)自然环境保护。

矩阵中的每个“单元”包含一张高级别结果的列表，这些高级别结果可以在特定的结果区域内为指定受益人群体获得。这个矩阵允许把每个高级别的结果进一步细分为评价指标，并且再进一步细分到可用于创建指标和收集数据的具体评价点。

这个矩阵基本上就是对结果区域的分类，并对相关指标进行标识，旨在为投资者、中介机构和一线组织提供一种可用来规划、评价和了解其社会影响力的单一工具。此外，开发这种结果矩阵就是希望为整个社会部门创建一种评价影响力的共同语言。通过在一张更大的显示有可能取得的人文和环境结果的“地图”上确定某个组织的结果，结果矩阵就能鼓励组织总体思考自己在做什么，但并不支持结果聚合，因为除非涉及真正相似的数据和背景，否则就不能有意义地对结果进行加总。

试点版的结果矩阵相对来说偏向于静态，但设想了一个偏向于动态的网络界面，包括允许用户根据与其合作的具体受益人量身定制矩阵的功能。

权变模型

本章表明，社会影响力评价和报告是一种易变的阐释性实践，缺乏制度

[1] 这个矩阵是在“新慈善资本”、投资社会回报率网络（SROI Network）和“三角形”（Triangle）（结果星形模型的开发机构）进一步研究投入的基础上开发出来的。

[2] http://www.goodinvestor.co.uk/outcomes-matrix.

* 指向没有银行账户的人群提供能满足他们需要的金融产品，并让他们有能力有效使用这些产品。——译者注

化或者明确的监管框架。因此，最佳实践必然由经验、判断和原则而不是正式的方法论驱动。提出上述关键问题框架的目的就是要在设计社会影响力评价方法时促成进行判断的过程，并且为判断提供信息。那么，有哪些基本原则促成了最佳实践呢？

让我们回到本章开篇部分提出的问题：在目前可供选择的评价方法中，投资者和被投资者如何选择适合他们的关切和环境的方法呢？从这个角度看，这个问题需要一种权变理论——一种将不同的方法与其最适合的环境联系起来的模型，目的就是确定不同方法的特点以及与不同环境相关的各种影响力评价挑战之间的"契合"点。这一节从信息处理的角度来审视投资者与被投资者之间的关系(Galbraith，1973)，并据此提出一种允许信息处理就像数据处理一样可以解释并建构意义的理论(Galbraith，1973)。

本节的出发点是根据投资者与被投资者关系的基本特征，特别是需要处理的信息的性质和数量，对投资者与被投资者关系的背景进行概念化。有两个考虑因素(或者维度)被认为至关重要。第一个维度关系到投资者与被投资者之间关系的信任基础。简单地说，两者的关系是直接建立在个人接触、人际关系和观察的基础上，还是间接地依赖对各种报告(客观)证据的整理和解释？第二个维度涉及与被投资者的组织或计划工作有关的不确定性程度(或恰恰相反，对被投资者的组织或项目规划工作的了解程度)：一般来说，组织或项目规划工作越艰难、越雄心勃勃，就越需要更多的信息和信息处理来证明有价值的工作进展情况(反之亦然)。

信任基础维度

那么，投资者如何才能对某家企业的社会业绩诉求有合理、站得住脚的信心呢？显然，业绩评估——从寻找并解释大量的抽象证据的广义上讲——是回答这个问题的一种方法。在某些情况下，特别是在数据能够以量化、标准化的形式提供的情况下，例如在获得公共资金已成为"按成功付费"或"按业绩付费"日益流行的合同世界一部分的背景下，投资者就希望获得这样的数据。同样，在影响力投资希望有更多的机会进入主流资本市场的背景下，主流资本市场的惯例要求被投资者做出更大的努力来报告、主动解释、分析和调查不仅涉及业绩，而且还涉及被投资者有时甚至是投资目标部门/总体干预措施战略发展的诉求。这是因为已有金融市场及其支持性咨询服务生态系统是建立在详细、定量的信息处理和建模基础上的。事实上，制定影响力报告与投资标准和开发全球影响力投资评级系统，就是为了让它们充当主流投资与影响力投资之间的数据接口，以促进两种投资之间的资金流动。

然而，建立模拟主流资本市场数据库的定量数据库，只是奠定投资者—被投资者信任基础的一种方式。事实上，当一家基金管理公司或私募股权公司考虑一个重大投资项目时，他们不会只依靠自己做分析功课。在某个时候，他们会希望与董事会接触，并与高管团队面谈。他们希望看到企业"藏在帽子底下的东西"，对管理团队的素质与企业面临的挑战和前景做出判断。如果他们感到满意，他们可能就会在某种程度上决定成为一个参与型投资者(engaged investor)。大致相似的理论也支撑着一些社会投资方法。在信息处理方面，这是一种减少对需要更多正式信息处理的方法。直接接触、观察和对话有助于决定树立(或者不树立)信心，减少对代价昂贵的寻找和处理抽象证据和报告的需要。

在所涉企业扎根于特定社区、社会运动或专业活动领域的情况下，可以进一步减少对信息处理的需要。在这种情况下，充分内化的规范秩序与大量的隐性知识相结合，就意味着在不需要业绩评估和报告的情况下完全有可能就社会/环境业绩诉求达成可接受的信任水平，而在有成熟的实践或者技术可资利用时，情况尤其如此。对于处于这种情况下的投资者或者潜在投资者来说，参与社区活动或者与熟悉这种情况的人对话，就能减少甚至排除对某种形式的正式信息处理的需要。其实，这样做只是传承了团结和社会资本的传统——如在以信仰为基础的部门，强调社会金融的社会根植性。这与主流资本市场的逻辑形成了鲜明的对照。随着时间的推移，主流资本市场的逻辑与对由作为唯一价值或财产仲裁者的市场分析师们引导的"市场"的公式化依赖一起取代了社会背景。

因此，在信任基础谱系的一端是可以产生合理信任的投资关系，因为这些活动和关系具有(不同程度的)社会嵌入性，含有领域特有的隐性知识，并且具有直接和对话式的特点——在其他条件相同的情况下，这些活动和关系对正式和定量信息处理的要求很低；而在信任基础谱系的另一端，关系可能比较疏远，而且缺乏人情味，因此可能需要各种形式的代理知识和数据以及正式的审计和验证机制(如特定的认证模式、标准化数据的使用、证明符合预期过程，等等）。

不确定性维度

第二个或有维度涉及任何给定社会投资的可能结果/影响力的不确定性水平。影响影响力不确定水平的因素包括：

（1）组织/干预模式——有多少创新元素，有多复杂？与简单的线性项目相比，多系统干预很可能造成更大的不确定性。或者，我们的目的也许是采取一种有希望的新模式来扩大规模（随着规模的扩大，会导致新的不确定性水平）。

（2）环境/背景——这种观点已经得到证明，但现在正被用来应对不同的挑战，和/或该相关举措涉及协作或跨部门混合（以及它们造成的所有额外复杂性）。

（3）现有的业绩信息/数据图景以及投资者对该领域和相关知识库的熟悉程度（或者陌生程度）。

所有这些影响不确定性水平的因素根据从已经非常明确并得到证明到非常新颖、未经尝试或检验的顺序排列成一个连续统。这些维度也与本书其他章节关于社会风险与回报问题的讨论密切相关。

一种权变框架

把以上介绍的两个维度合在一起就能构建一个权变框架，这个权变框架在有可能达成社会金融交易的不同背景下可为确定哪些方法适合影响力评价提供一些指导（见图 9.1）。

权变框架针对社会金融投资者和被投资者寻求的关系类型及其共同面临的不确定性水平所产生的不同要求确定不同的方法。因此，在左下角，除了走访、对话和有效治理之外，可能不需要明确的流程。

其他方法也同样容易确定。参与法可以减少对代价昂贵的信息处理的需要，而且往往有助于维护或扩大信任关系；认证常常也是如此。同样，如果投资者和被投资者之间不可避免地存在相当大的社会距离（就如社会金融比较接近主流金融实践，或者有大量公共资金参与的地方），而且被投资者产生

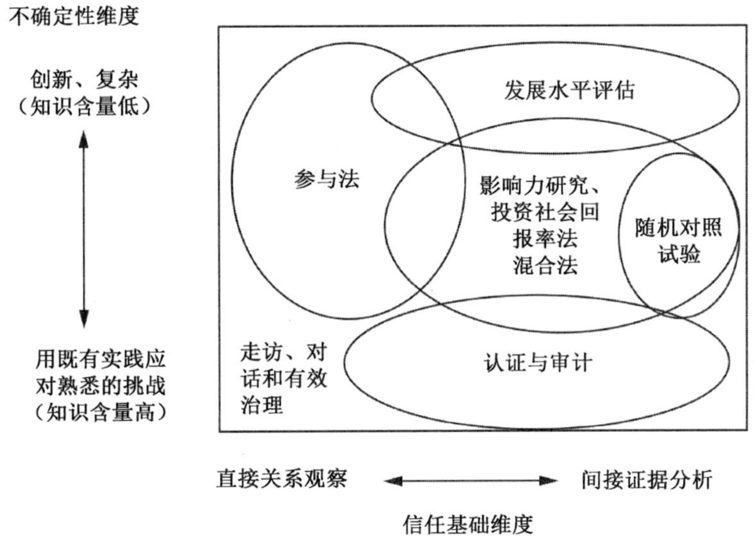

图 9.1　社会影响力评价权变模型

影响力的方式尚未完全确定,那么就需要以超然的态度(客观地)进行认真的影响力研究,从而也需要进行随机对照试验。在信息处理方面,通过影响力研究能够收集、分析和使用最低限度的必要信息来达到最大的分析效果。

权变框架图中的其他"空间"就不那么容易确定。在右上角,可能不存在有效的评价方法:即使投资者希望看到影响力证据,就是做出这方面的努力也很可能犯方向性错误,而且几乎可以肯定,这些努力会被别处发生的事件或者在理解上取得的进步所超越。正是为了应对环境不确定性和模糊性要求评价比通过预定的结果和评价指标逻辑模型能评价的更加复杂的情况,才设计和明确阐述了(开创性的)发展评价法(Patton,2011)。发展评价法以系统思想和复杂性理论为依据,有可能适用于任何试图干预复杂、速变或以其他方式难以理解的系统的情况(最明显的是,但不仅是在冲突后社会里,或者在环境迅速恶化的情况下)。在某些情况下,它为随机对照试验这个"金本位"提供了一种知识上可靠的替代方法。那些有望干预的人愿意承认自己还没有充分了解(相关情况和起作用的因素),因此无法确定自己的结果、目标和影响力应该是怎样的情况,就属于这样的某些情况。

在实践中,这种方法可能导致一系列快速学习周期,因为采取干预措施不但是为了了解什么才能有效,而且还为了改善某个特定的社会问题。这种方法最初依赖即时反馈,而不是长期反馈,并且把行动和评价指标整合为基于反馈的单一变化过程。

在图 9.1 的中心区域——不确定性很大，信任的基础不明确——最难处理。也许，一项计划规模太小，无法承担采用循证特点明显的方法所需的费用——但对某些利益相关者来说，采用认证和参与法不足以或者无法解决问题。在这种情况下，投资社会回报率模型很可能因为它的灵活性而成为一种实用的评价方法。这个模型无论如何都不是唯一可用的方法，但它很容易把（定量的）证据和参与式关系构建结合在一起，而且在尽可能减少对信息处理的需要和提高信息处理能力这两种情况下都非常实用。更加重要的是，这种模型能把分析注意力集中在社会影响力数据的受众及其与顾客和受益人这些权力通常小于出资人和组织管理层的利益相关者的相关性上。关注利益相关者的重要性，还能让我们更加微妙地了解善意行动对相关人群可能产生的负面或反常影响。投资社会回报率原则还要从确定某一干预措施或某个项目所声称的社会影响力数量准确性的角度确认涉及面更宽的最佳实践中的其他关键要素，其中包括影响力的归属、自重计算、注意相关反设事实、消耗率，以及分配给评价职能的资源相对于组织及其主要利益相关者重要性而言的相称性（最终是计算数据风险与数据收集的严谨程度）等问题。

尽管投资社会回报率模型也有一定的局限性——特别是它的基本线性的实证逻辑以及关于“在创造社会价值的不同竞争性方式中做出更好的抉择”的有争议的主张，但是，社会影响力可以进行有用的量化，并且与常用的财务价值尺度进行比较。基于“硬”数字的单一、标准化和比较分析单元的诱惑往往难以抗拒。事实上，讲究实效的量化方法可能无法用来估计通常由社会企业家采用的解决“棘手问题的不当方法”（Grint，2010）所产生的影响。的确，这些影响可能会被这样做的尝试所歪曲。对价值创造的定性叙述和其他手段（照片、混合媒体、网络媒体等）对于以必要的深度（但以非比较方式）理解与偶然性和环境相关的社会影响力始终发挥着重要作用。

结束语

本章把社会影响力评价和报告作为一种易变的阐释实践，并且认为它缺少制度化或明确的监管框架。价值是根据计算和情境的信息来商定的商品——价值也很重要（Young，2006）。本章明确指出了社会金融与常规金融之间的根本区别，运用关键问题框架强调了在特定背景下策划社会影响力评价时必须考虑的一些关键因素，详细介绍了目前可供选择的主要影响力评价方法和指标，并且阐明了它们在为投资者与被投资者关系谈判和社会金融资金配置决策提供信息方面的用途。

可靠的社会影响力评价数据的可获得性，很可能对于社会金融市场持续发展具有极其重要的意义，就如同健全的金融数据库对于主流金融部门的发展至关重要一样。事实上，正如主流金融那样，社会金融需要透明和可信(也许已经过验证的)的社会影响力数据集。但正如本章所指出的那样，建立和维护这种数据集需要做出许多重要的决定，必须对这类数据进行认真的校验，以确保它们确实富含信息并且透明。选择和采用影响力评价方法以及建立影响力评价结果数据集的过程并不是一个中性过程。任何评价方法都反映了重要的权力关系，实际上是一种控制手段。这对于传统投资来说，到目前为止还不是一个持续有争议和受到质疑的问题。对于大多数投资参与者来说，应该遵循委托—代理关系的逻辑来为作为所有者的投资者来编制、报告和审计财务业绩数据。

然而，在社会影响力评价方面，委托—代理关系是一个比较复杂的问题：出资者/投资者可能有权决定社会业绩数据的构成元素，但即使行使这种权力是合法的，也必须听取客户/受益人的意见。在社会和政治领域中，不同的观点会产生非常不同的评价方法和结果，"善"总会引发争议。原则上，一个运行良好的社会投资市场的"自律多元化"(disciplined pluralism)(Kay，2003)允许我们去追求和检验相互对立的"善"的概念。但是，在社会影响力评价和报告缺少监管的情况下，只有当社会业绩的透明度成为最佳实践和尽职调查的基本原则时，才会出现必要的自律。

现如今，我们已经充分认识到传统的会计和报告制度具有很大的象征性权力(Hopwood and Miller，1994；Power，1994)。在社会金融中，社会影响力评价也许有更大的象征性权力，因为"社会"或者"影响力"投资的主张最终都必须建立在社会影响力的数据上。因此，一旦让大家都知道正在努力证明某项特定投资的社会影响力，就等于发出了某项干预措施或者某个组织总体合法、可信的强烈信号。事实上，证明一种稳健的影响力评价方法可以作为一个实现可评估影响力的代理变量——伦敦社会证券交易所的准入标准就是这样的一个例子。[1]

可以说，这种象征性权力的影响支持一种主张采用标准化方法和单一分析单位来反映社会影响力的论点，因此，把社会价值货币化的混合价值模型的魅力就在于把货币化的社会价值与经济价值组合为单一的总影响力值。但如上所述，所有这一切可能会导致过于简单化，并最终生成误导性数据和分析。事实上，只有在密切关注意外事件和利益相关者声音的情况下才能有意义地评估社会影响力。目前，坚持一套考虑偶然性、重要性、利益相关者参与性和相称性等因素的可行（和可审计的）原则，可为有效的社会影响力评价实践提供指导，从而为指导社会投资决策提供最准确、最有用的数据。

参考文献

Arunachalam, R. (2011). *The Journey of Indian Micro-Finance: Lessons for the Future.* Chennai: Aapti Publications.

Austin, R. (1996). *Measuring and Managing Performance in Organizations.* New York: Dorset House.

Bannerjee, A., and Duflo, E. (2011). *Poor Economics: A Radical Rethinking of the Way to Fight Global Poverty.* New York: Public Affairs.

Blau, P. M. (1963). *The Dynamics of Bureaucracy.* Chicago: University of Chicago Press.

Campbell, D. T. (1976). 'Assessing the Impact of Planned Social Change'. The Public Affairs Center, Dartmouth College, Hanover, NH.

Chua, W. (1986). 'Radical Developments in Accounting Thought', *The Accounting Review,* LX1(4): 601–32.

Ebrahim, A. and Rangan, V. K. (2010). 'The Limits of Nonprofit Impact: A Contingency Framework for Measuring Social Performance'. Harvard Business School Working Paper 10-099, Boston MA.

Emerson, J. (2003). 'The Blended Value Proposition: Integrating Social and Financial Returns', *California Management Review,* 45(4): 35–51.

Feldman, A., and Serrano, R. (1980). *Welfare Economics and Social Choice* Theory. Boston, MA: Martinus Nijhoff.

Galbraith, J. R. (1973). *Designing Complex Organizations.* Reading, MA: Addison-Wesley.

Gambling, T., Jones, R., and Karim, R. (1993). 'Credible Organizations: Self Regulation vs. External Standard-setting in Islamic Banks and English Charities', *Financial Accountability and Management,* 9(3): 195–207.

Grint, K. (2010). 'Wicked Problems and Clumsy Solutions: The Role of Leadership', in S. Brookes and K. Grint (eds), *The New Public Leadership Challenge.* Basingstoke: Palgrave Macmillan, pp. 169–86.

[1] http://www.socialstockexchange.com.

Haldane, A., and Madouros, V. (2013). *The Dog and the Frisbee*. <http://www.bankofengland.co.uk/publications/Pages/speeches/2012/596.aspx>, accessed 11 May 2015.

Hall, M. (2012). 'Evaluation Logics in the Third Sector' *Voluntas*, 25(2): 307–36.

Haynes, L., Service, O., Goldacre, B., and Torgerson, D. (2012). *Test, Learn, Adapt: Developing Public Policy with Randomised Controlled Trials*. London: Cabinet Office Behavioural Insights Team.

Hopwood, A., and Miller, P. (1994). *Accounting as Social and Institutional Practice*. Cambridge: Cambridge Studies in Management.

Jacobs, A. (2006). 'Helping People Is Difficult: Growth and Performance in Social Enterprises Working for International Relief and Development', in A. Nicholls (ed.), *Social Entrepreneurship: New Paradigms of Sustainable Social Change*. Oxford: Oxford University Press, pp. 247–70.

Jacobs, A., and Wilford, R. (2010). 'Listen First: A Pilot System for Managing Downward Accountability in NGOs', *Development in Practice*, 20(7): 797–811.

Kay, J. (2003). *The Truth About Markets*. London: Allen Lane.

Lukes, S. (1974). *Power: A Radical View*. London: MacMillan.

Mulgan, G. (2010). 'Measuring Social Value'. *Stanford Social Innovation Review*, Summer, pp. 38–43. Stanford Graduate School of Business.

Morozov, E. (2013). *To Save Everything, Click Here: The Folly of Technological Solutionism*. New York: Public Affairs.

Nicholls, J. (2004). *Social Return on Investment: Valuing What Matters*. London: New Economics Foundation.

Nicholls, A. (ed.) (2006). *Social Entrepreneurship: New Models of Sustainable Social Change*. Oxford: Oxford University Press.

Nicholls, A. (2008). 'Capturing the Performance of the Socially Entrepreneurial Organisation (SEO): An Organisational Legitimacy Approach', in J. Robinson, J. Mair, and K. Hockerts (eds), *International Perspectives on Social Entrepreneurship Research*. London: Palgrave MacMillan, pp. 27–74.

Nicholls, A. (2009). 'We Do Good Things, Don't We?: "Blended Value Accounting" in Social Entrepreneurship', *Accounting Organizations and Society*, 34(6–7): 755–69.

Nicholls, A. (2010a). 'The Institutionalization of Social Investment: The Interplay of Investment Logics and Investor Rationalities', *Journal of Social Entrepreneurship*, 1(1): 70–100.

Nicholls, A. (2010b). 'Institutionalizing Social Entrepreneurship in Regulatory Space: Reporting and Disclosure by Community Interest Companies', *Accounting, Organizations and Society*, 35(4): 394–415.

Nicholls, A. (2010c). 'The Functions of Measurement in Social Entrepreneurship', in K. Hockerts, J. Robinson, J. and Mair (eds), *Values and Opportunities in Social Entrepreneurship*. London: Palgrave Macmillan, pp. 241–72.

Nicholls, A. (2010d). 'What Gives Fair Trade It's Right to Operate? Organizational Legitimacy and Strategic Management', in K. Macdonald and S. Marshall, *Fair Trade, Corporate Accountability and Beyond: Experiments in Global Justice Governance Mechanisms*. Farnham: Ashgate, pp. 95–121.

Nicholls, A., and Murdock, A. (eds) (2011). *Social Innovation: Blurring Boundaries to Reconfigure Markets*. London: Palgrave Macmillan.

Nicholls, A., and Tomkinson, E. (2013). *The Peterborough Pilot Social Impact Bond*. Oxford: Skoll Centre for Social Entrepreneurship/Pears Foundation Case Study.

O'Connell, J. (1982). *Welfare Economic Theory*. Dover, MA: Auburn House.
O'Donohoe, N., Leijonhufvud, C., Saltuk, Y., Bugg-Levine, A., and Brandenburg, A. (2010). *Impact Investments: An Emerging Asset Class*. New York: J.P. Morgan, The Rockefeller Foundation, and the GIIN.
Paton, R. (2003). *Managing and Measuring Social Enterprises*. London: Sage.
Patton, M. Q. (2011). *Developmental Evaluation: Applying Complexity Concepts to Enhance Innovation and Use*. New York: Guildford Press.
Power, M. (1994). 'The Audit Society', in A. Hopwood and P. Miller (eds), *Accounting as Social and Institutional Practice*. Cambridge: Cambridge Studies in Management.
Power, M. (1996). *The Audit Society*. Oxford: Oxford University Press.
Power, M., and Laughlin, R. (1996). 'Habermas, Law and Accounting', *Accounting, Organisations, and Society*, 21(5): 441–65.
Ryan, B., Scapens, R., and Theobald, M. (1992). *Research Method and Methodology in Accounting*. London: Academic Press.
Sawhill, D., and Williamson, D. (2001). 'Measuring What Matters in Nonprofits', *McKinsey Quarterly*, 2: 98–107.
Whittington, G. (1986). 'Financial Accounting Theory: An Over-view', *The British Accounting Review*, 18(1): 4–41.
Wood, A. (2010). 'New Legal Structures to Address the Social Capital Famine', *Vermont Law Review*, 35: 45.
Young, R. (2006). 'For What It's Worth: Social Value and the Future of Social Entrepreneurship', in A. Nicholls (ed.), *Social Entrepreneurship: New Models of Sustainable Social Change*. Oxford: Oxford University Press, pp. 56–73.

第十章　社会金融中的风险与回报

——“我就是市场”

亚历克斯·尼科尔斯　艾玛·汤金森

引　言

在主流金融中，计算风险是资金配置策略的一个核心问题。[1] 简单地说，计算金融风险的目的就是为了了解实际实现预期财务回报的可能性，而这种可能性也可以说是实现预期财务回报的概率(Brealey and Myers，2010)。有很多原因会造成无法实现预期的财务回报，其中包括潜在的债务违约、物价和通货膨胀风险，或者股市发生意外变化。许多其他市场或操作因素也可能会导致风险。在主流金融中，通常把预期(或所要求的)回报水平与某一特定投资机会的风险计算联系在一起。因此，一项资产的感知风险越大，资本回报率就越高。但还应该注意的是，虽然可能存在一种规范性假设，即这两个变量在投资组合层面呈正线性关系，但在单项投资层面存在很大的差异性。在单项投资层面，较高风险也与低回报甚至负回报的较高概率相关，因为一些高风险投资有可能遭遇完全的失败(Fiegenbaum and Thomas，1988)。在主流金融领域，我们常假设，运行良好的资本市场会把所有可获得的信息反映在资产价格上，而且还包括资产——除了其他变量以外——的总体风险。

然而，即使在信息丰富的市场环境下，准确评估风险也是一个复杂的计算过程，需要专业判断力和可靠的数据。[2] 三个相互关联的问题定义概率、方差、不确定性等有关某项给定资金配置决策的风险参数。投资概率用于表

---

〔1〕 本章作者感谢多名审稿人，尤其是丹·格雷戈里提出了宝贵的审稿意见。

〔2〕 但就如2012年伦敦银行同业拆借利率(LIBOR)丑闻所显示的那样，在缺乏充分透明度的情况下，个人专业判断力在设定风险—回报率方面可能会出现问题。

示实际未来业绩与预期业绩相符的可能性。投资概率可以根据历史数据计算，如果是创业投资，则可以根据以前的等效数据或者相关数据计算。一项投资的方差通常反映类似投资的历史回报相对于市场历史平均总回报的标准差，其中还考虑了投资发生时政府债券通常“无风险”的收益率。投资方差通常运用资本资产定价模型(CAPM)来计算。[1] 根据资本资产定价模型，资产的历史或预测业绩与市场平均值的方差(β)越大，资产的风险或不可预测性就越大。最后，不确定性表示，投资决策不能反映全部的可能信息，因为在计算风险时，有些相关问题或许不可预见或者无法量化(Knight，1921)。但是，这些信息对于资本配置决策来说可能仍具有重要的意义，并且只能采用一种在信息不完全情况下计算概率的贝叶斯方法来进行“管理”。

在主流金融中，风险计算对于潜在交易价值评估、资本配置决策和整体投资分析具有重要的意义。投资者不但要寻求与其潜在投资的预期风险相符的回报，而且还可以用“风险率”对未来回报进行折现，另外还要考虑通货膨胀因素，进而计算未来预期现金流的“净现值”或“时间价值”。财务风险率的这一双重功能——作为预期回报的指南和对未来现金流价值的折现计量指标——使它成了或许是金融领域最重要的单一计算工具(对未来实际现金流进行速度估计)。

然而，2008 年的金融危机表明，市场历史数据并不是计算未来资产风险万无一失的手段(Crouch，2012)。在这个动荡时期，许多重要的风险因素没有被计入资产估值[2]，这很快就变得很明显！与此同时，注重混合价值回报创造——把未来社会价值创造折现计算与预期财务回报组合在一起——的社会金融部门的出现(Emerson，2003)对在狭义财务经济学的背景下发展风险和回报分析的传统提出了挑战。[3] 总的来说，这些趋势表明，有必要在更加整体(也就是在进行资本配置时不但要考虑现有风险计算方法的局限性，而且还要承认社会风险与回报的特殊性)的背景下及时重新安排关于风险和回报的讨论。这种社会风险表明，有必要计算在特定投资环境下实现预期社会回报的可能性。本章旨在分别探讨与预期社会回报相关的风险的特殊性

---

〔1〕 资本资产定价模型仅用来为股权投资定价。债务投资计算往往采用比较简单的历史/部门基准，再加上一个因投资机会而异的风险溢价。

〔2〕 此外，金融市场系统性风险的复杂性，有可能会导致精确计算成为不可能。在这种情况下，关于社会金融风险计算的另一种观点认为，应该把重要数据(尤其是关于社会和环境外部性的数据)纳入风险计算，因为这些数据对于更加广义的稳健的金融市场的未来增长具有重要的意义。

〔3〕 有一些开创性的研究试图在计算投资风险时采用更多变量的数据，但这类研究仍比较少见，且非标准化(O'Loughlin and Thamothemm，2006；Gore and Blood，2011)。

以及计算与预期财务回报有关的风险的方法。采用这种方法的研究在社会融资市场的文献中仍然非常罕见〔1〕,并且就如本章所指出的那样,也可能与所有资本配置决策中的未来价值创造计算有关。〔2〕

本章安排如下:首先,在新兴的社会金融市场背景下考察财务风险和回报问题,并且着重把社会风险作为社会金融资本配置决策研究领域一个独特但缺乏研究的问题;然后区分社会风险与财务或者混合风险,探讨社会风险的具体特点,并且在这个基础上考虑社会风险与社会回报的相关性;接着继续探讨社会风险与回报计量和建模的问题;最后以总结的形式结束本章,并从更好地评估社会风险和回报的角度提出了一些未来开展社会金融研究的机会。

社会金融中的财务风险和回报

在过去的20年里,相继出现了许多不同的新的组织和金融工具,它们反映了一些围绕金融市场资本配置环境和目标进行的重大制度变革(Emerson and Spitzer,2007;Nicholls and Pharoah,2007;Nicholls,2010 a,2010b;Bishop and Green,2010;Brown and Norman,2011;Cabinet Office,2011;Salamon,2013)。社会金融这个新兴市场不同程度地被描述为慈善(特别是"风险慈善")的演化(John,2006)、混合价值创造机制(Emerson,2003)、侧重于社会结果或影响力的投资(在这一领域日益占主导地位的名称是"影响力投资":O'Donohoe et al.,2010;Saltuk et al.,2011;Saltuk,2012),或者根据所有权结构被说成是合作或互助金融(co-operative or mutual finance)。在本书中,主要出于社会目的的资本配置被简单地称为"社会金融"。

在界定社会金融的概念时,特别应该注意的是,把价值创造和价值占有区分开来(Nicholls,2010a,2010b)。在主流金融中,资本所有者在配置自己

〔1〕 采用这种方法研究的另一个例子可能就是霍恩斯比和布卢姆伯格(Hornsby and Blumberg,2013:42),但这里介绍的这项研究表明,社会风险与回报之间存在线性正向关系。本章提出了一组更加复杂的相关关系。

〔2〕 经验证据表明,主流金融研究运用的传统工具高估了社会金融投资的风险,并且低估了社会金融投资的回报。例如,小微金融业的快速发展表明,支持主流金融市场穷人债务风险定价的规范性假设是完全错误的(Sabin,2013),这个行业的实际风险(由违约率定义)远低于预期。同样,社会企业股权市场的出现也表明,投资者会把社会价值作为高于投资预期财务业绩的额外回报计入股价和预期回报(Hartzell,2007)。

的资本时希望从由此创造的价值中获取适当比例的风险调整后的回报。[1]这就是纯粹市场理论的基本逻辑之一，这种逻辑是根据亚当·斯密“看不见的手”的原始概念推断而来，而“看不见的手”则是理性个人追求效用最大化的产物。然而，在社会金融中，资本所有者在价值占有方面的期望通常比较复杂。例如，慈善家很可能会根据受益人而不是他本人能占有的价值来判断是否捐赠；专用社会金融基金可能正在寻求把资本所有者占有的财务价值与另一方占有的社会价值结合在一起；最后，影响力投资者——如购买一家小微金融公司的股权——可能主要是在寻求由他自己占有的“主流”财务回报，同时又在创造别人可以占有的社会价值。因此，社会金融在实践中的一个决定性特征，就是对规范其资本分配逻辑（侧重于资本配置的结果）和投资者理性（侧重于资本配置的目标）之间的关系进行制度创新。[2] 虽然这两个维度通常符合主流金融市场资本配置的规范性逻辑——为资本所有者（目的）创造尽可能多的价值（结果），但在社会金融领域呈现出对主流金融市场投资和传统慈善事业的传统发起挑战的更加复杂的交互关系。

社会金融的发展在一定程度上是由越来越多的无法从主流金融市场获得资金的社会目的组织所驱动。这些社会目的组织之所以无法从主流金融市场获得资金，是因为它们的预期财务回报与其感知风险水平不相匹配（Joy et al.，2011；Shanmugalingam et al.，2011）。与此同时，资本所有者正越来越多地寻求将其资源用于创造社会价值，而且还（但有时甚至不是）用于创造财务回报（Hill，2011）。[3] 这种形式的资本配置正在全球范围内不断增加，并且引起了从业者、政策制定者和学术界的密切关注。例如，目前有人估计，英国社会金融市场可能已经从 2010 年 1.65 亿英镑的规模扩大到了 2016 年的

---

[1] 社会金融中的一个关键问题，是社会价值创造后的归属问题。通常，对于投资者是否应该获得投资创造的社会回报，或者是否应该获得投资回报生成的收入流还没有明确的认识。这可能涉及这些因素和其他因素合并做出的贡献，但现有计量指标无法计算它们的贡献。

[2] 在主流金融中，收入和投资融资有着明显的区别；而在社会金融中，许多赠款就代表着被投资者的收入，而不是投资。不过，这一点在社会金融市场的讨论中常常省略不提。

[3] 社会价值创造最好从组织行动的产出和影响力的角度来理解。组织行动的产出和影响力按照以下 5 个维度（Nicholls and Schwartz，2013）的正效应规范（常是局部化的）评价被认定为“社会”或者“环境”产出和影响力：地域和人口——目标市场或者受益人以及目标市场和受益人所在区位，如在贫困地区进行的投资项目或者为贫困人群进行的投资项目；组织/过程——组织内部如何为关键利益相关者和受益人创造价值，如旨在把受排斥群体纳入劳动力市场的社会企业进行的工作整合；所生产的产品和所提供的服务——如何实现用产出来表示的使命目标，如提供护理服务或低价灌溉泵；组织从事的经济活动的所属行业，如医疗卫生、教育、清洁能源/绿色技术、清洁水（被认定为新兴影响力投资部门的主要活动领域）；财务或者组织结构——决定谁占有所创造的价值，如互助或者合作企业、必须执行股利封顶或者资产锁定的企业法律形式（如英国的社区利益公司）。

10 多亿英镑，年增长率达到了 38%（Brown and Swersky，2012）。[1] 此外，主流金融市场的参与者现在也开始进军社会金融市场，如摩根大通银行、德意志银行[2]和欧洲投资基金对全球影响力投资市场规模的估计显示，社会金融市场的托管资产可能高达 5 000 亿美元（O'Donohoe et al.，2010）。

社会金融市场在经过差不多 10 年时间的发展后表明，从主要注重社会价值创造的组织和项目融资的角度看，主流金融市场当前的资本配置机制及其融资工具和计量指标存在一定的局限性（Nicholls，2013）。我们认为，这是一种主要由于缺乏组织社会和财务业绩数据而造成的市场失灵。[3] 其结果就是，主流金融市场通常无法反映潜在投资在经过全面、精确的风险和回报状况评估后能创造（或者破坏）的总价值，因此最终降低了资本市场计算长期投资总回报和适当的折现率的效率。例如，能源和重工业股票的价格历来无法反映碳排放的环境影响，从这个角度讲，我们必须充分认识投资的环境影响力。[4]

新的社会金融机构对这种市场失灵做出了反应，已经进行了一些纠偏性创新，特别是开发了许多不同的金融工具（包括一些量身定制的创新，如准股权投资或者风险慈善）以及能安排那种反映多种投资者目标和偏好并平衡不同社会和财务价值创造和占有组合交易的混合融资模式。这种混合融资模式的特殊意义在于，它告诉我们社会金融投资者要面对跨度很大的财务风险和回报谱系，从慈善赠款 100%的“亏损”到一些社会风投基金（如桥梁社区风投基金）实现的市场或者高于市场的投资回报（见图 10.1）。[5]

这个财务回报谱系允许社会金融市场除了依靠赠款以外还能进行创新并获得发展。例如，传统的慈善家、捐赠基金会和政府通过利用捐赠基金以及投资者低于市场回报的使命或项目相关型投资为发展社会金融产品和交

---

[1] 但只占美国小企业贷款总额的 1%。

[2] 这是一个“列入资产负债表”的拥有 1 000 万英镑资金的组合基金，也就是说，这个基金靠内部融资来募集资金，因此没有外部投资者。

[3] 此外，投资市场有可能效率低下，因为有关投资市场的分析无法解释相关的外部性；而社会金融市场分析常常侧重于与价值创造相关的外部性。

[4] 这就是世代投资管理基金（Generation Investment Management fund）或者碳跟踪计划（the Carbon Tracker initiative）利用的市场失灵（http://www.carbontracker.org）。

[5] 另一方面，以社会“投资”为特点的资本配置通常至少涉及投资者的资本回报，有时还有额外回报。这就是影响力投资市场和这个市场上的一些新的重要机构（如英国的“大社会资本”）青睐的定义：社会投资就是提供和使用资金来产生社会和财务回报。社会投资者以不同的方式对他们期望通过投资获得的社会和财务回报做出取舍。他们往往会为了产生更大的社会影响力而接受较低的财务回报。社会资本的定义还有“提供资金而不期望任何财务回报”。不管怎样，当我们提到社会投资时，主要是指旨在创造社会影响力的投资，但也希望获得一定的财务回报（BSC，2012）。

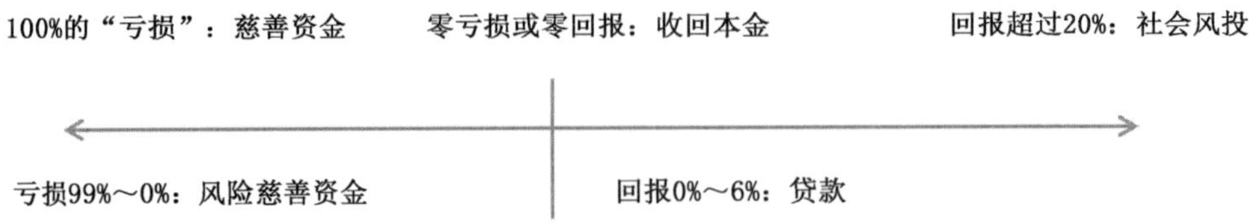

图 10.1 社会金融的财务回报

易提供担保(Patton,2013)。[1] 在不同的情况下,慈善基金常被用来“吸纳”社会金融产品/交易的一些财务风险,从而使其他投资者能进入社会金融市场,并且获得他们期望的风险调整后回报。[2] 有几种不同的模式可用来降低社会金融产品/交易的财务风险,其中包括:承担投资的前期损失;在风险和回报分层或分期安排中占据从属地位;充当先动或奠基型投资者(cornerstone investor);进行配套投资(matching investments);为部分本金提供担保。就以承担前期亏损或者在融资安排或者产品/交易分层安排中占据从属地位为例,赠款或者寻求低于市场回报的资金可以通过降低本金损失或者增加潜在回报来限制其他投资者面临的总体风险;充当先动或奠基型投资者,可以提高某项目全体投资者的总体信心,因为这样就能表明,相关投资项目早已经过可行性评估;[3]配套投资也能稀释其他投资者需承担的风险,并可通过规模经济来提高投资各方的总回报;而提供投资担保则可降低投资者需承担的财务风险。[4]

上述财务风险与回报谱系中有一个值得深入关注的方面,那就是慈善资金(相当于100%的“亏损”风险或投资本金肯定“亏损”)与期望获得某种财务回报的资本配置之间的分界点。在前一种情况下,捐款人的社会回报在捐款的时候就已经实现,因此在超过了这个分界点以后,他们就不再承担任何社会风险。这是因为,一旦捐款交易完成,捐款的慈善基金会通常已经实现了其主要的社会影响力目标——为由第三方负责的某项社会干预措施或某个社会项目提供资助,而实现预期社会回报的可能性则取决于受赠方成功运作

[1] 在赠款100%“亏损”的情况下,如果投资产生了回报,赠款就可回收。在使命或项目相关型投资中,捐赠基金会可能会认为,即使财务风险较大,它们也是在用自己的资金支持使命目标的实现,而不是仅仅在支持主流市场。

[2] 这可以通过把产品或交易分为不同的层次或者部分,每个层次或部分具有不同的风险和回报状况。

[3] 英国政府率先为桥梁社区风投基金出资50%的资金。

[4] 在纽约市里克斯岛监狱发行社会影响力债券时,彭博慈善基金会(Bloomberg Philanthropies)承担了75%以上的财务风险,从而允许高盛公司成为第一家发行社会影响力债券的投资银行。

投资的能力。但在后一种情况(即从投资损失99%的本金到收回本金甚至还实现了财务回报)下,资本所有者——至少在某种程度上——是投资者,而不是慈善家。跨越分界点将从根本上改变投资者对社会风险的看法,并且因此而改变决策行为。有人可能会解释说,只要投资者有机会收回部分本金,那么就承担了部分仍在持续的社会风险。但这并不是说,在这种情况下,财务风险水平与社会风险水平之间存在直接的关联。在其他场合,这种投资本金从损失99%到零损失的情况用“恩惠资本”(grace capital)的概念来表示(Perry,2011)。

如前所述,认识到社会投资者不同财务风险承受力所创造的机会,有助于推动社会金融市场向前发展。然而,这方面的研究仍然主要侧重于对财务风险进行传统的评估,只不过是在以社会为重点的投资背景下进行的。这类研究有时会探讨财务风险与社会风险之间的关系,但通常不会认为社会风险是一组离散变量。[1] 此外,这些研究还会借用传统投资实务中的风险分析逻辑。

主流金融学认为,在一个有完全信息的市场上,风险与回报呈正相关关系(即相关系数为1)。这就意味着,从理论上讲,市场能够预测在整个区间内出现每种可能回报的可能性,并且确定每种投资产品的回报率,以准确反映风险与回报之间的正相关关系。风险的增加与回报的相应增加联系在一起。事实上,通常会假设两者比率相同,但解释不同,也就是说,风险增加1%,就要求回报增加1%(见图10.2)。

在社会金融中,财务风险和回报之间并没有如此明显的正相关关系。迄今为止的社会投资表明,社会金融中的财务风险与财务回报之间的关系比较复杂。在某些情况下,如桥梁风投基金,在不用承担风投类风险的情况下,财务回报能赶上甚至超过市场财务回报。而在社会企业投资中,财务风险与财务回报之间最初似乎存在一种线性正向关系,然后无论财务风险是否增加,财务回报都稳定在10%~15%(见图10.3)。这种情况可以解释为:许多社会企业的商业模式存在结构性问题,因此很少能够实现利润最大化;此外,这个部门普遍不愿以高财务回报来奖励外部投资。在较高的财务风险水平上——如埃斯梅·费尔伯恩基金会对“风投者”的投资——实际上预计会遭遇一些本金损失(即财务风险与回报负相关)。这些风险和回报相关性的混

[1] 在存在社会风险和财务风险信息的情况下,仍有某些特殊投资者行为和偏好的元素。

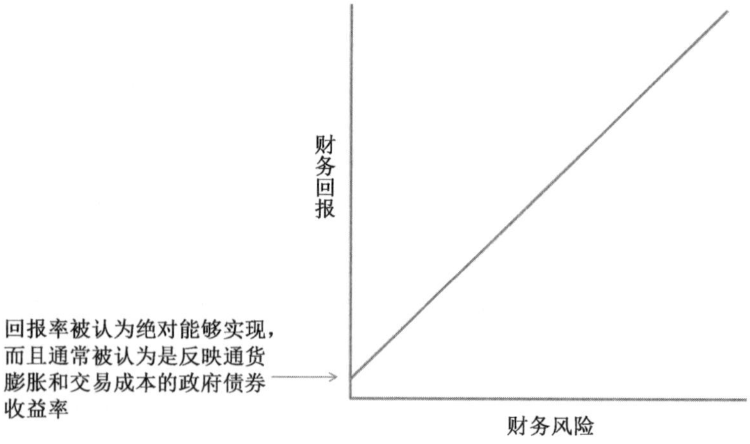

图 10.2 传统金融中的投资组合风险和回报

合模式表明，有一个遗漏变量没有得到考虑。我们认为，这个遗漏变量就是社会风险。

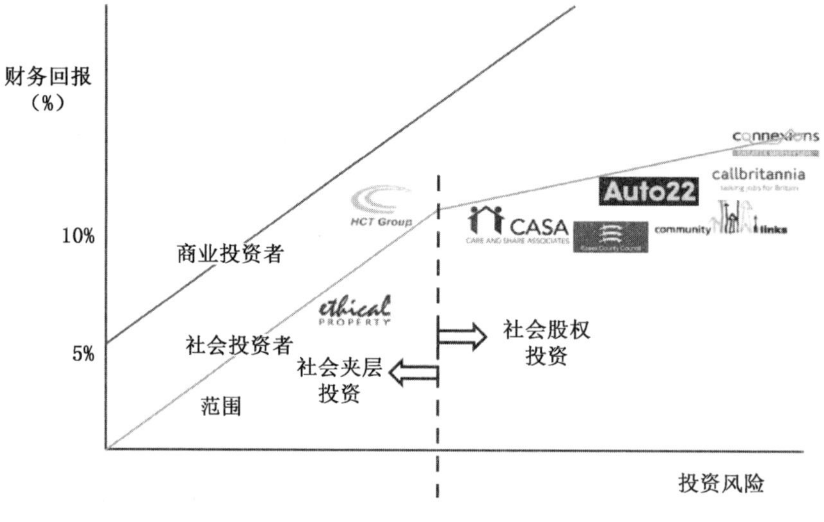

资料来源：罗斯(Ross,2013)。

图 10.3 社会企业投资的财务风险与回报

目前只有一小部分的研究承认社会风险是社会金融中的一个独特变量。艾默生(Emerson,2012)认为，在个人社会投资层面，必须沿着财务风险和回报以及(社会)影响力三条轴线或者根据这三个维度来做出判断，才能确定社会金融资本是否得到了有效配置。这三个维度或者三条轴线的焦点就是财务风险与财务回报达到均衡而社会影响力达到最大的“效率边界”。然而，这个模型把社会影响力看作是一个单维变量——根据先前社会风险和回报计算的组合产物，而没有把社会风险本身的全部复杂性作为预期社会影响力计算的关键分量来加以探讨。[1]

与艾默生的社会金融三轴观相比，莱恩等(Laing et al.，2012)在遵循混合价值逻辑的社会金融组合回报框架内把社会风险确定为一个独特的变量(即社会投资的最终价值创造同时反映其社会和财务结果)。但是，他们把社会风险界定为机构投资可能疏远关键利益相关者并/或损害组织价值的风险，而且还指出，这样的风险与预期回报增加没有关系。[2]

霍恩斯比(Hornsby)和布卢姆伯格(Blumburg)运用“无差异曲线”探讨了“影响力生成”与“影响力风险”之间的关系，构建了一个更加成熟的社会风险模型。他俩采用了定义略比我们在这里使用的“社会回报”和“社会风险”宽泛的“影响力生成”和“影响力风险”，因为他俩使用的“影响力生成”和“影响力风险”包括环境和文化影响力。他俩在报告中指出了六类影响力风险，并且把它们定义为“评价组织是否能生成在其影响力计划中详细阐述的拟产生影响力的指标”。他俩在模型中采用考察影响力计划是否具备以下6个关键品质的方式来评估影响力风险：

(1)明确：影响力计划的全部细节都很明确？

(2)合理：影响力计划是否提出了令人信服和合理的变革观点？

(3)不可分割：是否对组织的业务和运作产生不可分割的影响？

(4)可行：影响力计划是否可行？

(5)证据：是否有证据支持影响力生成的影响力计划观？

(6)可验证：是否能够通过执行影响力计划来验证影响力计划？

这两位作者接着表示，“影响力风险和财务风险仍然是独立的参数，两者之间存在潜在的此消彼长关系”(Hornsby and Blumberg，2013：43)。

巴比和加恩(Barby and Gan，2014)确定了资本风险、退出风险、无法量化风险、交易成本风险和影响力风险这五种影响力投资风险。关于影响力风

---

[1] 同样，帕蒂克和拉德洛(Puttick and Ludlow，2012)把影响力风险作为计算社会影响力可用的证据标准/数据收集方法与财务风险进行了区分，但没有深入探讨社会风险自身的构成分量。

[2] 莱恩等的报告在脚注中承认这个社会风险定义具有一定的局限性：

> 正如波动性不能涵盖投资风险的各个方面一样，这里定义的社会风险也不能反映各种类型的社会风险。例如，在进行社会投资时，存在投资可能无法产生预期的社会结果的风险(如可能会减少，而不是增加就业机会)。但是，这种社会风险和其他社会风险可以在一个综合回报框架内得到反映。如果没有取得预期的社会结果，那么，事后综合回报就会低于预期综合回报。

在这一章里，社会风险的概念要比莱恩等的财务风险或者财务风险一个分量的定义来得宽泛。

险，这两名作者指出：

> 与财务分析一样，了解投资的影响力风险与了解其潜在的影响力回报同样重要。影响力风险有可能以不同的形式出现。例如，可能没有证据表明干预会导致预期的结果。即使干预成功，投资仍可能造成位移，导致净收益减少或无净收益。或者，投资可能导致其目标受益人发生正面变化，而导致其他利益相关者发生负面变化，从而减少或削弱投资影响力。就此而言，影响力风险与声誉风险直接相关。
>
> 对于提供优惠资金的资产所有者来说，由于要在影响力投资产品和其他创造社会成果的工具（如基金会的赠款或者政府配置的纳税人资金）之间做出选择，因此要面临更大的影响力风险：所选中的影响力投资产品需要证明，与能产生同样影响力的替代性投资产品相比，投资者放弃的财务回报产生了同等或者更大的影响力。

然后，巴比和加恩在他们的报告中提出了减少影响力投资风险的 7 种方法，其中 3 种与社会风险直接相关，它们分别是技术援助、跟踪记录和影响力证明。关于影响力证明，这两名作者表示：

> 影响力得到证明的产品与其利益相关者一起确定影响力战略，并且采用可靠的方法协同发挥作用，对照所设定的期望集跟踪进展情况。当产品的干预方法得到很好的理解，并有随机对照试验（或其他科学研究）的支持时，影响力证据就非常有力，因为随机对照试验能够证明投资产出与资产所有者目标社会结果之间的因果关系。

不过，巴比和加恩在他们的报告中也承认，在现实中，这种严谨的证明方法也可能因成本太高而不实用，而且未必任何干预措施都有现成的科学方法可用于验证。

根据这项开创性的研究，我们认为，对社会风险与回报的考察，必然是脱离财务风险与回报建模的社会金融有效配置资金的一个必要条件。对社会金融风险谱系中不同财务风险和回报容忍度的多样性（见图 10.1）表明，必须更加深入地了解促成这些偏好的原因以及把财务和社会结果/影响力预期联系在一起的方式。如上所述，这种投资者偏好似乎超越了传统的市场逻辑，包括价值创造和价值占有计算的复杂组合。事实上，正如艾默生（2012）引用一位社会投资者的话指出的那样：

> 我用来评价回报的标准不是市场可能认为适当的财务回报，而是与可评价的社会和环境价值创造整合在一起的财务业绩的某个确定水平。我就是市场，我会决定应该寻求怎样的适当回报水平。[1]

社会投资者往往愿意接受低于主流市场预期风险调整后回报的可比财务回报。假设这种行为并非完全不理性，那么，社会投资者的这种意愿表明，社会金融投资者期望从社会回报中获得补偿价值（Hill，2011）。[2] 这些可变的投资者偏好有两个要素。首先，在价值创造和价值占有之间存在着一些复杂的关系。其次，就是社会金融中的风险和回报计算把财务风险和回报评估与社会风险和回报评估结合在一起。有人认为，在全球金融危机爆发以后，有些问题需要注意，计算财务风险与回报的方法已经成熟，且已得到了广泛的证明，并且在全球市场上已经完全制度化。因此，本章的其余部分将着重探讨社会金融中社会风险和回报这两个不太为人理解的概念。我们将着重把社会风险和回报作为这个刚起步领域有效配置资本决策中的一个重要但仍未充分概念化的问题。此外，我们还要在这里指出，更好的社会风险和回报数据将使社会金融投资者不仅能够根据预期社会结果做出更好的比较选择，而且还能评估实现预期业绩的可能性。这种数据也可以用来支持对未来社会结果——潜在投资的业绩——做出更加准确的预测。加强这两方面的工作都能显著提高社会金融市场的配置效率，鉴于需求侧的社会需要与供给侧的社会金融资本之间并没有达成平衡，这一点具有重要的意义。

综上所述，认识到社会投资者不同水平的财务风险承受能力所创造的机会，有助于推动社会金融市场向前发展。但到目前为止，这方面的研究主要集中在以社会为重点的投资背景下的常规财务风险评估上，而没有把社会风险作为资本配置决策中的一个离散变量，因此必然会导致以创造社会影响力为主要目标的资本配置效率低下。下一节旨在通过考察社会风险的性质和范围来解决这一问题。

---

〔1〕 关于这个问题更加广义的解释是社会金融市场的投资者只不过是让全部的资本配置决策的内在主观性变得更加透明，从而进一步驳斥了标准的经济人模型。

〔2〕 与混合价值假设不同，我们通常认为，社会价值创造与财务价值创造之间的关系可能是一种帕累托最优，即任何一个当事人福利的减少都意味着其他当事人福利的增加。但历史数据显示，这种观点只有在某些情况下是正确的，而且在社会金融中并非如此。

社会金融中的社会风险

这一节分三个部分。第一部分把社会风险的显著特点作为一组与财务风险特点完全不同的业绩变量来阐述，并且强调个人投资者偏好的重要性。第二部分探讨社会风险与社会回报在一些不同的模型和情景中的关系。第三部分考察一些量化和报告社会风险率的计量方法。

社会风险的显著特点

简单地说，社会风险指目标是取得一组预期社会结果和影响力(社会回报)的项目/组织通过审慎行动取得这些社会结果和影响力的可能性。我们在这里不考虑其他目标的社会正外部性。因此，在社会金融中，社会风险是指某项给定的资本配置不论财务回报如何能够产生预期社会结果的可能性。财务风险和社会风险的完全分离在概念上十分重要，因为如果不这样做，社会风险就会与财务风险混为一谈，或者干脆就完全消失在一个不太精确的术语中，如总体社会影响或混合影响。我们认为，在大多数社会金融投资中，社会风险和回报之间的关系不同于财务风险与回报之间的关系，不太可能是线性关系。

例如，一个基金会可以选择投资于社会风险低、有充分证据证明其可行性、每单位投资都能取得可预测社会结果但不会改变社会问题根本原因的福利项目，也可以致力于解决福利问题背后更为复杂和系统的问题——可能是社会风险很大、结果非常不确定但可能产生变革影响的问题。[1] 在一个更复杂的例子中，如果社会投资者希望解决疟疾造成的社会危害问题，他们有多种不同的选项。他们可以选择社会风险明显很低的选项，例如，在那些蚊帐使用与疟疾感染率下降之间有预期相关性，但没有机会根除疟疾的地方投资购买蚊帐并分发；或者可以投资于旨在发现治疗疟疾的方法、通常成本和风险都很高的研究项目，也就是说，某个特定研究项目投资导致治愈疟疾的可能性很小，但潜在的社会结果影响巨大。但有数据显示，在这种情况下，第一个选项的感知社会风险可能计算有误，因为有现场证据表明，使用蚊帐的

---

[1] 但这并不是说，证据不足的干预措施与较大的预期社会回报正相关。

效果并不总与预期相符——实际上，有时蚊帐被挪作他用，如用作渔网。因此，精确计算社会风险，需要事先仔细考虑，最好是有证据的数据。历史上，许多社会金融投资者曾尝试过组合投资法——试图把低社会风险项目与高社会风险项目组合在一起——来实现他们的特定社会目标。然而，这种组合投资策略——鉴于现有数据——难免信息不充分，充其量也是有点碰运气的味道。

虽然后来有人认为，与财务风险相比，社会风险在很大程度上是由其独特的一组变量造成的，但我们仍可根据上文提到的主流金融三大风险类型来描述社会风险。

社会投资的概率风险就是实现其社会影响力的可能性。社会投资的概率风险由两个因素决定：一是历史数据证据基础的可靠性和广泛性；二是有可能共享相似结果的不同人群。[1]

图 10.4 显示了一个有项目业绩历史数据的完美世界：这个世界的项目业绩历史数据被假定按单一线性比例呈正态分布。项目的社会回报超过一定数额（在这里用“k”来表示）的可能性是根据以前社会回报也超过这个水平的类似项目的比例（在本例中是 73%）计算的。

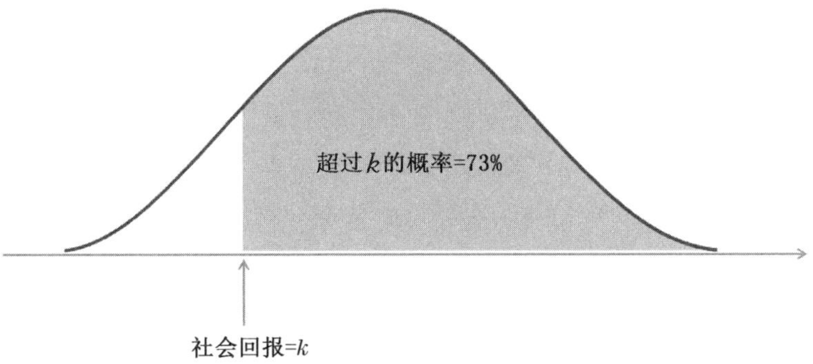

图 10.4　概率风险

然而，由于缺乏组织自身的历史数据或其他组织和项目的等效/相关数据，社会目的组织难以预测其项目的影响力，投资者也难以核实所预测的影响力。因此，随着达成交易的增加，质量提高、数量增多的社会影响力数据可供使用，概率计算就能不断提高其准确性（见图 10.5）。

[1] 缺少在组织、交易、基金或市场层面完成的严谨的社会风险分析，是另一个潜在的风险因素。

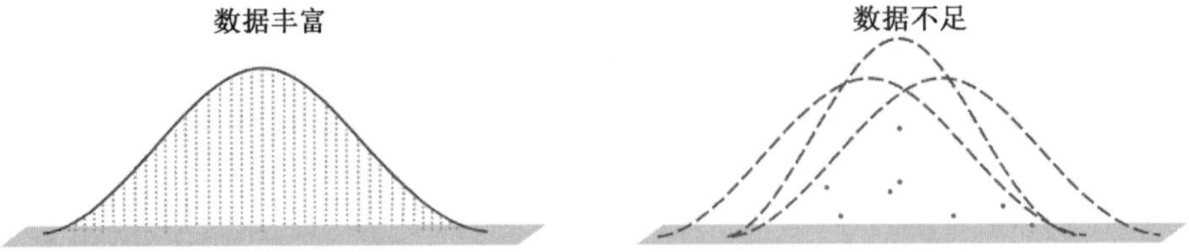

图 10.5　数据可获得性与风险

社会投资的方差风险反映投资预期社会回报的标准差或者历史数据中类似投资社会回报的标准差(见图 10.6)。图 10.6 展示了两种平均或者预期结果相同的情景。形状扁平的钟形曲线表示一种结果区间较大的投资,而窄钟形曲线则表示一种结果区间较小的投资。因此,宽钟形曲线显示的投资方差大于窄钟形曲线。结果方差大的投资,投资风险可能性也大。方差计算可以参照涉及类似组织、服务提供方式、服务用户、计量技术和财务结构的现有或既往社会项目的业绩结果区间:历史业绩与平均数的方差越大,日后类似项目的风险可能就越大。如果我们能够计算出社会回报的方差,那么,社会回报预计结果的方差越大,就意味着实际回报与预计回报相异的风险就越大;而社会回报预计结果的方差越小,那么,实际回报与预期回报相近的概率就越高。社会回报的方差风险由财务结构风险、声誉风险和组织风险三个因素构成。如果缺乏相关的历史业绩数据,那么,跟踪记录组织及其管理团队的业绩可以作为数据驱动型方差风险计算的替代数据。

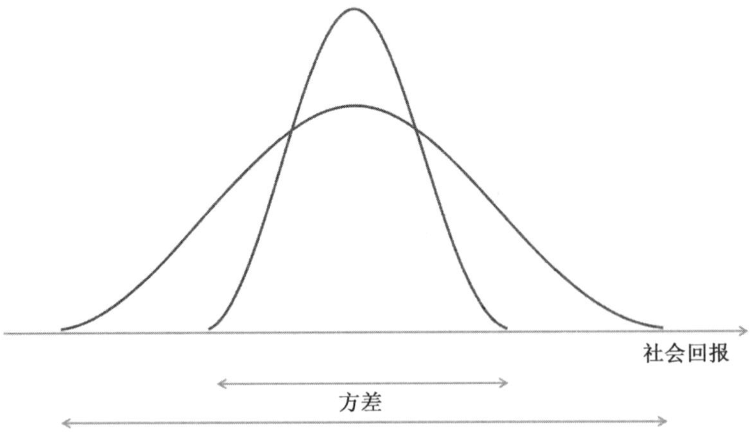

图 10.6　方差风险

社会金融投资不确定性风险的存在说明，我们无法充分了解或者计算出所有的风险因素，而且总会有意想不到或者不可预测的外生因素对社会结果和影响产生影响。社会结果或者影响的不确定性风险与情境风险（contextual risk）和反应性风险（responsiveness risk）有关。例如，与主流金融投资一样，社会投资项目的结果对经济、政治、立法、环境和社会情境中不可预见的变化都很敏感。[1] 不确定性风险也可以是内生的，因为没有预见到的组织或管理层变化和压力也会影响总体业绩。图 10.7 表明，新法的意外颁布会显著改变投资项目的预期结果。在这个例子中，新法的颁布改善了投资结果，但法律变更可能会从正反两个方面影响对投资项目成果的评估。例如，如果用罪犯的拘留天数来评估累犯率，那么增加刑期的法律会使评估结果变得很糟。反应性风险与组织及其管理层对业绩信息做出有效调整和反应的能力（“战略灵活性”）有关，而组织的战略灵活性受到的约束包括项目设计刚性、抵制变革的文化以及与筹资有关的约束。

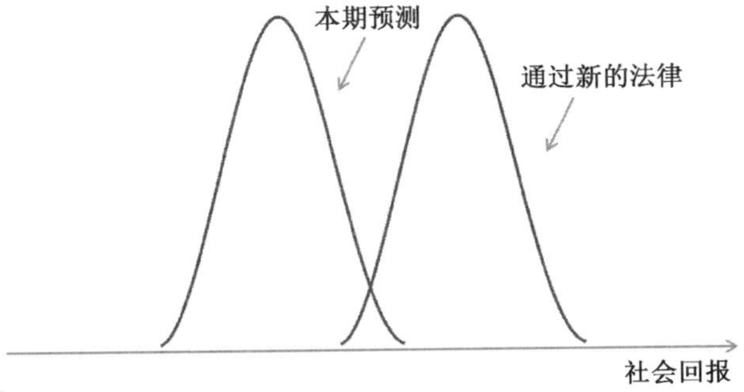

图 10.7 不确定性风险

表 10.1 根据与每类风险相关的主要变量列出了社会金融投资社会风险的主要维度。

表 10.1 社会金融投资中的社会风险

风险类型	定义	计算方法	驱动因素	变量
概率风险	生成社会影响力的可能性	根据以往已生成影响力的类似项目所占的比例来计算	交易越多，数据质量就越高，计算结果也就越精确	循证风险：有无相关历史数据；人群风险：关注低和高风险人群

[1] 当然，具体的“PESTLE ”（political，economic，social，technological，environment and legal 的首字母缩写）变量及其对社会影响力的影响可能不同于那些影响财务回报的变量。

续表

风险类型	定义	计算方法	驱动因素	变量
方差风险	项目预计影响的标准差	根据既往类似项目预期影响力标准差的分布来计算	标准差越大，风险就越大	财务结构风险：高和低财务结构风险；声誉风险：高和低声誉风险；组织风险：管理层经验丰富—不足，组织所处的生命周期阶段，组织规模
不确定风险	未知风险因素	外生因素：PESTLE变动；内生因素：管理层变更和组织变革	历史、政治和情境变动性	情境风险：PESTLE变动高—低；反应性风险：策略性应对变化的能力大—小

计算社会风险的另一个重要因素是关键利益相关者的态度。这一点在投资者偏好对其感知社会金融资本配置的社会风险发挥的重要作用中表现得最为明显。对于个人投资者来说，社会风险和回报的计算通常非常特殊。例如，所谓的影响力投资者在评估社会风险（即社会结果/影响力风险）方面明显不同于慈善家——前者定期投资于被投资者的能力建设，并且承担他们的行政成本，以降低其投资的社会风险（即提高实现自身社会影响力和结果目标的可能性）。因此，社会风险评估在一定程度上也受到投资者态度和预期的影响。在这方面，社会风险与本书其他章节在社会金融估值和定价背景下讨论的私人资金成本模型有一些共同之处（Nicholls and Patton，2013）——在许多社会金融投资决策背后似乎有独特的资本社会成本计算方法。[1] 下一节将更加详细地探讨一些社会金融领域社会风险和回报之间的复杂关系，并且对它们进行建模。

社会风险与社会回报的相关关系

如上所述，主流金融的假设是风险与回报呈线性正相关关系。霍恩斯比和布卢姆伯格（2013）认为，社会风险与社会回报之间有着类似的关系。但

〔1〕 社会风险计算可能还会涉及另一个要素，那就是受益人对实现社会回报或影响力可能性的感知。这方面的社会风险可能与不同受益人的社会回报预期相关。除此之外，其他利益相关者（政府、服务提供者、其他有关第三方）对社会风险的感知可能也很重要。把这些不同方面关于社会风险的看法合并在一起，除了可用于计算概率、方差和不确定性风险外，还可以用来计算聚合或者复合社会风险。受益人关于社会风险的看法由于以下两个原因而变得重要：首先，从伦理的角度看，应该把他们对社会业绩的评估和他们自己生活中发生变化的可能性考虑进去；其次，从工具观的角度看，受益人对社会风险与回报的评估可能是最准确和相关的。

是，几乎没有数据支持这一假设；而且在被解构后，这个假设也没有任何逻辑表明它无论如何总应成立。关于社会风险，投资者可以考虑许多因素，并选择其中的一些因素来证明社会风险和回报间关系的可变性。在某些情况下，如果风险因素随着潜在社会回报的增加而增加，那么，这种关系就是正向关系；而在其他情况下，如果社会回报随着风险因素的减少而增加，那么，两者之间的关系是负向关系。最后，在有些情况下，社会风险的增加与潜在社会回报之间似乎没有任何关系。下面对社会风险和回报之间的这些关系按照本章所使用的三类风险逐一加以考察。

概率风险

习惯上，常用过去类似投资预计回报的相对出现频率来评估现在某项投资的预计回报。评估社会金融投资的社会风险概率需要增加考虑两个因素：一是历史数据的证据基础有限；二是不同人群共享相似的结果。

要想降低社会回报的概率风险，可以寻找有证据支撑的项目。根据可取得结果的证据，那些在实现预计回报方面有良好记录的项目社会风险较小。例如，为了满足不同的需要，多系统疗法随着时间的推移已经在数百个地方实施。这种疗法不但得到了独立的评价，而且不同项目的评价数据已经公开并且可免费使用。经常用这种方法评价和取得的社会结果本身就是一种颇有吸引力的社会回报，投资者可以利用这种回报来预测未来项目取得成功的可能性。相比之下，许多社会项目只得到了有限的评价，有关它们影响力的信息也为数有限，但这并不意味着它们的潜在社会回报小于影响力得到充分证明的项目（Puttick and Ludlow，2012），但却的确意味着，不仅很难预测它们的社会回报，而且也很难预测实现社会回报的可能性。事实上，霍恩斯比和布卢姆伯格（2013）认为，对于尚未建立证据基础的项目来说，可能会产生更大的潜在社会回报。应当指出，有充分证据证明的项目并没有在社会需要的各个领域平均分布，因此依赖证据——或者容易或低成本地证明的项目结果——可能会导致对某些旨在解决社会问题的投资产生偏倚（Patton，2013；Puttick and Ludlow，2012）。

与人群风险相关的社会风险也与社会回报无相关性。高社会回报可以通过项目同时对高风险人群和低风险人群产生影响来实现。在人群更有可能趋近于不断恶化的结果，但又不能对防止这种趋近趋势的干预措施做出反应的情况下，他们通常被认为是高风险人群。但如图 10.8 所示，潜在的社会风险越大，面临这种社会风险的人群越小，那么，潜在的社会回报就越大。

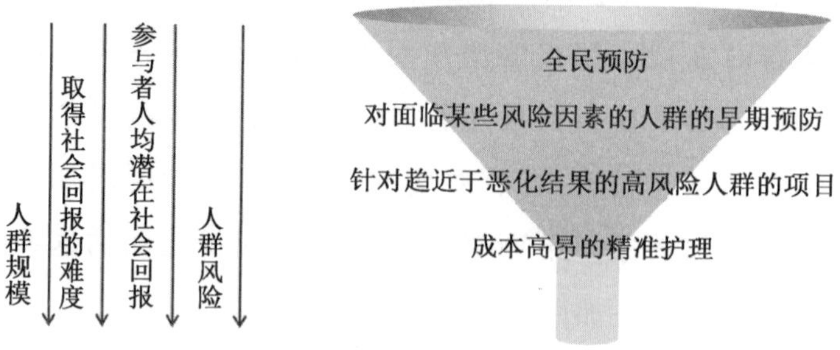

图 10.8　人群风险

针对低风险、大人群的项目由于能使很多人的生活发生渐进式变化而能实现大规模的社会回报，从而也会导致为那些在没有采取干预措施的情况下生活已经发生变化的人或者那些从一开始就不属于目标风险群体的人花费大量的资金。午后在电视上播放针对青少年的反酗酒系列广告，就是符合以上描述的项目的一个例子。许多看到这些广告的人不是青少年，而大多数看广告的青少年如果没有看到这种广告，就不会有酗酒问题。还有一部分青少年可能会出现饮酒问题，但他们不会去看这种广告。

此外，由于少数人的生活发生了巨大变化，因此，一小部分的高风险人群有可能获得高水平的社会回报。然而，做高风险人群的工作，就会提高人均成本，因此，在没有干预的情况下改善自身结果的人占比越小，每个人发生变化的可能性就越大。

有些社会项目可能会因为产生只针对低风险人群的激励而受到批评。社会金融可以通过设计合理的支付机制来鼓励服务提供者与高风险人群打交道，从而提高对人数很少、风险最高的群体实施强化项目的效率。例如，在以下有关刑事司法的图（见图 10.9）中，6％的罪犯对一种旨在减少刑事犯罪的付费制度产生的结果做出了 30％的贡献。通过做风险最高人群的工作，可以最有效地执行根据犯罪案子减少情况付费的制度；而通过做风险较低人群的工作，则可以最有效地执行根据犯罪人数减少情况付费的制度。

项目工作人员的人群风险同样与社会回报没有相关关系。有些项目通过雇用高风险的既往参与者来增加其社会回报，而另一些项目只雇用风险最低的工作人员，因此提高风险最高的项目参与者增加社会回报的可能性。

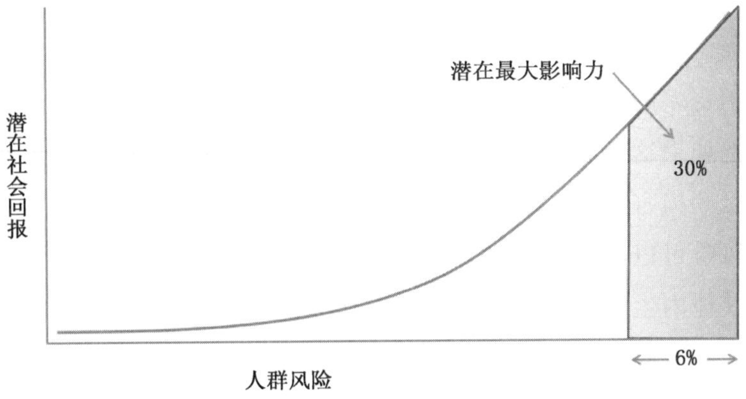

图 10.9　人群风险/社会结果

方差风险

这里的社会方差风险反映了标准差围绕既往或预计社会影响力平均水平的分布。财务结构风险是一个与社会回报相关的社会风险因子。例如，如果服务提供者为构建自身的服务提供能力而承担更多的财务风险，那么就会有更多的动机来创造更多的社会回报。组织表现出接受更多财务风险的意愿，也表明它创造一定社会回报的信心。例如，在澳大利亚新南威尔士州，慈善社(Benevolent Society)正在投资社会影响力债券，并且为发行社会影响力债券提供服务。由于慈善社负责预测投资者能够从中获益的结果目标，因此，它也参与投资让其他投资者更加相信它的预测(Tomkinson，2012a)。新南威尔士州慈善社的做法类似于美国马萨诸塞州的一种做法。在马萨诸塞州，服务提供组织洛卡(Roca)认购了15%的拟发行社会影响力债券(因此也承担了财务风险)，并且还帮助提供发行债券的服务。在这两个案例中，投资者和服务提供者都认为承担更多的财务风险与提高创造社会回报的可能性之间存在相关关系。

随着媒体和社会对社会投资越来越关注，社会投资交易各方的声誉风险也变得越来越大；而面临的声誉风险越大，创造社会回报的动机也就越大。对于服务提供者来说，在社会金融机制中，参与跟结果挂钩的合同项目，就必须对结果进行前所未有的评估和报告。因此，他们面临着有可能被“证明”工作效率低的风险，这可能部分是因为高估了他们在为新的客户群体实施一个用新方法评估的新项目所能达到的结果。参与社会投资的政府可能要对一个被认为失败的项目的任何方面负责，包括项目评估、管理、投资和观察社会反应等方面。政府通过征求社会投资建议的方式来接近市场，要比赞同第三方建议承担更多的声誉风险，因为前一种方式要求政府对项目的结果承担更大的责任。如果这个项目未能向其用户提供服务，或者社会目的组织因参与该项目而受到损害，那么，投资者就要面临声誉风险。

组织风险可以有多种形式，但主要集中在领导团队、组织所处的生命周期阶段和其他内生变量上。这种风险与社会回报无关，而有关的问题包括管理团队过去是否成功地创造过社会回报，是否能够明确显示他们有能力理解和应对为实现预期社会成果要面对的挑战。就组织所处的生命周期阶段而言，初创企业通常被认为要比成熟组织面临更大的风险。此外，规模大的组织与规模小的组织相比，面对的风险较小，特别是在社会投资基金只是社会价值创造活动更广泛和多样化组合的一个组成部分的情况下。但在新兴市场上，支持新组织或者小组织的社会回报可能很大。

不确定性风险

不确定性社会风险包括外生因素（情境因素/行业因素）和内生因素（反应/组织因素）。情境性社会风险与社会回报负相关。正如上文已经指出的那样，情境风险对应于通常被概括在首字母缩写为"PESTLE"[1]的多个变量中。创造社会回报的情境发生变化的风险越大，所能创造的社会回报就越小。如果某一项目的实施情境发生了变化，那么，项目参与者就可能缺乏持续改进的动力和能力，因为在既往情境下吸取的经验教训可能不再适用当下。

反应性风险也与社会回报负相关。这种形式的风险表示业绩管理者无法收集到业绩数据或者面对数据缺失无力做出有效的反应。无力对信息短缺做出有效的反应，就会削弱创造社会回报的能力。例如，如果为某个项目收集的信息表明干预措施的哪些组成部分与正面结果有关，那么，这种信息就能优化这些组成部分的供给，从而增加社会回报。[2] 同样，如果有些合同或工作人员的结果不太理想，那么，最好在影响变得有害之前采取行动修改或终止合同。

---

〔1〕 表示政治、经济、社会、法律和环境因素。

〔2〕 在没有相关数据的情况下，或许也能改善业绩，如可采取填补空缺职位或者雇用能力更强的工作人员等运营层面的措施，但并不那么容易。

综上所述，与主流金融中财务风险和回报总是呈线性正向关系的情况不同，社会回报与社会风险不同因子之间的关系并不总是呈线性正相关关系，而是表现出由不同变量驱动的更为复杂的关系集合。表 10.2 列示了本节介绍的三大类风险中社会风险和社会回报之间的不同关系。

表 10.2　社会风险与社会回报之间的不同相关关系

风险因子	正向关系	负向关系	无相关性
概率风险			循证风险 人群风险 组织风险
方差风险	财务结构风险 声誉风险		
不确定性风险		情境风险 反应风险	

社会风险和回报的计量和建模

社会金融在模仿传统资本市场的发展模式以后，很可能要依靠构建可靠的大型业绩数据集和可用来分析社会金融产品的相关模型来扩大市场。构建数据集和相关模型的一个重要组成部分，就是收集数据并对这个市场特有的风险和回报变量进行量化分析。原则上，社会金融领域的投资者可以运用传统财务风险的量化方法和模型来计算其配置资金的财务风险（但当然要注意上文提到的注意事项）。事实上，这一直是影响力投资的一个规范性特征。但由于缺乏关于社会金融投资财务业绩的可信、连贯的历史数据，在社会金融领域推行这种建模方法依然困难重重。社会风险计算也同样由于缺乏数据而饱受困扰，但收集和分析这些数据的方法和模型也有待标准化（Weisbrod，2004，2011；Foster and Bradach，2005；Nicholls，2009）。因此，在为社会金融计算可靠的（社会）风险率方面，必须先解决三个相关的问题：制定适当的计量标准；逐步实现跨计量体系的标准化；建立公开和透明、量大、统一的数据库。但在任何情况下，首要的任务是在计算风险率之前先考虑社会回报。

整个社会部门已经采用很多社会回报计量指标（Ebrahim and Rangan，2010；Mulgan，2010）。其中的许多指标沿用了公共福利经济学中既有的逻辑。输入数据包括通常是为了进行成本效益分析以及按照所谓的“社会会计”以访谈和案例研究的方式对个人或者群体结果进行定性描述而被货币化的社会回报量化计算数据。收集数据的方法各有不同，从简单的问卷调查或参与者访谈到像投资社会回报率这样更加复杂的模型（Nicholls，2004）。投资社会回报率模型运用许多参与原则来支持一个利益相关者驱动型模型：首先是为了确定相关的社会结果，其次是为了制定衡量变化的标准；再次是为了使用财务代理变量来对社会回报货币化；最后是为了通过比较回报和投入品成本来计算社会回报率。如果说投资社会回报率计算是预测性的，那么，投资社会回报率模型也应该对社会回报进行折现，这样就能与传统的净现值法保持一致。有一些还在试行的方法更加复杂，它们使用一些偏好显示或者表达模型对目标人群获得的具体社会结果的价值进行货币化。在某些情况下，随机对照试验也可被用来计算特定干预措施产生的社会回报。

在量化社会风险方面，有效的计量指标应该包括评估项目失败总风险——包含与证据基础和人群有关的风险，与包括管理、财务贡献和各相关方声誉在内的组织有关的风险。如上所述，还可以确定社会业绩风险计量指标来反映与不断变化的环境以及相关项目应对环境变化的能力有关的不确定性程度。除了了解这些风险从一开始就如何影响社会回报实现可能性之外，投资者还将受益于对社会风险的纵向分析，而不仅仅是对现状进行预测。

部分是由于社会金融领域竞争性社会回报业绩指标越来越多，因此，整个市场仍然缺乏达成一致的标准，而这种缺乏标准化的实践严重阻碍了投资者比较社会投资机会的能力。关于社会结果的信息通常在不同的组织和国家以不同和不一致的方式进行报告。政府围绕社会结果进行的监管可以鼓励和规范更大范围内的业绩计量、数据共享和社会价值计算。然而，成功的规范或者标准化的最好实现方式可能就是不断开发不同的方法，然后通过社会回报计量人员的采用来促使最佳实践的出现（Ruff，2012）。一个重视社会回报证据的环境有助于提高社会回报计量标准的质量。例如，英国政府 2012 年通过的《公共服务（社会价值）法》鼓励政府官员在委托第三方提供服务时考虑社会价值。随着更多的社会目的组织开发展示它们创造社会价值的手段，更多的政府官员提高了他们解释社会价值信息的能力，于是就能以有意义的方式开展关于社会价值计量标准的对话。对话的一个主题就是制定按部门或组织类型划分的业绩基准。在影响力投资领域，“影响力报告与投资标准”研究和全球影响力投资评级系统制定的相关标准正试图在组织和投资组合层面提供标准化的业绩数据和基准(Freireich and Fulton,2009;O'Donohoe et al.,2010)。另一种可能是,标准化采用框架而不是方法的形式来推行——如“大社会资本”设计的结果矩阵[1]按照不同的社会福利部门(“住房和地方设施”“就业、培训和教育”等)和分析层次(“个人”“社区、部门和社会”)来确定社会影响力计量框架,但没有规定具体的计量指标。同样,有关利益相关者参与和重要性的投资社会回报率模型的基本构建原则可以为许多不同的计量方法提供一个(可审核或者可确定的)共同框架。

最后,有两个机会可用来建立有用的社会结果数据库。首先,可以专门访问现有的数据库来获得有用的信息;其次,为满足投资者和其他行为主体对社会结果信息的需求,需要创建新的数据库。无论是利用这两个机会中的哪个机会创建的社会结果数据库,这些数据最好是公开、透明,并且可免费使用。这样就能鼓励尽可能多的数据分析师进入市场,并建立相关数据子集来满足特定投资者的需求。

关于现有的数据集,美国政府正在寻求建立社会投资市场,使其目前收集的关于社会目的组织的数据能够供更多的人使用。有人建议,如果这些数据成为开放资源,那么就能创建一个全新的部门,就像里根政府决定免费提供政府气象数据创立了天气预报行业那样(Patton,2013)。澳大利亚政府也已经开始逐步公开慈善机构和其他非营利组织的数据的进程(Tomkinson,2012b)。英国政府在2012年提出了“开放数据战略”(Open Data Strategy),旨在向公众公布具体的行政数据与政府项目的社会结果数据。这种公开数据的举措也可能纠正社会项目的公布偏倚。资助或实施社会项目的组织不愿公布没有达到预期结果的项目的信息,是可以理解的,但这些信息对于市场能够根据风险进行调整至关重要。

建立稳定的社会回报数据生态系统,是量化社会风险的第一步。然而,就连这一点做起来也是困难重重。以一种投资者可理解的稳健方式计量和报告社会结果,需要很多小组织所没有的专门知识和资源。但是,随着需要社会结果证据的政府和投资者资金池数量的增加和规模的扩大,越来越多的组织正在发展寻找和报告证据的技能。全球社会影响力债券市场的快速发展也将产生积极的影响。发行社会影响力债券,需要收集直接把项目受益人

---

[1] 请浏览 http://www.bigsocietycapital.com/outcomes-matrix。

的社会结果和投资人的财务结果联系在一起的数据。我们可以合理地预期，社会影响力债券将为可在其他地方使用的许多社会福利干预措施提供基准方法和数据集——事实上，这可能就是社会影响力债券可为社会金融做出的最重要贡献(Social Finance，2009；Nicholls and Tomkinson，2013)。此外，虽然专业的社会会计从业者的收费仍可能阻碍许多社会企业广泛利用他们的技能，但是，社会会计从业者的人数在不断增加。

此外，为社会金融市场开发大型数据库的关键职业还包括金融顾问、养老基金管理人员、会计师和数据管理员。金融顾问和养老基金管理人员在扩大投资者群体和为潜在的社会投资者充当教育者等方面扮演着重要的角色。会计师和数据管理员控制着许多收集为分析新投资产品所必需的数据的机构。在大多数公共服务和社会目的组织中，财务和(社会)业绩数据是根据成本中心来收集的。这样，组织的管理者能够方便地跟踪组织的支出和活动，但组织无法评估其与某一个人或群体有关的支出或业绩。例如，政府会计制度大多很难按照更多地把支出用于预防服务从而减少紧急护理支出的成功程度来评估社会结果。此外，确定向个人提供服务的平均时间长度往往超出了与社会服务有关的数据收集系统的能力。为了能够计算社会风险和回报，有必要大幅度改变“生产”数据的方式。

最后，提出一个关于社会金融数据库开发的重要告诫：社会金融市场面临一种阻碍其发展的危险，因为它需要的信息水平超过其他金融市场，并且有可能阻碍创新(Patton，2013)。过早地规定数据收集和报告要求可能并不是开发标准化数据系统的最有效方式。也许只需根据能明确证明社会金融投资理由的高质量数据，就可以做出投资决策。“信息必须具有可比性才能有用”的假设是一种效率假设，但也许并不总是必要。了解社会投资者的热情和偏好，可能与了解他们正在考虑的投资的信息一样重要。虽然我们仍很难量化和比较社会结果，但这也许是比较容易发现哪些结果对特定社会投资者具有更大价值的方式(Hill，2011)。从这个意义上说，可靠且可用的社会结果数据可能比标准化或完整的数据更加重要。

结束语

本章把社会风险作为社会金融投资的一个显著特征进行了探讨。迄今为止，社会风险的概念化研究仍是一个薄弱环节。本章认为，更好地理解社会风险不仅是增加资本流入社会金融，而且是改善资本配置结果的重要机会。希尔(Hill，2011)曾表示，相对于预期的社会和财务混合回报而言，资本所有者觉得参与社会金融投资的风险水平太高。我们认为，这至少在一定程度上说明，有必要进一步完善社会风险和回报的计算工作，这也是新兴市场的一种症状。细化社会风险概念的另一个吸引力就是避免财务风险倾销(financial risk dumping)，而财务风险倾销现在已被广泛认为是过去20年里许多私人融资计划或者公私合作中的一个主要不利因素。在许多情况下，这些项目的最终成本根本没有反映风险。随着市场的成熟，我们也许就能更加清楚地理解风险和回报的社会维度如何有助于对财务业绩的理解。

本章首先考察了社会金融背景下的财务风险和回报问题，然后重点对社会风险进行了详细的分析，这也许是第一次进行这样的分析。本章阐述了社会风险的具体特征，构建了社会风险与社会回报的相关性模型，还讨论了社会风险的计量问题。

目前，社会金融市场还没有开始对社会风险进行概念化，更不用说以达成一致的方式计算或报告社会风险了。然而，这个进程提供了相当重要的机会。精确计算社会风险可以为评估未来社会结果的相对值或绝对值提供有用的折现率。这样的社会价值净现值(net present social value，NPSV)可能就如同主流金融资本配置决策净现值评估所采用的成熟的未来现金流折现法，但对(风险和回报的)折现率的调整却与主流金融的做法大相径庭。例如，与总金额相同分几期支出的福利项目相比，早期和大规模的福利项目往往能在日后产生更好的结果。这就意味着，前期支出在今天创造的混合价值可能远大于分几期花费相同数额实现的价值，而社会价值净现值折现率就可以用来反映这种情况。[1] 或者，如果从后代观的视角出发——如在气候变化应对计划的例子中，那么，未来结果的混合价值可被认为高于目前结果的混合价值。

这种观点还将有助于新的社会投资组合理论的出现，新的社会投资组合理论除了反映主流金融市场投资组合研究成果以外，还应该反映导致社会金融与主流金融资本配置结果存在巨大差异的因素。这种新的社会投资组合

〔1〕 应该认识到，净现值可能是一种主观价值，即社会价值净现值因计算视角的不同而异……从某些投资者的角度计算可能得出正的社会价值净现值，而从另一些投资者的角度计算则可能得出负的社会价值净现值。在计算财务回报时绝不会出现这种情况。

理论在指导社会金融资跨多个市场——无论是资本所有者层次的个人投资组合还是在资本所有者之间安排混合多种(财务和社会)风险和回报的交易——的资本配置决策方面都大有用武之地。因此,"影响力优先"和"财务回报优先"型投资者为了把不同的社会和财务风险与回报偏好融合在一起,可以把最佳的交易组合在一起,就像基金会和政府所做的那样。这种风险和回报组合可被视为一种按社会权重调整的资金成本(social weight adjusted cost of capital,SWACC),而采用这种资金成本综合计算混合价值回报,就是对多个资本所有者的多种偏好和观点的综合。[1]

虽然全球社会金融仍处于制度化的早期阶段,但我们必须把战略重点放在构建涵盖投资风险和回报各个方面的可靠、透明和可利用的数据集上,这是为推动社会金融市场向前发展必须首先要完成的任务。否则,社会金融市场就永远无法扩大自己的规模,而且也无法提供为解决世界上最具挑战性的社会和环境问题所急需的资金。明确关注社会风险,不但可以推动社会金融市场更加有效地配置资金,而且还将不断提醒我们社会金融的主要宗旨不是赚钱,而是要实现最大限度的社会变革。

参考文献

Barby, C., and Gan, J. (2014). *Shifting the Lens: A De-risking Toolkit for Impact Investment*. London: Bridges Impact+.

Bishop, M., and Green, M. (2010). 'The Capital Curve for a Better World', *Innovations*, 5(1): 25–33.

Brealey, R. A., and Myers, S. C. (2010). *Principles of Corporate Finance—Global Edition*, 10th edition. New York: McGraw-Hill Higher Education Edition

Brown, A., and Norman, W. (2011). *Lighting the Touchpaper: Growing the Market for Social Investment in England*. London: Boston Consulting Group/Young Foundation, London.

Brown, A., and Swersky, A. (2012). *The First Billion; A Forecast of Social Investment Demand*. London: Boston Consulting Group/Big Society Capital.

BSC—Big Society Capital (2012). *What Is Social Investment?* <http://www.bigsocietycapital.com/what-social-investment>, accessed 20 January 2013.

Cabinet Office (2011). *Growing the Social Investment Market: A Vision and Strategy*. London: Cabinet Office.

Crouch, C. (2012). *The Strange Non-Death of Neo-Liberalism*. London: Polity Press.

---

[1] 有必要注意一个导致社会金融对主流金融市场投资者的吸引力日益增大的原因,那就是社会金融市场的资产类别与其他市场资产类别的低相关性。社会金融市场资产的这种低贝塔系数是受到社会金融支持的组织明显具有更加多样化的资金来源和收入流的结果,而受到社会金融支持的组织之所以明显具有更加多样化的资金来源和收入流,是因为社会金融在市场低迷时期能使这些组织具有更大的复原力。

Ebrahim, A., and Rangan, V. (2010). 'The Limits of Nonprofit Impact: A Contingency Framework for Measuring Social Performance'. Harvard Business School General Management Unit Working Paper No. 10-099.

Emerson, J. (2003). 'The Blended Value Proposition: Integrating Social and Financial Returns', *California Management Review*, 45(4): 35–51.

Emerson, J. (2012). 'Risk, Return and Impact: Understanding Diversification and Performance Within an Impact Investing Portfolio'. Issue Brief 2, Impact Assets, New York.

Emerson, J., and Spitzer, J. (2007). *From Fragmentation to Functionality: Critical Concepts and Writings on Social Capital Market Structure, Operation, and Innovation*. Oxford: Skoll Centre for Social Entrepreneurship.

Fiegenbaum, A., and Thomas, H. (1988). 'Attitudes Toward Risk and the Risk-Return Paradox: Prospect Theory Explanations', *Academy of Management Journal*, 31(1): 85–106.

Foster, W., and Bradach, J. (2005). 'Should Nonprofits Seek Profits?' *Harvard Business Review*, 83 (February): 92–100.

Freireich, J., and Fulton, K. (2009). *Investing for Social and Environmental Impact: a Design for Catalyzing an Emerging Industry*. New York: Monitor Group.

Gore, A., and Blood, D. (2011). 'A Manifesto for Sustainable Capitalism', *Wall Street Journal*, 14th December. <http://www.wsj.com/articles/SB10001424052970203430404577092682864215896>, accessed 20 January 2013.

Hartzell, J. (2007). *Creating an Ethical Stock Exchange*. London: Skoll Centre for Social Entrepreneurship.

Hill, K. (2011). *Investor Perspectives on Social Enterprise Financing*. London: City of London/Big Lottery Fund/ClearlySo, London.

Hornsby, A., and Blumberg, G. (2013). *The Good Investor*. London: Investing for Good.

John, R. (2006). *Venture Philanthropy: The Evolution of High Engagement Philanthropy in Europe*. Oxford: Skoll Centre for Social Entrepreneurship.

Joy, I., de Las Casas, L., and Rickey, B. (2011). *Understanding the Demand for and Supply of Social Finance: Research to Inform the Big Society Bank*. London: New Philanthropy Capital/NESTA.

Knight, F. (1921). *Risk, Uncertainty, and Profit*. London: Dover Publications.

Laing, N., Long, C., Marcandalli, A., Matthews, J., Grahovac, A., Featherby, J. (2012). *The U.K. Social Investment Market: The Current Landscape and a Framework for Investor Decision Making*. Cambridge: Cambridge Associates Limited.

Mulgan, G. (2010). 'Measuring Social Value', *Stanford Social Innovation Review*, Summer, pp. 38–43.

Nicholls, J. (2004). *Social Return on Investment: Valuing What Matters*. London: New Economics Foundation, London.

Nicholls, A. (2009). '"We Do Good Things Don't We?" Blended Value Accounting in Social Entrepreneurship', *Accounting, Organizations and Society*, 34(6–7): 755–69.

Nicholls, A. (2010a). 'The Institutionalization of Social Investment: The Interplay of Investment Logics and Investor Rationalities', *Journal of Social Entrepreneurship*, 1(1): 70–100.

Nicholls, A. (2010b). *The Landscape of Social Finance in the UK*. Birmingham: Third Sector Research Centre, University of Birmingham.

Nicholls, A. (2013). 'Filling the Capital Gap: Institutionalizing Social Finance', in S. Denny and F. Seddon (eds), *Evaluating Social Enterprise*. London: Palgrave Macmillan.

Nicholls, A. and Pharoah, C. (2007). *The Landscape of Social Finance*. Oxford: Skoll Centre for Social Entrepreneurship.

Nicholls, A., and Schwartz, R. (2013). 'The Demandside of the Social Investment Marketplace', in L. Salamon (ed.), *New Frontiers of Philanthropy*. San Francisco, CA: Jossey Bass.

Nicholls, A., and Tomkinson, E. (2013). *The Peterborough Pilot Social Impact Bond*. Pears Case Study Series, Said Business School, University of Oxford.

O'Donohoe, N., Leijonhufvud, C., and Saltuk, Y. (2010). Impact Investments: An Emerging Asset Class. New York: J.P. Morgan and Rockefeller Foundation.

O'Loughlin, J. and Thamotheram, R. (2006). *Enhanced Analytics for a New Generation of Investor: How the Investment Industry Can Use Extra-Financial Factors in Investing*. London: Universities Superannuation Scheme.

Patton, A. (2013). The Social Investment Market: The Role of Public Policy in Innovation and Execution. Said Business School and Cabinet Office.

Perry, J. (2011). *The End of Charity—And Beginning of Welfare*. London: Panahpur.

Puttick, R., and Ludlow, J. (2012). *Standards of Evidence for Impact Investing*. London: NESTA.

Ross, A. (2013). 'Social Entrepreneurs Fund'. Presentation at Said Business School, Oxford, 30 April, Bridges Ventures.

Ruff, K. (2012). 'Developing a New Profession'. Presentation at the Social Impact Analysts Association Annual Conference, Berlin.

Salamon, L. (ed.) (2013). *New Frontiers of Philanthropy*. New York: Jossey Bass.

Saltuk, Y. (2012). *A Portfolio Approach to Impact Investment*. London: J.P. Morgan Global Research.

Saltuk, Y., Bouri, A., and Leung, G. (2011). *Insight into the Impact Investment Market*. London: J.P. Morgan Social Finance Research.

Shanmugalingam, C., Graham, J., Tucker, S., and Mulgan, G. (2011). *Growing Social Ventures*. London: NESTA/Young Foundation.

Social Finance (2009). *Social Impact Bonds: Rethinking Finance for Social Outcomes*. London: Social Finance.

Tomkinson, E. (2012a). *Social Impact Bonds: An Australian Snapshot*. Sydney: Centre for Social Impact.

Tomkinson, E. (2012b). *In Conversation with Susan Pascoe*. Sydney: Centre for Social Impact.

Weisbrod, B. (2004). 'The Pitfalls of Profits', *Stanford Social Innovation Review*, 2(3): 40–52.

Weisbrod, B. (2011). 'The Nonprofit Mission and Its Financing', *Journal of Policy Analysis and Management*, 17(2): 165–74.

第十一章　社会金融领域中的预测、估值和定价

亚历克斯·尼科尔斯　奥尼·巴顿

引　言

发展社会金融市场要面对的最显著挑战可能就是缺乏统一的混合估值和定价手段，从而导致资本所有者在这个新兴市场上配置资本时无法进行比较和判断（Emerson，2003；Nicholls，2010，2013；Nicholls and Schwartz，2013）。众所周知，资本市场需要高水平的准确、透明、可比和相关的数据才能有效地对资本配置选项进行定价，从而降低交易成本。也只有这样，才能确保资本市场有效运行。多年来，会计准则已经发展成为支持在主流金融市场上进行资本配置决策的依据，但在社会金融领域，混合业绩数据标准制度化的进程还处在早期阶段（Nicholls，2009）。结果就是：市场交易成本高、流动性差（以及由此产生的退出困难），资本所有者往往反复无常、缺乏理性（Weisbrod，2004，2011；Foster and Bradach，2005）；但主要问题并不是缺乏混合业绩计量指标——这方面的例子比比皆是，而是整个市场缺乏标准化的估值和定价程序，再加上缺乏健全的审核审计机制。[1]

本章旨在通过探讨投资者如何重视社会金融影响力预测以及如何在市场上对社会金融影响力进行定价，对当前关于社会影响力计量问题的争论进行扩展，好让这场争论超越某些关于绝对业绩最佳计量方法的单一唯我论观

---

〔1〕与全球新标准最接近的是投资社会回报率模型。在过去的几年里，这个模型在英国和其他国家获得了重要的政策支持。虽然投资社会回报率被证明是一种非常有用的内部业绩管理和问责工具，但还没有发挥做市数据集的作用（Nicholls，2004）。此外，投资社会回报率模型仍然是一种根据成本效益模型界定的货币化混合结果绝对值计量标准。关于主流金融市场资本配置的更加复杂的典型数据集不太可能由这种机制驱动。

点。社会影响力估值和定价涉及一些有关业绩信息性质和由投资者偏好决定的数据收集模型的功能等复杂问题。为了反映其中的某些复杂问题，本章开发了一个新的社会金融资本配置过程三阶段模型，这个模型主要侧重于预测社会影响力业绩、评价组织层次的业绩数据以及对焦点组织的投资选项进行市场定价。我们在批判性地考察主流金融领域创建的传统预测、估值和定价机制应用于社会金融领域的功效的基础上构建了本章所使用的预测—估值—定价（PVP）模型。下面的分析揭示了把主流金融市场的现有模型跨市场转用到社会金融市场的功效和局限性。本章主要讨论以下问题：

（1）如何估算社会价值流（social value flows，SVFs）[1]为投资者提供可用资本配置信息的价值？

（2）不同的社会投资者如何评价社会价值流？

（3）这种估值如何在社会金融市场上定价？

本章旨在做出一些新的贡献：首先对应用于社会金融的估值和定价过程进行了独到的分析；其次构建了一个把组织层面的业绩量化与投资者偏好的市场估值和定价联系在一起，并且对投资者、中介机构和被投资者等社会金融市场上各主要参与者群体都具有重要的实用价值的框架。本章还提出了一种新的市场开发、定价和报告理论，旨在推动不但涉及社会金融而且涉及更加广义的主流金融的学术讨论（Nicholls，2009）。

本章的具体结构安排如下：首先提出了把社会影响力业绩与主流金融投资者的市场估值和定价机制联系在一起的核心分析框架；然后逐一考察这个框架每个部分是否有用和是否适合社会金融的独特特征；最后总结预测—估值—定价框架作为促进社会金融市场增长的分析模型的有效性和局限性。

预测—估值—定价模型

预测—估值—定价模型旨在提供一个把社会金融领域的业绩评估与市场定价联系在一起的三阶段分析过程框架。[2] 在主流金融领域，资本配置

---

〔1〕 本章虽然承认企业的混合价值通常包括企业创造（或破坏）的财务、社会和环境价值，但着重把社会价值单独纳入投资过程。环境影响力的定价和核算（如碳市场）比社会影响力的定价和核算发展得好，因此，本章的研究贡献是侧重于社会影响力的估值和定价。关于社会金融领域详细的环境影响力讨论，请参阅哈罗德（Harold）等在本书其他章节的相关论述。

〔2〕 从概念上看，预测—估值—定价模型是作为一个线性模型提出的，但在实际运用中，它所描述的过程通常是一个基于多个数据点的假设和判断的更具迭代和有机性的过程。

过程通常在每个阶段的计算和决策中都会忽略社会影响力。对于主流金融市场的投资业绩预测来说，这就意味着只使用单一的盈亏预测把财务业绩看作是投资创造的价值的总和。就传统投资者的估值而言，风险和回报估算通常不包括影响力投资的潜在正或负的社会影响力或者外部性。最后，由于预测和估值计算没有包含社会影响力，市场上的金融工具没有对投资的综合风险和回报进行定价，因此，在资本配置和管理中，主流金融市场的投资者都根据不完整的计算结果来进行资本配置决策，而且也无法衡量投资总增值（回报）和总亏损（风险）。

本章提出的预测—估值—定价模型旨在提供一种纠正组织层次价值创造传统定价错误的方法。虽然本章关注的是社会金融领域的社会目的组织，但在 2008 年全球金融危机之后，资本配置决策显然普遍需要采取更加全面的方法来确定创造价值的风险和回报。预测—估值—定价模型所涉及的每个阶段都包含许多数据点、决策框架和试探法（见图 11.1）。

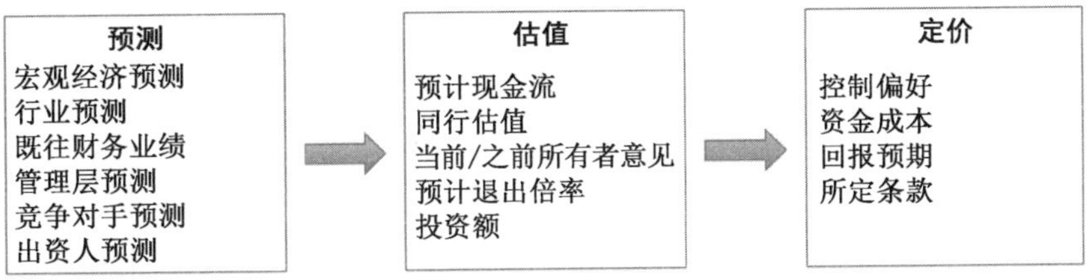

图 11.1　预测—估值—定价模型

我们借鉴了主流金融中的相关基本原理构建了这个模型，然后在社会金融的背景下考察了每组相关问题。在传统金融中，预测方面的关键问题包括像宏观经济状况这样的宏观层面外部因素，竞争对手的预测、行业/部门未来业绩，以及微观/组织层面像既往（财务）业绩、管理层预测和出资人预测这样的内生问题。在估值方面，应该考虑预计现金流量、同行估值、当前/之前股东/所有者意见、预计退出倍率以及潜在投资规模。最后，定价可能由控制偏好、资本/资金总成本计算结果、风险—回报预期以及投资协议规定的条款所驱动。本章以下三节将比较详细地阐述该模型的每个组成部分。

虽然分析的复杂和详细程度因有关企业所处的发展阶段和数据的可得性而不同，但财务业绩预测是一种把宏观经济、政治、行业和企业具体的预测结果和假设整合在一起的工作。此外，在评价这类预测时，出资人还要添加他们自己关于增长、业绩和成本的假设。也许值得注意的是，财务业绩预测充斥各种假设和个人判断，因而并不像我们通常认为的那样客观。在这种情况下，必须看到在预测社会影响力时还需要做出假设和判断。

业绩预测

在主流金融中，估计未来价值创造的过程有三个组成部分：确定价值的驱动因素；估计这些驱动因素的预期增长率；计算为驱动因素增长提供资金的相关成本（见表 11.1）。

表 11.1　主流金融中的预测估算

价值驱动因素	驱动因素增长率	驱动因素增长成本
产品销售量		驱动因素成本：如已售产品成本
产品价格		用户人均购买成本
用户数量		服务提供者成本
		固定成本：如员工薪酬、租金、一般和行政费用
用户转换率	收入增长率、转换率增长率	
订购价格		
广告收入	利润增长率	
合同数		

然而，在采用这种方法预测社会影响力业绩（或混合价值业绩）时，还必须考虑许多额外因素：转换（如何表示结果）、因果关系（结果如何归因）、整合（财务和社会价值流的合并）和动机（承担社会影响力预测额外成本和复杂性的动机）。

转　换

就财务预测而言，我们可把业绩预测转换为取决于用来计算在产品和服务特定价格点上客户或用户转换率的资本条件。在财务预测中，销售点可能既是产出又是结果，并且以货币化的方式通过容易对不同潜在投资项目进行比较的指标来表示。然而，社会影响力预测，通常不仅要考虑产出和结果，而且还不能使用显性成本模型来确定结果与主要利益相关者的相对价值（包括影响力的大小和强度)。这个额外的复杂性,再加上目前社会影响力指标还没有标准化以及关于最优分析单元的一致意见(加快用财务代理变量来表示结果影响的趋势),甚至导致在分析和决策的第一阶段就充满了挑战性。结果对于估算社会影响力业绩的重要性还要求主要受益人或客户参与业绩评价过程——因为他们在判断某一给定社会干预措施引发变化的程度方面处于最有利的位置。确保受益人的实际参与,就要求在数据收集、设计和执行方面具有敏感性,并可能导致预测过程的交易费用大幅度增加。

因果关系

要确定社会影响力预测涉及的因果关系,就必须对特定干预措施或项目主张的影响力进行认真的归因。在主流金融领域,通常采用计算组织自由现金流量(FCF)的方法来确定股东/所有者应得的价值。自由现金流量的计算从损益表上报告的息税前收益(EBIT)开始,然后根据非现金项目(如作为支出出现在损益表上但不代表现金支出的折旧和摊销)以及影响一些未列入损益表(如营运资本、资本支出以及包括少数权益在内的其他长期项目变动)项目的现金流进行调整。在社会金融中,组织社会影响力的估算也需要调整,但要根据“自重”和归因计算来确定社会影响力有多少可归因于某个特定的组织,而不是其他组织的行为或更加宏观的经济和社会变化生成的社会影响力。

“自重”(在无有关项目的情况下本应创造的价值流百分比)和归因(可归于其他提供者的价值流百分比)[1]是投资社会回报率模型为确定社会金融及其结果之间因果关系而特地认定的两个用于社会影响力预测的调整因子(Olsen and Lingane,2003)。重要的是,这两项调整并不是折现,而是为使投资社会回报率分析在数据收集早期阶段更加准确而进行的调整。自重和归因调整在使投资社会回报率分析过程本身具有指导意义方面也发挥了重要作用,因为我们也需要对投资社会回报率进行审慎的判断,这样才能使这个比率与主要利益相关者在所主张影响力的重要性和相关性上保持一致。

在主流金融中,通常是出资人或者所有人可以现金的形式获得资本/资

〔1〕 请注意,这里的讨论没有包括久期调整(未来几年收益减少),因为这个概念指的是未来年份价值流的预期变化,而不是对本年度现金的调整。

金流；而对于社会影响力来说，这种资本/资金流通常由受益人或客户获得[关于社会金融中社会价值创造与占有分离的讨论，请见尼科尔斯(2010)]。

整　合

为社会金融资本配置提供信息的社会影响力预测的最后一步，就是把反映组织业绩的财务和社会价值——或者说经济价值和社会经济价值——流整合在一起。这项任务也具有挑战性，因为组织的财务价值和社会影响力可能密切相关，很难分开分析——有可能会造成重复计算(Olsen and Lingane，2003)。

“在预测分析中把社会影响力与财务价值分开，但又承认它们往往相互交织在一起”的矛盾关系到社会影响力评价讨论的核心内容。一方面，社会和财务二分可能不利于整个行业根据某家企业准确的混合业绩评价结果制定发展方向，使得投资者在进行投资分析时无法认识到这种社会价值。但是，如果社会影响力评价不透明，并且因此而受到质疑或需要解释，那么，投资者就不可能(无论对错)像相信传统的财务评价技术那样相信混合业绩分析。

财务和社会混合价值预测的最后一个问题，就是时间问题。虽然预测瞄准的那些年份的财务价值流得到了合理预期，但社会影响力可能要到投资结束后数年甚至几十年后才能显现。为了能给在特定时间框架内实际可评估的社会影响力制定评价标准，我们仍然迫切需要更加努力地工作。这类工作也许能允许我们确定“社会影响力”的折现率，并且进行“社会影响力”净现值计算，从而能够对项目在较长时间内产生的实际社会影响力进行适当的比较，从而鼓励尽早结束社会投资，因为早期一次性大笔投资生成的长期社会影响力要大于多年“滴管”式投资生成的社会影响力。[1]

资本守护人

在政府没有推出新的监管措施的情况下，市场对更加可靠、标准化的社会影响力数据的需求可能有利于完善社会影响力估值和定价综合模型中的

〔1〕 这就是社会影响力债券模式的基本原理。

社会影响力评价指标。这种市场需求的主要来源可能是控制社会金融市场流动性的资本守护人。随着社会金融领域的持续发展，这些资本守护人可能日益需要对其可能的混合回报进行准确的预测，以确定其资本的财务和社会影响力。关于社会影响力的定性描述不足以进行复杂的投资组合分析。此外，社会企业可利用这些数据来分析组织内部的当前和未来项目。因此，虽然更加准确的社会影响力数据的外在价值可能在短期内推动市场标准化(对于资本守护人来说有意义)，但更好的业绩数据对投资者和社会企业也应具有重大的价值：建立一种有助于促进把采用社会影响力数据进行预测作为估值和定价过程组成部分的良性循环。

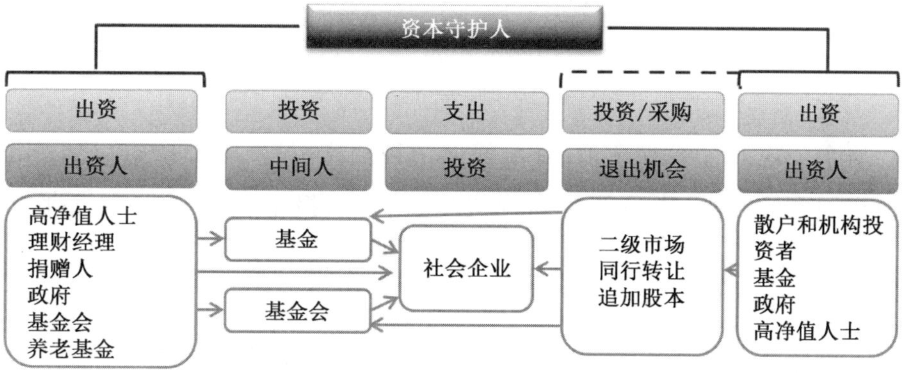

图 11.2　资本守护人

然而，正如财务预测无法准确反映投资的全部机会和潜力一样，社会影响力预测也不能得出关于社会目的组织全部社会价值的最终结论，但能为出资人和企业提供一套便于相互理解和标准化的语言和数据作为估值计算的基础，然后可以在市场上进行定价。

估　值

虽然许多社会投资者已经制定了评估潜在投资对象的社会影响力的方法，但把这种预测纳入其估值计算的情况并不常见。预测—估值—定价模型的第二阶段考察当前主流金融估值模型——资本资产定价模型(CAPM)、资金成本和折现率——如何应用于社会金融的问题。本章认为，社会影响力估值具有明显的风险和回报特征，因此实际需要新的模型来对这种风险进行定价:特别是建议通过调整私人资金成本模型构建一种同时包括基于个人投资者偏好的财务和社会风险与回报预期的资金成本。

资本资产定价模型

折现率可用来预测未来价值流的净现值(NPV)。对于估值而言,折现率是资产风险和承担这个风险可获得的预期回报的代理变量。折现率可以通过资本资产定价模型来计算得到。根据资本资产定价模型,投资的预期回报率等于无风险回报率(通常等同于政府债券回报率)加上投资的 β 系数(或与平均市场回报率的方差)乘以适用于某一行业、地区或者组织规模的预期市场溢价(即预期市场回报率－无风险回报率)。这个计算公式可以表示如下:

$$E(R_i)=R_f+\beta_i[E(R_m)-R_f]$$

这个公式的直观意义是:对于任何一种资产,投资者都期望得到补偿以下两个因素的回报:货币的时间价值(无风险回报率)和个人资产面临的风险。

计算社会影响力现值折现率的一种传统做法就是,设定一个介于零(如果社会融资是赠款或准赠款)与相关市政债券平均回报率之间的比率。采用这种算法的结果是:与创造财务价值的社会企业或者社会目的组织的财务影响力价值相比,社会影响力折现后的价值通常较小。因此,社会影响力价值的计算通常与整个社会企业的混合估值无关,而是单独计算为受益人或客户创造的价值(Emerson, Wachowicz and Chun, 2000; Emerson and Cabaj, 2000)。传统上,社会价值折现率被用来对未来几年的回报进行折现,以便在成本效益分析中反映货币的时间价值或者利益相关者推迟获得结果的意愿(Zhuang,2007)。虽然发展经济学家对社会回报折现率确定标准的问题仍在进行激烈的争论,但我们可以参考一些公共部门在使用的准则,其中包括英国政府在《财政部绿皮书》(Treasury's Green Book)中建议的 3.5%(2014年)的标准。其他标准折现率还有卫生和气候变化领域使用的零折现率——提出这个标准折现率的理由是年轻一代相对于年长一代不应处于不利位置(Freireich and Fulton,2009)——以及“毒品刑事司法和青少年干预政策领域4%的折现率”(Tuan,2008)。目前用于社会影响力价值计算的折现率可选范围对投资者做出准确或可比估值提出了进一步的挑战(见表 11.2)。此外,虽然确定这种时间偏好的学术研究由来已久，但这种逻辑忽视了这样一个事实：利益相关者，如出资人，面临许多风险和回报选择（Chowdhury，2012）——选择企业交付所承诺的结果。因此，虽然确实有必要进一步研究利益相关者专用折现率的问题，但仍有必要对无风险回报折现率能准确地反映社会影响力价值创造风险的观点提出严肃的质疑。

表 11.2　社会影响力估值采用的折现率

折现率	讨　论
0%：慈善赠款资金成本	慈善赠款资金通常被认为是零成本资金，因为赠款不需要偿还，而且赠款也不会带来任何经济回报
3%：基金会项目相关型投资资金适用的折现率	项目相关型投资资金是指以低于市场回报率向慈善机构或社会企业提供的资金。基金会可利用项目相关型投资从普通投资者那里筹集资金。普通投资者要不是基金会利用这种方式向他们筹集资金，可能会因为短期市场状况、缺乏相关数据或者经验、交易成本太高而不愿问津这种项目（MacArthur Foundation）
9%：标准全担保贷款平均折现率（2000 年）	资产价值与抵押贷款金额相当的贷款在借款人不能偿还（全额担保贷款）的情况下支付的平均折现率
15%：社区发展金融机构的折现率	适用于（社区发展金融机构）发放给无法从商业银行和贷款公司获得贷款的普通企业、社会企业和个人的贷款的折现率
24%：风险资本折现率	关于风险资本折现率的讨论，请见表 11.3

资料来源：艾默生、瓦霍维奇和邱恩（Emerson，Wachowicz and Chun，2000）。

如上所述，虽然社会影响力评价预测阶段的工作在向前发展，但是，社会影响力估值和折现所依据的假设仍然存在很大的不确定性。因此，预测本身就有潜在的风险，这种风险可以反映在预测社会目的组织创造的财务和社会价值的结果中。在这种情况下，计算风险资本（VC）早期投资风险的折现率可能比基金会、社区发展组织或其他社会部门组织使用的折现率更加适合评估社会影响力。

风险投资折现率

风险投资估值使用的折现率表示实现其预期财务目标（因此是其退出战略）的风险以及实现出资人按现金倍数法（cash multiple，CoC）计算的目标现金额所需的必要年回报率。现金倍数就是退出投资时返还给出资人的现金额除以投资金额得出的倍数。退出现金倍数也包含固有的投资组合风险，也就是说，风险资本家不仅要计算单项投资的风险，而且还要计算投资组合中其他投资项目业绩糟糕的风险。表 11.3 显示了粗略计算风险投资回报预期的方法。

表 11.3 **风险资本折现率**

融资类别	折现率	资金成本
种子资本融资	最高 80%	−10 倍
A 轮(开办资金)融资	50%～70%	−8 倍～5 倍
B 轮融资	40%～60%	−6.5 倍～4 倍
C 轮融资	30%～50%	−5 倍～3 倍
D 轮到过渡性融资	20%～35%	−3 倍～2 倍

不管怎样，奥多诺霍等(O'Donohoe et al.，2010)报告称，社会投资者预期的回报率低于类似风险投资的典型回报率：在发达市场要低 15%～20%，而在发展中市场则要低 12%～15%。虽然在奥多诺霍等发布报告时可用的数据为数很少，但风险投资者的预期回报率与影响力投资者的预期回报率之间的差距，就是社会投资预期回报固有的折现率。这一点尤其值得关注，因为，除风险投资风险以外，社会影响力估值还包含另外一些特殊的风险，其中包括影响力风险、评估和报告风险、社会企业/组织风险、次级资本风险(subordinate capital risk)和退出风险(Emerson，2011)。此外，社会企业的投资者不只包括影响力投资者和风险投资者，因为高净值人士、基金会、政府和其他社会投资者也可能参与决定这个市场的预期风险和回报率区间。因此，虽然风险投资的估值方法对于社会影响力投资估值也有一定的作用，但相关折现率的计算需要不同的模型。

私人资金成本模型(PCOC)

主流金融采用加权平均资金成本(WACC)模型来确定企业的资金成本。构建这个模型的目的是把单个组织资本结构中的借贷资本和权益资金成本合并在一起，并把合并资金成本表述为组织总风险的一个函数。加权平均资金成本模型可表示如下：

$$\left[\text{借贷资本税前成本}\times(1-\text{税率})\times\frac{\text{借贷资本}}{\text{总资本}}\right]+\text{权益资金成本}^{[1]}\times\left[\frac{\text{权益资本}}{\text{总资本}}\right]$$

在主流金融中，计算加权平均资金成本需要政府证券（β 系数、市场溢价和小盘股溢价等）数据来对回报预期进行量化。采用公共证券市场数据来计算私人回报预期要以这样一个假设为前提：公共证券市场和私人证券市场是替代性市场，但有些学者开始对这个假设提出质疑（Slee and Paglia，2010）。因此，有越来越多的人开始关注采用差别更加细微的方法来计算资本的复合成本率。

其中的一种方法就是佩珀代因（Pepperdine）私人资金成本（PCOC）模型。这个模型就是一个可用于社会影响力投资估值的资金成本计算新方法的例子。佩珀代因私人资金成本模型没有采纳公共和私人证券市场数据相同的假设（Slee and Paglia，2010），原因就是这两个市场可替代说“忽视了市场细分问题、投资者回报预期、资本获取和资金成本差异、每个市场运行方式的差异以及每个细分市场受不同市场理论指导的参与者行为明显不同”（Slee and Paglia，2010：1）。为了能用私人资金成本模型来反映每个细分市场风险和回报率的特殊性，佩珀代因“首次对主要私人资本细分市场的表现同时进行了全面的调查，考察了优先贷款机构、抵押贷款机构、夹层基金、私募股权集团和风险资本公司的行为”。佩珀代因根据这项调查结果提出了一个基于私人借贷资本/资金成本（PCOD）和私募权益资本/资金成本（PCOE）构建的资金成本模型。这个模型可表示如下：[2]

$$\sum_{i=1}^{N}\left[(CAP_i+SCAP_i)\times\frac{MV_i}{\sum_{i=1}^{N}MV_j}\right]$$

如果关注那些为某一特定投资提供资金的合理候选投资者，而不是整个市场的数据，那么，资本/资金成本和预期回报率计算就有可能更加准确地计算发现特定的投资机会。在私人资金成本研究的基础上，可以在整个影响力投资领域进行一次社会影响力评估调查，以确定按投资类型或部门分列的财务和社会影响力的预期回报率；然后把调查收集到的数据用于计算单个投资机会社会影响力价值的私人资本/资金成本。

上述调查采用的社会回报率估值法可能比目前在用的“影响力优先”和

[1] 权益资金成本＝无风险回报率＋（β×市场溢价）＋小盘股溢价

[2] CAP_i＝调查获得的 i 类资本/资金平均预期回报率；MV_i＝专门为 i 类资本进行的资本/资金风险调整；$SCAP_i$＝i 类资本/资金已发行未偿还证券。

“财务回报优先”投资分类法更能入木三分(O’Donohoe et al.,2010),并允许投资者计算出一种特别强调影响力优先的资本/资金成本。这种调查可以用来确定每一类投资者和投资工具的平均预期回报率,而具体的资本/资金调整将使出资人能够确定预期社会影响力价值与其使用资本/资金的优先目标是否相符,从而降低资本/资金成本,并且增加出资人优先考虑的投资领域预计社会影响力最大的投资的资本/资金总量。要想使这种方法同时包含利益相关者和影响力分量,就必须采用网格化的方法,这样,出资人就能按利益相关者和影响力分量对自己的出资意愿排序。

定 价

预测—估值—定价模型的最后一个环节考察社会影响力价值的定价问题。在主流金融中,证券的价格首先由投资银行或基金一级的中介机构确定,然后由流动性强和信息丰富的二级市场供求状况决定。社会金融领域的机构远不如主流金融领域发达,因此,对社会影响力价值定价的方法仍然处在一种突生的状态,而且有时还会反复无常。本节概述了两组社会投资者的突生实践,并且还说明了风险和回报率分级定价的作用。

政府与基金会

政府和基金会有投资创造社会影响力价值的传统,我们通常都是根据其取得的社会结果来对政府和基金会进行判断,因此,它们都有现成的业绩评价机制、决策程序和规则来指导其影响力投资。

一些按结果付费的合同的定价机制,如社会影响力债券,就是政府在这个领域开始全新实践的例子。社会影响力债券的定价方法以及对政府的社会影响力价值定价可以分为两个阶段。首先是基线或基准需要阶段。这个基准应该就是当前支出的有效程度以及政府目前按单位社会/福利结果支付的费用。遗憾的是,在实践中,由于不易获得跨项目绩效评价标准,又由于平均结果被幸存者偏误所扭曲,因此,有关这种基准的精确介绍非常罕见(Savell,2012)。其次,高出基准的溢价必须在社会影响力债券有关各方之间协商确定。例如,2010年,在英国彼得伯勒监狱试行的首个社会影响力债券项目中，中介机构英国社会金融公司与英国政府司法部合作制定了用于证明通过降低累犯率为国家创造社会价值节余的指标。根据合同，由私人——主要是公益——投资者为一个由社会目的组织负责的专门致力于降低刑事犯累犯率的合作项目提供前期社会融资。社会投资者将获得与该项目社会影响力价值挂钩的财务回报，也就是可获得 2.5%～13%的投资回报率（Savell，2012）。[1] 目前，这种社会影响力债券模式正在英国的其他项目中试行，并且还发展到了澳大利亚、美国和加拿大。此外，其他一些国家也对这种模式表现出了极大的兴趣。

对于基金会来说，在考虑用于社会投资的赠款的收益时也有类似的机会成本问题。例如，睿智基金的最佳备选慈善方案（best alternative charitable option，BACO）法为社会影响力价值定价提供了另一种方法。睿智基金采用最佳备选慈善方案法来评估和比较相同金额的赠款与投资所能产生的影响力（Acumen Fund Metrics Team，2007），并据此做出资金配置决策。

在以上两个案例中，与基准有关的社会影响力价值是出资人优先考虑的目标。对于政府来说，这种社会影响力价值有些会减少像购买看护服务这样的支出以及大批量购买服务（整个监狱所需的服务）的支出（Savell，2012）；而对于基金会来说，这是一项投资所产生的社会影响力价值，因此超过了赠款所能产生的社会影响力价值。在以上两个例子中，基准或机会成本通常是无论如何都要花费的资金额。这一点很重要，因为它意味着，如果政府和基金会都根据自己作为投资者的优先项目选择最有效的花钱方式的“理性人”，那么，随着影响力评价指标的进化和基准计算准确性的提高，就有越来越多的理由把自己的资金用于社会投资。

机构与散户投资者

目前，机构投资者通过设立专门基金——如“桥梁风投”设立的基金——或者通过慈善或基金会机制（如赠款或项目/使命相关型投资）来参与社会融资。机构社会投资基金目前规模有限，但在不断扩大——其中一个值得注意、发挥“催化剂”作用的机构就是英国在 2012 年创建的社会投资批发银行

[1] 在试行社会影响力债券项目时采用了“随机对照试验”的方法，以 1∶10 的比例证明了对有犯罪前科的人产生的社会影响。这是为了证明社会影响力价值毋庸置疑而设计的——也是在相当严格的国际监督下进行的试点项目的一个代价昂贵但必要的方面。

“大社会资本”。“大社会资本”筹集到了高达6亿英镑的资本——主要来源于大型银行账户中无人认领的资产，通过与基金进行共同投资的形式动员了多达20亿英镑的新社会金融资本。那些与“大社会资本”共同投资的基金通常把其潜在投资对象的“外在”社会影响力价值作为总体财务分析的组成部分来定价，通常是采取对某一特定风险状况投资项目的预期回报率打折的方式；或者，根据特定投资项目社会业绩的二手数据把社会影响力价值作为“内在”价值来计算——例如，专注于英国最贫困地区企业投资的“桥梁风投”依靠政府的相关数据来确定投资机会的所在区位，然后假设这些投资在产生财务业绩的同时也会在当地产生社会影响力（主要是经济/就业）。

散户社会投资者的投资机会虽然比较有限，但却代表着扩大社会金融和实现社会金融民主化的巨大机遇。迄今为止，散户社会投资者要么通过基瓦或“布兹卜恩科”等众筹平台涉足社会金融市场，要么就是利用不多的机会认购英国伦理房地产公司等发行的社会股票（social equity shares）。在这些例子中，社会影响力价值的定价往往有点随心所欲，不受任何市场因素的制约——缺乏流动性、退出选择以及透明和可比的业绩数据都是造成这种状况的原因。

因此，扩大零售社会金融市场的下一个关键步骤，应该是建立一个公开交易的二级市场或者社会证券交易所，为散户投资者（以及潜在的机构投资者）确定社会股票和债券社会影响力价值的价格。因为，虽然影响力投资者、政府和基金会已经在规范社会影响力价值评估的方法，但是，社会金融市场只有在成为一个价格由多方交易供求力量确定的资本市场以后，才能算是一个成熟市场。目前有几个这样的项目即将竣工，特别是伦敦社会证券交易所和新加坡的影响力投资资本/资金（Impact Investing Capital）项目。

分档交易

在传统金融中，交易通常包括不同出资人采用风险、回报率和价格状况不同的工具提供的资金。因此，私募股权投资可能包括私募股权公司的股东贷款、多家大银行的优先债务工具和从其他基金获得的夹层贷款。每一种工具的价格都根据投资的总体风险、与该工具次级程度有关的风险以及基金愿意承担这些复合风险所需的回报来确定。在社会金融中，相似社会投资者之间的股权/债务投资合并交易比分档交易更为常见。但在过去的几年里，社会金融已经开始尝试分档交易，如在英国的哈克尼社区交通（Hackney Community Transporting）投资项目中。这种交易方式和其他交易方式表明，在交易或投资组合层面，包括慈善机构、基金会、政府、“影响力优先”和“财务回报优先”型投资者在内的社会投资者有很多创造性地把不同的风险和回报偏好组合在一起的机会。最终，这种混合交易方式也可为主流金融创造选择交易方式的机会。要想使分档交易方式取得成功，就应该签订适当的社会金融交易协议，详细规定特定社会交易的细节。我们将在下文讨论这个问题。

定价案例研究："咖啡直达"

正如预测—估值—定价模型为系统研究把社会价值融入投资过程的问题提供了一个理论框架一样，投资者愿意把社会溢价或补贴纳入交易的例子也提供了一些据以评估这种社会回报支付意愿如何在市场上定价的数据点。

“咖啡直达”公共责任有限公司（Caffédirect PLC）的另类公开募股（alternative public offering，APO）就是这样一个探索真实世界早期市场对社会回报反应的研究案例。[1]

1991 年，“乐施会”、“交易技巧”（Traidcraft）、“公平交易”（Equal Exchange）和“双子贸易”（Twin Trading）共同创建了“咖啡直达”公共有限责任公司，以应对严重影响世界各地咖啡生产小农的全球咖啡价格急剧下跌。除了向农民支付公平交易价格之外，“咖啡直达”社会影响力的一个核心组成部分就是“生产者支持和发展”（Producer Support and Development，PS&D）计划［后来被改名为“生产者伙伴计划”（Producer Partnership Programmes，PPP）］。这项计划旨在为咖啡生产者提供培训和教育服务。

这家公司在 2003 年实现了 1 360 万英镑的营业额以后就发起了一次以集资 500 万英镑为目标的公开募股。负责这份集资计划的布鲁因 · 多尔芬（Brewin Dolphin）投资公司在不到 4 个月的时间里完成了集资任务。这次公募发行获得超额认购，最终有 4 500 个投资者认购，其中 90%是私人投资者。

这家公司的招股说明书中所说的资金用途包括：品牌建设；偿还借款；扩大营运资本；计算机系统投资；支付发行费用。

以下是公募结束后的最终资金表：

---

〔1〕 为了完成这一分析，假定投资者的老练程度和获得信息的程度也许无法反映这次集资的实际情况。

股东	股份	持股比例
创始股东	3 520 000	39.3%
投资者	5 000 000	55.8%
咖啡豆种植者	440 000	4.9%
合计：	8 960 000	100.0%

想要估计是否为这项投资支付了“社会溢价”以及社会溢价如何定价，必须做出两个关键假设。首先，每股1英镑反映了市场对公司价值的真实判断。[1]其次，投资者拥有计算公司总价值所需的信息，而且他们也能把这一信息用于对股价估值。[2]

根据这两个假设，第一步是确定是否有社会溢价的存在。按照以下公式，如果投资者支付的每股价格超过每股的估计市值，那么就有社会溢价存在：

投资者支付的每股价格－每股市值＝社会溢价

首先，我们来看投资者支付的价格。这些股票按每股1英镑的价格发行(500万股集资500万英镑)，这意味着市值为900万英镑(见上表)。为了对这只股票的每股价格与市场上可比股票的价格进行比较，我们必须计算市盈率。市盈率是金融市场上一种常见的价值表现形式，它允许通过用一家公司的股价除以每股净收益来比较股票的相对价格。利用“咖啡直达”的相关信息，我们可以按下式计算这家公司的隐含市盈率：

$$\text{市盈率}=\frac{\text{隐含市值}}{\text{2003 年的净收益}}=\frac{\text{股价}}{\text{每股收益}}$$

$$\text{市盈率}=\frac{8\ 960\ 000}{369\ 045}=24.3\text{ 倍}$$

其次，采用传统的定价计算方法，包括考虑“咖啡直达”可比上市公司的历史和预期业绩以及流动性，就能估计“咖啡直达”的每股市值。

以下是根据两个来源的数据编制的竞争对手公司的2003年表格：一个是用5家直接竞争对手咖啡公司[3]的数据编制的指数；另一个是用35个全球咖啡分销商的数据编制的指数。

---

〔1〕 这两种假设都是超额认购的基础，但作者承认，新奇性可能也会影响投资者在不考虑价格或价值的情况下认购。

〔2〕 本分析没有计算的一个财务考虑因素是“环境影响报告书”(Environmental Impact Statement, EIS)权利救济。“环境影响报告书”权利救济申请资格因投资者而异，可能只适用于部分投资额。

〔3〕 这个指数的成分股包括“雀巢”“塔塔咖啡”(Tata Coffee)、“农民兄弟”(Farmer Brothers)、“绿山咖啡烘焙”(Green Mountain Coffee Roasters)和“十峰咖啡公司”(Ten Peaks Coffee Company)。

	全球前五竞争对手指数	全球竞争对手指数	“咖啡直达”
市盈率（2004年2月1日）	19.6倍	18.9倍	24.3倍
差额	4.7倍	5.4倍	

很明显，“咖啡直达”的市盈率高于这两个指数，这表明相对于竞争对手，“咖啡直达”股票的“市场”估值更高。想要确定这一估值是否适当，就必须考察其他财务指标的历史数据：

名　称	讨　论	结　论
毛利率	虽然“咖啡直达”的表现好于全球竞争对手指数，但不及五大竞争对手	难分胜负
收益增长率	显然，“咖啡直达”的年收益增长率高于两组竞争对手	好于竞争对手
净收益率	“咖啡直达”的净收益率明显低于两组竞争对手	不及竞争对手

	全球前五竞争对手指数	全球竞争对手指数	“咖啡直达”
毛利率	52.3%	34.5%	37.2%
收益增长率	(0.6%)	6.9%	31.8%
净收益率	12.5%	6.4%	2.7%

分析这些财务指标的历史数据，就能得到“咖啡直达”的股票与竞争对手的相对价值好坏参半的结果，也没有证实“咖啡直达”股价估值超过竞争对手股价估值的溢价。剩下的一种传统解释就是预期增长。

在金融市场，首次公募股票的估值同时包括既往业绩和预期增长。在“咖啡直达”的案例中，股价相对高估可能意味着“咖啡直达”有高于竞争对手的增长预期。事实上，根据招股说明书，“咖啡直达”对2003—2007年度收入做出年均增长20%这个具有说明作用的预测，这个预测增长率高于竞争对手的预期增长率。重要的是，这个预测增长率也超过“咖啡直达”过去4年的收益年增长率；此外，由于该公司的股票不是在传统市场上交易，因此没有独立的股票分析师来评估这些预测数据。于是，从收益方面看，虽然为“咖啡直达”股票支付的部分溢价可能是由预期收益增长率促成的，但这些预测数据不太可能包括对2003年净收益（4.7倍于前五大竞争对手指数或者5.4倍于全球竞争对手指数）支付的全部溢价。

除了收益溢价以外，还有流动性溢价需要考虑。在拿"咖啡直达"股票与可比上市公司的股票进行比较时，假设与可在公开市场上交易的股票具有相似的流动性，即"咖啡直达"股票的投资者能像公开市场股票的投资者那样随时可以通过公开市场出售股票收回其投资。虽然"咖啡直达"股票可以通过一个对销系统进行交易，但这并不能保证股票的流动性，特别是对大股东来说。因此，可以预计投资者会要求流动性溢价，以弥补这种额外风险。使用保守的15%流动性折扣率[1]，市盈率可以做如下调整：

$$\frac{\text{股价}}{\text{每股收益}}-\left(\frac{\text{股价}}{\text{每股收益}}\times\text{流动性折扣率}\right)=\text{调整后的市盈率}$$

这样，竞争对手股票调整后的市盈率就可与"咖啡直达"股票的隐含市盈率进行比较：

"咖啡直达"股票的隐含市盈率－竞争对手股票的市盈率＝市盈率差

	全球前五竞争对手指数	全球竞争对手指数	"咖啡直达"
市盈率（2004年2月1日）	19.6倍	18.9倍	
流动性折扣	2.9倍	2.8倍	
打了流动性折扣后的市盈率	16.7倍	16.0倍	24.3倍

在竞争对手股票的估值包含流动性折扣的情况下，"咖啡直达"股票所支付的溢价就变得更加明显。

回到最初的社会溢价计算公式，以上分析可表述如下：

每股支付价格－每股市值＝社会溢价

24.3倍－16.7倍＝7.6倍

或者

24.3倍－16.0倍＝8.3倍

这个市盈率溢价也可转换成英镑（百万）和每股英镑数：

社会溢价×"咖啡直达"2003年度净收益＝用英镑表示的溢价

$$\frac{\text{用英镑表示的溢价}}{\text{股票数}}=\text{每股溢价}$$

[1] 在《作为投资风格的流动性》（*Liquidity as an Investment Style*）一书中，罗杰·伊博森（Roger Ibbotson）通过研究美国3 500只上市交易股票，对这种"非流动性溢价"进行了量化。从1972年到2011年，小盘（低流动性）股票的年平均收益率是15%，而成长型（高流动性）股票的年平均回报率是2.24%。

	全球前五竞争对手指数	全球竞争对手指数
市盈率溢价	19.6 倍	18.9 倍
用英镑表示的溢价	2.8 英镑	3.0 英镑
每股市盈率溢价	0.31 英镑	0.34 英镑

假设投资者表现理性，市场对“咖啡直达”股价的估值正确，那么这个支付价格除了投资的市场价值外，还包括社会溢价。[1]

确定投资者愿意为社会价值支付溢价，仅仅是分析的第一步。接下来要确定社会价值与所支付溢价之间的关系。

“咖啡直达”公司在 2003 年为实施“生产者支持与发展”计划花费的 40 万英镑可作为该公司创造的社会价值的一个替代指标。“生产者支持与发展”计划是一项用于支持和发展全球生产合作伙伴的计划，并且（在 2003 年）由于采用高于市场的价格向咖啡生产商多支付了 280 万英镑。这笔支出在招股说明书和对公司管理层[2]的访谈中被强调为在内部定价过程中使用的社会价值的代理变量。

利用这个代理变量，可以从混合估值以及分开的财务和社会估值两个不同的方面来探讨这种关系。

对于混合估值，经税收调整[3]后的“生产者支持与发展”计划支出可以添加到报告净收入，从而产生调整后（或混合）净收入：

2003 年度的报告净收入＋2003 年度“生产者支持与发展”计划支出×（1－税率）＝2003 年度因“生产者支持与发展”支出做税率调整后的净收入

$$369\ 045\text{ 英镑}+400\ 000\text{ 英镑}\times(1-24\%)=671\ 566\text{ 英镑}$$

这种混合净收入可能意味着社会支出同样被作为财务收益来处理。利用调整后的净收入，就可以计算“咖啡直达”股票的混合市盈率：

$$\frac{\text{隐含市值}}{\text{因“生产者支持与发展”计划支出而进行税收调整后的净收入}}$$

$$=\text{因“生产者支持与发展”支出进行税收调整后的市盈率}$$

$$\frac{8\ 960\ 000\text{ 英镑}}{671\ 566\text{ 英镑}}=13.3\text{ 倍}$$

[1] 必须指出，这一计算本身并不必然意味着一种取舍。从这家公司的历史数据看，投资者本可以预测，“咖啡直达”将继续利用它创造的社会价值来推销自己的产品，并从传统的咖啡分销商手中夺取市场份额。他们还可以认为，消费者会因为这种社会价值而继续为“咖啡直达”的产品支付溢价。因此，可证明的稳健社会价值为公司的持续增长和盈利所必需。

[2] 在撰写本案例研究期间，本章作者与“咖啡直达”公司公募时的管理层成员进行了交谈。

[3] 是否要对“生产者支持与发展”计划支出进行税收调整还值得商榷。如果投资者把这种支出看作在价值上与财务净收入相等的支出，那么就对这种支出进行税收调整处理。

用这种方法计算混合市盈率，就意味着投资者对财务基线(净收入)和社会支出("生产者支持与发展"计划支出)的估值为13.3倍的市盈率。这样，就把"咖啡直达"的财务业绩与社会价值的代理变量放在同一层次上进行估值。

由于混合市盈率低于任何一个竞争对手股票指数，因此可能就意味着有必要分开计算财务和社会市盈率。如果是这样，把前五大竞争对手(经流动性调整后)的市盈率乘以财务净收益，就意味着考虑"生产者支持与发展"计划后的"咖啡直达"社会市盈率较低：

"咖啡直达"股票的市值＝"咖啡直达"的市盈率×"咖啡直达"净收益＋社会市盈率×"生产者支持与发展"支出税收调整额

8 960 000 英镑＝16.7 倍×369 000 英镑＋社会市盈率×304 000 英镑

解这个方程，就可得到"咖啡直达"9.2倍的社会市盈率。这种估值法提出了几个值得关注的问题。

相对于市场而言，"咖啡直达"公司为创造社会价值所付出的代价是高还是低？虽然投资者为社会价值埋单的相对意愿似乎低于为财务价值埋单的意愿，但直接比较为财务价值和社会价值付出的代价可能并不合适。财务收益的市值根据可比较的公开数据(即比较财务市盈率)来计算，但如果没有可比的市场数据点，那么就不可能知道社会市盈率是被低估还是高估了。

关于社会价值的风险，这又意味着什么呢？为当前财务收益支付市场价值存在风险，因为等投资者试图出售自己手中的股票时，"咖啡直达"的基本收益或市盈率可能已经下降。为社会价值埋单的风险在于：在出售股票时，社会价值会下降，因此，未来的投资者可能不愿为社会价值埋单(社会市盈率为0)。通过为社会价值埋单，投资者是否会认为未来他们能按照混合估值出售自己的股票，还是愿意为一次性的社会价值埋单？

这是否证明了一种半帕累托关系？通过为他们无法从金钱上获得的社会价值埋单，"咖啡直达"股票的投资者似乎用他们的部分财务收益来换取社会收益。如果交易所用的资金来自传统的投资组合，那么，情况很可能就是如此。一些管理层提供的轶事性数据表明，许多投资者把这视为当年社会投资的一部分。因此，或许可以把股票的财务价值视为补贴或维持公司每年创造的社会价值。

显然，要全面分析投资者是否愿意在公开交易和私人交易中为社会溢价埋单，就需要更多的数据点。正如本章所指出的那样，越来越多的投资者和出资人开始探索把社会价值纳入预测—估值—定价过程的做法；而且，这样做的投资者和出资人越多，就越有能力构建旨在为社会企业混合价值准确定价的综合模型。

投资协议

投资协议是一种规定投资交易估值、所有权、期权设置、董事会结构、结束条件和其他关键条款的法律文件，是投资者和创业者规定出资人和被投资企业之间初步和持续关系的重要文件。在规模较大的交易中，中介人——常常是投资银行——通常负责投资协议的谈判，向当事各方解释条款及其意义。初创企业的大多数交易都是在没有中介机构介入的情况下完成的。在社会金融领域，有些基金在订立投资协议条款方面确实颇具创新性，它们试图通过将各方在融资关系中的价值写入协议，把社会投资者及其被投资者的动机结合在一起。下面，我们从是否适合社会金融的角度来考察投资协议的关键要素。

交易前估值

企业的交易前估值就是指企业在投资资金进入资本结构之前的价值。如前所述，大多数投资就是根据财务预测来进行交易前估值，并且使用只包括预期的资本/资金财务成本。社会金融领域的投资协议必须包括投资前的社会影响力估值。

投资进度安排

分阶段进行的投资通常要做进度安排，也就是说，这种投资在规定的时间框架内被分割成多个子项目。企业在投资进度安排中确定自己在收入、用户、利润、产品设计、专利、认证等方面必须要实现的目标，并且在下一轮筹资之前发布这些目标。这种安排也可适用于与达成一致的社会影响力结果和价值挂钩的社会融资。如果安排得当，这样的分期社会融资可以使资金配置与被投资者的社会影响力目标相协调，例如，通过采用像社会影响力债券这样的绩效合同的按绩效付费制为早期干预筹集前期资金。

股权(所有权)归属

简单地说,所有权归属是指投资者随着时间的推移逐渐获得被投资企业的所有权。如果投资者持有尚未兑现的股权,那么,在这些股权兑现以后,投资者就有权持有这些股份。如果投资者自己的股权得到兑现,那么从一开始就控制了这些股权。从股权投资的角度看,反向持股权归属是一种常见的做法(也是一种可能引起争议的做法),要求创业者把归其所有的股份的控制权让渡给投资者,而投资者要按照约定的时间把受让的股权归还给创业者。这种做法允许投资者把创业者与一笔交易捆绑在一起,因为,如果创业者在股权转让计划终止前撤离公司,那么只对已有归属的股权享有法定的权利,其余的股权归投资者所有。股权归属也可像投资进度安排那样作为一种积极的激励措施,如果企业实现某些结果目标,创业者就有望持有更多的股权。对于那些也许不那么在乎退出,而更加在乎鼓励被投资者扩大其社会影响力的社会投资者来说,股权归属是一种值得关注的激励措施:按照可允许社会投资的被投资者通过日后实现社会影响力目标来收回部分股权的方式来安排交易。

期权安排

对于快速成长的初创企业来说,招聘和激励员工是一种需要优先发展的重要能力。期权安排由于能赋予公司用未来股权奖励公司关键员工的能力,因此可能是公司发展激励员工的能力的关键。对于社会创业者来说,认同组织的混合目标可能更为重要。在社会企业或社会目的组织中,未来的股份控制权或社会企业股份期权授予制(如果合适的话)可能成为一种有助于招聘有才华和忠诚度的员工的有力工具。

财务信息

投资者通常要求被投资者提供标准的财务信息,如经审计的财务年报、未经审计的季度和/或月度报告以及年度预算和业务计划。社会投资者还可以在投资协议中规定他们希望获得哪些社会影响力信息，以促使被投资者把编制和公布有效和令人信服的社会报告纳入其核心组织活动。

保护性条款

保护性条款可以保护投资者免受公司在未征得他们同意的情况下擅自进行重要变更。保护性条款通常涉及公司清算、解散和股本结构调整，董事会规模变更，超过一定数额的付款须经同意以及关键员工变更等内容。保护性条款赋予社会投资者和被投资者一种把社会投资的社会目标和结果纳入社会融资交易的机制。主流融资的两种条款——实质性变更和强卖权(drag-along right)条款——也可能对社会金融特别有用。在传统的投资协议中，实质性变更条款也就是关于被投资人得把公司结构或业务性质的任何重大变更告知投资人的条款。社会投资者可利用这种条款来限制社会企业核心使命的任何变化，从而保护被投资者的社会目标不被变更(Stevenson，2012)。"强卖权"条款规定，如果优先股多数股东投票接受向第三方出售他们手中全部股份的要约，那么，其余股份就可以作为这笔交易的组成部分"强卖"出去。虽然"强卖权"条款允许主流投资者通过把手中的股份卖给出价较高的第三方来获得回报，但对于社会投资来说，要约收购人的意图和他们打算以后如何"经营"被收购组织可能更为重要。因此，如果收购人的社会使命与社会目的组织的社会使命互不相容，那么，这项条款可能是社会投资的被投资者保留阻止出售投资项目的权利的关键所在。[1]

结束语

本章系统分析了主流金融的相关模型对社会金融的适用性和适宜性，主要指在把社会影响力评价思想与注重实际的预测—估值—定价模型——有助于社会投资者和被投资者加强投资决策工作的模型——联系起来，从而推动(重要的)社会影响力评价辩论向前发展。

本章介绍的预测—估值—定价框架有两个用途：一是允许我们探索主流

〔1〕 有时，可以使用"强卖权"条款锁定社会目的组织的财务结构，就像英国社区利益公司中的社会"锁定资产"一样。但是，这个条款不可能让任何可能收购社区利益公司的投资者意识到社区利益公司的社会资产价值，从而遏制敌意收购。

金融领域的习惯做法在多大程度上可以转化为社会金融的做法；二是有助于更好地发展当前关于社会融资的思想，以便更好地理解投资者偏好在确定社会投资价值方面的作用和性质，然后考虑如何在不同的市场和交易结构中以及通过投资协议等既定机制对社会投资价值进行定价。

本章分析表明了全球社会金融发展的潜力，但也强调指出了这个领域制度化程度严重不足的问题。由于缺乏透明和可靠的业绩数据、运行良好和流动性强的二级市场、成熟的投资机制、金融工具以及风险和回报信息，这一切对于投资者和被投资者来说都构成了一个颇具挑战性的环境。然而，这也是一个可把创新和活力组合在一起——如社会影响力债券就是一个证据——的领域，而且我们有很大的理由乐观地认为，这个领域在未来的 10 年将获得蓬勃发展。

参考文献

Acumen Fund Metrics Team (2007). 'Acumen Fund Concepts: The Best Available Charitable Option', January: pp. 1–5. <http://acumen.org/ideas/?search=best+available+charitable+optioncepts>, accessed 15 June 2015.

Emerson, J. (2003). 'The Blended Value Proposition: Integrating Social and Financial Returns', *California Management Review*, 45(4): 35–51.

Emerson, J., 2011. 'Risk, Return and Impact: Understanding Diversification and Performance within an Impact Investing Portfolio'. ImpactAssets Brief no. 2. <http://www.impactassets.org/files/downloads/ImpactAssets_IssueBriefs_2.pdf>, accessed 26 March 2015.

Emerson, J., and Cabaj, M. (2000). 'Social Return On Investment', *Making Waves*, 11(2): 10–14.

Emerson, J., Wachowicz, J., and Chun, S. (2000). 'Social Return on Investment: Exploring Aspects of Value Creation in the Nonprofit'. In REDF Box Set Volume 2, pp. 132–73.

Foster, W., and Bradach, J. (2005). 'Should Nonprofits Seek Profits?', *Harvard Business Review*, 83, February: 92–100.

Freireich, J., and Fulton, K. (2009). 'Investing for Social and Environmental Impact: A Design for Catalyzing an Emerging Industry'. Monitor Institute.

Nicholls, A. (2009). 'We Do Good Things, Don't We?' Blended Value Accounting in Social Entrepreneurship', *Accounting, Organizations and Society*, 34(6–7): 755–69.

Nicholls, A. (2010). 'The Institutionalization of Social Investment: The Interplay of Investment Logics and Investor Rationalities', *Journal of Social Entrepreneurship*, 1(1): 70–100.

Nicholls, A. (2013). 'Filling the Capital Gap: Institutionalizing Social Finance', in S. Denny and F. Seddon (eds), *Evaluating Social Enterprise*. Basingstoke: Palgrave MacMillan, pp. 161–96.

Nicholls, A., and Schwartz, R. (2014). 'The Demandside of the Social Investment Marketplace', in L. Salamon (ed.), *New Frontiers of Philanthropy: A Guide to the New Tools and New Actors that Are Reshaping Global Philanthropy and Social Investing*. Chichester: Jossey-Bass, pp. 562–82.

Nicholls, J. (2004). *Social Return on Investment: Valuing What Matters*. London: New Economics Foundation.

O'Donohoe, N., et al. (2010). *Impact Investments: An Emerging Asset Class*. London: J.P. Morgan Global Research.

Olsen, S., and Lingane, A. (2003). 'Social Return on Investment: Standard Guidelines', *California Management Review*, 46(3): 116–35.

Slee, R., and Paglia, J. (2010). 'Private Cost of Capital Model', *The Value Examiner*, March/April, pp. 23–32.

Tuan, M. (2008). 'Measuring and/or Estimating Social Value Creation: Insights into Eight Integrated Cost Approaches'. Final Paper. Bill and Melinda Gates Foundation.

Weisbrod, B. (2004). 'The Pitfalls of Profits', *Stanford Social Innovation Review*, 2(3): 40–52.

Weisbrod, B. (2011). 'The Nonprofit Mission and Its Financing', *Journal of Policy Analysis and Management*, 17(2): 165–74.

Zhuang, J. et al. (2007). *Theory and Practice in the Choice of Social Discount Rate for Cost-benefit Analysis: A Survey*. Metro Manila: Philippines: Asian Development Bank, Metro Manila, Philippines.

第十二章　彼得伯勒监狱的社会影响力债券试点项目

亚历克斯·尼科尔斯　艾玛·汤姆金森

引　言

社会影响力债券已成为社会金融市场上最受关注的一种融资工具，目前全球有多个社会影响力债券项目正在试行之中。高层政策通报会和（八国集团）社会影响力投资特别工作组的工作简报都着重提到了这个问题。2014年，英国政府宣布，经批准发行的社会影响力债券可享受社会投资税收减免。本章对世界第一个社会影响力债券试点项目进行深入的案例研究，并且阐明这种实践所面临的机遇和挑战。[1]

本案例研究[2]将考察一种全新的福利服务融资工具社会影响力债券的问世、发展及其在全球范围内的演变。我们将在社会影响力债券问世的历史背景下对这种债券进行定义，并且详细介绍在英国彼得伯勒监狱进行的第一个社会影响力债券试点项目。此外，我们还将指出英国、澳大利亚和美国其他社会影响力债券试点进行的创新，在结尾部分列出社会影响力债券模式的主要创新和贡献，并且考察这种新型合同模式在今后的推广发展过程中可能遇到的障碍和应该注意的问题。具体而言，本研究旨在帮助读者了解以下几个方面的问题：

(1)政府如何营造改革氛围来推动新的合同模式的发展？

---

〔1〕 本案例研究旨在提供课堂讨论的素材，而不是介绍最佳合同或融资模式。我们通过实地采访、访谈、介绍和公开来源收集本研究所需的材料。本案例研究得到了皮尔斯商学院(Pears Business School)合作项目的资助。这个合作项目的宗旨是激励未来的领导者对社会做出与众不同的正面影响。http://www.pearsfoundation.org.uk.

〔2〕 本案例研究多亏社会金融有限公司提供慷慨的合作才得以完成。本章作者还要感谢丹·格雷戈里提出的宝贵评论意见。

(2)提供福利服务的社会目的组织和社会企业如何与政府建立新型关系?

(3)创新性社会金融投资机会如何促进社会金融市场的发展?

(4)社会影响力评价指标如何才能支持新的融资机会,并且改善组织的社会绩效?

(5)长期合同和柔性资金供给怎样才能提高福利服务供给的战略柔性,从而提高总体绩效?

(6)如何让多个利益相关者群体参与到追求某个单一社会结果的过程,从而创造与众不同的效益,同时应对各种独特的挑战?

本章第一部分对社会影响力债券模式及其关键组成部分进行定义;第二部分介绍社会影响力债券产生的历史背景;第三部分详细考察了彼得伯勒监狱的社会影响力债券试点项目;第四部分介绍了社会影响力债券模式在全球范围内的发展;第五部分探讨了第一次试点结束后出现的一些问题。本章以一个反映 2014 年出现的一些重要问题的后记作为结尾。

何为社会影响力债券

社会影响力债券是一种创新性福利和其他社会服务融资工具,推出这种工具的目的是通过政府、服务提供者和外部投资者之间的合作来改善社会结果。简单地说,社会影响力债券就是一组契约,而这组契约的基础就是政府同意在取得某个特定社会结果以后,为投资者改进这个社会结果提供资助。服务提供者通过干预目标社区某个群体的方式来改进社会结果,而投资者向实施干预的服务提供者提供运营资金,并因此而承担财务风险。社会结果改进越多,政府资助的力度就越大,而投资者的回报也就越高。实际上,社会影响力债券是一种社会期货合约(social futures contract),而不是债务工具。

有效执行社会影响力债券合同的基础就是一些精确评估服务用户生活中发生的相关变化的社会影响力评价指标。社会影响力债券模式不同于许多公共部门的合同模式,评价社会结果是社会影响力债券模式的一个必要组成部分,也是政府付款和向投资者还款的一个触发因素。社会影响力债券模式通过利用非政府投资来增加预防性服务(preventative services)的支出,从而使相关的干预措施能够对代价昂贵的健康和社会问题产生直接的影响,并且在不降低总体福利服务水平的情况下持续节省国家的经费。社会影响力债券还把财务回报与社会结果直接联系起来，这是传统的政府委托方式难以做到的。

社会影响力债券模式要求政府、投资者和服务提供者之间开展创新性合作——发生在社会影响力债券合约谈判、执行和管理的过程中。社会影响力债券机制还旨在使这些关键利益相关者的利益与他们之间谈定的可测度社会结果以下列方式挂钩：

(1)政府专员(government commissioners)：社会影响力债券确保只有在采用社会影响力债券融资的服务改善了服务用户的结果以后，公共部门才支付事先谈定的费用。[1] 政府把融资支持的干预未能改善结果的财务风险转嫁给了投资者。

(2)投资者：社会影响力债券赋予信托基金、商业和机构投资者、高净值人士及散户投资者为投资创造社会和财务混合收益的机会。采用社会影响力债券融资的投资项目社会回报与财务回报是联系在一起的，因为投资者投资改善社会结果越多，才能获得越多的财务回报。

(3)服务提供者：社会影响力债券为服务供给提供了额外的投资。鼓励服务提供者进行创新，以便为目标人群取得最大的社会结果。重点在于服务提供者能一起提供的合作和社会结果，而不是服务或产出的成本。长期合同允许服务提供者雇用全职员工，并且赢得服务用户的信任。

(4)中介机构：社会影响力债券在其发行和执行过程中为中介机构履行多种职能开辟了一个新的市场。例如，它们可以进行可行性研究、尽职调查、交易谈判，创立一种特殊目的实体(special purpose vehicle，SPV)或基金，筹集资金，并对绩效进行管理。

(5)服务用户：采用社会影响力债券融资可向很多用户提供服务，并且能够为他们改善结果。政府根据为用户改善结果的具体情况付费。服务以灵活的方式，而不是按照规程或者时间单位来提供，因此能够满足用户需要。

根据干预领域至少一个明确界定的社会结果(如青少年犯罪、少女怀孕、青少年失学、就业或培训)来设计每一笔社会影响力债券。适当的结果和成功的评价标准由政府与结果交付方谈判商定。投资者可以参与评价标准谈

[1] 社会影响力债券在澳大利亚新南威尔士州被称为“社会效益债券”。这种债券是社会影响力债券的一个例外，即使债券融资项目没有取得积极的结果，政府也会付费，投资者的本金能得到一定比例的偿还。

判，也可以在合同条款确定以后应邀直接参与投资。社会影响力债券的投资者被要求承担部分甚至全部干预不能实现目标结果的风险，但一旦干预获得成功，他们就能获得投资回报。由于社会影响力债券（是新品种，缺乏财务业绩记录）的感知风险，社会金融机构——主要由实现社会影响力的目标所驱动，因此将承担更多的财务风险——通常为首期社会影响力债券提供资金或担保（Loder et al.，2010）。

社会影响力债券模式不同于其他承包模式，因为它采用与结果挂钩的合同和非政府投资来提供社会服务。

与结果挂钩的合同——政府与服务提供者之间按结果付费的协议[1]——是一种在以下两个方面具有创新性的福利服务委托方式。首先，它把付费与可度量的结果变化——如降低累犯率——联系在一起。这与传统上根据产出支付服务费用的政府合同有所不同，例如为完成某个项目投入的人力或者其他要素，如工作人员与客户接触的时间。与结果挂钩的合同还鼓励服务交付者与本地高效的服务提供者合作把服务分包给后者，从而让服务用户获得最佳结果。其次，社会影响力债券合同的期限通常比大多数政府合同要长。例如，彼得伯勒监狱社会影响力债券是一份与政府签订的涉及7年服务交付的根据结果付费的合同。在当前的支出审查中，政府很少跨越当期支出审查期限支付合同价款，如英国政府通常每三年左右进行一次支出审查。根据结果付款，再加上较长的合同期限，意味着服务提供者在如何提供服务以及收集绩效信息和根据信息做出反应的时间上具有更大的灵活性。因此，服务提供者能够甚至必须在一个动态变化的服务提供环境中，根据绩效信息和环境变化来改善服务。

外部投资者还与服务提供者签订一份与结果挂钩的合同，并且最终根据这份合同获得回报。因此，投资者和服务提供者具有相同的社会和财务动机。外部投资者的参与将未交付约定结果的财务风险转嫁给了非政府投资者，从而将交付约定结果的责任转移给了非政府投资者。因此，服务提供者就能专心致志地为投资者交付结果，而不是像传统上根据政府专员所要求的非结果评价标准来交付结果。此外，与政府签订的传统合同可能在如何提供服务的问题上有很强的指令性，并且故意采用根据服务提供规程的进度拨款，而不是根据所产生结果付费的方式限制服务提供者偏离规程提供服务的

---

[1] 这种模式有时被称为“成功后付费”，特别是在美国。

灵活性。

投资者的参与也使得社会目的组织能够与政府签订按结果付费的合同，而这种合同在政府付款之前实际提供了营运资金。[1]

社会金融公司——世界上发行第一笔社会影响力债券的先驱——把这一模式定义为：

> 社会影响力债券是这样一种以结果为基础的合同形式：公共部门专员根据这种合同承诺为某一特定人群的社会结果显著改善（如降低犯罪率或者减少接受住院治疗的病人）埋单。社会影响力债券是一种围绕这些造福于个人和社区的以结果为基础的合同吸引新投资的创新方式。私人投资通过认购社会影响力债券被用来为有良好业绩记录的服务提供者进行的干预埋单。公共部门根据社会结果的改善程度向投资者支付财务回报。如果社会结果没有得到改善，那么投资者就无法收回他们的投资。社会影响力债券为预防和早期干预服务提供前期资金，并且消除公共部门本应承担的干预措施无结果的风险。当（且只有当）干预以这种方式取得成功后，公共部门才会付款。通过这种方式，社会影响力债券能够在这两个部门之间重新分摊风险。（Social Finance，2011a and 2011b）

英国内阁办公室根据四个必要标准对社会影响力债券进行了定义：

（1）政府专员与法律上独立的实体“交付机构”之间签订的合同；

（2）如果交付机构取得了一个或者多个特定结果，那么，政府专员就得支付一笔或者多笔款项；

（3）至少有一个投资者是在法律上独立于交付机构和政府专员的实体；

（4）部分乃至全部无结果交付的财务风险由投资者承担（Cabinet Office，2013）。

图 12.1 对社会影响力债券模式中财务与社会结果流之间的重要关系进行了图示。

[1] 由于交易成本太高，因此，规模较小的服务提供者不可能有能力以总承包人的身份参与，但可以作为分包商提供服务。

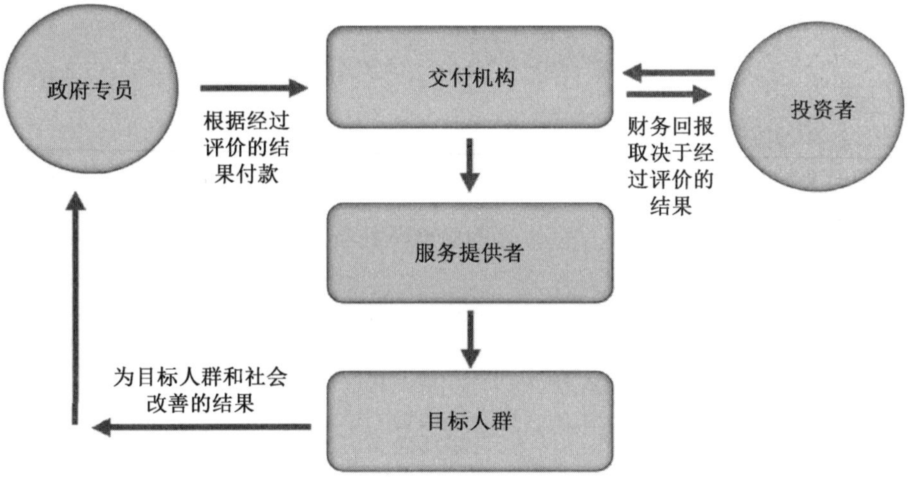

图 12.1　社会影响力债券结构

历史背景

在过去的 30 年里，许多发达国家政府向本国公民提供服务的方式发生了一系列重大的结构和操作层面的变化。这些变化反映了现代政府的作用在意识形态和经济两个方面的变化趋势，而这种变化趋势的典型特征表明，把减税和私有化置于“税收和支出”更加中央集权化的国家模式之上的新自由主义议程占据了主导地位。从纯经济学的角度看，这是唾弃由中央集权化国家驱动的新凯恩斯主义经济学，转而支持更具新自由主义色彩的基于市场的哈耶克理论的结果。

有人认为，这场革命的两个关键主题是国家履行对内职能的“新公共管理”(new public management)观和涉及面更广泛的“政府再造”(reinventing government)运动(Osborne and Gaebler，1995)。无论是新公共管理观还是政府再造运动观都非常重视改革国家官僚机构，废除中央集权化的政府体制，并且采取更“类似于企业”、更有进取心的福利服务提供和国家对内职能的履行模式。虽然这两方面的改革都曾经引发了很多争议(有时遭到公务员和其他人的强烈反对)，但现在已成为大多数现代政府的行为准则(见图 12.2)。

除了推动政府进行各个系统的体制改革之外，这些议程还涉及以前完全

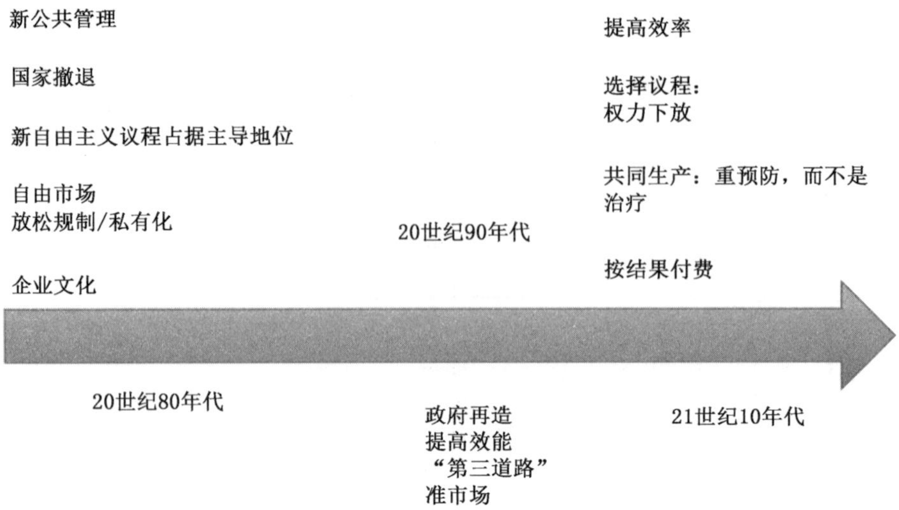

图 12.2 政府角色创新模型

由国家承担责任的其他方面的改革。在大型基础设施项目——学校、医院、道路——中，这些改革驱使政府与私人、企业签订一系列在英国被定义为“公私合伙”(public-private partnerships)或者“私人融资计划”(private finance initiatives)的新型混合契约。在服务提供方面，许多旨在把市场或准市场模式引入公共福利部门的关键改革措施将(通常是政府外部的)服务提供者与(政府内部的)专员分离开来。这种市场模式把招标程序引入公共福利部门，目的在于提高福利部门的工作效率和效能。因此，许多福利部门现在都是通过与第三方(通常是慈善机构或第三部门组织)签订外包合同来提供产品和服务。在英国，这个市场对社会企业部门的发展具有非常重要的意义。

作为新一轮福利改革的一个内容，社会影响力债券符合这个变革传统。2008—2010年，许多国家政府在对私营部门银行债务进行实际上的“国有化”以后陷入了赤字危机，而这轮改革在很大程度上就是在这种背景下进行的。许多国家的政府选择通过实施严厉的紧缩计划，削减40%的公共支出(而不是大幅增加税收)来解决这一危机。[1] 同时，各国政府力求提高其剩余支出的效果。在这方面，有些国家的政府考虑采用按结果付费的模式，或者更具体地说，考虑推行一种基于成果的福利服务模式，旨在为主要受益人提供更

〔1〕 许多经合组织国家都是如此，但并非所有国家都是如此。例如，澳大利亚并没有像其他发达国家那样遭遇银行危机或者赤字问题。但长期以来，政府对外包模式表达了极大的热情，而新南威尔士州开发了类似于社会影响力债券的社会效益债券(Tomkinson，2012)。

有效的服务。从注重社会创新、涉及面更广的政策的角度看，这是一种颇有吸引力的福利服务模式。社会影响力债券模式可为扩大或者推动福利项目引入第三方资金，而政府只根据结果并且——至少从理论上讲——用每年节省的资金来付费。由于社会影响力债券具有这些特点，因此已经引起了缺乏现金的部长们的注意。

社会影响力债券也顺应了英国和其他国家采取许多政策措施发展社会金融市场的趋势。英国一直是这类创新的全球市场领先者，历届英国政府都采取了政策措施，包括新的财政政策（社区投资税收减免）、新的法规（为社会企业确定社区利益公司的法律地位）、直接投资（创建“未来建设者”）、促进社会金融基础设施建设的立法[设立无人认领资产委员会（Commission on Unclaimed Assets）、设立“大社会资本”，以及委托政策变革（2012 年通过了《公共服务（社会价值）法》]。在这种背景下，政府在政策上对社会影响力债券表示的热情体现了新的政府服务委托过程和直接投资的结合。

彼得伯勒监狱的社会影响力债券试点

本案例研究重点介绍社会影响力债券的第一次试点，发行这笔社会影响力债券的目的是要降低彼得伯勒女皇陛下监狱囚犯在刑满释放 12 个月后再犯罪的累犯率。这个项目于 2010 年 3 月 18 日由彼得伯勒女王陛下监狱与英国司法部（MOJ）联袂启动，期限预定 7 年（Strickland，2010）。这个项目筹集到 500 万英镑就停止集资，最初的社会投资者大多是慈善信托基金和基金会，其中有些基金会是代为个人或机构管理财富。相关合同规定，如果累犯率跌破约定的值域，英国司法部就向投资者付款。降低累犯率是一项可以减轻纳税人负担的预防性工作：在英国 40 200 名被判处短期徒刑的成年人中，有 60%刑满释放不到一年又重新犯罪。这个社会影响力债券试点项目在 7 年内向彼得伯勒监狱 3 000 名短期徒刑囚犯提供了大量的支持，无论是在服刑期间还是在刑满释放后帮助他们重新融入社区。社会企业提供服务的伙伴包括圣吉尔斯信托基金（St Giles Trust）、奥米斯顿儿童与家庭信托基金（Ormiston Children and Families Trust）、绍瓦基金会（SOVA）、基督教青年会（YMCA）、彼得伯勒与彭兰心智会（Peterborough and Penland Mind）。如果这个社会影响力债券试点项目能使在彼得伯勒监狱服刑的短期囚犯刑满释放后的累犯率下降7.5%，那么，债券的投资者就能获得2.5%的最低回报。累犯率跌破这个阈值的幅度越大，投资者就可得到越多的回报。政府付款总额上限为800万英镑（按不变价格计为700万英镑），而投资者的投资回报上限则是13%年内部回报率。[1]

社会影响力债券模型开发及其初次试点

2007年底，当时英国的工党政府设立了社会行动委员会（Council on Social Action）[2]"负责提出各种不同想法和倡议供政府和其他主要利益相关者用于推动、促进和发展社会行动"（Cabinet Office，2009）。社会行动委员会现在已成为一个把关键的个人和组织按照以下四个主题聚集在一起的平台：社会技术、社会领导、协作承诺和为社会行动筹资的新模式（Cabinet Office，2009）。该委员会邀请不同组织为推进它的工作献计献策，并且采纳受邀组织提出的一项建议在2008年4月成立了社会金融有限公司，目的是要"加快在英国建立社会投资市场的进程"（Social Finance，2008a，2008b）。社会金融公司的首届董事会有两个社会行动委员会成员参加。

与此同时，前投资银行家、现改行在社会企业家网络阿育王担任社会投资专家的亚瑟·伍德（Arthur Wood）正在开发一种专门为发展中国家新卫生项目融资的"或有收益债券"（contingent revenue bond）。[3] 这种债券由私人投资认购，但还款时间要视项目实施结果而定。或有收益债券的认购人或者出资人可分为营利性贷款机构和慈善基金会，前者为营利而提供资金，而后者则为取得可评估的结果而提供资金，因此也根据项目取得的社会结果偿还

[1] 前沿经济学此前对圣吉尔斯信托基金"走出牢门"（Through the Gates）模式的评估显示，预防累犯的经济效益是成本的10倍。

[2] 社会行动委员会成员有："社区链接"（Community Links）的戴维·鲁宾孙（David Robinson）、皇家邮政（Royal Mail）的凯·艾伦（Kay Allen）、"联网资本"（Connected Capital）的奥利·巴瑞特（Oli Barrett）、安理国际律师事务所（Allen & Overy）的珊卡里·钱德兰（Shankari Chandran）、"西比斯·库斯"（Hibiscus）的奥尔加·希文（Olga Heaven）、青年基金会的杰夫·马尔干、"项目苏格兰"（Project Scotland）的茱莉亚·奥美（Julia Ogilvy）、圣吉尔斯信托基金的罗布·欧文的（Rob Owen）、"伊甸园项目"（Eden Project）的蒂姆·斯密特（Tim Smit）、"启发运动"（Inspiration Campaign）的凯文·斯蒂尔（Kevin Steele）、埃森哲咨询公司的大卫·托姆林森（David Thomlinson）、神圣巧克力有限公司（Divine Chocolate Ltd）的萨菲·特兰彻尔（Sophi Tranchell）、沟通顾问公司（Communications Consultant）的保罗·特瓦维（Paul Twivy）、约瑟夫·朗特里基金会（Joseph Rowntree Foundation）的茱莉亚·尤恩（Julia Unwin）以及投资与慈善专家彼得·惠勒（Peter Wheeler）。

[3] 这种模式与全球疫苗与免疫联盟（GAVI）采用的融资模式有一些相似之处，后者利用政府对未来发展援助的承诺在资本市场上为在发展中国家推行大规模早期干预和预防计划提供资金而发行的债券提供担保。此外，全球疫苗与免疫联盟的这种筹资模式具有足以创建药品市场并加速开发在发展中国家有特殊用途的药物的特点，请浏览 http://www.gavialliance.org。

贷款。这种模式现在已成为社会影响力债券家族中的基本品种(Cabinet Office,2013)。

2008年,社会行动委员会的2名成员戴维·鲁宾孙和彼得·惠勒与社会金融公司进行了接触,一起探讨了能否开发一种通过推行“按可评估结果付费”制节约的治疗费用为预防性行动筹资的模式。鲁宾孙和惠勒在社会金融公司策划第一个社会影响力债券试点项目时曾帮助该机构维护与政府正在建立的关系。他们还为社会金融公司与安理国际律师事务所双方建立合作关系牵线搭桥。后来,安理国际律师事务所成了社会金融公司的法律顾问,为该机构开发社会影响力债券提供了300多小时的无偿法律支持。

同样是在2008年,时任“新慈善资本”首席执行官的马丁·布鲁克斯邀请社会金融公司高管参加了一个研究是否可以开发一些为早期干预工作融资的金融产品。在这之前,他与诺丁汉的议员格雷厄姆·艾伦(Graham Allen)多次讨论过后者提出的如何把更多的资源用于早期干预的问题。社会金融公司也被介绍给了第一份社会影响力债券投资意向书的起草者埃德蒙·科廷(Edmond Curtin)律师[后来的凯威莱德国际律师事务所(Cadwalader, Wickersham & Taft LLP)衍生品律师]以及[曾经设计开发国际免疫融资机制并在获得英国财政部支持和商定会计处理方法方面帮助做了重要工作的]狮子国际全球合伙人(Lion's Head Global Partner)克里斯·埃杰顿—沃伯顿(Chris Egerton-Warburton)。

青年基金会的杰夫·马尔干向社会金融公司介绍了一些高级政策制定者和之前完成的一些关于按结果付费委托(旨在减少不同政府部门制定的不当激励措施)的研究。2008年初,为了回应城市领导人集团提出的意见和社会金融公司所做的工作,青年基金会发表了一篇短文,介绍了“社会影响力债券”,并且把社会影响力债券作为一种新的社会投资(融资)模式(Young Foundation,2008;Strickland,2010;Bolton and Savell,2010)。

随着这个项目的推进,社会金融公司研究了成本高且有可能对新的或增加的预防计划产生重大影响的社会需要领域。刑事司法显然就是这样一个社会需要领域。英国各地的专家都强调指出,被判处短期徒刑的囚犯(那些被监禁不到12个月的囚犯)刑满释放后的累犯率居高不下:大约60%的短期服刑犯在获释后一年内至少又被判犯有一项罪行。因此,到了2008年底,社会金融公司已经在与司法部和财政部进行密切合作,准备为刑事司法筹资试点发行社会影响力债券。为此，社会金融公司与包括监狱工作人员、当地利益相关者、这个领域的志愿组织、其他刑事司法专家和潜在投资者(如信托基金和基金会)在内的许多关键群体进行了接触。

2009年，英国议会进一步推动了这个社会影响力债券试点项目。首先，2009年12月，英国议会司法委员会在它的报告《减少犯罪：关于司法再投资的主张》(Cutting Crime：the Case for Justice Reinvestment，Justice Committee，2009)中呼吁发行专门的社会影响力债券为刑事司法系统融资。其次，同月，白皮书《把一线工作人员放在首位：做更加聪明的政府》(Putting the Frontline First：Smarter Government)称，工党政府将“试点发行社会影响力债券，并把它作为给第三部门融资提供服务的一种新方式”(HM Government，2009:32)。社会金融公司在它的答复中概述了社会影响力债券能给社会部门、公共部门和政府带来的潜在好处：

> 社会影响力债券有可能为社会部门组织带来前所未有的资金流。通过使回报与结果挂钩，能够激励这些组织开发创新性干预措施来解决已成为我们社会和国家沉重负担的根深蒂固的社会问题。(Social Finance，2009)

2010年3月，也就是这年5月大选前2个月，英国司法部发布新闻稿宣布，由社会金融公司开发的世界第一笔社会影响力债券将于这一年夏天在彼得伯勒试点发行。

社会金融公司开发部主任托比·埃克勒斯(Toby Eccles)持一种更加系统的观点，把这次发行定位为发展社会投资市场的又一重要步骤：

> 这种债券能为社会部门带来大量的新资金，但首先我们需要取得成功的记录。第一次尝试可能会吸引有这一领域投资经历的投资者，而我们一直在谨慎地选择有丰富经验的团体为囚犯提供服务。我相信，第一次社会影响力债券试点必将取得成功，并产生良好的投资回报，从而使其他投资者将来对这种债券有投资信心。社会影响力债券可用来为资助像加强寄养照料服务、老年人家庭护理服务和长期病患者家庭护理这样的活动筹集资金。(Macdonald，2010)

在2010年5月的大选中，在野的保守党把有关社会影响力债券的内容写入了名为“要大社会，不要大政府”(Big Society，Not Big Government)的竞选宣言中。保守党在它的竞选宣言中大肆宣传它关于创立社会投资银行(后来的“大社会资本”)的主张,把社会投资银行作为“社会影响力债券等创新产品的基本投资者”,并且还宣称,“社会影响力债券由于同时提供财务和社会回报而能吸引有社会责任感的主流投资者”(Conservative Party,2010)。

5月的大选产生了一个由保守党和自由民主党组成的联合政府。大选以后,也就是2010年8月31日,大彩票基金宣布将拨款500万英镑给社会金融公司,用于把社会影响力债券发展成一种防止英国社会问题的工具。它们还同意与英国司法部合作,共同出资支付因彼得伯勒监狱社会影响力债券试点筹资项目取得结果需要支付的款项(Social Finance,2010a,2010b)。大彩票基金的首席执行官彼得·万利斯(Peter Wanless)表示:

> 大彩票基金的目的就是要成为聪明和创新的出资人;我们的愿望就是要寻找新的途径来改善我们的社区。在公共财政紧缩时期,社会影响力债券是吸引公共部门以外投资的一种全新的创新方式。我们希望,通过为社会金融公司的工作提供资金,能为英国各地更多的类似项目铺平道路,这可是一个非常令人兴奋的大型项目。预防重于治疗,而且更加便宜,有越来越多的证据表明,如果预防性干预奏效,我们就能减少在监狱、急性医疗保健和药物康复(或者戒毒)等服务方面的支出。(Big Lottery Fund,2010)

2010年9月9日,英国新任司法国务大臣肯尼斯·克拉克(Kenneth Clarke)在视察彼得伯勒监狱时发表评论说:

> 我们正在考虑一系列像社会影响力债券这样的按结果付费的计划,并且把它们作为我们激进的“康复疗法”的一部分。志愿部门和私营部门对我们的成功至关重要,我们希望更好地利用它们的热情和专门知识来使囚犯刑满释放后远离犯罪和监狱的旋转门。(Ministry of Justice and Social Finance,2010)

当天的新闻稿还引用了戴维·霍奇森(David Hutchison)的话,强调了这种融资工具的创新之处,但首次发表了对统一激励机制的看法:

> 社会影响力债券把政府、慈善机构、社会企业和有社会动机的投资者的兴趣聚集在一个共同的目标上。我们很高兴在彼得伯勒发行了世界第一笔社会影响力债券。(Ministry of Justice

and Social Finance UK，2010）

社会影响力债券的结构

发行彼得伯勒社会影响力债券的合同草签工作于 2010 年 3 月结束，为此创建了一只新的专用基金——社会影响力合伙（Social Impact Partnership）（见图 12.3）。草签合同规定，如果彼得伯勒监狱的男性短期服刑犯刑满释放后累犯率下降，司法部和大彩票基金就按约定向社会影响力合伙付款。一线服务由社会金融公司专门为发行这期社会影响力债券创建的“一条龙服务”（One Service）管理。[1]

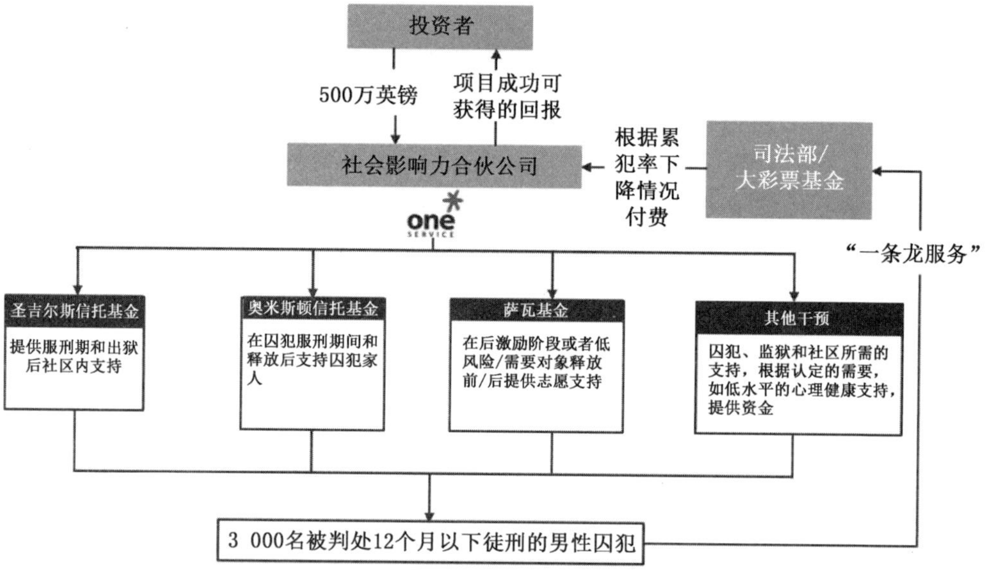

图 12.3 彼得伯勒监狱社会影响力债券试点项目结构

“一条龙服务”与各社会事业合作伙伴（social enterprise partners）（包括圣吉尔斯信托基金、奥尔米斯顿信托基金、萨瓦基金、基督教青年会和心智会）谈判签订服务提供合同。兰德欧洲（The RAND Europe，2011：13）评价确定了以下六种主要合同关系：

（1）英国司法部与社会影响力合伙公司——社会金融公司设立的有限合伙公司、社会影响力债券业务的签约实体；

[1] 在本案例研究中，“一条龙服务”是指负责管理彼得伯勒社会影响力债券还本付息和其他服务组织联合体的机构。

(2)社会影响力合伙与投资者；

(3)社会影响力合伙与服务提供者(如圣吉尔斯信托基金)；

(4)司法部与独立评估人；

(5)司法部与彼得伯勒监狱管理有限公司(Peterborough Prison Management Limited)；[1]

(6)社会金融公司与大彩票基金。

这次社会影响力债券试点共有17个投资者投资500万英镑,其中包括巴罗·吉百利慈善信托基金、埃斯梅·费尔伯恩基金会、友诚国际基金会(Friends Provident Foundation)、亨利·史密斯慈善基金会(Henry Smith Charity)、约翰逊家族基金会(Johansson Family Foundation)、兰卡利·蔡斯基金会(Lankelly Chase Foundation)、丰碑信托基金(Monument Trust)、帕纳普尔慈善基金会(Panahpur Charitable Trust)、保罗·哈姆林基金会(Paul Harnlyn Foundation)和都铎信托基金(Tudor Trust)。"一条龙服务"主管表示,这些投资者对两件事情感兴趣:首先,累犯率结果以及他们得到偿还的可能性;其次(但并不必然较不重要),这个项目实际效果如何以及如何改变其服务用户的生活。虽然社会影响力债券合同约定,投资者每季度可收到一份社会影响力债券项目运行情况的报告,但在按照社会影响力债券合同开始提供服务4年后,才开始披露有关触发还款的结果的评价标准。

在彼得伯勒监狱服刑12个月或不足12个月以后已经或将要获释的男性囚犯可获得"一条龙服务"提供的服务。在彼得伯勒监狱服刑的囚犯年龄都在21岁以上,他们在获释以后没有资格获得缓刑服务机构的任何其他法定资助,但可自愿决定是否接受"一条龙服务"提供的服务。按照计划,大约3 000名囚犯可分三批获得"一条龙服务"提供的服务。第一批囚犯将在社会影响力债券项目运行2年后或者1 000名囚犯获释(以最先获释的那个算起)时结束。第二批是在第一批结束时,而不是在某个设定的时间点开始。预计总共将提供大约7年的服务。彼得伯勒监狱社会影响力债券项目从2010年9月开始提供服务。在这个项目开始时,(差不多1 000名囚犯中)约有100名囚犯有资格获得"一条龙服务"提供的服务。"一条龙服务"还想与剩下的约30%被判12个月以下徒刑的在押犯进行互动。

---

[1] 司法部协商确定了一项私人融资计划合同无成本修正案,以确保社会影响力债券项下的服务提供者可进入监狱、使用监狱场所和探访囚犯,实施干预服务(RAND,2011:16)。

结果评价与付款

彼得伯勒社会影响力债券合同规定，如果社会影响力债券项目能使每批1 000名三批获释囚犯中任何一批的累犯率降低10%（或者使全部3 000名获释囚犯的累犯率下降7.5%），那么，司法部和大彩票基金就向社会影响力合伙这只专用基金支付相当于2.5%年回报的最低付款，再由这只专用基金把这笔款子支付给投资者（RAND Europe，2011）。如果社会影响力债券项目能使累犯率跌破阈值，投资者将获得相应递增的回报，也就是最多可获得700万英镑（按不变价格计），差不多相当于13%的年投资回报率。英国司法部和大彩票基金向投资者支付的最高限额为800万英镑（Strickland，2010）。如果社会影响力债券项目累犯率的降幅小于7.5%，投资者就要赔钱。

社会影响力债券合同规定使用的累犯评价标准是彼得伯勒监狱刑满获释的囚犯在12个月内犯事被再定罪事件的数量。[1] 然后，拿再定罪事件的数量与同期从警察局国家计算机数据库抽取的英国各地一组被判处短期徒刑的男性囚犯进行比较，并且按照犯罪史、年龄和种族等因素配对。每个彼得伯勒监狱的服务用户要与多达10个相似的罪犯进行比较，这样就能提高评价系统检测具有统计显著性的结果的可靠性。彼得伯勒监狱社会影响力债券项目结果独立评估合同的起草工作委托给了莱斯特大学（University of Leicester）和私营部门的奎奈蒂克（Qinetiq）公司。拿彼得伯勒监狱获释囚犯的累犯数据与警察局国家计算机数据库抽取的数据比对，预计需要6个月的时间，因此，比对结果于2014年夏季首次公布，即在首批服务提供2年以后才首次公布（Ministry of Justice，2012）。

彼得伯勒监狱社会影响力债券项目采用的基于结果的合同只把付款与一个结果挂钩：彼得伯勒监狱囚犯在刑满释放后12个月内犯事再被定罪事件的数量。把再定罪事件数量作为结果评价标准较之于使用像被重新定罪的囚犯人数这样的二进制评价指标（binary measures）有多个优点。[2] 具体而言，“一条龙服务”更有动机做好较难对付的罪犯的工作，国家因这类罪犯

---

〔1〕 获释后18个月犯事被重新定罪，才被算作累犯（RAND，2011）。这样，结果评估期限延长到18个月，而不是12个月。

〔2〕 它之所以被称为“二进制评价指标”，是因为囚犯可分为两类——不是被重新定罪，就是没有被重新定罪。采用再定罪事件数量这种指标被称为“频率度量指标”——用于衡量有记录的被重新定罪的频率。

要承担高得多的费用。即使罪犯因犯事而被重新定罪，"一条龙服务"也有动机在全部12个月的时间里继续做好罪犯的工作。这两种激励并非来自看似简单的二进制评价指标。彼得伯勒监狱管理公司经理尼克·利德(Nick Leader)评论说，"我认为，与二进制评价指标相比，我们有最好的监控流……"(见图12.4)。

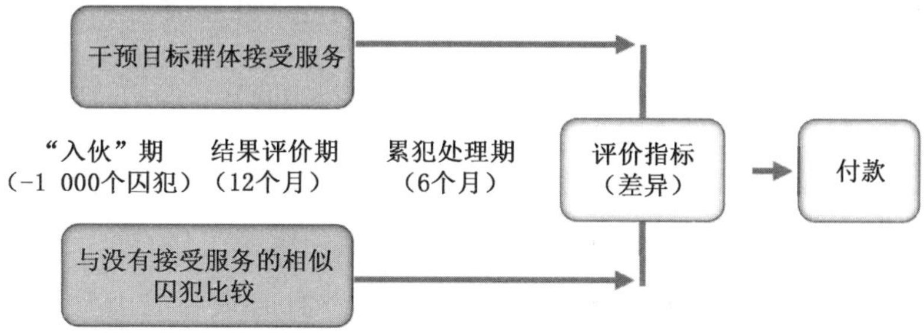

图12.4　结果评价与付款制度

欧洲兰德(2011,35)报告的受访者认为这种评价指标有以下优点：(1)评价指标明确、单一；(2)一个已经被采用的评价指标有高质量的数据可用；(3)一个有助于防止"挑三拣四"的指标——相比之下，更加简单的"是"或"否"被再定罪的评价指标可能会导致关注那些最不可能再次犯罪的人；(4)一个与成本有最直接联系的评价指标。

只根据一种结果付款就意味着，虽然"一条龙服务"及其投资者无法改变评价结果的方式，但随着社会影响力债券项目的推进，他们可以改变提供服务的方式。由于他们可从自己的服务中收集绩效信息，因此，可以从战略上对这个证据做出回应。[1]

"一条龙服务"开始行动

联系人与囚犯接触建立关系

联系人在接待室与有资格参加社会影响力债券项目的囚犯见面，并播放介绍"一条龙服务"的录像给囚犯看。联系人是受过专门培训、志愿充当监狱

〔1〕 然而，根据"一条龙服务"主管的说法，关注单一结果最困难的事情是，在该项目实施几年后并在取得结果之前无法告诉工作人员他们取得了怎样的进展。

结对支持人员的长期服刑囚犯。在彼得伯勒监狱的接待处，联系人充当直接联系和支持点。例如，由于囚犯入狱时必须上缴手机，因此，联系人帮助新来的囚犯检索必要的电话号码供他们在服刑期间使用；如果新入狱的囚犯当晚想写信“倾吐心事”，联系人也会向他们解释可写些什么；联系人会向新来的囚犯介绍狱中可选修哪些教育和培训课程，并向他们传授狱中健身知识。如果囚犯有资格获得“一条龙服务”提供的服务，那么就得接受一次面谈，这将作为日后提供个性化服务的依据。新入狱囚犯的初步评价结果会被扫描，并在“一条龙服务”指定的一名个案（或社会）工作者（caseworker）与新囚犯第一次接触之前送交这名个案工作者。在社会影响力债券项目刚起步时，监狱方面指定了 4 个联系人专门负责与“一条龙服务”的联系工作。

联系人也要接受其他联系人提供的培训，并且必须完成由圣吉尔斯信托基金提供的为期 3 个月的“信息、咨询和指导”专业国家职业资格三级证书的培训。联系人普遍认为，“由于我们与他们一样都是囚犯，因此能够更有针对性地提出问题”，尤其是敏感问题，如“你几岁开始犯罪”初评包括讨论囚犯获释后的预期需要，这既能反映新囚犯认为自己会有哪些需要，又能反映联系人对需要的看法。囚犯认为在出狱后会碰到——和到时需要帮助——的主要问题是找到地方住、取得身份证件和开立银行账户。

联系人始终随身携带一个信息文件夹，这个文件夹里有“一条龙服务”以及监狱其他服务和系统的各种申请表格。有些联系人还为不懂英语的囚犯提供多达 12 种其他语言的小册子：彼得伯勒监狱的有些联系人会讲多种语言。此外，当地的波兰人社区一直非常支持监狱的工作，为波兰裔囚犯提供杂志，并在监狱举办活动。

一线服务

新入狱的囚犯在与联系人进行初步接触以后，还要接受圣吉尔斯信托公司委派的“一条龙服务”个案工作者更加深入的面谈。个案工作者会告诉新来的囚犯在他们刑满出狱时可以获得哪些帮助和支持。个案工作者大多提供信息、指导、建议和支持。如果囚犯被认为适合由萨瓦信托基金委派的志愿者导师提供指导，那么，他们就会在个案工作者与他们初次面谈时或过一段时间后被介绍给某个志愿者导师。萨瓦基金的志愿者导师常负责做风险较低、需要较少的囚犯的工作，而圣吉尔斯信托基金的个案工作者通常会接受风险更高、需要更多的囚犯。指派导师时会考虑他们与接受指导的囚犯之间在地点、兴趣和其他背景因素上是否匹配，而且双方都有机会拒绝与某个导师或者囚犯结对。不是在当地生活的囚犯可同时获得从萨瓦基金全国数据库抽调的志愿者导师、由“一条龙服务”现买或由无偿合作伙伴免费提供的当地服务以及“一条龙服务”自己提供的核心支持。

2012 年，彼得伯勒监狱 63%的囚犯是本地人（剑桥郡）。“一条龙服务”主管指出了这一事实在囚犯出狱后提供服务的重要意义：“我认为这是检验‘走出牢门’(throngh the gates)模式的一个重要因素。”彼得伯勒监狱在押犯以本地人居多，这可能会导致“一条龙服务”模式在其他监狱难以复制，因为其他监狱的囚犯在刑满获释以后分布可能比较分散。“一条龙服务”主管表示，“虽然‘一条龙服务’已经在全英与 10 大主承包商建立了关系，但仍必须努力工作才能建立真正的合作关系。目前，我们确实还管理着一批释放后通常去伦敦的‘客户’，这是可能做到的，因为圣吉尔斯信托基金总部就设在伦敦，而且还有一个联络网”。一个基本特征似乎就是区位。“一条龙服务”和“走出牢门”模式很难在其他监狱复制，因为彼得伯勒监狱是英国关押本地犯人最多的监狱之一。此外，为了便于管理，监狱方面也常实行在监狱之间交换囚犯。“走出牢门”模式的成功可能是一种促使把更多的囚犯安置在他们获释后将要居住的地方的激励因素。彼得伯勒监狱是一所相对较新的监狱，于 2005 年投入使用，因此与一些老监狱相比，有更多的“公用”场所开办工场和开展其他服务活动。

除了个案工作者和导师支持外，“一条龙服务”还委托“心智会”这个心理健康支持服务机构每周提供两天的心理健康支持服务，其中的半天服务是向在押犯提供的，其余时间的服务则面向刑满获释人员。在心理健康支持服务开始后，我们发现，这方面的需要没有得到满足。最后，奥米斯顿基金负责请人给“一条龙服务”的狱中“客户”讲授“如何维护家庭关系”的课程，而且还向囚犯狱外的家人提供支持。

为“一条龙服务”工作的四个主要服务提供者之间的关系是按照以下要求设计的：最大限度地提高服务效率，并且向囚犯提供无缝对接的一条龙服务体验。例如，“一条龙服务”的一个重要设计特点就是，为“一条龙服务”工作的服务提供者都在彼得伯勒监狱附近的一栋大楼里设点，彼此非常接近。他们在监狱里的办公室也紧挨在一起。奥米斯顿基金的一名个案工作者认为，所有的“一条龙服务”合作伙伴都在监狱外的一个屋檐下提供服务，这非常重要：“他们只是想表示他们来这里就是为了‘一条龙服务’”。“一条龙服务”的第二个重要设计特点就是完全透明地共享数据。

“一条龙服务”使用的数据系统“百万连接”（MegaNexus）是根据以客户为中心的原则量身定制的，这意味着所有的相关信息都会录入客户的人事档案。所有服务提供者都使用同一数据系统，而服务用户必须同意服务提供者共享有关他们的数据。数据系统在监狱内外无缝对接是一件罕见的事情。这个数据系统的一个优点就是，服务用户不用向为他们服务的人重复讲述自己的故事，并且能够促进服务提供者商讨确定针对每个用户的支持项目。使用证据是一个不断学习的过程，这个数据系统被认为是一种帮助个案工作者更好地完成工作的工具，因为它是投资者和管理人员监测他们工作绩效的一个途径。这个数据系统并不是为了跟踪司法部因实施社会影响力债券项目能节省的经费而设计的，但司法部通过警察局系统全国计算机数据库调用“百万连接”的数据来估计某个时点节省的费用。

自愿参与

“一条龙服务”提供的服务有一个重要的特点，那就是参与自愿：囚犯和前囚犯可以选择参加或者退出，就像他们选择使用服务的时间段。服务管理人员表示，由于这是一个自愿参加的项目，因此，参与率很高。管理人员还说，这个项目的参与者还认识到并且非常赞赏为他们服务的志愿者放弃了自己的休息时间，因此，参与者也做出了比强制项目更多的努力。一些囚犯表示，他们接受“一条龙服务”的主要原因就是这是自愿的。

一名联系人在被他的“同事”问及如果他为“一条龙服务”提供的服务是强制性的，他会有什么感觉时回答说：“我不认为这样的服务能取得很大的成功……囚犯们不想听别人发号施令该做什么……我想，如果你教训别人必须怎么做，他们十有八九不愿这样做。”他的“同事”补充道：“这会破坏我们已经建立起来的……它会阻碍我们做想要做的事情。”一名通过社会影响力债券项目接受服务的前罪犯表示，如果“一条龙服务”提供强制性服务，“我不认为它会起作用……这关系到选择自由……我想不会有很多人参加”。

但最重要的是，最后要评价的结果包括全体有资格接受服务的囚犯，而不是选择参与这个项目的囚犯。因此，这种结果评价方式对于“一条龙服务”

来说是一个重要的激励因素，激励它争取尽可能多的囚犯参加。第一批有资格选择参加这个项目的囚犯70%以上选择了参加，远远超过了其他自愿参加的社会项目的参与率。

合同的灵活性

“一条龙服务”的主管表示，他们采用的基于结果的长期合同具有灵活性，这个特点是一个重要的战略支持因素：“应该努力把这个特点嵌入系统变革……有人已经谈论过这个问题，但没有做的自由。”彼得伯勒监狱的监狱长也同意这种说法，他表示：“目前我是要付监护服务费的。囚犯管理服务应该与降低累犯率联系起来。”[1]

“一条龙服务”与服务提供者签订为期一年的合同，每年续签合同时都要重谈合同内容，有时甚至更换服务提供者。分包服务提供者把“一条龙服务”看作是他们的委托人，把社会影响力债券项目作为他们大家的项目。“一条龙服务”的主管表示：“这样做的好处是，你可以采用一种非常不同的方式来委托，因为这个项目的资金来源不同。”虽然社会影响力债券项目从一开始就专注于取得同样的结果，但服务提供者及其提供的服务随着服务的推进发生了变化。例如，与基督教青年会签订的提供当地志愿人员的合同没有续签，鉴于基督教青年会为“一条龙服务”在狱外提供办公用房，这似乎是一个不太可能做出的决定。不过，“一条龙服务”与基督教青年会之间的伙伴关系仍在继续，基督教青年会开始支付包括额外健身设施和体育锻炼培训在内的费用。

风险

基于结果的出资模式并非没有风险。“一条龙服务”要承担服务提供者提供服务的全部费用，服务提供者要承担很大的声誉风险，而这种风险又由于媒体非常关注彼得伯勒监狱的社会影响力债券试点项目而增大。圣吉尔斯信托基金的一位经理表示：“从经济的角度看，这对我们来说是好事，但我要说的是，如果我们不能取得成功，就再也不会有机会了。”政府为只根据结果付费的责任制所吸引，但这也有声誉风险，因为政府不付款的低绩效项目

[1] 目前，英国监狱的业绩都与一系列目标相对照，这些目标包括囚犯释放后的住房、受教育和就业等情况(Noms,2012)。

将被普遍视为失败。这种基于结果的合同还要求服务提供者承担责任，因为他们的绩效评定结果要接受以前所未有的方式进行的审查，然后再公布。

那些反对社会投资的人有时会认为，为改变不利状况而提供的服务不应盈利。彼得伯勒监狱社会影响力债券项目的投资者年内部回报率预计为7.5%，而最高年内部回报率被锁定在13%（RAND Europe，2011）。有些投资者对这个回报率上限"感恩戴德"，因为他们对高回报感到不安。然而，当被问及"一条龙服务"的用户对"投资"有何看法时，"一条龙服务"的主管回答说："我很惊讶，居然很少有人关心由社会投资者提供资金……很多人并不知道社会投资者是谁，而只是认为他们是富人，我们只是说由17个投资者提供资金，所以，他们知道这些都是非常富有的人。有些人以志愿者的身份奉献自己的时间，而另一些人则捐献金钱。"

最后，通过与对照组比较来评定结果的做法无法在全英范围内推广。彼得伯勒监狱本地囚犯试点改进后的结果采用与未受到干预的配对对照组比较的方式来评价。如果英格兰和威尔士的每个被判处短期徒刑的囚犯都参加社会影响力债券项目，那么最终就会找不到对照组与目标人群比较。因此，未来任何一个社会影响力债券项目都必须检验其他评价反设事实或自重效应的方法，如事前和事后（RAND Europe，2011：参见专题12.1）。

边干边学

最初，"一条龙服务"的目的是让圣吉尔斯信托基金的工作人员成为服务用户与囚犯的主要接触点，提供为期4个月的密集支持，然后他们把工作移交给志愿者导师。采用这个模式后，很明显，志愿者导师从一开始就参与显得更加有效，而圣吉尔斯信托基金工作人员提供的密集支持则成为在需要时可供使用的选择。也有人希望让前罪犯作为同伴导师参与进来，但很快就发现，让前罪犯做同伴导师需要更多的支持和筛选，因为导师关系的稳定至关重要。随着时间的推移，"一条龙服务"开始接受处于假释期的同伴导师，但他们必须还要过一段时间才能出狱，并在这段时间里做了很好的调整。"一条龙服务"还雇用前社会工作者来提供服务。

专题 12.1　彼得伯勒监狱社会影响力债券试点项目的关键方面

彼得伯勒监狱社会影响力债券试点项目可能会被认为是这种按结果付费(PBR)概念的“证明”,而不是一个试点,因为有些问题是这个社会影响力债券试点项目无法检验的。我们确定了以下五个英国司法部可以从彼得伯勒社会影响力债券试点中总结经验教训用于推广 PBR 模式的关键方面。

彼得伯勒监狱社会影响力债券试点项目为检验 PBR 模式的概念提供了机会,而 PBR 模式的特点就是从私人非政府投资者那里筹集资金,并把风险转移给他们。

彼得伯勒监狱社会影响力债券试点项目可用来检验利益相关者是否能够以及怎样才能在罪犯改造干预领域开发出可行且合适的结果评价指标,并且对根据这些指标评价结果得到改善时按照什么模式付款这个问题达成一致。

彼得伯勒监狱社会影响力债券试点项目也许可用来证明社会影响力债券作为一种新型融资产品的绩效表现,至少在罪犯改造干预方面是这样。建立这种投资的业绩记录,对于构筑投资者基础和提高对结果风险的理解至关重要,所有这些都是为发掘更大的资金池所必需。

彼得伯勒监狱社会影响力债券试点项目可能涉及一种新的委托关系。在其他按结果付费的安排中,政府往往要保留一定的服务提供者选择控制权,而在彼得伯勒监狱社会影响力债券试点项目中,政府把服务提供者选择控制权交给了中介机构(如社会金融公司),而与服务提供者没有任何直接的接触。

虽然彼得伯勒监狱社会影响力债券试点项目资助的干预(帮助罪犯改造)本身并不是什么新鲜事,但是这种项目提供了检验对短刑囚犯做大量工作的影响的机会。这种机会可用来奠定坚实的证据基础,以确定社会影响力债券是否有效和如何才能有效。

我们认为下列问题是彼得伯勒监狱社会影响力债券试点项目无法检验的:

(1)英国司法部或政府其他部门不太可能通过彼得伯勒监狱社会影响力债券试点项目来节约可观的现金,而只有通过大幅度减少监狱在押犯或者法院审理案件的数量等才能实现这个目标。当然,如果彼得伯勒监狱的囚犯在刑满释放后能够降低累犯率，那么，英国司法部也能对公众和刑事犯罪受害者带来其他非现金好处。在公共部门预算面临巨大压力的情况下，对按结果付费法进行检验也是有益的。

(2)彼得伯勒监狱社会影响力债券试点项目并没有说明不同部门能否以及如何才能分享按结果付费制。

资料来源：兰德(RAND，2011：7—9)。

第二个值得学习的地方是"一条龙服务"发现，在实现特定目标之后安排服务终结点更加有效，而不要在基本需求得到满足后就让服务提供者和囚犯之间的关系自行结束。很明显，如果服务在某个高点上戛然停止，囚犯在日后需要帮助时更有可能重新参与，因为他们以前尝到过参与的甜头。

第三个发展是认识到，对监狱工作人员就要像对囚犯一样实行制度化管理。因此，"一条龙服务"安排服务提供者和服务用户回来在全体工作人员会议上发言，此举既有利于推动工作人员支持在监狱试点的项目，又承认监狱工作人员为囚犯改造做出了贡献。一名监狱工作人员对这种做法给予了积极评价："以前，我们只看到失败，现在看到了成功。'一条龙服务'请他们回来，听到这些故事对工作人员来说真的很重要。"

随着彼得伯勒监狱社会影响力债券试点项目的推进，与其他服务部门的合作也有所增加。一些社区伙伴组织认为"一条龙服务"具有灵活、可利用的资金来源；虽然它们并不是直接的服务提供者，但这种资金来源也有利于它们提供服务。一些当地组织表示，"一条龙服务"推荐的业务有所增加，它们并没有因此而获得额外的资金，但使它们能把更多的精力用在提供服务上，而把较少的精力用于向潜在用户推销自己的服务。此外，"一条龙服务"的主管参加了本地社区服务部门的几个委员会，而"一条龙服务"协助解决其他组织遇到的问题。例如，当"一条龙服务"预计到其客户需要本地住房时，其他本地组织，包括卫生、住房和治安部门的组织，自愿以不同的方式协助解决造成住房短缺的问题。

2012年，"一条龙服务"实施的另一项重要创新是在全英警察局系统计算机数据库中注册了其服务用户的姓名。这意味着，如果警方要与某个前罪犯取得联系，只要把他的姓名输入电脑，"一条龙服务"的电话号码就会自动出现。这样，警方就能通知前罪犯再度参加"一条龙服务"提供的服务，从而增加警方处理前罪犯及其所在社区所面临问题的选择。

“一条龙服务”的服务交付模式最初要由奥米斯顿基金通过圣吉尔斯信托基金来执行。在圣吉尔斯信托基金执行一段时间之后，就发现“一条龙服务”的服务用户显然不太可能在处理住房等危机问题时把家庭支持需要告诉这只基金。于是，“一条龙服务”考虑为囚犯创造单独与奥米斯顿基金讨论家庭需要的机会，并且安排奥米斯顿基金在监狱开设新的育儿课程。这门课程取得了很大的成功，以至于监狱后来与奥米斯顿基金签约为其他有需要的囚犯开办育儿课程。

通过心智会提供心理健康服务是对原有方案的进一步补充。心智会有自己的营业模式，每周三和周四在镇上的营业场所为客户提供预约服务，而且客户预约后还要等候3～6个月。“一条龙服务”与心智会合作对这种营业模式做了变更，为彼得伯勒监狱“现货”购买心理健康治疗。刚开始时，每周只买几小时，但很快就增加到每周两天，而心智会也成了在“一条龙服务”工作场所和彼得伯勒监狱之外提供服务的“全职”服务提供者。心智会同时为在押“客户”和生活在社区的“客户”提供服务，在向监狱工作人员解释罪犯的心路历程和精神状态方面发挥了有价值的作用。监狱管理部门还委托心智会在彼得伯勒监狱为女囚犯和服长期徒刑的囚犯提供心理咨询服务。心智会的灵活服务方式使那些本来不会求助心智会的客户能够获得“一条龙服务”提供的支持。

“一条龙服务”与受托管理彼得伯勒监狱的私人管理公司索迪斯集团(Sodexo，以前叫“Kalyx”)密切合作。监狱重新安置负责人强调指出，这不是一种容易建立的合作伙伴关系：“这种合作关系的建立过程确实非常困难，因为我们要收集数据，与囚犯们分享数据一起工作，还要向不同的人敞开大门。”不过，这两个管理团队很快就建立了定期的评审会议制度，共同努力改进服务。例如，“一条龙服务”向监狱提交了一份屡教不改的累犯的名单，并要求监狱方面考虑如何对这些罪犯采取不同的做法，尽管只是做一些小事，如两次服刑之间在狱外逗留的时间延长有奖。监狱和“一条龙服务”还能在任何一方更大规模地委托他们开展新服务之前共同筹集资金测试新服务。

关键创新

长期合同

这项为期7年的融资协议被认为反映了现场服务提供方式的一个重要特征。“一条龙服务”的主管表示，“融资协议的长期性质意味着，‘一条龙服务’应该重视监狱服务领域，因为这个领域经常有那么多服务需求”。“一条龙服务”的代表在与彼得伯勒囚犯的初次见会面上解释了他们提供的这种新型服务。当有囚犯询问这个项目的资金来源时，“一条龙服务”的代表感到惊讶。这个囚犯随后解释说：“我想知道这个项目的资金来源，这样便可知道它能持续多久。”

按照一项基于结果的合同长期提供资金，使得“一条龙服务”能够在如何使用资金方面具有灵活性和适应性。资金使用的灵活性意味着不用专门安排固定金额的就业或住房等安置费用，而是可以根据服务用户的需要安排支出。如果某项服务没有效果，那么，“一条龙服务”就可以停止提供这项服务。这种灵活性允许他们在决定是否把新的服务项目列入“一条龙服务”的服务清单之前对其进行测试，而且通常是与其他出资人协作完成测试。这个社会影响力债券试点项目初步预算的灵活性得到了很好的体现，其中包括一个“未规定用途经费”科目。当被问及这些经费有什么用途时，社会金融公司的一名董事简单地回答说：“我们还不知道。”这种包括“未规定用途经费”科目的预算，就成了与社区伙伴组织开展新的工作或者填补意外服务缺口预留经费的“创新预算”。

由于这种灵活性，圣吉尔斯信托基金的工作人员也经历了一些变革。一名工作人员评论说：“我们不只是执行命令，我们可以为满足需要改变服务交付模式。”例如，从原来把指导工作移交给志愿者的做法，改为后来与志愿者导师一起指导“服务用户”。圣吉尔斯信托基金还发现，与以前的合同相比，现在为个人“客户”提供特定服务更容易立刻获得资金。

单一结果合同

传统的政府委托合同不一定在所有的情况下都只涉及一个问题，但是，那些参加彼得伯勒社会影响力债券试点项目的人士认为，根据某个单一结果来考核服务绩效，而不是规定服务提供方式，有几个好处。“一条龙服务”的主管指出，“这是为了降低累犯率，而不只是帮助他们寻找住处，或者专注于做某件事……这是为了改变他们的生活方式”。改变生活方式就是结果试图捕捉和测度的东西，因此，在这种情况下，结果的选择和评价系统的选择产生了实际一致性。他解释说，“采用长期结果来考核的实际价值——它只是改变了整个动力系统，这是一种不同的心态……这不是竞争性的——如果我们想让他去威尔士给他母亲扫墓，我们就付钱”。“一条龙服务”的一名工作人员传达了一种更加长远或者全面的目标意识：“我曾经参与过其他一些只关注‘勾选’的项目，他们为某人找到了住处，但然后呢？一旦你确定了某事，并且为它设定了目标，你就迷失了方向。”考核结果的方式在整个考核期里会激励考核对象与别人一起工作。奥米斯顿基金的一名工作人员评论说：“如果你要和别人一起共事 12 个月，那么就有很多工作要做。因此，你会做出更多的努力。”在这之前，她曾与囚犯签订合同，无论囚犯是否需要，她都会走访，与他接触 6 次。

然而，基于结果的合同给提供服务带来了新的风险，也带来了新的好处。其中的一个风险就是囚犯居住地的改变。在彼得伯勒监狱社会影响力债券试点项目刚开始时，刑满释放的短期囚犯有 63％居住在彼得伯勒地区，其中 10％居住在伦敦。设立“一条龙服务”就是为了帮助彼得伯勒监狱多达 20％刑满释放后去伦敦定居的囚犯，但如果去伦敦定居的比例超过 20％，帮助他们的资源就会捉襟见肘。

协作

与服务提供者和社区的协作是“一条龙服务”最困难也是最有价值的工作之一。在英国，协同工作在福利提供方面并不常见，彼得伯勒监狱的社会影响力债券试点项目要求参与组织进行重大的文化变革。但已经显示出不少的好处，“一条龙服务”的一名员工说，她参加的其他项目已经变得更具“拓展性”。在这些项目中，她自己与客户一起工作。由于与其他服务提供者在同一物理空间里工作，因此，她能在将客户移交给其他服务提供者时向客户提供更多的支持。她还能与其他服务提供者共享重要信息，并为她的客户与其他人员互动做好准备，增加他们成功地与其他服务提供者接触的机会。她还谈到她为“一条龙服务”工作可获得的更多支持：“当你觉得自己无计可施时，其他某人可能……以前，作为社会工作者，我从来没有得到过这样的支持，我一直是在孤军奋战。”

服务创新

在彼得伯勒监狱，囚犯刑满出狱时都会有人在监狱门口欢迎他们，无论他们是否表达了这种愿望，这可是“一条龙服务”早期完成的一项创新。一名囚犯对圣吉尔斯信托基金的个案工作者说：“如果你没有在门口接我，我今晚就会被拘留。”这位个案工作者表示，有时要防止累犯，就像让他们搭顺风车去火车站那么简单，这样他们就能赶上回家的火车，而不是在路上喝酒消遣。

全球不同的社会影响力债券模式

截至 2014 年，全球大约有 50 份社会影响力债券合同或者社会影响力债券类合同正在执行或者签订之中。社会影响力债券的早期采用者都集中在英国、美国和澳大利亚，不过，加拿大和以色列也对社会影响力债券表现出了浓厚的兴趣。[1] 但是，在这些不同的司法管辖区，社会影响力债券模式的结构和侧重点都出现了一些重要的变化。这些变化体现了社会影响力债券模式对当地政治、社会和经济环境的适应性，同时也反映了不同国家在提供福利服务的传统、投资市场的特殊性以及可供社会影响力债券发行使用的服务提供组织等方面存在差别。

表 12.1 列示了一些国家社会影响力债券模式值得注意的变体，并且拿它们与在本章作为原型的彼得伯勒监狱试点社会影响力债券进行了比较。

表 12.1　　全球社会影响力债券模式之间的主要差异

委托机构	与彼得伯勒监狱社会影响力债券试点项目有何区别
美国纽约市	投资担保 高盛公司对纽约市“防止青少年累犯债券”投资 960 万美元，其中 720 万美元由彭博慈善基金会担保。彭博慈善基金会的担保把高盛公司的资本损失风险实际降低到了 240 万美元或者占其投资总额的 25%

〔1〕 还有证据表明，爱尔兰、法国、德国、南非和韩国也有兴趣发行社会影响力债券；而其他一些国家则有兴趣探索发行发展影响力债券（以及创建发展金融机构或以发展为重点的基金会作为可能的结果资助者）的问题。

续表

委托机构	与彼得伯勒监狱社会影响力债券试点项目有何区别
英国埃塞克斯郡议会	提前付款提供营运资金 埃塞克斯郡议会通过发行社会影响力债券筹资拨给缺少关爱的儿童的款项在服务开始后 9 个月就支付。之前的现金流重新用于提供服务，而投资者从社会影响债券发行工作结束就能获得回报
英国就业与养老金部	许多新的干预措施 英国就业与养老金部通过其创新基金委托分两期发行 10 种社会影响力债券，筹资改善弱势青年的受教育和就业前景。就业与养老金部每月在评定结果以后付款。经过 3 年试点，对项目的全面评估可以计算影响的大小，并进行干预措施之间的比较
英国大伦敦管理局	并非为了节约经费 由于社会影响力债券改善了无家可归者的生活状况，因此有可能会减少对某些服务的需求，但预计他们将获得更多的医疗卫生服务，而政府要承担更多的费用。因此，大伦敦管理局发行社会影响力债券并不是为了节约经费，而是为了实现改善结果的价值
澳大利亚新南威尔士州	无中介机构 澳大利亚的非营利组织直接与新南威尔士州政府签订合同，而不是像英国的彼得伯勒监狱那样要通过社会金融公司这样的中介机构。在澳大利亚，规模巨大的非营利组织与政府签订合同已有悠久的历史，因此已经具备了直接谈判签订复杂合同的能力
美国马萨诸塞州	服务提供者充当投资者 服务提供者洛卡(ROCA)认购了 15％的社会影响力债券，此举通过体现他们对自己取得预定结果和分享财务回报的信心来降低其他投资者的风险
美国加州弗雷斯诺	非政府委托机构 一个名为“加州捐赠”(California Endowment)的私人医疗基金会正在资助旨在改善加州哮喘病人健康状况的社会影响力债券医疗试点项目概念验证方案
英国志愿收养机构理事会	多个委托机构和服务提供者 英国志愿收养机构(Voluntary Adoption Agencies)理事会召集 18 家志愿收养机构，为英国各地地方政府推荐的难养儿童寻找有成功领养经验的家庭领养。地方政府根据其推荐的儿童的领养结果，向志愿领养机构支付费用，因为他们会影响被领养儿童的成长结果

注：在美国，一些社会影响力债券被称为“为成功付费合同”(pay-for-success contracts)(Callanan et al.，2012)。在澳大利亚，社会影响力债券被称为“社会效益债券”(新南威尔士州)或者“社会影响力合伙”(西澳大利亚州)。由“联合护理伯恩赛德”(Uniting Care Burnside)发行的新南威尔士州的社会效益债券，由政府担保 50％～75％，具体因时间而定。慈善社既是服务提供者又是投资者的另一个例子。

社会影响力债券模式的这些变化凸显了它对不同环境的适应性，也反映了作为其基础的创新——采用哪种社会影响力债券模式需要征得看法不同的利益相关者的同意，对许多变量必须进行调整，这样才能满足不同的需要。

结束语

自2010年在彼得伯勒开始试点第一个社会影响力债券项目以来，世界各国都非常关注——而且在现有证据证明这种新模式的实际影响力之前就已经开始关注——其他地方采用这项创新的情况。各国这样关心社会影响力债券显然是有许多原因的。

社会影响力债券能带来的好处

首先，对于政府来说，参与能解决上述长期提高效率和效能的政策议程的社会影响力债券模式有相当大的吸引力，其中包括：

效果

(1)聚焦于结果：注重基于已证明结果（而不是产出）的项目，为服务使用者提供更好的结果，并提高为应对重大社会挑战提供真正可持续解决方案的可能性；

(2)有证据证明的效果：要提高政府项目结果评价的规范性，并通过委托评价和公布结果来改善社会服务的证据基础；

(3)加强社会影响力评价指标的建设工作：建立其他类似（非社会影响力债券）干预措施和项目的新数据库以及绩效的价值基准；

(4)推广：尽早确定有效的创新，以便更加迅速地加以推广。

效率

(1)新融资：引入新的私人投资，为福利服务提供资金[1]；

(2)附加性：扩大有效干预措施的范围，并使更多得到私人投资资助的人

〔1〕 因此，政府可以为取得相同的结果减少现有支出，或者利用现有预算产生更大的影响力。在私有化议程仍然具有政治敏锐性的情况下，前者的政策立场比后者更具争议性。

受益；

(3)创新：利用投资者和服务提供者的创新能力，改革政府资助服务的提供模式；

(4)协调：促进致力于交叉问题解决的组织之间的协调，并协调服务使用者和服务提供者的利益以及私人投资者和政府之间的利益；

(5)早期干预：利用福利服务的社会净现值把资源用于预防和前期干预，从而创造更大的结果影响力；

(6)转移风险：把取得结果的风险从国家支出转移到私人投资。

责任

(1)动机：如果各方都有动机取得预定的结果，就更有可能做到；

(2)适应性：调整社会影响力债券模式以反映服务提供经验和需要的灵活性；

(3)奖励成功：寻求解决老问题的新方案的投资者鼓励服务提供者创新并展示成功。

此外，大力发展社会影响力债券项目，通过利用新的资金来源为解决社会问题提供资金，可在扩大社会金融市场方面发挥重要的作用。在过去的10年里，发展社会金融市场在一些国家——特别是英国、美国和加拿大——已经成为一个重要政策目标。此外，从规模上讲，社会影响力债券最终可能代表一种新的社会金融资产类别，能够利用私人投资造福社区，并使对公共福利项目感兴趣的投资者能够既获得财务回报又产生社会影响。一旦社会影响力债券达到临界规模，并且具有成功业绩记录和还款证据，就有可能出现一个机构投资者——最终是散户投资者——感兴趣的二级市场。

挑　战

尽管我们对社会影响力债券持各种乐观的态度，但未来仍会遇到一些重大的挑战，其中包括：

(1)为政府真正实现实际可兑现的节约：实际上，早期试点的社会影响力债券模式并不是为了让政府在短期或中期内实现真正的预算节余而设计的。要想节省公共支出，那么，任何因为社会影响力债券而导致的需求减少都必然会减少政府的服务供给。只有在以下情况下才有可能做到这一点:发行社会影响力债券的预定目标是向第三方小批量购买的委托服务,或者社会影响力债券市场规模大到发行这种债券的结果是足以引发系统性变化,如(由于累犯率大幅度下降,因此,可以)关闭整所监狱。事实上,即便在后一种情况下,这样的行动也可能在政治上——因为会增加失业,减少公共服务等——难以付诸实施,以至于仍然有可能采取规避行为。同样难以想象的是,社会影响力债券如何能在不引发严重政治后果的情况下减少法定服务支出。

(2)实现政府内部的跨部门效益:大多数政府会计制度都难以准确核算政府单个项目或者多部门干预所产生的节约和效益。在英国,内阁办公室设立了2 000万英镑的社会成果基金,通过量化并为跨部门签订的"按结果付费合同"项下的价值创造提供资金,顺利解决这些跨部门干预的效益计算问题。

(3)扭曲社会金融市场的风险:外部投资者也许有可能导致社会影响力债券远离风险更大或创新性更强因而有可能产生更大社会影响的干预措施,从而减小社会影响力债券模式在应对最严峻的福利挑战、难以达到目标人群或最难评估结果方面的潜在影响。

(4)降低政府的合法性:把福利服务的风险和责任转移给公民,可能会削弱政府的作用。例如,在英国,社会影响力债券作为一种"后门私有化"(privatization by the back door)形式已经成为公众讨论的话题。

(5)高交易成本:建立必要的评价标准、基准、法律安排和进行财务核算的成本有时太高,因此,在没有额外资金来源的情况下,社会影响力债券模式不可持续。

(6)社会影响力债券合同被认为太过复杂(RAND Europe,2011):简化社会影响力债券合同的努力可提高对这种债券的理解和接受程度。

(7)公平分摊风险和分配回报:显然有必要对社会影响力债券的风险进行准确定价,以吸引(社会)投资者,但也有必要避免向中介机构和服务提供者"倾销"风险。

(8)结果评价和数据收集的早期阶段:很少有服务提供者和公共机构为了进行可靠的预测,对结果进行长期而严谨的评价,从而扩大发展社会影响力债券模式和实施社会影响力债券项目所需的变更范围或延长时间。

(9)采购和乐观偏倚:服务提供者对他们能够取得的结果及其可能性持乐观态度。与此同时,政府委托人或者专员缺乏足够的数据,无法评估报价是否过于乐观，从而有可能导致结果定得过低、令人失望。

(10)公众期望过高：由于社会影响力债券的结构和目标(以及新颖性)，这类合同的执行标准可能高于其他福利服务模式，从而有可能导致公众感觉社会影响力债券项目没有取得成功。

(11)政治风险：由于许多社会影响力债券项目融资需要和合同安排期限较长，因此，可能有必要考虑如何在可能导致社会影响力债券易受政治时尚影响的选举周期和政治意识形态之间过渡的问题。

(12)创新委托实践和制度：要想使社会影响力债券在提供福利服务方面发挥重要的作用，许多国家的政府就必须对委托实践进行改革，也就是要承认按结果付费的特殊委托要求和机会。

(13)适用社会影响力债券的服务和人群数量有限：目前，社会影响力债券大多用于实施一些旨在弥补少而有限的预防性“服务缺口”的项目，还没有用来提供历来由公共资金支持的服务，因此，社会影响力债券市场在扩大规模方面可能会受到限制。迄今为止，还没人探讨过这个问题。

(14)社会影响力债券是达到目的的手段还是目的本身：如果社会影响力债券项目取得了成功，就可以认为资金已经通过社会影响力债券转移到了预防性服务，但仍有必要确定，如果在同一服务领域重复使用，那么，社会影响力债券能否以最佳方式产生影响，或者它们能否为继续采用其他融资模式提供资金奠定了证据基础。

影　响

这一部分将详细讨论社会影响力债券合同产生了什么影响和债券投资退出这个有关社会影响力债券的最后一个问题。对于主要利益相关者来说，有必要评估社会影响力债券是否实现了预期目标，它的影响是促进还是阻碍了其战略目标的实现。例如，社会影响力债券项目的一个关键问题就是何时以及为何项目应该结束？从社会影响力债券项目通常涉及各类利益相关者的视角看，社会影响力债券还有以下一些重要问题需要考虑：

政府

(1)如何建立制度把创新纳入未来的福利计划项目和涉及面更广的社会

服务市场？

(2)如果早期预防取得了成功，如何在社会影响力债券项目结束后仍维持和资助预防服务？为了继续可持续变革，是否需要对社会影响力债券项目进行“展期”？

(3)社会影响力债券项目的结果数据（可能性、影响力大小、交付成本、对纳税人的价值或者为纳税人实现的节约、相关的外部性/代理结果）如何能够推动政府进行更加有效的委托？

(4)如何在社会影响力债券项目结束以后维持这类项目取得的主要成果？

(5)如何继续扩大社会金融市场，为福利服务提供资金？

(6)如何更加广泛地报告和共享社会影响力债券数据，以推进社会影响力债券模式学习？

(7)如何计算社会影响力债券干预措施实现的节约？

投资者

(1)如何发展二级市场，可让投资者撤出对社会影响力债券的投资？

(2)如何推进社会影响力债券项目结束后的后续投资？

(3)如何根据市场上可获得的社会影响力债券新信息来动态调整其投资风险和回报？

(4)如何根据不同的风险和回报状况以及不同社会影响力债券项目的资金成本，对单个项目进行分批投资？

服务提供者

(1)如何为提高服务能力确保资金供给的连续性？

(2)如何制定相关制度来规范社会影响力债券业绩数据收集工作？

(3)如何构建参与未来社会影响力债券项目的能力？

(4)如何管理持续的协作关系？

(5)如何推广学习？

(6)如何在服务项目结束后提高社区的服务能力？

中介机构

(1)如何建立社会影响力债券交易渠道？

(2)如何提高服务提供者的能力,使他们更有能力参与社会影响力债券项目?

(3)如何不断创新?

(4)哪些领域适合实施社会影响力债券项目,并且在学习社会影响力债券模式的基础上开发其他融资模式?

(5)曾经采用社会影响力债券的项目在什么时候不再需要社会影响力债券?

(6)在高交易成本下如何构建商业模式?

(7)如何更好地根据社会影响力债券的实际风险和回报机会,而不是感知风险和回报机会来细分投资者市场?

(8)如何根据高回报预期和风险"倾销"可能性来管理商业投资者而不是纯粹社会投资者的参与?

服务用户

(1)如何在社会影响力债券项目中获得服务和支持?

(2)如何在一段时间内保持社会影响力债券项目带来的积极变化?

社会影响力债券创造了对福利或其他社会服务提供方式进行重大变革的机会,而社会影响力债券项目采用基于约定结果的合同来同时激励各主要利益相关者群体。社会影响力债券市场在其发展的早期阶段带来了更多的希望和创新机会,而不是既往记录或成功的证据。但是,鉴于这种新的融资模式使政策制定者、媒体和投资者产生了极大兴趣,因此,了解社会影响力债券模式的发展潜力和误区似乎将是社会金融部门的一项重要技能。这对于未来的企业家、决策者、投资者和基金经理来说都是如此,因为社会影响力债券引起了社会金融、社会政策和社会创新方面的利益集团的关注。

后记:2014 年

彼得伯勒监狱社会影响力债券项目有待改善的方面

2014 年 4 月,英国司法部宣布将推行一种所谓的"改造性康复"(Transforming Rehabilitation，TR)的全新缓刑模式。这项变革意味着把缓刑局的缓刑管理工作全部外包出去，把它分成20个项目向非政府服务提供者招标。此外，“改造性康复”模式首次引入对包括短期徒刑犯在内的犯人的缓刑执行管理推行法定的责任制。推行“改造性康复”对彼得伯勒监狱社会影响力债券项目产生了深刻的影响。首先，由于“改造性康复”准许全体服刑犯采用缓刑的方式服刑，因此，就不再需要为评价对彼得伯勒监狱产生的影响寻找对照组。其次，随着时间的推移，“改造性康复”作为一种全新的一般缓刑服刑方式必然会在彼得伯勒监狱取代社会影响力债券模式。2014年4月24日，社会金融公司发表声明如下：[1]

> 正如今天宣布的那样，司法部提议为彼得伯勒社会影响力债券提供替代性资金来源安排，因为预计在2014年底英国将对缓刑和“康复”服务采取新的办法。司法部的这项提议将使彼得伯勒监狱干预措施实施机构(“一条龙服务”)得以继续运行，但将改变该服务机构的资金来源，并取消将于2014年6月释放的第三批也是最后一批试点囚犯的“结果付款”。虽然有关这个服务机构替代性资金来源安排的细节问题目前仍在讨论之中，但司法部希望确保继续向最后一批试点囚犯提供相同水平的“康复”支持，直到新制度建立和新的服务管理机构完成“康复”供应链安排为止。第二批试点囚犯的“康复”支持将继续按原规定由社会投资者提供资金到2015年6月为止，第二批试点囚犯“康复”服务的投资者将有资格按照第一批试点囚犯“康复”支持投资者的计酬方式获得按结果支付的回报。

彼得伯勒监狱的社会影响力债券试点项目一直以它的初始形式延续到2015年6月对第二批试点囚犯的支持性服务结束。此后，第三批试点囚犯不再(像原计划规定的那样)属于社会影响力债券试点项目，而是按照收费服务模式(fee-for-service model)下的“改造性康复”提供法定服务。此外，到了2015年初，“一条龙服务”显然并不能作为“改造性康复”的服务提供者继续运作，因此不得不逐步退出。但不管怎样，“一条龙服务”为第一批试点囚犯提供的服务和按结果付费的工作已经在2014年8月结束，第二批试点囚犯的

---

〔1〕 http://www.socialfinance.org.uk/social-finance-statement-peterborough-social-impact-bond/#sthash.AkSyDlut.dpuf.

服务按结果付费的工作预计到2016年夏季结束。

虽然彼得伯勒监狱的社会影响力债券试点项目已经提前结束，但社会金融公司托比·埃克勒斯对这个项目产生的影响力做出了积极的评价。[1] 他解释说这个试点项目有几个目标，并且对照这些目标对项目的执行结果进行如下评价：

（1）促进创新——成功：即使采用社会影响力债券模式，如果不能妥善设计债券结构，项目也不可能取得成功。

（2）使灵活提供服务和注重结果——成功——成为可能：正如兰德公司报告所指出的那样，利益相关者多次提到，这种模式确实使服务能够——而且也要求——适应服务用户的需要，并且使服务不断得到改进。

（3）提高预防试点的严谨性——使成功成为可能：在我们所知道的其他预防试点项目中，有哪些项目在试点过程中就能公布详细的数据？诚然，在试点过程中无法得出作为付款标准的实际结果，但能在试点过程中公布详细数据的严谨做法在其他项目中是看不到的。

（4）更好的配合——成功的前提：这个社会影响力债券试点项目的投资者热情地为这个项目融资，而其他社会影响力债券项目的投资者投资于这种项目的热情更加高涨。但如果这种项目与政府无关，并且由传统赠款资助，那么，他们就不会有这样的热情。

（5）社会变革投资（investment in social change）仍在发展中：虽然向其富有的客户发行社会金融公司纽约州社会影响力债券的美银美林已经朝着构建全新的投资共同体这个方向迈出了重要一步，但我们仍需要更多的社会影响力债券实践，才能声称我们已经在创建一个全新的投资共同体。

（6）最后，也是最重要的是，我们改造被判处短期徒刑的罪犯结果如何？是的！一项要求在全英范围内推行的法定义务就说明了这一点。无论内容更加广泛的“改造性康复”议程有哪些优点或者缺点，这都是一项很多人长期以来一直为之努力的非常重要的变革。显然，促成这项变革的不仅仅是彼得伯勒监狱的社会影响力债券试点项目，但它明显发挥了重要的作用。

---

〔1〕 例如，可在 http://www. socialfinance. org. uk/transforming-rehabilitation-is-being-dressed-in-sheeps-clothing/#sthash. QaCFfSBG. dpuf 上浏览：兰卡利·蔡斯基金会首席执行官朱利安·科尼（Julian Corner）和彼得伯勒社会影响力债券试点项目的投资者的聊天。

然而，这些变革也受到了批评。[1] 也就是说，彼得伯勒社会影响力债券项目没有对“改造性康复”产生重大影响，因此，有理由用彼得伯勒监狱的预算节余——而不是缓刑预算——加大对“改造性康复”的投资。“改造性康复”是强制性的，而彼得伯勒监狱的社会影响力债券试点则是自愿的。“改造性康复”采用不同于彼得伯勒监狱社会影响力债券项目的付费标准，这个付费标准把付费频度和二进制付费标准组合在一起。“改造性康复”由涉及面更广的私有化和降低成本的议程以及罪犯改造所推动，此外，社会影响力债券通过其按结果付费制得以对资源进行全面的重新配置，但这种机制不太可能在“改造性康复”规定下得到复制——虽然短刑犯也被包括在执行这一法律规定的范围之内，但却没有任何新的资金来源。

还有人担心，彼得伯勒监狱社会影响力债券试点项目的早期结论对更加广泛的社会影响力债券市场产生了更大的影响，或许由于它的高知名度，因此甚至对更普遍的社会金融市场也产生了更加广泛的影响。尽管规定了终止条款，但第一个社会影响力债券试点项目的投资者未能让其投资持续到原先规定的期限，因此，他们可望获得较低总回报。当然，“一条龙服务”曾想到，第一批囚犯的试点可能会产生最差的结果，因为这是首次尝试，并没有先例可循。它可能预计，第二批和第三批试点囚犯可能会产生更好的结果，而第二批囚犯获得最佳结果的可能性最大，因为第三批囚犯的试点可能会出现“清盘”问题。然而，在“改造性康复”规定公布以后，被认为能带来“最佳”结果的第二批试点囚犯变成了结果较差的一批囚犯，最终导致“一条龙服务”可能失去了绝对结果“最佳”的一批试点囚犯。此外，对于由国家支持的社会影响力债券的潜在投资者来说，他们的感知风险只有在英国司法部做出“改造性康复”决定以后才会增加，因为，这可能会产生要求增加回报或者导致投资者要求担保或其他风险降低措施的影响，从而有可能反过来阻碍未来社会影响力债券项目的发展。

中期结果

2014 年 8 月 7 日，彼得伯勒监狱公布了第一批接受“一条龙服务”试点的

---

〔1〕 如请参阅兰卡利·蔡氏基金会首席执行官朱利安·科尼和彼得伯勒社会影响力债券投资者在 http://www. socialfinance. org. uk/transforming-rehabilltation-is-being-dressed insheeps-clothing/# st-hash. QaCFfSBG. dpuf 上的对话。

囚犯的改造结果。彼得伯勒监狱囚犯释放后的总累犯率下降了8.4%——该监狱每100名囚犯中有142人次因再次犯事被重新定罪，而对照组每1 000名囚犯有155人次因再次犯事被重新定罪。这个累犯率的降幅低于投资者获得回报所需的10%的累犯率降幅阈值，但高于触发对整个社会影响力债券试点项目付款所需的7.5%的平均降幅（尽管现在这只是两批完成试点的囚犯，而不是原先计划的3批囚犯的平均降幅）。2014年8月8日，社会金融公司公布了彼得伯勒监狱社会影响力债券试点项目投资者的一封信：[1]

> 作为彼得伯勒监狱社会影响力债券试点项目的投资者，我们欢迎新公布的结果。这个结果令人鼓舞地表明，彼得伯勒监狱得到“一条龙服务”帮助的囚犯累犯率下降了8.4%。我们中的许多人过去也曾捐赠过慈善机构和资助过慈善项目，以帮助填补为重新安置服刑12个月以下、刑满释放的囚犯所需的资金缺口。在社会影响力债券的试点项目中，我们有机会看到对这些囚犯的帮助不但减少了犯罪和未来受害者的数量，而且还具有经济意义。
>
> 如果彼得伯勒监狱以“一条龙服务”方式形成的势头能继续下去，那么，我们作为投资者真有机会以回报的形式收回我们的投资。这一点之所以意义重大，不仅因为我们能把这笔资金再投资于类似的计划，而且还因为根据彼得伯勒监狱社会影响力债券的合同条款，只有等到英国财政部计算出彼得伯勒监狱社会影响力债券项目为纳税人节省的税款以后，投资者才能获得财务回报。就在英国政府的“改造性康复”计划即将付诸实施之际，我们想知道充分激励对短期服刑囚犯重新安置进行投资的措施是否在新的服务提供者合同中得到了反映。这些主要来自私营部门的服务提供者在设计和提供服务方面要面对许多相互抵触的压力。通过彼得伯勒监狱的试点项目，我们现在明白，重新安置刑满释放人员的工作必须有持久不变的重点、真正的灵活性和适当

---

〔1〕 想了解更多信息，请浏览 http://www.socialfinance.org.uk/letter-from-peterborough-social-impact-bondinvestors/#sthash.kbfhLaXO.dpuf。这封信的签名人有巴罗·吉百利信托基金的马克·奥凯利（Mark O'Kelly）、友诚国际基金会的沃尔克·巴勒莫（Walker Palmour）、金瓶信托基金（Golden Bottle Trust）的亚历山大·霍尔（Alexander Hoare）、欣茨家族慈善基金会（Hintze Family Charitable Foundation）的迈克尔·欣茨（Michael Hintze）爵士、约翰逊家族基金会的杰克·约翰逊（Jerker Johansson）、兰卡利·蔡斯基金会的朱利安·科尼、保罗·汉姆林基金会（Paul Hamlyn Foundation）的罗布·贝尔（Rob Bell）、都铎信托基金的詹姆士·朗（James Long）、丰碑信托基金的马克·沃多夫（Mark Woudruff）以及帕纳珀信托（Panahpur）的詹姆士·佩里（James Perry）。

的资源，这样才有可能奏效，因为许多刑满释放人员都有非常复杂的需要。如果政府真像它所说的那样决心降低累犯率，那么，彼得伯勒监狱的“一条龙服务”为全国各地的其他监狱树立了标杆。为了仿效或改进彼得伯勒监狱的“一条龙服务”取得的结果，“改造性康复”必须在适当的合同框架下进行，这样才能确保有新的投资者以同样有效的方式进行充分的投资。

附录 A.12.1 社会金融公司的述评

社会金融公司首席执行官截维·霍奇森讲述了我们必须重新思考的市场怎样才能发挥推动社会进步的作用这个问题(September，2012)：

社会金融公司在 2010 年 10 月推出了第一只社会影响力债券。当时，我们并不指望它会引起太大的关注。彼得伯勒监狱试点项目计划发行 500 万英镑的社会影响力债券，旨在为帮教 3 000 名被判处短期徒刑的男性囚犯提供资金，并希望其能在刑满释放后的若干年里不再因重新犯事而被判刑入狱。由于这个试点项目是要探索为解决社会普遍存在的累犯率居高不下的问题提供资金的新途径，因此，愿意为这个项目承担风险的投资者超额认购了为彼得伯勒监狱试点项目发行的社会影响力债券。

我们愿意为预防性服务提供更多的资金，是出于改善社会结果和降低长期成本的双重目的。在——而且只有在——累犯率显著下降的情况下，投资者才能得到司法部的付款。由于累犯率下降能节约管教经费，因此，政府将用一定比例的节省下来的经费来支付投资者。

彼得伯勒监狱这个规模很小的试点项目已经激发了世界各国领导人的想象力：奥巴马总统已下令拨款 1 亿美元(约合 6 500 万英镑)设立基金专门资助社会影响力债券发行工作，以便在解决累犯和长期无家可归者等问题方面取得更好的结果。社会金融公司为满足美国日益增长的需求，已经在波士顿成立了一个姊妹机构。我们还与包括澳大利亚、爱尔兰、加拿大、新西兰和以色列在内的其他国家进行了合作，帮助它们在本国市场上发行社会影响力债券。

下面继续讨论“求变”投资(investing in change)：

从零开始创建一个市场并非易事，可能会遭遇惨重的失败，而没有任何业绩记录的产品也会让谨慎的投资者望而却步。然而，随着政府支持发起设立投资与合同准备基金和大社会资本等行动，把社会企业规模扩大为可投资项目迫切需要的支持正变得更加容易获得。

人们似乎正在感觉到以这种方式投资的吸引力。结果未必总是以任何代价实现利润最大化，而是我们在社会金融公司所说的“为获得社会和财务回报而投资”。从创造社会成果和实行社会变革的角度看，这种投资模式正在利用这种责任感，并且在为创新提供动力。第一只社会影响力债券的投资者都是信托基金和基金会，但下一步应该开发零售产品来推动这个蓬勃发展的社会投资市场继续增长。在社会需要增加、公共支出减少的今天，更加充分地探讨社会投资概念的时机已经成熟。

资料来源：*Ethos Online Journal*，http://www.ethosjournal.com/topics/theeconomy/item/381-social-impact-bonds。

附录 A.12.2 社会影响力债券的定义

社会影响力债券的基础是政府承诺把改善社会结果所节省的部分经费用于奖励为早期干预活动提供资金的非政府投资者(Social Finance，2009)。

社会影响力债券就是需要从第三方筹集资金并根据所产生的社会影响力来偿还债务的金融资产(Young Foundation，2010)。

社会影响力债券就是为了实施旨在取得明确约定的结果的已经过验证的项目把政府、社会服务提供者和投资者/出资人捆绑在一起的金融工具。投资者/出资人提供最初的资金支持，政府同意只有在取得约定结果以后才对所实施的项目支付款项。所以，政府是在为成功付费(Third Sector Capital Partners，2013)。

附录 A.12.3 利益相关者的观点

社会影响力债券模式的一个重要特点就是，要想成功甚至要想获得认可，就必须使全体关键利益相关者的利益和动机保持一致。这里所说的关键利益相关者包括政府、服务提供者、投资者和服务用户。以下依次逐一考察每一类利益相关者。

政府专员

社会影响力债券也许能够引起政府的注意，因为政府的许多政策议程要根据具体情况做出相应的变化(Jupp，2011)。但不管怎样，我们仍可识别一些驱使政府参与社会影响力债券项目的常见因素。

发展福利服务市场

支持一个既能代表国家提供服务，又能满足弱势群体新出现或未得到满足的需要的社会部门，对于政府来说是有利的。对政府和纳税的选民来说，这样做的不利因素可能是代价很高。没有得到解决的社会问题可能会升级，世界各国的政府正在努力应对目前对寄养、卫生服务(Loder，2012)和监护计划等应急服务的需求。社会部门只有通过发展社会组织和它们实施的项目以及扶持新兴的社会投资市场来发展壮大。社会影响力债券可以帮助社会部门筹集到新的资金用于扩大现有项目并启动新的项目。[1]

把资金改用于预防

社会影响力债券可以让政府把资金从应急性服务转向预防性服务。在人口老龄化加快了应急性服务需求增长速度的情况下，虽然预防性服务最终有可能减少对福利服务的总需求，但政府在日益减少而不是增加预防性服务。因此，如果社会影响力债券有可能减少对应急性服务的需求，那么对政

---

[1] 外部组织提供公共服务可被社会接受的程度，在某种程度上取决于政治和文化背景。

府就非常有吸引力。[1]

结果评价

世界各国政府正在向外部服务提供者购买越来越多的公共服务，而改用基于结果的合同可以提高这类政府支出的使用效果(Bolton and Savell，2010)。政府拨款和签订服务合同的依据历来是投入或产出。虽然大多数政府拨款或服务合同都要求服务提供者报告其花钱的方式和项目的业务信息，但通常不要求服务提供者评估其服务对象的生活因他们的服务而发生的变化。通过签订按结果付费的合同，政府就能量化并说明国家支出的真正社会价值。注重结果数据和证据的另一个好处是，社会影响力债券要求严格评估服务效果，从而提高学习能力，并且可以扩展使用到由政府或代表政府提供的更多的服务(Fox and Albertson，2011)。此外，按照得到证实的结果付款的做法也允许政府只能为那些已产生明显积极影响的项目提供资金。最后，按结果付费的合同要求对结果进行评定，而投资者的参与加大了结果评价必须稳健和公布结果的压力。有关社会影响力债券的数据在提高服务提供组织的业绩透明度和责任心方面可能具有更大的价值，并且还可用来支持更大的社会金融市场的发展，因为可靠的信息是一切市场正常运行的基础。

创新

政府也可能对社会影响力债券感兴趣，因为这种债券是一种创新性社会金融工具(Essex County Council，2012)。说它是一种创新性社会金融工具，是因为这种债券改变了政府与服务提供机构签订的合同的性质，即把他们签订的合同变成了按结果付费的合同；还因为这种债券使政府关注投资者的动机、风险和回报。社会影响力债券还常能促成政府与其他组织之间以及其他组织之间的新关系。

产生更大的效益

由于发展社会影响力债券项目需要大量的资源，而且从一开始就受到了

---

〔1〕 然而，减少对应急性服务的需求，并不一定就能节约政府支出，因为只有在实际减少应急性服务供给的情况下才能节省政府开支(Bolton and Savell，2010)。因此，社会影响力债券对政府最具吸引力的应用领域，是那些可以轻而易举地减少应急性服务供应的领域。

媒体关注，因此，各国政府迄今已经投入了大量的时间和精力，以确保自己只投资于很可能取得成功的社会影响力债券项目。这样做的一个好处是，政府专员们正在发展可用来更广泛地改善服务采购和评价的技能。

投资者

投资者也许仅仅是因为社会影响力债券提供了赚取投资财务回报的机会而对其感兴趣。事实上，社会影响力债券的社会元素（及其与政府的关系）很可能意味着，对这种债券的投资与其他主流投资没有相关性，因此，这种投资模式提供了一种投资资产组合风险分散策略。此外，虽然社会影响力债券是一种新的金融工具，而且还没有业绩记录，但是，政府担保（澳大利亚新南威尔士州）或者公益包销（philanthropic underwriting）（纽约市）的介入有可能把投资这种债券的风险降到非常低的水平。事实上，即使在没有对社会影响力债券进行担保的英国，投资这种债券的风险也很可能非常低，因为在签署首批社会影响力债券合同之前进行了高水平的尽职调查；目睹社会影响力债券项目失败，对于政府或中介机构都没有好处。

当然，许多社会影响力债券的投资者也是由获得社会回报潜在的可能性所驱动。社会投资者觉得社会影响力债券很有吸引力，因为这种债券可以提供混合的社会和财务回报，而且财务回报从属于社会回报。因此，与其他社会投资工具相比，社会影响力债券能提供一种更加明确的社会回报评价指标。从慈善的角度看，社会影响力债券的投资者也发现这种债券很有吸引力，因为它提供了一种将其赠款或者捐赠资金"转化"为"投资"的手段，从而使其能够随着时间的推移而做出更多的贡献。他们还认为，自己的参与不但是一种支持服务提供机构获得更多政府资金的手段，而且有助于建立更大的社会投资市场。

兰德欧洲在彼得伯勒监狱社会影响力债券的评估报告中提到社会金融公司时称，一半以上的投资值和投资量是由首次投资于刑事司法的组织或个人完成的。兰德欧洲的这份报告列举了投资者参与社会影响力债券项目的几个原因：(1)愿意支持按结果计酬的新型金融产品；(2)慈善机构希望以更合乎道德的方式投资；(3)有些投资者有兴趣投资于资助刑事司法的项目；(4)社会影响力债券提供了颇受欢迎的了解社会投资的机会；(5)向服务提供者预支前期资金；(6)投资者认为有很大的概率获得回报。

随着社会投资市场的成长，有可能会出现一个为初级投资者提供流动性和退出机会的社会影响力债券二级市场，而对于像养老基金这样的二级市场投资者，社会影响力债券则是多样化(具有社会意识)的投资资产组合中一种具有潜在吸引力的资产类别。

散户投资者有机会投资社会影响力债券的第一个例子是“阿利亚儿童未来债券”(Allia Future for Children Bond)。这笔计划筹款100万英镑的债券从2013年2月4日起开始发售，但到了4月因未能筹集到足够的资金支付成本而被取消。按原计划，这笔债券80%的筹款用于向社会住房提供者发放零收益、低风险贷款，其余20%用于埃塞克斯郡社会影响力债券原始投资的证券化部分，用于产出额外的可变收益。最小投资规模为15 000英镑。“阿利亚儿童未来债券”表示，“从收到的认购申请看，虽然这种产品的预期财务回报是未知的，但有些投资者可能出于创造社会影响力的考虑而进行投资。但是，这个项目也表明设计复杂产品卖给散户投资者并不容易”(Allia，2013)。

服务提供者

社会影响力债券项目的服务提供者可分为三类：与政府签订按结果计酬的合同的主承包商、主承包商的分包商以及向社会影响力债券项目服务用户提供服务但得不到社会影响力债券资金的服务提供者。以上三种服务提供者出于不同的原因都可能有兴趣参与社会影响力债券项目。

与政府签约的服务提供者

如果社会影响力债券能够筹集到新的、期限较长或者更加稳定的资金，那么，服务提供者就会觉得这种债券很有吸引力。有些社会目的组织实际上被排斥在政府招标市场之外，因为它们在收到政府付款之前无法为取得结果筹到足够的周转资金。在用社会影响力债券筹资的项目中，周转资金问题采用由私人投资者预支的方式来解决。[1] 此外，发行社会影响力债券筹到的资金期限可能比与选举或支出审批有关的政府拨款期限长。这对于相关服

〔1〕 有些社会目的组织可能认为与私人投资者发生关系可能会遇到问题(或至少是新生事物)，但中介机构的介入可能有助于管理这种关系。

务提供者及其服务对象来说，可能就意味着有更大的资金稳定性。长期资金对服务提供者很有吸引力，因为这有助于他们更好地安排预算和资源。

签订按结果付费而不是按产出付费的合同，服务提供者就能更加自由和灵活地执行项目，从而能更好地满足其服务对象的需求并在执行项目时进行创新，进而改进本项目的服务并通过创新来改进其他项目的服务，甚至为其他组织提供的服务设定基准。

作为分包商的服务提供者

签订分包合同提供社会影响力债券项目服务的服务提供者也能获得更长期、更稳定的资金，从而能够扩大自身的经营范围和规模，进而为更多的人提供服务。由于自身规模太小、缺少经验，或者合同内容太过复杂而难以获得政府合同的小型组织可能会发现，自己也有机会签约成为社会影响力债券项目的服务分包商。

许多服务分包商需要与其他服务提供者发展合作伙伴关系。对于习惯单独工作的组织或者员工来说，提供协同服务最初非常困难，但也有额外的好处，如共享评价体系和学习。社会影响力债券项目中与其他服务提供者合作，可能就意味着更容易获得和分享学习机会，从而能更多或者更快地提高服务质量。

非社会影响力债券项目的服务提供者

非社会影响力债券项目的服务提供者仍可向社会影响力债券项目的服务用户提供服务，或者与社会影响力债券项目的服务提供者合作。社会影响力债券项目的服务提供者可以把服务用户推荐给社区里的其他服务提供者，从而使后者能更多地关注提供服务，而不是花功夫去招徕客户。社会影响力债券项目的服务提供者也可为其服务用户服务，或者向福利生态系统的其他利益相关者提供重要的背景信息。社区组织可与社会影响力债券项目的服务提供者合作，为新的项目筹集资金，或者寻找共同问题的解决方案。社会影响力债券项目的服务提供者是否有动机支持其他社区服务提供者，将取决于社会影响力债券项目结果评价体系的设计。

服务用户

社会影响力债券项目服务的目标用户有可能对他们可获得的服务感兴趣,因为这种服务旨在取得长期有效的结果(而不是产出)。此外,长期融资降低了服务用户意外得不到服务的风险。如果把吸引服务用户的责任转交给服务提供者,那么,服务提供者就有动机开发具有吸引力并适合用户的服务。因此,社会影响力债券项目有可能为社区和个人层面的重要社会挑战找到真正可持续的解决方案。此外,由于社会影响力债券项目要求收集和发布严格的绩效数据,因此,用这种债券筹资实施的项目理应更加透明,对服务用户更加负责。对结果的关注还可能鼓励社会影响力债券项目服务提供者对其关键服务用户提供参与性更强的服务,与他们一起探索合作服务模式和更具嵌入性的创新实践。

戈德克和雷斯纳(Godeke and Resner,2012)列出了社会影响力债券项目(在美国有时被称为"按成功付费的合同")的主要利益相关者优先考虑的问题和价值诉求,但没有把服务用户包括在内(见表 12.2)。[1]

表 12.2　　几种关键利益相关者对社会影响力债券项目的价值诉求

■表示正的价值诉求	■表示中性的价值诉求		■表示负的价值诉求	
	政府	服务提供者	慈善机构	投资者
把结果、绩效、风险和前期成本转移给投资者	正	中性	正	负
取得结果,而不只是产出	正	正	正	中性
改善受益人的生活	正	正	正	中性
增加预防性服务	正	正	正	中性
把预防节省的费用货币化	正	中性	中性	正
不相关回报和多样化	中性	中性	中性	正
风险调整后的投资回报	负	中性	中性	正

〔1〕本研究并不认为,把社会价值创造和财务价值创造合并在一起的混合价值回报就是社会投资或者影响力投资本身的混合价值回报,而只是把社会价值创造归功于公益事业。

附录 A.12.4 政府理论上的经济效益核算

下图对在社会影响力债券项目中的政府成本结构进行了图示。第一栏中的“政府成本”表示应急反应和关爱费用(在彼得伯勒监狱社会影响力债券项目中包括警察局、法院和监狱的费用)。在第二栏中的“政府成本”显示,这些费用在采用社会影响力债券模式后预计会减少,但政府需要承担额外费用,即“按结果付费”的费用、“干预费用”加上“投资者回报”。这两栏政府总成本之差在第三栏中用“政府留存结余”来表示。

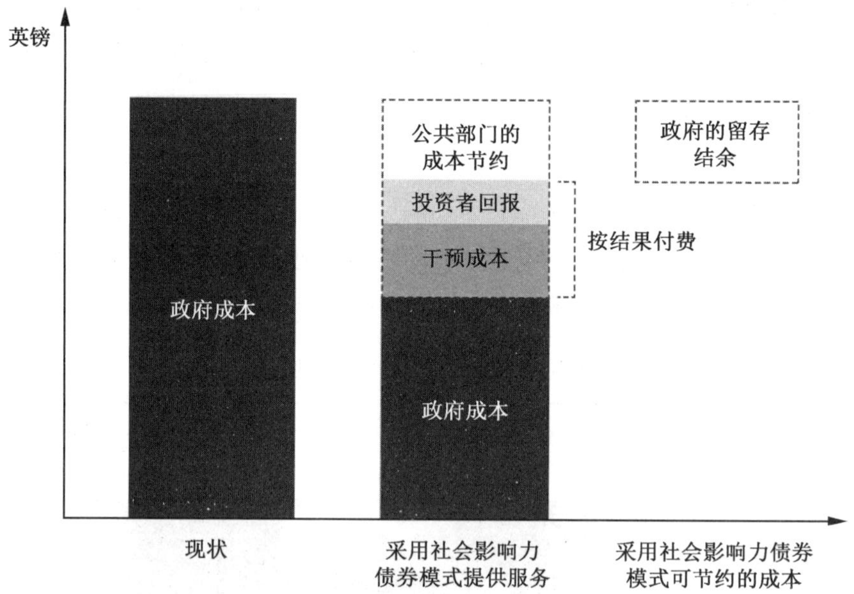

资料来源:巴克莱与西蒙斯(Barclay & Symons,2013)。

附录 A.12.5　英国发行的社会影响力债券(2014 年)

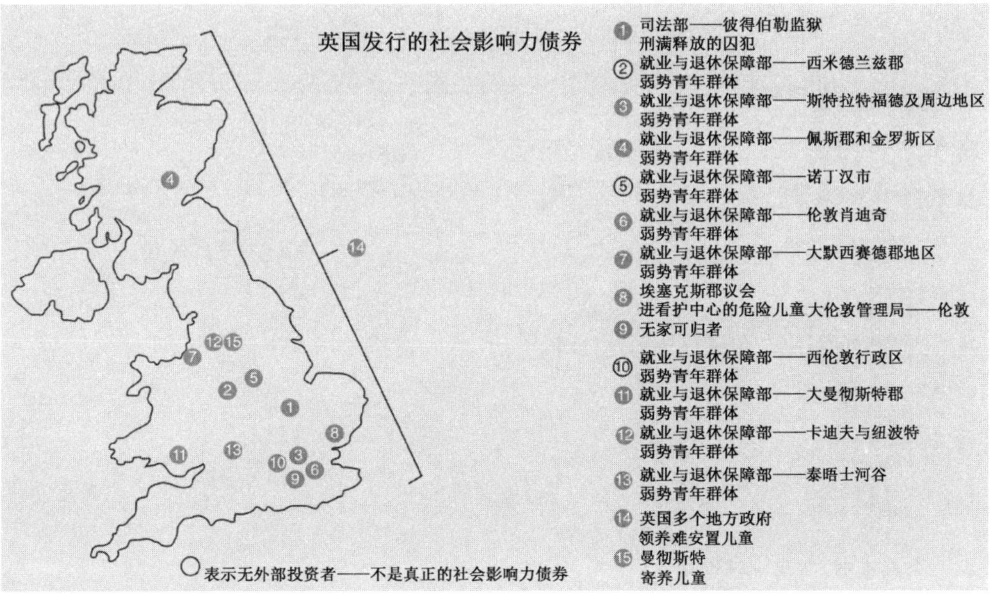

资料来源:艾玛·汤金森。

附录 A.12.6　全球发行的社会影响力债券(2014 年)

资料来源:艾玛·汤金森。

附录 A.12.7　检验社会影响力债券是不是一种适当的筹资模式的七步骤检验法

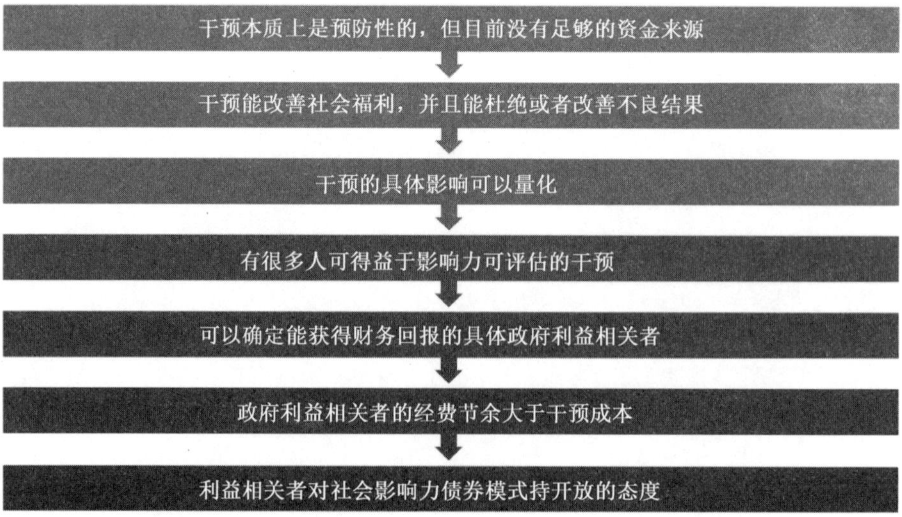

资料来源:马尔干等(Mulgan et al.,2010)。

附录A.12.8　社会影响力债券项目的谈判和合同起草安排过程

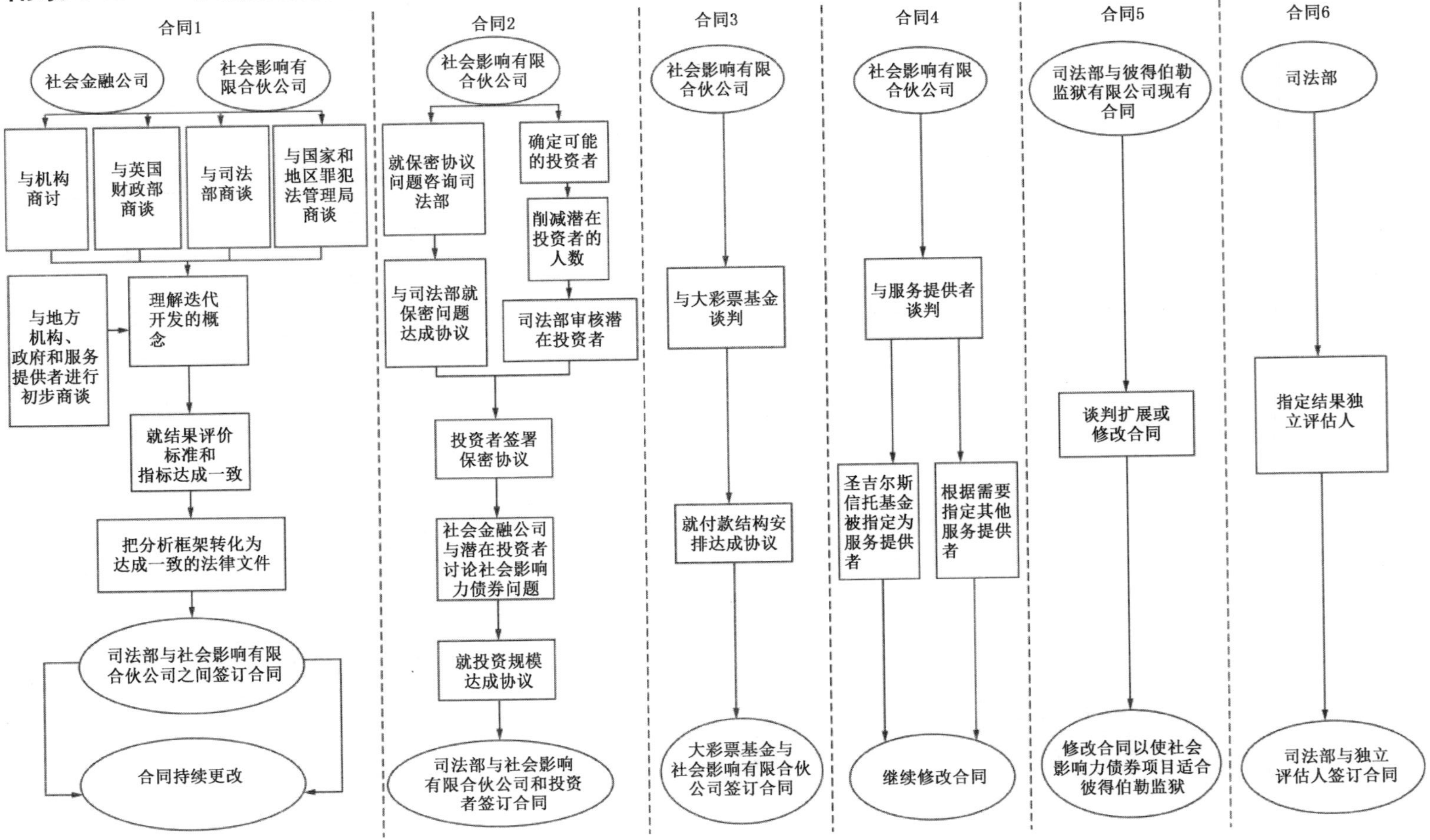

资料来源：兰德欧洲（2011:17）。

附录 A.12.9 社会影响力债券发行进度

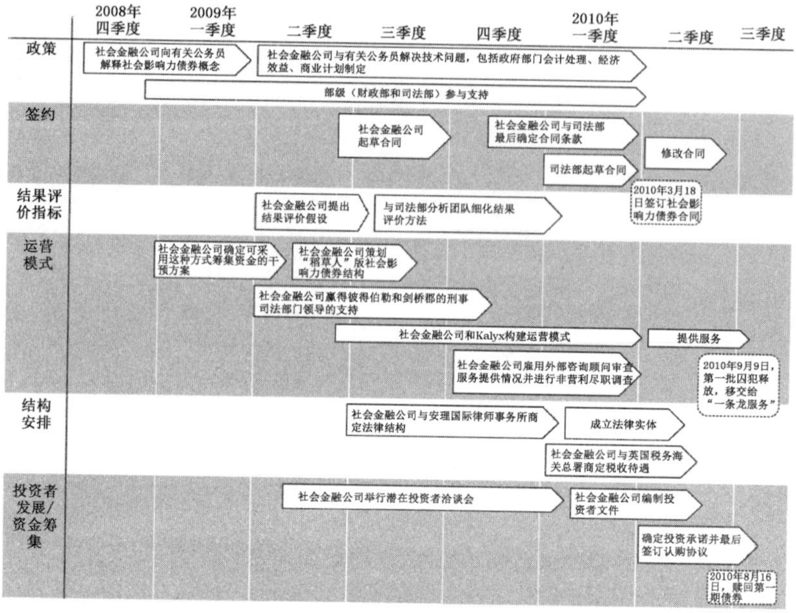

* 后来又在 2010 年 11 月、2011 年 1 月和 2 月赎回债券。

资料来源：兰德(2011:70)。

参考文献

Allia (2013). ‘Future for Children Bond Offer Closed’. News release, 17 April.

Barclay, L., and Symons, T. (2013). *A Technical Guide to Developing Social Impact Bonds*. London: Social Finance.

Bennett, R. (2012). ‘Adoption Bonds Will Provide Cash to Find Families for Children Languishing in Care’. *The Times*, 8 November.

Big Lottery Fund (2010). *BIG Paves Way forward through Social Investment*. London: BIG.

Bolton, E. and Savell, L. (2010). *Towards a New Social Economy: Blended Value Creation through Social Impact Bonds*. London: Social Finance.

Cabinet Office (2009). *The Council on Social Action*. London: Cabinet Office.

Cabinet Office (2013). *The Social Impact Bond Knowledge Box*. London: Cabinet Office.

Callanan, L., Law. J., and Mendonca, L. (2012). *From Potential to Action: Bringing Social Impact Bonds to the US*. New York: McKinsey and Company.

Conservative Party (2010). *Big Society Not Big Government*. London: Conservative Party.

Essex County Council (2012). 'First Local Authority to Award Social Impact Bond to Help Young People on the Edge of Care'. Press Release, 22 November, Colchester.

Fox, C., and Albertson, K. (2011). 'Payment by Results and Social Impact Bonds in the Criminal Justice Sector: New Challenges for the Concept of Evidence-Based policy?' *Criminology and Criminal Justice*, 11(5): 395–413.

Frontier Economics (2010). *St Giles Trust's through the Gates: An Analysis of Economic Impact*. London: Pro Bono Economics.

Godeke, S., and Resner, L. (2012). *Building a Healthy and Sustainable Social Impact Bond Market: The Investor Landscape*. New York: Godeke Consulting.

HM Government (2009). *Putting the Frontline First: Smarter Government*. London: HM Government.

Justice Committee (2009). *Cutting Crime: The Case for Justice Reinvestment*. London: House of Commons.

Jupp, B. (2011). *A Technical Guide to Commissioning Social Impact Bonds*. London: Social Finance.

Loder, J. (2012). *Social Impact Bonds in Health*. London: Young Foundation.

Loder, J., Mulgan, G., Reeder, N., and Shelupanov, A. (2010). *Financing Social Value: Implementing Social Impact Bonds*. London: Young Foundation.

Macdonald, K. (2010). *First Social Impact Bond Launched*. London: Philanthropy UK.

Ministry of Justice (2010). 'Scheme to Reduce Reoffending in Short-term Prisoners Launched'. Press release 18 March, Ministry of Justice, London.

Ministry of Justice (2012). *Peterborough Social Impact Bond: Propensity Score Matching Methodology*. London: Ministry of Justice.

Ministry of Justice and Social Finance UK (2010). 'Minister Launches Social Impact Bond Pilot'. Press release 10 September, Ministry of Justice, London.

Mulgan, G., Reeder, N., Aylott, M., and Bo'sher, L. (2010). *Social Impact Investment: The Challenge and Opportunity of Social Impact Bonds*. London: Young Foundation.

National Offender Management Service (NOMS) (2012). *National Offender Management Service Annual Report 2011/12: Management Information Addendum*. London: Ministry of Justice.

Osborne, D., and Gaebler, T. (1995). *Reinventing Government: How the Entrepreneurial Spirit Is Transforming the Public Sector*. New York: Perseus Books.

RAND Europe (2011). *Lessons Learned from the Planning and Early Implementation of the Social Impact Bond at HMP Peterborough*. London: Ministry of Justice.

Social Finance (2008a). 'Social Finance Launched to Accelerate the Creation of a Social Investment Market in the UK'. Press release 21 April, Social Finance, London.

Social Finance (2008b). *Social Impact Bonds: Rethinking Finance for Social Outcomes*. London: Social Finance.

Social Finance (2009). 'Social Finance Welcomes the Government's Initiative to Pilot Social Impact Bonds'. Press release 7 December, Social Finance, London.

Social Finance (2010a). 'Social Finance Launches First Social Impact Bond'. Press release 18 March, Social Finance, London.

Social Finance (2010b). *Peterborough Social Impact Bond*. London: Social Finance.

Social Finance (2011a). *Social Impact Bonds: The One Service, One Year On*. London: Social Finance.

Social Finance (2011b). *Overview of the Peterborough Social Impact Bond*. London: Social Finance.

Strickland, P. (2010). 'Social Impact Bonds—the Pilot at Peterborough Prison'. House

of Commons Library: Standard Note SN/HA5758, 12 November, London.
Third Sector Capital Partners (2013). *Case Study: Preparing for a Pay for Success Opportunity*. Cambridge, MA: Third Sector Capital Partners.
Tomkinson, E. (2012). *Social Impact Bonds: An Australian Snapshot*. Sydney: Centre for Social Impact.
Young Foundation (2008). *Social Impact Bonds*. London: Young Foundation.

主要网站

http://www.data.gov.uk/SIB_knowledge_box
https://www.gov.uk/social-impact-bonds
http://www.socialfinance.org.uk/work/sibs
http://en.wikipedia.org/wiki/Social_impact_bond
http://mckinseyonsociety.com/social-impact-bonds
http://nonprofitfinancefund.org/pay-for-success

第四篇

社会金融基础设施建设

政府及其政策在社会金融中发挥的作用
社会金融公共政策实例介绍
社会金融基础设施建设

第十三章　政府及其政策在社会金融中发挥的作用

罗斯玛丽·艾迪斯

引　言

社会金融的目的就是在创造社会效益的同时又创造一定程度的财务回报。[1][2] 社会金融是在解决涉及面更大的问题背景下发展起来的，这些问题涉及企业和金融系统如何与社会互动并为社会做出贡献，以及政府的未来作用。这些问题还延伸到我们如何评价社会进步、如何提高社会服务的质量和绩效以及如何解决社会问题，而不仅仅是应对它们的影响。在对机构的信任度日益下降和世界经济不断变化的环境下解决这些问题就显得更加紧迫。

2008—2009年的金融危机及其后续影响凸显有必要对现有金融体系的作用和职能进行反思。有人已经重新关注资本和金融，并且把它们作为促进许多活动的手段，而不是目的本身。一些评论人士甚至表示，"资本主义制度已经陷入了重重包围"，把商业和竞争与社会问题分开就是一种错误的做法，"社会需要，而不仅仅是传统的经济需要，决定市场"(Porter and Kramer，2011:1;Skoll，2013;Beinhocker and Hanauer，2014)。

这方面的发展正在对区分公共和私人服务提供以及公共产品与私人利润的做法发起挑战：

> 我们真的只能——在教育、医疗卫生和其他社会服务的公共

---

〔1〕 作者要感谢本章的编辑亚历克斯·尼科尔斯的鼓励以及在文章内容和编辑方面提出的建议。

〔2〕 本章采用"社会金融"来指称所谓的"影响力投资"(即为了获得社会和经济效益而进行的投资)领域。一些评论人士和文献对这两个术语做了区分，前者是指社会或非营利部门金融，而后者则反映并扩大了金融的概念，是指同时创造社会、环境或文化效益以及一定程度的财务回报的金融活动。社会金融的政策状况正在迅速发展；本章的介绍和实例反映了2014年的状况。我们可以并应该预料到自那以来情况已经发生了新的变化并出现了新的补充政策，并且可以从这些变化和补充政策中了解到新的东西。

与私人提供，关注迫切需要的援助机构与只关心利润最大化的企业，以及只能选择回报最大化的投资者与只能做慈善捐款的投资者之间——进行这样的二元选择？(Schwab Foundation et al.，2013:5)

这些并不是什么新的现象，一些国家有着悠久的合作社和社区企业历史，而有些企业历来在帮助其员工和所在社区方面发挥了很大的作用。不同司法管辖区采取不同的社会金融实践和不同的名称。例如，在欧洲包括法国和比利时在内的部分地区，"团结经济"(solidarity economy)具有悠久的历史渊源；英国和美国在"非营利风投"(non-profit ventures)、"社会创新""兼益企业"的背景下进行了大量的社会聚焦型创新(socially focused innovation，Defourny and Nyssens，2010)。有些学者认为，后弗里德曼新古典经济学导致我们太过狭隘地关注经济效率和短期利润(Janeway，2013；Nelson and Jackson，2004)；而另一些学者则强调公共资金资助的动态变化对限制社会服务供给产生的影响(如 Defourny and Nyssens，2010；Adams and Hess，2010)。

在不同的背景下明显出现了一种关注不同的社会问题解决机制的新趋势，或者说重新出现了这种趋势(Egger and Macmillan，2013；Schwab Foundation et al.，2013；Social Impact Investment Taskforce，2014)。这些基本转变无论是被理解为"混合价值"(blended value，Bugg-Levine and Emerson，2011)、"共享价值"(shared value，Porter and Kramer，2011)还是"解决方案革命"(solution revolution，Egger and Macmillan，2013)，它们的侧重点相同，也就是创造社会和经济价值，而且其含义超出了关于市场机制、营利性和非营利性、公共或私人服务供给辩论的范畴。

这些转变正在对占据发达经济体资本主义主导地位的新古典基础发起挑战，而且是以一种注重繁荣和可持续增长性质的更加全面的方式。这些转变表明，在运作良好的资本主义体系中，真正的力量还在于运用创造力来设计新的解决方案并取得更好的结果，从而帮助解决甚至最棘手和最紧迫的社会问题(Social Impact Investment Taskforce，2014；Beinhocker and Hanauer，2014)。

技术的快速进步以及相应的信息可获得性和沟通可能性正在扩大上述转变的影响，相同的主题越来越明显地跨越了不同的地域和政治制度(Jackson and Harji，2012；Egger and Macmillan，2013)。来自截然不同领域和经历的知识、数据和资源可用来解决影响社会的问题，而且还能用来对不同的方法进行新的组合和调适，这已经成为社会创新的一个标志(Mulgan et al. 2007; Adams and Hess,2010)，其规模可以说是前所未有。

以上这些方面情况的持续变化也更加直接地影响着公民对政府的期望。技术为沟通和服务交付开辟了新的可能渠道，但也加剧了问题的争议性，并且使某个领域的想法和方法能够更容易应用于其他领域的情况或问题。各种机构都开始利用大量的可用数据，这其中的利弊尚未得到充分的探讨，甚至还没有得到充分的理解(Egger and Macmillan,2013;World Economic Forum,2013; Mulgan,2013)。世界经济论坛的政府未来全球议程理事会(The World Economic Forum Global Agenda Council on the Future of Government)完成的一项全球调查表明：

> 未来的政府需要自我调适并不断发展才能创造价值，它们必须对迅速变化的环境和公民期望做出反应，注重自身的能力建设，并且保持能在共同创造价值的公共、私营和非营利部门复杂、相互依存的组织和系统网络中有效运行的状态。(World Economic Forum,2011)

显然，政府与影响社会的问题有着密切的关系。政策和计划要在社会和经济条件下付诸实施，因此，政府至少需要了解正在发生的变化、潜在影响及其结果。这是政府治理和制定政策的重要背景。本章认为，在这方面还有更大的潜力可挖，政府和决策者可以通过许多途径来积极参与和推动这些发展为社会创造尽可能高和多的正价值(Schwab Foundation et al. ,2013:7)。

如果能够充分发挥创新的潜力，就有可能从根本上改变公共部门运作和公共产品开发方式的一些关键方面(Egger and Macmillan,2013;Shergold,2013)。不过，这也许是一个不小的挑战，因为是否能够发挥创新促成积极变革和取得更好结果的潜力，仍有待观察。

许多国家也正在面临严厉的资源约束，从而导致一些社会问题的严重性和解决紧迫性不断提升，如青年失业问题；与此同时，政府只有很少的资源可用来采取应对措施，因此，就在数十亿人口仍然生活在贫困中，缺乏能满足从清洁水到教育和医疗卫生再到日常金融服务等基本需要的资源的情况下减少了对他们的援助。

公共资源有限和社会成员需要增多的现实，就是我们考察不同运作方式潜能的充分理由。在某些情况下，面对社会挑战，我们缺乏切实有效的应对办法；而在另一些情况下，几代人以来，我们一直墨守成规。除了探索新的运作方式之外别无他法，我们只能接受没有更好选择的现实。

影响力投资并不会像某些人担心的那样导致政府推卸承担社会问题的责任，而会激励政府去创新、为成功的干预埋单，并且降低取得成功结果的成本。影响力投资也不会导致私有化。慈善投资者正在为非营利组织提供资金，在按结果付费的基础上为政府服务。如果政府能为成功埋单，保留一半以上的因外部投资者资助创新干预措施而节省的经费，增加成功的结果，并且在这个过程中提高公民的生活水平，那么就是一种颇有吸引力的运作模式。在国家层面，政府正在增加我们国家的社会资本，正在提高我们的生产力和竞争力，并且巩固能够凝聚我们社会的价值观(Cohen，2014)。

社会金融有可能成为这些新运作方式的关键驱动因素，围绕社会金融发展起来的实践是影响价值创造方式和不同部门合作方式这张大网络中的纲。一些政治领导人认为，社会金融可以通过利用金融力量来解决最棘手的社会问题，从而真正改变我们的社会(Cameron，2013；Beinhocker and Hanauer，2014)。这种观点并没有获得普遍认可。一些评论人士对政府的动机持怀疑态度，认为政府可能会转嫁成本和风险，甚至在关键领域取消自己的服务。许多政府根本就没有以任何有意义的方式发掘社会金融的潜力。对政府服务绩效的质疑也越来越多(Bridgeland and Orszag，2013)，从而引发了一场关于公共支出价值和结果问责问题的辩论。

我们完全有必要就政府职能和社会金融作用的问题开展积极的讨论，明确把寻找切实有效的替代办法的问题提上议事日程，并且结合政府实际受到的能力和资源约束来考虑政府应该做什么的问题。社会金融不可能是灵丹妙药，但它可以成为我们工具箱里一种有用的工具。

社会金融的发展在促成新市场，鼓励创业和创新，以可持续的方式解决社会问题等方面，正在国际范围内产生积极的影响。资本已经被用来为社区提供资源，创造就业机会，并为包括老年人护理、经济适用房、教育、清洁水和环境卫生、小微金融和可持续农业在内的不同领域融资。

我们需要做更多的工作才能挖掘利用这种潜力，例如，有效地向各国政府和决策者通报正在发生的事情。这个问题为什么重要、政府能做些什么以及如何为它们正在处理的问题提供解决方案。除了理论探讨以外，还需要发展能力、举证证明和吸取有用的经验和教训，以指导该做什么和如何做。好的政策还需要有领导力和实践社区来支撑（Addis and Koenig，2014）。

本章概述了当前社会金融的政策背景和采取政策措施的实例，其中包括实施政策干预的理由。首先进行基于市场的分析；然后考察支持政府在鼓励创新方面发挥更广泛作用的论据，根据世界不同国家的实例提出了一些政策措施建议；最后考察了社会金融如何才能成为协调跨部门新型合作的中心以及如何才能在构建更有成效的公私合作关系来迎接21世纪的挑战和机遇方面发挥作用的问题。

政府的作用：采取政策措施的理由

背　景

我们在评论中强调了对政府的要求和期望，其中有很大一部分侧重于改变公民的期望，需要提高各不同部门的生产率，并利用新的工具和发展模式处理影响社会的重大问题（Egger and Macmillan，2013；Schwab Foundation et al.，2013；Social Impact Investment Taskforce，2014）。

所有这些趋势凸显了各种不同因素的聚合：政府支出减少；更加强调循证干预措施；投资者的觉悟不断提高；新一代有才华的社会企业家正在冲破种种限制，制定颠覆性的解决方案。所有这一切都意味着，一个不能也不应错过的机会之窗已经在我们面前打开（Schwab Foundation et al.，2013：6）。

有评论人士呼吁，应该为未来打造更加开放并且更善于协作的新型政府（如 Osborne and Gaebler，1992； Shergold，2013）。一些呼吁“再造”（Osborne and Gaebler，1992）或者“重新构想”（Shergold，2013）政府的人士已经充分认识到目前政府固有的局限性和官僚作风以及“公共部门作为新公共经济合作中心带来的机会，并且积极鼓励灵活性、多样性、选择和创新”（Shergold，2013：13）；而另一些人士则认为，把重点放在运作方式方法上并不能解决我们希望政府做什么的实际问题（如 Winnick，1993）。“做什么”和“如何做”都是一些重要的问题，回答这两个问题，为回答另一个问题——“为什么”的问题——所必需，“为什么”的问题与政府打算要服务的对象能获得的结果密切相关。

虽然问题的解决结果因当地情况，特别是因不同国家的社会和经济发展水平不同而不同，但扩大解决问题的“工具箱”的需要和机会却普遍存在。

发达经济体的政府在满足日益增长的服务需求方面面临着日益严峻的资金来源的挑战；政府需支付的账单总额似乎已经超出其承受能力。到 2025 年，八国集团成员国政府的预算总“缺口”估计将超过 1.5 万亿美元（Accenture and Oxford Economics，2013）。这些国家的政府遇到了许多长期没有得到解决的社会问题，如长期无家可归者和根深蒂固的跨代劣势（inter-generational disadvantage）问题。它们还遇到了一些新出现的现实问题，即承担人口老龄化的代价，在很多情况下还要解决收入不平等和青年失业率居高不下的问题，而这些问题的影响可能要延续几代人。与此同时，各国政府正在经受需要通过提高生产率来创造就业机会和促进繁荣才能应对的真正严峻的经济挑战（Hajkowicz et al.，2012）。

对于世界很大一部分地区来说，基本的社会需要仍然得不到满足。数以百万计的人口仍生活在贫困之中，没有干净安全的饮用水和卫生设施、能源、医疗服务或教育。据世界银行和联合国各下属机构估计，为了实现“千年发展目标”（Millennium Development Goal）提出的目标，到 2015 年，向 49 个国家提供医疗卫生服务的费用在 674.6 亿～2 266 亿美元，预计其中的 60%以上是日常支出（World Bank et al.，2009）。根据其他来源的估计数据，即使当地机构和基础设施得到了显著的改善，实现“千年发展目标”的费用每年仍要高达 400 亿～600 亿美元（Devarajan et al.，2009）。

事实证明，政府的国内支出、国际援助和慈善赠款不足以满足这些需要。一段时间以来，发展机构为了满足发展需要，一直致力于融资创新。它们遇到了包括资源针对性差、预防和创新范围有限在内的挑战（Centre for Global Development and Social Finance，2013）。在目前的环境下，利用市场解决方案来应对这些重大挑战的机会和兴趣都在增加。从太阳能发电到移动技术，从小微保险到新型消费品分销平台，这些例子都显示出大容量、低利润市场机会的潜力。

我们越来越认识到，未来的经济增长取决于我们能否解决棘手的社会问题（Mulgan et al.，2007）。在发达国家，社会服务正在取代其他行业成为经济增长的驱动力，社会服务业需要的创新形式不同于过去支持制造业和技术行业的创新形式。公民日益要求政府不仅仅关注经济增长，而且还要更多地关注繁荣和福祉(Watts et al.,2009;Porter,2013)。关注政府实践的评论人士指出,政府的实践应该从标准化服务转向个性化服务,重视地方和社区,从公共管理转向提高效率、创新和协作,从提高工作效率转向提高公共部门的工作效率(如 Accenture and Oxford Economics,2013; Deloitte,2013; Shergold,2013)。

目前,我们正在设计超越国内生产总值等传统经济评价指标的社会进步评价指标,以便在国家层面反映人类需要、幸福的基础和经济机会。[1] 2015年底提出的"可持续发展目标"(Sustainable Development Goals)将具有普遍适用性,我们已经开始理解资金和金融服务的可获得性对于构建社会凝聚力、提高生产率和促进参与具有重要的意义。例如,英国社会投资工作组已经发现,企业和财富创造对于建设可持续社区至关重要,而投资于可持续社区建设对于"从慈善、家长作风和依赖文化转向激励主动以及弘扬企业家精神和首创精神的文化"至关重要(United Kingdom Social Investment Taskforce,2000:4)。同样,加拿大社会金融工作组(Canadian Taskforce on Social Finance,2010)强调了金融在解决复杂的社会问题、创造就业机会和加强社区建设方面的作用。亚洲和非洲部分地区以及拉丁美洲国家越来越多的实践也表明,以前被忽视的社区能够提供新的市场(Eggers and Macmillian,2013; Schwab Foundation et al.,2013)。

多亏了新兴市场移动电话、小微信贷和零售业的迅猛发展,30亿以前被排除在外的人口现在也用上了互联网。我们大多数人第一次可以接触到……我们听到的关于贫困的主要故事是,这些人过着勉强糊口的生活——这种故事情节引导我们把人当作被动的受益者,而不是施动者。事实上,85%的低收入人群是新出现的消费者,他们愿意并有能力购买基本的产品和服务,只要做到这一点,就能帮助他们摆脱贫困,并成为中产阶级(Leapfrog Investments,2013)。

根据定义,社会金融包括鼓励为旨在解决社会问题并取得积极结果的活动提供资金。对各国政府来说,促进社会金融市场的形成有许多潜在的好处,其中包括:(1)创造更有效地利用有限公共资源的机会;(2)激发市场重点解决社会问题的创造力和创新性;(3)在适当的政策领域利用私人资本来实现公共目的;(4)扩大为创造社会和经济价值——包括满足未得到满足的需

〔1〕 想了解更多的有关信息,可浏览 http://www.socialprogressimperative.org。

要和创造新的公共产品——融资的资本池。

一些评论人士表示，如果更多地关注社会和经济因素，就会驱使（并要求）政府把企业和市场行为主体视为实现社会价值的关键合作者（Zadek，2001；Porter and Kramer，2011）。他们认为，集中精力增加经济和社会价值的总量，就可以使政府——和其他行为主体——超越权衡取舍和再分配观，去实现一种更加基于关系和系统的价值创造观。

许多企业把其营商大环境视为既定，认为解决社会问题的任务已经交给了政府和非政府组织；而政府则采用一种使价值共享变得更加困难的方式进行监管。不言而喻，双方都认为对方是自己实现目标的障碍，并据此采取行动。相反，共享价值观认识到，不仅仅是传统的经济需要，而且社会需要也决定市场。共享价值观要求增加经济价值和社会价值的总量（Porter and Kramer，2011：2）。

对社会金融政策维度和政府在社会金融中扮演的角色的系统探讨，还处于相对早期阶段。[1] 英国社会投资工作组是早在2000年就采取行动的早期行动者，而其10多年的努力已经产生了重要作用，而且也是对政策产生直接影响——主要是在英国，但影响到了其他国家——的若干因素之一（United Kingdom Social Investment Taskforce，2000；Emerson and Spritzer，2007；Nicholls and Pharoah，2008；United Kingdom Cabinet Office，2013a）。

自2010年以来，相关研究更加集中关注政府及其政策在推动社会金融发展方面所起的作用（Jackson and Harji，2012）。政府及其政策的这种作用反映为更多的司法管辖区和更多的行为主体之间的对话和行动。洛克菲勒基金会的影响力投资计划（Impact Investing Initiative）包括关注政策在推动社会金融规模化发展方面的核心作用（Jackson and Harji，2012）。洛克菲勒基金会的影响力投资计划不但推动了影响力投资研究和实践，而且还促成了新的论坛和机构，包括影响力投资政策合作组织和哈佛肯尼迪学院社会影响力债券技术援助实验室（Harvard Kennedy School Social Impact Bond Technical Assistance Lab）。[2]

2013年，情况进一步加速变化，社会金融的发展势头反映在一系列的事

---

〔1〕 在一些司法管辖区，社区投资和企业传统上是社会金融政策一个比较明显的特征，例如，法国有着悠久的合作社运动历史；但在美国，情况并非如此，尽管近50年来，一直采取有针对性的监管措施来增加社区发展投资。上文的评论侧重于相对近期的全球社会问题发展情况。

〔2〕 如想了解更多的有关信息，请浏览 http://www.iipcollaborative.org；http://hks-siblab.org。

态发展中，包括世界经济论坛和施瓦布基金会关于政府政策和未来作用的倡议(World Economic Forum，2011，2013；Schwab Foundation et al.，2013)以及英国政府通过2013年6月"八国集团社会影响力投资论坛"(G8 Social Impact Investment Forum)把对这个问题的讨论提升到了全球平台的行动。[1]由八国集团大多数成员、欧盟、澳大利亚和一些发展金融机构[2]参加的"社会影响力投资工作组"[3]的建立标志着建立全球社会金融市场的政策承诺势头有所增强。来自不同部门的200多个领导人为此聚集在一起，因此而产生了巨大的激励作用，也催生了大量的研究和切实可行的建议，为社会金融实践提供了关于社会金融是什么及其可能发挥什么作用的信息(Social Impact Investment Taskforce，2014)。总的来说，这一贡献为社会金融市场设定了一个雄心勃勃的愿景，并表明在刺激和塑造市场方面"政策非常重要"(Social Impact Investment Taskforce，2014；Addis and Koenig，2014：16)。

2014年，能够反映社会金融越来越受欢迎的其他表征包括：

(1)在亚洲、拉丁美洲、印度和南非举行的社会金融论坛。[4]

(2)影响力投资政策合作组织在2013年6月发表"伦敦原则"——专门为制定和评价社会金融政策量身定制的准则。[5]

(3)发展社会影响力债券项目的兴趣和活动迅速扩展，从英国的一次试点发行迅速发展为英国和美国以及莫桑比克、哥伦比亚、澳大利亚、以色列、比利时、意大利、德国、新西兰和加拿大等不同国家和司法管辖区的大量实践活动。

(4)不同国家和部门为发展社会金融市场，特别是通过社会影响力投资工作组及其下属小组以及社会影响力投资工作组每个参与国的国家咨询委员会为发展社会金融市场做出贡献的领导人越来越多。

(5)在社会金融市场上运作和吸引资金的影响力基金日益增多(Clark et al.，2012)。

(6)参与基准调查的机构越来越多。例如，起到引领作用的摩根大通银

---

[1] 如想了解更多的相关信息，请浏览 https://www.google.com.au/#q=g8+impact+investment+forum。

[2] Social Impact Investment Taskforce 2014：Appendix 1.

[3] 如想了解更多的有关社会投资工作组的信息，请浏览 https://www.gov.uk/government/groups/social-impact-investment-taskforce。

[4] 想了解更多的相关信息，请浏览 http://www.rockefellerfoundation.org/our-work/current-work/impactinvesting/events。

[5] 这些原则将在本章有关政策设计的一节详细讨论。想了解更多的有关这些原则的信息，请浏览 http://iipcollabomtive.org/london-principles。

行和全球影响力投资网络发起的基准调查表明:2014 年参加调查的人数增加了 26%(Saltuk et al. ,2014);2015 年虽然没有超过 2014 年的增幅,但又增加了 17%(Saltuk et al. ,2015)。

社会金融运动以外的事态发展凸显了正在发生涉及面更加广泛的变化。葡萄牙通过了社会经济立法;[1]加拿大魁北克省于 2013 年颁布了社会经济法;法国政府于 2014 年也出台了"社会与团结经济"法律框架。[2] 这些法律框架把政策和监管的重点放在承认、支持和发展"社会经济组织"上,与西班牙、希腊、墨西哥和厄瓜多尔近年来的类似发展遥相呼应。[3]

虽然社会金融市场的发展势头已经在明显增强,但社会金融要达到的临界规模并非一成不变,而要达到临界规模仍然是一个战略性挑战,需要许多行为主体发挥作用。把有能力应对这一挑战的行为主体聚集在一起,就需要以解决问题、明确目标并致力于计量和评价的心态真心实意地参与进来。有意识地发展交付所需的技能和资源组合,还必须超越已有的公私合作概念和实践来开展合作(Zadek,2001;Egger and Macmillan,2013)。

国家具有合法且重要的作用。在许多国家,政府是市场和提供社会服务的重要行为主体。在政府是社会金融市场行为主体的国家,社会金融市场就可能更快地发展壮大;在许多国家,如果决策者的经验和政府掌握的数据能在社会金融市场的形成和发展过程中发挥作用,那么社会金融市场就有更加丰富的内容,并取得更多的成就(Social Impact Investment Taskforce,2014)。不过,这并不是说其他行为主体就应该等待政府采取行动,或者说让政府单独采取行动或者其他部门和行为主体依赖政府的行动和政策就够了。政府在改善社会结果方面有着重要的利害关系。

政府应该扮演的角色

政策对话的初始重点大多集中在如何确定目标和如何利用日益有限的

---

〔1〕 Portuguese Social Economy Law 68/XII(13 March 2013); Social Economy Act, Bill 27(2013, chapter 22), passed and assented to 10 October 2013.

〔2〕 想了解更多的信息,请浏览 http://www.economie.gouv.fr/ess/loi-economie-sociale-et-solidaireau-second-semestre。

〔3〕 Spanish Law on Social Economy(Law 5/2011); Greek Social Economy and Social Entrepreneurship Act 4019/2011; Ecuador Official Register No. 444, 10 May 2011; Mexico Official Journal, 23 May 2012. 关于所引入的不同法律制度的概述,请参阅 Peels, R. (2013) Legal Frameworks on Social and Solidarity Economy: What Is the Role of Civil Society Organisations in Policy Making? United National Research Institute for Social Development, http://www.unrisd.org。

公共资源等问题上："我们遇到的全球问题的规模远远超过目前用于解决这些问题的资源。影响力投资通过利用市场的力量，很有可能开辟新的资金来源来补充现有的慈善基金和政府基金"(G8 Social Impact Investment Forum，2013:9)。除了筹集更多的资金以外，社会金融显然是为了改善生活，鼓励创造和创新，从而扩大社会金融市场的规模，并且使解决社会问题的方法更加多样化。

对一些人来说，采取行动的理由就在于机会的大小。目前还没有关于社会金融活动的数量或潜力及其产生的影响的确切数据。监测研究所、摩根大通银行和全球影响力投资网络都进行了这方面的研究(Fulton，2009；Saltuk et al.，2011，2014，2015)，并且估计 2013 年托管社会金融资产至少有 600 亿美元，而到 2020 年将达到 4 000 亿～10 000 亿美元。社会影响力投资工作组(2014)也设定了全球社会金融市场规模达到 1 万亿美元的目标。包括更广泛的社区投资的研究表明这个数字要高得多，2012 年，社会金融市场托管资产估计有 890 亿美元。[1] 虽然高估社会金融市场的潜在规模毫无意义，但社会金融市场的增长潜力已经得到认可。

规模问题也是相对的。社会金融发挥作用的潜力需要结合环境因素一起来考虑，不仅需要考虑全球金融市场，而且也要考虑政府在社会服务、国际援助和发展方面的支出，社会部门活动的规模以及企业对有利于社会的活动的投资。例如，2013 年社会金融托管资本估计超过 460 亿美元(Saltuk et al.，2014)，是同期公共和私人人道主义援助估计总额(179 亿美元，Global Humanitarian Assistance Report，2013)的 2.5 倍以上。最近一次市场调查确定的社会金融托管资产中 18% 以上由发展金融机构管理(Saltuk et al.，2015)。

金融杠杆本身只是社会金融政策潜力的狭义概念；社会金融的其他方面也贡献了价值，这一点很重要，并影响政府在发展社会金融市场方面发挥作用的理由以及这一作用的性质。旨在为社会带来正效益的新的资金来源和结构，如果条件合适，就具有产生重大公益的潜力，而且规模也超过了仅靠公共和慈善资金能够达到的规模。

除此以外，金融市场机制还可以使政府把资金导向新的企业或已有企业，从而更好地提供基于社区的解决方案。资金可得性能鼓励社区组织通过

---

[1] 想要了解更多的相关信息，请参阅 Appendix 4，Addis，McLeod and Raine(2013)。

更加有效地配置资金来提高自身的生产率。采用新的融资服务方式,并与不同的行为主体一起参与进来,有利于公共部门构建自己的创新能力,并能成为有效提供公共服务的伙伴。

采取政策措施的理由有更加广泛的基础。从市场的角度看,政府采取政策措施的理由就是,国家在消除经济增长和新产业遇到的障碍方面能发挥得到相对比较普遍认可的作用:

> 金融体系在促进创新和发展方面发挥着重要的作用,而金融机构和市场的政策和改革可为勇于开拓的企业提供融资便利。监管系统往往十分复杂,而且(或者)藏匿着对年轻的创新企业和/或投资者不利的因素。(OECD,2013:14)

我们可以列举很多政府采取行动刺激新投资的先例,风险投资、药品研发、绿色和可再生能源技术以及结构性调整的商业模式创新等方面都不乏这样的先例。经合组织认识到政府在为创业种子期和企业成长早期投资提供资金方面的作用:

> 政府干预可以在促进生态系统发挥作用和采取有针对性的行动促进生态系统进一步发展方面发挥催化剂的作用。不过,政府应该鼓励私营部门参与这种行动,而不是取代私营部门,而且应该采用有利于市场发挥作用的方式。(OECD,2013:14)

对经济、社会和环境目标的追求历来被认为是完全分开的,而创造社会或公共价值通常被看作是政府内部卫生、教育和福利等“社会政策”部门以及政府外部第三部门的事情。直到最近,创新的社会维度才被作为政策议程中创新叙事的一个组成部分,得到了越来越多的关注(Nicholls and Murdock,2011;Australian Innovation Statement,2011,2012)。

我们已经认识到旨在通过支持风投和企业成长来促进经济目标实现的政策干预具有溢出效应,从而有助于提高生产率,特别是有利于创造就业机会。一些司法管辖区已开始根据环境目标调整这些政策措施,包括针对可再生或清洁能源的风投和其他投资的激励措施。

有一种情况值得注意:如果大多数利益都由个别企业和行为主体获得,而社会只能依靠溢出效应来受益,那么就说明政府没有利用这些政策工具来达到最佳效果(Adams and Hess,2010)。

有评论人士认为,政策的传统起源——经济创新、社会投资、社区建设和区域发展——共同促进了旧观念与所谓的社会创新发生了新的关系”(Adams and Hess,2010:3)。

这就凸显了政府采取政策措施的第三个理由:政府是社会繁荣标准以及促进更有效地解决社会问题的相关目标的制定者和执行的监管者:

> 社会创新实践正在转向政策、企业和社区部门活动,这个时期的特点就是人们对创造社会价值的新想法和做事方式产生了跨部门的兴趣。支持这种现象的观点是,不断增加的社会价值在可持续发展、创造就业机会、人身安全和个人健康等多个方面产生了影响。在这个实践层面,社会创新可以定义为通过创造新的可持续能力、资产或变革机会来应对尚未得到满足的社会需要的突破性方式。(Adams and Hess,2010:4)

就政府和政策的作用而言,经济创新的类比意义重大,因为社会金融立足于利用私人资本和市场机制来推动政府无法单独执行的解决方案的实施:

> 正如风险投资业的形成为私营部门创新带来了新的融资方式和思路,影响力投资也开始创造利用企业家精神和资本市场来推动社会进步的机会,因此迟早会在社会部门引发我们迫切需要的变革。(Cohen and Sahlman,2013)

有人认为,政府在鼓励创新和为经济发展融资方面发挥了作用,并且制定了完善的政策措施。我们很难辩称,政府的这种作用不应该扩大到(社会)创新和(社会)金融这两个旨在为社会创造正效益的领域。[1]

政府作用概述

最近有一些文献阐述了政府作为社会金融行为主体的重要意义,并且肯定了与政府建立生产性关系和建设性地利用政府政策对社会金融计划的绩效(Clark et al.,2013)以及扶持社会创新的影响作用(Thornley et al.,2011;Schwab Foundation et al.,2013)。

有人在拿政府在社会金融领域的作用与政府在刺激创新和经济发展方

---

〔1〕 2014年澳大利亚金融体系调查(Australian Financial System Inquiry)采纳了这项建议。请浏览http://fsi.gov.au/publications/final-report/:Appendix 1。请读者注意:本章没有讨论“如果能够鼓励行为主体采取一种更加有意识、全面地关注为社会创造正效益的观点,那么,对‘社会事业’‘社会创新’和‘社会金融’进行区别,从长远看是否有意义”的问题。

面的作用进行类比时表示，政府可以在社会金融市场上发挥市场参与者、建设者和管理者的作用，为公益价值创造制造重要的条件（Social Impact Investment Taskforce，2014）：

（1）市场参与者：这一作用包括发现新的想法和做事方式，并调整旧的想法和做法，为社会和经济问题提供更好的解决方案；更有效地发现通过吸引私人资本来确定和利用公共支出的机会。

（2）市场建设者：这一作用包括促进社会金融领域发展和市场增长，使新创企业或现有企业比政府更好地制定和实施以社区为基础的解决方案，并且扩大能为社会创造正效益的资金池。

（3）市场管理者：这一作用涉及对社会金融领域的管理，确保适当的监管，消除行动障碍，并为复制和扩大有效规模创造条件。

政府作为市场参与者的例子通常与特定的社会问题有关，如社会住房、环境可持续性或金融排斥（financial exclusion）。如果政府能够扮演好市场参与者的角色，那么就能瞄准稀缺资源，并利用私人资本/资金来取得更好的结果或产生更大的影响。

我们正迫切需要发展社会金融市场，也日益认识到社会金融市场规模化发展的必要性，但只有加强基础设施建设才能加快社会金融市场的发展速度。对于社会金融从业人员和政府来说，这可是一大挑战，因为社会金融从业人员和政府只有超越单笔交易或单家企业观才有可能扩大社会金融市场的规模（Nicholls and Pharoah，2008；Addis，McLeod and Raine，2013；Social Impact Investment Taskforce，2014）。

我们正日益认识到，政府在部门和基础设施发展方面可充当发掘社会金融潜力的关键角色（如 Thornley et al.，2011；Bannick and Goldman，2013；Drexler and Noble，2013a；Social Impact Investment Taskforce，2014）。英国政府已明确承认市场“管理者”是其职责的正式组成部分，具体的表现就是：十多年来英国历届政府不断调整积极的政策参与策略，并且达到了登峰造极的地步。[1] 加拿大魁北克的《社会经济法》（Social Economy Act，2013）要求政府在 2014 年 4 月之前通过一项“社会经济行动计划”（social economy action plan），确定“支持发展和促进社会经济”的行动。所有这些将在多大程度

---

〔1〕 英国的政策框架随着政策的发展而发展，从而鼓励社会企业和其他机构利用市场机制来取得社会成果。例如，关于支持布莱尔政府方针重要内容的政策框架的讨论，请参阅 Powell，M.（ed.）（2008）*Modernising the Welfare State*：*The Blair Legacy*. University of Bristol：The Policy Press。

上把重点放在为发展社会经济活动融资的行动上，目前尚不清楚。八国集团社会影响力投资工作组在其(2014 年的)工作报告和各专题报告以及国家咨询委员会的报告中都强调了政策的重要作用。美国国家影响力投资咨询委员会(National Advisory Board on Impact Investing)几乎把它的工作全部集中在联邦政策和政府在扩大有效解决方案以及推动人才和资本集中用于应对大规模社会和经济挑战方面的作用上(US National Advisory Board on Impact Investing，2014)。

有评论人士认为，政府发送信号和塑造政策环境，将是决定社会金融能否发挥潜力的关键因素(Thornley et al.，2011；Schwab Foundation et al.，2013)。全球范围内不断增加的社会金融活动和对社会金融的日益关注，也可能是鼓励政策制定者更好地了解市场发展和检验市场的一个因素。探讨这些行动及其相互作用的潜力不仅有其金融维度的重要性，而且对于了解不同行为主体之间生产性伙伴关系的动态变化也很重要。

各国政府不但可以获得或者积累更多的资源和经验，而且还能获得或者积累不同的资源和经验，并对它们进行重新组合。重要的是，它们还可以(直接和间接地)把资源导向特定的问题领域。社会金融的目标不但应该是增加融资数量，而且还应该提高融资效果。资本可以成为连接政府、社区和市场作用强大的焦点，而不是在公共部门和私营部门之间转移成本和风险的依据。这个愿景超越了程度问题，但关系到一些超越政府或其他部门在提供资金、覆盖范围和效率方面单打独斗的新的运作方式。社会金融能够实现的目标超出了赠款/拨款或当前资本市场单独能够实现的目标。

要挖掘社会金融的这个潜力，社会金融的全体参与者都必须超越"经济效率与社会进步两者间假设的此消彼长或者取舍关系"(Porter and Kramer，2011:1)。这就意味着要超越新古典经济学的"有效"市场分析，还需要坦率地评估"公私伙伴关系"的内在经验和文化期望，从而建立更多基于利益的联盟(Zadek，2001；Egger and Macmillan，2013)。"风险/回报"评估的情况有所不同，为提高社会效益所需的激励措施的性质要求行为主体之间进行更加有效和互惠的价值交换。从根本上说，这一变化把重点放在了它所能产生的影响力和创造的价值上(Social Impact Investment Taskforce，2014)。

广义的价值创造概念借鉴了经济学家的研究成果。经济学家认为，增长和创新取决于国家发挥的作用。这里的国家作用超越了新古典学派把政府作为“条件制定者”和市场“调停者”的观点，而是发展成了政府为了国家的利益发挥内容更加丰富的议程制定和“做市”（Mazzucato，2012；Janeway，2013）以及为“人类问题提供创造性解决方案”的作用（Beinhocker and Hanauer，2014）。这个例子着重强调了国家在为公共利益促成变革性突破方面的积极作用。

以下各节从市场经济学和创新经济学的角度考察制定社会金融政策框架的方法和基本原理，包括审议国际上正在制定的社会金融政策框架。

市场动力学研究：发展社会金融的政策议程

凡是有很多行为主体自愿参与，并且为了营造有利于交易和活动的环境而准备采取行动并进行互动的地方，市场就会得到发展。

政府被认为是推动经济和市场发展的重要行为主体，而政策杠杆通常被用来促进市场形成、纠正市场失灵、鼓励投资和阻止危害以及影响资金流向。在现代民主国家，政府通常都能很好地发挥监管者的作用。有人评论指出，良好的监管能促进良好的治理和合作，从而提高市场效率（Thornley et al.，2011；Beinhocker and Hanauer，2014）。精心制定的政策被认为是促进资本有序流动、明确审慎标准和强制信息披露以使市场和投资者随时了解情况的重要因素。政府通过包括补救和惩罚在内的立法和监管手段来设定市场条件。

2008—2009年的金融危机促使发达经济体重新重视对金融市场的监管，而且也有助于凸显健全金融体系对于新兴市场的重要意义（Masahiro and Prasad，2011）。在发展中经济体，政府的监管可能并不那么稳定，有些市场缺乏成熟的制度、可信赖的治理和（或）监管能力，因而可能会给吸引投资和市场运行造成各种问题。

监管环境和财政政策有可能成为推动或阻止社会金融发展的重要因素（Thornley et al.，2011）。小微金融和社区发展金融的经验教训表明，政府政策在鼓励和引导资本流向社会金融以及影响达到临界规模的潜力和途径方面可以发挥重要的作用（Jackson and Harji，2012）。发展风险投资和为成长型企业提供早期融资的经验教训也凸显了政府政策的影响作用（OECD，2013）。

由“风投者”牵头完成的一项研究(Goodall and Kingston，2009；Cheng，2011)确定了有效社会金融市场的四大“支柱”：(1)创造自信和知情的需求；(2)有效的供求匹配；(3)建立各种投资机制；(4)灵活的金融服务供给。

全球的社会金融市场都需要这四大支柱，而且还需要在有利的政策和市场环境中高效运行的供给、需求和中介服务。就这些市场基本组成要素而言，社会金融市场与其他资本和投资市场基本相同(图 13.1；Koenig，2014)。

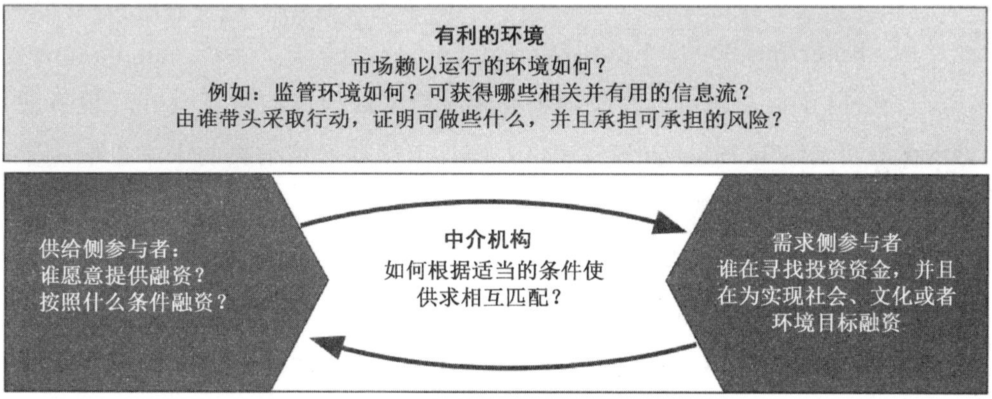

资料来源：艾迪斯、麦克劳德和雷恩(Addis，Mcleod and Raine，2013)。

图 13.1　社会金融市场动力学模型

要想发掘社会金融的潜力，就必须在司法管辖区现有政策、规章和市场框架内认真设计政策(Wood et al.，2012；Drexler and Noble，2013a；Addis and Koenig，2014)。地方差别可能会很大，这是在设计和执行政策时必须认真考虑的一个关键因素，而政策设计和执行必须根据具体情况量身定制才能有效。在社会金融领域，地方环境常常越过通常的金融和经济条件，直接对社会环境和国家在提供社会服务中的作用产生影响。例如，德国福利制度的力量和宪法框架是这个国家社会金融发展的一个决定性特征(German National Advisory Board on Impact Investing，2014；Benford，2014)。

社会金融已经在现有的制度背景下应运而生，当然也包括从既有的资本市场和慈善传统演变而来的因素(Thornley et al.，2011)。最近的研究表明，在某些领域，社会金融市场已经具有一定的深度和复杂程度(Clark，Emerson and Thornley，2013，2014)；而在另一些实务领域和司法管辖区，社会金融市场的发展仍然呈碎片化状态(Jackson and Harji，2012；Addis，Mcleod and Raine，2013)。社会金融市场要想达到临界规模，就必须在已经取得的这么一点进展的基础上加快从主流投资市场动员资金的速度，并且扩大从主流投资市场动员资金的规模。（Wood et al.，2012；Drexler and Noble，2013a；Social Impact Investment Taskforce Asset Allocation Working Group，2014）。

此外，社会金融的显著特点要求明确关注社会金融交易的社会和金融两个维度，从而凸显在现有框架内能够取得成功的潜在限制因素，因为目前的市场条件不利于促进甚至可能阻止具有明确社会或环境效益的投资（Thornley et al.，2011）。然而，有人评论指出，只注重财务业绩的狭隘价值创造观已经过时（Emerson，2000；Emerson and Spitzer，2007；Porter and Kramer，2011）；此外，不但金融市场在鼓励企业和政府采取措施应对社会和环境挑战方面大有可为（Thornley et al.，2011），而且市场和经济增长的未来也取决于比较广义的价值创造观（Porter and Kramer，2011）。

为了应对社会金融发展面临的这些挑战，我们很可能需要明确和有意识地关注特定条件、市场信号和政策杠杆来支持社会金融的发展。如下一节所述，市场分析可以证明采取这种行动的理由，而且还能证明国家应该在发展社会金融方面以及作为公共利益创新源泉和推动者发挥更大作用的理由。从另一个视角看，哪怕是从一个相对狭窄的视角——政策的作用应局限于纠正市场失灵——看，也应该采取政策干预来支持和鼓励社会金融，而且还应该让政府及其政策发挥更大的作用。

市场透视

市场基础观通常把分析市场失灵作为研究的起点，并把市场失灵作为政策干预的依据。我们在确定政策干预是否合理和哪些政策干预合理时通常应该考虑以下因素（Goodall and Kingston，2009；Thornley et al.，2011；OECD，2013）：(1)投资的结构性障碍；(2)信息不对称程度；(3)不确定性和市场发展的其他制约因素；(4)激励和让市场自由运行之间的适当平衡；(5)支持与部门发展有关的单项举措；(6)干预措施是否会扭曲市场运行或造成其他危害。

单项投资能对不太可能单独吸引资金的模式进行重要示范的可能性越大，就越有可能改进可为创造巨大影响力或为使某个产业部门创造重大公共利益进行推广和复制的成功模式，也越有理由实施激励或补贴政策。[1]

在社会金融的背景下，对市场失灵的分析往往从潜在借款人和潜在贷款人之间的信息不对称开始，然后指出需要更多的知识和数据依据(Goodall and Kingston，2009)。这种分析类似于有关种子资本和企业早期发展所需的资本政策干预的分析，因为在种子资本和"早期资本"筹措阶段，企业家和投资者之间通常存在信息不对称的问题，而有希望的创新往往无法进入市场(Denis，2004；OECD，2013)。这种分析通常是考虑市场目前对社会负面影响的外部化程度以及政府的行动能否帮助解决短期风险或数据短缺等问题(Thornley et al.，2011；Drexler and Noble，20 13a)，同时还会关注补贴和支持整个市场发展的问题(Bannick and Goldman，2013)。

索恩利等(Thornley et al.，2011)提出了一个市场背景下的社会金融政策框架(见图 13.2)。这个框架把政府的政策行动置于图 13.1 确定的市场要素和动态变化范围内，并且列举了有望在支持发展方面发挥作用的政策干预类型，特别是供给、需求和把资本引向特定社会需要领域的实例。

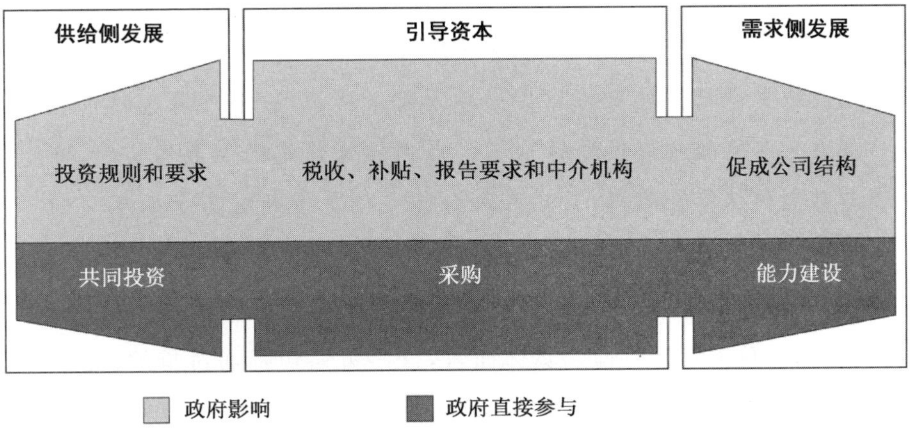

资料来源：索恩利等(2011)。

图 13.2 社会金融政策设计和分析框架

在过去的十几年里，英国历届不同政治派别的政府推行了支持社会金融发展的基本政策和措施，并且进行了试点，政府以外的其他组织也做了大量的相关工作。在此基础上，英国成了实施社会金融政策框架的第一个司法管

[1] 想了解更多的信息，请参阅巴尼克和戈德曼(Bannick and Goldman，2013)。

辖区，但这种政策仍为数很少。[1]

八国集团社会影响力投资工作组探讨了支持建立可适用于多个国家的有效社会金融市场的政策杠杆。一些国家影响力投资咨询委员会专门研究了本国的政策背景和监管框架。这项工作有助于了解哪些领域可能存在共同点，而且还凸显了地方差别特别显著的领域（Addis and Koenig，2014）。到目前为止，这方面的研究是根据相对少数国家的制度进行的。随着时间的推移，这类研究需要在更加广泛的政治和政策背景下接受检验，特别是在新兴经济体和发展中经济体的背景下接受检验（Addis and Koenig，2014）。

全面考察英国政府的政策纲领及其发展超出了本章的范围。值得一提的是，许多有关英国既往和现行政策的分析都是从纠正市场失灵的角度出发，并且借鉴经济学的创新和创业研究（United Kingdom Social Investment Taskforce，2000—2010）。对市场机制的关注虽然并非没有批评者（Slocock，2012；Bassett et al.，2012），但却引发了关于公共和私人服务供应界限模糊的辩论，而且就连左翼智库（如 Wind-Cowie，2012）也参加了这场辩论。目前的政策纲领明确承认政府作为市场管理者的作用：

> 政府在这个世界领先市场的发展中发挥着重要作用，尤其是在创造支持社会投资的公共产品方面。然而，一个可持续的市场应该是不依赖政府投资的市场。我们的工作是强调最佳实践，确定哪里仍然存在障碍，并且采取行动促使更多的行为主体参与到市场中来。（UK Cabinet Office，2013a：9）

有些发展中国家采取的社会创新策略与经合组织成员国实施的一些产业发展和创新政策紧密呼应。具体而言，这些策略包括通过贷款、拨款、担保计划和税收激励措施来提供资助和注重创业能力建设。社会金融文献中引人关注的例子就是印度国家创新委员会（Indian National Innovation Council）和印度包容性创新基金（India Inclusive Innovation Fund）（Schwab Foundation et al.，2013；Bannick and Goldman，2013），印度政府设立这个委员会和

---

[1] *Growing the Social Investment Market*：*A Vision and Strategy*，请浏览 http://www.gov.uk。这些政策还借鉴了许多有关其他市场参与者的研究、经验和主张，包括但不限于英国各地的国家科技与艺术捐赠基金会、慈善援助基金会和社会企业团体。其中一些丰富的实践和政策思想确实有着深刻的基础。例如，请参阅：the Institute for Social Entrepreneurs' Evolution of the social enterprise industry：A chronology of key events，https://www.sealliance.org/upload/Membership%20Pages/evolution.pdf。这个文献提供了关于社会企业悠久历史和相关发展的额外背景资料。澳大利亚新南威尔士州政府在 2015 年 2 月推出了一个政策框架，请浏览 http://www.dpc.nsw.gov.au/Programs_and_services/social_impact_investment/nsw_policy。

这只基金的目的就是通过它们来贯彻发掘印度创业和企业潜力的政策。[1]早期的结果表明，这类政策刺激了经济发展（估计贫穷社区的商业收入达到了 40 亿美元），创造了就业机会，并且吸引了新的投资（Schwab Foundation et al.，2013）。

在贫穷问题普遍存在且许多社区处于多重不利地位的国家，关于经济政策和社会金融政策的区别仍有争议（Jackson and Associates，2012）。有人认为，两者的关键区别就是旨在在社会需要领域产生正影响力的投资与作为副产品产生正影响力但仅出于财务考虑而进行的投资之间的区别。这种观点凸显了社会金融的显著特征，因为社会金融的目的就在于为社会创造正效益。自 2013 年以来，特别是一些发展金融机构开始对其投资业务进行这样的区分。[2]

在有些司法管辖区，某些方面的具体需要决定了政府社会金融政策的出发点，而不是更普遍地侧重于促进社会金融市场的发展。在市场框架内（见图 13.2），这些举措属于"引导资本/资金"（directing capital）的范畴，例如，从"绿色"或"清洁"能源到经济适用房，再到解决金融排斥问题。在上述每一种情况下，早期的举措都证明了建立以市场为基础的机制来提供公共产品的可行性；随着政府的政策行动和资本市场共同促进了社会金融市场的基础设施建设，社会金融可动员的资金大幅度增加，市场规模也已经有所扩大（Cheng，2011；Jackson and Harji，2012）。

政府有机会在具有特殊政策重要性的领域采取激励措施并创造投资机会。如果政府处置得当，就能实现在适当条件下增加资本供给以满足特定社会需要和促进社会金融市场全面发展的双重目标。在许多领域，社会需要和市场动态趋同，这表明政府有设计"引导资本/资金"政策的空间。政府可采取的政策措施包括创造工作岗位，把资本引向服务不足的社区，或者建造老年人护理、疾病预防、教育、住房等新的社区基础设施，经济发展和创造就业机会（Burkett，2012；Jackson and Harji，2012）。

下一节将深入讨论政府的作用不仅仅是为市场设定条件和解决市场失灵问题。其论点就是，政府应该在社会金融领域发掘实现包括扶贫和可持续

---

〔1〕 如想了解更多的信息，请浏览 http://planningcommission.nic.in/reports/genrep/rep_eco2708.pdf。

〔2〕 如可浏览 http://www.opic.gov。

发展在内的转型目标的潜力的基础上，进一步发挥市场建设者和催化剂的作用。

价值创新透视

有一个经济思想和研究流派主张国家扮演经济行为主体和市场“创造者”和“塑造者”的角色（Mazzucato，2012；Janway，2013）。这种观点的支持者认为，如果政府以雄心勃勃的“使命取向”致力于促进创新，那么就会引发变革性的发展：

> 一直是以使命为导向的国家投资一次又一次地跨越了国界，并且显示了创新经济推动各行业发展的效率。显而易见，几代人以来形塑市场经济的国家战略性干预措施从属于更宏大的主题——民族发展、国家安全、社会正义、摆脱疾病。这些主题超越了福利经济学的文化和市场失灵逻辑。（Janet way，2013：231）

这些支持者认为，“政府干预是为了解决市场失灵的论点被证明只有很有限的说服力”“效率是系统创新的敌人”：

> 从运河到互联网不断改变市场经济结构的创新，都需要大量的投资来建设其使用价值在部署之初根本就无法想象的网络。（Janway，2012：1）

这种观点的支持者认为，尝试并犯错或者“试错”是创新经济必不可少的标志，我们无法在中途知道创新的全部经济价值。因此，从根本上说，创新的每个阶段都取决于与狭隘的（短期）经济收益观脱钩的投资来源。虽然新古典经济学重点关注补贴的代价和风险，特别是补贴造成市场扭曲的代价和风险，但这种替代方法表明，补贴无论如何都会造成浪费，应该使用更加注重价值的分析方法来考虑相对于成本的总体效益。

以上这些论点对有效市场理论的一些基本原则提出了质疑。它们的核心思想是，新古典经济学误读了创新经济的动态性，从而提出了“市场高效”和“政府低效”的广义但过度简化的命题。“证据”就在于国家投资资助并促进了一波又一波连续不断的创新，而连续不断的创新推动了整个社会生产力和生活质量的提高。这些论点的持有者还指出，如果考虑失业和资产利用不足等影响，即便是最“理性”的市场也会造成浪费。“共享价值”的支持者还指出，在经济与竞争理论和实践中，社会和环境成本被视为外生因素。他们认为，这种狭隘的资本主义观念忽视了经济增长的真正成本和机会(Porter and Kramer，2011)。这个论点的核心就是，过度依赖新古典学派的有效市场理论无法造就社会每个成员的未来繁荣。

在社会金融背景下，对发展中市场的评论也包括"系统性投资不足"的观点：在创造能激发创新并促其——乃至整个新行业——规模化发展的条件方面，存在系统性投资不足的问题(Bannick and Goldman，2013)。

这些分析有一个共同的关注点，那就是支持创新的政策环境的重要性和从根本上改变市场经济以创造重要新价值的变革可能性。在社会创新实践者看来，现在有经济评论人士认为：

> 一般而言，经济学相信社会因素，具体来说，相信人在为创新创造有利条件方面的能动性和占据的重要地位……正是社会创新的两个显著特点。(Adams and Hess，2010：2)

价值创新观还认识到，传统的经济政策措施造成的浪费常常包括社会成本很高的外部性，如造成失业和社区投资不足的恶性循环。社会创新观承认，必须找到新的方法来解决那些无法解决的社会问题：

> 我们的观点是，社会创新在当代公共政策和管理发展的过程中可以发挥重要的作用。造成这种情况的主要原因是，处理社会问题的传统方法没有发挥作用。几代高度职业化的敬业公共政策制定者和管理人员经历了从福利国家到社会福利服务供给外包的过程，但长期存在的棘手的社会问题仍未得到解决，而且可以说变得更加严重。例如，贫困程度最多保持相对稳定。
>
> 鉴于社区部门目前自身以及政府与社区发生关系的方式的发展趋势，现在可以利用为取得社会创新成功创造有利条件的新想法来满足社会政策领域对创新的需要。(Adams and Hess，2010：6)

这些长期没有得到解决的问题都属于(社会)创新和(社会)金融可以发挥作用的领域(United Kingdom Social Investment Taskforce，2000；Freireich and Fulton，2009；Burkett，2012；Social Impact Investment Taskforce，2014)。在全球范围内，对减贫、预防疾病、改善卫生设施、提供清洁用水和发展可持续农业的迫切需要，可以为重新从使命导向的角度证明社会金融发展支持政策行动的合理性提供依据。

施瓦布社会创业基金会(Schwab Foundation for Social Entrepreneurship)及其研究伙伴们(2013)提出了一个政府行动扩大社会创新规模的框架(见图 13.3)。

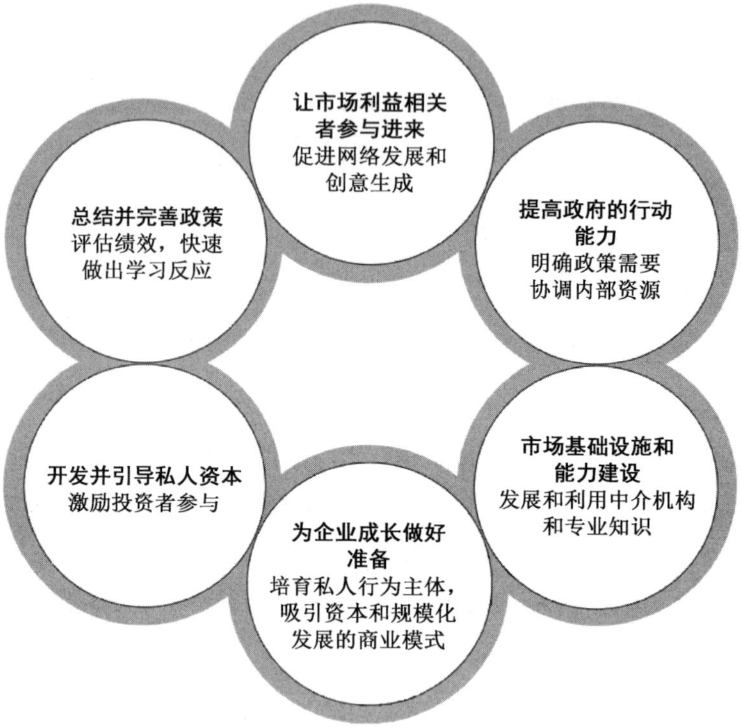

资料来源:施瓦布基金会等(2013)。

图 13.3 政府行动框架

发起这项研究的部分目的就是满足政策制定者日益增长的对了解社会创新发展现状和政府如何参与社会创新的需要;必须突出社会金融的中心作用。这个框架并不是规范性框架,而是从实践中提炼出来的一些建议的切入点;这些切入点可供"有兴趣在自己的政治、文化和经济背景下为社会企业创造发展机会的决策者"参考(Schwab Foundation et al. ,2013:7)。

社会金融本身就是一个创新故事,对资本进行新的组合,开发新的商业模式,并且提出把社会目标和金融严密整合在一起的资本市场运作新理念。社会金融也是创新的推动因素,为新的模式、基础设施和专注于解决社会问题的创业者提供资金。有人预计,想要挖掘社会金融的潜力,必须"与既得利益集团做斗争",还需要"那种能说服别人做出改变的具有感染力的勇气以及把有前途的想法付诸实施的坚韧不拔的务实精神”(Mulgan et al.,2007:4)。

在许多司法管辖区,培养政策制定者和其他公共领导者对社会金融的兴趣仍然是一项挑战。鼓励政府发挥积极的激励作用,有可能成为实现潜在创新及其社会和经济价值的一个基本要素:

> 如果我们有一种适用范围更广、说明国家为创造价值实际在做什么的理论,那么下一个增长时期将不但是全新的、绿色的,而且还是具有包容性的。(Mazzucato,2013)

除了确定政府在社会金融市场发挥作用并进行干预的不同理由外,还有如何把理论转化为实践的问题。在下面各节里,我们将从四个视角来考虑这个问题。下一节探讨让政府真正发挥其潜在作用会遇到的实际问题,包括建议政策制定者使用的工具。此后三节着重考察:市场管理及其与市场基础设施发展的关系;政府作为市场参与者,特别是作为投资促进者的作用;政府干预市场对塑造政府与其他部门合作解决社会问题的方式可能产生的影响。

如何落实政策

政府的行动和政策往往被视为一个整体。然而,政策设计与执行以及政策与政治之间存在着巨大区别。政策是一个很大的范畴,有许多杠杆和可供选择的执行方法,其中有些可能不是固定的,甚至是相互矛盾的。此外,政策的制定和执行是在政府内部以及在政府与其他行为主体之间互动的动态背景下进行的。

政策的制定和执行可能还有一个兼具实际和关系意义的意识形态维度。除了承认政策的制定和执行是一个需要考虑的重要因素以外,我们没有把社会金融和确定特定司法管辖区议程的政治纳入本章的讨论范围(Bannick and Goldman,2013; Addis and Koenig,2014)。

此外,政府也并非在与世隔绝的环境中采取行动,它们制定的政策和计划会影响其行政的环境,而市场参与者则会以各种方式与政府及其政策和监管环境发生关系。

那些分析成功的社会金融基金的评论人士指出,这些基金都与政府进行了富有成效的合作,因此能够利用政府的政策来获益,并且在自己的资金管理和投资的若干方面也能做到这一点。克拉克、艾默生和索恩利(Clark,Emerson and Thornley，2014）的研究进一步确定了这种“政策共生”（policy symbiosis）可以采取的多种形式：（1）基础——创立基金基本上就是由政策决定的；（2）融资——政府直接投资于基金；（3）监管——基金的结构、投资和运作等不同方面都受到监管的影响；（4）倡导驱动型——基于营造政策环境的直接关系；（5）机会型——利用离散、个别的政策和法规。

无论是关注特定方面的社会需要还是涉及面更广的市场开发，资源拥有者（供应侧的行为主体）都必须能够与那些知道哪里存在社会需要并有解决办法的人（需求侧行为主体）建立关系，并以适当的方式做到这一点。这可能需要跨越传统的部门界限和自觉的筹划，才能实现受到影响和参与其中的不同行为主体的目标。

扩充工具箱

已明确的政府在社会金融方面的作用与创新和协作模式有关，因此，有必要谈谈政府在进行政策选择时可用的工具（见图 13.4）。

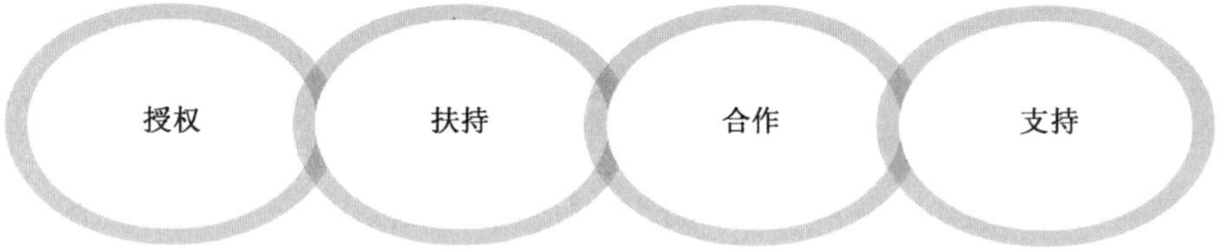

• 授权与管制立法 • 监管与监察机构 • 法律和财政奖惩	• 扶持立法 • 创建激励机制 • 提供资助 • 提高认识 • 刺激市场	• 组合资源 • 利益相关者参与 • 对话	• 政治支持 • 宣传、称颂

资料来源：澳大利亚教育、就业和劳资关系部与首相和内阁（Australian Departments of Education，Employment and Workplace Relations and Prime Minister and Cabinet，2011），由澳大利亚参议院经济参考委员会（2011a）采用。

图 13.4 政府可用的政策工具

“工具箱”观承认政府作为标准制定者和出资人的作用，但也认识到并非只有资金和监管有助于政府发挥自己的作用。在澳大利亚，参议院经济参考委员会（Senate Economics References Committee）认识到：

> 政府可以通过多个途径来促进市场发展，如营造有利的环境，秉持市场发展长远观，组织并鼓励跨部门合作，制定并执行创新政策来促使社会经济组织和投资者采用新的融资手段。(Senate Economics References Committee，2012：3)

政府可以做出很多高价值(有时还是低成本)的贡献，如有时被忽视的经验、数据和研究成果。开发更有活力的政策工具并有效加以利用，对于政府认识社会金融的社会、财政和政策好处至关重要。

提出这个框架的目的在于明确指出政府可促进和影响市场发展的不同方式。政府可以更加明确并有意说明自己使用的工具以及使用某些工具的预期效果。也就是说，两者是相互关联的：明确说明意图或目的有助于在“合用”的基础上选好、用好不同的工具。下面着重讨论政府如何在社会金融环境下扮演以下不那么传统的角色。

政府的召集人角色

政府完全有能力以召集人的身份召集各有关方面开展对话并采取行动。政府仅仅表明自己的关切就能向市场发出强烈的信号。有效、战略性地利用这种召集能力，就能表现出增强他人做出行动的信心的领导力。

在美国，白宫社会创新与公民参与办公室把召集会议作为其战略的一个关键要素，通过关于影响力经济的对话和为社会金融工具特别是社会影响力债券(“为成功埋单”)造势，把重点放在行业发展上。美国国务院凭借自己的全球召集能力利用全球影响力经济论坛[1]在发展背景下实现从援助向投资的转变。英国政府及其内阁办公室在英国担任八国集团轮值主席国期间利用安排议程的特权通过八国集团社会影响力投资论坛[2]把本国的政策和行动纳入国际会议议程。澳大利亚政府部门利用召集会议的机会来宣传“影响力——澳大利亚倡议”(IMPAct-Australia Initiative)这项参与策略(Addis，Mcleod and Raine，2013)。这项倡议旨在把利益相关者聚集在一起，并为确定行业优先行动做出贡献。如果把重点放在卫生或教育等特定的政策优先

〔1〕 请浏览 http://www.state.gov/s/partnerships/impact。

〔2〕 如想了解更多的信息，请参阅 G8 Global Impact Investing Forum，London，June 2013，https://www.gov.uk/government/uploads/system/uploads/attachment_data/file/225547/GB_Social_impact_investment_Forum_-_Outputs_and_Agreed_Actions.pdf。

领域，这种做法可以有效地引导资本去解决这些问题，并将对话转化为行动（Shanmugalingam et al.，2011）。政府可以确定有关促进行业发展的问题（Bannick and Goldman，2013）。

政府和政策制定者也可以通过委托他人研究来刺激讨论和行动。发起政策讨论和委托政策研究是常用的方式，在社会金融领域，这方面的例子有法国总理府发布的影响力投资及社会与团结经济的战略报告（Guezennec and Malochet，2013）、澳大利亚政府部门发布的“影响力——澳大利亚倡议”（Addis，Mcleod and Raine，2013）以及英国政府内阁办公室对“混合”投资基金的分析报告（UK Cabinet Office，2012）和相关的旨在简化其他组织参与过程的“结构说明”（Structure Note）。[1]

扶持和支持

政府发送信号也是一种重要的行为驱动因素。扶持性活动可通过提供奖励或消除障碍来鼓励并方便参与者进入社会金融市场。认可和承认良好的实践，其实就相当于向市场发出强烈的信号，而社会金融和企业奖励计划具有推广良好实践的作用（Social Impact Investment Taskforce，2014）。

政府也可以利用自己的购买力来影响市场的发展。主张政府在激励创新方面发挥更加积极作用的经济学家非常重视政府作为“创新成果消费者”（creative consumer）的作用（Janeway，2013）。

政府如果能够巧妙使用自己的购买力，就有可能成为一种非常实用的手段。政府可以利用这种手段要求政府专员考虑采取更加宽泛的价值创造方式来改变服务委托方式。2014 年，欧洲联盟理事会通过了一项公共采购改革一揽子计划，内容包括在评估和甄选过程中提供“普通社会产品”（common societal goods），如考虑环境保护、社会责任、创新、气候变化和公共价值等问题。欧盟全体成员国都必须在 2016 年 4 月前颁布相应的法律。有些欧盟成员国已经在这方面采取了步骤。英国《社会价值法案》（2011）是另一部要求政府专员考虑以下问题的法律：（1）拟采购物品如何才能改善有关地区的经济、社会和环境健康状况？（2）在采购过程中如何采取行动确保有关地区经济、社会和环境健康的改善？

---

〔1〕 如想了解这份结构说明，请浏览 http://www.gov.uk/‘Co-mingling Fund:Structure Note’。

这方面的进展并不局限于欧洲。加拿大魁北克省的《社会经济法案》(The Social Economy Act)[1]还要求省府部长:"在采取措施和制定计划或者更新措施和计划时,或者在为企业开发新工具时把社会经济考虑进去"(Explanatory Notes and chapter Ⅲ,section 7)。

无论是通过社会采购、提供催化剂性的融资还是进行直接投资,政府都可以充当社会金融及其资助的组织和模式的消费者,从而能够鼓励开发新方法,并能使民众相信新产品会有市场。

政府的行动可以像推荐良好实践那样直截了当。例如,加拿大魁北克省的《社会经济法案》(2013)要求省府部长"促进在魁北克和国际上开展的社会经济活动"(Explanatory Notes and chapter Ⅲ,section 7)。政府可以进一步把重点放在实践上,并且大力推广可行方案。例如,英国内阁办公室开发专门工具为社会影响力债券的可行性评估和设计提供信息;澳大利亚新南威尔士州政府也发布了示范文件。

政策与计划制定

这方面目前面临的挑战仍然是在不同的司法管辖区,特别是在经济全球化的背景下,制定政策和利用"工具箱"来达到刺激社会金融发展的预期效果。

与社会金融相比,其他行业的历史要长得多。其他行业的从业人员已经认识到还必须做更多的工作,才能明白什么有效和为什么有效(OECD,2013)。例如,向成长期企业(经济创新政策的一个领域)提供早期融资的经验表明:

> 不应孤立地看待政策干预,而是应该把政策干预看作是一整套相互作用的政策工具。因此,最好能定期评价和调整具体的政策工具和完整的政策组合,但真正做起来并不容易。(OECD,2013:5)

为有效制定社会金融政策提供依据的数据收集和评价过程,在实践中可能具有同样的挑战性,这不仅仅是因为社会金融领域和政策制定工作都不是非常发达,而且还因为在我们的框架中,社会金融显然具有社会、环境和/或

[1] Social Economy Act,Bill 27(2013,chapter 22).2013 年 10 月 10 日审议通过。

文化等额外的投资维度。迄今还没有人以任何系统的方式把这些因素纳入政策设计或者市场实践。但是，这方面也并非是完全空白，在包括责任投资在内的许多领域的现有做法中，有一些实用的做法可供借鉴。目前正在制定更有针对性的有关社会金融社会和环境影响力的评价指标，社会影响力投资工作组麾下的影响力评价工作小组已经制定了一个原则性框架。

影响力投资政策合作组织（IIPC）提出了一些用于指导政策分析和设计的原则（Thornley et al.，2011）。这些原则旨在"帮助各国政府考虑把影响力投资作为一种实现社会目标的工具"，为检验政策和评价政策影响力提供有用的指南，并且把重点放在目标确定、透明度、协调、参与、承诺和执行六个重要方面。

法国政府的一份政策文件确定了在制定社会与团结经济部门筹资政策和条例时应该考虑三项反映以下要素的"指导原则"（Guezennec and Malochet，2013：35）：（1）包容性：在确定融资结构和类型时必须考虑包容性；（2）透明度：推行项目问责制，保护投资者，维护社会经济的基本社会和环境目标；（3）一致性：国内和国际政策方向上的一致性，特别是欧洲政策方向上的一致性。

有评论者认为，在设计和评估社会融资计划时可以更多、更好地运用变革原则理论（Jackson，2013a）。

原则基础观在影响力投资政策合作组织的"伦敦原则"中得到了进一步体现。"伦敦原则"是在考虑了很多政治、经济和文化背景因素后制定的，适用于影响力投资生态系统处于不同发展阶段的不同国家。"伦敦原则"旨在鼓励采用政策反思观来制定政策，而政策反思观主张为实现重要的社会目标要不断学习和创新（IIPC，2013）。"伦敦原则"有以下关键要素：[1]

（1）明确目标：侧重于把政策措施嵌入现有政策和市场结构，明确规定具体的社会目标，界定社会金融在实现社会目标方面的作用。

（2）利益相关者参与：重点是把利益相关者的对话和意见反馈制度化，把这作为政策制定过程的一个环节，提高政策制定过程的合法性、纪律性和洞察力，从而改善政策制定和政策本身的效果。

（3）市场管理：重视均衡并策略性地制定适用于市场各要素的政策和策略，提倡"适当"水平的监管，反对对市场活动进行"不必要的管理"。

---

[1] 如想查阅"伦敦原则"全文，可浏览 http://www.iipcollaborative.org/london。

(4)机构能力:注重机构创建和能力建设,以促进具有复原力的市场的发展,实现政策意图,避免向市场发出模糊信号。

(5)普遍透明:致力于明确、公开地交流目标和所取得的进步。

现在评估这些原则基础法是否会被广泛用来实现用它们制定的目标还为时尚早。还有一个问题是如何在倡议和市场层面评价政策措施的效果(Addis and Koenig,2014)。随着时间的推移,政策制定原则可能被证明是有用的,可以为政策制定过程提供依据,也可以用于跨司法管辖区比较,前提是高级别的声明必须参照已积累的经验来发布,因为这样的经验可以为类似的比较提供参照系,并为未来的政府和政策行动提供信息。

适合当地环境的全球主题

我们可以从国际经验中总结出适合全球的共同主题。一个司法管辖区向另一个司法管辖区学习,可以学到许多有价值的东西,如明白什么是可行的,并且缩小政策制定与实施之间的差距。最近影响力投资方面取得的进展,特别是社会影响力投资工作组的建立,已开始显示全球影响力投资市场的潜力。

根据当地情况因地制宜地设计和执行政策,是一件非常重要的事情。对于任何给定的司法管辖区,当地环境将影响到需要什么和什么可行;政策设计必须符合当地的条件,考虑到现有的监管框架以及可用的手段和可针对的对象。这样才有助于解释不同司法管辖区之间已经很明显的社会金融政策措施差别。

社会影响力投资工作组国家咨询委员会的工作已经凸显了不同的市场有不同的政策问题,各国可以并且应该根据本国的具体国情来制定政策措施。如何落实措施也有它的制度、文化和哲学基础问题,包括相关国家是否具有社会或团结经济的自由市场渊源或基础(Addis and Koenig,2014:15)。

“能分享最佳实践和构建影响力投资市场并把人、想法和资源整合在一起”的全球性平台(Social Impact Investment Taskforce,2014:10),对于发展能力、加快发展和解决问题以消除阻碍市场发展的障碍,可能已经变得越来越重要。最近影响力投资工作取得了令人鼓舞的进展,涌现出一批旨在召集会议并策划、传播和学习知识的实践共同体,如影响力投资政策合作组织(于

2012年成立）和“全球学习交流会”（Global Learning Exchange，于2013年宣布成立并于2014年试行），所有这一切都有可能发展成为一种更加广泛的全球性实践。

如何绘制“政策地图”

虽然世界各国为社会金融制定和调整的政策存在差异，但我们还是可以从中发现一些有意义的政策主题，根据这些政策主题在“政策地图”上对不同的政策制定和实施领域进行分类。

“政策地图”的框架（见表13.1）由政府行动的“工具箱”（见图13.4）与政策设计和分析的市场要素（见图13.1）构成，为政府采取政策行动提供一个分类矩阵。政策类别包括催化剂式的融资、发展企业和孵化器以刺激需求、强制披露责任投资实践、社会目的组织认证、集中采购以及明确受托投资者的责任，而且都有全球的经验例子为依据。

毫无疑问，对于所选经验例子及其所在国家，仍有讨论和细化的余地。绘制“政策地图”的意图是为对话设定起始点，并要说明在不同司法管辖区有效的政策实施方式。当然，政策组合和地方环境仍是需要考虑的核心因素（OECD，2013）。而绘制“政策地图”的积极意义在于：社会金融的政策设计和分析，无论是为了纠正市场失灵还是为了促进创新和市场发展，都远非空白一片。

在下一节里，我们将更加详细地探讨政府在关键因素背景下发展社会金融和加快发展速度的行动和政策实例。

基础设施和为了催化效果而进行的投资

这一节重点讨论两个有关政府及其政策行动的主题：市场基础设施和投资。关于这个主题，我们都要特别强调一些现有评论和经验通常显示相对比较温和的政府行动可对社会融资市场发展产生催化剂作用的关键领域。

基础设施：为社会融资奠定基础并构筑框架

基础设施是把社会金融发展成一个市场活动领域的基础（Freireich and

Fulton,2009)。2013年,世界经济论坛强调,缺乏明确和成熟的社会金融基础设施是机构投资者面临的一个重大障碍(Drexler and Noble,2013a;Wood et al.,2012)。经济政策机构已经认识到发展基础设施的重要性:

> 重要的是应该关注市场的发展,而不仅仅是提供资金,因此就有必要采取适当的激励措施支持风投公司和天使投资者提高必要的素质、技能并积累必要的经验,并且使其符合国际规范。(OECD,2013:36)

监测研究所在它的一份重要报告(Freireich and Fulton,2009)中阐述了社会金融市场的可能发展轨迹(见图13.5)。图13.5对以下这个过程进行了图示:从不协调的创新,主要是从个别领导人和企业的主动行动到发展运行良好的市场,再到获取这个领域变得更加成熟、稳定的潜力和价值的整个过程。

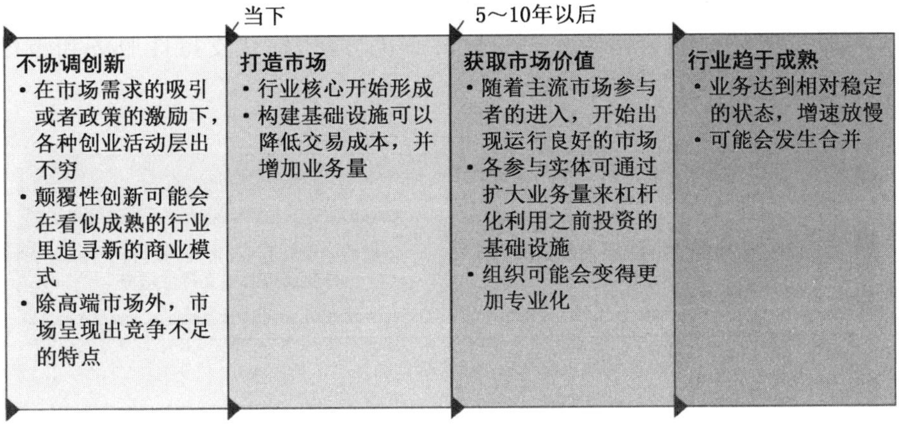

资料来源:弗里德里希和富尔顿(Freireich and Fulton,2009)。

图13.5　社会金融市场所需的系统发展概览

与任何新兴产业的参与者一样,社会金融业的参与者常常也有共同的需求,而共同的需求通过集体资源能获得最有效的满足(Freireich and Fulton,2009;Jackson and Harji,2012; Addis,Mcleod and Raine,2013; Bannick and Goldman,2013)。政府是能领导社会金融业发展的行为主体之一。虽然担心政府干预会扭曲市场并抑制竞争不无道理,而且应该加以关注,但这不应以损害系统观为代价:

> 我们还注意到,缺乏基础设施有可能会摧毁一个原本正在蓬勃发展的行业,而且通常必须在国家层面发展市场的基础设施。(Bannick and Goldman,2013:10)

政府具有得天独厚的优势，可以采取系统观，并且可在为市场运行和成长奠定基础和构建框架方面发挥积极的作用。政府这样做的目的并不是要取代私人行动，而是要创造条件让更多的行为主体能够投身于社会金融这个新兴领域，并且相信有充分的条件可以把兴趣转化为行动。对市场基础设施的深入关注不仅有可能加快社会金融发展，而且也可能有助于发展社会金融能促进的业务部门(Bannick and Goldman，2013)。

“市场基础设施”涉及许多领域和活动(见图 13.6)，包括以下共同构成市场的“有利环境”要素(见表 13.1)：(1)监管和标准设定；(2)包括用于业绩分析和比较在内的评价指标、标准和基准；(3)提高认识、发展网络和旨在加快行动速度的中介安排；(4)促进行业能力建设，包括组建专门的中介组织以及金融顾问、分析师和经纪人行业协会；(5)开发产品，跟踪记录投资业绩，发展二级市场以提高流动性；(6)奠定学习和研究基础。

鼓励并支持对社会问题采取积极的解决方法，构建支持性服务和市场的监管和社会环境。

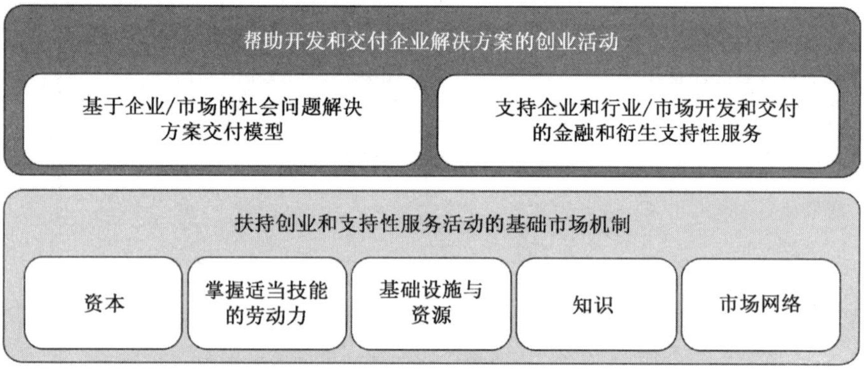

资料来源：希尔(Hill，2010)。

图 13.6 社会金融市场扶持性基础设施要素构成

许多跨司法管辖区的行动已经为建设有利于社会金融发展的基础设施做出了贡献或者提供了支持。表 13.1 列示了我们在“政策地图”中确定的共同主题。

表 13.1　政策地图：可应用于社会金融市场动力学研究的“工具箱”全球例子介绍

立法授权	经济扶持	充当合作伙伴	外围性支持
A. 供给侧发展			
支持影响力投资的政府采购规定 例子： 《广义黑人经济振兴法案》(Broad-Based Black Economic Empowerment Act)(南非) 《社会价值法案》(英国)	税收激励与补贴 例子： 社会企业与投资税收优惠(英国) 社会投资税收减免咨询(英国) 国家租金负担能力计划(澳大利亚) 低收入者住房税收抵免(美国) 新市场税收抵免(美国) 太阳能和商业能源投资税收抵免(美国) 社区经济发展投资基金(加拿大) 绿色基金计划(新西兰)	包括基金在内的公共共同投资 例子： 第一和第二桥梁风投基金(Bridges Ventures Funds I and II)(英国) 社区资产基金(Community Asset Fund)(英国) 社区发展金融机构基金(CDFI Fund)(英国) 海外私人投资公司影响力投资基金(OPIC Impact Investment Funds)(美国) 纽约市收购基金(美国纽约市) 影响力投资基金——小企业管理局(Impact Investment Fund—Small Business Administration)(美国) 社会企业发展与投资基金(澳大利亚) “开门红尽早学习计划”(GoodStart Early Learning)(澳大利亚) 再生能源股权风投基金(Renewable Energy Equity & Venture Capital Funds)(澳大利亚) 社区经济发展投资基金(Community Economic Development Investment Funds)(加拿大) 风险资本信托基金(加纳)	为了取得孵化效果而把投资机构聚集在一起 例子： 把伦敦金融城发展成为影响力投资中心(英国)

续表

立法授权	经济扶持	充当合作伙伴	外围性支持
授权银行/其他机构对服务不足的社区进行投资 例子： 《社区再投资法案》(美国) 优先发展部门贷款规定(Priority Sector Lending)(印度) 英国社会投资工作组推荐的信息披露规定(英国)	明确机构投资者的受托责任 例子： 私人和公共养老基金、保险公司、捐赠基金(美国) 《养老基金法修正案第28号实施细则》(2011,印度) 美国国税局使命相关型公益投资条例解释	推出社会影响力债券和其他创新性影响力金融工具 例子： 彼得伯勒监狱社会影响力债券(英国) “纽平/联合护理”非居家护理社会效益债券(Social Benefit Bonds for out of home care Newpin/Uniting Care)(澳大利亚) 纽约市里克斯岛监狱/高盛青少年累犯防御社会影响力债券(New York City Rikers Island Prison/Goldman Sachs Social Impact Bond for Juvenile Recidivism)(美国) 纽约州就业机会与社会影响力合伙中心(New York State Centre for Employment Opportunities and Social Impact Partnership)(美国) 想了解更多的有关社会影响力债券，请参阅：UK Cabinet Office Centre for Social Impact Bonds; Pay for Success Learning Hub and Harvard Kennedy School Social Impact Bond Technical Assistance Lab	推介社会金融的成功案例 例子： “影响力——澳大利亚倡议”(澳大利亚) 社会影响力债券卓越中心(英国) 影响力投资工作文件(Impact Investing Document du Travail)(法国)
“受托”投资监管 例子： 托管由加拿大社会投资工作组推荐的基础配置(加拿大) 基金会投资的项目相关型投资类别(美国)	聚集小额投资以吸引大资产所有者 例子： 建设美国债券(美国) 国家股权基金新市场税收抵免分配(美国) 小微信贷公司试点项目(Micro-Credit Company Pilot Program)(中国) 多边基金(Multi-fondos)(秘鲁)	明确确定哪些需要新解决方案才能刺激定向创新或者因需求超过现有供给而需要刺激定向创新的政策优先领域或区域 例子： 经济适用房(不同司法管辖区)	宣传那些不断用自己的资金增加对社会金融投资的基金会 例子： 鼓励基金会继续创新，并做出必要的战略转移和文化转变，把自己全部的资产用于履行“全球实地扫描”(Global Field Scan)建议的使命(国际)

续表

立法授权	经济扶持	充当合作伙伴	外围性支持
要求机构投资者披露责任投资实践的信息 例子： 《养老基金法修正案第 28 号条例》(Regulation 28 Pension Fund Act Revisions)(2011 年，南非) 《储备基金条例》(Reserve Fund Regulations)(挪威) 《补充养老金、职业年金法》(Loi des Pensions Complementaires, Occupational Pension Law)(比利时) 根据加拿大社会投资工作组的建议强制规定披露养老基金信息(加拿大)	创新签约 例子： 就业与养老金创新基金部(Department of Work and Pensions innovation Fund)(英国) 成果财务基金(Outcomes Finance Fund)(英国) 欧洲一揽子采购计划(European procurement package)(欧盟)	跨行业开发新金融产品 例子： 社区股份(英国) 根据“全球实地扫描”的建议，增加能满足广大投资者的风险—回报预期的产品种类(国际)	重视并推广金融产品创新 例子： 英国内阁办公室产生了巨大的社会影响(英国)
要求企业披露履行社会责任状况的信息 例子： 上市公司“遵守或者解释”企业社会责任履行状况的信息披露规定(马来西亚) 第 225 条(Article 225)(法国)	政府信用担保与首次亏损额度 例子： 小企业贷款担保(Small Business Loan Guarantees)(美国) 美国援助发展信贷管理局(US Aid Development Credit Authority)(美国) 欧洲城市区域可持续投资联合支持计划(Joint European Support for Sustainable Investment in City Areas, JESSICA)(欧盟) “全球实地扫描”推荐的公共资助安全网(国际)	开发由加拿大社会投资工作组推荐的新债券和债权类工具，鼓励跨行业合作和解决方案 例子： 欧洲城市区域可持续投资联合支持计划(Joint European Support for Sustainable Investment in City Areas, JESSICA)(欧盟)	

续表

立法授权	经济扶持	充当合作伙伴	外围性支持
	社会企业与战略支持 例子： 社会企业战略(英国) 开放公共服务(英国) 我的创业农场(Mi Chacra Emprendedora)(秘鲁) 社会事业便利化项目(Social Enterprise Facilitation Project)(澳大利亚塔斯马尼亚) 关于获得主流企业支持服务的建议(澳大利亚生产力委员会)	开发风险评估和尽职调查的工具 例子： 提高投资者理解“全球实地扫描”推荐的不同绩效管理维度的水平(国际)	
	使命驱动型运营模式合法化组织 例子： 共益公司(美国) 低利润有限责任公司(美国) 社会合作社(Social Cooperatives)(欧盟) 社区利益公司(英国)	鼓励跨行业协作和解决方案 例子： 社区利益公司监管局与社会企业标志管理处的谅解备忘录(Memorandum of Understanding between Office of the Regulator of Community Interest Companies and Social Enterprise Mark)(英国) 国家高新技术研发计划(中国) 单位成本数据可获得性(英国)	
	环保和社会企业认证 例子： 能源之星计划(Energy Star Program)(美国) 社区发展金融机构认证(美国)		

续表

立法授权	经济扶持	充当合作伙伴	外围性支持
B. 需求侧的发展[1]			
美国联邦政府提出要求州和地方政府注重结果的倡议 例子： 《社会影响力债券法案》(Social Impact Bond Act)(直到 2014 年 12 月，美国国会仍在审议该法案)	投资准备与孵化能力支持计划 例子： 投资与合同准备基金(英国) 共同资助计划(Mutual Support Program)(英国) 社会孵化器基金(英国) 我的创业农场(秘鲁) 欧盟原型和试点投资(欧盟) 国家创新委员会(印度) 社会创业者资助与战略伙伴关系学校(英国、澳大利亚) 生产力委员会推荐的"扩大企业联系"(Expand Enterprise Connect)(澳大利亚) 支持"全球实地扫描"推荐的为提高社会企业家管理能力采用成本效益法(国际)		识别各种有助于产生社会影响的商业模式 例子： 社区利益公司监管局与社会企业标志管理处的谅解备忘录(英国) 联合发起"全球实地扫描"推荐的新型混合、可塑性社会企业模式的行动研究(国际)
	政府拨款用于填补"先锋断层"(pioneer gap) 例子： 社会孵化器基金(英国) 国际发展部(Department for International Development)(英国)		宣传并鼓励慈善对社会金融多做贡献 例子： 英国内阁办公室产生了巨大的社会影响力(英国) "慈善澳大利亚影响力投资教育系列活动"赞助(Sponsorship for Philanthropy Australia Impact Investment Education Series)(澳大利亚)

续表

立法授权	经济扶持	充当合作伙伴	外围性支持
			社会证券交易所 例子： 亚洲影响力投资交易中心(Impact Investment Exchange Asia)(新加坡) 社会证券交易所(英国) 社会、经济和环境交易所(Balsa de Valorous Socioambientais)(巴西) 南非社会证券交易所(South African Social Stock Exchang)(南非) 影响力交易委员会(Impact Exchange Board)(毛里求斯)
C. 中介机构发展			
创建专门的金融中介机构 例子： “大社会资本”(英国) 风险资本信托基金(Venture Capital Trust Fund,VCTF)(加纳) “关于基金中的基金的建议”(Recommendation for Fund of Funds)(加拿大社会金融工作组) 《小微金融法》(Microfinance Act)(肯尼亚) 按照“全球实地扫描”的建议，动员多年的捐赠资金加强公共产品基础设施建设(国际)	投资支持中介机构 例子： “大社会资本”(英国) “大社会资本”在社会证券交易所的投资(英国) 社区发展金融机构基金试点(CDFI Fund Pilot)(澳大利亚) 社会企业发展与投资基金(Social Enterprise Development and Investment Funds,SEDIF)(澳大利亚) 创建“全球实地扫描”推荐的中介机构，强化已建中介机构(国际)		

续表

立法授权	经济扶持	充当合作伙伴	外围性支持
D. 基础设施与促进市场发展的政策环境			
市场发展政策、战略和框架 例子： 发展社会投资市场：愿景与策略(英国)	检查阻碍社会投资的监管障碍 例子： 八国集团社会投资工作组(国际) 社会投资工作组(英国) 总统投资委员会影响力投资工作组(Impact Investing Working Group of the Presidential Investment Council)(塞内加尔) 参议院经济参考委员会“公益投资”工作组(Senate Economics References Committee Investing for Good)(澳大利亚)		支持各行业领导人和领军人物促进社会投资 例子： 社会投资工作组(英国) 总统投资委员会影响力投资工作小组(塞内加尔) 美国国际开发署和英国国际发展部在全球影响力投资网络的投资 根据“全球实地扫描”的推荐参与教育机构开发职业发展内容和路径(国际) 创建和支持社会金融网络
监管机构，包括监管社会部门组织的机构 例子： 慈善委员会(英国) 澳大利亚慈善与非营利组织委员会(澳大利亚)	高峰组织支持计划(Support for peak bodies) 例子： 社区发展金融协会(Community Development Financial Association)(英国) 全球影响力投资网络(英国和美国)		支持市场分析和研究 例子： “影响力——澳大利亚”(澳大利亚) 澳大利亚住房与城市研究所关于经济适用房金融产品的研究(澳大利亚) 鼓励企业参与(欧盟) 英国内阁办公室赞助的研究(英国) 联合发起“全球实地扫描”推荐的新型混合、可塑性社会企业模式的行动研究(国际)
	卓越中心以及促进卓越实践与为投资者和企业创造机会中心 例子： 社会影响力债券推广中心(Centre for Social Impact Bonds)(英国、国际) 根据“全球实地扫描”的推荐，通过使投资者根据投资对象的状况调整自己的风险/回报预期，来创造新的选择机会(国际)		

续表

立法授权	经济扶持	充当合作伙伴	外围性支持
	构建政府设计政策、推动协作和促进现场建设的社会金融专业能力 例子： 社会繁荣部（Department for Social Prosperity）（哥伦比亚） 英国内阁办公室社会投资与金融部（UK Cabinet Office Social Investment & Finance Unit）（英国） 白宫社会创新与公民参与办公室（美国） 泰国社会企业办公室（Thai Social Enterprise Office）（泰国）		

〔1〕笔者没有发现任何有关需求侧发展的强制性规定。有人可能会认为，社会采购政策、合作社或者其他监管问题可以包括在内。笔者没有采纳这种观点。

潜在的政策行动类别可采用以政府行动的方式（立法授权、经济扶持、充当合作伙伴和外围性支持）为“行”，并以社会金融市场动力学研究要素（政策环境、供给、需求和中介机构）为“列”的方式来表示。根据“Australian Government Department of Employment ‘Impact Investment Policy Map’，2013”改编。

注释1：关于资料来源，请参阅：英国社会金融工作组（UK Social Investment Taskforce，2000，2003，2005，2010）；加拿大社会金融工作组（Canadian Taskforce on Social Finance，2010）；索恩利等（Thornley et al.，2011）；伍德（Wood et al.，2012）；E. T. 杰克逊协会（E. T. Jackson & Associates，2012）；哈吉和杰克逊（2012）；施瓦布基金会等（2013）。以上资料来源根据本章的需要进行了调整和更新。

注释2：笔者无意通过本表提出完整的影响力投资政策清单，而是要举例说明不同司法管辖区采取的政策行动，指出一些有关市场重点看法和领域的相同主题，并只是重点关注了政府的行动。市场或行业主导行动，除已得到具体认可或者已经被政府作为政策或其他正式行动的以外，没有在本表中列示。本注释适用于表中2014年前的内容。

注释3：这些政策示例也可用其他框架来表示，如可用最近发布的社会创新政策驱动因素指导意见（Schwab Foundation et al.，2013）。这个框架在概念上类似于这里采用的方法，因为它既注重政府的行为方式（作为市场利益相关者的参与、政府行动能力的发展、审视并完善政策），又注重利用市场动力学的研究要素（市场基础设施和能力建设，使企业做好成长准备、引导并扩大利用私人资本）来扩大并推广创新。

监　管

是否存在潜在的监管障碍可能会阻碍社会金融发展，是政策制定者在设计政策时必须认真考虑的一个重要问题。因此，各司法管辖区行政当局必须认真审视现行的监管措施，检查它们是否存在漏洞，并且与其他利益相关者一起来确定监管方面是否实际起到了抑制作用或者设置了障碍，并且查明导致这种情况的原因。

投资者接受监管的义务——或者说受托责任——是一个特别重要的问题，不但影响组织把其资本投向何处，而且影响组织在企业和行业层面构建支配投资决策的基础实践。投资者的受托责任对于动员慈善和机构资本具有特别重要的意义（Australian Productivity Commission，2010；Heaney，2010；Wood et al.，2012；Drexler and Noble，2013a；Charlton et al.，2013；Social Impact Investment Taskforce，2014）。

政府不但要规范这些（受托）责任，而且应该为投资者履行受托责任发出明确的政策和实际信号并进行指导。有大量（针对具体情况的）讨论关注是否必须进行监管改革才能准许或者促进社会金融投资（Wood et al.，2012；Charlton et al.，2013）。结论往往是，只要谨慎行事，现行监管并不排除社会金融。一些社会金融从业人员为了把影响力因素考虑进去，特地对资产配置框架进行了调整（J. P. Morgan，2012；Charlton et al.，2013）。

除了法律文本和解释之外，政府发出的信号也可以影响实际做法和动员资本（Wood et al.，2012，Drexler and Noble，2013a）。在某些司法管辖区，有关于现行监管制度准许事项的指导材料备索。例如，英国慈善委员会发布了详细的指导说明，内容涉及受托人责任以及基金进行使命相关型投资的可能性。[1] 美国的一些司法管辖区（Wood et al.，2012）和秘鲁（Thornley et al.，2011）对国家养老基金的机构投资采取了类似的做法。这类指导材料可以明确监管约束与实践规范之间的界限，并且改变有关投资决策回报的相对风险感知。随着时间的推移，这种行为会影响投资决策的文化和行为。

八国集团社会影响力投资工作组的一项高级别建议要求明确受托责任，

---

〔1〕 想要了解更多的相关信息，请浏览英国慈善委员会网站（http://www.charity-commission.gov.uk/about_ us/about_the_commission/char_invest_legal.aspx）。英国目前正在考虑采取进一步的措施。

以使受托人在投资决策时能够考虑社会影响力以及风险和回报(Social Impact Investment Taskforce,2014:Recommendation 3)。八国集团影响力投资工作组的一些国家咨询委员会特别关心这个问题(National Advisory Boards on Impact Investing in Participating Countries,2014)。[1]

一些社会金融评论人士和从业人员呼吁进行明确的监管改革,并且还经常提到1979年《美国雇员退休收入保障法案》(Employee Retirement Income Security Act,ERISA)项下的"谨慎人"规则变革产生的影响。在这个案例中,美国有关当局对监管条例进行了明确的修订;修订后的条例规定养老基金经理最多可把10%的资金投资于风投资产。这一变革被认为是向新型投资开启风投业大门的关键一步(Wood et al.,2012; US National Advisory Board on Impact Investing,2014)。[2] 有人已经呼吁授权把慈善基金会的投资资金配置到社会金融(Canadian Taskforce on Social Finance,2010)。世界经济论坛建议对有可能限制"自愿资本"(willing capital)的监管条例进行"谨慎"修订(Drexler and Noble,2013 a)。

在法国,关于"对社会负责任的雇员的储蓄计划"的立法从2001年起已经生效。这项立法规定,可参加"企业储蓄计划"(Plan d'Epargne Entreprise)的雇员必须有机会投资于基金,而这些基金则要把占其资本5%～10%的资金投资于经认定被授予"团结标签"(solidarity label)[3]的组织和活动。据报道,这些"团结投资基金"(Solidarity Investment Funds)的已投资金已经从2006年的4.04亿欧元增加到2012年的26亿欧元。这些基金虽然一直按照"90/10"规定配置资金,但据报告,至少有90%的受托管理资金主要根据"负责任投资"(responsible investment)原则购买上市股票(Guezennec and Malochet,2013)。尽管如此,这项政策被认为既能表明社会金融交易有市场需求,也因此在法国创造了新的社会交易(Dupuy and Langendorf,2014)。

其他司法管辖区也做出了信息披露规定,目的就是要影响投资者的行为。虽然目前还没有关注社会金融本身的实例,但一些司法管辖区要求养老基金披露其"负责任投资"的实务。澳大利亚、马来西亚、挪威、新西兰和南非等国的相关法规不同程度地规定了信息披露要求(Richardson,2008; Boer-

---

[1] 请浏览 http://www.socialimpactinvestment.org。
[2] 关于《美国雇员退休收入保障法案》项下的风投概述,请参阅冈珀斯(Gompers,1994)。
[3] "团结"认证由非营利组织 Finansol 监管,并且以《法国劳动法》(French Labour Code)规定的标准为依据。

sch，2010；Mercer，2012；Charlton et al.，2013）。规定这些信息披露要求的目的就是要使“对社会负责任的投资”实践受到重视和监督。把规模投资机构作为监管对象，就有可能对投资生态系统的其他方面——从金融咨询到分析、报告和能力发展——产生更加广泛的影响。

但有趣的是，一些行业调查显示，公众舆论和利益相关者的积极行动是比监管还要重要的投资决策驱动因素（Boersch，2010）。这表明，采取许多向市场提供更多信息的行动，可能表明市场已经取得了重要发展。[1] 这类行动手段有助于更好地反映社区和股东对社会金融投资及其业绩的立场，进而有可能影响市场。政府是有权鼓励和资助这些手段开发利用的一个重要当事方，而私人资本对这些手段的开发利用几乎没有任何兴趣（Bannick and Goldman，2013）。

政府也可能在减少金融排斥和刺激社区投资的背景下实施监管。在美国，对社区投资采取“胡萝卜加大棒”的监管策略，一直是《社区再投资法案》和相关法规的关键所在。[2] 这一制度最初是用来应对贷款实务中存在的明显歧视问题的，经过40多年的发展，现已演变成一个相对复杂的框架，支撑着美国的社区发展金融部门。这个制度实际上使得对金融机构某些活动的监管审批取决于它们对社区投资的贡献，并通过税收减免和共同投资来刺激社区投资。《社区再投资法案》促进了银行涉足中低收入社区，并且在全美各地取得了创造就业和建造经济适用房等成果（US National Advisory Board on Impact Investing，2014）。拟议中的《美国社会影响力债券法案》[3]如果获得通过，那么将把机构对社会影响力债券的投资作为评估其对社区再投资贡献的一个考量因素。

在其他一些司法管辖区，也有人主张采用类似的方法，或者根据本地条件对这种方法加以调整。在澳大利亚，生产力促进委员会（2010）和参议院经济参考委员会（2011）都认真考虑过美国的社区再投资制度，但都因为两国银行业的状况大相径庭而担心美国的这种制度不适合澳大利亚。在英国，社会投资特别工作组（2000—2010）建议制定政策为“投资不足”的社区动员银行

---

〔1〕 例子包括 Ethex、EngagedX、Impact Base 以及亚洲影响力投资交易所（Asian Impact Investing Exchange，IIX）与毛里求斯联合交易所最近建立的合作伙伴关系。我们将在这一节的下半部分介绍一些与退出和流动性有关的社会金融例子。

〔2〕 有大量文献研究了美国的《社区再投资法案》及其实施、效果和影响。如可参阅坎彭（Campen，1997）；奥尔森等（Olson et al.，2009）；林赛（Lindsey，2009）；埃森和阿普加（Essene and Apgar，2009）。

〔3〕 请浏览 https://www.congress.gov/bill/113th-congress/house-bill/4885。

资本，并且克服这种社区是企业“禁区”的看法。英国政府虽然还没有采纳这项建议，但采取了其他一些支持和促进社区发展金融发展的政策措施。[1]

政府监管也有可能产生促进作用，这一点在共益公司[2]这样的创新中得到了明确的体现。2009 年，美国马里兰州率先立法规定，组织可以明确把公共利益纳入其章程。在不到 5 年的时间里，美国已有 30 多个州颁布了这样的法律，另外 9 个州也正在制定类似的法律。英国、欧洲、南美、加拿大、澳大利亚和新西兰等正在构建共益公司全球合作伙伴关系。八国集团社会影响力投资工作队下属的任务协调工作小组（2014）建议根据示范法构建一个国际监管框架。他们得出的结论是，通过监管（而不是命令）可以使社会目的组织以新的公司形式来履行使命，这样既可以更加透明地计算社会金融投资的影响力，又可以为这些组织构建一个全球性的合法性认证体系。

一些应用于社会金融的新模式正在对现有的监管框架提出挑战。众筹就是一个很好的例子。众筹是一个用来描述许多直接从公众那里筹集——通常是小额——资金的方式的术语。这种融资方式通过“基瓦”这样的平台在小微金融领域获得了广泛的应用，并且正在成为许多企业的重要资本/资金来源。在这些领域存在着与筹资和集资以及现有监管制度重叠的地方。

在大多数司法管辖区，监管环境与众筹平台开发的灵活性和速度不相匹配。此外，基于网络的平台往往跨越地域边界运行，从而增加了筹资者在多个监管制度下运作的复杂性。2013 年，包括澳大利亚、法国、意大利、美国、英国和欧盟其他成员国在内的许多司法管辖区审议了是否以及如何监管众筹并咨询利益相关者的问题（European Commission，2013；CAMAC，2013；Securities & Exchange Commission Fact Sheet，2013）。但是，大多数已经出台或正在酝酿的法规还没有在实践中得到检验。

除了众筹以外，还有一个更大的投资者零售市场，也就是由选择能使自己的投资与社会产生更加直接关系的投资项目的公民组成的投资者零售市场。有证据表明，这种寻求社会金融投资机会的投资者正在不断增加，但他们的需求没有得到满足（Triods Bank，2014）。此外，调整社会金融零售投资的监管环境将是增加交易供应以满足需求的一个关键因素（Triodos Bank，

---

〔1〕 这些措施包括下文在投资背景下考察的税收激励和贷款担保；有关社区投资减税政策的信息，请浏览 http://www.hmrc.gov.uk/specialist/citc_guid<tnce.htm；关于企业财务担保的信息，请浏览 https://www.gov.uk/government/policies/making-it-easier-to-set-up-and-grow-a-business%976。

〔2〕 关于共益公司的背景资料可在 http://www.bcorporation.net 上获得。

2014)。虽然必须实行审慎的监管来保护投资者的利益,但社会金融从业人员列举了一些现有零售基金的例子,包括法国按"90/10"比例配置资金的团结投资基金和荷兰的绿色基金。这两种基金表明影响力基金零售模式可以取得成功,并且用实例说明了如何实现财务和社会两方面的目标(Triodos Bank,2014)。

流动性与退出

流动性和投资退出市场的发展是社会影响力投资市场发展的另一个重要问题。投资的财务回报和有效风险管理的各个方面取决于可用的投资退出机制,而投资退出机制则可以提高市场的透明度,并发挥清算所的作用,从而使投资者能够识别和检验不同的投资机会。常见的退出机制包括同行交易、在股票市场上公开发行以及与其他投资者交换或者出售给其他投资者。这些退出机制只要设计合理,就能成为企业融资的途径。政府在这方面的作用还没有得到很好的界定,更有人指出,在成长期风险企业早期融资的相关背景下,"政策制定者往往没有充分认识到退出和退出市场的重要性"(OECD,2013:40)。

探讨社会金融各种退出机制的操作方式超出了本章的研究范畴。在社会投资领域,随着基金的成熟,通过私人安排,退出的事情正在发生。但目前,社会金融资本和投资还没有发达的退出机制或者专门的退出渠道。世界经济论坛最近把社会证券交易所确定为一种能够为社会金融释放主流资本的创新:

> 社会证券交易所是一种向散户投资者开放影响力投资的机制,而且也使影响力投资对主流投资更具吸引力。有利于社会证券发行人和投资者的环境并可在其中互动的生态系统,是建立一个充满活力的影响力投资公开市场的重要条件。(Drexler and Noble,2013b:5)

社会金融交易所正在国际上不断涌现。在大多数情况下,这不是政府直接行动或参与的结果;但在某些情况下,政府发挥了促进作用。例如,2013 年 6 月,英国社会证券交易所在八国集团社会影响力投资论坛上宣布成立,从此把上市的社会影响企业(social impact businesses)与投资者联系在了一起,而伦敦金融城则被列为这个交易所的主要支持者,但这并不是政府行为。[1] 2013年6月毛里求斯证券交易所与亚洲影响力交易所联袂推出的计划(由“Nexii Initiative”[2]发展而来)在现有监管机制下运作,但这并不是一项政策措施或者政府主导型计划。[3] 在巴西、加拿大和肯尼亚等不同司法管辖区,创建社会金融交易所的计划也处于不同的发展阶段,但也都是行业主导型计划。[4]

政府并不是这些计划的关键促成者或引领者这一事实当然不能反映这些计划的重要性。在有证券交易所的大多数司法管辖区,证券交易所都是在监管框架下运作,从而为交易所促成的交易营造了稳定、透明的环境。随着时间的推移,有一些重要问题需要检验,如不同的交易机制对于社会金融工具是否必要、有用,并在多大程度上必要和有用。在早期阶段,评估社会和环境影响力的明确准则似乎就成了主要的区别性特点,而第三方通常已经在进行这样的评估。至于是否需要对监管环境进行任何专门的调整以适应社会金融交易所自身的特点,目前还言之过早。

其他能够促进流动性的政策机制包括信用升级,如在间接投资背景下考虑贷款担保。

绩效评价与评价指标

绩效评价和评价指标是社会金融市场基础设施建设的另一关键组成部分,它们使投资绩效可以计量和比较。有效评价社会影响力方面取得的进展,是驱动社会金融市场发展的关键因素(Social Impact Investment Taskforce,2014)。绩效评价不但有助于推行绩效问责制,而且还能为构建风险和回报评价基准提供投入要素。随着时间的推移,绩效评价能使市场从碎片化、定制化的交易生成阶段过渡到临界规模化交易阶段。由于社会金融的明显特点是为社会创造正收益,因此,关键就是要评价旨在促成正收益的融资

---

〔1〕 想了解更多的信息,请浏览 http://www.socialstockexchangc.com。“大社会资本”是伦敦社会证券交易所的奠基性投资者,这个交易所也得到了伦敦证券交易所和伦敦金融城的支持。大彩票基金已经出资支持一只为企业谋求上市机会以发展必要能力的“启动”基金。这项计划由英国议员戴维·卡梅伦(David Cameron)在八国集团社会影响力投资论坛上提出。关于2013年6月6日的伦敦社会证券交易所公告,请浏览 https://www.gov.uk/government/uploads/system/uploads/attach mcnt_ data/ file/22554 7 I G8 _Social_Im pact_Investmen t_ Forum_—_ 0 utputs _ and_Agreed_Actio ns. pdf。

〔2〕 请浏览 http://www.impacttrust.org.za/nexii。

〔3〕 想了解更多的信息,请浏览 http://www.asiaiix.com。

〔4〕 关于这些社会金融交易所之间的差别和情况的概述,请参阅由 SSJHRC-CURA 在康克迪亚大学(Concordia University)完成的研究:http://www6.carleton.ca/3ci/ccms/wp-content/ccms-files/mendell-EB-Vwebinar.pdf。

计划和组织的效能。

最根本的是，社会回报不是金融投资的附属品，甚至也不是金融投资的副产品，而是投资的主要目的和预期（Evenett，2012：1）。

社会金融已经开始开展自己的分类和计量工作，并且取得了一些进展。但这项工作通常是由行业主导的，如由全球影响力投资网络制定的“影响力报告和投资准则”（Impact Reporting and Investment Standards）以及由“参与式投资”（Engaged Investment）制定的“EngagedX”。[1] 各国政府已经开始积极考虑采用什么方式来评估社会和环境项目的效能，而且已经开始进行实验。然而，相关实践还没有完全发展到能根据对社区产生的影响为社区制定绩效基准或为融资决策提供信息的程度。此外，各国政府尚未以连贯一致的方式采用发展中的社会金融影响力评价框架为自己的决策提供依据。

社会影响力投资工作组在界定“社会影响力投资”的定义时有意设计了积极的社会结果和财务回报，而且还要求对两者进行评价。社会影响力投资工作组的一个主要建议是：“制定可计量的影响力目标并跟踪记录目标的实现状况”（Social Impact Investment Taskforce，2014）。社会影响力投资工作组下属的影响力评价工作小组审查了目前的影响力评价实践现状，并且注意到需要“重要、可靠、可比、更多和通用的影响力数据”来支持稳健的影响力评价工作，并且需要社会金融市场的全体参与者接受“影响力问责制”（Social Impact Investment Taskforce Impact Measurement Working Group，2014：1）。

与在社会影响力价值链的其他领域一样，我们不太可能脱离政府来取得社会影响力评价方面的进展。影响力评价有助于树立投资者的信心，而且还有助于确定社会金融发展所需的可靠决策依据。在这方面，政府作为市场管理者，在制定可靠的评价标准方面有着明确的利害关系。

除此之外，政府在社会影响力评价和评价指标制定方面有着直接的利益。更好地评价社会影响力可以帮助政府了解什么可行，并有助于为政策设计提供依据和实践基础。政府还应该做出另一重大贡献，各国政府往往需要为社会金融研究和数据收集做出贡献，包括关于哪里有社会金融需要以及以前尝试过哪些满足需要的方法等的研究和数据。我们持这种观点，并不是说政府应该控制或指导这方面的工作，而只是想说政府与这方面的工作有很大

[1] 想了解有关这些评价框架的更多细节，请浏览 http://www.iris.thegiin.org；http://www.engagedinvestment.com。

的关系，政府有机会为社会金融绩效评价和评价标准的发展提供信息和做出贡献。政府和政策制定者在这方面发挥积极主动的作用，就能发现适当的机会来利用更多或不同的融资方式。

如果政府不参与社会回报评价标准的制定，社会金融和服务提供状况就会因此而更加普遍地变得更差。政府倘若不参与社会回报评价标准的制定，就可能更难利用市场机会或采用任何评价本国政策措施成效的指标。如果政府掌握大量的数据和信息而又不为制定评价标准和指标提供信息，就会错失机会。

社会金融产品可以提供一种以政府和市场的共同或重叠利益为重点有效评价社会影响力的机制。一些社会金融创新产品，特别是社会影响力债券，正开始显示这种作用。[1] 社会影响力债券的一个重要特点就是明确说明和评价相关项目的绩效，因而促使各相关方——政府常是其中的一个相关方——都关心项目的结果及其评价方式。社会影响力债券带来的挑战和机遇正开始成为学术研究的关注重点（Jackson，2013b；Nicholls and Tomkinson，2013；Gustaffson-Wright et al. ，2015）。

此外，政府可以利用自己掌握的数据向市场发出强烈的信号。英国通过单位成本数据库[2]提供了一系列社会服务的成本计算数据。这些成本信息——既有学术研究的数据信息，又有政府的数据信息——涵盖了从教育到司法的许多社会服务领域，并且提供了可供任何个人和机构使用的参照点。已有或新创企业都可利用这种成本信息来确定和评价自己的服务和运营模式，我们都把它作为进行对话和进一步细化框架和成本核算的起点。八国集团社会影响力投资工作组鼓励其他国家政府更多地提供这类数据，使更多的组织能够对自己的潜力做出评价，以便“以更有创意和更注重成本效益的方式交付更好的结果”。该工作组指出：

> 提高实现具体社会结果财政价值的透明度，向社会创新者展示哪里有机会做得更好，从而为他们带来极大的帮助。我们希望看到其他国家的政府考虑采取类似于英国政府已经在采取的措施。（Social Impact Investment Taskforce，2014：15－16）

更一般地，政府的作用可能就是支持或扶持在发展绩效评价体系方面发

〔1〕 本章最后一节更详细地讨论社会金融特别是社会影响力债券与公共服务改革方向之间的相互关系。

〔2〕 请浏览 http://neweconomymanchester .com/ stories/83 2-unit_ cost_ database。

挥主导作用的市场行为主体。例如,美国的国际开发署(United States Agency for International Development,AID)和英国的国际发展部(DFID)都支持全球影响力投资网络的工作。英国多届政府在创建现在的"大社会资本"方面发挥了作用。"大社会资本"开发了一个结果矩阵[1],可以用来简化不同行动社会影响力报告的方方面面。各国政府可以通过业绩预期来帮助提高现有信息的透明度和可得性,并且从自己或者委托他人提供服务着手开展这项工作(Shergold,2013)。政府也是一个投资于信息、平台和基础设施以及愿意开发和提供这些公益的合适机构(Bannick and Goldman,2013)。

下一节探讨政府刺激市场以及通过直接和间接投资展示社会金融潜能的潜力。

"催化剂"投资

政府有相当大的能力来表明自己对市场领域的兴趣,并通过提供种子资本来刺激投资。在金融市场发展的早期阶段,交易对于证明投资的可靠性和构建交易流程至关重要。

遗憾的是,似乎较少有人愿意从事激发和培育创新这种艰苦且充满不确定性的工作,就好像在影响力投资者围着水泵排队等水的时候没人主动启动水泵那样。殊不知,恰恰就是这种工作最终会产生稳健的可投资、高回报影响力投资项目(Bannick and Goldman,2013:1)。

政府领导人倘若具有战略眼光,就能填补这个空白,并能产生强大的信号效应,从而树立其他行为主体的信心并推动市场发展;否则,这种情况就不会出现。

"催化剂"资本

"风险"资本作为市场发展关键要素的可获得性受到了极大的关注[Freireich and Fulton,2009; Ludlow and Jenkins 2011; Burkett,2012; Addis, Mcleod and Raine,2013; Impact Assets Issue Briefs #2,3,5,8,UK Cabinet

---

[1] 想了解"大社会资本"结果矩阵的更多细节,请浏览 http://www.bigsocietycapital.com/outcome-matrix。

Office,2012; The Global Impact Investment Network(GIIN) Issue Brief October,2013; Social Impact Investment Taskforce,2014]。

> 如果没有"催化剂"冒险出资……社会投资交易就可能无法为社会投资者带来有足够吸引力的回报;如果没有商业投资者,就更难达到足以产生影响的投资规模。(Freireich and Fulton,2009:8)

社会金融可从促进经济创新和发展的举措中吸取教训,特别值得一提的是,有记录表明,政府曾干预刺激创业种子期和企业成长早期阶段的融资,并且鼓励新兴市场扩大规模。例如,大多数经合组织国家与私营部门和/或组合基金建立了某种形式的投资伙伴关系,以加大对中小企业投资的力度(OECD,2012,2013)。这些文献和研究还表明,精心设计的共同投资战略和政策有撬动私人投资,推动社会市场发展、增长并产生绩效的潜力(OECD,2012,2013)。

在世界经济论坛和一些其他机构看来,不同类型投资者的资金的"混合"是对社会金融发展至关重要的一项创新(Impact Assets Issue Brief #10,2012; UK Cabinet Office,2013a; Addis,Mcleod and Raine,2013; Drexler and Noble,2013b)。混合基金是之前独立行事的出资者之间出现的一种伙伴关系创新形式。这种基金如果设置得当,既可使资金的影响力成倍增加,又能维护出资人的利益(Drexler and Noble,2013b:5)。

这些"催化剂"资金通常被用作种子资本,并且常被用于筹集附属或次级资金或资本以降低其他投资者的回报风险[Impact Assets Issue Brief #10,2012; UK Cabinet Office,2013a; The Global Impact Investment Network (GIIN) Issues Brief October 2013]。英国内阁办公室(2013 a)对7只由不同类型资本/资金组成的基金进行了研究,结果发现了三个提供"催化剂"资本的典型条件:

(1)同等权益或资本平等条件;

(2)风险补偿条件——依据投资者出于社会动机和对财务结果的考虑承担风险的程度提供补偿;

(3)"若非,则无"条件——那些寻求"催化"影响力的投资者愿意接受更大的风险来吸引不然就吸引不到的主流金融资本或者更加商业化的资本。

图13.7对后两种"催化剂"出资的运作方式进行了图示;图的第二层和

第三层显示了不同类型的"风险"资本/资金的作用。

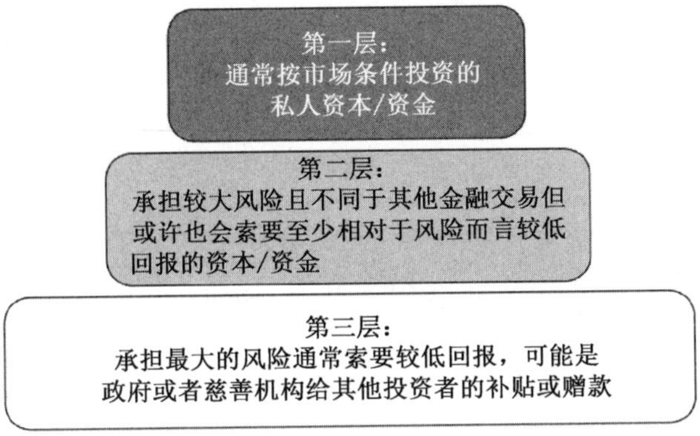

资料来源：艾迪斯、麦克劳和雷恩(2013)，改编自伯克特(Burkett，2012)。

图 13.7　社会金融投资的资本/资金分层结构

有些政府行动表明，政府有潜力为社会金融提供精心安排的"催化剂"资金，从而产生正的市场影响力。政府这么做不一定总需要新的资金，可以通过采取措施重新调整现有资金用途的方式来撬动其他来源的资金，并且扩大公共资金的用途和影响力。

全球影响力投资网络把"为了影响力的撬动资金"(leverage for impact)和"市场开发"确定为适合提供首笔亏损资本(first loss capital)的关键情形(Global Impact Investment Network Issue Brief October，2013；Impact Assets Issue Brief # 10)。有些国家的政府已经在其一些现行社会金融融资计划中把这些政策目标作为驱动因素来利用。例如，澳大利亚的社会企业与发展投资基金计划确定了两个关键的政策目标：一是增加社会企业获得资本/资金的机会；二是在澳大利亚发展社会金融市场(Cullen and Addis，2013)。

早期对不同司法管辖区社会融资基金绩效的研究表明，最成功的一些基金有效地利用了可利用的政府投资，并且与政府建立了富有成效的关系(Clark，Thornley and Emerson，2012；Clark，Emerson and Thornley，2013)。事实上，最近的研究表明，"催化剂"资本以及政府与基金管理公司之间的牢固关系是这类基金取得成功的关键(Clark，Emerson and Thornley，2013)。

我们不乏政府为社会金融进行"催化剂"投资的实例。这些政府主导的融资方案采取了多种形式。一段时间以来，发展金融的实践一直在发展，突出的例子包括美国海外私人投资公司以及英国与美国合资创立的全球发展创新风投公司。另一些国家的政府投资有针对性地、按照适当的条件为社会企业提供资金。这方面的突出例子包括苏格兰社会投资基金(Scottish Social Investment Fund)[1]和澳大利亚社会企业发展与投资基金[2]。还有一些国家的政府已经投资于股票基金,如加纳的社会投资基金和英国的桥梁社区风险投资的可持续增长基金(Sustainable Growth Fund)。成立这些基金的目的就是在长期弱势社区创造就业机会,并且帮助它们发展地方经济。[3] 还有一些国家的政府正在制定这类计划:葡萄牙政府一直在争取让欧洲结构基金出资成立一只1.5亿欧元的社会创新基金(Social Innovation Fund),以促进社会服务提供方式变革。[4]

我们可从这些集体经验中汲取一些共同的主题和经验教训,以便为今后的政策设计提供参考:

(1)"催化剂"型出资有助于动员供给侧的投资者和需求侧的企业。例如,苏格兰的社会投资基金和澳大利亚的社会企业发展与投资基金动员了许多主流机构投资者,并为示范和创造需求做出了贡献(Cullen and Addis,2013)。

(2)政府出于战略考虑的投资可以为其他投资者降低风险,否则可能会限制新市场的发展。包括政府资金在内的次级资金的可获得性被认为是动员资金的关键因素,例如,澳大利亚的基督教超级养老基金(Christian Super Pension Fund)对澳大利亚的一只社会企业发展与投资基金的投资(Cullen and Addis,2013)和银行机构在纽约市收购基金中的投资(Bridges Ventures et al.,2010; UK Cabinet Office,2013a)。

(3)在具备适当的条件以后,许多投资者能够并且实际参与进来,而且会进行新的组合。例如,澳大利亚的社会企业发展与投资基金采取措施吸引了一些慈善基金会、1只养老基金、1家全球可持续银行和地方机构的投资(Cullen and Addis,2013;Bridges Ventures et al.,2010; UK Cabinet Office,2013a)。

(4)政府投资可以把资金引向政府重点项目。在清洁能源和可再生能源方面有许多这样的例子,纽约市收购基金就是一个吸引资金投资于经济适用

---

[1] 成立于2001年,由苏格兰政府以及包括苏格兰皇家银行、苏格兰银行、劳埃德银行和克莱德斯代尔银行(Clydesdale Bank)在内的金融机构出资;该基金的工作重点就是用金融产品来支持苏格兰社区的发展。请浏览 http://www.socialinvestmentscotland.org。

[2] 社会企业发展与投资基金利用政府拨款和私人投资在澳大利亚市场创建了3只新的投资基金,向社会企业提供金融产品。请浏览 http://deewr.gov.au/social-enterprise-development-and-investment-funds。

[3] 想了解更多的信息,请浏览 http://www.bridgesscommunittyventures.com。

[4] 关于葡萄牙目前公民经济发展辩论的材料可在 http://youngfoundation.org/events/public-debate-strategy-civic-economy-portugal 下载。

房的例子(Bridges Ventures et al.,2010；UK Cabinet Office,2013a),而英国的桥梁社区风投基金和加纳社会投资基金是把资金引向投资不足社区创造就业机会和发展当地经济的例子。

(5)融资条件也是一个关键因素,可用来刺激其他来源的投资。例如,可参阅英国内阁办公室的研究(2013a)、“影响力资产”(Issue Brief #10,2013)和“全球影响力投资网络”(Issue Brief October,2013)。早期对绩效最好的社会金融基金的研究表明,“催化剂”资本可以有针对性地用来刺激私人投资进入特定的优先发展领域,如市场失灵的领域或者有特定社会需要的领域。

(6)不同的司法管辖区可以根据自己的情况向其他司法管辖区学习,并且改变自己的想法和调整自己的计划(Schwab Foundation et al.,2013)。例如,可参见支持澳大利亚社会企业发展与投资基金设计的过程分析(Cullen and Addis,2013)。

(7)构建交易渠道(或者创造需求)是基金创造足够数量的社会融资机会的必要条件。例如,英国一些社会企业基金的经验,包括社会孵化器基金以及投资与合同准备基金的经验,促使当局采取一些增加需求的举措(Gregory et al.,2012)。

这方面的其他经验教训还包括:政府应该在任何时候或在任何单项行动中谨慎对待向市场投资过多的问题。英国前政府提出的“未来建设者”基金[1]和“社会企业投资基金”[2]计划在出资水平和性质以及在市场发展早期阶段的政府投资目标等方面受到了褒贬不一的评价。[3] 支持者认为,资金的可获得性对鼓励社会部门组织寻求资金并使其筹资融资来源多样化产生了积极的影响;而批评者则认为,政府的目标不够明确,政府按照“软”条件提供了过多的资金,进入市场太快,从而产生了扭曲效应,阻碍了零售社会金融部门的发展。[4]

创建批发金融机构或者组合基金,是政府可用来动员资金并扶持中介机构的另一种方法。这种方法就是以第三方基金的形式创建投资组合。政府

---

〔1〕 想了解更多的信息,请浏览 http://www.futurebuilders-england.org.uk; http://www.sib-group.org.uk/the-social-investment-business。

〔2〕 想了解更多信息,请浏览 http://webarchive.nationalarchives.gov.au; http://www.dh.gov.uk/en/Managing.yourorganisation/Sodalenterprise/SocialEnterpriseinvestmetnFund/index.htm。

〔3〕 想了解更多信息,请参阅威尔斯、查德威克—库勒、戴森和摩根(Wells,Chadwick-Coule,Dayson and Morgan,2010);威尔斯(Wells,2012);布朗、贝伦斯和舒斯特(Brown,Behrens and Schuster,2015)。

〔4〕 例如,关于 SEIF 的评估,请浏览 http://www.tsrc.ac.uk/LinkClick.aspx? fileticket=diiS-de27qNA%3D&tabid=969。

可以根据现有数据制定政策来鼓励私人资本投资于早期成长型企业：

> 有经验表明，寻求利用私人投资的“组合基金”和“共同投资”可能要比直接的公募股权基金更加有效。虽然证据有限，但产品设计、管理和激励机制显然起着决定性作用。(OECD,2013:27)

社会金融方面的例子包括加纳的风险资本信托基金、总部设在英国的“大社会资本”社会金融批发机构和“欧洲社会影响力加速器”(European Social Impact Accelerator)〔1〕。加拿大社会金融工作组(2010)建议采取类似的办法。不同的机构具有相同的政策意图，即可获得资金的规模能够支持零售基金和产品的发展。这种办法可以为市场建设者提供“固定的资金来源”，这是世界经济论坛最近建议的政策措施之一，目的是为社会金融动员更多的主流投资资本/资金(Drexler and Noble,2013a)。

下一小节讨论直接投资以外的撬动资金的方式，这些方式对于社会金融动员资金具有激励作用。

直接投资以外的激励政策

并非所有的激励政策都涉及资本投资，其他激励措施和减少风险的措施也可能影响公共部门的资产负债表，不过是以收入损失或者或有负债的形式，但不涉及直接出资。这类措施设计得当，也能动员资金。常用的机制有税收激励和担保。

税收激励

许多领域的政策制定者都采用税收激励措施来鼓励投资或者直接注资。税收激励或其他补贴的首要原则是通过透视市场效率来关注成本效益分析，往往是在估算有效补贴率的基础上纠正市场失灵。但不管怎样，税收激励仍是西方国家为增加成长型企业在早期阶段获得资金的机会而普遍采用的一种政策措施。例如，大多数经合组织国家在最近的一项调查中表示，它们在

---

〔1〕 想了解“大社会资本”的背景资料，请浏览 http://www. bigsocietycapital. com，http://www. unclaimedassets. co. uk；想了解这项倡议的起源背景，请参阅国家社会投资批发银行咨询信息。“社会影响力加速器”是 1 只影响力基金中的基金，成立于 2013 年 5 月，据说目的是为了实施欧洲投资银行集团[包括欧洲投资银行(European Investment Bank,EIB)和欧洲投资基金]旨在开拓影响力投资空间和实现欧盟更大的旨在为欧洲社会创业构建可持续金融市场的政策目的而迈出的第一步。请浏览 http://www. eif. org。有关加纳风险投资信托基金的信息，请浏览 http://www. ventucapitalghana. com. gh。

过去的5年里增加了税收激励项目(OECD,2013)。

关于财政补贴是否以及在什么情况下能够提高效率的问题,经济学界在过去的几十年里已经做出定论,如通过提高人口的技能和福利,就能使纳税人挣到更多的收入,从而多缴税收(Grossman,1972;Blekley,2010)。经济学界有关社会金融的政策主张是,促进目标领域能改善社会结果的活动,就能提高生产率,从而促使税基全面扩大。

无论政策主张如何,政策设计才是最重要的;一项针对成长期企业早期阶段融资的政策措施研究表明:

> 税收激励有可能是一种"钝器"(即很难有效地确定目标),因此必须用心设计、监测、评估和调整才能保证收到预期的效果。(OECD,2013:21)

长期一致性和实际执行往往被认为是影响税收和其他间接激励措施效能的重要因素。投资者可能有7～10年的投资回报期。如果投资者的风险/回报评估取决于政策措施,预期政策会发生重大变化,就会产生不确定性,从而既会影响动员资本/资金的激励措施的有效性,也会影响价格。在社会金融的背景下,长期一致性被认为是一个非常重要的问题,足可被作为一条重要准则纳入"伦敦原则"(IIPC,2013)。政策需要监测和调整,才能不断提高效力(OECD,2013);而一致性糟糕的政策不可能收到预期的效果。

对于间接激励措施,应该结合具体情况来加以考虑。间接激励往往不是孤立的干预措施,而是一套相互关联的政策措施的组成部分(OECD,2013)。例如,几十年来,美国与《社区再投资法案》相关的政策措施不断得到发展,现在已演变成一种复杂的"胡萝卜加大棒"混合激励机制。[1] 改变制度的某一部分可能会影响其他部分,或者影响政策组合的总体效果。

目前,社会金融已经在利用税收激励措施把(社会金融的)资金引向政策优先考虑的具体问题,调整和扩展使用现有的社会金融税收激励措施,并且专门为更加普遍地促进社会金融的发展制定税收激励措施。

到目前为止,针对清洁能源和经济适用房等特定类型活动的税收激励措施之所以越来越受到欢迎,常常是因为它们是根据具体的行业分析结果或社会需要领域,而不是为了更加普遍地支持社会金融制定的(Thornley et al.,

〔1〕有大量的文献考察了《社区再投资法案》及其实际效果和影响,如可参阅坎彭(1997);奥尔森等(2009);林赛(2009);埃森和阿普加(2009)。

2011)。[1] 例如,荷兰的绿色基金(Green Funds)计划以及许多司法管辖区旨在鼓励绿色能源投资的税收激励措施[请参阅毕马威会计师事务所(KPMG)2012 年的跨司法管辖区分析]。巴西的清洁发展机制和东京的贸易限额机制等计划使用不同的设计方案来规定可交易减排额度(Thornley et al. ,2011)。税收激励措施已经用来为社区改造和投资服务,如美国的政府新市场税收抵免(Government New Markets Tax Credit)和英国的社区利益税收减免(Community Interest Tax Relief)。

经济适用房也是一个税收激励的重点领域,这方面的例子有澳大利亚的国民租房能力计划(National Rental Affordability Scheme)[2]和美国的低收入者住房税收抵免(Low Income Housing Tax Credit)。这两项计划都是为了吸引投资购买经济适用房,但受到了褒贬不一的评价(Heaney,2010;Thornley et al. ,2011;Stankiewicz and Rubin,2012)。从相关评论和分析中可总结的经验教训往往侧重于政策设计和实施方面有待改进的地方,特别是如何采取有针对性的激励措施,把重点放在让关键投资者尽早参与上(Thornley et al. ,2011)。

有一些实例表明,有些国家的政府已经采取实际措施,最大限度地挖掘现有税收激励措施的潜力来为社会金融服务。2011 年在英国设立的"社会影响力风投税"(Social Impact VCT)就是根据现有风投税收制度设计的一种旨在促进利用社会融资机会的税收。有人认为,必须进一步改变现有政策框架和激励措施,才能为社会目的组织创造从事社会金融交易的平台(Hill,2011)。但不管怎样,税收制度往往十分复杂,有许多相互关联的部分构成,所以必须因地制宜。

世界经济论坛把税收激励认定为政府为社会金融动员主流金融资本/资金的关键杠杆之一(Drexler and Noble,2013a)。英国的研究表明,与慈善和风投相比,社会金融缺乏专门的激励措施,因此不利于吸引资本。此外,据估计,税收激励措施设计得当,可以在 5 年内释放 4.8 亿英镑的资金;而且在社会金融部门采取税收激励措施,被认为还能提高其他部门的发展主动性(Hill,2011)。

英国财政部在 2013 年 6 月发起了一次关于社会金融税收待遇的民意征

---

[1] 索恩利等(Thornley et al. 2011)在其"政策地图"附录 1 中列举了许多例子。

[2] 澳大利亚政府在 2014—2015 年度联邦预算案中宣布了旨在逐步废除该计划的修改内容。

询。从 2014 年 4 月起实施针对社会企业和社会金融(特别是针对社会影响力债券)的税收激励措施,投资于规定社会组织和计划的个人可享受税收优惠,优惠力度大致相当于英国为激励企业和风投而实施的其他税收激励政策(Hill,2011; UK National Advisory Board on Impact Investing,2014)。[1]

其他国家也已经考虑在社会金融领域实施税收激励的问题,但尚未就政策分析和设计采取进一步的行动。例如,在澳大利亚,主要的政府经济咨询机构生产力促进委员会(2010)和联邦参议院经济参考委员会(2011)都建议进一步考虑社会金融税收待遇和实施税收优惠的可能性。由于澳大利亚已经对非营利组织实施相对复杂的税收监管并鼓励公益事业,因此,这两个机构都认为,任何政策变更的影响都应该在更广泛的税收和社会制度背景下予以认真考虑。

担保

担保可以为分担风险和促进流动性提供另一种机制。在某些政府部门,担保被认为是一种高风险行为。在某些情况下,政策辩论也可能得益于更多的相对分析,也就是与其他备选方法进行比较的风险分析。例如,如果目前拨款资金可以通过设立担保基金来筹集更多的资金,那么,政府最终把部分拨款资金用于提供担保,结果会变得较好还是更加糟糕?

利用私营部门的经验和杠杆作用的能力以及扩大并提高公共支出覆盖面和效率的能力,通常是考虑实施担保政策的重要依据(UN National Advisory Board on Impact Investing,2014)。就如同其他激励措施,政府担保能否取得成功在很大程度上同样取决于设计是否合理(Thornley et al. ,2011)。

就像对待税收激励一样,一些司法管辖区特地把社会目标纳入其政策框架,对现有政策进行调整或者扩展。例如,美国小企业管理局 2012 年计划设立一只 4 亿美元的合格企业投资担保基金把资本引向需要更多就业机会和当地经济活动的社区。对这类计划的早期评价表明,对现有资金来源进行重组,可以在不一定增大风险的情况下产生社会和经济影响力(Mills and Greene,2012; Dilger,2013)。又如,英国也为刺激对经济适用房的投资——

---

〔1〕 想了解更多的英国税收优惠信息,请浏览 https://www. gov. uk/government/ publications/social-investment-tax-relief-factsheet/ social-investment-tax-relief。

与一些拨款和其他计划合并在一起运作——提供担保。[1]

一些国际发展机构也用担保来鼓励投资和动员银行融资。国际发展机构采用这种担保已有一段时间,有时是为了降低涉及面比金融和商业风险更大的风险(包括政治风险)。例如,一些国家是世界银行集团旗下多边投资担保机构的成员,这个担保机构专门负责担保外国对发展中国家的直接投资所面临的政治和非商业风险。据报道,在截至2013年的25年里,这个机构为100多个国家的700多个项目提供了300多亿美元的担保。[2] 像美国海外私人投资公司和法国开发署这样的国家机构也把担保和保险作为其政策和计划的组成部分。[3] 这种担保就像直接投资一样,目的就是要弥合实际风险与感知风险之间的差距。如果不能弥合这个差别,资本就不会流向需要它的地方。

下一小节探讨政府刺激社会金融需求和激励中介机构的作用。

政府刺激需求和促进中介机构建设的作用

政府采取激励行动的可能性并不局限于市场供给侧;刺激需求发展和促进生产性中介机构建设使资金供求双方发生关系,对于市场发展也是至关重要(OECD,2013)。如果不注意社会金融的需求侧,就不会有大量的交易渠道和组织可供投资。有学者(Mason and Kwok,2007)日益认识到政策对于市场发展的重要意义,而且政策的这种重要意义从发展交易渠道扩展到了通过被作为市场发展和活力驱动因素而日益受到关注的网络和其他关系发展起来的“社会资本”(OECD,2013)。

认为政策对于市场发展重要的观点也同样适用于社会金融(Koh et al.,2012; Burkett,2013)。除非支持把有希望的想法和创新转化为能够吸引投资的主张,否则这些创新和社会金融的潜力就不可能在任何规模上得到实现(Koh et al.,2012; Burkett,2012)。如果不支持社会部门组织利用更多的投融资选择机会,社会金融就不太可能获得发展(Australian Productivity Commission,2010; Burkett,2012; Koh et al.,2012; Gregmy et al.,2013)。

[1] 想了解更多有关澳大利亚计划的信息,请浏览 http://www.dss.gov.au;想了解美国的相关信息,请浏览 http:// portal.hud.gov/hudportal/HUD;想了解英国经济适用房保障计划的细节,请浏览 http://www.homesandexchangities.co.uk。

[2] 请浏览 http://www.wortdbank.org。

[3] 如可浏览 http://www.opic.gov/what-we-ofter/political-risk-insurance。

需求发展

在各种市场上发展促进企业投资的举措相对较新(Mason and Kwok，2007)，因此直到最近才有人开始关注社会金融这方面的问题(Koh et al.，2012；Gregory et al.，2012)。在系统层面，有人重新开始关注那些把社会目标与创收性商业模式结合在一起——无论是否打算盈利——的企业。这种现象已经反映为许多国家和地区为促进和鼓励社会企业、合作社和其他“社会经济”组织已经提出或者颁布立法框架，其中包括法国、西班牙、葡萄牙、厄瓜多尔、墨西哥、希腊等国和加拿大魁北克省。[1] 英国在2005年立法规定了社区利益公司[2]这种法定的组织形式，并在2013年修订了合作社管理条例。[3] 美国也正在发生这种变化，其表征就是越来越多的州已经颁布或正在考虑制定法规，以使共益公司[4]能把公共利益纳入企业的基本治理框架。

有人呼吁建立国际监管框架，理由是国际监管框架可支持和鼓励更多目标驱动型组织，并提供透明度和适用于不同司法管辖区的市场工具(Social Impact Investment Taskforce Mission Alignment Working Group，2014)。

许多评论人士一致认为，只有发展社会企业并调动有社会动机的企业家的积极性，才能使他们达到准备从事社会金融活动并使自己的需求能吸引投资者的程度。越来越多的社会企业和社会企业家正在创建能生产公共产品或者注入社会使命的营利性商业模式(Eggers and Macmillan，2013；Social Impact Investment Taskforce Mission Alignment Working Group，2014)。企业层面的研究表明，从更加主流的商业市场寻求融资的企业与从社会金融市场寻求融资的企业之间共同点多于不同点(Mason and Kwok，2007；Burkett，2012；Gregory et al.，2012)。也就是说，在社会组织的背景下，困难的程度可能被放大：在有些情况下，困难程度被放大的原因是社会组织同时谋求取得社会和经济业绩的双重目标；而在其他情况下，社会组织正在从依赖赠款/拨款或者不熟悉金融部门的机构和产品过渡到求助于社会金融市场。

---

〔1〕 Spanish Law on Social Economy(Law 5/2011)；Portuguese Social Economy Law 68/Ⅻ(13 March 2013)；Greek Social Economy and Social Entrepreneurship Act 4019/2011；Ecuador Official Register No. 444，10 May 2011；Mexico Official Journal，23 May 2012；Quebec Social Economy Law Bill 27 (2013，chapter 22).

〔2〕 请浏览 http://www. gov. uk/government/organisations/office-of-the-regula tor-of-community-interest-companies。

〔3〕 Co-operative and Community Benefit Societies Act 2010 and Co-operative and Community Benefit Societies Bill 2013.

〔4〕 共益公司背景资料可在 http://www. bcorporation. net 获得。

“能力建设”和“投资准备”这两个术语经常用来描述企业及其主动性已经发展到为融资做好准备的程度。广义地说，这两术语涵盖各种技能和能力，如组织领导的素质、技能和技能发展水平，以及运用其他学科术语的熟练程度。融资技能和文化程度往往是那些寻求资金的组织要注意的重要方面，而投资者很少会考虑对社会问题动态和社会经济的熟悉度。这并不令人奇怪，因为即使在更加传统的市场上，也有现成的证据能够证明，投资者和金融从业人员培训往往也会遭到忽视（OECD，2013）。

一般来说，需求侧政策大多侧重于对企业的支持，重点在于企业的能力建设，以便企业能做好准备并能够接受投资。许多司法管辖区制定了企业发展规划（OECD，2012）。在一些司法管辖区，有人建议把这些发展规划扩大到与社会企业家合作的程度（Australian Productivity Commission，2010；但还没有付诸实施）。

英国的社会孵化器基金和投资与合同准备基金等项目旨在为构建可投资社会企业的渠道提供一种更加结构化的方法。英国政府实施这些提供资金和资助的项目，旨在通过社会金融帮助企业为接受投资做好准备并参与争取政府合同的竞争。对这些项目设计了特殊的结构和管理机制，目的就是帮助不同的组织确定适当的咨询来源，并在此过程中建立咨询网络。澳大利亚和葡萄牙等其他司法管辖区也在采用这种方法，最近强调经验与寻求资金过程在能力建设方面能发挥的作用的研究（Mason and Kwok，2007； Burkett，2012，2013； Gregory et al.，2012）也支持这种方法。

有关刺激需求的评论经常忽略两个因素：一是社会目的组织及其资助者的主导行为范式造成的问题；二是社会部门在克服了这些文化障碍后会对金融有怎样的潜在需求。

第一，造成社会创新失败的原因常常是融资问题。社区企业具有解决这一问题的潜力，因为它们从初始阶段就能把新点子开发与可持续融资结合在一起。相比之下，部分社区部门历来秉持一种认为政府有责任为开发好的新点子提供足够资金的观点。如果说曾经确实如此，那么，现在肯定不再是这样了。但不管怎样，社区企业的成长参差不齐，往往要受到当地因素——特别是社区支持创新活动的能力和意愿——的影响（Adams and Hess，2010：6）。

许多社会组织是非营利实体，但这往往掩盖了这样一个现实：它们必须收支相抵后略有盈余才能生存下来。大多数非营利组织收入来源多种多样，但主要是赠款导向型来源，因此领导层常“去找有钱的地方”，而不是奉行目标就是创造社会影响力的明确战略计划。融资条件使这个动态过程变得更加复杂，因此很难制定注重社会影响力的策略，也难以制定长期甚至中期规划。由于创造可证明的社会回报，通常需要在很长一段时间里采取前后一致的做法，这样就产生了一种悖论：

> 如果商业企业家带着没有考虑管理费用的投资商业计划来找我，我立马就会叫他们走人。资金来源不确定和投资资金短缺，几乎已经阻碍全部慈善机构实现潜在的效能和规模。（Cohen，2014：3）

第二个重要方面是为非营利部门的活动提供资金的潜在需求。许多国家都有多样化、充满活力、经济意义重大的非营利部门。然而，由于非营利组织在实践或文化上受到限制，无法最有效地利用其资产和资源，因此，它们的巨大潜能往往无法得到利用。

社会创新的第三个要素是认识到社区部门实际上是一个具有一整套行业特点的行业，包括风险、机会、投资、管理、绩效评估和结果。社区部门许多活动的社会价值结果被这个部门的许多从业者看作是创造社会正义；没有社会正义，社区部门就失去了其大部分的存在理由。这种看法可能会产生限制效应，因为可能会阻止社区组织成员认识到社会组织需要实用的工具来提高自身可持续性和有效性的必要性（Adams and Hess，2010：6）。

影响各个部门的变革需要供资和融资来源多样化，从而要求社会部门组织在从募捐筹资到主流金融产品的范围内更加广泛地利用各种筹资融资选择。因此，有必要发展各种组织的能力，把阅历更加丰富的人才吸引到社会部门从事金融活动，还必须让金融部门了解社会问题，同时还要增加社会金融的可用资金量。

2011 年，哈佛商学院社会企业发展中心（Social Enterprise Initiative）举行了一次圆桌会议，会上达成了一项共识：筹集为社会变革埋单所必需的资金；非营利组织必须少想传统的赠款，但要多考虑创新；而资助它们的组织也是如此。[1] 政府有能力影响这种做法，特别是通过它们自己的委托和资助实践（Australian Productivity Commission，2010；Shergold，2013；Bridgeland

---

〔1〕 Nobel，C.（2011）.“Social Investing：Emerging Trends in a Changing Landscape”，Harvard Business School Social Enterprise Initiative.

and Orszag,2013)。[1]

发展中介机构

有文献认为,有效的中介机构是市场发展的一个重要组成部分(Shanmugalingam et al.,2011)。发展社会金融市场,就需要培养具有金融和相关学科知识、真正了解社会经济的专业人员和组织,并且必须为社会金融市场上的劳动力、金融服务提供者和中介机构做出贡献(Addis,Mcleod and Raine,2013; Burkett,2013)。

如果没有中介机构,那些把资金投入社会金融的人和那些有投资主张的人或需要投资资金的组织就可能无法有效、高效地或以适当的条件发生关系。中介机构还可以在必不可少的教育和咨询方面发挥宝贵的作用,为法律和商业机构提供信息以支持投资,并为处于成长阶段的组织确定适当的投资方式和资金来源。

那些可在技术等其他领域见到的孵化器和加速器已经在社会企业部门崭露头角。[2] 据报告,在过去的5年里,经合组织成员国加大了支持企业家和投资者网络和加速器发展的力度(OECD,2012,2013)。有关这些政策的评论表明,与加速器——为企业及其领导层提供积极并有针对性的支持——有关的最常见特点,除了提供共享资源的平台之外,还增加了巨大的价值(OECD,2013)。社会金融领域的类似做法可以鼓励组织有意识地关注社会和经济影响力。为推进创新,加快社会企业成长,并尽快使它们达到能创造社会影响力的规模,已经着手开展一些行业建设工作(Rockefeller Foundation and InSight at Pacific Community Ventures,2012)。

从政府的角度看,专注于加速器和孵化器建设有很多好处,可避免直接提供服务的麻烦,并且能让市场专业机构得到发展。专业机构能促进更加广泛的技能发展,并且充当市场中介,从而引起投资者的兴趣,进而产生超越政府直接拨款能取得的结果。孵化器可作为自由和知识中心,为行业发展做出更大的贡献。具有跨行业经验、掌握适当技能的管理人员在挑选企业方面比政府更有经验(Shanmugalingam et al.,2011; Burkett,2012,2013)。

---

[1] 请浏览 http://www.moneyballforgov.com。

[2] 有许多这样的例子,其中包括在几个国家拥有特许经营权的社会企业家学校和一些商学院的孵化器。

社会金融专业中介机构的重要性和作用也开始受到更多的关注(Shanmugalingam et al.,2011; Burkett,2012,2013)。英国接受由一家社会风投中介机构支持的调查的组织报告称,其收入和受益人以及筹集额外资金的能力都有了显著改善(Shanmugalingam et al.,2011)。

政府制定有效的政策,能够直接或间接促进中介机构的发展。我们可以把新的基金和孵化器发展成市场中介机构,而把执行投资准备计划的代理机构发展成发掘企业潜力和聘请专业顾问的中介。孵化器和加速器可以通过关注特定社区或部门以及影响力或者结果来推动部门发展,政府可以投资刺激这类活动。孵化器和加速器建设与其他基础设施建设激励措施一样,也没有其他来源的可用资金可以利用,但高质量的政策措施具有很大的促进市场和部门发展的潜能(Bannick and Goldman,2013):

> 创新者和行业专用基础设施建设企业往往难以筹集到必要的资金,也难以获得那种对于取得成功至关重要的人力资本支持。事实上,在最需要资本推动创新和形成交易流的地方似乎资本最少。(Bannick and Goldman,2013:13)

中介机构可以在市场建设和教育发展方面发挥一定的作用。目前已经出现了不少社会金融研究、证据和思想领导力发展中心,如美国的杜克大学案例i3倡议中心(Case i3 Initiative)、哈佛大学豪泽非营利研究中心金融创新与责任投资倡议研究中心(Center for the Study of Financial Innovation and Initiative for Responsible Investment at the Hauser Centre for Non-profit Studies),英国的国家科学、技术与艺术捐赠基金和牛津大学斯科尔社会创业中心,经合组织在欧洲的研究中心,以及南非伯莎社会创新中心(Bertha Centre for Social Innovation)。政府可以通过其出资选择和委托研究以及具体的政策措施来促进这项工作。

本章下一节,也就是最后一节,讨论社会金融潜力的另一个方面——具体来说,就是认真研究服务委托和结果问责制以及重新考虑公私伙伴关系性质的机会。

公共部门、社区部门和市场交汇处的创新

社会金融政策和实践还有另一个维度,也就是关注在重要社会需要领域

取得更好结果并推动富有成效的新型合作的可能性。

在经济领域，我们已经认识到“金融体系在促进创新和增长方面发挥着核心作用”（OECD，2013：36）。在这方面，我们也越来越认识到社会资本和网络的重要性（OECD，2013）［英国文化委员会（British Council）在社会企业和创新的背景下提到了“合作经济”］。[1] 让企业和金融部门参与解决社会需要问题的动力显然已经成为未来价值创造辩论的一个内容（Emerson，2000；Zadek，2001；Porter and Kramer，2011）。

不只是商业处于不断变化的动态演进之中，社会和公共部门也正面临新的挑战，它们需要提高灵活性和反应能力，采取循证实践，提高透明度，而且要推行结果责任制（Australian Productivity Commission，2010； Adams and Hess，2010； World Economic Forum，2013）。

> 21 世纪，各国政府都要面对基础设施不足、人口老龄化和气候变化等极具挑战性的问题。他们必须明白他们并没有掌握创造就业的全部手段，与产业界和私营部门合作是一种重要的心态和起点，这样才能找到解决他们所面对的问题的办法。［英国 2013 年 3 月 27 日《金融时报》（*Financial Times*）（转引自 Dr Uschi Schreiber，Global Head of Government and Public Sector，Ernst & Young）］

关于政府作用和未来（World Economic Forum，2013； Shergold，2013）以及社会部门不断变化的环境的对话，迫使政府认真考虑传统的发包和委托方式所固有的局限性。有些国家的政府一直在尝试更加开放的方法，从不同的部门和学科寻找解决问题的思路和办法。例如，美国的“挑战政府平台”（http://www.challenge.gov，2014 年 1 月上线）在“公众和政府合作解决重大挑战”的名义下公开征求新的解决方案。现有资金与服务需求之间的缺口以及不断变化的服务提供模式已经开始促使社会部门组织重新审视自己的运作模式，并提高资金和融资来源的多样化水平：

> 目前正在采取的行动（即行动的驱动因素和特点）与采取行动的方式（即采取行动所用的手段）之间的关系，对于理解社区部门不断变化的作用尤为重要。20 世纪 90 年代，我们开始进入一

〔1〕 参阅英国文化协会北京分会主任麦莉·麦凯（Mairi Mackay）博士在 2014 年 1 月 16 日网络研讨会上发表的评论：http://www.gle.iipcollaborative.org，webinar，16 January 2014。

> 个新的阶段，社会投资反映出新阶段的行动特点，而社会创新则成了一种重要的途径。这个新阶段对社区部门组织和政府机构都产生了重要影响。正是在这个阶段，社会创新由于它解决复杂性和可持续性问题的能力，因此作为一种可资利用的公共政策模式应运而生。(Adams and Hess 2010:3)

有评论人士认为，正在发生的事情代表着应对社会问题的动力发生了重大变化(Adams and Hess，2010，Eggers and Macmillan，2013)。

因此，社会创新是一种新的能力水平，它改变了解决问题的框架(Adams and Hess，2010:5)。

基于严格界定的政府、社会部门和企业角色的旧有确定性正在受到考验和挑战(Shergold，2013；Eggers and Macmillan，2013；Social Impact Investment Taskforce Mission Alignment Working Group，2014)。各国政府正面临越来越大的压力，被要求在解决本国面临的社会问题方面取得有意义的进展(Social Impact Investment Taskforce，2014:1)。这些趋势反映在了从政府采用的"采购者—供应商"模式转向政府专注于扮演资源"催化剂"和"聚合剂"角色的委托模式变化过程中(Addis，Bowden and Simpson，2014)。

有一点必须注意，那就是社会金融不仅仅是钱的问题，社会金融交易往往都集中发生在政府、社区和市场的交汇处。这些交易提供了一种可用来探讨其他市场参与者是否有兴趣与政府合作制定社会问题解决方案的方法——一种结构化的方法。每一项社会金融交易或行动都必须有不同市场参与者的参与才可能完成。

影响力投资是一个涉及多方利益相关者的问题，它能吸引政府参与进来，因为影响力投资为有效提供公共服务创造了更多的机会，而且还能使从策划和执行项目的非营利组织到社会项目的受益人个人的整个民间社团都参与进来。影响力投资涉及企业界的方方面面，从企业家到律师再到咨询顾问和投资者。显然，要想使影响力投资发挥其潜能，就必须从全体利益相关者的角度考虑问题(Drexler and Noble，2013a:1)。

值得注意的是，影响力投资不仅关系到金融，而且还涉及服务质量和结果的改善。例如，要应对人口老龄化的挑战，就必须超越养老设施的范畴，着眼于服务的性质和质量以及降低老龄化和赡养老年人成本的结构性选择。社会金融只是有助于解决老龄化问题的一种手段，而不是目的本身。创新产品开发需要问题解决方案设计的多学科方法，因此很可能超过任何一个部门单独具备的能力。

最近对国际上表现最好的社会金融基金的研究把四个关键成功因素中的两个与有效的跨部门参与联系在了一起（Clark，Thornley and Emerson，2012；Clark，Emerson and Thornley，2013）。“多面手”的领导是四个关键成功因素之一；这个关键的成功因素要求组织领导具有丰富的经验，通常是跨部门、跨学科的经验。这种技能基础使这些领导人有能力在各种不同的利益相关者之间开展工作。从整体看，各个基金团队在使用专业术语、网络以及私营、公共和非营利部门不成文规范方面都表现得游刃有余（Clark，Emerson and Thornley，2013）。

举例说明：社会影响力债券

到目前为止，最有说服力的例子也许就是社会影响力债券（有时被称为“为成功埋单”债券）。首先需要强调的是，社会影响力债券只是品种繁多的社会金融产品目录中的一种产品，而且并不适用于各种情况。但不管怎样，有关社会影响力债券的经历能提供一些可更加广泛地应用于社会金融工具和方法开发的经验教训。第一批社会影响力债券是根据一个多学科团队完成的实验设计的。这个团队致力于研究如何为创新解决社会问题并取得更好的结果进行融资以满足投资需求（Cohen，2014）。

轶事性证据表明，就连发行社会影响力债券的早期经验也在实践和学习两个方面产生了积极的影响。社会影响力债券交易各相关方都把实质性的学习和方法改进看作是设计和谈判的结果，包括更好地了解可利用的数据、还缺哪些数据以及各相关方可利用自己不同的技能和经验做出贡献的方式。[1] 已有学者（Gustatison-Wright et al.，2015）开始对这方面的工作及其发展的经验进行初步的分析，并从早期的经验中总结出一些值得吸取的重要经验教训。

这些创新性融资机制（见图 13.8）促使公共部门专员、社会部门服务提供者和私人投资者之间的工作关系变得更加密切。社会影响力债券的结构要素主要集中在改善特定目标群体社会结果的可利用机会上。第三方投资为

〔1〕 例如，“Proceedings of the NSW Forum on Social Impact Bonds”，2 December 2013（未发表）。

服务供给提供了营运资本。委托方(通常是政府)同意根据所取得结果的改善程度,向投资者偿还投资本金并支付投资回报。在有些情况下,投资回报与产品—服务所代表的成本节省挂钩。社会影响力债券的最初设计就是要让投资者承担结果无法实现的风险,而实践已经迅速发展到包括许多规避风险和取得回报的方式。[1]

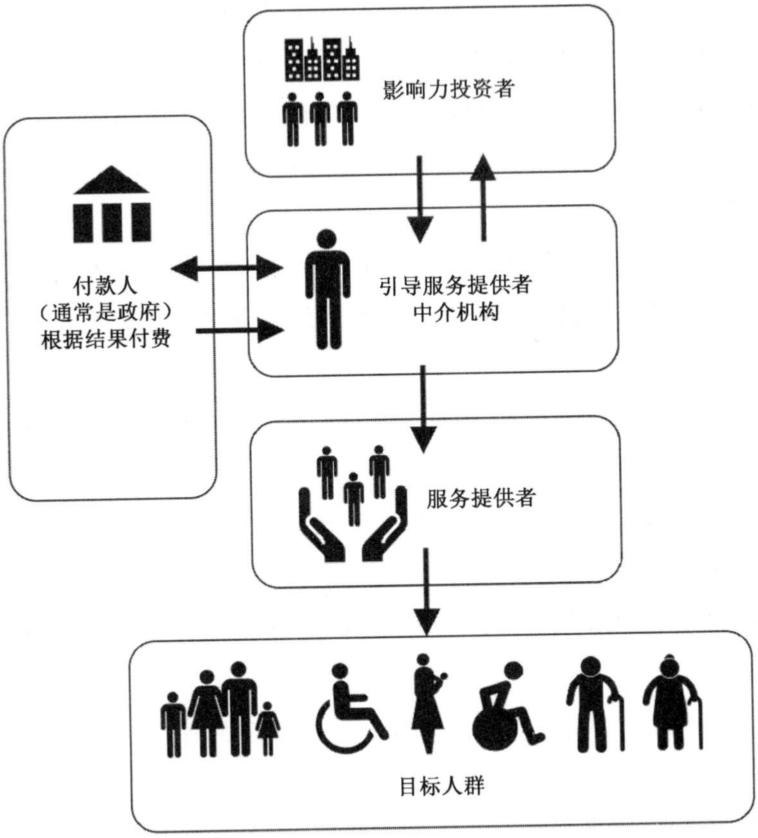

资料来源:澳大利亚就业部(Australian Department of Employment,2013)。

图 13.8　社会影响力债券合同结构

社会影响力债券可以被看作是一种适用范围更广的按结果付费和基于结果的合同形式,其中的一些做法一直是争论的焦点,特别是在规模较小、为数较多的本地服务提供者承担重大财务风险的能力有限的地方(Edwards,2012)。想要说明社会金融如何能够运用社会影响力债券对政府和社会部门面临的挑战和机遇做出有益和实际的反应,重点在于社会影响力债券具体的

---

〔1〕 详细考察不同结构的社会影响力债券超出了本章的范围;请参阅本章所参考的文献,包括:社会金融公司(2010);尼科尔斯和汤金森(Nicholls and Tomkinson,2013);杰克逊(Jackson,2013b)。

结构设计。

社会金融的这种潜力表现为社会影响力债券迅速吸引了许多行为主体的集体想象力。自第一只社会影响力债券于 2010 年在英国推出以来，美国、加拿大、意大利、巴基斯坦、以色列、莫桑比克、德国、斯威士兰、澳大利亚和哥伦比亚等不同司法管辖区都在发行社会影响力债券进行试点。[1] 到了 2014 年 8 月，已有 7 个国家试点发行社会影响力债券(Social Finance，2014)。目前已经出了一批关于社会影响力债券的研究文献(Social Finance，2010；Nicholls and Tomkinson，2013；Jackson，2013b)，最近还出现了研究发展影响力债券是否有发展潜力的文献(Centre for Global Development & Social Finance，2013)。

虽然社会影响力债券仍处于发展的早期阶段，但有令人鼓舞的迹象表明，它们正在促进富有成效的跨部门新型合作。发展中的社会影响力债券试点实践似乎聚焦于相对一致的主题：

(1)关注许多行为主体关心的问题，但缺乏规定为某一共同事业分担风险的合同框架；

(2)新的资本来源允许服务提供者检验和展示创新并注重结果，而不是“跟着钱走”；

(3)更好地利用有限的财政资源，包括通过提高效率来节省公共资金的潜力；

(4)明确相关方商定的时间安排，并根据商定的社会结果承担公共受托责任；

(5)强调业绩，建立可行方法的证据基础，扩大推广解决方案的选择；

(6)灵活提供服务以满足实际需要，而不是根据预先确定的合同要求来提供服务；

(7)强调具备对全球性挑战表示严重关切与本地行动相结合的能力；

(8)利用不同行为主体特别是一线行为主体的创造力和资源(Social Finance，2010；Nicholls and Tomkinson，2013；Australian Government Department of Education，Employment and Workplace Relations，2012；UK Cabinet Office Centre for Social Impact Bonds，Pay for Success Learning Hub and

---

[1] 想了解全球社会影响力债券的发展情况，请参阅：全球发展和社会金融中心(Centre for Global Development & Social Finance，2013)；想了解社会影响力债券在美国的传播情况，请浏览 http://www.payforsuccess.org。

Harvard Kennedy School Social Impact Bond Technical Assistance Lab)。

社会影响力债券在实践中能否"如愿以偿"仍有待观察,但它可以在全球社会金融市场建设中发挥重要的作用,既可作为吸引新的私人资金取得社会结果的手段,又能作为可在二级市场上交易的公认资产。如果有关社会影响力债券的兴趣和讨论与交易和结果改善的临界量不相匹配,那么可能被视为炒作,并且有可能损害更大的社会金融市场的发展。只有有限的能力跨部门采用不同的方式开展工作,也可能阻碍社会金融发展。为了避免将权力下放到更加熟悉的实践层面,特别是如果政府试图把干预措施调整为政府项目,那么就需要强有力的生成式治理(generative governance)和关系管理。风险依然存在,包括碎片化的实验由于没有得到涵盖面更大或更加成熟的政策框架提供的信息而无法取得成效。

在短期和中期内有必要对风险进行明智的管理,这样才能争取时间开发、实施和完善不同的模式,而这在很大程度上取决于服务交付情况和所取得的社会结果。截至 2014 年,彼得伯勒监狱社会影响力债券是世界上第一只有记录的为服务对象改善服务的社会影响力债券(UK Ministry of Justice, 2013; Joliffe and Hedderman, 2014)。在澳大利亚,社会效益债券"纽平"(Newpin)达到了投资者获得第一笔还款所需的结果标准。虽然世界许多地方都在准备发展社会影响力债券项目,但只有少数项目已经付诸实施,而且还没有获得有意义的结果。

政府在社会影响力债券项目中的作用至关重要,这不仅是因为在许多情况下,政府是社会影响力债券项目的参与者,而且还因为这是一个利用更多工具可产生重大影响力的领域。特别是,政府的信号传递和召集能力可用来鼓励开展对话和采取行动,对行为主体进行新的组合,确定政策优先考虑的领域,并为设计债券和评价结果贡献重要的数据。

英国政府是这个领域表现最活跃的政府之一,也是第一个开发社会影响力债券的政府。英国政府组织公众开展对话,召集不同的行为主体,开发像英国内阁办公室社会影响力债券中心[1]这样的资源,最近还成立了一只在其管辖范围内推销社会影响力债券的基金[2]。包括美国政府在内的其他国

---

〔1〕 https://www.gov.uk/social-impact-bonds.

〔2〕 英国社会结果基金是一只由英国内阁办公室管理的资产 2 000 万英镑的基金(https://www.gov.uk/social-impact-bonds#sources-of-funding-forsib-projects),英国成立这只基金就是为了应对不同公共部门机构因取得好结果而积累的收益和节余不断增加带来的挑战。

家政府在推进社会影响力债券试点方面也发挥了积极的作用，美国政府推出多项政策来鼓励社会影响力债券试点，尽管为鼓励州和地方政府发展“为成功埋单”模式而在2013年和2014年预算案中提出的“为成功埋单”基金的方案还没获得国会的批准。但不管怎样，在许多州和城市的倡议下，美国各州一直在探索“为成功埋单”选择方案。[1] 2014年6月，美国已经把《社会影响力债券法案》(Social Impact Bond Act)提交国会审议，同时也把这项法案递交给了国会的筹款委员会和金融服务委员会。[2] 这项法案一旦获得通过，美国财政部就得向州和地方政府征集针对许多社会问题的社会影响力债券发行方案，规定方案制定程序，并为执行这些方案拨款。

其他机构也能在社会影响力债券发展工作中发挥作用，并为社会影响力债券发展潜力和实践提供信息。一些专门关注社会影响力债券的中心，如非营利金融基金的“为成功埋单”学习中心和哈佛肯尼迪学院社会影响力债券技术援助实验室(Social Impact Bond Technical Assistance Lab)[3]正在筹建之中。

从来就没有完美无缺的金融工具，社会影响力债券也还有很多地方需要改进。然而，有了采取行动的承诺，随着实例的不断增加和实践的不断发展，社会影响力债券和发展影响力证券也许能成为有价值的金融工具，刺激已嵌入协作解决问题方案的下一代金融产品的问世，并明确关注社会结果的质量和业绩。

社会金融在形塑下一代公私伙伴关系中的作用

在许多司法管辖区，“公私伙伴关系”这个概念，甚至这个术语，已经被期望和先例压得不堪重负。这对于许多主要以基础设施为基础的安排以及由其造成的风险和成本的分摊或转移都具有历史意义。这类安排通常主要是从经济利益的角度来确定的(Zadek，2001；UN Economic Commission for Europe，2008)。

社会金融能够使我们着力关注契约和资金流这些可能成为其他有关合

[1] 请参阅有关“为成功埋单”学习中心和哈佛大学肯尼迪学院技术援助实验室在美国推广“为成功埋单”模式的信息。

[2] 请浏览 https://www.congress.gov/bill/113th-congress/house-bill/4885。

[3] 请浏览 http://www.payforsuccess.org；http://hks-siblab.org。

作、绩效和结果的对话中心话题的关键要素。也就是说，社会金融产品正在开发中，这些产品被认为具有过去的一些公私伙伴关系模式缺乏或者不足的特点（Zadek，2001；UN Economic Commission for Europe，2008）。社会金融似乎正在为跨部门合作创造有利的条件。一段时间以来，支持者一直认为，这些条件能产生的结果超出任何一个部门或者"孤岛"单独能够取得的结果（Adams and Hess，2010）：

> 这种伙伴关系与先前描述的伙伴关系的区别在于，企业伙伴在建立这种关系时对实现超越短期服务收费或商品销售策略的社会和环境目标有着明确的兴趣。在这种情况下，商业利益更多地与参与企业更大的经营许可范围有关，而参与企业认为，必须通过明确参与公共政策目标的实现来获取并保持商业利益……现在的挑战是要找到奖励那些对公益做出真正贡献的商业伙伴的手段。（Zadek，2001：17）

这种新型跨部门合作与传统合作之间的区别并不是程度上的区别，它正在从职能上重新界定不同组织与政府和社会交往的条件。这些变化包含"打破社区、企业和政府部门之间的正统关系"（Adams and Hess，2010：4），并且能使行为主体对新的想法和运作方式方法进行组合，从而形成不同的思维方式，为取得社会回报采取行动（Mulgan et al.，2007；Adams and Hess，2010）。因此，它们具有社会创新的特征。然而，分类远远没有通过有意识地利用机会和兴趣进行不同的参与来实现目标的潜力重要。即使这种机会只出现在目标地区或特定群体中间，也能展示可从中汲取和应用学习的具体潜力。

要想挖掘这种潜力，就必须把社会金融置于艾默生（2000）和扎达克（Zadek，2001）以及最近波特和克莱默（Porter and Kramer，2011）支持的更具生成性的环境中，还必须对政府与其他行为主体互动的方式以及所有行为主体建立新型——注重对改善社会结果和提供公共产品感兴趣的——伙伴关系的能力进行率直的评估（Zadek，2001；Eggers and Macmillan，2013）。

结束语

历史上的某些关键时刻是由多种因素综合作用的结果，而这些因素为满足最紧迫的社会需要创造了新的可利用机会。有许多趋势表明，目前这种

“关键时刻”使来自公共、私营和社会部门的自愿参与者能够以不同的方式对不同的想法和资源进行组合，进而解决紧迫而又顽固的社会问题，而社会金融就是在这种背景下出现的一个重要且仍在迅速发展的领域。政府不但可以在社会金融领域充当出资人，而且处于无与伦比的有利地位，能够使用作用远远大于监管和直接供资的可利用工具来为扶持和培育社会金融市场做出贡献。

机会很多，挑战也不少。以不同的方式工作并不是一件容易的事情，风险无处不在，而且并非事事都能成功。发展技能和能力、构建市场框架和基础设施以及能吸引投资者和寻求投资的组织的可靠市场数据和投资机会，无一不需要时间。

领导力至关重要，尤其是政府和政策制定者的领导力。八国集团社会影响力投资工作组(2014)呼吁各国政府任命一个倡导者，最好是部长或其他高级官员，带头制定和执行有效的社会金融政策。领导力挑战也已经延伸到了旨在促进社会金融市场发展的参与、协作和实践建设(Addis and Koenig，2014)。

社会金融并不是白纸一张，也有许多想法和经验可供借鉴，并且可以与这个领域以及包括其他政策领域在内的已知并经过检验的东西进行组合。社会金融作为一个领域正处在发展之中，并有重要的实践可用来为政策设计和执行提供信息。构建社会金融的临界规模和政府参与程序是并且应该是循序渐进，而且是有意而为。

政府适当的建设性行动和决策可以对挖掘社会金融的潜力产生强烈的影响。就鼓励并树立社会金融市场其他参与者的信心而言，政府发送信号的作用远远胜过任何个人行动。社会金融可以提供新的工具帮助政府和政策制定者塑造具有创新性的公共部门，进而帮助政府和政策制定者为他们服务的人民取得更好的结果。

参考文献

Adams, D. and Hess, M. (2010). *Social Innovation and Why It Has Policy Significance*. Australia: Economic and Labour Relations Review.

Addis, R., Bowden, A., and Simpson, D. (2014). *Delivering on Impact: The Australian Advisory Board's Breakthrough Strategy for Catalysing Impact Investment*. Australia: Impact Investing.

Addis, R., and Koenig, A. (2014). *G8 Taskforce and the Global Market—Why the Social Impact Investment Taskforce Work Matters and What Comes Next; Impact Investing*

Policy in 2014: A Snapshot of Global Activity. Impact Investing Policy Collaborative, <http://globalpolicy.iipcollaborative.org>, accessed 30 November 2014.

Addis, R., Mcleod, J., and Raine, J. (2013). *IMPACT—Australia: Investment for Social and Economic Benefit*. Australia: Australian Government Department of Education, Employment and Workplace Relations and JBWere.

Australian Government Department of Education, Employment and Workplace Relations (2012). *Social Investment: Social Enterprise Development and Investment Funds (SEDIF)*, online video, December, <https://employment.gov.au/videos/social-investment-social-enterprise-development-and-investment-funds-sedif-december-2012>, accessed 1 November 2013.

Australian Government Department of Employment (2013). 'Impact Investment Policy Map'. Social Innovation, Australia.

Australian Government Department of Prime Minister and Cabinet 2012, *Australian Government Response, Senate Economics References Committee Report—Investing for Good: the development of a capital market for not-for-profit organisations in Australia*, Australian Government Department of Prime Minister and Cabinet, viewed 1 November 2013, <http://www.dpmc.gov.au/publications/docs/government-response-investing-for-good.pdf>, accessed 1 November 2013.

Australian Innovation Statement (2011, 2012). *AusIndustry*. <http://www.ausindustry.gov.au/INNOVATIONAUSTRALIA/IA-ANNUALREPORT2011TO2012/Pages/default.aspx>, accessed 1 November 2013.

Australian Productivity Commission (2010). *Contribution of the Not-for-Profit Sector*. Australian Government. <http://www.pc.gov.au/projects/study/not-for-profit/report>, accessed 8 November 2013.

Bannick, M., and Goldman, P. (2013). *Priming the Pump: The Case for a Sector Based Approach to Impact Investing*. San Francisco: Omidyar Network.

Bassett, D., Cawston, T., Haldenby, A., Majumdar, T., Nolan, P., Seddon, N., Tanner, W., and Trewhitt, K. (2012). '2012 Reform Scorecard'. London: Reform.

Beinhocker, E., and Hanauer, N. (2014). 'Redefining Capitalism', *McKinsey Quarterly*, September.

Benford, J. (2014). *Social Impact Investing in the German Context, Impact Investing Policy in 2014: A Snapshot of Global Activity*. Impact Investing Policy Collaborative. <http://globalpolicy.iipcollaborative.org/>, accessed 30 November 2014.

Bleakley, C. H. (2010). 'Malaria Eradication in the Americas: A Retrospective Analysis of Childhood Exposure', *American Economic Journal: Applied Economics*, 2(2).

Boersch, A. (2010). '"Doing Good by Investing Well?" Pension Funds and Socially Responsible Investment: Results of an Expert Survey', Allianz Global Investors International Pension Paper, 1/2010.

Bridgeland, J., and Orszag, P. (2013). 'Can Government Play Moneyball?' *The Atlantic*, 19 June.

Bridges Ventures, The Parthenon Group, and the Global Impact Investing Network (2010). *Investing for Impact: Case Studies across Asset Classes*. Rockefeller Foundation. <http://www.rockefellerfoundation.org/uploads/files/d666caa9-9093-4f75-8502-9017a89a5dc7.pdf>, accessed 1 November 2013.

Brown, A., Behrens, L., and Schuster, A. (2015). *The Tale of Two Funds: The Management and Performance of the Futurebuilders-England Fund*. London: The Boston Consulting Group.

Bugg-Levine, A., and Emerson, J. (2011). *Impact Investing: Transforming How We Make Money While Making a Difference*. San Francisco, CA: Jossey-Bass.

Burkett, I. (2012). *Place-based Impact Investment in Australia: Building Blocks for Action*. Australia: Australian Government Department of Education, Employment and Workplace Relations, NAB Australia, Mission Australia, and JBWere.

Burkett, I. (2013). *Reaching Underserved Markets: The Role of Specialist Financial Intermediaries in Australia*. Commissioned by Social Traders and Foresters Community Finance, Australia.

Cameron, D. (2013). *G8 Social Impact Investment Forum, 6 June 2013*. <https://www.gov.uk/government/speeches/prime-ministers-speech-at-the-social-impact-investment-conference>, accessed 1 November 2013.

Campen, J. (1997). *The Community Reinvestment Act: A Law That Works, Dollars and Sense*. <http://www.dollarsandsense.org/archives/1997/1197campen.html>, accessed 1 November 2013.

Canadian Taskforce on Social Finance (2010). 'Mobilizing Private Capital for Public Good: Canadian Task Force on Social Finance'. MaRS, <http://www.marsdd.com/wp-content/uploads/2011/02/MaRSReport-socialfinance-taskforce.pdf>, accessed 1 November 2103.

Centre for Global Development & Social Finance (2013). *Development Impact Bond Working Group Report*. Centre for Global Development & Social Finance, <http://www.cgdev.org/sites/default/files/DIB_WG_REPORT.pdf>, accessed 1 November 2013.

Charlton, K., Donald, S., Ormiston, J. and Seymour, R. (2013). *Impact Investments: Perspectives for Australian Superannuation Funds*. Australia: Creative Commons.

Cheng, P. (2011). *The Impact Investors Handbook: Lessons from the World of Microfinance*, 1st edn. Charities Aid Foundation (CAF) Venturesome.

Clark, C., Emerson, J., and Thornley, B. (2013). 'Impact Investing 2.0: The Way Forward—Insight from 12 Outstanding Funds'. InSight at Pacific Community Ventures, ImpactAssets, and Duke University's Fuqua School of Business.

Clark, C., Emerson, J., and Thornley, B. (2014). *The Impact Investor: Lessons in Leadership and Strategy for Collaborative Capitalism*. San Francisco: Jossey-Bass.

Clark, C., Thornley, B. and Emerson, J. (2012). 'A Market Emerges: The Six Dynamics of Impact Investing'. The Impact Investor Project Research Collaboration.

Cohen, R. (2014). 'Revolutionising Philanthropy: Impact Investment'. Speech delivered at the Mansion House, London, 23 January.

Cohen, R., and Sahlman, W. A. (2013). 'Social Impact Investing Will Be the New Venture Capital', *Harvard Business Review*, <blogs.hbr.org/cs/2013/01/social_impact_investing_will_b.html> accessed 1 November 2013.

Cullen, A. and Addis, R. (2013). *Social Enterprise Development & Investment Funds: Lessons from the Implementation Process*. Australia: Australian Department of Education, Employment and Workplace Relations.

Defourny, J., and Nyssens, M. (2010). 'Conceptions of Social Enterprise and Social Entrepreneurship in Europe and the United States: Convergences and Divergences', *Journal of Social Entrepreneurship*, 1(1): 32–53.

Deloitte (2013). *The Future of Productivity 2013*. <http://www.deloitte.com/view/en_CA/ca/insights/insights-and-issues/the-future-of-productivity-2013/index.htm>, accessed 1 November 2013.

Denis, D. J. (2004). 'Entrepreneurial Finance: An Overview of the Issues and Evidence', *Journal of Corporate Finance*, 10(2): 301–26.

Devarajan, S., Miller, M., and Swanson, E. (2009). 'World Bank Policy Working Paper Development Goals: History, Prospects and Costs'. Washington, DC: World Bank.

Dilger, R. J. (2013). *Small Business Administration 7(a) Loan Guaranty Program.* Washington, DC: Congressional Research Service.

Drexler, M., and Noble, A. (2013a). 'From the Margins to the Mainstream: Assessment of the Impact Investment Sector and Opportunities to Engage Mainsream Investors'. A report to the World Economic Forum Investors Industries, prepared in collaboration with Deloitte Touche Tohmatsu, World Economic Forum 2013.

Drexler, M., and Noble, A. (2013b). 'From Ideas to Practice, Pilots to Strategy Practical Solutions and Actionable Insights on How to Do Impact Investing'. A report to the World Economic Forum Investors Industries, World Economic Forum 2013.

Dupuy, G., and Langendorff, C. (2014). 'Bringing Mass Retail to Impact Investing—the French '90/10' Solidarity Investment Funds, Impact Investing Policy in 2014: A Snapshot of Global Activity'. Impact Investing Policy Collaborative, <http://globalpolicy.iipcollaborative.org/> accessed 30 November 2014.

Edwards, J. (2012). 'Retrieving the Big Society', 1st edn, *Political Quarterly Special Series.*

Eggers, W., and Macmillan, P. (2013). 'The Solution Revolution: How Business, Government and Social Enterprises Are Teaming up to Solve Society's Toughest Problems'. Harvard Business School.

Emerson, J. (2000). 'The Nature of Returns: A Social Capital Markets Inquiry into Elements of Investment and the Blended Value Proposition'. Social Enterprise Series No. 17, Harvard Business School.

Emerson, J., and Spitzer, J. (2007). *From Fragmentation to Function: Critical Concepts and Writings on Social Capital Markets' Structure, Operation and Innovation.* Oxford: Skoll Centre for Social Entrepreneurship.

Essene, R. S., and Apgar, W. C. (2009). *The 30th Anniversary of the Community Reinvestment Act: Restructuring the CRA to Address Mortgage Finance Revolution.* Federal Reserve Bank of San Francisco. <http://www.frbsf.org/community-development/files/30th_anniversary_cra1.pdf>, accessed 1 November 2013.

Evenett, R. (2012). *Impact Investing: Going beyond SRI,* Your SRI: Socially Responsibly Investment. <https://yoursri.com/responsible-investing/newsletter/topic-of-the-month-november-2012>, accessed 1 November 2013.

Freireich, J., and Fulton, K. (2009). *Investing for Social and Environmental Impact: A Design for Catalysing an Emerging Industry,* Monitor Institute.

G8 Social Impact Investment Conference (2013). <https://www.gov.uk/government/speeches/g8-social-impact-investment-conference>, accessed 1 November 2013.

German National Advisory Board on Impact Investing (2014). *Wirkungsorientierte Investieren: Neue Finanzierungsquellen zur Lösung gesellschaftlicher Herausforderungen.* German National Advisory Board on Impact Investing.

Global Humanitarian Assistance Report (2013). Bristol: GHA. <http://www.globalhumanitarianassistance.org/wp-content/uploads/2013/07/GHA-Report-2013.pdf>, accessed 9 January 2014.

Global Impact Investment Network (GIIN) (2013). *Issues Brief: Catalytic First-Loss Capital,* Global Impact Investment Network. <http://www.thegiin.org/binary-data/RESOURCE/download_file/000/000/552-1.pdf>, accessed 1 November 2013.

Gompers, P. (1994). *The Rise and Fall of Venture Capital.* Newcomen Prize Essay, Graduate School of Business, University of Chicago.

Goodall, E., and Kingston, J. (2009). 'Access to Capital: A Briefing Paper'. Charities Aid Foundation.

Gregory, D., Hill, K., Joy, I., and Keen, S. (2012). *Investment Readiness in the UK*. London: Big Lottery Fund.

Grossman, M. (1972). 'On the Concept of Health Capital and the Demand for Health', *Journal of Political Economy*, 80(2): 223–55.

Guezennec, C., and Malochet, G. (2013). *Impact Investing: A Way to Finance the Social and Solidarity Economy? An International Comparison*. Document du Travail, Premier Ministre, France.

Gustafsson-Wright, E., and Gardiner, S., Putcha, V. (2105). *The Potential and Limitations of Impact Bonds: Lessons from the First Five Years of Experience Worldwide*. Washington DC: The Brookings Institute.

Hajkowicz, S., Cook, H., and Littleboy, A. (2012). *Our Future World: Global Megatrends That Will Change the Way We Live*. Australia: CSIRO.

Heaney, V. (2010). *Investing in Social Enterprises: the Role of Tax Incentives*. London: NESTA and the Centre for the Study of Financial Innovation.

Hill, K. (2011). 'Investor Perspectives on Social Enterprise Financing', London: City of London/Big Lottery Fund/ClearlySo.

Impact Assets (2013). Impact Assets Issue Brief nos. 2, 3, 5, and 8. <http://www.impactassets.org/impact-investing/issue-briefs/>, accessed 1 November 2013.

Jackson, E. T. (2013a). 'Interrogating the Theory of Change: Evaluating Impact Investing Where It Matters Most', *Journal of Sustainable Finance & Investment*, 3(2): 95–110.

Jackson, E. T. (2013b). 'Evaluating Social Impact Bonds: Questions, Challenges, Innovations, and Possibilities in Measuring Outcomes in Impact Investing', *Community Development*, 44(5) Special Issue: Innovative Measurement and Evaluation of Community Development Practices.

Jackson, E. T., and Associates (2012). *Accelerating Impact: Achievements, Challenges, and What's Next Building the Impact Investing Industry*. New York: Rockefeller Foundation.

Jackson, E. T., and Harji, K. (2012). *Unlocking Capital, Activating a Movement*. New York: Rockefeller Foundation.

Janeway, W. H. (2012). 'What I Learned by Doing Capitalism'. London School of Economics and Political Science. <http://www.lse.ac.uk/publicEvents/pdf/2012_MT/20121011-Janeway-Transcript.pdf>, accessed 1 November 2013.

Janeway, W. H. (2013). *Doing Capitalism in the Innovation Economy: Markets, Speculation and the State*. Cambridge: Cambridge University Press.

Joliffe, D. and Hedderman, C. (2014). *Peterborough Social Impact Bond: Final Report on Cohort 1 Analysis*, QinetiQ University of Leicester, Prepared for Ministry of Justice

Kasturi Rangan, V., Appelby, S., and Moon, L. (2012). Unpublished. *The Promise of Impact Investing*, Harvard Business School.

Koenig, A. (2014). *Creating Social Impact Investing Markets—where are we now and where do we want to go? Impact Investing Policy in 2014: A Snapshot of Global Activity*. Impact Investing Policy Collaborative. <http://globalpolicy.iipcollaborative.org/>, accessed 30 November 2014.

Koh, H., Karamchandani, A., and Katz, R. (2012). *From Blueprint to Scale: The Case for Philanthropy in Impact Investing*. New York: Monitor Group and Acumen Fund.

Leapfrog Investments (2013). *Profit-with-Purpose*. <http://www.leapfroginvest.com/lf/about/profit-with-purpose>, accessed 1 November 2014.

Lindsey, L. B. (2009). *The CRA as a Means to Provide Public Goods*. Federal Reserve Bank of San Francisco. <http://www.frbsf.org/community-development/files/cra_means_provide_public_goods.pdf>, accessed 1 November 2013.

Ludlow, J., and Jenkins, J. (2011). *Twenty Catalytic Investments to Grow the Social Investment Market.* London: National Endowment for Science Technology and the Arts (NESTA), Panahpur, and UnLtd.

Masahiro, K., and Prasad, E. (2011). *Financial Markets Regulation and Reform in Emerging Markets.* Asian Development Bank Institute and Brookings Institute Press.

Mason, C., and Kwok, J. (2007). 'Facilitating Access to Finance: Discussion Paper on Investment Readiness Programs'. Brussels: European Union.

Mazzucato, M. (2012). *The Entrepreneurial State: Debunking Public vs Private Sector Myths.* London: Anthem Press.

Mercer (2012). 'The ABC of ESG: An Introduction to Responsible Investment'. Mercer Investments, Australia.

Mills, K., and Greene, S. (2012). 'The Small Business Investment Company (SBIC) Program: Annual Report FY 2012'. Small Business Administration USA.

Mulgan, G. (2013). *The Locust and the Bee: Predators and Creators in Capitalism's Future,* Princeton, NJ: Princeton University Press.

Mulgan, G., Tucker, S., Rushanara, A., and Sandars, B. (2007). *Social Innovation: What It Is, Why It Matters, How It Can Be Accelerated.* London: Young Foundation.

Nelson, J., and Jackson, I. (2004). *Profits with Principles: Seven Strategies for Delivering Value with Values.* New York: Broadway Business.

Nicholls, A., and Murdock, A. (2011). *Social Innovation: Blurring Boundaries to Reconfigure Markets.* London: Palgrave Macmillan.

Nicholls, A., and Pharoah, C. (2008). *The Landscape of Social Investment: A Holistic Topology of Opportunities and Challenges.* Oxford: Said Business School and the Skoll Centre for Social Entrepreneurship.

Nicholls, A., and Tomkinson, E. (2013). 'The Peterborough Pilot Social Impact Bond', University of Oxford Case Study.

Olson, J., Chakrabarti, P., and Essene, R. S. (2009). *A Framework for Revisiting the CRA.* Federal Reserve Bank of San Francisco. <http://www.frbsf.org/community-development/files/revisiting_cra1.pdf>, accessed 1 November 2013.

OECD (2012). *Financing SMEs and Entrepreneurs 2012: An OECD Scoreboard,* OECD. <http://www.oecd.org>, accessed 1 November 2013.

OECD (2013). 'Policies for Seed and Early Stage Finance: Summary of the 2012 OECD Financing Questionnaire', Directorate for Science, Technology and Industry Committee on Industry, Innovation and Entrepreneurship.

Osborne, D., and Gaebler, T. (1992). *Reinventing Government: How the Entrepreneurial Spirit Is Transforming the Public Sector.* New York: Plume Publishing.

Porter, M., and Kramer, M. (2011). 'Creating Shared Value: How to Reinvent Capitalism and Unleash a Wave of Innovation and Growth', *Harvard Business Review,* Jan–Feb 2011.

Richardson, B. (2008). *Socially Responsible Investment Law: Regulating the Unseen Polluters.* Oxford: Oxford University Press.

Rockefeller Philanthropy Advisors (2009). *Solutions for Impact Investors: From Strategy to Implementation,* Rockefeller Foundation, viewed online 1 November 2013, <http://www.rockefellerfoundation.org/uploads/files/7ad1e157-82ca-4e09-8770-543f4e9e6226.pdf>.

Saltuk, Y., Bouri, A., and Leung, G. (2011). *Insight into the Impact Investment Market: An In-depth Analysis of Investor Perspectives and over 2,200 Transactions.* London: J.P. Morgan and the Global Impact Investing Network.

Saltuk, Y., El Idrissi, A., Bouri, A., Mudahar, A., and Schiff, H. (2014). *Spotlight on the Market: The Impact Investor Survey.* London: J.P. Morgan and the Global Impact Investing Network.

Schwab Foundation for Social Entrepreneurship and World Economic forum in collaboration with InSight at Pacific Community Ventures, the Initiative for responsible Investment at the Hauser Centre for Nonprofit Organisations at Harvard University and SK Group (2013). *Breaking the Binary: Policy Guide to Scaling Social Innovation*. Cambridge, MA: The World Economic Forum.

Securities & Exchange Commission (2013). 'Eliminating the Prohibition on General Solicitation and General Advertising in Certain Offerings', Fact Sheet. <http://www.sec.gov>, accessed 15 June 2015.

Senate Economics References Committee (2011). *Investing for Good: the development of a capital market for the not-for-profit sector in Australia*. Australia: Committee Hansard.

Senate Economics References Committee (2012). *Response: Capital Markets for Social Economy Organisations*. Australia: Committee Hansard.

Shanmugalingam, C., Graham, J., Tucker, S., and Mulgan, G. (2011). *Growing Social Ventures: The Role of Intermediaries, What They Do, and What They Could Become*. London: The Young Foundation and NESTA.

Shergold, P. (2013). 'My Hopes for a Public Service for the Future', *Australian Journal of Public Administration*, 72(1): 7–13.

Slocock, C. (2012). *The Big Society Audit 2012*. London: Joseph Roundtree Charitable Trust and Calouste Gulbenkian Foundation, UK.

Social Finance (2010). *A New Tool for Scaling Impact: How Social Impact Bonds Can Mobilize Private Capital to Advance Social Good*. New York: The Rockefeller Foundation. <http://www.rockefellerfoundation.org/uploads/files/655fab01-83b9-49eb-b856-a1f61bc9e6ca-small.pdf>, accessed 1 November 2013.

Social Finance (2014). *The Global Social Impact Bond Market*. <http://www.socialfinance.org.uk/wp-content/uploads/2014/08/Social-Impact-Bonds-Snapshot-2014.pdf>, accessed 30 November 2014.

Social Impact Investment Taskforce (2014). 'Impact Investment: The Invisible Heart of Markets'. Social Impact Investment Taskforce established under the UK's Presidency of the G8.

Social Impact Investment Taskforce Asset Allocation Working Group (2014). 'Allocating for Impact Subject Paper'. Social Impact Investment Taskforce established under the UK's Presidency of the G8.

Social Impact Investment Taskforce Impact Measurement Working Group (2014). 'Measuring Impact Subject Paper'. Social Impact Investment Taskforce established under the UK's Presidency of the G8.

Social Impact Investment Taskforce Mission Alignment Working Group (2014). 'Profit-with-purpose Subject Paper'. Social Impact Investment Taskforce established under the UK's Presidency of the G8.

Thornley, B., Wood, D., Grace, K., and Sullivant, S. (2011). 'Impact Investing: A Framework for Policy Design and Analysis'. InSight at Pacific Community Ventures and the Initiative for Responsible Investment at Harvard University, supported by the Rockefeller Foundation

Triodos Bank (2014). *Impact Investing for Everyone: A Blueprint for Retail Impact Investing*. New York: Triodos Bank produced for the Social Impact Investment Taskforce.

United Kingdom Cabinet Office (2013a). *Growing the Social Investment Market: 2013 Progress Update*. London: United Kingdom Cabinet Office. <https://www.gov.uk/government/uploads/system/uploads/attachment_data/file/205295/Social_Investment_Strategy_Update_2013.pdf>, accessed 1 November 2013.

United Kingdom Ministry of Justice (2013). *Peterborough Interim Figures—31 October 2013*. London: Social Finance. <http://payforsuccess.org/sites/default/files/peterborough_interim_figures_october_2013.pdf>, accessed 1 November 2013.

United Kingdom National Advisory Board on Impact Investing (2014). *Building a Social Impact Investment Marketplace: The UK Experience*. London: United Kingdom National Advisory Board on Impact Investing.

United Kingdom Social Investment Taskforce (2000). *Enterprising Communities: Wealth beyond Welfare*. London: Social Investment Taskforce. <http://www.socialinvestmenttaskforce.org/downloads/SITF_Oct_2000.pdf>, accessed 1 November 2013.

United Kingdom Social Investment Taskforce (2003). *Enterprising Communities: Wealth beyond Welfare: 2003 Progress Report*. London: Social Investment Taskforce. <http://www.socialinvestmenttaskforce.org/downloads/SITF_July_2003.pdf>, accessed 1 November 2013.

United Kingdom Social Investment Taskforce (2005). *Enterprising Communities: Wealth beyond Welfare: 2005 Progress Report*. London: Social Investment Taskforce. <http://www.socialinvestmenttaskforce.org/downloads/SITF_July_2005.pdf>, accessed 1 November 2013.

United Kingdom Social Investment Taskforce (2010). London: *Social Investment Ten Years On*. London: Social Investment Taskforce. <http://www.socialinvestmenttaskforce.org/downloads/SITF_10_year_review.pdf>, accessed 1 November 2013.

United Nations Economic Commission for Europe (2008). 'Guidebook on Promoting Good Governance in Public Private Partnerships', UN, Geneva.

United States National Advisory Board on Impact Investing (2014). *Public Capital, Private Good: How Smart Federal Policy Can Galvanize Impact Investing—and Why It's Urgent*. New York: United States National Advisory Board on Impact Investing.

Watts, B., Vale, D., Mulgan, G., Dale, M., Ali, A., and Norman, W. (2009). *Sinking and Swimming: Meeting Britain's Un-met Needs*. London: Young Foundation.

Wind-Cowie, M. (2012). *Rebalancing Risk and Responsibility*. London: Demos.

Winnick, L. (1993), 'Is Reinventing Government Enough? A Critique of David Osborne', *City Journal*, Summer: 1–21.

Wood, D., Thornley, B., and Grace, K. (2012). *Impact at Scale: Policy Innovation for Institutional Investment with Social and Environmental Benefit*. InSight at Pacific Community Ventures and the Initiative for Responsible Investing at Harvard University and Rockefeller Centre.

World Bank, UNICEF, UNFPA, Partnership for Maternal, Newborn and Child Health (2009). 'Health Systems for the Millennium Development Goals: Country Needs and Funding Gaps'. Background document for the Taskforce on Innovative International Financing for Health Systems.

World Economic Forum (2011). 'Future of Government: Lessons Learned from Around the World'. WEF, Geneva.

World Economic Forum (2013). *Global Agenda Council on The Future of Government*. WEF, Geneva.

Zadek, S. (2001). *Third Generation Corporate Citizenship: Public Policy and Business in Society*. London: The Foreign Policy Centre.

第十四章　社会金融公共政策实例介绍

罗杰·斯皮尔　罗布·佩顿　亚历克斯·尼科尔斯

引　言

有一种观点认为，国家插手私人金融市场的发展，一方面会造成不受欢迎且不必要的扭曲；另一方面又是一种方便政府崇尚新自由主义、减少提供福利服务的机制。然而，无论采取何种特定的意识形态观点，历史都已经证明，即使政府撤出市场，市场也几乎不能富有成效或者高效率地实现制度化，而常常需要激进的强势国家实施干预才能充分发挥作用(Crouch，2004)。社会金融并不只是指独立于政府的金融，而且还包括把公共、私人和慈善资金组合在一起的计划。不管怎样，无论我们喜欢与否，大西洋两岸不同政治倾向的政府都是支持新金融架构发展的积极推动者。

笔者根据社会金融政策的历史沿革[1]，通过综述和比较分析几种不同资本主义形式下的几个司法管辖区社会金融政策迅速变化的情况来证明以上这些观点。本章首先回答几个与政府参与社会金融有关的基本问题：[2]

(1)政府实际做了什么——考察不同司法管辖区政府采取的社会金融政策，进而对政府为促进社会金融发展而制定或调整的主要政策工具进行梳理；

(2)政府为什么要参与社会金融——考察政府一直在应对的问题以及政府用来为干预辩解的说辞(即政策叙事和话语)；

(3)政府的政策和新机构获得了怎样的发展——介绍政府政策和新机构

---

〔1〕 本章的有关综述大量参考了韦斯托尔(Westall，2010)的文献。

〔2〕 本章作者承认并感谢马吉·门德尔(Margie Mendell)和本·索恩利(Ben Thornley)参加了本章的编写准备工作。

发展的过程和支持网络。

首先，本章要分析不同政策工具、它们的理论依据和所涉及的意识形态以及政策制定程序等方面的异同点，然后根据分析结果着重考察有关社会金融不同概念尚未解决（而且可能仍得不到解决）的问题以及“成熟”市场的构成要素。

然后，本章对社会金融的发展现状进行了反思，特别是反思社会金融是不是因为我们对不同的政治主张和问题做出了不同反应而获得了发展，是不是有可能不但被认为是为这个类别的金融贴的一个时髦标签，而且还可能被视为一整套不同的制度、一个政府正在持续加大监管和参与力度的金融活动领域。

本章采取一种源自于制度理论的观点，认为市场具有社会嵌入性（Polanyi，1945）和社会建构性（Weber，1930；Kay，2003），并且考察了政府和其他利益相关者在建构社会金融政策和市场方面发挥的作用。本章在援引斯蒂格利茨等（Stiglitz et al.，1993）观点的基础上指出，金融市场与理想化的新古典市场相去甚远；因此，政府在金融市场上的作用尤为突出，如美国对地方银行的保护。因此，不同的环境和历史因素决定要发展的市场的类型，但路径依赖性并不是故事的全部，因为不同版本的资本主义出现在不同的司法管辖区[1]，但受到全球相似性的制约。我们在这里介绍的国家或地区经验分别属于自由市场经济（美国和英国）与协调市场经济（加拿大魁北克省）两种不同的资本主义。一方面，社会金融市场是一个正在经历社会化、建构化和制度化的市场，但明显受到了主流金融市场的强烈影响，并且承受着与主流金融市场合并的压力；但另一方面，社会金融市场也许能保持一种混合特殊性——于是就有了社会金融化和金融社会化的替代性选择，或者是这两者的混合（Nicholls，2010）。行为主体、网络、组织和机构通过治理网络内部的制度创业过程（Battilana，Leca and Boxenbaum，2009）塑造了新兴的社会金融市场。这个过程的主角是政府及其官员，他们就政策网络进行谈判并使其合法化，与场域行为主体（制度创业者）一起商定政策议程，并根据政治意识形态使社会金融发展合法化。

英国从政府到治理机构的转变（特别是新工党在“契约”的名义下与第三部门发展建立了伙伴关系以后）改变了政府的作用，把政府的作用从领导变

〔1〕 Hall and Soskice(2001).

成了扶持和塑造、聘用私营/第三部门政策顾问、出资和构建跨部门空间/机构来制定政策、组织利益相关者对话、安排内容更加广泛的协商以及组建实施多种政策的中介机构。制度创业理论有助于对这些过程进行建模。

虽然资本多样性影响着金融政策的总体发展,但在比较细节的层面上,路径依赖显而易见——英国有实力雄厚的金融服务部门,因此,社会金融非常发达也绝非偶然。金融服务业知名人士(如罗纳德·科恩爵士)的参与,既能确保政策制定不缺少高水平的专业知识,又能使政治家和伦敦城获得合法性。政策制定似乎也由第三部门/民间社团——“德莫斯”、青年基金会、英国国家科学、技术与艺术基金会和思卡曼信托(Scarman Trust)——的少数个人和网络组织推动。这些制度创业者既能推动政策制定,又能因为在中介机构中担任领导角色而从中受益。

本章内容安排如下:首先介绍英国的社会金融发展情况。在英国,政府至少在过去的15年里采取积极行动创建了一套相对比较成熟的支持社会金融发展的制度安排。那么,这里所说的“成熟”是指哪种意义上的成熟呢?怎样才算“成熟”是一个有争议的问题,也是本章最后一节所讨论的主题。现在,我们只想说,目前英国社会金融的特点是:不但专业机构众多,而且可用的金融产品和工具也越来越多。

在总结了英国最近取得的经验之后,本章以下各节从所采用的政策工具、用于证明公共行动合理性的政治和经济依据以及政策制定过程等方面,对一系列相关举措进行了重构。建立社会金融市场的渐进过程始于政策议程变更,但在政府塑造的网络治理过程中,政策网络进程却非常相似。以下各节简要介绍其他司法管辖区的政策经验,指出了不同国家的政策制定模式和趋势之间的许多共同点和重大差异。在下文的比较中,以美国和加拿大魁北克这两个司法管辖区为例。

我们之所以选择美国,是因为美国早期在社会金融领域表现突出,还因为风险慈善事业和社会创业在美国享有很高的声誉。但话又得说回来,美国各州之间的社会金融实践大相径庭,自由裁量权也比较大,因此,这里的比较仅限于美国联邦政府一级。

加拿大魁北克为发展社会金融建造了非同寻常、异常坚固的基础设施。魁北克的社会金融经过50年的发展,仍不断以崭新的姿态出现。魁北克的社会金融植根于合作社和工会运动,而且还扎根于强大的社区组织。这些合作社和工会运动以及社区组织已经成为政治力量和经济信用的结合体，因此，加拿大联邦、省和地方各级政府将其看作是创建新的金融基金和金融机构的活跃合作伙伴。

本章希望通过考察一个协调型市场经济体与两个自由市场经济体（Hall and Soskice，2001）来打破社会金融讨论只关注英美两国的习惯做法。

最后，我们对这一章所介绍的信息和分析的内容进行了回顾，并且根据一种贯穿全章的论点——这些明显是在不同司法管辖区拼凑而成的措施（虽然仍分布不均、制度化程度不一，日后的发展趋势也不清楚，但）会以怎样的方式演化——总结出了一些结论。由于没有现成的系统研究——甚至连仅限于三个司法管辖区（不包括转型经济体和新兴经济体）的系统研究也没有——可用来综述和整合，本章涉及的内容范围过大，因此，只能算是进行一种探索性研究。

自由市场经济体：英国

自 1997 年以来，英国政府[1]采取很多措施来鼓励、促进或发展我们现在所说的社会金融。这些措施来势迅猛——肯德尔（Kendall，2009）把新工党政府的政策风格说成“极度活跃”，这一节只能做简要介绍。如果根据政策制定者的主要关切把新工党采取的这项行动分成三个前后有所重叠的阶段，那么就能更加容易理解新工党的这项行动。

第一阶段：社会金融被作为社区投资（1999—2002 年）

新工党政府采取的第一项措施就是在内阁办公室设立社会排斥部。社会排斥部设立了 18 个政策行动小组负责处理弱势地区民众遇到的问题。1999 年，负责企业和社会排斥问题的第三政策行动小组[2]认识到社区发展金融机构在帮助已有和新创企业以及社区和社会企业按照适当条件获得资金方面发挥的作用。一些第三部门的机构抓住机会成立了社会投资工作组。

---

〔1〕 英国政治体制的特殊性意味着，这里讨论的英国政府的行动实际上主要涉及英格兰和威尔士；苏格兰和北爱尔兰的社会金融有不同的政策发展历程。

〔2〕 第三政策行动小组是由公务员、商界人士、志愿部门代表和地方政府组成的小组，并就贫困地区的商业问题进行广泛的协商。

他们不断提建议，直接导致政府执行了几项跨部门合作政策：

(1)2002年实施的社区投资税收减免制度通过让向小微企业和社会企业提供资金和支持的社区发展金融机构(CDFI)的投资者享受税收减免，鼓励主流金融对“投资不足”地区进行投资。个人和企业在5年内可获得相当于投资额25%的税收减免。[1]

(2)慈善委员会通过赋予慈善信托基金和慈善基金会在社区发展计划方面更大的投资自由度来寻求在英国发展项目相关型投资(PRI)。[2]

(3)2002年，英国政府通过成立社区发展金融机构的行业协会——社区发展金融协会(Community Development Finance Association)加强了对社区发展金融机构的支持，并且还向它们提供部分资金。[3]

(4)2002年成立了一个社区发展风投基金(即桥梁社区风险投资有限公司)。这是第一家由政府和私营部门共同投资成立的社区发展风投公司，致力于对弱势地区进行既能带来财务回报又能创造社会和环境效益的投资。

(5)2000年发起成立包括以下三个子机构的凤凰基金：支持弱势地区一般企业和社会企业的发展基金、为社区发展金融机构设立的挑战与贷款担保基金(2003年)以及全英志愿者企业导师网络。挑战与贷款担保基金这个发展基金代表一种政府接受破产风险后进行干预的新方式。

第二阶段：社会金融被用来对社会企业进行投资(2002—2010年)

在这个阶段，英国把社会金融政策的重点逐渐转向了给第三部门组织尤其是社会企业融资。这是因为政府有意恢复公共服务，并且希望能够吸引私人资本来提供援助。社会金融的机构发展始于2001年。那年，英国贸易与工业部设立了社会企业司。这个司具体考虑了资金(包括营运资金和投资资金)筹措渠道以及合适的组织结构等问题。财政部2002年对志愿与社区部门在公共服务提供中的作用进行的跨部门交叉调查也可能在政府各部门之间安排政策措施方面发挥了作用，而且在成立社会投资工作组和“无限基金”

---

[1] http://www.hmrc.gov.uk/specialist/citc_guidance.htm.

[2] 现行的慈善投资准则见《CC14 慈善基金投资：基本准则》(CC14 Investment of Charitable Funds: Basic Principles, http://www.charity-commission.gov.uk/publications/cc14.asp)。慈善委员会对社会投资与道德或社会责任投资进行了区分。

[3] http://www.cdfa.org.uk.

等行业机构方面可能也发挥了作用。

2002 年，又在政府部门的支持下成立了社会事业联盟（Social Enterprise Coalition），为日益壮大的社会事业部门设立一个基础广泛的代表机构。社会事业联盟制定了一项社会事业战略，这项战略包含以下三个多年来为制定政策（包括社会金融政策）提供信息的主题：(1)为社会事业创造有利的（包括法律、监管和采购）环境；(2)帮助社会事业从业组织更好地运营（商业支持、能力建设、金融）；(3)确立社会事业的价值（研究、成就认定、质量）。

执行这项战略的一个结果就是英国立法机构在 2005 年通过了一部准许设立社区利益公司这种新型企业的法律。这种新的社会企业法律形式包括许多以社会价值为重点的方面，如具体规定了股息和债务利息上限、资产锁定、社区利益评估和提交年度利益相关者报告等要求。

社区利益公司可以是担保责任有限公司，也可以是股份责任有限公司——旨在鼓励社会投资。[1] 但事实证明，这个选项并没有像预期的那样受到欢迎。经过进一步磋商，社区利益公司后来提高了股息上限，以提高其自身的吸引力。

在这期间，为了应对国家与第三部门间关系日益市场化的问题，英国还采取了几项把金融与发展支持结合在一起的能力建设措施，如增加第三部门获得公共部门合同的机会，把政府拨款转化为政府合同，增大营收策略的压力。2002 年，政府对冒险资本基金注资 1 440 万英镑，而这个基金是第三部门组织根据一项新的政策出资创建的。第三部门组织设立这只基金是为了通过发展物质资产或社会事业活动来发展中等社区组织能力并增强它们的影响力，而这只基金尝试了资助、赠款、耐心贷款和不同形式的（准）股权筹资方式。后来，一项对冒险资本基金的评估显示了这只基金在促进慈善机构的发展和组织能力建设方面的效力，并且也强调了战略顾问和小额赠款对于促进除主要投资以外的企业发展的重要作用。[2]

然而，关于这些组织资金不足和自身脆弱性的担忧依然存在，并且导致了“未来建设者”[3]的问世，从而扩展了冒险资本基金模式，利用贷款融资

---

〔1〕 股利上限与资产锁定规定一起既限制了社会投资方式和回报，又为社会投资方式和回报带来了机会。2009 年，社区利益公司监管机构就股利限额是否适当进行了磋商（http://www.cicregulator.gov.uk）。

〔2〕 Thake and Lingayah(2009) *Investing in Thriving Communities: The Final External Evaluation Report on the Adventure Capital Fund*. London Metropolitan University.

〔3〕 http://www.futurebuilders-england.org.uk.

（通常与赠款/拨款和专业支持结合在一起）来构建第三部门组织，以便更好地提供公共服务。

与此同时，英国财政部并没有忘记弱势社区经济发展的重要意义，因此在 2005 年成立了普惠金融工作组（Financial Inclusion Taskforce），并且在适当的时候又设立了 1.2 亿英镑的普惠金融基金（Financial Inclusion Fund），其中包括一个用于支持弱势地区信用社和社会贷款的 3 600 万英镑的成长基金（Growth Fund）。

2006 年，对第三部门的支持进行了合理化：英国政府把社会事业与志愿和社区部门合并归入内阁办公室的核心部门第三部门办公室（Office of the Third Sector，OTS）。

2007 年，英国卫生部用自己的社会企业投资基金复制了风险资本基金的做法。社会企业投资基金为卫生和/或社会护理部门的新建和已有社会事业从业组织提供启动资金和长期投资资金，以确保它们可持续发展。这个基金以发展赠款的形式提供资金用于支付创业费用，如商业规划、法律咨询和市场调研费用，同时还包括贷款、贷款担保、赠款和股权资本等的费用。该基金的目标是在四年内"投资"1 亿英镑（不包括管理费），并由已经管理"未来建设者"基金的社会投资企业管理。

2007 年，第三部门办公室举行了一次关于社会企业风险资本基金的协商会议，以确定处于发展和成长关键阶段的第三部门组织需要填补的资本缺口。这次会议协商决定了一些为解决这个领域市场失灵需要采取的措施，包括 2009 年发起成立桥梁风投社会创业者基金（Bridges Ventures Social Entrepreneurs Fund）。这只基金旨在对可规模化发展、社会影响力大但财务回报率低于市场利率的社会事业从业组织进行投资。[1] 2012 年，英国国家科学、技术与艺术基金会出资 2 500 万英镑成立了一只类似的基金——社会投资基金。

英国其他政府部门也采用了类似但没有这样命名的社会金融方法。例如，2008 年，英国的儿童、学校与家庭部（Department for Children，Schools and Families）发起成立了 1 亿英镑的青年部门发展基金（Youth Sector Development Fund），旨在促进和支持第三部门实际为英国青年（特别是最弱势青年）服务的组织实现成长和能力建构。

---

〔1〕 http://www.bridgesventures.com.

同样，2009年英国社区和地方政府部(Department for Communities and Local Government)与第三部门办公室联袂设立了7 000万英镑的社区建设者投资基金(Community Builders Investment Fund)，以便在资金和咨询的支持下加强大型社区组织的建设工作。2011年，这只基金并入冒险资本基金，其贷款余额转由"社会投资企业"管理和回收。

与此同时，英国的地区发展机构(Regional Development Agencies)与第三部门办公室合作开展金融意识培训，并使被培训者能够获得主流商业支持。2009年，第三部门办公室和国家科学、技术和艺术捐赠基金推出了社会事业获得投资(Social Enterprise Access to Investment，SEATI)计划，为社会事业从业组织提供咨询服务。

能力建设政策还包括资产转让政策，以提高当地社区的"复原力"。2007年对社区管理和公共资产所有权的另类审查(Quirk Review)引起了政府的注意。2009年，社区和地方政府部设立并资助了一个新的资产转让单位(Asset Transfer Unit)。[1]

这个政策议程侧重于建设英国社会金融的制度架构，并辅之以探索对不同类型政府融资需求的研究活动，其中包括：[2]

(1)第三部门办公室发起的两个行动研究试点，旨在解决社会企业股权和准股权融资的做市问题。

(2)这两个试点由"社区创新英国"(Community Innovation UK)和慈善银行(Charity Bank)牵头，旨在增加私营部门的融资，并扩大社会企业可获得资金的范围。结果包括创建英国第一个社会商业天使网络的项目以及投资准备支持服务。[3]

(3)发起并资助两次关于社会投资的"好交易"会议以及由第三部门办公室赞助部分资金、被称为社会投资界综合指南的社会投资年鉴(Social Investment Almanack)编纂工作。

(4)一次由第三部门办公室发起的投资社会回报检查以及一套说明如何

---

[1] 资产转让部门由发展信托协会(Development Trusts Association，DTA)、"社区事务"(Community Matters)和地方政府协会管理。

[2] Finance for Small and Medium-sized Enterprises: Comparisons of Social Enterprises and Mainstream Businesses by Dr Stuart Fraser of Warwick Business School in 2007, based on data from the 2004 *Small and Medium-Sized Enterprise Finance Survey and from the* 2006 *Social Enterprise Finance Survey*.

[3] 这些项目以外的尝试最终在2012年结出了硕果。那年，"确为社会"发起创建了英国第一个社会商业天使网络，帮助25名雄心勃勃的社会企业家的"大风险挑战"(Big Venture Challenge)项目从大彩票基金和包括8名"天使投资者"在内的外部投资者那里获得了100万英镑的"共同投资"。

评价社会企业创造的价值和如何把这一价值传达给金融服务提供者和政府的准则。[1]

(5)其他关于社会证券交易所(作为对社会企业发展中缺乏融资退出渠道关切的回应)以及鼓励投资于社会企业可享受的税收激励的委托研究(后一项研究导致 2014 年 4 月 20 日通过了《社会投资税收减免法案》)。[2]

第三阶段:社会融资促进社会创新(2010—2015 年)

在这一阶段,英国政府战略更多地关注发挥杠杆和中间人的作用,而不是直接创建基金。政府战略的这一变化在一定程度上反映了涉及投资跨部门融资解决方案的社会创业和创新实践对公共政策投资和社会需要的影响。

2007 年,英国无人认领资产委员会[3]提议把已在"高街"银行账户中休眠 15 年或以上的资金用于撬动社会投资融资。第二年,英国政府颁布了《银行和建房互助协会休眠账户法》(Dormant Bank and Building Society Accounts Act,2008),旨在把这些资金用于公共用途,包括创建社会投资批发银行(Social Investment Wholesale Bank)。这项计划最终于 4 月 20 日启动,"大社会资本"获得了 4 亿多英镑的银行休眠账户资金以及由"高街"银行注入的 2 亿英镑股本。"大社会资本"旨在与其他金融中介机构合作,通过债务、股权和准股权等融资方式为第三部门组织和社会企业提供长期投资资金。作为批发融资机构,"大社会资本"通过代理共同投资(brokering co-investment)[4]、牵头组织辛迪加和主动协作等方式来撬动私人资本。到运营的前两年结束时,"大社会资本"已经签约向投资于社会企业的社会金融中介机构提供了 1.5 亿英镑的资金。[5] 到 2013 年底,"大社会资本"的名录上差

[1] 该项目由"英国投资社会回报"(SROI UK)、"新慈善资本"、新经济学基金会(New Economics Foundation)、"慈善评估服务"(Charities Evaluation Service)和全英志愿组织理事会(National Council of Voluntary Organisations)组成的财团管理。http://www.thesroinetwork.org.

[2] *Real Help for Communities:Volunteers,Charities and Social Enterprises*(http://www.cabinetoffice.gov.uk/third_sector/real_help_for_communities.aspx; http://www.nesta.org.uk/library/documents/Investing-in -Social-Enterprise.pdf).

[3] CUA(2007) *The Social investment Bank,Its Organisation and Role in Driving Development of the Third Sector*. http://www.unclaimedassets.org.uk/downloads/CUA_report_FINAL.pdf.

[4] "社会金融"的马修·派克(Matthew Pike,http://www.socialfinance.org.uk)将共同投资概念定义为"一种把政府担保、税收减免、赠款或付款与不同投资者风险—回报组合在一起并要求创造'融资三明治'的方式"。这样的投资组合也能更好地为不同的投资者带来适当的回报,并且满足公共部门的需要和提高公共投资水平。

[5] Big Society Capital(2014),*Social Investment:From Ambition to Action. Annual Review* 2013. 还请参阅:HM Government(2013) *Growing the Social Investment Market:2013 Progress Update*。

不多已有140家这样的中介机构[也就是社会投资金融中介机构(SIFI)]。

2010年5月,保守党和自由党组成的联合政府把工党赶下了台,"大社会资本"是政府换届期间社会金融政策得以延续的几个例子之一。新工党高度重视第三部门,在执政期间加大了支持第三部门能力建设的力度,但也提高了政府合同的外包水平。与此相反,新政府的"大社会"议程本身就是工党的"大国家"(Big State)的替代方案,它强调社会与第三部门之间更加密切的联系。因此,新政府的政策取向是减少繁文缛节,鼓励志愿行动,简化创建志愿组织的手续,促进适当的资源流动(包括通过慈善和志愿活动),并改善志愿组织与政府的工作关系。新政府还把第三部门办公室更名为民间社团办公室(Office for Civil Society,OCS),并责成民间社团办公室推进"大社会"议程。新成立的民间社团办公室延续了前政府的社会投资理念:

> 为取得社会成果和获得财务回报进行融资,就是要利用金融市场的力量来帮助产生积极的社会影响力。我们的目标是让社会投资继传统的慈善捐款和政府拨款之后,成为社会部门的第三资金来源支柱。实现这一目标的关键就是创建"大社会资本"来帮助扩大社会投资资金对这个部门的供给。[1]

新的联合政府延续了前新工党政府的政策兴趣,但却模糊了第三部门/社会企业组织的边界及其在福利提供中的作用。因此,一份关于公共服务互助衍生公司(mutual spin-outs)的报告[2]称,互助是一种新的企业形式,并把重点放在一种新的"公共服务互助"混合形式上,也就是一种包括传统互助组织、合作社和像约翰·刘易斯式合伙[3]这样的员工持股型信托混合形式。一种强叙事性观点强调继续在公共采购领域发挥强势社会企业的作用[4],但却招来了批评。批评者认为,社会企业在财政紧缩和国家缩减的条件下为扩大福利"私有化"议程进行掩护[关于"社会企业"用法多变的评述,请参阅蒂斯代尔(Teasdale,2013)]。

---

[1] http://www.cabinetoffice.gov.ukl content/big-society-overview.

[2] Mutuals Taskforce(2012).

[3] 约翰·刘易斯合伙是一种值得关注和大力推广的模式;它是一种有大量员工参与的信托控股机制;但它不像合作社那样由成员民主拥有和控制的传统互助组织。约翰·刘易斯合伙是一种由代表所有雇员的合伙人分享利润的信托基金拥有的公司。每个员工合伙人可以通过与每个店铺业务相关的分支论坛来影响公司业务。他们还选举负责社会和慈善活动的合伙人理事会80%的代表。公司的商业活动由一个12人组成的合伙人董事会治理。5名合伙人董事由合伙人理事会选举产生,另外5名合伙人董事由董事长任命,而另外2名董事就是董事长和副董事长。

[4] 2013年颁行的《公共服务(社会价值)法案》进一步推进了这个议程,该法案要求负责政府服务发包工作的专员要考虑政府合同招标所创造的社会价值。

在这期间，对能力建设的关切有增无减，对社会金融的社会创新维度的兴趣也日益浓厚。英国财政部向第三部门开放它的“为财政节余而投资”计划，因为英国财政部相信自己有能力把不同部门的优先事项聚合在一起。上一轮拨款在2009年6月支付，但部分被用于公共服务领域第三部门的一项创新交流计划。2010年成立的过渡基金提供1亿多英镑帮助提供公共服务的民间组织适应不断变化的公共服务外包制度。能力建设也扩展到把互助组织从公共部门剥离出去的创业过程：2011年，英国内阁办公室为由P. A.咨询公司(P. A. Consulting)协调的一个专家团提供的商业和专业服务推出了一项1 000万英镑的共同资助计划。同样在2011年，英国财政部还发起设立了一只3000万英镑的基金，用于第三部门支持组织的现代化，并承诺还要再注资2 000万英镑。“地方基础设施改造计划”(Transforming Local Infrastructure Programme)旨在发展向社会企业和慈善机构提供咨询和支持的2 000个基础设施组织中的一些组织。对能力建设的重视得到了很好的评价，因为长期以来一直有人对社会企业部门接受投资准备的状况提出质疑：2011年，一份报告评论称：“有人认为，许多社会企业对接受外部融资的影响认识不足。”[1]2013年的一份评估报告指出，社会投资金融中介机构认为，第三部门增长面临的最大制约因素是：交易成本高——主要原因是接受投资准备不足的问题、政府委托业务多变以及缺乏有吸引力的投资机会。[2]

此外，英国又在2013年设立了一只1 000万英镑的社会孵化器基金，专门为4个社会企业创业孵化器提供资金。有高增长潜力的社会企业可以向投资与合同准备基金申请赠款用于能力建设。在联合政府的领导下，有关社会金融的财政和立法工作也在有条不紊地推进，包括在《合作社与社区福利互助会法案》(Co-operative and Community Benefit Societies Act)(该法案于2014年8月经公开协商后通过)中修改行业与福利互助会立法以增加社会投资。为了提高社会价值在采购中的地位，2013年通过了《公共服务(社会价值)法案》。该法案要求政府专员在组织公共部门合同招标时必须考虑每份标书的社会影响和财务状况。《霍奇森评论》(*Hodgson Review*, 2012)也讨论了慈善法是否有利于慈善机构涉足社会金融市场的问题，并且从以下几个方面总结了慈善机构目前面临的困难：

---

[1] Brown and Norman(2011).

[2] ICF GHK与BMG合作完成的研究(2013)。英国内阁办公室承认这一点，并在2013年发起设立了投资与合同准备基金，以帮助社会企业构建参与政府合同招标的能力。

> 我们的第一个结论是，慈善法（以及一般信托法、现行会计和金融监管制度）虽然没有主动禁止慈善机构进行社会投资，但肯定不是为了支持社会投资而颁布的。这类投资没有可靠的法律依据，会引起受托人及其顾问不安。这种缺乏明确性的状况进一步扩展到了社会投资的会计和报告程序。在这种情况下，社会投资将始终是困难的选择，使那些有些许兴趣参与社会投资项目的人心灰意懒，甚至对那些有高度参与承诺的人也造成了严重的障碍。

随后，英国慈善委员会建议[1]对出于财务动机的投资、项目相关型投资和混合动机投资进行区分，目的就是要解决其中的一些问题。

但不管怎样，把社会投资和社会创新结合在一起的最重要发展，或许是有关社会影响力债券的政策议程。[2] 2010 年，英国彼得伯勒监狱启动了英国第一个社会影响力债券试点项目（Nicholls and Tomkinson，chapter 12）。2012 年，英国内阁办公室设立了社会影响力债券中心，包括一个在线资源社会影响力债券知识库；到了 2014 年，英国已经发行了 15 笔社会影响力债券，而在国际上，其他国家也发行了 10 笔社会影响力债券，这一进展令人欣慰。为了资助通过发行社会影响力债券来取得社会成果，英国在 2012 年底设立了一个 2 000 万英镑的社会成果基金，同年还成立了桥梁社会影响力债券基金（Bridges Social Impact Bond Fund），为投资者开辟认购社会影响力债券的渠道。

英国联合政府依托伦敦金融城在金融服务领域发挥主导作用，把英国定位为世界社会金融中心。[3] 2012 年，英国政府为吸引外来投资主办了一次社会影响力债券国际研讨会，而且还为改变发展中国家社会金融市场的现状推出了一项耗资 1 亿英镑、分 13 年完成的影响力计划（Impact Program）。2013 年，英国政府主办了八国集团社会影响力投资论坛——作为纪念英国为八国集团轮值主席国的活动之一。这次活动确定了三个关键主题，并采取了相关行动：

---

〔1〕 Charity Commission(2013).

〔2〕 http://www.socialfinance.org.uk/work/sibs；还请参阅开发这一工具与社会金融公司合作的青年基金会。

〔3〕 这与新工党早先试图发展英国金融服务部门在全球可持续发展方面作用的努力相呼应，从而导致了《伦敦可持续金融原则》的出台。3 年后，约翰内斯堡考察了这一项目的进展情况，发现在生态创新金融和发展中国家金融方面还需要做更多的工作。

(1)有必要建立一个全球社会影响力投资共同体,在全球范围内开展社会影响力投资协作,并且向新的行为主体开放。这项工作将得到新成立的社会影响力投资工作组和侧重于社会影响力投资和国际发展的发展金融机构工作组的支持。

(2)有必要建立一个旨在了解社会影响力投资市场潜力和逐步实现影响力评价标准化的共同框架。这项工作将得到经合组织全球社会影响力投资发展报告和影响力评价问题专家工作组的支持。

(3)有必要在政府政策和更广泛的市场行为主体两个层面发展和分享最佳实践,并将通过全球社会影响力投资学习交流和确定这个市场政策制定者必须遵守的准则来支持这项工作。[1]

八国集团社会影响力投资论坛促成了一个由八国集团全体成员国和澳大利亚派员参加的社会影响力投资工作组。除了国家一级的国家咨询委员会外,这个工作组还召集了四个专家专题小组,分别负责研究社会影响力评价、资产配置、发展背景、任务锁定等问题。每个专题小组都在2014年6月提交了要求报告,并为这一年下半年发布的一系列报告做出了贡献。

在推进这项重大政策工作的同时,影响力投资政策合作组织——一个全球政策专家网络——制定了《社会影响力投资伦敦原则》(London Principles for Social Impact Investment),内容包括利益相关者参与、市场管理支持、机构能力建设、透明度和问责制。

自由市场经济体:美国

美国社会金融政策的起源——以及对其形成的影响——可追溯到20世纪50年代。当时,美国小企业管理局推出的支持小企业投资公司计划开启了美国社会金融政策的重要先例(这个先例在50年以后重又被借鉴)。后来,在福特基金会(Ford Foundation)工作的影响下,美国国会在1969年的税法中正式使用"项目相关型投资"这个术语。同年,理查德·M·尼克松(Richard M. Nixon)总统下令成立了后来成为少数族裔企业发展署(Minority Business Development Agency,MBDA)的联邦机构。两年后,尼克松总统签

[1] Social Investment and Finance Team(2013). *G8 Social Impact Investment Forum:Outputs and Agreed Actions*.

署了一项行政令批准向公共和私营组织拨款，向少数族裔企业提供技术和管理援助，以扩大发展署的少数群体商业发展计划。[1]

20 世纪 70 年代，随着银行对(不)公平贷款问题的关注，美国加快了发展社会金融的步伐。1977 年，美国国会通过了《社区再投资法案》，该法案的第七章就是关于"社区发展公司"的。不过，正如一位评论人士所说的那样，虽然也有人批评《社区再投资法案》，但其"至少起到了催化剂的作用，促使银行进入服务不足的市场，否则它们可能会忽略这些市场。《社区再投资法案》在最成功的时候可能产生了乘数效应，通过刺激低收入社区开展以市场为基础、以利润为导向的新经济活动来补充它的直接影响"[2]。

到了 1989 年，美国国会通过了《1989 年金融机构改革与复兴法案》(Financial Institution Reform and Recovery Act of 1989，FIRRA)，对《社区再投资法案》进行了修订。《1989 年金融机构改革与复兴法案》要求公开披露机构的数据并进行信用评级和业绩评估，从而使得社区相关群体能够更加有效地宣传自己所在的社区。随着市场失灵得到纠正，政府和其他有关方面都认识到，向服务不足的社区提供贷款，如果得到适当的担保和管理，实际上是有利可图的。

以上这一切最终导致了专门的社区发展机构的诞生，它们同时经营小额贷款、技术援助和商业咨询业务。1991 年，"安信永国际"(ACCION)这个小额贷款网络为美国带来了国际经验和经营策略并且开始扩大业务。1994 年，美国财政部依据《社区发展金融机构法案》(Community Development Financial Institutions Act)设立了社区发展金融机构基金。这个基金把社区发展金融机构(和其他机构)作为中介机构刺激对社会金融的需求，并且增加了社会金融服务供给。

在这段时间里，政策适用范围开始扩大，也许部分是因为社会创业理念的出现。社区股权投资业(community equity industry)也因为社区发展贷款基金发展为股权投资基金和个别州承诺把风投作为刺激低收入社区经济增长的方式而获得了发展。[3] 美国财政部又推出了与《社区再投资法案》有关的税收抵免措施，而劳工部除了对社区发展金融机构的主要投资者(基金会、《社区再投资法案》鼓励的银行和个人)以外，还试图对主流信托机构试行类

---

[1] http://www.mbda.gov/main/mbda-history.

[2] http://www.federalreserve.gov/newsevents/speech/bernanke20070330n.htm.

[3] Rubin(2007)*Financing Low Income Communities: Models, Obstacles and Future Directions*.

似的渐进式激励措施。2008 年，佛蒙特州率先为社会企业规定一种法定公司形式（低利润有限责任公司），随后又为社会企业规定了其他企业法律形式[共益公司（迅速发展）和弹性目的公司（Flexible Purpose Corporation）]。

从 2000 年以来，社会创业、影响力投资、社会创新以及新的环境优先理念逐渐引导我们形成了更加全面的社会投资理念。这种理念反映在了政府采取的不同举措中。这些举措包括：

（1）美国在对外援助政策中采用更有进取心的观点[其中“让市场为穷人服务”（Making Markets Work for the Poor）就是对过去正统理念的挑战]。

（2）纽约市和马萨诸塞州发行社会影响力债券。

（3）白宫设立了社会创新与公民参与办公室。这个办公室的一个工作指导方针是增加对能证明结果的创新性解决方案的投资。这个办公室表示：“我们将与联邦政府机构合作，创设创新基金、奖金和其他社会资本市场机制等工具，推动资源流向正在显示成果的社区解决方案。”

（4）进一步努力促进项目相关型投资。

与此同时，在金融危机爆发以后，最初专注于为小企业创造融资机会的做法引起了极大的关注，主要的政策工具是小企业管理局设立的影响力投资基金。小企业管理局与机构投资者合作，为有资质的基金管理公司组建和经营小企业投资公司（SBIC）发放营业执照并提供资金。后来，美国在 2011 年推出了一种共同投资工具，并把它作为“创业美国伙伴”（Startup America Partnership）的一个组成部分，向投资于成长资本的基金提供 10 亿美元的资金，专门对服务不足社区的企业进行投资。美国小企业管理局的目标是为这些基金募集的私人资金最多提供 2∶1 的配套资金，并且与私人投资者合作开展影响力投资。

自由市场经济体社会金融：综合

英国和美国的公共政策制定者在努力刺激、扶持社会金融并使之制度化的过程中，都尽可能利用他们可利用的各种工具。我们可以说，他们采取的措施针对供给侧（支持资金供给）、需求侧（刺激社会投资需求）或者作用更大但间接发挥作用的“场域形塑”（field-shaping）干预措施。

供给侧措施

在英国，为增加可用于社会投资的资金而采取的主要措施有：

(1)政府直接拨款设立专项基金(如冒险资本基金、社会企业投资基金)；

(2)制定通过慈善机构促进项目相关型投资的计划；

(3)采取税收激励措施(如社区发展金融机构税收减免)；

(4)为吸引私人资本提供贷款担保或者设立专项基金(如桥梁社区风险投资有限公司、凤凰基金和最近设立的“大社会资本”)；

(5)改变公共采购安排和类似的公共服务领域(如降低累犯率、帮助啃老族自食其力等)以促进社会投资(如通过发行社会影响力债券——迄今为止，国际上主要自由市场经济体，特别是澳大利亚、美国、南非，都发行过社会影响力债券)；

(6)立法要求银行(利用休眠账户资金)为社会金融提供资金。

以上总结了英国的经验，美国显然也采取了以上这些供给侧的干预措施。英美两国都力图创新，并且要让创新贯穿于从企业创建到成长的整个生命周期。但可以说，美国联邦政府通过《社区再投资法案》和后来的《1989年金融机构改革与复兴法案》，对银行采取了更加有力的激励措施。

需求侧措施

英国为刺激社会创业者和社会企业对社会投资的需求主要采取了以下手段：

(1)立法规定了新的企业法律形式(社区利益公司)，允许采取这种法律形式的企业以可控的方式，出于社会目的进行股权融资并赚取利润；

(2)采取能力建设资助措施支持经济上被排斥在外的社区(设立社区发展金融机构)；

(3)推行资助针对第三部门组织的能力建设的计划(如创建“未来建设者”，资助社会企业联盟)；

(4)规范干预措施——提高认识(组织媒体宣传活动、研讨会，部长发表讲话，等等)。

此外，英国与美国有很明显的相似之处，但不同之处也很明显。美国还引入了一些新的法律形式，旨在把更多的主流金融元素引入社会投资。但是，美国联邦和州政府之间的分权性质，意味着英美两国在这些创新形式和应用方式上存在较大的差异。此外，社区利益公司的目标是能够进行股权融资，而低利润责任有限公司模式则以项目相关型投资债务融资为取向（Hodgson，2012）。

同样，美国联邦政府通过少数族裔企业发展署，采用提供技术和管理援助的方式致力于社会企业的能力建设。早在20世纪70年代，美国就已经率先建立社区发展公司，而且这些新举措影响了英国社区企业的发展。在这两个国家，这些以社区为基础的中介机构作为政府的政策工具，具有高度的独立性，因此能够吸引非政府资金，并且代表其行业和基本客户采取创新行动。

然而，如上所述，在政府和第三部门之间达成了内容更加广泛的战略契约的背景下，英国能力建设工作的一个主要重点是第三部门——包括慈善机构和社会企业。事实上，英国政府（通过社会企业联盟来）帮助这个部门构建新的领导力。美国并没有明确在非营利部门采取类似的措施，可能是因为美国的非营利部门多年来一直有较强的经济实力。

场域形塑

在英国，场域形塑活动[1]采取了下列形式：

（1）支持或者承担研发工作——例如，行动研究试点和在发展的基础上提高社会投资回报；

（2）造市计划——如编纂社会投资年鉴、开通“筹资渠道”（Funding Gateway）支持社会证券交易所的工作；

（3）合法化和扩展——社会金融通过高层次的政策—治理机制和跨部门交叉项目已经成为一个战略性题材，涉及不同部门领域（如卫生和社会关怀、地方政府、可再生能源）；

（4）发展各种中介组织——支持能力建设，尽量降低风险，对投资进行管理；提供服务，并且经常参与政策网络和宣传。

在这方面，英国的积极主动和美国更有针对性的努力之间的区别比较明

[1] Nicholls(2010).

显。然而，这可能与时机有关：近年来，美国政府各部门不但对社会创新越来越关注，而且对受到美国国际开发署（USAID）、斯科尔基金会（Skoll Foundation）和全球影响力投资网络之间结成的社会创业伙伴关系影响的外交政策策略也越来感兴趣。

成因分析

在英国，政府对社会金融的兴趣始于社区重建。与美国一样，从纠正金融服务供给市场失灵的角度可以证明干预的合理性。但是，就如许多其他方面一样，企业和商业语言中充斥新工党的言论和实践，这与第三部门的呼吁相呼应，或转化为第三部门的呼吁；而第三部门的呼吁，无论是在社区重建还是在全社会重建方面都要求开展更多的“自下而上”的公民主导的活动。第三部门的行为主体在广泛采用“企业”理念来谈论“自助”和“能做”，而不是依靠自上而下的由政府主导的举措。[1] 在美国，企业的理念更加牢固地植根于国民精神中，而社会创业的豪言壮语——“人人都是变革者”（everyone a change-maker）——也大有用武之地。

就在美国联邦政府对社会金融的兴趣依然集中在改善弱势群体和社区的愿景上的时候，英国政府却越来越重视第三部门的能力建设，并且将其作为公共服务改革的一项内容，因而把社会金融引入越来越多的政府政策领域。其实，每个政府政策领域都有自己的融资问题，其中包括协助正在脱离国家医疗保健体系的社会企业找到启动资金、地方当局为了向社区固定组织提供未充分利用的公共资产而实施的资产转移政策，以及在为实现工作整合而实施的承包和分包需要适当的社会金融服务。

那么，这种公共部门改革叙事背后隐藏着什么呢？为什么说帮助第三部门组织构建在提供服务的准市场上开展竞争的能力非常重要？我们可以说，私营部门已经参与并有能力提供这些服务。也许对于政府中的某些人来说，答案十分简单，第三部门服务提供者的存在使私营部门进入新的公共服务市场合法化。但对许多人来说，这些问题的答案在于某种形式的经济多元化，即混合经济比单一部门主导的经济更加有效。社会企业可能不像私营企业

---

〔1〕 斯卡曼信托，现在已并入诺瓦斯·斯卡曼集团（Novas Scarman Group，http://www.novasscarman.org）。

那样注重营利,但它们也不会像私营企业服务提供者那样容易受到激励失调的影响。因此,一个强有力的第三部门可以抑制私营部门的寻租倾向——有时也是创新的源泉。鉴于发展一个强大、准商业的第三部门是公共服务改革的组成部分,因此,这是利用贷款而不是赠款来激励第三部门发展迈出的一小步,并且使得制定商业计划变得更加重要,同时又能降低国家财政的成本。

政府在这方面的作用是解决金融供给方面的市场失灵问题。政府的政策取向是瞄准缺陷,这与私营部门在企业社会责任指导下的参与有关。

在这段时间里,社会企业的声望在不断提升,而社会金融的声誉显然也在上升。因此,为加强企业社会责任而采取的措施正逐渐从短期项目融资转向更可持续的社会企业模式。虽然英国(与美国比较)还没有出台财政措施来支持风险慈善事业,但风险慈善已成为一个热门话题。

虽然政府对公共部门改革的兴趣有增无减,但近来政府把主要注意力转向一个更具战略性的角色(社会投资批发银行)。从支持社会创新和社会影响力角度看,政府的努力有它的合理性。美国——在小企业管理局的影响力投资基金及其对社会影响力债券试点的支持方面——也出现了很明显的类似趋势。

然而,从一个更加关键的角度看,我们可以认为,英国的“大社会”叙事(Alcock,2012)掩盖了日益汹涌的后门私有化浪潮;总福利水平的逐步下降正在迅速摧毁安全保障,使弱势群体任凭一个仍然脆弱的市场的摆布,而这个市场必然不是根据需要获得发展,而是因消费者和捐赠者的偏好而变幻莫测。此外,社会企业干预措施的多维性质赋予政府不同部门不同的回报,从而为持孤岛思维提供了理由:投资实施对社会有效的干预的政府部门,并不一定能获得因干预降低了成本而实现的利益,因此,具有正外部性的项目并不容易获得资金。

这种风险—回报关联问题所固有的不平等并不局限于典型的多维度或者棘手问题,而是创新的一个普遍特征,正如拉佐尼克和马祖卡托(Lazonick and Mazzucatto,2013)关于传统创新不同利益相关者风险—报酬分布不平等的论述所指出的那样。他们俩提出了一些解决这种不平等现象的措施,如限制企业资源配置,对创新者而不是价值攫取者课征资本利得税,奖励创新性劳动,区分生产性风险和非生产性风险,以及提高国家支持的创新的回报。这种风险—回报关系框架值得扩展,因为社会创新和社会金融之间可能存在相似之处。

协调型市场经济体:加拿大魁北克省

那么,英国和美国的经验与在更具协调性的市场经济中可观察到的情况是否具有可比性呢? 下面把魁北克作为一个对照例子,对魁北克的社会金融政策发展情况进行粗略的介绍。令人惊讶的是,英国和美国与加拿大魁北克省在制定和部署政策工具方面有一定的相似性——涉及金融排斥、很多专项基金和专业业务配套支持、覆盖企业整个生命周期需要的不同金融产品、吸引主流金融的努力,但支持这些政策的政治和经济理由却有着巨大的差别。

在魁北克,“团结金融”(solidarity finance)是指对集体(社会经济)企业进行投资的金融业务,而发展资本(development capital)投资则是指无论是在私营企业还是在社会经济领域进行的具有社会和经济目的的投资(现在其他地方被称为“影响力投资”)。19世纪中叶,魁北克出现了互助会(mutual aid societies),但魁北克的合作社运动始于(19世纪与20世纪的)世纪之交第一个信用社的问世,后来就成了一场波澜壮阔的信用合作社(caisses populaires)和德斯贾丁斯经济(Desjardins economy)运动——一个独立的机构联盟。今天,这个联盟包括1971年成立的“团结经济基金”(Caisse d'économie solidaire)和成立不久的“德斯贾丁斯地区合作资本”(Capital régional et coopératif Desjardins,致力于合作社投资的发展资本)。[1] 德斯贾丁斯运动虽然从某些方面看已经成为一个主流金融机构[2],但仍然活跃在社会经济的各个部门,并且在对魁北克的影响和魁北克发展方面占据着中心位置。在魁北克,许多行业都有合作社。

20世纪80年代的经济衰退在魁北克引发了新一轮的经济活动。强大的工会和地方社区组织促使魁北克对不断上升的失业率做出反应。魁北克有三大劳工联合会,其中的一个劳工联合会为创造和保护就业机会设立了劳动者团结基金(Fonds de Solidarité des Travailleurs,FTQ——魁北克团结基金)。这只基金通过投资于具有社会和经济目的的企业来提供发展资金。具有社会和经济目的的企业都要通过强制性社会审计的认证。劳动者团结基

---

〔1〕“德斯贾丁斯地区合作资本”已向2 500多家社会参与企业(socially engaged enterprises)投资4.42亿美元,而它的总资产目前已达到6.9亿加元。

〔2〕2012年,“德斯贾丁斯运动”的总资产为1 967亿加元(http://www.desjardins.com)。

金推出了多种金融工具，包括地区、地方和行业基金。[1] 地方基金，即地方团结基金(Fonds Locaux de Solidarité，FLS)，把投资扩大到了集体所有制企业。地方团结基金是魁北克采用合伙制成立的许多混合基金的一个例子。例如，魁北克市镇联合会(Québecoise Des Municipalités)参与了地方团结基金。地方团结基金 2011 年总共投资 9 100 万加元，并且创造或保护了 27 418 个工作岗位。加拿大联邦政府和魁北克省政府都同意让团结基金的投资者享受税收抵免，并允许对注册养老基金的投资享受额外的税收抵免。[2]

社区经济衰退除了在 20 世纪 80 年代初催生了一批基金以外，在三级政府的支持下，还推动了社会运动和劳工运动与私营部门合作创建社区经济发展公司(Community Economic Development Corporations，CDEC)。在这些早期经历中出现的金融创新的启发下，魁北克在随后的几十年里又创建或者推出了许多团结金融和发展资本机构和工具。例如，蒙特利尔发展基金(Fonds de Développement de Montréal，FDEM)是在 1988 年由社区经济发展公司和下列机构一起创建的：(1)蒙特利尔市政府；(2)魁北克团结基金(FTQ)；(3)魁北克产业发展促进会(Société de Développement Industriel du Québec)——现在叫“魁北克投资”(Investissement Québec，IQ)，一只公共投资基金。

加拿大联邦、魁北克省和蒙特利尔市三级政府都参与了这只基金的初始投资。蒙特利尔发展基金为能证明自己有活力和能力促进地方发展、创造和(或)保护本地工作岗位的小企业提供资金。

魁北克的小微信贷也是一种集体行动的表现。20 世纪 80 年代末，社区组织者努力为当地被主流银行忽视的小微企业争取信贷，后来就创建了蒙特利尔社区贷款联盟(Montreal Community Loan Association，MCLA)，这是加拿大第一家小微信贷机构，为社会经济发展战略配套项目提供资金。到了 2013 年，这个联盟已经发展成一个小微信贷机构网络——魁北克社区信贷网络(Réseau Quebécois du Crédit Communautaire，RQCC)代表全省 23 个社区基金和贷款圈。到了 2012 年，这个网络的成员已投资 1 000 万美元，并且创造或保护了 4 210 个工作岗位。

---

[1] http://www.fondsftq.com. 地方团结基金的总资产为 85 亿美元(2012 年)。这些基金向 2 239 家企业投资了 57 亿美元，并且创造或保护了 168 577 个工作岗位。

[2] 2012 年，魁北克团结基金已经拥有 85 亿加元的总资产，并且在魁北克创造和(或)保护了大约 17 万个工作岗位。

1995 年,魁北克省第二大工人联合会全国工会联合会(Confédération des Syndicats Nationaux,CSN)设立了一只基金——全国工会联合会经济与就业发展基金(Fonds de Développement de la CSN pour la Coopération et l'Emploi,Fondaction)——以促进魁北克经济发展。这只基金优先投资于实行参与管理、分散控制和注重环境保护的企业,并且在 2000 年为了满足小额贷款(金额在 5 万～50 万加元)的需要和对社区基金进行投资又设立了一只子基金。2012 年,这只基金已经拥有 9.408 亿加元的资产,并向 100 多家中小企业和社区基金大约投资了 6.2 亿加元。全国工会联合会经济与就业发展基金自成立以来直接或间接创造或者保护了 27 848 个工作岗位。[1]

魁北克政府在 1996 年 10 月召开经济与就业问题峰会之前成立了一个社会经济工作组,并责成这个工作组提出关于社会经济如何促进该省就业和经济发展的建议。峰会之后,工作组又应邀继续工作了 2 年。它的最初任务是确定 20 个计划在 3 年内创造 20 000 个就业机会的社会经济项目。1996 年,工作组变身为社会经济实验平台,1999 年又变成了非营利组织,从此就常常发表战略性意见并提供领导力。

1997 年,这个平台设立了一个社会经济投资基金,名叫"魁北克社会投资网络"(Réseau d'Investissement Social du Québec,RISQ)。这个网络的初始资本由魁北克政府和一些私营部门企业提供。魁北克社会投资网络专门通过贷款和贷款担保为社会经济进行融资,最高贷款额或者担保额可达 50 000 加元。魁北克政府还设立了一些补充性国家基金,并在全省建立了 120 个地方发展中心(Centres Locaux de Développement,CLD),以促进包括社会经济在内的经济发展。20 世纪 80 年代由社会活动人士创建的社区经济发展公司提供了模板;后来,魁北克政府认识到创业项目前期资助的重要性,因此,为魁北克社会投资网络拨款 500 万加元,专门用于向社会经济企业发放创业前期贷款。

2003 年,为了满足社会经济企业对长期资本的需求,魁北克设立了一只耐心资本基金,即社会经济平台信托基金(Fiducie du Chantier de l'Economie Sociale),负责提供可在 15 年后偿还的耐心资本或准股本。加拿大联邦政府通过"加拿大经济发展"(Economic Development Canada)提供了 2 280 万加

[1] 全国工会联合会经济与就业发展基金还受到了联邦政府减少和取消 15%税收抵免决定的影响,早先关于团结基金的讨论提到了这一点(http://www.fondaction.com)。

元的初始资本。2013年，这只信托基金的投资者（受托人）是两个劳工团结基金（团结基金出资1 200万加元，全国工会联合会经济与就业发展基金出资800万加元）和魁北克政府（通过“魁北克投资”出资1 000万加元）。截至2013年，这只信托基金已向106家企业投资3 000万加元，创造了1 689个工作岗位。[1] 随后，魁北克又成立了一只名叫“共同投资合作社”（Co-Investissement Coop）、初始资本3 000万加元的新基金，向合作社提供耐心资本。这只基金是一家由以下机构组建的合伙公司：(1)“地区资本与德斯贾丁斯合作社”(CRCD)；(2)加拿大联邦政府和魁北克省政府下属的区域经济发展中介机构网络；(3)“地区资本与德斯贾丁斯合作社”和加拿大联邦政府开发银行也各出资1 000万加元；魁北克省财政与经济部拨款400万加元；各网络自己也出资600万加元。

最后，自1997年以来，魁北克省政府还直接投资于社会经济，主要是通过“魁北克投资”。2001年，“魁北克投资”创建的金融公司“la financière”为集体企业——合作社和非营利组织——注资1 500万加元。2003年，“魁北克投资”制定了社会经济企业资本化计划(Capitalization of Social Economy Enterprises Programme)，并且发放金额在25 000～500 000加元、2～5年内暂不还本付息的贷款。“魁北克投资”还推出了一些可补充其他融资来源的独立投资产品，并且还与团结金融、合作社运动、德斯贾丁斯合作社和其他中介机构（如CFDC）建立了伙伴关系。

显然，与美国或英国这样的自由市场经济体相比，魁北克这样的协调型市场经济体的政治体制和理念有很大的不同。根深蒂固的福利国家文化限制了政府的解脱，而主要社会行为主体——劳工、政府、企业以及最近的社会运动和社区组织——之间的对话历史使得魁北克的政治文化有别于美国和英国，甚至也有别于加拿大其他地区。特别是合作社和劳工运动仍然受到尊重，与新的社会运动一道在捍卫生计和社区的运动中能够求助于互助和团结准则。它们能够引起政府的注意，并维持关于社会经济作用和贡献的政策叙事。事实上，鉴于魁北克曾有过社会影响力投资的历史，并且推出或创建过许多创新性金融工具和机构，因此，自20世纪初以来，魁北克人对于“影响力投资”概念就像对于20世纪90年代初的小微信贷一样，表示了略带些许困惑的欢迎。魁北克的“影响力投资”是否会导致资本进一步激增以及哪种形

---

[1] http://www.fondaction.com.

式的企业和商业活动领域将从中受益，这些都是有待观察的问题。

综上所述，魁北克的经验表明，社会金融是一个“宽泛”的概念——通过和围绕这个概念就可以推行不同的议程，而具有不同政治和商业理念的行为主体也可因此而聚集在一起。正如格雷戈里[1]指出的那样，社会金融政策可以采用下列两种方式中的一种或者全部两种：(1)作为旨在推行市场社会化的努力——使私营企业和市场更加有效(可持续、更加公平、民主和透明，从而减少企业的负外部性，但增加企业的正外部性)；(2)使社会企业和涉及面更广的第三部门为市场化做好准备，成为市场的一个组成部分，并且遵守市场规则。

虽然社会金融确实是一个“宽泛”的概念，并且可以容纳不同的理念，但政府是接受还是搁置某项政策建议是另一回事。

结束语

到目前为止，我们的讨论一直围绕政府是一个相当单一的实体，能够根据其政治取向确定其目标和手段这个问题展开的。这种概念上的“简化”可能很方便，但也容易引起误导。事实上，各国政府只有通过与其他关键行为主体的接触，特别是在本章所讨论主题的背景下，通过与第三部门和社会经济建立密切的关系，才能清楚地了解它们想做什么。在位政府官员可能手握王牌，但他们总得依靠与其他人的合作，因此，政府的职能在很大程度上必然要被共享，并且是分散的。换句话说，与社会金融有关的公共政策产生于根植于每个国家经济和政治体制和传统的治理机制。

此外，本章考察的三个经济体都采用地方、州/省和州际/省际由上而下、由内而外分担责任的多层次治理机制。在英国，围绕社会企业和社会金融构建政策对话制度空间是新工党执政时期推行的社会金融政策的一个特点，吸引了重要的第三部门参与者(其中有顶级组织的代表，也有接地气的成功创新者)、社会责任投资者的代表[如英国社会投资论坛(UK Social Investment Forum)]以及大学和智库(如约瑟夫·朗特里基金会)[2]的政策研究人员。一些特殊的商业领袖，如罗纳德·科恩爵士(风险投资家，2001 年担任社会投

〔1〕 Dan Gregory, Office of the Third Sector presentation to the social investment seminars at Open University Business School 2009. http://www.open.ac.uk/oubs/socialinvestmentseminars/p2.shtml.

〔2〕 JRF(2011) *Asset Transfer*, IVAR study.

资工作组组长）又增强了社会金融的影响力，并提高了社会金融的可信度。值得注意的是，新工党政府中有在第三部门任过职的大臣，他们有在志愿部门工作的经历或与合作党（Co-operative Party）* 有联系。[2] 这样，围绕社会金融的政策网络在纵向和横向两个方面都得到了扩展和加强，而许多想法正是通过这些政策网络形成的。但话又得说回来，各种融资和资助计划都实行集中管理、严格监督。冒险资本基金团队[3]成功地对“未来建设者”进行了运作，并负责管理社区建设者项目（Community Builders Programme）、现代化基金（Modernisation Fund ）的贷款项目和卫生部的社会企业投资基金。

相比之下，美国似乎表现出了一种比较传统的通过与倡导联盟（尤其是与立法有关的倡导联盟）协商或许是谈判进行分级协调和执行政策的趋势。事实上，在 2013 年八国集团发起的国家咨询委员会成立之前，美国并没有举行过相关会议，也没有采用组建工作组的方式来制定政策。这在一定程度上可能是因为美国社区金融部门的规模和政治影响力相对较大，其立法重点明确，而且“搅浑水”（muddy the waters）的动机比较有限；也有可能是，至少在联邦一级，在国会达成协议方面的困难产生了实际影响，即束缚了政府的手脚，使政府只能调整已有计划的用途或者重点，而不是采取新的措施。

尽管如此，英国和美国都依赖成立临时政策小组来应对具体问题的做法，而不是在社会金融领域建立更加制度化的治理机制，因此与魁北克省更为社团化的治理模式形成了鲜明的对照。在魁北克，一场经济危机动员了包括私营部门在内的所有社会行为主体合作制定有效的变革战略。这种经历仍然影响着当今魁北克的许多社会经济举措。但是，分级政体和协作治理之间不可避免的紧张关系有时可能会以单边行动的形式爆发。例如，2004 年，当时的自由党政府检讨了政府资助的地方发展中心的治理机制[4]，虽然遭到了强烈反对，但仍然减少了民间社团在地方发展中心理事会中的代表人数，从而把地方发展中心原来由多方利益相关者参加的理事会改变成了由民选官员主导的理事会。反对者认为，一种成功和创新的协商民主模式在这里被代议制民主的中央集权所击败。我们一直认为，很难长期保持战斗精神和

---

* 英国成立于 1917 年、支持合作社运动的政党。——译者注

[2] 例如，OTS 的部长菲尔 · 霍普（Phil Hope）、安吉拉 · 史密斯（Angela Smith）和凯文 · 布伦南（Kevin Brennan）。

[3] 自 2009 年起隶属于社会投资业务交易部门。

[4] 魁北克政府 2004 年通过的第 34 号法案改变了地方发展中心的治理机制，但遭到了强烈的反对。

对经济民主的承诺，因为这些以公民为基础的政策措施已经被制度化，并面临制度化所带来的对民主发起的各种挑战。

这些政策过程的另一个反复出现的特点是第三部门/社会经济参与者之间的紧张关系和差异——在大多数情况下，它们并不比政府团结一致、专心致志。例如，在英国，有些人热情支持社会金融，把企业和投资视为减少对赠款/拨款依赖的手段，因而是争取更大自主权和复原力的途径；而另一些人则认为，在实践中，这种做法意味着赠款/拨款减少，由出资者和政府对组织绩效进行更多的审查，从而降低组织的独立性。当然，我们大家可能都会赞同，第三部门最好有为它量身定制的基金和金融机构以及本部门特殊的要求。那么，第三部门是个怎样的部门，它有哪些要求呢？在一些人看来，新的组织和金融混合形式及其相关商业惯例都属于“另类”，有可能会破坏他们这个部门的特殊性和宗旨。然而，传统的慈善机构和已有的合作社往往会遵守政府的社会金融政策（也许是不情愿的），以便能为创收和发展争取到融资机会。美国和魁北克也都进行过类似的辩论。

最后，必须强调的是，虽然这些治理方法可能相对比较开放和包容，但这并不意味着所有群体都能被平等地接受，他们的想法都被纳入公共政策组合，这一点在英国非常明显。英国曾试图把政府关于社会金融的思考与有关银行业和金融服务发展前景的辩论联系起来——不仅考虑到 2008 年的危机，而且还考虑到持续出现的许多丑闻。参与者包括英国可持续投资与金融协会（UKSIF，对社区投资具有很大的影响力）。英国可持续投资与金融协会一直提倡大社会金融观，包括道德和社会责任投资，而不仅仅是向弱势群体提供资金或利用主流金融开展社会活动。[1]

这种大社会金融观也反映在了卡内基英国信托基金（Carnegie UK Trust）对英国和爱尔兰“民间社团”未来的调查（2010）。社会金融不只是中介业务——还包括通过引入更多的资金，在主流金融体系以外建立一个专门的“社会部门”金融系统。相反，这种观点是把更高水平的金融多元化纳入主流金融体系，并要解决满足社会主体更广泛的社会需要（如长期护理或有保证的养老金供给）以及更多地参与金融设计、监管和供给等而产生的对金融产品和服务需要的问题。虽然许多社会参与者都持这种观点、对已认定的问题几乎保持着普遍和长期的关注，两家大型银行的实际公有制（和正在考虑

[1] http://www.uksif.org.

实行公有化的邮政系统）创造了解决问题的机会，但这些观点并没有取得任何进展。

综上所述，本章认为，在不同的司法管辖区，与社会金融有关的公共政策似乎遵循着相似的发展轨迹，但发展水平并不均衡，速度也参差不齐。首先，政策制定者通常似乎没有着眼于发展广义的体制结构，以目前使用这一术语和相关术语的任何一种方式来构建社会金融市场。相反，在本章考察的 3 个国家或地区中，支持社会金融的公共政策最初是由政府采用问题驱动型解决方法来制定和执行的。但是，随着越来越多的问题以类似的方式得到解决，随着这些发展在宏大政策叙事中得到解释和证明，不同领域支持社会金融的基础设施不但规模有所扩大，而且完善程度也有所提高。这些发展可能被宣布为“新发展”——它们确实经常包括创新的内容，但总是建立在既有体制和实践的基础上。事实上，发展进程往往受到代表社会所有和/或对社会负责的企业（既有已有形式的企业，也有全新形式的企业）参与政策进程的强烈影响。

在某个时候，这种新建的基础设施以及与其配套的公共政策开始得到承认并被贴上“社会金融”（或一些类似）的标签，并且被认为是一个有业绩记录的不同领域，一个有专业从业人员以及越来越多的专门基金和金融工具的发展中生态系统。然后，随着法律的建立健全、监管改革的实施以及政府认可的机构的持续存在，这个市场变得越来越制度化和规范化。

因此，似乎很明显，这些发展既有路径依赖性（主要是地方机制体制和问题的特殊性），又有一定程度的趋同性。到目前为止，这种趋同性还比较有限，但从已开发的各种工具和像“良币”那样国际转移的政策理念的角度看已经变得十分明显。因此，以社会金融为重点的政策议程通过自由市场经济和协调型市场经济不同的体制机制得到了发展。八国集团社会力影响力投资工作组将这种政策背景下的协调提高到了另一水平。

很可能，这项工作还将持续许多年——仅仅是因为政府没有能力创建一个发育良好、差异化（“成熟”）的社会金融市场。这在很大程度上取决于投资者偏好、金融工具、社会和环保企业、支持性体制和服务等方面的协同发展。事实上，一些重要的发展——最引人注目的是基于网络的同行拆借和众筹的发展——是完全独立于政府的。本章考察的三个国家或地区的现行政策也在不断变化和发展中，各种未完成的事业正在取得进展，包括建立社会证券交易所的想法、澄清混合型组织内部特别是与各种形式的股权有关的治理和财务控制问题的质疑。

然而，本章的分析给出了回答"成熟的社会金融市场可能是什么样的"这个问题的一个答案：在这样的市场上，各种措施已经变得相当全面和熟悉。然而，这个答案仍没有回答了"全面"是指什么的问题，或者换句话说，社会金融中的"社会"在不同的文化和政治背景下是指什么的问题。目前似乎主要有以下三种答案：

（1）社会金融中的"社会"是指"社会部门"，特别是社会部门中的社会所有企业——与第三部门/社会经济主体有关并得到它们支持的观点；

（2）社会金融中的"社会"是指投资的社会结果——一种支持影响力投资运动的观点和关注社会创新的观点；

（3）社会金融中的"社会"是指金融对社会的（重新）嵌入——一种认为金融市场和机构的缺陷最好通过市场干预措施来加以纠正，以确保地方/区域银行设施和服务有适当供给的观点（Nicholls，2010）。

未来国家层面的政策发展以及以社会金融为重点的跨国政策转移，很可能必须或者努力解决以上三种"社会"概念之间的关系。

参考文献

Alcock, P. (2012). *The Big Society: A New Policy Environment for the Third Sector?* Birmingham: Third Sector Research Centre.

Battilana, J., Leca, B., and Boxenbaum, E. (2009). 'How Actors Change Institutions: Towards a Theory of Institutional Entrepreneurship', *Academy of Management Annals*, 3(1): 65–107.

Big Society Capital (2014). *Social Investment: From Ambition to Action. Annual Review 2013*. London: Big Society Capital.

Brown, A., and Norman, W. (2011). *Lighting the Touchpaper: Growing the Market for Social Investment in England*. London: Boston Consulting Group and Young Foundation.

Cabinet Office (2014). *The Public Services (Social Value) Act 2012: One Year On*. London: Cabinet Office.

Carnegie UK Trust (2010). 'Inquiry into the Future of Civil Society into the UK and Ireland', Carnegie Trust, London.

Charity Commission (2013). 'Charities and Investment Matters: A Guide for Trustees'. (CC14). London.

CUA (Commission on Unclaimed Assets) (2007). 'The Social Investment Bank, Its Organisation and Role in Driving Development of the Third Sector', CUA, London.

Crouch, C. (2011). *The Strange Non-Death of Neo-Liberalism*. London: Polity Press.

Gregory, D. (2009). 'UK Government and Social Investment', Office for the Third Sector presentation at the Open University Business School Social Investment Seminar series.

Hall and Soskice (2001). *Varieties of Capitalism*. Oxford: Oxford University Press.

HM Government (2013). *Growing the Social Investment Market: 2013 Progress Update*. <www.gov.uk>, accessed 1 November 2014.

ICF GHK in association with BMG Research (2013), 'Growing the Social Investment Market: The Landscape and Economic Impact'. City of London.

Joseph Roundtree Foundation (2011). *Asset Transfer*. IVAR study.

Kay, J. (2003). *The Truth about Markets*. London: Allen Lane.

Kendall, J. (2009). 'The UK: Ingredients in a Hyperactive Horizontal Policy Environment', in J. Kendall (ed.) *Handbook of Third Sector Policy in Europe: Multi-level Processes and Organised Civil Society*. Cheltenham: Edward Elgar, pp. 67–94.

Lazonick, W., and Mazzucato, M. (2013). 'The Risk-reward Nexus in the Innovation-inequality Relationship: Who Takes the Risks? Who Gets the Rewards?' *Industrial and Corporate Change*, 22(4): 1093–128.

Lord Hodgson (2012). *Trusted and Independent: Giving Charity back to Charities: Review of the Charities Act 2006*. London: The Stationery Office.

Mutuals Taskforce (2012). 'Public Service Mutuals: The Next Steps'. A Mutuals Taskforce Report.

Nicholls, A. (2010). 'The Institutionalisation of Social Investment', *Journal of Social Entrepreneurship*, 1(1): 70–100.

Polanyi, K. (1945). *Origins of Our Time: The Great Transformation*. London: Gollancz.

Rubin, J. (ed.) (2007). *Financing Low Income Communities: Models, Obstacles and Future Directions*. New York: Russell Sage Foundation.

Social Investment and Finance Team (2013). 'G8 Social Impact Investment Forum: Outputs and Agreed Actions'. London: Cabinet Office.

Stiglitz, J. E., Jaramillo-Vallejo, J., and Park, Y. C. (1993). 'The Role of the State in Financial Markets', *World Bank Research Observer: Annual Conference on Development Economics Supplement*: 19–61.

Thake, S., and Lingayah, S. (2009). *Investing in Thriving Communities: The Final External Evaluation Report on the Adventure Capital Fund*. London Metropolitan University.

Weber, M. (1930). The Protestant Work Ethic and the Spirit of Capitalism. London: Alan and Unwin.

Westall, A. (2010). 'UK Government Policy and "Social Investment"', *Voluntary Sector Review*, 1(1): 119–24.

第十五章　社会金融基础设施建设

罗德尼·施瓦茨　克莱尔·琼斯　亚历克斯·尼科尔斯

引　言

在过去的几年里，有越来越多的政治家、商界领袖、媒体评论员和学者开始把社会金融模式作为社会企业的资金来源来分析和评价。在财政约束日益削弱政府解决社会问题的能力的同时，慈善机构也开始面临资金压力，而大企业则要面对公众越来越不信任其经营动机并威胁到它们长期盈利行为的现实。因此，许多观察人士希望社会企业模式及其相应的筹资机制能够帮助解决社会上一些非常难以解决的“棘手”问题。

其他方面也有颇具说服力的理由认为，社会企业是公共利益的促进因素（Nicholls，2006；Howard，2012；Montgomery et al.，2012；Wood et al.，2012；Egger and Macmillan，2013）。“英国社会企业”定期发表关于英国社会企业部门及其重要性的评论。[1] 根据2013年一项对850多家社会企业的调查，有证据表明，社会企业部门增长势头强劲；据英国政府报告，英国社会企业对英国经济的贡献已经高达240亿英镑（SEUK，2013）。随着主流参与者的进入，英国社会投资市场在过去的5年里获得了显著的增长——主要是对社会金融基础设施的投资（Swersky and Brown，2012）。但正如许多文献所指出的那样，这个市场还远远没有实现制度化（Nicholls，2013）。满足对基础设施的需要，可以让社会金融为更快速的经济增长做好准备。巴尼克和戈德曼指出：

> 行业参与者往往有共同的需要，这种需要以集体形式予以满足在经济上最为经济。基础设施建设的参与者通过满足这种集

[1] 这些信息可在 http://www.socialenterprise.org.uk/policy-campaigns/policy/research 上获得。

体需要来推进一个行业的发展，从而有助于构建一个支持创业创新的生态系统。基础设施缺失有可能破坏一个本应蓬勃发展的行业。(Bannick and Goldman 2012:1)

因此，下文将探讨有关加快社会金融基础设施建设，打造一个可产生深刻、持续影响力和规模的主流市场的关键问题。[1] 本章首先探讨社会经济的基本要求，然后探讨四种必须投资的关键基础设施：政府性基础设施、支持性(facilitative)基础设施、知识性(intellectual)基础设施和交易性(transactional)基础设施。

社会经济需要一些基本条件，包括社会企业的形成和可用资金。使能性基础设施是社会经济所需的基本条件的第三构成要素，图 15.1 展示了四种使能性基础设施如何支持社会金融发展。本章将逐一考察其中的每种使能性基础设施，并且分析每种使能性基础设施有助于为社会金融建造坚固的可持续基础设施的领域。

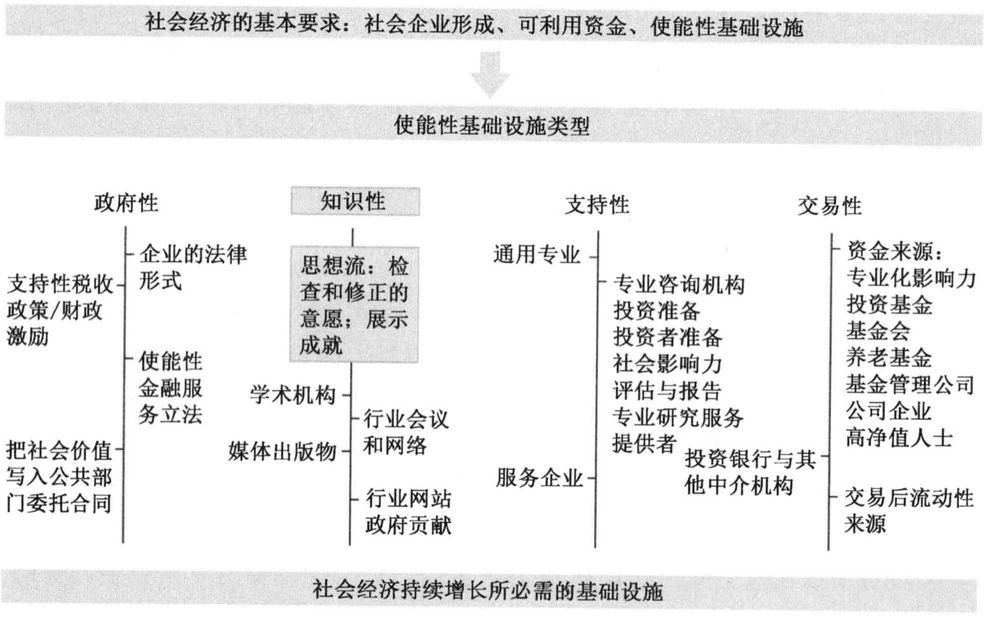

图 15.1 社会影响力投资所需的基础设施

---

〔1〕 虽然本章的大部分讨论与世界不同国家的情况相关，但主要是关于英国情况的讨论。原因在于，从社会金融创新的角度看，英国经常被认为是市场领先者(Bishop and Green，2010)。在英国，社会金融这个新兴市场"融合了英国的两大相对优势——金融技能以及公民行动、组织和执行技能"(Shanmugalingam et al.，2011)。本章把社会企业获得资金的过程称为"社会金融"。在社会金融中，资源被用来促进对社会产生有益影响的企业的成长和发展。这类企业主要是为了实现社会、道德和环境效益(本章把这三种效益简称为"社会回报")而存在的，而这类企业被视为"社会企业"。

市场中介

与主流金融市场一样，社会金融市场也由供给、需求和中介这三个相互关联的要素构成。

——尼科尔斯(Nicholls，2013：165)

社会企业家在证明了自己的想法可行以后，就需要资金/资本来着手创建和发展自己的组织，并且使它们达到一定的规模。英国历届政府都通过赠款/拨款、设立基金和采取许多税收优惠措施来支持社会企业的发展(Cabinet Office，2013)。英国政府采取的单项最重要措施就是创办社会投资批发银行“大社会资本”。“大社会资本”筹集到了6亿多英镑的资金(其中2/3是“高街”银行无人认领的资产，1/3来自大商业银行)，为推动社会部门发展提供资金，并且通过旨在加快社会投资市场成长的共同投资，使社会部门的发展更加可持续。美国、加拿大、澳大利亚、德国、日本以及欧盟层面也正在进行类似的尝试。例如，2011年，澳大利亚参议院调查研究了如何建立澳大利亚影响力投资市场的问题。后来，澳大利亚政府拨款2 000万美元作为启动资金(Department of Education Employment and Workplace Relations，2012)，为澳大利亚设立3只社会企业与发展投资基金(Social Enterprise and Development Investment Funds，SEDIF)。与英国设立“大社会资本”一样，澳大利亚设立这些基金，也是为了促进本国的社会影响力投资。

英国案例研究：“大社会资本”

“大社会资本”由英国当时的联合政府于2012年4月成立，但上届工党政府早在其执政时期就设想设立这样一个机构。创建“大社会资本”的首要目的就是在英国打造一个繁荣的社会投资市场，并且以伦敦作为国际社会金融市场中心，进一步提升伦敦在全球社会金融市场上的领导地位(Big Social Capital，2012)。如上文所述，“大社会资本”最初的资本金是无人认领的银行存款和大商业银行的投资(预计总资本金6亿英镑)，但后来“大社会资本”资本金大幅增长。除了充当“市场冠军”以外，“大社会资本”还对社会影响力投资中介机构进行了投资。重要的是，它以批发商的身份从事这些业务。因此,“大社会资本”支持那些已经存在的社会企业,而不直接投资创办社会企业,因为这样做会干扰已经在执行的计划。“大社会资本”的主要业务是为影响力投资基金提供种子资金。

主流经济创建商业银行、投资银行和咨询等其他中介机构以促进资金流向投资。这些机构是为了尽可能提高资本配置效率而创建的(Bishop and Green,2010)。事实上,经合组织已经指出,英国风险投资业的基础设施发展对于支持这个行业“最终实现大幅度增长”非常重要(OECD 2004:194);世界经济论坛还强调了中介机构本身的重要性:

> 不管怎样,社会金融部门目前只有数量有限的中介机构,而且很多中介机构只是一些规模很小的利基市场参与者或者专门化的参与者。想要让社会金融市场达到一定的规模,就必须扩大这些机构的规模,并且增加它们的数量。主流投资者需要主流社会金融中介机构。(World Economic Forum,2013:2)

毕晓普和格林(Bishop and Green,2010:31)指出:

> 虽然主流金融部门肯定能够做得更好,但我们不能对社会部门(中介)同行的努力吹毛求疵……这些“好中介人”(good-brokers)的最大不足就是他们缺少资金来源,这不仅仅是因为慈善家甚至政府往往都认为基础设施投资不如直接影响穷人的融资项目。然而,美德中介机构(virtue’s intermediaries)的基础设施实际上可以确保这些直接投资项目实现更高的投资社会回报。

“很多研究也强调了为社会企业家带来社会金融资本的中介机构的重要性。”[1]

想要有中介机构存在,就必须有足够多的交易,以确保接受资金的企业负担得起任何合理的中介费用,而且所支付费用足以奖励资金提供者。这些中介机构还必须开展其他各种相关活动——如法律、会计、咨询和其他相关的支持性服务活动,才能使中介过程正常进行。

在主流经济中,这个生态系统的全部三个组成部分都以自然速度增长——与它们所依附的资本流动和经济活动的基本水平保持一致。政界和其他界别的人士——雄心勃勃地希望社会投资快速增长——一直渴望这一

〔1〕 例如,可参阅毕晓普和格林(2010);桑穆加林盖姆等(2011);基奥恩(2012);米汉和琼克(Meehan and Jonker,2012);洛克菲勒基金会(2012)。

目标的实现速度快于自然速度。[1] 尤其是在英国，大幅削减预算给所有公共服务提供机构造成了压力，社会企业在某种程度上被看作是在紧缩条件下维持福利服务的“圣杯”(Holy Grail)式解决方案。事实证明，这其中的有些解决方案根本就不现实，但为了加快市场发展，英国政府已向这个部门投入10多亿英镑用于创建或培育一些具有社会影响力取向的基金，希望这些基金能够创造自己的需求，因为社会企业的形成是为了应对供给侧资本的增加。[2] 虽然有关资本供需的均衡点位于何处的问题仍争论不休，但有人认为，政府的这种希望已被证明过于乐观。此外，这个部门必需的市场基础设施投资不足，目前的交易水平太低，如果没有积极的支持，就无法鼓励自然进入。

因此，增加对社会金融市场基础设施的投资，显然为发展社会金融市场所必需(Wood，Thornley and Grace，2012)。精心设计的基础设施能产生巨大的杠杆作用，艾默生和巴格—莱文(Emerson and Bugg-Levin)曾经指出：

> 等到影响力投资的开拓者和新来者能够有效合作时，影响力投资就会获得迅速发展，从而就能建设促进下一轮人才和资金进入这个领域的基础设施。(Emerson and Bugg-Levin，2011:159)

本章的其余部分将从政府性基础设施、支持性基础设施、知识性基础设施和交易性基础设施四个方面重点考察社会金融市场有效基础设施的构成要素。下面先逐一介绍这些基础设施，然后就其发展的逻辑顺序提出一些看法，最后进行总结。

社会金融市场所需的不同基础设施

政府性基础设施

政府在建设基础设施促进社会金融市场繁荣方面有很多的选择(Wood，

---

〔1〕 请参阅 the UK government's 2013 report ‘Growing the Social Investment Market’(Cabinet Office，2013)。

〔2〕 例如，罗纳德·科恩在接受全球影响力投资网络采访时表示：“影响力投资资本/资金有巨大的潜在需求。世界各国的社会部门普遍缺乏资金。如果说人们认为资金不足，那么筹集资金的挑战就显得如此之大，以至于经验丰富的成功人士都不愿承担自己创业的风险。如果说人们认为资金容易获得，就会冒险进行投资。从这个意义上讲，增加货币供应就能创造需求(GIIN，2012)。”

Thornley and Grace,2012)。在英国的政策背景下,政府可把自己的作用界定为:

> 增加社会投资的资金供应;刺激和支持社会投资需求;为社会投资和社会企业完善法律、税收和监管环境。(HM Government,2012:8)

通过对过去10年政策制定情况的分析,可以确定3个对于社会金融营造有利环境至关重要的要素。下面逐一考察这些要素。

监管

在社会金融市场的需求侧,国家可以创新为投资对象规定新的法律形式,使它们更加适合接受社会金融投资。美国历来对营利性组织和非营利性组织进行明确的区分:营利性组织(如公司)为了给公司股东实现最大的价值而存在;[1]而美国的慈善法则非常详细地规定了非营利组织获准参与商业活动的范围。

不同的国家对社会企业规定的不同法律形式,能够支持社会企业的发展和其筹资努力。许多评论人士强调指出,由于缺乏适当的法律形式,社会企业遇到了筹资难的问题(Doeringer,2010:315)。因此,法律制度是社会金融蓬勃发展所必需的基础设施的关键组成部分。

在有些国家,这并不意味着社会企业要采取一种单独的法律形式,而是可以采取许多其他形式。因此,企业家能够选择最适合其目标的企业法律形式。新西兰并没有对社会企业专门规定某种法律形式,社会企业可采用不同的法律形式——从有限责任公司和产业互助会(industrial and provident society)到合作社和毛利人土地信托。所有这些都不是专门为社会企业设计的法律形式,新西兰内政部最近在一份报告中强调,新的法律形式并不是这个部门需要优先解决的问题(New Zealand Department of Internal Affairs,2013)。

在欧洲,社会企业的法律形式往往被视为推动这个部门发展的关键所在。自20世纪90年代初以来,几乎每个欧洲国家都准许成立自己的社会合作实体。意大利议会率先从1991年开始立法允许成立社会团结合作社(so-

---

[1] 请参阅著名的"道奇公司诉福特汽车公司案"(Dodge v. Ford Motor Company case)——美国最高法院认定亨利·福特(Henry Ford)有责任经营好自己的企业,为股东而不是社区或员工赚取利润——以及林恩·斯托特(Lynn Stout)在他的《股东价值神话:"股东第一"如何伤害投资者、公司和公众》(*The Shareholder Value Myth:How Putting Shareholders First Harms Investors,Corporations,and the Public*,Stout,2012)中介绍的对位案例。

cial solidarity co-operative)。在随后的15年里,意大利总共成立了7 300个社会团结合作社。葡萄牙在1997年也允许成立社会团结合作社;西班牙在1999年同样立法准许成立社会行动合作社(social initiative co-operative)。比利时试图为社会企业专门规定一种法律形式,1995年为社会企业规定了一种新的法律形式"社会目的公司"(Société à Finalité Sociale,SFS),"一种对利润分配有额外限制的营利性企业"(Doeringer,2010:309)。但在现实中,比利时的这种社会企业法律形式更像是一种标签,而不是一种不同的企业法律形式。由于采取这种法律形式的社会企业要受到种种法律限制,因此,许多社会企业家宁愿不采用这种法律形式,干脆就建立营利性企业。事实上,比利时人普遍认为,社会目的公司并没有取得特别的成功——因此,重要的是,社会企业的具体法律形式必须有利于社会企业实现自己的目标(与其他营利性或非营利性组织的法律形式相比,不能有太多的限制,但能创造收益),这样才有利于社会企业部门发展。

想要促进美国社会金融的发展,就必须着手发展促进社会金融发展的新组织结构(E. T. Jackson and Associates Ltd,2012)。社会企业可以是营利性企业或非营利性实体。非营利性实体享受税收豁免待遇,但不能把净收益分给股东或让个人受益,从而导致许多企业家不适合采用这种形式,而营利性社会企业则有筹集资金障碍,还有要把10%的利润再分配给相关慈善机构的问题。最近,共益公司越来越受到欢迎。"共益公司"是一种针对营利性企业的私人认证制度,在200个社会影响力指标中达标80个的营利性企业就被认证为"共益公司"。"共益公司"是以营利为目的的企业实体(目前美国只有30个州推行这种认证制度),并且把"正社会影响力"纳入其依法确定的目标中。此外,美国对社会企业规定了一种混合法律形式,那就是低利润有限责任公司,俗称"3L公司"。3L公司是以营利为目的、业主负有限责任的实体。最关键的是,法律允许3L公司发行股票集资,同时也使它们更容易从基金会那里筹资进行"项目相关型投资"(Esposito,2013:682)。

目前,一般都赞同,从寻求投资的社会创业者可为新创社会企业选择的法律形式的角度看,英国拥有非常发达的社会企业部门(Bates, Wells and Braithwaite,2005;Esposito,2013)。对这些新创社会企业可选用的不同法律形式的简略探讨就能显示,政府监管如何能够通过向投资者和被投资者提供多种选择来促进社会企业的创建和发展。首先,有限公司具有一定程度的平衡利益相关者利益的灵活性，这在美国是不可能的。即使更主流的股份有限公司，也允许采取非利润最大化性质的行动，并且可用自己的公司章程（公司管理的宪章性文件）来指导自己的行为。

采用受限制较多的担保有限公司（company limited by guarantee，CLG）这种法律形式，可以进一步强化企业的社会使命。根据担保有限公司的规定，公司成员要为公司的责任提供担保——担保有限公司没有股东，但必须有一个以上的成员。成员有出席公司大会和投票表决的权利；他们有权通过投票任免董事，基本上对公司拥有最终控制权。然而，担保是名义上的，通常以 1 英镑为限。担保有限公司的成员是公司的所有人，并拥有与股份有限公司股东大致相同的权利。英国工党政府还引入了社区利益公司，目的就是要让股权持有人和债权持有人能够对资产被锁定在明确规定的社会目的上并对出资人有回报上限规定的社会企业进行投资。[1] 此外，社区利益公司旨在为新创企业提供一种“内部管理良好的认证”，并且证明其社会和道德取向。到 2014 年，英国已经注册成立了 9 000 多家社区利益公司，但到目前为止只向投资者支付非常低的回报（Regulator of Community Interest Companies，2010；Schwartz，2010）。对于寻求发展合作社和共有公司的投资者来说，产业互助会的法律形式提供了一种完善的监管方式（Mason，Kirkbrie and Bryde，2007）。

不但公司企业可以接受社会投资，而且慈善机构也可用这种方式来获得资金。英国有一个这方面例子，那就是伦敦早年基金会（London Early Years Foundation，LEYF）。伦敦早年基金会是一个有 100 多年历史的慈善机构，在伦敦各地为贫困家庭儿童开办社区托儿所。为了找到更可持续收入来源，伦敦早年基金会与中介公司“确为社会”（利用政府投资与合同准备基金的资金）[2]建立了一个适合社会投资的模式，采用交叉补贴的方式让较富裕地区的营利托儿所为贫困社区的儿童提供免费或收费打折的名额。到目前为止，伦敦早年基金会与“确为社会”已经通过发行债券的形式从“桥梁风投”和“大问题投资”这两个机构影响力投资者那里筹集到了 125 万英镑的资金（White，2014）。

除了直接进行债权投资以外，慈善机构还可以通过发行社会债券获得资

---

〔1〕 请浏览英国社区利益公司协会网站（http://www.cicassociation.org.uk）。该协会负责监管社区利益公司，就像慈善委员会监管第三部门那样。

〔2〕 想了解更多的细节，请浏览 http://www.beinvestmentready.org.uk。

金。英国对慈善债券的第一笔机构投资，是对残疾人组织 Scope 的投资。[1]它们合作对“善投资”开发的第一只在交易所交易的社会债券进行投资，并于2012 年 5 月筹集到了 200 万英镑，作为 2 000 万英镑社会债券计划的第一期筹资。这些债券的投资者都是高净值人士以及包括拉斯波恩（Rathbones）和英国国家科学、技术和艺术基金会在内的基金会和机构投资者（The Good Analyst，2012；Investing for Good，2012）。

监管问题也会影响企业从信托基金和基金会那里筹集资金的能力。虽然信托责任的概念和监管与影响力投资的结合并不充分紧密，但可解冻用来支持社会金融的主流资金仍然无法获得。

美国国家影响力投资咨询委员会特别强调了美国对（养老基金和基金会）信托责任的监管限制以及对基金会投资营利性企业的限制，并且认为这些限制阻碍了美国社会金融市场的发展。与此同时，在英国，社会投资工作组在其 2000 年度的报告《勇于进取的社区：财富超越福利》（Enterprising Communities：Wealth Beyond Welfare）中建议，财政大臣做出“立法和监管改革，为慈善信托基金和基金会投资社区发展融资提供更大的余地和鼓励”（Cabinet Office，2010：2）；而慈善委员会发布指导意见明确指出，慈善机构和基金会可以进行社会投资和捐赠。英国的埃斯梅·费尔伯恩基金会就是一个例子。在过去的 10 年里，这个基金会作为投资者在这一领域变得越来越活跃。

在像南非这样的国家就能看到支持社会影响力投资的监管。南非监管当局现在要求投资者考虑任何可能对投资的可持续长期绩效产生实质性影响的因素，包括那些具有环境、社会和治理特征的因素（US National Advisory Board on Impact Investing，2014：22）。目前，这些变化在很大程度上更加适合使命相关型投资[2]或者符合联合国的“负责任投资原则”（Principles for Responsible Investment，PRI）[3]，而不是“影响力投资原则”，但这种包含外部性的受托责任愿景是支持社会金融必需的基础设施的重要先导。现在有1 200 多个投资者拥有 34 万亿美元投资于“负责任投资项目”的资产，其中包括挪威政府的养老基金（US National Advisory Board on Impact Investing，

---

〔1〕 请浏览 http://www.scope.org.uk。

〔2〕 使命相关型投资是指基金会进行的符合其总体目标和价值观的投资。这个术语出自洛克菲勒基金会 2008 年度的报告《使命相关型投资：基金会受托人政策及其执行指南》（Mission-Related Investing：A Policy and Implementation Guide for Foundation Trustees）。

〔3〕 联合国制定了《负责任投资原则》（请浏览 http://www.unpri.org），为将环境、社会和治理问题纳入跨资产类别投资实践提供了可能的选择。

2014)。有了重视受托责任的基金会和基金对负责任投资提供这种支持,就为更多的人进入影响力投资领域做好了准备。因此,如果要想让社会金融成为主流,就必须营造鼓励这种做法的监管环境。

财政政策

在许多国家,政府已经采取旨在鼓励投资特别是对早期成长型企业投资的税收激励措施。为了鼓励这种投资,政府往往对社会企业规定低得多的资本利得税税率。例如,在英国,某些受监管的社会事业从业组织(如社区利益公司或慈善机构)可享受资本利得税减免待遇。这项规定最初是为2014年4月6日至2019年4月5日实现的资本利得制定的。此外,在许多西方国家,个人向慈善机构捐款也能因此而享受一定的税收优惠,而且很多文献都把它作为捐款的驱动因素(Wood and Hagerman,2010)。[1] 这种税收激励措施一旦落实到位就很难取消,因为有关利益集团就会为了确保能够继续享受税收优惠而发展壮大。这些利益集团有很强的信号传递能力,并且会更加广泛地传递信号。有人认为,改善税收环境本身就会成为更加广泛地推动社会部门进一步发展的催化剂(Worthstone and Wragge & Co LLP,2013)。

社会金融由于其相对较新的特点,因此缺乏那种强大的利益集团来为它游说。此外,社会投资通常并没有获得特别优惠的税收待遇,在一些国家,同样的社会投资甚至只能享受与常规投资相同的财政优惠。即使在一些实施税收优惠政策的国家,如实施社区投资税收减免的英国,也规定了很多适用条件和限制,以至于流入这项存款计划的资金额远低于预期[自2003年以来,每年约为8 600万英镑,而预期为每年2亿英镑或10年约为20亿英镑(CDFA,2012)]。英国政府于2014年4月推出了社会投资税收减免措施[2],作为进一步刺激社会金融市场的措施,这才在一定程度上弥补了这一缺陷。

案例研究:英国的社会投资税收减免

在2014年3月通过的预算案中正式宣布的社会投资税收减免计划鼓励投资者对受监管的社会企业进行投资,并对英国现行的投资税收减免计

[1] 这些激励措施从荷兰慈善捐款1%～10%的税收抵免到加拿大慷慨的可变税收抵免不等。在加拿大,200美元或以下的捐款可获得17%的税收抵免,而200美元以上的捐款则可获得29%的税收抵免(CAF,2006)。

[2] 想了解细节,请浏览 http://www.gov.uk/government/publications/social-investment-tax-relief-fact-sheet。

划——如企业投资计划(Enterprise Investment Scheme)和种子企业投资计划(Seed Enterprise Investment Scheme)——进行了补充。从2014年4月6日开始,税收减免额从所得税中扣除,相当于投资额的30%。如果投资于慈善机构、社区利益公司或社区福利会(community benefit society),就可以申请税收减免。虽然一些批评人士认为,这项投资税收减免计划也许只优先考虑某些受监管的社会企业,从而扭曲了市场,但另一些人则称赞它能通过降低投资风险把更多的私人资本和天使投资资金引入社会投资市场(Evili,2014)。

关于如何营造为加快社会金融发展速度所必需的财政环境,仍有很大的争议(Cohen,2011)。有人认为,增强这个行业对投资者的吸引力,能鼓励资本流入这个行业并加快这个行业的发展(Worthstone and Wragge & Co LLP,2013);而另一些人则认为,这种激励措施会扭曲市场,对这个行业的总体投资水平的影响微乎其微,但却是一种对富人(那些通常有资产可投资的人)的补贴。但不管怎样,人们普遍认为,社会金融应在与主流投资平等竞争的环境中运作(Heaney,2010)。法国有一个这方面的很好例子:《社会与团结经济法案》(Projet de Loi Relatif à l'Économie Social et Solidaire)提出了社会企业的新定义,使这些企业有更好的机会获得专门投资(获得公共投资基金银行的投资)、对地方社区计划的支持,并且在安全的法律环境下运营(Moscovici and Hamon,2013)。

经常被忽视的一个财政干预例子是,政府设立基金直接投资社会企业,或者投资支持这些企业的基础设施。这些基金即使需要私营部门的配合,也大大降低了社会部门的资金成本。如上所述,"大社会资本"就是这种批发银行的一个例子。澳大利亚已经设立了3只目的相似的基金,这3只基金的私人投资总值达到了2 060万~4 060万澳元,其中2 000万澳元是政府拨款(Cohen,2011)。欧盟自己或者通过欧洲投资基金也在探讨设立类似目的基金的问题,社会影响力加速器组合基金就是一个例子。"社会影响力加速器"是2013年5月发起设立的第一只泛欧公私合伙影响力投资基金——试图动员6 000万欧元的资金(EVPA,2013)。同样,奥巴马总统上任初期采取的一项行动就是创建社会创新基金(Trivedi,2010)。在2010年以来的第三轮筹资中,这只基金获得了超过1.77亿美元的联邦拨款,并且撬动包括私人捐赠者在内的非联邦政府配套资金4.23亿美元(Corporation for National and Community Service,2013)。社会创新基金每年向中介机构提供金额为100万～500万美元、期限5年的资金,而中介机构提供等额配套资金,然后把这些资金分配给社会组织,以扩大其影响范围,并构建关于什么起作用的有力证据。所有这些工具都对资本形成进行补贴,因此是税收抵免、拨款或赠款和其他财政补贴的替代工具。

各国政府创造有利的财政环境,刺激社会影响力投资,激励机构和个人投资者早期进入社会影响力投资市场,并为他们尽早进入市场创造机会。所有这些都是社会金融市场基础设施建设一个不可分割的组成部分。

金融服务立法

如上节所述,向慈善机构捐款的个人常能享受一些财政优惠待遇。为了防止滥用财政优惠政策,每个国家往往都要求慈善机构到有关国家机关注册登记,以确保慈善机构或基金会按照某种社会目的或宗旨运营。特别是在像意大利这样的国家,这些组织有着悠久的历史,而且成员众多(Palmer,1997)。正规社会企业的情况并非如此,它们一般都是刚进入市场不久——当然,互助社、合作社和其他社会导向型企业在欧洲已经存在数十年。不过,西班牙的蒙德拉贡合作公司(Mondragon Cooperative Corporation)是一个例外,这家被很多人认为是社会企业的公司成立于1956年(Bhawuk,Mrazek and Munusamy,2009)。

此外,虽然基金会和捐赠机构的"注资"(pump-priming)工作是开发社会投资市场的关键所在(Bannick and Goldman,2012),但社会企业通常不可能获得大规模捐赠,而是通过社会影响力投资来达到一定规模。社会影响力投资管理通常不同于慈善捐赠管理,更加接近主流投资管理。在英国,金融投资要受到金融行为监管局(Financial Conduct Authority,FCA)[1]的监管。英国金融行为监管局的职责就是保护投资者不受金融促销者欺诈或不当行为的影响。这种监管是可以理解的,但会增加金融促销公司的成本,从而加重规模小得多的社会金融部门的负担(O'Donohoe et al.,2010)。此外,许多社会投资者并不寻求利润最大化,而且许多监管措施通常以财务目标为主,这就意味着现有的

〔1〕 2013年,金融服务管理局(Financial Services Authority)被审慎监管局(Prudential Regulation Authority,PRA)取代。http://ukgicompliance.co.uk/fca.

许多监管框架并不适合社会金融。社会金融成长需要的关键基础设施，不仅是积极的有利环境，而且还包括消除为监管主流金融或组织设置的现有障碍，因为它们限制了初创社会企业成长和扩大自己影响力的潜能。

案例研究：众筹和社会投资

近年来，随着众筹的不断发展，社会企业家发现可以把众筹作为个人和机构投资的补充。一些众筹平台（如Kickstarter）采用有奖众筹（rewards-based crowdfunding）的方式来筹集资金，而另一些众筹平台（如Seedrs）则向投资者派发自己的股权。社会企业"Breezie"为帮助没有条件上网的人也能上网，在2014年6月筹集到了60万英镑的投资，其中包括从"确是社会天使风投"那里获得的18万英镑的天使投资，然后从在线平台"CrowdBnk"筹集到了资金。

2014年7月，英国的一个主要股权型众筹平台"Crowdcube"在网上花了16分钟就为自己筹集到了160万英镑的资金。这次众筹得到了一家风投公司340万英镑投资的支持，这表明，众筹与机构投资结合在一起具有巨大的威力。随着众筹的不断发展，如果社会影响力企业想要在这个市场上挖掘潜力，监管部门就必须支持股权融资和有奖融资。

公共部门的委托业务

在大多数发达国家，政府支出要占到经济活动的1/3～2/3。因此，政府作为采购者的行为可能会产生重要影响。公共部门的委托业务有可能成为社会金融基础设施建设的重要一环。

有证据表明，公共部门的委托业务历来容易被人滥用。观察人士当然同意，政府在采购产品和服务时设法确保"物超所值"并符合公共利益（Public Administration Select Committee，2008）。但重要的是应该认识到，最低报价也许并不代表最优价值。"物超所值"，对于社会企业部门的从业人员来说，正变得越来越重要，因为他们普遍相信，社会导向型企业为政府带来的价值超过了投标所包含的价值。越来越多的支持者认为应该把这一点考虑进去。

在英国，政府对此做出了回应，通过专门立法鼓励公共部门把自己的业务委托给企业，这种做法符合社会经济价值观。2012年第一季度，英国议会通过了《公共服务（社会价值）法案》（Cabinet Office，2013），旨在确保公共部门在招标时考虑投标人的独特社会、伦理和环境影响力。因此,社区所有组织或者社会企业应该能感觉到与大企业竞投公共部门合同比较容易中标,因为政府专员现在必须考虑这些以前被认为是合同以外的因素。通过把这些外部因素融入招标过程,应该能够明确社会企业和社区所有企业投标的额外价值。

英国内阁办公室在对该法实施1年所取得的结果进行审查时强调了政府专员和供应商共同体因把社会价值嵌入采购活动而创造的丰富资源。实施这部法律的一个结果就体现在"为善交易"(Trading for Good)的工作上,也就是创建了一个让中小企业展示自己社会价值的数字平台,从而增加其获得公共部门委托合同的机会。目前有3 000多家中小企业正在使用这个数字平台(Cabinet Office,2014:6)。

公共部门委托与私营部门参与的规则是促进社会金融所必需的基础设施的另一关键内容。在《公共服务(社会价值)法案》颁布之前,英国公共部门在招标时采用经济活动和商业交易规则,因此有利于只根据价格制定标书的组织。政府还可以进一步采取这种取向的措施来增加负外部性企业的成本——由那些把成本(如清理被污染的河流和湖泊)转嫁给整个社会的企业造成的外部性。通过实际增加那些产生负外部性的企业的成本,政府就能进一步调整规则使之有利于社会企业。这种参与规则是社会影响力投资市场另一有用的基础设施。

知识性基础设施

知识性基础设施也能促进社会金融市场的成长和发展(Mitchell,Kingston and Goodall,2008;Freireich and Fulton,2009)。要使这类基础设施蓬勃发展,在取得这方面进展的国家可观察到三个必要的基本条件:

(1)必须定期有向公开辩论开放的新思想出现。

(2)必须愿意审查各项倡议,并且允许犯错,否则就有可能做出方向错误的努力,并造成相当严重的资源浪费。例如,英国最初在社区利益公司法律形式上所犯的认识错误,大大降低了这种公司的发展速度。社区利益公司监管机构建议进行变革以使对这种公司的监管更有利于实现目标(Department for Business,Innovation & Skills,2013)。当时的英国政府善于接受批评意见,并且改进规则，放宽限制，从而提高了这种公司法律形式的可接受度。

(3)推广社会金融市场的成功经验也是促进社会金融市场发展的重要步骤(Howard，2012；Martin，2013)。有人建议，开展有针对性的行业性公关活动，以推广成功经验(Freireich and Fulton，2009)。拥有很多广为人知和理解的关于成功社会企业的案例，就能使社会经济所蕴含的可能性在全社会更加迅速地扩散。

为了把这些基础条件铭记心头，有必要探讨信息或知识性基础设施所涉及的具体方面，并且必须把它们组合在一起，才能进一步推进社会金融发展。主要有以下重要机构参与知识性基础设施的建设和发展。

学术机构

除了学术机构对社会金融进行有价值的研究外，教育是促进市场成长的知识性基础设施的一个核心部分(Baird，2011；E. T. Jackson and Associates Ltd，2012)。这里所说的教育通常是指在商学院开设的本科、研究生和高管课程。学者的兴趣也推动了因对社会金融感兴趣而形成的专业俱乐部的创建。学术机构的参与既为该行业奠定了知识基础，又帮助培养了人才。

行业会议和网络

世界各地每年要召开许多行业性社会投资会议，把实际工作者、政策制定者、社会企业家以及资助人和金融家聚集在一起。行业性会议对于分享最佳实践和传播成功案例的研究信息至关重要，使新进入者能得益于在本行业已经活跃一段时间的企业的经验(E. T. Jackson and Associates Ltd，2012)。具体来说，它们还为仍处在发展早期阶段的行业里奋斗的人士提供情感支持——如果这个行业想留住人才和积累经验，这一点至关重要。然而，这种会议越来越多地面向行业外——特别是面向主流经济，因为社会企业家寻求利用行业外和主流经济的资源，而且可从中学到许多东西。此外，这种会议也日益变得国际化，社会企业世界论坛(Social Enterprise World Forum)和总部设在美国的“社会资本市场”(SOCAP)一直是这个领域的引领者，而桑科普论坛(Sankalp Forum)则在建设全球知识生态系统方面发挥着重要作用，特别是在南方国家。

以这个行业知识发展为中心的网络“为发展整个影响力投资生态系统提

供了资源和服务”(World Economic Forum,2013:17)。这些网络可以是像全球影响力投资网络这样旨在为这个行业固化定义、研究和其他知识框架(O'Donohoe et al.,2010)并组织协作和分享最佳实践的团体。通过把全球范围内这个行业的从业人员聚集在一起,行业性网络和会议为这个处在早期发展的市场打造了非常重要的知识性基础设施。

媒体出版物和行业网站

每个发展中行业都得益于行业性专业出版物,这类出版物有助于分享最佳实践,传播案例研究结果和成功的经验以及行业参与者普遍感兴趣的消息和信息。这些出版物还能有效地提供这个行业就业机会的信息,帮助人力资本自由、有效地流动。行业网站受益于在线平台允许的即时性和响应能力;随着社交媒体的不断增多,随着这个行业朝着主流化方向的发展,以社会金融为核心的社交媒体网络建设已经成为社会金融知识性基础设施的关键组成部分(Osburg and Schmidpeter,2013)。

一项关于瑞典主要投资机构参与社会金融市场意愿的研究显示了传播社会金融成功信息的重要意义。杨森和比尔(Jansson and Biel)研究发现,(与对社会和环境问题的关切相比)对金融风险和市场成长的关切显著推动了社会责任投资向前发展(Jansson and Biel,2014)。随着越来越多的案例研究结果和成功案例的问世,如果机构参与者真想支持社会金融,就必须把这些信息传递给主流金融部门。

“灰色”研究

在需要最有效地加快这个行业发展,满足这个行业日益增长的对研究的需求的背景下,一些专业化的研究提供商应运而生。这类研究目前主要由本行业从业者和主流金融机构(如英国国家科学、技术与艺术基金会、摩根大通银行)来完成,目的是为构建社会金融市场的政策和实践提供信息。这类研究旨在奠定为促进对这个行业进一步投资所必需的证据基础,特别是在获得其他知识性基础设施补充的时候。

政府也可以在促进并创建社会金融知识性基础设施方面发挥自己的作用。政府可以充当号召力强大的召集人、研究者以及数据收集者和汇总者。然而,这种活动在不同国家之间差别很大。例如,在美国,政府在这个领域发挥的作用较小；而在法国，政府发挥了主导作用，而且还发起了一场“有组织、有协商的社会运动，旨在改变资产管理领域的制度逻辑”（Crifo and Forget，2012：23）。

政府对知识性基础设施的支持不只限于国家层面。英国在2000年成立了社会投资工作组，这对于提升社会金融行业的知名度具有重要的意义，并且在传播成功经验和案例研究成果方面也取得了一些进展（Patton，2013）。后来，英国又在2013年6月成立了社会影响力投资工作组，代表英国主办八国集团——俄罗斯没有参加，澳大利亚作为观察国列席参加——社会影响力投资论坛的领导机构，并且也提供了一个采取行动制定国际影响力投资政策议程的实例（Cabinet Office，2013）。

政府在打造知识性基础设施方面可发挥关键的作用，通过分享汇总数据来让这个行业的情况更加透明、清晰。英国内阁办公室在2014年初发布了社会孵化器基金和社会影响力债券（Wood，2010）数据的形象说明；这些可获取的数据集旨在使社会金融行业从业者以及主流金融、第三部门和公共部门的专业人员掌握关于社会金融迄今取得的成功的重要信息。

支持性基础设施

扩大社会金融交易，需要发达的支持性基础设施，这是已经在主流金融中获得发展但在社会金融领域仍处在发展阶段的“资本曲线”（capital curve）的一个关键部分（Bishop and Green，2010）。构建支持性基础设施的目的是确保缔约方做好准备承接或提供社会金融资金。很多支持性基础设施与介于供求之间的中介空间有关——所有运行良好的市场所必需的“必要环节”。

专业性通才服务公司

主流金融部门离开了律师和会计师的帮助，几乎就会一事无成；社会金融也变得越来越依赖律师和会计师。特别是律师在指导社会企业方面发挥着不可或缺的作用，他们指导社会企业依据日益复杂的法律体系来构建最灵活、最有效的财务制度和安排，以便平衡自己的社会和财务目标。所有这一切也是为那些社会企业需要他们资金的投资者的需求所驱动，而且必须要让这些制度和安排正常运行。事实上，由于社会金融增加了复杂的社会影响力维度,因此可能比主流金融更加复杂。

会计师确保社会企业以明确和透明的方式向其利益相关者进行报告,而且还经常协助开展尽职调查。对于投资者的信心来说,有信誉的会计师和律师参与社会金融市场,是降低投资社会企业风险的重要因素。许多英国专业服务公司专门承接社会部门的业务[1],这有助于积累宝贵的专业知识。

除了律师和会计师之外,对其他技能供应商的需求也在增加,其中既有对硬技能的需求,也有对软技能的需求。主流投资领域也会出现这种情况,因为企业都希望通过提高员工的技能水平和管理层的效率,并且利用其他技术来提高企业的团队工作效率。越来越多的这类技能提供商愿意把自己的一些服务奉献给社会部门,也出现了一些专门为社会部门服务的机构。

案例研究:贝茨·威尔斯·布雷斯韦特

贝茨·威尔斯·布雷斯韦特(Bates Wells Braithwaite,BWB)是英国一家专门代理慈善机构和社会企业业务的重要律师事务所。虽然总部位于伦敦金融城的中心区域,但这家律师事务所一直被认为致力于为社会部门企业和主流客户提供前沿服务,它在社会影响力投资部门的一些重要项目中发挥了非常重要的作用。英国有数以千计的社会企业家选择了社区利益公司这种法律形式,而这家律师事务所被公认为是这种社会企业法律形式的设计师。它本身又是创业者,它创建了意外保险公司(CaSE Insurance)和信托无限责任公司(Trustees Unlimited)这两家为慈善机构和社会企业提供非法律服务的合资子公司。

专业咨询公司

除了上述公司以外,还有一些组织在资本中介过程中发挥着相当特殊的重要作用,其中的一个关键领域就是所谓的“投资准备”(investment readiness)。投资准备支持提供者通常会设法帮助社会企业获得资金。这类服务可包括确定融资模式或制定商业计划,对企业高级管理团队、董事会或受托管理委员会以及企业关键方面取得的进步进行考核或评估,目的就是要保证

[1] 波士顿咨询集团(Boston Consulting Group)和普华永道会计师事务所(PWC)等大型企业在该行业开展研究并提供咨询服务。普华永道在伦敦南部创建了“社会变革中心”,在那里他们支持英国社会企业、社会企业家学校和社会企业餐厅“Brigarde”开展工作。请参阅 http://firestation.pwc.co.uk。

解决投资者可能关心的所有问题，并在必要时采取或着手采取补救措施。

在英国，内阁办公室发起成立了投资与合同准备基金，以加快为英国社会企业家提供支持性服务的速度，帮助他们自筹至少 50 万英镑的资金用于投资，或者确保签署 100 万英镑以上的外部投资合同(ICF GHK and BMG Research，2013)。英国的“大彩票基金”也成立了面向规模较小的初创企业的“大潜力基金”(Big Potential Fund)，这只基金在 3 年内提供了 1 000 万英镑的赠款资金(Big Lottery Fund，2014)，而从事资助咨询服务的无限基金则被认为是这类为初创企业服务的专业咨询公司的一个典型例子(Phan，Bacq and Nordqvist，2014)。在这之前，一直是大彩票基金在为许多社会企业孵化器提供这类资助咨询服务。

在一些文献(Baird，2011；Worthstone and Wragge & Co LLP，2013；Eggers and Macmillan，2013)中，对初创企业加速器和孵化器的需求也有详细的记载。但可以说，直接与投资准备有关的资助对于创建可持续社会投资市场特别重要。经合组织强调了对这类支持性基础设施进行投资的必要性：“对于初创社会企业和在同一城市或其他市场复制高效率企业来说，投资基础设施都存在不足”(OECD，2004：145)。

案例研究：投资与合同准备基金

投资与合同准备基金是一项由英国联合政府提出、内阁办公室资助落实的计划，旨在促进社会企业和慈善机构的筹资和合同准备工作。[1] 这项计划最初筹集到 1 000 万英镑，目的是要在 3 年里帮助 100 多家社会企业或者慈善机构支付聘请经批准的专家和顾问的服务费用。这些组织通常难以获得这种资助，因此意味着社会部门的企业要么没有获得适当的咨询服务，要么就是无法获得发展所需的专家支持。这项计划大受欢迎，经常有媒体报道类似性质的后续计划付诸实施(Boston Consulting Group，2014)。社会投资企业这家混合慈善—社会企业机构负责管理这项计划。

除了帮助社会创业者做好投资准备之外，凡是这方面有些基本觉悟和经验的企业也在为以影响力为取向的投资者提供支持。其他企业也正在发展自己的技能，帮助投资者制定影响力投资策略，监测这些策略的实施效果，并

[1] 请浏览其网站：http://www.beinvestmentready.org.uk。

且为具体的投资项目开展尽职调查和提供其他服务。

这个领域专家服务的另一个重点是社会影响力评估和报告。鉴于社会影响力投资因要兼顾社会影响力和调整风险后的财务回报而不同于主流投资,因此,越来越有必要衡量和评估这种投资所产生的社会影响力,并把评估结果与投资者的预期进行比较。这种方法是在北美和欧洲发展起来的,两地采用的评价指标既有明显的相似之处,但又反映了明显的文化差异。[1] 许多有关方面试图制定共同的标准,但仍未达成共识,看来也不可能很快就能达成共识。但是,无论是机构投资者还是个人投资者,都需要这样的指标,并且希望这些指标值得信赖(Social Finance,2012)。投资者牺牲部分收益的意愿可能正在增强,但前提是他们觉得能够令人满意地评估自己牺牲的收益所产生的社会影响力(Keohane,2012)。社会企业家愿意把这些指标纳入他们的报告体系,但往往因为评估或/和监测社会影响力的交易成本太高而望而却步。

社会影响力评价和报告水平也与这个行业中介机构提供服务的能力有关。基奥恩表示,"制定社会影响力评价和报告标准有助于更广泛地夯实这个行业的基础,包括创建更多的中介咨询公司"(Keohane,2012:98)。有评论人士甚至认为,这个行业非常需要不同于主流审计的社会审计(Dunfee,2003)。如果没有可靠的评价指标,那么推动该行业向前发展所必需的支持性基础设施——甚至交易性基础设施——很难受到欢迎。投资于支持受到广泛认可的社会影响力评价和报告的基础设施,是社会影响力投资不可分割的一个组成部分。

案例研究:社会影响力评价

"意向性"(Intentionality)是一家总部设在英国、帮助社会企业和项目评价和报告社会影响力的社区利益公司。这家公司的服务范围从召开向企业家介绍如何评价和报告社会影响力的小组会议到深度分析投资准备工作。这家公司通过投资与合同准备基金外包业务,帮助企业编制自己的社会影响力报告,而且还替"大风险挑战"——一个由大彩票基金资助、旨在为初创社会企业招揽投资的项目——进行全部的社会影响力评估工作。

---

〔1〕 例如,可参阅:"Conceptions of Social Enterprises and Social Entrepreneurship in Europe and the United States:Convergences and Divergences"(Defourny and Nyssens,2008)。

交易性基础设施

有人认为，在支持投资者的基础设施——如交易清算机制、基准数据和投资银行服务——建成之前，行业的交易成本一定很高（O'Donohoe et al.，2010）。与主流投资一样，社会影响力投资需要必要的载体、组织和中介机构，才能有效或者高效地进行（Nicholls and Pharoah，2007；Meehan and Jonker，2012）。所有这些因素可明确分为资金来源、金融中介机构和交易后流动性来源三类。

资金来源

所有的投资归根结底都是从个人开始的，个人通过养老基金或其他产品供应商和经理投资创造财富。即使是政府也并非是它用于支持这个行业的资金的终极来源，这些资金是由纳税人缴纳的税款。但不管怎样，如果没有必要的制度路径使这些资金能找到可供投资的社会企业，社会投资就会大大减少，社会金融市场的增长速度就会远远低于预期。下文列举了最常见的制度路径。

专业化的影响力投资基金（IIF）。有评论者强调，专业化的影响力投资基金和中介机构是推动社会金融部门成长的关键因素之一（E. T. Jackson and Associates Ltd，2012）。在英国，这类基金经常在政府行动的刺激下快速增长。桥梁风投[1]的第一只基金获得了政府的补贴资助[2 000 万英镑的政府第一损失投资（first-loss investment）]。如今，桥梁风投已成为一个非常成功的市场参与者，拥有差不多 6 亿英镑的托管资金——都是在私人市场上筹集的，没有任何政府补贴。另外一些组织也获得了发展，其中包括“大问题投资”、社会投资企业、“CAF 风投者”、动力信托/私募股权基金会；而另外一些组织[2]则以政府拨款为主要资金来源，还有一些企业的资助和高净值人士的投资。

随着一家社会投资批发银行——“大社会资本”——的成立，这个中介市场在英国获得了发展。这家社会投资批发银行通过提供奠基性融资帮助创

---

[1] 请浏览 http://www.bridgesventures.com。

[2] 请浏览 http://www.bigissueinvest.com；http://www.sibgroup.org.uk；http://cafonline.org/venturesome；http://impetus-pef.org.uk。

建了几只新的投资基金。这方面的两个重要例子就是英国国家科学、技术与艺术基金会麾下的影响力投资基金(NESTA Impact Investment Fund)以及私人银行贝伦伯格(Berenberg)与列支敦士登全球信托(LGT)联袂建立的合资基金"IVUK"。"大社会资本"拥有6亿多英镑的资金,其中大部分投资于影响力投资基金。预计"大社会资本"将撬动影响力投资行业融资20多亿英镑。如果社会金融要从边缘成为主流,就必须支持建立影响力投资基金的基础设施投资(Egger and Macmillan,2013)。

案例研究:英国国家科学、技术与艺术基金会旗下的影响力投资基金

这只基金于2012年发起成立,是最早由"大社会资本"提供种子资本的管理投资基金之一,最终筹集到1 760万英镑的资金,主要投资于社会部门的一些关键领域,包括老年人健康和福利事业、青少年教育和就业能力培养以及社区的社会和环境可持续性。这只基金凭借自己做10万～100万英镑投资的能力,旨在进行填补社会投资市场上——天使投资停止和机构投资开始之间——的缺口的投资。这只基金可以使用债务、股权和准股权等多种工具进行投资。

基金会

基金会大多由富有的个人或者家族创立,它们是社会投资的重要参与者,基金会的慈善资金常是促进社会投资市场成长的关键因素。关于基金会在社会金融基础设施建设中的作用已有很多介绍。[1] 毋庸置疑,基金会注资的刺激作用及其形象提升作用对于社会投资取得成功可以说不可或缺。虽然在估计800亿英镑的基金会捐赠中,只有一小部分直接用于社会投资(估计在5 000万～1亿英镑)。

基金会捐赠通常被用作风险或研发资金,具有高度的影响力取向,而且往往对高财务回报的需求较小。基金会的关系和网络及其深厚的影响力专门知识,对于创建社会金融市场也可能是不可或缺的重要因素。埃格斯和麦克米伦(Eggers and Macmillan)介绍了阿育王基金会的例子。阿育王基金会

[1] 如可参阅尼科尔斯和法拉奥(2007);科尔、克拉姆钱达尼和卡茨(Koh, Karamchandani and Katz,2012);巴尼克和戈德曼(2012)。

旨在杠杆化利用自己在抵押贷款公司、营利性住房开发商以及当地与该基金会有资本关系的社区组织之间发展关系的能力，在印度创建了经济适用房市场(Egger and Macmillan，2013)。不管怎样，基金会越来越不愿意把赠款主要用于在私营部门创造利润。

基金会在构建社会金融市场的其他基础设施——如知识性基础设施——方面也发挥着关键作用。洛克菲勒基金会出资建立了全球影响力投资网络，这个网络已"成为全球北方影响力投资者及其支持组织的重要平台"(E. T. Jackson and Associates Ltd，2012：38)。预计将来会有更多的基金会把影响力投资作为自己的一个重要捐赠领域，但在可预见的将来，基金会在这方面的捐赠规模不太可能很大，不足以超过这个领域大机构的注资潜力。

养老基金

除通过像桥梁风投这样的载体外，养老基金在这一领域的表现通常并不十分活跃(Sullivan，2012)。但随着时间的推移，那些具有很强伦理倾向的基金(宗教附属基金、学术附属基金，或许还有工会基金)可能会把越来越多的资金配置于影响力投资，并且可能在今后成为创建影响力投资业的重要参与者。实际上，法国已经立法要求养老基金至少要向一只团结基金进行投资(养老基金必须把自己5%～10%的资金投到被贴上"团结"标签的企业。企业必须具有某些符合社会企业精神的特点——如雇用具有弱势背景的员工——才能获得"团结"标签)(Yermo，2008：7)。英国在这方面的另一项主要行动是"促增长投资"(Investing for Growth)，而美国最大的公共养老基金加利福尼亚公务员养老基金(CalPERS)从1992年以来一直把社会投资作为其主流投资政策的一个组成部分(Quarter，Carmichael and Ryan，2008)。

案例研究："促增长投资"(I4G)

这是英国五大地方政府养老基金采取的一项具有里程碑意义的行动，目的是要利用其雄厚的资金进行投资，不但要获得经济回报，而且兼顾其投资能产生的社会影响力。这符合地方政府养老基金兼顾风险和回报"造福地方社区并应对当前经济挑战"的要求(Jones，2014：1)。根据养老金投资研究咨询公司(Pensions Investment Research Consultants)的建议，这项计划最初承诺，每个地方政府养老基金把5 000万英镑(总计2.5亿英镑)的资金投入社会影响力投资基金，而这些基金每年提供7%的最低投资回报率。这5只地方政府养老基金2.5亿英镑的投资本身数额已经很大，而且可能催生数十亿其他基金——特别是那些具有伦理取向的基金（如教产管理机构管理的宗教附属基金）——既可用于获得财务回报也可对当地社区产生积极影响的资产。

基金管理公司

一些基金管理公司正在通过其社会责任投资活动进入影响力投资领域。虽然这种情况正在缓慢地发生，但社会责任运动的迅速发展表明，影响力投资具有很大的发展潜力，特别是在能够吸取让基金管理公司遵守社会责任投资原则的经验教训的情况下（Crifo and Leke，2012）。摩根大通等投资银行一直在带头寻求像其全球健康投资基金（Global Health Investment Fund）那样只筹集以影响力为取向的资金，目的就是要促进药物、疫苗、诊断方法和其他针对严重影响低收入国家的疾病的干预措施而进行融资。

公司企业

到目前为止，公司企业一直不愿把自己的资金投入这个领域。不过，也有一些值得注意的例外，如南非米勒公司（SAB Miller）及其拉美基金（Latin America fund）在4年内投资1700万美元（Lippert，2013）在其他发展中市场开展业务。最近一个令人鼓舞的例外是由公用事业巨头森特里卡集团（Centrica）发起成立的伊格尼特基金（Ignite Fund）。[1] 这只基金专注于节能或环保方面的影响力投资。一些对道德问题高度敏感和对客户兴趣日益浓厚的公司一直是开拓这个市场的最活跃者。企业很有可能加入支持社会企业和这个部门增长的行列中来（Waddock，2008）。

高净值人士

富人也在进行影响力投资，有时是自己直接进行影响力投资，有时是通过活跃在这一领域的越来越多的家族理财机构进行投资。但也有例外，有些个人通过天使投资网络参与影响力投资，如“确为社会”就是这样一个托管基

---

〔1〕 请浏览 http://ignitesocialenterprise.com。

金。[1] 很多对这个领域感兴趣的富人通过私人银行进行投资，并在较小程度上是通过英国财务会计师公会（IFA）把一小部分财富投资于不同的金融工具。

虽然到目前为止高净值人士参与影响力投资的程度仍然有限，但许多相关文献强调了投资者驱动的运动对重塑金融体系的重要意义，认为它们对于发展社会责任投资基础设施至关重要（MacLeod，2009）。[2] 事实上，对于高净值人士支持的需要，就如同对“确为社会”和“托尼克网络”等中介机构以及致力于构建高净值人士网络[3]的政府的需要那样，获得了广泛的认可。

咨询中介机构

咨询中介机构对于简化资本流动过程必不可少。它们扮演着媒介的角色，为特定的社会融资需要寻找合适的投资者。此外，它们还向企业提供融资咨询服务，评估资金需求和最佳筹资结构。这些中介机构还在帮助企业做好投资准备、与客户一起做令人信服的投资案例分析等方面也发挥着重要作用。目前已经有多种咨询中介机构在社会部门开展工作，它们的数量还在增加。

主流咨询中介机构。英国四大会计师事务所都在这个领域开展咨询业务。安永等会计师事务所经营着“加速”（Accelerate）网络，与无限基金等提供商合伙提供咨询服务，并出资设立社会创业奖。其他会计师事务所设立了社会企业咨询部，作为其现有企业财务或咨询部门的一个分部。例如，普华永道一直是英国内阁办公室上述投资与合同准备项目的主要咨询顾问。大型国际投资银行尚未涉足这一领域，因为这个领域的交易规模仍远小于其目标规模。

虽然现有的中介机构在提供咨询和支持方面发挥了重要的作业，但随着这个行业的发展，我们需要更加专业化的中介机构根据对社会影响力投资领域的深入了解，提供专门知识和咨询意见：

> 已有的中介机构……往往在为机构资产所有者发现传统投资机会方面发挥关键作用，它们还将继续发挥这样的作用，直到

---

[1] “确为社会天使风投”是英国第一个社会影响力投资天使团体：http://www.clearlysocialangels.com。

[2] 还请参阅：洛克菲勒基金会（2012）。

[3] 2014年4月，奥巴马总统在白宫为千禧年财富继承人——包括洛克菲勒、万豪（Marriott）和卡尔森（Carlson）家族继承人——举行了一次私人活动，探讨为了全球社会影响力让下一代超高净值人士参与影响力投资的问题（Johnson，2014）。

> 具有更加明确的影响力取向的新型中介机构成为这个领域的“制度质量”（institutional quality）保证。（Wood，Thornley and Grace，2012：9）

独立的利基中介机构。英国出现了几家专门为社会企业客户服务的咨询中介机构，包括社会金融公司、（总部设在荷兰、在英国很活跃的）特里多斯银行和“确为社会天使”公司。这份名单还包括为数越来越多、向英国社会企业提供类似咨询的小公司，其中有像“共鸣”（Resonance）这样的管理小型投资基金的公司，还有小到只有一名或几名员工的企业。

案例研究：“确为社会”

“确为社会”成立于2008年9月，也就是雷曼兄弟公司宣布破产的那个月。它是一家英国金融监管局特许成立的公司，其宗旨是通过帮助社会创业者筹集资金来实现扩张。它的客户包括寻求100万英镑以下投资（通常以股权形式）的初创社会企业，寻求至多4 000万英镑投资、较为成熟的社会影响力组织以及在任何地方筹集500万～2亿英镑的影响力投资基金。初创社会企业通常会接受商业天使投资，而“确为社会”经营着英国最大的社会企业天使网络“确为社会天使风投”。此外，它还向英国和欧洲500多个机构投资者推销投资机会。显然，“确为社会”本身就是一家由天使支持的社会导向型企业，而且也接受了英国国家科学、技术与艺术基金会和“大社会资本”的投资。

交易后（或退出）流动性来源

英国规模可观的社会企业为数有限，而且活跃的社会金融市场直到最近才开始形成，这就意味着，把流动性作为一种退出投资或管理社会投资组合的机制的需求仍然有限。但不管怎样，随着主流投资者进入这一领域并寻求他们习惯的退出流动性（Hill，2011）：

> 交易所和投资平台有助于许多投资者应对在寻求投资于影响力企业时所面临的挑战——识别可投资的机会。虽然几个世纪以来，证券交易所一直在为证券交易提供便利，但伦敦直到2013年才正式成立第一家社会证券交易所。伦敦社会证券交易所公布在伦敦证券交易所公开上市交易的影响力企业。（World

Economic Forum，2013：16）

其他国家也做过类似的尝试，试图创建面向社会投资者的流动性提供机制。比较著名的例子有巴西的环境与社会投资交易所（Environmental and Social Investment Exchange）、南非的社会投资交易所（Social Investment Exchange，SASIX）（Stewart，2012）、加拿大的“SVX Canada”（Floyd，2013）以及总部设在新加坡但以毛里求斯证券交易所（Mauritius Stock Exchange）为交易平台的亚洲影响力投资交易所。[1] 几年前，英国为有经验的私人投资者投资道德/社会股票建立一个规模较小但或许更加实用的门户网站“Ethex”，帮助他们获得有关行业和股票的有用信息并保证自己持有的股票具有流动性。这个风投项目与其他许多类似性质的风投项目一样正处于发展的早期阶段，但已经显示出了令人鼓舞的迹象。2013年6月成立的英国社会证券交易所是投资者在公开市场上获得影响力投资机会的又一平台。

主流投资银行，尤其是中型主流投资银行，是更加重要的影响力投资流动性来源。例如，多年来，英国布鲁因·多尔芬经纪公司一直为伦理房地产公司的股东提供撮合交易的砍价服务。[2] “加纳科尔德资本”（Cannacord Capital）是英国另一家中等规模的经纪公司，也为社会企业提供上市债券交易便利。最后，英国一直在讨论建立一个履行做市功能为影响力投资者提供流动性的资本池。

有评论人士认为，社会金融市场仍然需要大量的基础设施，包括证券交易所、各种量身定制的产品和工具以及成熟的中介机构（O’Donohoe et al.，2010；Solomon，2011）。只有造好基础设施并提供多样化的产品，社会金融部门才能改变自己的面貌并真正吸引机构和散户投资者（Heaney，2010）。

结束语

本章探讨了更好地发展使能性基础设施对于促进社会金融市场成长和发展的必要性，并把这看作是加快社会金融交易数量和价值增加的主要因素。与其把所有对基础设施的需要合并在一起论述，还不如对基础设施分门别类详细讨论，并且介绍与每个类别基础设施有关的重要机构的实例。表

〔1〕 南非社会投资交易所与亚洲影响力投资交易所在2014年合并。

〔2〕 http://www.ethicalproperty.co.uk.

15.1列示了社会金融市场基础设施的不同构成要素，社会金融从业人员和政府政策制定者可从成本、与市场发展不同阶段的相关性以及谁带头发展某种要素等的角度比较和评估这些要素。

表 15.1　　社会金融市场基础设施建设

基础设施构成要素		投资成本	最适合的带头群体	市场建设重点阶段
政府性	·企业法律架构	低	感到社会投资压力的政府	早期
	·税收激励政策	低		中期
	·使能性金融服务立法	低		早期
	·公共服务委托的社会价值	中		中期
知识性	·学术机构	中	学术界	早期
	·行业会议与网络	低	学术界、影响力网络与组织	早期
	·媒体出版物与网络	低	媒体、中介机构、行业网络	中期
	·政府贡献	低	政府	中期
支持性	·通用专业服务机构	中	专业机构	早期
	·专业咨询公司	高	专业机构、政府	中期
	·专业研究机构	中	学术界、影响力网络、基金会	中期
交易性	·资金来源	高	金融界、政府、基金会	早期
	·投资银行与金融中介机构	高	金融界、政府	早期
	·退出流动性来源	中	金融界、影响力网络	早期

社会金融市场要想利用自己在这方面已经取得的成功和主流金融推动创建一个需要实施社会、道德和环境问责制的更加均衡的经济，就需要投资建设本章所介绍的政府、支持、知识和交易性基础设施。虽然我们已经阐明了支持大力投资基础设施建设的有力论据，但仍有一个基础设施缺口必须填补：

> 虽然资金合理地流向了投资者可望从他们那里获得高财务和社会回报的“规模经营者”(scaler)，但行业基础设施投资和处于早期阶段的创新者仍不太容易获得资金——尤其是在为弱势群体服务的市场上。(Bannick and Goldman，2012：16)

有利于社会企业创建和发展的基础设施有助于社会企业提升融资投资能力并进行投资交易，因此有益于创建一种具有可持续性和前瞻性的社会经济。基础设施投资也是对促进合作、互动以及更广泛的影响力和问责措施的体制的投资，每个处于发展早期阶段的行业都能从中受益。

参考文献

Baird, R. (2011). 'Seed-Stage Investment and Support: Closing the Gap to Growth in Impact Investing.' *Innovations*, 6(3): 133–43.

Bannick, M., and Goldman, P. (2012). *Priming the Pump: The Case for a Sector Based Approach to Impact Investing*. California: Omidyar Network.

Bates, Wells and Braithwaite (2005). 'Keeping It Legal: A Guide to Legal'. <http://www.bwbllp.com>, accessed 28 April 2014.

Bhawuk, D. P., Mrazek, S., and Munusamy, M. V. P. (2009). 'From Social Engineering to Community Transformation: Amul, Grameen Bank and Mondragon as Exemplar Organizations', *Peace & Policy*, 14: 36–63.

Big Lottery Fund (2014). *Big Lottery Fund Launches £10 million Fund to Get Sector Investment Ready*. <http://www.biglotteryfund.org.uk/global-content/press-releases/england/270214_eng_sib_fund-to-get-sector-investment-ready>, accessed 2 May 2014.

Big Society Capital (2012). *First Annual Report*. London: Big Society Capital.

Bishop, M., and Green, M. (2010) 'The Capital Curve for a Better World.' *Innovations: Ashoka-Lemelson Special Issue*, pp. 25–33.

Boston Consulting Group. (2014). *Review of the Investment and Contract Readiness Fund*. External Review. London: Boston Consulting Group.

Bugg-Levin, A., and Emerson, J. (2011). *Impact Investing: Transforming How We Make Money While Making a Difference*. Kindle ebook. Hoboken: John Wiley & Sons.

Cabinet Office (2010). 'Social Investment: Ten Years On'. Final report of the Social Investment Taskforce, Cabinet Office, London.

Cabinet Office (2013). 'Background Analysis on the UK Social Investment Market'. Cabinet Office, London.

Cabinet Office (2013). 'Growing the Social Investment Market: 2013 Progress Update'. London: HM Government.

Cabinet Office (2014). 'The Public Services (Social Value) Act 2012: One Year On'. HM Government, London.

CAF (2006). *International Comparisons of Charitable Giving*. London: CAF.

CDFA (2012). *Inside Community Finance: The CDFI Industry in the UK*. London: CDFA.

Cohen, R. (2011). 'Harnessing Social Entrepreneurship and Investment to Bridge the Social Divide.' EU Conference on the Social Economy, Brussels.

Corporation for National and Community Service (2013). 'Getting Results, Transforming Lives: The Social Innovation Fund 2010–2012 Investment Report.' <http://

www.nationalservice.gov/sites/default/files/documents/sif_investment_report2013_0.pdf>, accessed 28 July 2014.

Crifo, P., and Forget, V. (2012). 'Think Global, Invest Responsible: Why the Private Equity Industry Goes Green.' *Journal of Business Ethics* 116: 21–48.

Defourny, J., and Nyssens, M. (2008). 'Conceptions of Social Enterprises and Social Entrepreneurship in Europe and the United States: Convergences and Divergences.' *Journal of Social Entrepreneurship*, 1(1): 32–53.

Department for Business, Innovation & Skills (2013). 'Response to the CIC Consultation on the Dividend and Interest Caps.' 10 December. <https://www.gov.uk/government/uploads/system/uploads/attachment_data/file/264664/CIC-13-1333- community-interest-companies-response-on-the-cic-consultation.pdf>, accessed 2 May 2014.

Department of Education Employment and Workplace Relations (2012). *The Social Enterprise Development and Investment Funds: Lessons from the Implementation Process*. Canberra: Australian Government.

Doeringer, M. (2010). 'Fostering Social Enterprise: A Historical and International Analysis', *Duke Journal of Comparative and International Law*, 20: 291–329.

Dunfee, T. W. (2003). 'Social Investing: Mainstream or Backwater?' *Journal of Business Ethics*, 43(3): 247–52.

E. T. Jackson and Associates Ltd. (2012). *Accelerating Impact: Achievements, Challenges and What's Next in Building the Impact Investing Industry*. New York: Rockefeller Foundation.

Eggers, W. D., and Macmillan, P. (2013). *The Solution Revolution: How Business, Government, and Social Enterprises Are Teaming Up to Solve Society's Toughest Problems*. Cambridge, MA: Harvard Business Review Press.

Esposito, R. (2013). 'The Social Enterprise Revolution in Corporate Law: A Primer on Emerging Corporate Entities in Europe and the United States and the Case for the Benefit Corporation'. *William & Mary Business Law Review*, 4(2): 639–714.

Evill, S. (2014). 'Budget 2014: Osborne's Social Investment Tax Relief Is a Welcome Move', *Real Business*, 20 March. <http://realbusiness.co.uk/article/26101-budget-2014-osbornes-social-investment-tax-relief-is-a-welcome-move>, accessed 28 July 2014.

EVPA (2013). 'European Venture Philanthropy Association.' 15 May. <http://evpa.eu.com/blog/2013/05/eif-launches-a-social-impact-investing-fund-of-funds/>, accessed 2 May 2014.

Floyd, D. (2013). 'Social Stock Exchange: The Rise of International Competitors,' *The Guardian*, 25 October.

Freireich, J., and Fulton, K. (2009). *Investing for Social and Environmental Impact*. San Francisco, CA: Monitor Institute.

GIIN (2012). 'Investor Spotlight: Big Society Capital', Washington, DC: GIIN. <http://www.thegiin.org/cgi-bin/iowa/resources/spotlight/486.html>, accessed 15 June 2015.

Heaney, V. (2010). *Investing in Social Enterprise: The Role of Tax Incentives*. London: CSFI and Nesta.

Hill, K. (2011). *Investor Perspectives on Social Enterprise Financing*. London: ClearlySo and City of London.

HM Government (2012). *Growing the Social Investment Market: HMG Social Investment Initiatives*. London: HM Government.

Howard, E. (2012). *Challenges and Opportunities in Social Finance in the UK*. London: Social Finance.

ICF GHK and BMG Research (2013). *Growing the Social Investment Market: The Landscape and Economic Impact*. City of London.

Investing for Good (2012). *Scope Closes First Issue of Bonds under £20-million Social Investment Programme*. <http://www.investingforgood.co.uk/news/scope-closes-first-issue-of-bonds-under-pound20-million-social-investment-programme/>, accessed 28 July 2014.

Jansson, M., and Biel, A. (2014). 'Investment Institutions' Beliefs about and Attitudes toward Socially Responsible Investment (SRI): A Comparison Between SRI and Non-SRI Management', *Sustainable Development*, 22(1): 33–41.

Jones, J. (2014). 'LAPFF Schemes Commit £152m to Impact Investments', *Professional Pensions*, 14 June.

Keohane, G. L. (2013). *Social Entrepreneurship for the 21st Century: Innovation cross the Nonprofit, Private, and Public Sectors*. New York: McGraw Hill Professional.

Koh, H., Karamchandani, A., and Katz, R. (2012). *From Blueprint to Scale: The Case for Philanthropy in Impact Investing*. San Francisco, CA: Monitor Group.

Lippert, K. (2013). 'SABMiller: Supporting Retailers in Latin America.' 29 April. <http://community.businessfightspoverty.org/profiles/blogs/karl-lippert-president-sabmiller-latin-america-supporting>, accessed 2 May 2014.

MacLeod, M. R. (2009). 'Emerging Investor Networks and the Construction of Corporate Social Responsibility', *Journal of Corporate Citizenship* 34: 69–98.

Martin, M. (2013). *Status of the Social Impact Investing Market: A Primer*. London: Cabinet Office.

Mason, C., Kirkbride, J., and Bryde, D. (2007). 'From Stakeholders to Institutions: The Changing Face of Social Enterprise Governance Theory', *Management Decision*, 45(2): 284–301.

Meehan, B., and Jonker, K. (2012). 'The Rise of Social Capital Market Intermediaries', *Stanford Social Innovation Review*, 10(1): 45–53.

Mitchell, L., Kingston, J., and Goodall, E. (2008). *Financing Civil Society: A Practitioner's View of the UK Social Investment*. London: Venturesome.

Montgomery, A., Wren, P., Dacin, A., and Dacin, M. T. (2012). 'Collective Social Entrepreneurship: Collaboratively Shaping Social Good', *Journal of Business Ethics*, 111(3): 375–88.

Moscovici, P., and Hamon, B. (2013). *Projet de loi économie sociale et solidaire*. Paris: Ministre de l'économie et des finances.

New Zealand Department of Internal Affairs. (2013). *Legal Structures for Social Enterprise*. Wellington: NZ DIA.

Nicholls, A. (2006). *Social Entrepreneurship: New Models of Sustainable Social Change*. Oxford: Oxford University Press.

Nicholls, A. (2013). 'Filling the Capital Gap: Institutionalizing Social Finance', in S. Denny and F. Seddon (eds), *Social Enterprise: Accountability and Evaluation Around the World*. Oxford: Routledge, pp. 161–95.

Nicholls, A., and Pharoah, C. (2007). *The Landscape of Social Investment: A Holistic Topology of Opportunities and Challenges*. Oxford: Said Business School.

Nicholls, A., and Schwartz, R. (2013). 'The Demand Side of the Social Investment Marketplace', in L. M. Salamon (ed.), *New Frontiers of Philanthropy: A Guide to the New Tools and New Actors That Are Reshaping Global Philanthropy and Social Investing*. San Francisco: Jossey Bass, pp. 562–82.

O'Donohoe, N., Leijonhufvud, C., Saltuk, Y., Bugg-Levine, A., and Brandenburg, M. (2010). *Impact Investments: An Emerging Asset Class.* London: J.P. Morgan.
OECD. (2004). *Entrepreneurship: A Catalyst for Urban Regeneration.* Paris: OECD Publishing.
Osburg, T., and Schmidpeter, R. (2013). *Social Innovation: Solutions for a Sustainable Future.* New York: Springer.
Palmer, P. (1997). 'Auditing, Accounting and Supervision in the European Charitable Sector', *Corporate Governance: An International Review*, 5(1): 29–36.
Patton, A. (2013). 'The Social Investment Market: The Role of Public Policy in Innovation and Execution', in *Perspectives from the Social Investment Symposium 2012.* Cabinet Office, Said Business School, Oxford.
Phan, P., Bacq, S., and Nordqvist, M. (2014). *Theory and Empirical Research in Social Entrepreneurship.* Google eBook: Edward Elgar Publishing.
Public Administration Select Committee (2008). 'Public Services and the Third Sector: Oral and Written Evidence (HC 112-ii, Incorporating HC 540-i-v, Session 2006–07)'. House of Commons, London.
Quarter, J., Carmichael, I., and Ryan, S. (2008). *Pensions at Work: Socially Responsible Investment of Union-Based Pension Funds.* Toronto: University of Toronto Press.
Regulator of Community Interest Companies. (2010). *Annual Report.* London: Regulator of Community Interest Companies.
Schwartz, R. (2010). 'ClearlySo Blog.' 24 April, available at: <http://www.clearlyso.com>, accessed 15 June 2015.
SEUK (2013). *The People's Business.* London: SEUK.
Shanmugalingam, C., Graham, J., Tucker, S., and Mulgan, G. (2011). *Growing Social Ventures: The Role of Intermediaries and Investors: Who They Are, What They Do, and What They Could Become.* London: Young Foundation and NESTA.
Social Finance (2012). *Microfinance, Impact Investing, and Pension Fund Investment Policy Survey.* London: Social Finance.
Solomon, L. (2011). *Tech Billionaires: Reshaping Philanthropy in a Quest for a Better World.* New Jersey: Transaction Publishers.
Stewart, N. (2012). 'The Rise of Social Exchanges', *IR Magazine*, 23 January.
Stout, L. (2012). *The Shareholder Value Myth: How Putting Shareholders First Harms Investors, Corporations, and the Public.* San Francisco: Berrett-Koehler Publishers.
Sullivan, R. (2012). 'Impact Investing Forecast to Double.' 11 November. <http://www.ft.com/cms/s/0/9cdb0efe-29c2-11e2-9a46-00144feabdc0.html>, accessed 2 May 2014.
Swersky, A., and Brown, A. (2012) *The First Billion.* London: Boston Consulting Group.
The Good Analyst (2012). *Scope: Report No. 1.* London: The Good Analyst Ltd.
The Rockefeller Foundation (2012). *Capital Markets for Impact at Scale: Showcasing Institutional Impact and Community Investing.* New York: Rockefeller Foundation.
Trivedi, C. (2010). 'Towards a Social Ecological Framework for Social Entrepreneurship', *Journal of Entrepreneurship*, 19: 63–80.
US National Advisory Board on Impact Investing (2014). *Private Capital, Public Good: How Smart Federal Policy Can Galvanize Impact Investing—and Why It's Urgent.* Washington, DC: NAB Impact Investing.
Waddock, S. (2008). *The Difference Makers: How Social and Institutional Entrepreneurs Created the Corporate Responsibility Movement.* Sheffield: Greenleaf Publishing.

White, A. (2014). 'Big Issue Backs Deprived London Nurseries'. *The Daily Telegraph*, 24 May.

Wood, A. (2010). 'New Legal Structure to Address the Social Capital Famine', *Vermont Law Review*, 35: 45–52.

Wood, D., and Hagerman, L. (2010). 'Mission Investing and the Philanthropic Toolbox'. *Policy and Society* (Initiative for Responsible Investment, The Hauser Center for Nonprofit Organizations, John F. Kennedy School of Government), 29(3): 257–68.

Wood, D., Thornley, B., and Grace, K. (2012). *Impact at Scale: Policy Innovation for Institutional Investment with Social and Environmental Benefit*. New York: Rockefeller Foundation.

Word Economic Forum Investors Industries (2013). *From the Margins to the Mainstream: Assessment of the Impact Investment Sector and Opportunities to Engage Mainstream Investors*. Geneva: World Economic Forum, 2013.

Worthstone and Wragge & Co LLP (2013). *The Role of Tax Incentives in Encouraging Social Investment*. London: City of London and Big Society Capital.

Yermo, J. (2008). 'Governance and Investment of Public Pension Reserve Funds in Selected OECD Countries.' OECD Working Papers on Insurance and Private Pensions, No. 15, OECD Publishing, France.

第五篇

社会金融的未来发展方向

社会金融中的众筹

社会影响力投资——非洲和亚洲的外来直接投资和私募股权投资

环境影响力投资——生态经济型家园的共同管理

第十六章　社会金融中的众筹

奥斯玛·M. 莱纳

引　言

在创业的早期阶段，创新企业家手中往往只有想法、好名声、热情，而融资则可能非常困难。由于无法有效证明自己的想法，这些企业家也许会发现自己无法吸引所谓的“商业天使”作为早期投资者，而且银行也不愿在新企业短期内不可能产生稳定现金流的前景下提供贷款（Waygood，2011）。

在这种情况下，企业家可能不得不利用“亲朋好友”（还有傻瓜！）的资源来筹集启动资金，或者他们可能不得不采用“自助”方式，也就是采用预付款、个人贷款和其他融资方式来为企业成长筹集资金（Lam，2010）。但由于各种约束因素，这些方法可能并不适合所有的商业模式。需要大量前期投资的企业或具有混合价值创造产出的社会企业，可能会发现很难甚至不可能利用这种自维持型方法（Dushnitsky and Shapira，2010）。

在社会上具有高度合法性的（社会）企业往往能吸引许多人捐助各种资源，如志愿服务、捐物甚至捐款。这种方式最近被称为“众包”（crowdsourcing），特别是在涉及众多捐助人和通过新的社交媒体进行沟通时（Howe，2006；Kittur，2010；Bloxham，2011）。

由于以下两个原因，吸引大众进行债务和股权投资仍然十分困难：首先，在投资者和被投资者之间存在地理距离的情况下，可能存在严重的信息不对称问题（Ketchen，Boyd and Bergh，2007）。其次，许多国家的法律只准许捐赠或为预购商品支付预付款，但禁止各种形式的“众投”（crowd-investments）。

然而，随着越来越多的社会企业和非营利组织参与捐赠争夺战，获得捐赠的机会变得越来越少。与此同时，普罗大众正在寻求把自己的钱投资于他们选择的社会企业和可持续企业，而不是捐赠，以取代资本市场提供的其他选择。但在大多数资本市场发达的国家，想购买股票甚至分享收益的投资者必须进行登记并得到认可，而发行证券的公司必须履行耗时费力的程序，往往需要经过外部审计才能发布招股说明书。

不过，最近技术、法律和社会领域的一系列发展为零售社会金融创造了新的机会，其中包括众筹。众筹的目的就是利用社交媒体和互联网吸引大量的潜在散户投资者，而不是依赖投资管理公司等成熟的金融中介机构。参加众筹的每个成员通常只贡献一小部分的资金，但加在一起就能进行可观的联袂投资。

加深对众筹的了解，对社会企业来说可能特别重要，因为由社会使命驱动的企业家在早期筹资时往往都会遇到特殊的问题。现有相关文献显示，造成这种具有挑战性的情况的原因是社会企业往往要履行具有混合性质的职能（Dacin，Dacin and Matear，2010），也就是既要创造社会价值，又得创造经济价值。此外，深层次的原因还包括：缺乏能够指导投资者进行资本/资金配置的明确指标；社会企业不寻常的法律形式和组织结构；可能阻碍营利性投资者和社会企业之间有效沟通的深层次文化和认知障碍（Bauer-Leeb and Lundqvist，2012）。2008 年的金融危机及其引发的银行信贷紧缩，也加大了新创社会企业寻找筹资和融资替代方式的压力。

众筹可以提供一种不同的选择，特别适合用来为满足社会企业的资金需要进行融资，因为众投者往往不太在乎担保或者商业计划，而是关注他们投资的公司的理念和核心价值观——常常是高度关注他们所感知的合法性。社会企业的这些方面常被普遍看好，这种依靠大众来筹资的方式也许还能带来意外惊喜，即被公众认为是一种民主筹资方式，回应一些认为社会企业看重市场的批评意见（Meyer，2009），特别是在俾斯麦式的社会福利国家（Esping-Andersen，2006；Lehner，2011）。

虽然众筹有支持社会企业的潜力，但很少有学术论文——除了一小部分只关注捐款的学术文章以外——在这一背景下讨论众筹问题（Chow，2011）。甚至在整个商业风投领域，对众筹的研究也才刚刚起步，而且往往只是根据一些轶事性证据。因此，本章将研究并探讨众筹的商业模式，分别考察债务型和股权型众筹，并在社会企业背景下提出未来的研究主题。

社会企业融资

一段时间以来，社会企业市场融资一直受到这个混合行业特点的制约。有些社会企业主虽然本身就是创业者或创始人，但他们通常来自传统的非营利组织，并且具有与商业无关的教育背景。他们的文化背景和技能通常不利于其与传统投资者和金融中介机构进行沟通（Bauer-Leeb and Lundqvist，2012）。他们重点关注的往往是社会影响力，而不是现金流、流动性、长期财务回报或财务规划和预测（Ridley-Duff，2009）。英格兰银行 2003 年的一项研究表明，社会创业者很难获得传统的债务融资（Brown and Murphy，2003）。然而，由孟加拉国格莱珉银行开创的小微信贷市场取得的成功，有助于公众关注社会金融领域（Yunus and Weber，2007），并且吸引了主流金融的资本。

一个专门为社会企业家服务的专业性社会金融市场已经出现，主要是为了满足社会企业特殊的投资需要（Bull and Crompton，2006；Ridley-Duff，2009；Fedele and Miniaci，2010）。这个专业社会金融市场有不同于传统金融市场的风险和回报模式以及叙事和话语。此外，它还有自己特有的投资和业绩评价指标，如投资社会回报率模型，这些评价指标都是作为资本配置和投资合法化的工具提出的（Flockhart，2005）。

社会企业家有时会参加由斯科尔或阿育王这样的基金会或者更多是由传统营利性公司作为其企业社会责任活动组织的由赠款驱动的创业“竞赛”（Baron，2007），而不是把投资回报作为获得融资的驱动因素。除了这些基金会外，还有一些国家采用自己特有的方式来应对社会企业家的融资状况，如为东欧市场服务的奥地利的“勤劳的蜜蜂”（Goodbee），或者像英国社会企业投资基金那样的大型政府基金。所有这些机构都有自己的关注焦点，如什么是合格的社会企业，包括它们可以采取何种组织形式和法律形式，因此明显有别于众筹模式。在众筹模式中，各类企业家、组织形式或者想法都可以凭借业绩筹集大众资本。

在实行社会民主或企业—国家福利制度的国家，许多社会企业（Esping-Andersen，2006）通常至少部分依赖捐款和政府拨款（Ridley-Duff，2009；Fedele and Miniaci，2010）。然而，由于金融危机造成的福利支出减少，越来越难以获得公共资金，争夺慈善赠款的竞争也不断加剧。众筹平台虽然大多建立在英语国家（Massolution，2012），但仍有望成为一种替代性融资渠道。

许多社会企业家有很强的合法性，从而降低了投资者的风险（Ketchen et al.，2007），而且也有助于解决众筹模式固有的信息不对称所造成的风险问题。

众　筹

众所周知，新创企业在其发展的早期阶段往往不易获得必要的外部资金，因此需要求助于融资手段（Waygood，2011）。在新创企业发展的后期阶段，商业天使和风投基金可能填补比较大的资金缺口。但是，创业者只能通过自己及其家人和朋友来筹集概念验证和创业起步阶段所需的资金（Dushnitsky and Shapira，2010；Irwin and Scott，2010；Cumming，2012）。这个过程有时被称为“自扩展”（bootstrapping）（Lam，2010），包括营运资本管理和紧缩。

众筹也许是一种社会企业在早期发展阶段非常需要的替代性筹资方式，一个从大量受众那里获得捐赠、债务和股权融资的不同途径。但必须指出，众筹通常被认为只是一种有限的、基于项目的筹资方式（如表 16.1 中的众筹平台 Kickstarter）。实际上，这样界定的众筹并没有充分反映众筹在实践中的实际作用范围。有人建议用“众投”（crowdinvesting）来区分项目融资与借贷资本或者权益资本长期投资。

表 16.1 众筹平台

名称/链接	简单介绍	类别/编码
Crowdfunder (http://www. crowdfunder. com)	新平台，允许募捐、债务和股权型众筹，需要实际展示产品或服务，仅限于总部设在美国的机构	贝塔球场(Beta Stadium)，债务，募捐，股权，运行模式，美国
“布兹卜恩科” (http Jlwww . buzzbnk . org)	尤其是针对新创社会企业的无货币回报的贷款和捐赠	债务，捐赠，预设筹资目标
Impact Trader (httpl/www. impacttrader. com)	“改变世界者的大众市场”，采用特别影响积分制的计量奖励法，贷款，后来派发股份	债务，影响力债券，影响力股票(2013 年以后)
Kickstarter (http://www. kickstarter. com)	基于为数有限的项目，主要用后来的产品和荣誉提名来进行奖励，成功项目的主要基地，需要有运行模式；依靠多媒体进行展示；预设筹资目标	债务，捐赠，预设筹资目标——全有或全无
基瓦 (http://www. kiva. org)	小额贷款(25 美元以上)，用于帮助发展中国家民众，使他们能够把小微金融机构作为合作伙伴开展自己的业务；基瓦是基于附加捐赠的非营利组织，已经完成巨额投资	债务，小微金融，仅限于总部设在美国或者英国的企业作为实地合作伙伴的项目，已经有过几次非常成功的筹资经历
Advertactivist (http://www. advertactivist. com)	通过募捐来资助广告活动；平台收取 15%的佣金	募捐，收取佣金，资助广告活动
Indiegogo (http//www. indiegogo. com)	无项目数量限制；收取 4%～9%的佣金；成功新创企业和项目的主要基地	美国，债务，募捐，“保留一切”模式，面向全球，也可供个人使用，有过几次非常成功的经历
loby (http://www. ioby. org)	只限于环境项目，往往先于本地社区项目(如城市绿化)；收取 3%～5%的佣金	募捐，环境项目
Microplace (http://www. microplace. com)	一家贝宝(PayPal)关联公司；不收佣金(但收交易费用)；用于许多公平贸易和社会项目；付息贷款	债务，投资组合工具，付息
CrowdCube (http://www. crowdcube. com)	一家总部设在英国的公司，有过几次筹到 60 万英镑的成功股权型众筹经历	股权型筹资，环境影响力报告项目税收减免，构建投资组合，总部设在英国，职业投资者的投资工具
Ethex (http://www. ethex. org. uk)	一只总部设在英国的新基金，允许大众通过复杂的法律架构进行股权投资	早期阶段，道德投资基金，股票发行，英国，允许转售股票
Symbid (http://wwvv. symbid. com)	聘请信托中介机构，具有特殊的法律地位	总部在荷兰，股权型众筹，依靠中介机构，有受托人
Australian Small Scale Offerings Board (http://www. assob. com. au)	把寻求成长资本的企业家、就业机会创造者和商业开拓者与渴望投资于高成长机会的投资者撮合在一起	股权型众筹，澳大利亚，发布专业报告，面向注册投资者

有学者认为众筹的根源在于被称为“众包”的运动,最好把它理解为一个利用大众获取想法、反馈信息、解决方案和资源来开展活动的过程(Bloxham,2011;Huppe and Hebb,2011)。

有人认为,“大众”的一个明显特点就是由很多人组成;虽然每个人贡献很小,但合在一起就能产生很大的合并影响力。但另有人认为,大众应该是以混乱、复杂、可被操纵的方式行为。这与以一个相对比较成熟的投资者和经理人小众为中心的决策模式形成了鲜明的对照。鉴于有众多投资者参与,因此,众筹能为社会企业带来额外的合法性,因为大众的选择可能会被看作是一个民主参与过程。

有些案例已经证明众筹是一种行之有效的筹资方式。单家初创企业能从大众那里筹集到上百万英镑的资金,就如高科技初创企业“英国蹦床系统”(Trampoline Systems UK)[1]所证明的那样。然而,众筹从营销到法务的整个过程还远远没有制度化(Lambert and Schwienbach,2010)。因此,必须对成功和失败的众筹案例进行更多的研究,才能确定众筹实际存在的问题,并为投资者和被投资者提出建议并总结最佳实践。

贝尔弗拉姆、兰伯特和施韦恩巴彻(Belleflamme,Lambert and Schwienbacher,2010)从产业组织的角度对众筹进行了考察,并且把众筹与音乐唱片或软件等产品的预订和价格歧视联系起来。然而,这种分析在社会企业背景下可能不太适用,因为投资者的投资动机可能不同,也就是说,社会企业的投资者并不那么关心成本,而是关心结果(Shaw and Carter,2007; Delanoë,2011)。

贝尔弗拉姆等学者还通过考察论述契约失效理论(contract failure theory)的文献,分析了为什么非营利性组织在使用众筹方面往往要比其他组织更可能取得成功。契约失效理论依据的观点是限制所有者的经济动机,如某些形式的社会企业有股利封顶或者资产锁定的规定,因此更容易吸引捐款,并邀请其他形式的参与,如志愿工作。限制所有者潜在的经济收益,也可以被看作是一个表明他们对结果/影响力质量的重视胜过对个人收益的强烈信号(VanSlyke,2006;Lohrke,2007),这个问题涉及信息经济学和信号学研究(Akerlof,1970;Ketchen et al.,2007)。

波普(Pope,2011)指出了美国证券交易委员会(SEC)对股权投资基金设

[1] 请浏览 http://www.trampolinesystems.com,2012 年 6 月 8 日。

置的法律障碍。这种限制可能对其他严格管制资本市场的国家也有意义。他仔细研究了小微初创企业获得股权资本的困难程度及其通过利用自己的资源进行“自助”的意愿。由于公开发行股票要受到高度的监管,因此会产生审计、招股、律师事务所和金融中介机构服务费用等巨大的成本支出。在波普看来,在目前的法律条件下,对新创企业的股权投资受到严重的限制。因此,许多形式的众筹迄今仍没有派发股份,而是提供其他形式的奖励,如提前获得产品、荣誉表彰或者支付利息(见图16.1)。亨默(Hemer,2011)认为,众筹已经有四种成熟(和一种新出现的)模式:(1)募捐:投资者捐钱,并不希望获得实际好处;(2)有奖:投资者支持众筹以获得某种奖励;(3)债务:投资者放贷,并期待未来收回贷款,但无强制性付息;(4)股权:投资者获得股权或准股权作为投资回报。

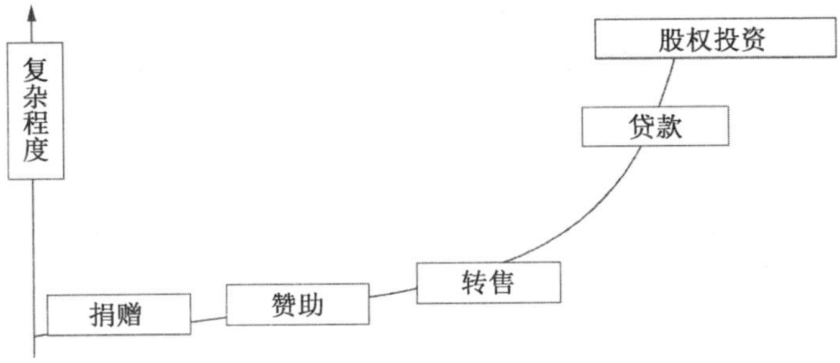

资料来源:亨默(2011)。

图16.1 按复杂程度排序的资金投入形式

一方面,高度分散的股权可能为社会企业提供明确的民主治理模式;另一方面也使得寻求道德投资的散户投资者失去了投资机会(Fox,2012)。

美国的《创业企业融资法案》(JOBs Act)开创性地排除了股权型众筹的法律和监管障碍。这部法律降低了美国证券交易委员会第506号令(SEC Rule 506)对股票发行的限制,并且规定众筹额小于100万美元和小于50万美元(更低程度地)的筹资者不再受几项遵守成本很高的监管的约束,但还是出现了一些阻力(Pope,2011; Rubinton,2011; Heminway and Hoffman,2012)。就如稍后要更加详细地阐述的那样,新制度学派的观点有助于洞察幕后权力斗争,并且有必要比较研究众筹模式的国际可行性。

施韦恩巴彻和拉腊尔德(Schwienbacher and Larralde,2012)确定了几种众筹的商业模式,即捐赠式众筹以及被动投资式众筹和主动投资式众筹。对于非营利组织、非政府组织和社会企业(在一定程度上)来说,捐赠式众筹是一种早已存在的筹资方式(Hansmann,1987)。然而,随着众筹计划和平台数量的增加,有捐赠资源的“大众”可能变得越来越稀缺,而为争夺捐赠资源的竞争则愈演愈烈。被动投资式众筹会给予投资者一些奖励,如量身定制的产品、荣誉表彰或其他形式的收入分享。然而,被投资者及其“大众”投资者之间的互动仅限于融资。主动投资式众筹的不同之处在于,它的投资者不仅提供资金,而且还参与众筹企业的对话。例如,帮助众筹企业设计新功能、测试产品、提出战略建议,利用各自的人脉关系和个人专长来帮助企业实现成长。这种主动投资式众筹还能卓有成效地为企业构建沟通和公关渠道。投资者的主动参与还可能最终提高众筹企业的合法性感知。

由于社会企业在市场、民间社团和公共部门之间具有特殊的地位,因此,对于它们来说,寻求这样的合法性具有很大的价值(Nyssens,2006)。社会企业家一方面通过从事市场活动来填补社会空白;另一方面又通过影响制度和政策来扮演社会变革者的角色(Cho,2006;Drayton,2006)。这种旨在改变政策的努力也许不可避免地会遭到现政权和机构的抵制(Levander,2010;Lim,Morse,Mitchell and Seawright,2010),因此,需要在合法性主张方面得到有力的支持。

众筹还可以通过互联网和社交媒体平台扩展到全球。阿格拉沃尔等(Agrawal et al.,2011)从唱片行业的角度对这个问题进行了研究,并且发现众筹具有投资者地域分布广泛的特点;可以降低对距离敏感型成本可能产生的负面影响——与传统的金融理论不同,传统的金融理论认为,不信任随着距离的增加而加剧。众筹的投资者地域分布广泛的特点也与全球性的创办社会企业的实践相吻合(Zahra et al.,2008,2009; Meyskens et al.,2010; Korsgaard,2011)。事实上,专业性企业已经在互联网上创建了旨在弥合地理距离的沟通平台,并且在全球众筹市场上扮演了新型中介机构的角色。我们将在下一节讲述这些新型中介机构。

众筹建模

在没有在线社交媒体手段的情况下,由于全球经济存在地理距离遥远的问题,因此,从国际大众那里筹集资金,不但代价昂贵,而且困难重重。虽然一些像绿色和平组织(Greencepeace)这样的知名“品牌”也许能够从事常规的全球劝募活动,但对于小型初创企业来说,这是不可能做到的事情。众筹“平台”——美国证券交易委员会这样称呼它们——就是由专业公司开发、在散户投资者互联网浏览器上运行、用来获得全球投资机会的软件应用程序。

它们可充当金融中介机构履行多种职能,从传递投资机会信息到收集和代表“大众智慧”(wisdom of the crowd)、解决信息不对称问题,甚至充当“看门人”防止欺诈性滥用。

有些众筹平台播放筹资企业家的视频和讲话,从而为方便投资者的选择提供信号元素;另一些众筹平台则安装了大众评估工具——类似于众所周知的“脸书”(Facebook)风格的“喜欢”按钮和评论功能;还有一些众筹平台甚至充当“看门人”,因为它们只是在筹集到的资金达到一定的目标(如商业计划中所规定的目标)以后才把筹到的资金转交给筹资企业。

众筹平台的作用和功能还在不断发展——能适应不断变化的立法、公众舆论和市场趋势。发展中国家的小微金融企业家构建了一个重要的众筹市场(如表 16.1 中的基瓦),大众在独立记录和软件方面的前期投资也得到了很快的发展(见表 16.1 中的 Kickstarter)。而且,有越来越多的迹象表明,社会企业的股权投资者正在“汇集成流”。

不过,由于许多众筹平台仍处于发展的早期阶段,因此,它们所处的监管和法律环境仍在不断变化。此外,几乎没有关于各种众筹商业模式的成功或失败的经验数据。可以预计,或许难免会发生欺诈性众筹案件,到时候就会构建法律和监管框架来限制和规范众筹平台提供的产品或者服务及其采用的商业模式。因此,目前正在出现的基于互联网的平台正在充当众筹者和大众之间的中介角色(Schwienbach and Larralde,2012),但这仍是一个鲜有监管的非制度化领域。

从积极的角度看,众包平台可被看作一个通过促进新的实践和系统来促进创新的手段。根据新创企业的生命周期,众筹平台可分为探索、试行和执行三个不同的类型。南比桑(Nambisan,2009)认为,随着时间的推移,大多数众筹平台将演化为执行平台。表 16.2 列示了众筹平台的不同功能。

表 16.2　　协作平台

视　角	能　力
网络中心	扮演支持角色，而不是控制协作过程；可用来实现创造者与投资者可能不同的目标；接受非传统合作伙伴
模块化或"即插即用"专门知识	在不同的环境下快速且经济有效地部署专门知识；整合合作伙伴的专门知识
成功指标组合	就反映全体利益相关者关切的指标达成一致；以包含平台特定目标的方式来确定项目目标

资料来源：南比桑(2009)。

众筹平台旨在通过它们以往的经验和中介架构为交易提供便利。它们以往的经验有助于规避法律和监管问题。此外，平台还可以通过"脸书"或"推特"等社交网络工具向新的受众提供项目(Martinez-Canas，Ruiz-Palomino and Pozo-Rubio，2012)。甚至有研究发现，拥有较多脸书好友可能就预示着日后能取得筹资成功(Massolution，2012)。众筹参与者之间的不同专业知识水平可由特定平台以各种不同的方式拉平(Bannerman，2011)。线下决策通常必然是根据相对较少的数据做出，而且通常是在面对面的情况下做出，因此有可能受到认知偏差的影响。众筹平台通过利用所谓的"大众智慧"(Mallick，2014)来解决这些问题。

"贝宝"等支付服务商的重要作用以及相关的信托、国际法律法规、交易费用和税收等问题并没有在研究中得到解决，在实证案例中似乎也很模糊。然而，支付平台的调节能力(moderating power)显然在把全球大众金融(crowd finance)引入社会企业领域发挥了作用。一份由总部设在美国的"众解"(Massolutions)公司赞助的 2012 年众筹行业报告显示，全球目前有 452 个众筹平台(CFP)在运行，其中大部分位于北美和欧洲。这项研究为深入了解这个新兴行业，对 135 个众筹平台的统计数据(如创收情况、地域分布或筹资类型)进行了评估。

表 16.1 中的概述列示了这些平台使用的不同商业模式和方法，还显示了这些平台作为众筹中介平台的重要性。潜在的商业模式各不相同，并且会不断变化，然而，大多数平台都允许有限的项目(如软件或音乐)筹集到资金，而投资者能获得的回报则不会超过实际产品和一些荣誉标签。大多数平台要按筹集到的资金收取某种形式的佣金。奥尔达尼尼等(Ordanini et al.，

2011)区分了不同类型的众筹,并结合预期回报类别考察了客户(即众筹投资者)的风险回报率,得出了三种不同的众筹类型:(1)以高风险—回报为特点的模式:回报主要是对客户的实物回报;所从事的活动与风险资本家所做的非常相似。(2)以低风险—回报为特点的模式;有名目较多的潜在回报,包括情感回报。(3)以风险很小或无风险为特点的模式,接近慈善活动,预计只有非物质回报。

众筹平台通常提供各种不同的媒体应用程序,主要是视频和交互式博客作为沟通方式。然而,很少有平台制定自己切实可行的营销策略,许多平台目前只是靠围绕众筹的媒体炒作来支撑。由于平台与新创企业关系密切,某个平台的可能失败被认为会对在这个平台上市的新创企业产生负面影响,也许也会对众筹本身的总体合法性产生不利影响。虽然众筹起源于众包运动,但众筹平台大多只是项目融资的中介,也许由于融资的复杂性,传统的众包服务商不参与融资。

传统众包与众筹平台的合并或者结盟可以通过收取佣金为它们提供可靠的收入来源,同时为平台及其各自的客户带来额外的好处。例如,众包和众筹成员个人的人脉关系可能是一个丰富的资金来源,而基于众包的新创企业常会把建立这种人脉关系纳入自己的策略。众包平台“Openldeo”和“Sparked”是表明众包可以从创意生成到提供“二手”产品的突出例子。

向大众征集“承诺”(pledges)得到最普遍接受的模式是所谓的“全有或全无”(all or nothing)法。发起人的目的是在事先规定的时间里筹集到一定数额的资金。如果筹集到的资金少于预定金额,那么之前的资助者就会收回他们的承诺。特别是在有奖众筹的情况下,这种“阈值质押制”(threshold pledge system)可以被看作是一种降低风险的手段。或者,在采用“保留一切”(keep it all)法的情况下,即使筹款没有达到预定金额,众筹平台也要立即向筹资者支付筹集到的资金。这种筹资模式在为社会或个人事业服务的项目中很常见。马丁内斯—卡纳斯等学者(Martinez-Canas et al.,2012)、“众解”公司(2012)和默里克(Mollick,2014)研究发现,目标筹资金额的增加与有奖或者捐赠式众筹下的成功负相关。此外,延长预定的筹资期限也会降低成功的概率;筹资持续时间过长,可被视为对筹资发起人缺乏信心的表现。

根据现有的相关文献和早期的经验证据,我们可以构建一个初步的众筹模型(见图 16.2)。这个模型可以为围绕众筹这个主题的聚类讨论和研究提供一个框架。这个模型中的变量是在仔细分析现有平台和关键案例的基础上提炼出来的。不过,这还只是一个探索性模型,必须进一步深入研究它的实际效用函数及其调节和中介变量,才能对众筹的功能和交易构建更加精确的模型。

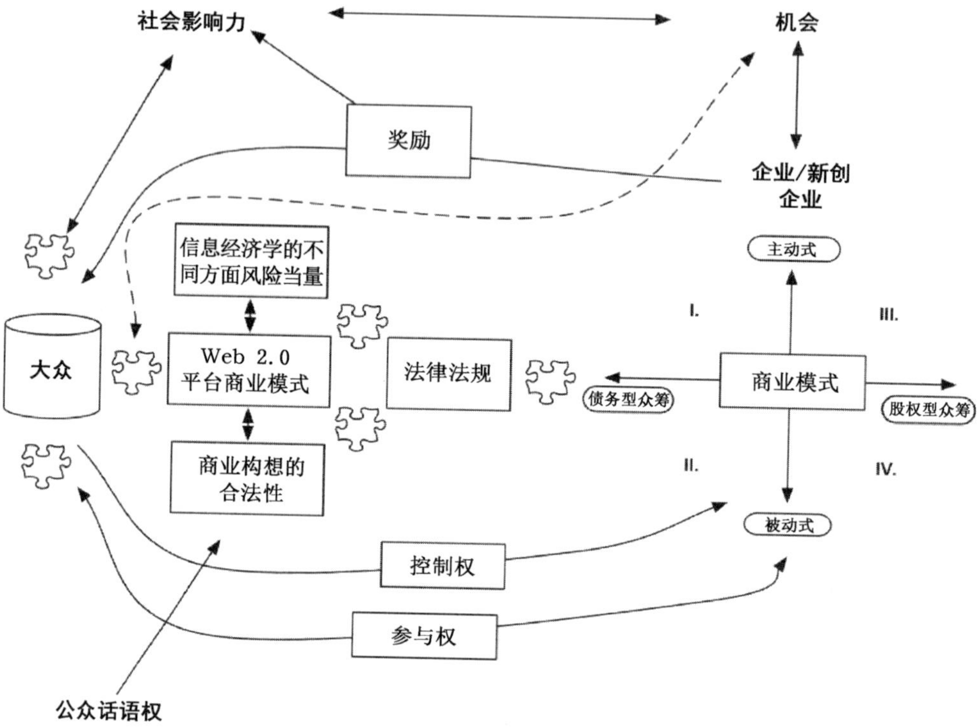

资料来源:莱纳(2013)。

图 16.2　众筹交易撮合模型

综合起来,沟通策略和信息经济学的不同方面与“大众”成员的风险容忍度和对商业构想合法性的感知一起构成了众筹要约的“动机效应”,而这些变量都要进一步受到潜在回报、某种控制权或参与权供给以及中介平台特定商业模式的调节。法律法规(包括相关费用)也在大众/平台和潜在被投资者之间产生强大的中介效应,这种参与可能在这四个象限的任一象限中发生,涵盖各种商业模式(主动投资/被动投资)以及资金类型(借入资金—权益资本)。

这个模型有两个核心要素:第一,(社会)机会本身获得大众的认可和重视,新创企业也是如此(Lehner and Kaniskas,2012);第二,平台本身就调节了信息和风险问题,并为形成合法性提供了制度空间(Nicholls,2010)。从心理健康的角度看,这种(社会)机会对于被投资者并且可能对于投资者来说,也是一种明显的奖励，具体表现为投资的社会回报。

根据资本的形式，“控制权”变量也许具有更加重要的作用，特别是在股权型众筹中，控制权作为公司治理的一种形式，可以看作是社会企业的一个定义性特征。接下来，我们从众筹商业模式和投资者投入资金类别的角度来讨论图16.2。

债务型众筹：从捐赠到贷款

从经济学的角度看，选择债务型众筹还是股权型众筹可能取决于企业所处的发展阶段、风险状况、相关法律法规以及公司治理和声誉问题等非经济目标(Berger and Udell，1998；Kreiser，Marino，Dickson and Weaver，2010)。

债务可按期限分类，从长期债券到订购期货的短期预付款。与主流金融文献的观点不同，贷款期限和结构没有被认为与众筹所需的参与和控制程度相关(Rubinton，2011)。

众筹的被投资者对某项投资特定结果的估值(Ruebed，2011)似乎比经济奖励或者所有权/控制权更能激发主动参与的动机。期望结果可能是一个特殊的游戏软件、独立记录或纽约中部的某个公园。然后，所有这些结果都具有两个特点：第一，与能使机会得到认可的已有非本地价值观匹配；第二，基于目前构建的社会价值观的高合法性感知。

正如在几个众筹案例中所看到的那样(Whitla，2009；Kittur，2010)，除了投资之外，主动式参与在众筹中可以采取从测试早期产品原型到支持病毒式营销或志愿服务的多种形式(Bloxham，2011)。就连邀请投资者以某种形式的参与似乎也对筹资过程产生积极的影响，因为投资者的参与通常会在社交媒体上引起“轰动”，可能会吸引其他潜在投资者(Belleflamme，Lambert and Schwienbach，2014)。

由于法律的复杂性和约束性，很少在传统市场以外发行长期众筹债券，因此目前还不清楚在预期利率方面出现了哪些趋势，也不清楚众筹贷款人的控制和报告水平(Pope，2011；Rubinton，2011；Schwienbach and Larralde，2012)。截至2014年，大多数债务融资案例都是对未来商品(如音乐录音或服务)的预付款(Agrawal，Catalini and Goldfarb，2010；Chow，2011；Schwienbacher and Larralde，2012；Ward and Ramachandran，2010)。

与债务融资密切相关的是捐赠。捐赠在社会企业的众筹模式中尤为常见。社会企业的众筹投资者似乎并不总是明确区分债务和捐赠，因为他们通常并不指望获得传统的、经风险调整的财务回报。此外，一些社会企业的"风险慈善家"捐助者往往为他们的投资寻求可评价的社会回报——通常以社会结果的形式展现。因此，由于感觉到预期结果（社会或者环境）很可能实现而进行捐赠本身就是一种奖励（Chell，2007；Nielsen and Noergaard，2011）。

在许多情况下，众筹平台作为信用中介机构开展工作，只在筹集到预定数额的资金——通常足以启动一个项目或者创办一家风险企业——时才转交（或在使用信用卡的情况下是扣除）所筹资金（Ward and Ramachandran，2010）。有效的众筹需要在平台和投资者之间进行认真的信息管理，以促进日后的筹资，并构建公众的合法性感知。然而，早期的案例证据表明，投资者沟通的主要重点往往局限在创业阶段：投资者关系的重点主要是"推销"项目或想法。在早期市场上，这种方法由于项目有限而能收到很好的效果，而在长期债务投资的情况下就不那么有效（Bassen，Basse Mama and Ramaj，2010）。

社会企业领域的情况尤其如此，因为投资者往往对社会投资和可持续投资有很大的情感投入。这就要求筹资方持续保持高水平的沟通，以令人信服地表明投资项目正在取得预期的社会结果。社会和可持续众筹投资的另一个特点也许是：复杂的混合伙伴关系和组织形式可能涉及各种不同的法律形式（Grimsey and Lewis，2007；Kwak，Chih and Ibbs，2009）。例如，纽约"地下公园"（New York "Lowline"）计划[1]把土地和设施（一个废弃的有轨电车站）公共捐赠与私人众筹资本组合在一起。混合众筹投资模式还可能遇到发生额外交易成本、与政府机关打交道的问题，或许还会遇到理念和结果预期不同的问题（特别是在盈利方面），这些问题都可能随着时间的推移而造成关系紧张和其他问题（Biau，2011）。例如，有这么一个案例：一家社会企业在纽约大学附近一块废弃的公共土地上修建了一个公共花园。然而，这个项目的长期存续受到了威胁，因为纽约大学需要扩建，纽约市府当局可能会取消对公共花园修建项目的支持，把这块土地卖给纽约大学。下一节讨论股权型众筹和风险扩散的问题。

---

[1] http://www.kickstarter.com/projects/855802805/lowline-an-underground-park-on-nyes-lowereast-sid，2012 年 6 月 8 日浏览。

股权型众筹:股票和准股权凭证

股权融资对于依靠众筹融资的社会企业来说,既是最严峻的挑战,又是最重要的机遇。一般来说,股权投资在法律上与一些权利联系在一起,其中包括知情权和控制权、分享公司收益或增值的权利(Berger and Udell,1998)、在二级市场出售股票获利的权利。与债务融资相比,发行股票或者分享股权,归根结底就是一种让投资者分担风险的手段(Sharfman and Fernando,2008)。分担风险的投资者希望获得补偿,因此,对风险企业来说,股权型众筹的成本要大大高于债务型众筹,当然通常是控制、治理和管理方面的成本(Meuleman,Amess,Wright and Schole,2009)。

但是,股权型众筹提出了多方面的挑战,包括法律和监管(Heminway and Hoffman,2012; Schwienbacher and Larralde,2012; Pope,2011; Rubinton,2011)以及治理和控制方面的挑战。大多数发达国家通常对公司首次公开募股(IPO)实行非常严格的监管,包括复杂且成本很高的的注册登记和信息披露方面的监管。

在传统的营利性融资中,控制权分散被认为是一种负面因素。然而,控制权分散对社会企业的治理可能会产生较为积极的影响,因为增加股东参与有利于提高企业的合法性,并提高企业对社会或环境问题的承诺水平(Ridley-Duff,2009)。但是,控制权分散也会造成"使命漂移"(mission drift)的风险,因为股东可能对社会企业施压,要求增加利润和降低社会成本(Huarng and Yu,2011; Vaccaro,Jansen,Van Den Bosch and Volberda,2012)。有时,复杂的所有权和治理结构能够降低这类风险。"Symbid"这个筹资网络(见表16.1)做了这样的安排:按照该平台合作的有关法律规定,把对委托其筹资的风险企业的所有投资都转化为具有直接投票权的成员证书,但对被投资企业只有间接投票权以及有限的转让权和股利受益权。英国也有类似的例子,如CrowdCube(见表16.1)也是采用复杂的合同安排来进行股权型众筹。

美国的《创业企业融资法案》代表了政策上的突破性变革,因为这部法案把股权型众筹的法律和监管障碍减少到了最低限度,从而使得某些形式的股权型众筹成为可能(Agrawal et al.,2010; Pope,2011; Heminway and Hoffman,2012)。这部法案主要涉及(Parrino and Romeo,2012; Stemler,2013):

(1)美国《证券法》关于登记公开发行狭义证券的规定;(2)美国《证券交易法》的触发因素登记条款,这些规定要求根据《证券交易法》对某一类证券进行登记,但仅限于有限目的;(3)关于经纪自营商创建在证券交易委员会注册的新实体——被允许承担一些此前需要注册为经纪公司才能履行职能的——“筹资门户网站”(Funding Portal)的登记规定。

虽然美国的这部法律可被视为推进众筹发展的一个重要里程碑,并且可能影响欧洲的后续立法,但欧洲碎片化的市场也需要找到适合整个欧盟各种证券发行办法的本地模式(De Buysere et al.,2012)。欧洲目前的众筹框架[1]可以被看作是早期的泛欧模式。

股权型众筹提供一种减少投资者对稀缺捐赠资金的依赖、提高企业合法性和利益相关者参与度的解决方案,而且还可能提供一种期限长于短期债务型众筹的融资模式。因此,股权型众筹特别适合需要大量前期投资的风险企业(Pope,2011; Rubinton,2011; Schwienbacher and Larralde,2012)。

在股东价值和股利奖励制度方面,社会企业的众筹投资者由于更加注重社会影响力,因此有可能遵循一种不同的论据。然而,股利的货币性和投资的易处理性始终是影响股权型众筹的一个重要因素,而社会企业缺乏二级证券市场仍然是一个阻碍这种筹资方式发展的重要障碍。但对于投资者来说,主要激励因素——有用信息的可获得性、预期增长、有吸引力的价值主张和获得控制权的途径(Ketchen et al.,2007; Cumming,2012)——也都适用于社会企业投资。

几种为社会企业量身定制的法律形式,如英国的社区利益公司或美国的低利润责任有限公司,都要受到股息或债息上限或其他禁令的约束(Ridley-Duff,2008,2009;Nicholls,2009)。这些法律形式的公司可能还要受到不准恶意收购变现资产或损害组织社会使命的资产锁定条款的约束。采取合作和互助形式的社会企业也要受到关键的股权限制,因此不得接受外部投资或者对外转让/出售股权。

基于实物期权逻辑的股权型众筹还要考虑更多的策略和营利因素(Tong and Reuer,2007; Scherpereel,2008; Levitas and Chi,2010)。一些开始规模相对较小的投资如果后来取得了成功,也许是因为提供了获得投资的途径并允许投资者掌握控制权,而下行风险则仅限于投资本身。在社会企业背景

---

[1] http://www.crowdfundingframework.eu,2013 年 3 月 28 日浏览。

下，这种基于实物期权逻辑的股权型众筹有可能为投资者提供有形价值，包括他们自身的合法性、进入道德消费者市场的机会、获得对于进入混合市场空间有用的知识，等等。

不管怎样，计算股权型众筹的实际成本是否会导致重新评估《创业企业融资法案》对众筹市场的影响，仍有待观察。本章下一节列出了此类研究的议程。

未来研究

综上，我们可以清楚地看到，众筹市场正处在动态变化之中，距离全球范围内的完全制度化还有很长的路要走。基于本章已经讨论的一些问题，我们可以为众筹，特别是社会企业背景下的众筹，确定以下一些研究主题：

（1）大众：当我们把“大众”作为一个实体来谈论时，对“大众”的实际构成知之甚少。那么，对构成“大众”的个体是否可以按照某些属性进行聚合和分类呢？关于“大众”投资者特有的价值主张和效用函数，我们有哪些看法呢？

（2）平台：众筹平台正在迅速增加，它们提供各种形式的众包和众筹，从作为志愿者的主动参与到捐款乃至股权融资。在跨平台发展方面出现了多种商业模式，这似乎意味着跨平台发展仍处在试验阶段。那么，哪些主流模式正在脱颖而出呢？它们是否具有环境特殊性？众筹平台的商业模式有怎样的可持续性？平台和支付服务商（如贝宝）如何合作？从成功的众筹应用软件和投资者角度看，这些服务商具有怎样的适应能力？

（3）应用软件和机会：哪些商业模式和机会对于众筹特别有效？早期研究表明，投资者特别喜欢具有创造性、创新性或者关注社会的企业（Lehner，2013）。那么，我们可以从成功或失败的案例中吸取哪些经验教训？从众筹的商业模式中可以获得哪些额外的资源和好处？

（4）公司治理：社会企业通常注重把利益相关者纳入自己的治理结构。但在众筹投资中，可能要涉及非常多的利益相关者。那么，这样做会对社会企业的治理结构产生什么影响呢？如何利用新的互动式网络媒体来应对这些挑战？利益相关者人数的增加会优化还是恶化公司治理结构？

（5）风险与信息披露：在传统的投资者关系中，企业的核心观点是通过透明的报告和及时的披露来降低投资者的风险感。然而，众筹平台发布的报告内容非常有限，企业介绍往往以推销投资为取向。此外，最近通过的授权立法，如美国《创业企业融资法案》，实际上减少了审计和报告要求，使大众投资者更容易受到欺诈的影响。在缺乏适当监管的情况下是否会发生更多的欺诈案件？抑或是“大众智慧”有利于透明度的提升、数据共享，从而最终防止欺诈？

(6)网络和地理位置的作用：认知和文化贴近度在众筹风投网络中发挥了什么作用？被投资者、投资者和/或平台的网络结构能否预测众筹的成功或失败？地理距离能起到什么作用？互联网和移动信息技术的未来发展会产生什么影响？哪些社会学理论可以为众筹研究提供指导框架？

(7)话语权与合法性：社会如何看待众筹社会企业的合法性？众筹是否被视为更加“民主”的商业模式，这种模式中的控制权分散是否会被看作是积极因素？少数族群问题和努力会取得什么结果？

(8)新制度学派的视角：从新制度学派的视角看，由于跨国众筹计划所依据的价值观可能与某些国家或宗教的逻辑、规范和文化互不相容，因此，国家或者现行福利制度是否会觉得受到了这些众筹计划的威胁？众筹能否超越国家和制度？众筹的先驱者是否扮演了熊彼特式企业家的角色(Zahra et al.,2009)，带来了创造性和颠覆性(社会)创新？是哪些人在把众筹作为一种全球性现象来管理和控制？是否应该限制众筹？

(9)众筹的法律和监管视角：到目前为止，开展股权型众筹业务的平台为了避免高成本的规则和监管而不得不开发复杂的融资结构。旨在做强众筹的监管措施是否会以一种危险的方式稀释报告和审计规定，从而加剧信息不对称问题，并且增加道德风险和搭便车的机会？此外，众筹的税收待遇和交易费用，也是值得进一步关注的问题。而且，这些问题可能也与采取复杂和非同寻常的法律形式的社会企业(如社区利益公司和低利润责任有限公司)有着特殊的关系。

众筹是一个制度化程度不高的新兴社会金融市场，但已经获得了快速的增长，似乎还会继续快速发展，并对社会和其他领域的新创企业产生全球性的影响。关于众筹的价值和作用，还有很多没有得到回答的问题，因此，有必要制定系统的研究计划，以便指导有意义的研究，并为众筹实务的未来发展提供支持。

结束语

本章对为数有限的众筹文献进行了回顾，并且根据一个为未来众筹研究和分析构建的新分析模型介绍了众筹市场现状。本章还试图把众筹纳入社会金融市场的范畴，并且说明众筹作为社会企业零售投资新来源的意义。

本章还指出，我们迫切需要开展新的众筹研究，以支持众筹下一阶段的发展。这样的研究必须是跨学科的，通过研究金融、经济、政治、法律、国际关系、通信、创业和商业等不同领域的问题，以借鉴来源于不同领域互动的观点和方法。伯奇和厄里（Buscher and Urry，2009）注意到了在整个移动设备时代有必要制定新的调查策略，并提出了"移动性"范式（"mobilities" paradigm）。从新的方法论的角度考虑如何开展对使用社交媒体和移动设备来更好地证明人员、目标、信息和思想等"移动性"的实证研究，将有助于完成有效的众筹研究议程。

这种场域层面的扎实且专业化的研究将最终帮助政策制定者和从业人员了解众筹的实际情况，从而有助于建立有效的众筹市场，进而帮助社会企业与数以百万计的散户投资者建立联系，共享社会议程、创业、规模化发展，并且克服结构性阻力。

参考文献

Agrawal, A., Catalini, C., and Goldfarb, A. (2010). 'Entrepreneurial Finance and the Flat-World Hypothesis: Evidence from Crowd-Funding Entrepreneurs in the Arts', NET Institute Working Paper 10-08.

Agrawal, A. K., Catalini, C., and Goldfarb, A. (2011). 'The Geography of Crowdfunding', National Bureau of Economic Research, Cambridge, MA.

Akerlof, G. A. (1970). 'The Market for "Lemons": Quality Uncertainty and the Market Mechanism', *Quarterly Journal of Economics*, 84(3): 488–500.

Bannerman, S. (2011). 'Crowdfunding Culture'. Paper presented at the annual conference of the International Association for the Study of Popular Music, Canadian Chapter, Montreal.

Baron, D. P. (2007). 'Corporate Social Responsibility and Social Entrepreneurship', *Journal of Economics & Management Strategy*, 16(3): 683–717.

Bassen, A., Basse Mama, H., and Ramaj, H. (2010). 'Investor Relations: A Comprehensive Overview', *Journal für Betriebswirtschaft*, 60(1): 49–79.

Bauer-Leeb, M., and Lundqvist, E. (2012). 'Social Entrepreneurs and Business Angels: A Quest for Factors Facilitating Business Relationships'. Working Paper Danube University, Krems.

Belleflamme, P., Lambert, T., and Schwienbacher, A. (2010). 'Crowdfunding: An Industrial Organization Perspective', paper presented at the Digital Business Models: Understanding Strategies Conference, Paris 25–26 June.

Belleflamme, P., Lambert, T., and Schwienbacher, A. (2014). 'Crowdfunding: Tapping the Right Crowd', *Journal of Business Venturing*, 29(5): 585–609.

Berger, A. N., and Udell, G. F. (1998). 'The Economics of Small Business Finance: The Roles of Private Equity and Debt Markets in the Financial Growth Cycle', *Journal of Banking and Finance*, 22(6–8): 613–73.

Biau, C. (2011). 'The "Governance Gap", or Missing Links in Transnational Chains of Accountability for Extractive Industry Investment', *Journal of Sustainable Finance & Investment*, 1(3–4): 251–60.

Bloxham, E. (2011). 'Corporate Governance and Sustainability: New and Old Models of Thinking', *Journal of Sustainable Finance & Investment*, 1(1): 77–80.

Brown, H., and Murphy, E. (2003). 'The Financing of Social Enterprises: A Special Report by the Bank of England Domestic Finance Division'. Bank of England, London.

Bull, M., and Crompton, H. (2006). 'Business Practices in Social Enterprises', *Social Enterprise Journal*, 2(1): 42–60.

Büscher, M., and Urry, J. (2009). 'Mobile Methods and the Empirical', *European Journal of Social Theory*, 12(1): 99–116.

Chell, E. (2007). 'Social Enterprise and Entrepreneurship: Towards a Convergent Theory of the Entrepreneurial Process', *International Small Business Journal*, 25(1): 5–26.

Cho, A. H. (2006). 'Politics, Values and Social Entrepreneurship: A Critical Appraisal', in J. Mair, J. Robinson, and K. Hockerts (eds), *Social Entrepreneurship*. Hampshire: Palgrave Macmillan, pp. 34–56.

Chow, C. (2011). 'Establishing a Corporate Sustainability Monitoring Tool Using the Shareholder Engagement Commitment Indicator', *Journal of Sustainable Finance & Investment*, 1(3–4): 195–208.

Cumming, D. (2012). *The Oxford Handbook of Entrepreneurial Finance*. Oxford: Oxford University Press.

Dacin, P. A., Dacin, M. T., and Matear, M. (2010). 'Social Entrepreneurship: Why We Don't Need a New Theory and How We Move Forward From Here', *The Academy of Management Perspectives*, 24(3): 37–57.

De Buysere, K., Gajda, O., Kleverlaan, R., and Marom, D. (2012). 'A Framework for European Crowdfunding', European Crowdfunding Network, Brussels.

Delanoë, S. (2011). 'An Individual-level Perspective for Assessing Nascent Venturing Outcomes', *Journal of Small Business and Enterprise Development*, 18(2): 232–50.

Drayton, B. (2006). 'Everyone a Changemaker: Social Entrepreneurship's Ultimate Goal', *Innovations*, 1(1): 80–96.

Dushnitsky, G., and Shapira, Z. (2010). 'Entrepreneurial Finance Meets Organizational Reality: Comparing Investment Practices and Performance of Corporate and Independent Venture Capitalists', *Strategic Management Journal*, 31(9): 990–1017.

Esping-Andersen, G. (2006). *The Three Worlds of Welfare Capitalism*. Cambridge: Polity Press.

Fedele, A., and Miniaci, R. (2010). 'Do Social Enterprises Finance Their Investments Differently from For-profit Firms? The Case of Social Residential Services in Italy', *Journal of Social Entrepreneurship*, 1(2): 174–89.

Flockhart, A. (2005). 'Raising the Profile of Social Enterprises: The Use of Socia Return on Investment (SROI) and Investment-ready Tools (IRT) to Bridge th Financial Credibility Gap', *Social Enterprise Journal*, 1(1): 29–42.

Fox, S. (2012). 'The New Do-it-yourself Paradigm: Financial and Ethical Rewards for Businesses', *Journal of Business Strategy*, 33(1): 21–6.

Grimsey, D., and Lewis, M. (2007). *Public–private Partnerships: The Worldwide Revolution in Infrastructure Provision and Project Finance*. Cheltenham: Edward Elgar Publishing.

Hansmann, H. (1987). 'Economic Theories of Nonprofit Organizations', in W. W. Powell (ed.) *The Nonprofit Sector: A Research Handbook*. New Haven, CT: Yale University Press.

Hemer, J. (2011). 'A Snapshot on Crowdfunding'. Working papers firms and region, no. R2/2011, Fraunhofer-Institut für System- und Innovationsforschung (ISI).

Heminway, J., and Hoffman, S. (2012). 'Proceed at Your Peril: CF and the Securities Act of 1933', *Tennessee Law Review*, 78: 879–973.

Howe, J. (2006). 'The Rise of Crowdsourcing', *Wired*, 14(6): 1–4.

Huarng, K.-H., and Yu, T. H.-K. (2011). 'Entrepreneurship, Process Innovation and Value Creation by a Non-profit SME', *Management Decision*, 49(2): 284–96.

Huppé, G. A., and Hebb, T. (2011). 'The Virtue of CalPERS' Emerging Equity Markets Principles', *Journal of Sustainable Finance & Investment*, 1(1): 62–76.

Irwin, D., and Scott, J. M. (2010). 'Barriers Faced by SMEs in Raising Bank Finance', *International Journal of Entrepreneurial Behaviour & Research*, 16(3): 245–59.

Ketchen, D. J., Boyd, B. K., and Bergh, D. D. (2007). 'Research Methodology in Strategic Management: Past Accomplishments and Future Challenges', *Organizational Research Methods*, 11(4): 643–58.

Kittur, A. (2010). 'Crowdsourcing, Collaboration and Creativity', *XRDS*, 17(2): 22–6.

Korsgaard, S. (2011). 'Opportunity Formation in Social Entrepreneurship', *Journal of Enterprising Communities: People and Places in the Global Economy*, 5(4): 265–85.

Kreiser, P. M., Marino, L. D., Dickson, P., and Weaver, K. M. (2010). 'Cultural Influences on Entrepreneurial Orientation: The Impact of National Culture on Risk-taking and Proactiveness in SMEs', *Entrepreneurship Theory and Practice*, 34(5): 959–83.

Kwak, Y. H., Chih, Y., and Ibbs, C. W. (2009). 'Towards a Comprehensive Understanding of Public-private Partnerships for Infrastructure Development', *California Management Review*, 51(2): 51–78.

Lam, W. (2010). 'Funding Gap, What Funding Gap? Financial Bootstrapping: Supply, Demand and Creation of Entrepreneurial Finance', *International Journal of Entrepreneurial Behaviour & Research*, 16(4): 268–95.

Lambert, T., and Schwienbacher, A. (2010). 'An Empirical Analysis of Crowdfunding', *Social Science Research Network* 1578175.

Lehner, O. M. (2011). 'The Phenomenon of Social Enterprise in Austria: A Triangulated Descriptive Study', *Journal of Social Entrepreneurship*, 2(1): 53–78.

Lehner, O. M. (2013). 'CF Social Ventures: A Model and Research Agenda', *Venture Capital*, 15(4): 289–311.

Lehner, O. M., and Kaniskas, J. (2012). 'Opportunity Recognition in Social Entrepreneurship: A Thematic Meta Analysis', *Journal of Entrepreneurship*, 21(1): 25–58.

Levander, U. (2010). 'Social Enterprise: Implications of Emerging Institutionalized Constructions', *Journal of Social Entrepreneurship*, 1(2): 213–30.

Levitas, E., and Chi, T. (2010). 'A Look at the Value Creation Effects of Patenting and Capital Investment through a Real Options Lens: The Moderating Role of Uncertainty', *Strategic Entrepreneurship Journal*, 4(3): 212–33.

Lim, D. S. K., Morse, E. A., Mitchell, R. K., and Seawright, K. K. (2010). 'Institutional Environment and Entrepreneurial Cognitions: A Comparative Business Systems Perspective', *Entrepreneurship Theory and Practice*, 34(3): 491–516.

Lohrke, F. T. (2007). 'Book Review: Ketchen, D. J., Jr., and Bergh, D. D. (eds), *Research Methodology in Strategy and Management*', *Organizational Research Methods*, 11(4): 860–4.

Martinez-Canas, R., Ruiz-Palomino, P., and Pozo-Rubio, R. (2012). 'Crowdfunding and Social Networks in the Music Industry: Implications for Entrepreneurship', *International Business & Economics Research Journal* (IBER), 11(13): 1471–6.

Massolution (2012). *Enterprise Crowdsourcing Industry Report*. Boston, MA: Massolution.

Meuleman, M., Amess, K., Wright, M., and Scholes, L. (2009). 'Agency, Strategic Entrepreneurship, and the Performance of Private Equity Backed Buyouts', *Entrepreneurship Theory and Practice*, 33(1): 213–39.

Meyer, M. (2009). 'Wie viel Wirtschaft verträgt die Zivilgesellschaft? Über Möglichkeiten und Grenzen wirtschaftlicher Rationalität in NPOs', in I. Bode, A. Evers, and A. Klein (eds), *Bürgergesellschaft als Projekt*. Wiesbaden: VS Verlag für Sozialwissenschaften, pp. 127–44.

Meyskens, M., Robb-Post, C., Stamp, J. A., Carsrud, A. L., and Reynolds, P. D. (2010). 'Social Ventures from a Resource-based Perspective: An Exploratory Study Assessing Global Ashoka Fellows', *Entrepreneurship Theory and Practice*, 34(4): 661–80.

Mollick, E. (2012). 'The Dynamics of Crowdfunding: Determinants of Success and Failure', *Journal of Business Venturing*, 29(1): 1–16.

Nambisan, S. (2009). 'Platforms for Collaboration', *Stanford Social Innovation Review*, 7(3): 44–9.

Nicholls, A. (2009). '"We Do Good Things, Don't We?'" Blended Value Accounting in Social Entrepreneurship', *Accounting, Organizations and Society*, 34(6–7): 755–69.

Nicholls, A. (2010). 'The Legitimacy of Social Entrepreneurship: Reflexive Isomorphism in a Pre-Paradigmatic Field', *Entrepreneurship Theory and Practice*, 34(4): 611–33.

Nielsen, K. P., and Noergaard, R. W. (2011). 'CSR and Mainstream Investing: A New Match? An Analysis of the Existing ESG Integration Methods in Theory and Practice and the Way Forward', *Journal of Sustainable Finance & Investment*, 1(3–4): 209–21.

Nyssens, M. (ed.) (2006). *Social Enterprise: At the Crossroads of Market, Public Policies and Civil Society*. London and New York: Routledge.

Ordanini, A., Miceli, L., Pizzetti, M., and Parasuraman, A. (2011). 'Crowd-funding: Transforming Customers into Investors through Innovative Service Platforms', *Journal of Service Management*, 22(4): 443–70.

Parrino, R. J., and Romeo, P. J. (2012). 'JOBS Act Eases Securities-law Regulation of Smaller Companies', *Journal of Investment Compliance*, 13(3): 27–35.

Pope, N. (2011). 'Crowdfunding Microstartups: It's Time for the Securities and Exchange Commission to Approve a Small Offering Exemption' *University of Pasadena Journal of Business Law*, 13: 973–87.

Ridley-Duff, R. (2008). 'Social Enterprise as a socially Rational Business', *International*

Journal of Entrepreneurial Behaviour and Research, 14(5): 291–312.
Ridley-Duff, R. (2009). 'Co-operative Social Enterprises: Company Rules, Access to Finance and Management Practice', *Social Enterprise Journal*, 5(1): 50–68.
Rubinton, B. (2011). *Crowdfunding: Disintermediated Investment Banking.* <http://ssrn.com/abstract=1807204> or <http://dx.doi.org/10.2139/ssrn.1807204>, accessed 1 November 2014.
Ruebottom, T. (2011). 'Counting Social Change: Outcome Measures for Social Enterprise', *Social Enterprise Journal*, 7(2): 173–82.
Scherpereel, C. M. (2008). 'The Option-creating Institution: A Real Options Perspective on Economic Organization', *Strategic Management Journal*, 29(5): 455–70.
Schwienbacher, A., and Larralde, B. (2012). 'Crowdfunding of Small Entrepreneurial Ventures', in D. Cumming (ed.), *The Oxford Handbook of Entrepreneurial Finance.* Oxford: Oxford University Press, pp. 369–92.
Sharfman, M. P., and Fernando, C. S. (2008). 'Environmental Risk Management and the Cost of Capital', *Strategic Management Journal*, 29(6): 569–92.
Shaw, E., and Carter, S. (2007). 'Social Entrepreneurship: Theoretical Antecedents and Empirical Analysis of Entrepreneurial Processes and Outcomes', *Journal of Small Business and Enterprise Development*, 14(3): 418–34.
Stemler, A. R. (2013). 'The JOBS Act and Crowdfunding: Harnessing the Power—and Money—of the Masses', *Business Horizons*, 56(3): 271–5.
Tong, T. W., and Reuer, J. J. (2007). 'Real Options in Strategic Management', *Advances in Strategic Management*, 24: 3–28.
Vaccaro, I. G., Jansen, J. J. P., Van Den Bosch, F. A. J., and Volberda, H. W. (2012). 'Management Innovation and Leadership: The Moderating Role of Organizational Size', *Journal of Management Studies*, 49(1): 28–51.
Van Slyke, D. M. (2006). 'Agents or Stewards: Using Theory to Understand the Government–Nonprofit Social Service Contracting Relationship', *Journal of Public Administration Research and Theory*, 17(2): 157–87.
Ward, C., and Ramachandran, V. (2010). 'Crowdfunding the Next Hit: Microfunding Online Experience Goods'. Workshop on Computational Social Science and the Wisdom of Crowds at NIPS 2010.
Waygood, S. (2011). 'How Do the Capital Markets Undermine Sustainable Development? What Can Be Done to Correct This?' *Journal of Sustainable Finance & Investment*, 1(1): 81–7.
Whitla, P. (2009). 'Crowdsourcing and Its Application in Marketing Activities', *Contemporary Management Research*, 5(1): 15–28.
Yunus, M., and Weber, K. (2007). *Creating a World without Poverty: Social Business and the Future of Capitalism.* New York: Public Affairs.
Zahra, S., Gedajlovic, E., Neubaum, D., and Shulman, J. (2009). 'A Typology of Social Entrepreneurs: Motives, Search Processes and Ethical Challenges', *Journal of Business Venturing*, 24(5): 519–32.
Zahra, S., Rawhouser, H., Bhawe, N., Neubaum, D., and Hayton, J. (2008). 'Globalization of Social Entrepreneurship Opportunities'. *Strategic Entrepreneurship Journal*, 2(2): 117–31.

第十七章　社会影响力投资

——非洲和亚洲的外来直接投资和私募股权投资

彼得·辛顿　斯威塔·佩内梅塔

引　言

发展金融机构(DFI)和私募股权投资者(PE)在撒哈拉以南非洲和南亚的投资中发挥了开拓性的作用。通常,他们在寻求实现经济回报的同时,还在不同程度上谋求发展或社会回报。发展金融机构已经以这种方式运作了60多年;相比之下,私募股权投资者参与这些地区的投资要晚很多。本章探讨了发展金融机构部门的变化、这个部门作为社会影响力投资来源的作用方式及其作为社会金融市场特殊构成部分的专业化表现。

发展金融机构通常是发达国家的资助机构,它们通过债券、股票或者其他金融工具向私营部门提供长期资本/资金,从而支持特定国家或地区的经济发展。表17.1列示了主要的发展金融机构。

表17.1　双边和多边发展金融机构

机构名称	总部所在国	创建年份
非洲开发银行(African Development Bank,AFDB)	突尼斯	1964年
亚洲开发银行(Asian Development Bank,ADB)	菲律宾	1966年
比利时国际投资公司(Belgian Corporation for international Investment,BMI)	**比利时**	**1971年**
比利时发展中国家投资公司(Belgian Investment Company for Developing Countries,BIO)	**比利时**	**2001年**
加勒比开发银行(Caribbean Development Bank,CDB)	巴巴多斯	1969年
西班牙投资发展公司(COFIDES S. A. ,COFIDES)	**西班牙**	**1990年**
英联邦发展公司(CDC)	英国	1948年

续表

机构名称	总部所在国	创建年份
欧洲委员会开发银行(Council of Europe Development Bank,CEB)	法国	1956年
德国投资与开发有限公司(Deutsche Investitionsund Entwlcklungsgesellschaft,DEG)	**德国**	**1962年**
南部非洲开发银行(Development Bank of Southern Africa,DBSA)	南非	1983年
欧洲复兴开发银行	英国	1991年
欧洲投资银行	卢森堡	1957年
芬兰工业合作基金有限公司(Finnish Fund for Industrial Cooperation ltd.,FInnFund)	**芬兰**	**1980年**
南非工业发展公司(Industrial Development Corporation of SA,IDC)	南非	1940年
发展中国家工业化基金(Industrialisation Fund for Developing Countries,IFU)	**丹麦**	**1967年**
泛美开发银行(Inter-American Development Bank,IADB)	美国	1959年
国际金融公司(International Finance Corporation,IFC)	**美国**	**1956年**
伊斯兰开发银行(Islamic Development Bank,ISDC)	沙特阿拉伯	1973年
荷兰发展金融公司(Financferings-maatschapplj voor ontwlkkellngslanden N. V.,FMO)	**荷兰**	**1970年**
挪威发展中国家投资基金(Norweigan Investment Fund for Developing Countries,NorFund)	**挪威**	**1997年**
国际气候金融公司(Oesterrelchlsche Entwlcklungsbank AG,OeEB)	**奥地利**	**2007年**
海外私人投资公司	美国	1971年
私人基础设施开发集团(Private Infrastructure Development Group,PIDG)	**英国**	**2002年**
法国经合投资公司(PROPARCO,PROP)	**法国**	**1977年**
东南非贸易与开发银行(PTA Bank,PTA)	布隆迪	1985年
发展金融公司(Socledade para o Financiamento do Desenvolvimento,SOFID)	**葡萄牙**	**2007年**
瑞典基金国际有限公司(Swedfund International AB,Swedfund)	**瑞典**	**1997年**
瑞士新兴市场投资基金(Swiss Investment Fund for Emerging Markets,SIFEM)	**瑞士**	**2005年**
意大利国家对外投资促进公司(Socletà ltaliana per le lmprese all'Estero,SIMEST)	**意大利**	**1991年**
西非开发银行(West African Development Bank,WADS)	多哥	1973年

注:下文将介绍表中用黑体字表示的机构。

资料来源:EDFI 2012年报,公司网站。

与通常由公共部门建立和资助的发展金融机构不同，私募股权基金管理公司通常是由私营部门主导的实体。私募股权投资可以定义为管理层收购、成长和成熟阶段私营企业的股权风险融资，这个术语还包括通常是为初创企业和处于发展早期阶段的企业融资的风险投资(VC)。

本章旨在对新兴市场发展金融机构和私募股权投资的现状进行评述，从相关授权、所用金融工具、地域重点和行业覆盖范围的角度，对我们选定的发展金融机构和私募股权投资公司进行比较分析。需要说明的是，本章的分析和评论主要聚焦于非洲和南亚市场。

发展金融机构由于它们获得的授权和所有权结构，几十年来一直在为新兴市场提供社会金融服务。它们十分强调遵守某些环境、社会和治理标准(往往是投资的先决条件)的重要意义，因此一直坚守着社会金融这个阵地。发展金融机构在强调环境、社会和治理合规重要性的同时，还试图测度其资金使用方式所产生的社会影响力和发展影响力。

私募股权基金涉足社会金融的程度主要取决于它们是“财务回报优先”[如英国的“英联投资”(Actis)]型基金还是“影响力优先”型基金(如荷兰的“Goodwell”基金)。

本章最后讨论有待发展金融机构和私募股权投资公司解决的与社会金融有关的关键问题：(1)资金需要和发展金融机构的作用；(2)必须有业绩记录；(3)必须进行金融创新；(4)必须承担更大的风险；(5)必须持混合回报观；(6)必须有当地新兴市场机构涉足私募股权投资。

为了展示发展金融机构和私募股权投资的多样性和社会影响力，本章穿插介绍一些取自发展金融机构各种出版物的具体例子。

发展金融机构

相比之下，发展金融机构通常追求促进减贫、经济增长和私营部门发展等目标(IFC，2011a)。根据世界银行2011年对发展中国家私营部门企业进行的一项调查，发展中国家私营部门企业成长遇到的主要障碍有(IFC，2011 b)：资金、基础设施、投资环境和员工技能。

发展金融机构历来主要由西半球国家的政府创建，但希望能帮助发展中国家私营部门的企业排除其中的部分或者全部障碍。因此，发展金融机构最终不无讽刺意味地成了西方国家政府控制的公共部门机构，但却通过向发展中国家私营部门提供资金和知识来应对私营部门面临的挑战。对此所做的辩解常常是：发达国家的私营部门觉得发展中国家的投资风险太大、规模太小，因此不准备利用发展中国家的机会进行投资。所以，发展金融机构主要履行下列一项或多项职责：(1)向获得其他来源（特别是股权资本）融资机会有限的企业提供融资服务；(2)提供项目相关型融资；(3)提供一般性咨询和/或技术援助，以分享专门知识，从而改善投资结果；(4)发挥激励作用，降低国家/项目风险，从而帮助它们从其他投资者那里获得更多的融资；(5)证明私营部门解决方案在充满挑战的市场上的可行性，激励后续投资并“促进安全创新”。

2010 年，总部设在英国的英联邦发展公司就扮演了许多这样的角色。那年，这家公司向 2 号种子基金(Seed fund 2)投资 1 260 万美元。2 号种子基金是印度的一只投资基金，主要投资支持消费、技术、零售和教育等行业难以为开发自己的商业理念筹集到所需资金的初创企业和处于发展早期阶段的企业。英联邦发展公司的金融和咨询援助帮助 2 号种子基金筹集到了近 5 000 万美元的资本承付款。然后，2 号种子基金投资红色巴士公司(RedBus)帮助其提高售票系统的效率。红色巴士公司在获得了 200 万美元的投资以后，便从一家在线初创企业发展为一家拥有 450 多名员工、在 4 万多个服务点出售巴士车票的领先服务企业。

同样，瑞士新兴市场投资基金于 2007 年向阿塞拜疆阿克塞斯银行(AccessBank)提供了 600 万美元的优先贷款。阿克塞斯银行借这笔贷款是为了利用瑞士新兴市场投资基金在金融和投资方面的先进知识发展自己的小微、中小企业和农业贷款业务。尽管要承受全球经济低迷的压力，但自 2007 年以来，这家银行一直保持着两位数的年增长率。2009 年，这家银行拥有 960 名员工，并利用瑞士新兴市场投资基金的贷款发放了 2 080 笔贷款。2008 年，一项社会绩效影响调查显示，阿克塞斯银行的长期客户在教育方面的支出比新客户多 336%，高出行业平均水平 78%。同样，这家银行长期客户的医疗支出下降了 33%，而行业平均医疗支出的降幅是 12%，原因就在于其长期客户的教育水平和生活水平有所提高。

类似地，2007 年，芬兰工业合作基金向俄罗斯第一家生产高质量钢板的生产工厂“OOO Volgastrap”发放了贷款，并对它进行了股权投资。芬兰的斯佩克塔集团(Specta Group AG)是俄罗斯金属和木材加工业处于领先地位的运输、包装和机械供应商,也是这个总共投资 2 000 万美元的项目的另一个主要投资者。

40 多年来,国际金融公司(IFC)一直对瑟瑞娜酒店集团(Serena Hotel Groups)进行投资,2008 年又投资了 810 万美元用于支持"瑟瑞娜基加利酒店"(Serena Kigali Hotel)2 080 万美元的扩建和翻修工程。一项由"ODI"完成的案例研究表明,瑟瑞娜基加利酒店房均创造并维持 10 个工作岗位。此外,在扩建后的 5 年里,酒店与许多当地供应商建立了联系,创造了 8 500 万美元的经济活动,其中 6 400 万美元与卢旺达当地经济有关。

通常,发展金融机构帮助发展中国家填补了私营部门的投资缺口,并且改善它们投资的每个项目的发展影响力(IFC,2011b)。双边基金由一国政府提供资金,通常拥有关于某些国家、行业、金融产品和投资伙伴方面的专门知识和专长。有些双边发展金融机构是为了其所属国家的海外利益而创建的。例如,芬兰工业合作基金有限公司与芬兰企业联手进行海外投资,也为使用芬兰技术或者与芬兰合作伙伴合作的项目提供资金。

多边发展金融机构由几个国家的政府出资创建,因此通常规模较大,如国际金融公司、欧洲复兴开发银行和亚洲开发银行。有些多边发展金融机构已经运营了 50 多年,如国际金融公司(世界银行集团的一个附属机构)和英国的英联邦发展公司;而另一些多边发展金融机构则是在新千年建立的。资历最浅的发展金融机构是奥地利的国际气候金融公司和葡萄牙发展金融公司。

大部分发展金融机构为公共部门所有,如:(1)英联邦发展公司;(2)德国投资与开发有限公司;(3)挪威发展中国家投资基金;(4)南非工业发展公司;(5)海外私人投资公司。

相比之下,像法国经合投资公司、比利时国际投资公司和荷兰发展金融公司都是公私混合所有制,而瑞士新兴市场投资基金和奥地利的国际气候金融公司都是私有机构——分别由 Obvium 和奥地利控股银行(Oesterreichische Kontrollbank AG)拥有。[1]

---

〔1〕 与大多数其他国际发展机构不同,私人基础设施开发集团是作为一个合作伙伴联盟成立的,重点是为私营部门参与基础设施发展提供解决方案,成员包括 Agdevco 和 Infro。这个集团是由捐助人资助,投资者包括几个援助机构(即澳大利亚国际开发署、爱尔兰援助署)以及发展金融机构(即金融管理组织、国际金融公司)。

面向私营部门的发展金融机构通常要在没有政府担保的情况下开展业务，并且要分担其所做项目的投资风险。然而，奥地利的国际气候金融公司却是这方面的一个例外，这家公司虽然是私营企业，但它所做的项目涉及的投资风险由奥地利政府担保(EDFI，2013)。

在过去的10年里，由发展金融机构参与的私营部门投资迅速增加。欧洲有15家发展金融机构，担负着执行本国政府国际发展政策的职责。2012年，这些发展金融机构总共做了4 705个项目，投资总额320亿美元(EDFI，2013)。本章考察的发展金融机构样本包括国际金融公司和英国的私人基础设施发展集团，这个样本总共投资了810亿美元(IFC，2013；PIDG，2013)。国际金融公司这家按投资额计样本中最大的发展金融机构将近占到450亿美元的投资额(IFC，2013)，而这个样本的另一个极端葡萄牙发展金融公司只投资了1 100万美元(EDFI，2013)。

虽然发展金融机构的核心业务是金融资源投资，但大多同时还提供技术援助，并且在其投资的基金或企业中推广环境、社会和治理标准。发展金融机构的投资有一个重要的不同点，那就是在危机时期，当私人投资迅速萎缩时，发展金融机构的投资依然保持不变。这一特殊属性有可能导致其在全球投资环境中持续发挥重要作用。

虽然大多数发展金融机构的职能和运营都是为了促进新兴市场的投资和发展，但每个机构的主要关注点可能因地区、部门、企业规模以及/或者所属国家政府的利益和目标而有所不同。虽然方法不同，但发展金融机构都努力在其瞄准的市场上表现出自己的创新力和影响力。此外，发展金融机构还经常根据宏观政治和经济环境因素调整自己的目标。[1]

英联邦发展公司在20世纪90年代率先进行了一项相对较新的尝试，那就是把大量的发展金融机构资金投资于私募股权基金，而不仅仅是按照历来的做法把资金直接投资于金融中介机构和企业。鉴于大多数发展金融机构在新兴市场并没有广泛的营业网络，投资私募股权基金开辟了一条通过在当地设有办事处的基金与中小企业接触的途径。由于当地中小企业的“草根”性质，因此，那些在目标地区有当地业务的发展金融机构往往处于直接对中

---

〔1〕 2011年发生的西亚北非事件导致发展金融机构在整个中东和北非地区的投资有所增加。更具体地说，鉴于该地区社会动荡，国际金融公司与伊斯兰开发银行合作发起了“E4E”计划，即“为解决工作、技能和机会之间的脱节开展就业教育”。同样，欧洲复兴开发银行在2011年已经开始为把自己的业务扩展到南地中海和东地中海沿海地区做一些基础性工作。

小企业进行投资的最有利位置。

像国际金融公司、挪威发展中国家投资基金、法国经合投资公司和比利时发展中国家投资公司这样的发展金融机构直接或通过中介机构提供资助。具体而言，比利时发展中国家投资公司资助金融机构、投资基金、企业和私人基础设施项目；挪威发展中国家投资基金优先考虑非洲和在与挪威发展合作方面具有突出地位的国家，并且还选择集中资助可再生能源、金融业，特别是农业综合企业。

瑞士新兴市场投资基金的主要业务是投资服务中小企业部门的私募股权基金和金融机构。有时，瑞士新兴市场投资基金还投资以小微信贷为主要业务的金融机构，或者直接进行股权投资。与瑞士新兴市场投资基金相类似，德国投资与开发有限公司也把中小企业作为一个主要目标群体。但与瑞士新兴市场投资基金不同的是，德国投资与开发有限公司直接向中小企业提供资金。同样，葡萄牙发展金融公司也为初创企业、子公司或者合资企业的投资提供融资。〔1〕

发展金融机构的任务规定有相当大的差别。有些发展金融机构关注特定的社会经济指标；另一些则专注于为母国企业进入新的市场提供便利；还有一些则采用混合方式。

国际金融公司、英联邦发展公司、国际气候金融公司、挪威发展中国家投资基金和私人基础设施开发集团的业务通常与国家利益无关。英联邦发展公司资助在非洲和南亚最贫穷地区创办企业。自2011年5月以来，英联邦发展公司一直把重点放在占世界贫困人口70%的撒哈拉以南非洲和南亚低收入和中低收入国家（CDC，2012）。

相比之下，其他发展金融机构根据国家利益开展业务活动，其中包括西班牙投资发展公司、芬兰工业合作基金有限公司、意大利国家对外投资促进公司、比利时国际投资公司和葡萄牙发展金融公司：

（1）西班牙投资发展公司向西班牙企业作为投资方参与的发展中国家项目提供融资支持。

（2）芬兰工业合作基金有限公司主要对芬兰企业及其在国际市场上的商

〔1〕 虽然在过去的10年里，英联邦发展公司主要通过中介机构进行投资，但2011年年中发布的商业计划却要求该机构增加新的投资工具。英联邦发展公司的目标是，到2015年，直接投资和债务投资各占投资总额的20%。把改变债务投资占比和增加担保作为一种金融工具来设计，目的是要让中小企业受益。

业伙伴进行投资。

(3)比利时国际投资公司和意大利国家对外投资促进公司分别致力于支持和促进比利时和意大利企业在国际市场上的业务活动。对于在欧洲联盟以外国家的投资，意大利国家对外投资促进公司最多可持有49%的股权(EDFI,2013)。

(4)葡萄牙发展金融公司资助单独或与当地投资者合作在新市场进行投资或者有意进行投资的葡萄牙企业。

此外，国际金融公司、瑞士新兴市场投资基金、挪威发展中国家投资基金和丹麦发展中国家工业化基金采用相关的社会经济指标来指导其投资业务：

(1)国际金融公司的目的在于对国际开发协会(International Development Association,IDA)成员国的项目出资50%(IFC,2011b)。

(2)瑞士新兴市场投资基金受权只能对人均国民收入低于国际复兴开发银行分类阈值的国家进行投资(SIFEM,2012)。根据世界银行最近的报告(2013)，这个阈值是7 115美元。

(3)从2011年开始，挪威发展中国家投资基金使用人均国内生产总值上限6 885美元来确定被投资国的资格(EDFI,2013)。

(4)丹麦的发展中国家工业化基金共同为人均收入低于6 138美元的发展中国家项目融资，而且还要求每年50%的投资流向人均收入低于3 228美元的国家(EDFI,2013)。

除了利用经济指标确定获得投资的资格外，瑞士新兴市场投资基金还优先考虑瑞士开发合作署(Swiss Development Cooperation)和国家经济事务秘书处(State Secretariat for Economic Affairs)的伙伴国家，至少把60%的间接投资分配给这些国家的项目(SIFEM,2012)。同样，葡萄牙发展金融公司也必须特别关注葡萄牙官方发展援助的受益国。

投资金额上限也被用作某些发展金融机构的指导原则，例如：

(1)丹麦的发展中国家工业化基金对每个项目规定1亿丹麦克朗(约合1 700万美元)的最高投资限额(EDFI,2013)。

(2)瑞典基金国际有限公司的关注重点是每项投资约2 000万瑞典克朗(300万美元)～1亿瑞典克朗(1 500万美元)(Swedfund,2013)。

(3)比利时国际投资公司的平均融资额在50万欧元(66万美元)～250万欧元(330万美元)(EDFI,2013)。对于新兴市场项目，比利时国际投资公司采用与其他欧洲金融机构共同投资的方式来增加投资额(EDFI,2013)。

(4)瑞士新兴市场投资基金对私募股权基金的投资介于500万~700万美元(EDFI,2013)。对于小微信贷业务,瑞士新兴市场投资基金向银行和债务基金发放最多为750万美元的贷款(EDFI,2013)。

除了融资外,大多数发展金融机构还提供一般和具体项目的技术援助和/或咨询。比利时发展中国家投资公司和意大利国家对外投资促进公司还资助进行可行性研究。此外,意大利国家对外投资促进公司向意大利企业发放贷款,为实施非欧盟国家市场渗透项目提供资金。

虽然发展金融机构通常定期检测和修订环境、社会和治理(ESG)标准,但在初始投资之前或之后都会提出额外的要求。例如:

(1)比利时发展中国家投资公司要求其业务伙伴执行环境、社会和治理标准。

(2)芬兰工业合作基金有限公司可以与其他发展金融机构对能产生重大环境或社会回报的非芬兰企业进行共同投资。

(3)荷兰发展金融公司支持其客户执行环境、社会和治理最佳实践,并可能向成功实施环境、社会和治理政策的客户收取较低的利息。

(4)国际气候金融公司被要求支持发展中国家遵守社会和环境标准的项目。

现在,我们来考察发展金融机构把其资金配置在哪些方面。我们可以根据工具、部门和地域这三个关键维度来剖析其投资。

金融工具

为了与其他发展金融机构或者战略投资者进行合作,大多数发展金融机构仅限于采取少数股权参与(即持股不超过50%)的方式,但各机构的具体持股比例各不相同。大多数发展金融机构的持股或贷款期限是5~10年。法国经合投资公司的投资期限比大多数国家的发展金融机构都长,平均贷款期限为8~10年(EDFI,2013)。

就股权投资而言,大多数发展金融机构似乎都不会超过30%这个上限:

(1)芬兰工业合作基金有限公司、瑞典基金国际有限公司[1]和瑞士新兴

[1] 瑞典基金国际有限公司的股权投资份额最高可占总投资的1/3。

市场投资基金的股权投资通常都不超过30%(EDFI,2013);

(2)发展中国家工业化基金的股权投资比例通常在30%左右,但在新兴市场的一些较小项目中有可能持有高达50%的股份(EDFI,2013),通常还要求在被投资公司的董事会占据1个席位。

(3)德国投资与开发有限公司的参股比例通常在5%~25%,而挪威发展中国家投资基金的参股比例则一般在10%~35%(EDFI,2013)。

如图17.1所示,发展金融机构使用各种金融工具来进行投资,但最常用的金融工具是贷款,其次是股权和准股权。准股权投资采用夹层投资(mezzanine capital)、次级贷款(subordinated loans)和可转换贷款等工具。大多数发展金融机构几乎不提供担保,芬兰工业合作基金有限公司只在特殊情况下提供担保。证券化和结构化金融工具也是法国经合投资公司常用的金融工具。但在2012年,亚洲开发银行以一种多期融资便利(multitranche financing facility,MFF)的方式向孟加拉国一个中等教育发展项目投资75万美元。多期融资便利是一种支持客户中长期投资计划的融资方式。在孟加拉国的这个项目中,亚洲开发银行董事会规定了融资上限和条件。亚洲开发银行目前正试图把这种新的金融工具纳入其主流业务。

2008年,比利时发展中国家投资公司向卢旺达山茶公司(Rwandan Mountain Tea,RMT)发放了100万美元的贷款,用于修复两个已有的茶叶生产单位,改善茶叶质量,并把产能增加1倍(每年达到4 300吨)。现在,卢旺达山茶公司的茶叶产量约占其全国茶叶产量的18%,大约雇用3 600名采茶工人。比利时发展中国家投资公司资助的这个项目在产业结构脆弱的地区维持了5 000个工作岗位,妇女占这个项目雇用的劳动力45%以上。

荷兰发展金融公司采用多种融资方式,包括辛迪加贷款、股权投资、夹层投资、担保和资本市场交易。英联邦发展公司、意大利国家对外投资促进公司、比利时国际投资公司、挪威发展中国家投资基金和瑞士新兴市场投资基金几乎完全专业化于股权(或准股权)投资,它们都把80%以上的资金配置在这类资产上。此外,芬兰工业合作基金有限公司和瑞典基金国际有限公司的股权投资也超过其总投资的60%,而国际金融公司和法国经合投资公司的股权投资占比最低。在法国经合投资公司已经完成的业务中,大部分是贷款,要占到80%以上。奥地利国际气候金融公司、西班牙投资发展公司和比利时发展中国家投资公司的贷款业务也超过其业务总量的60%。在我们这里分

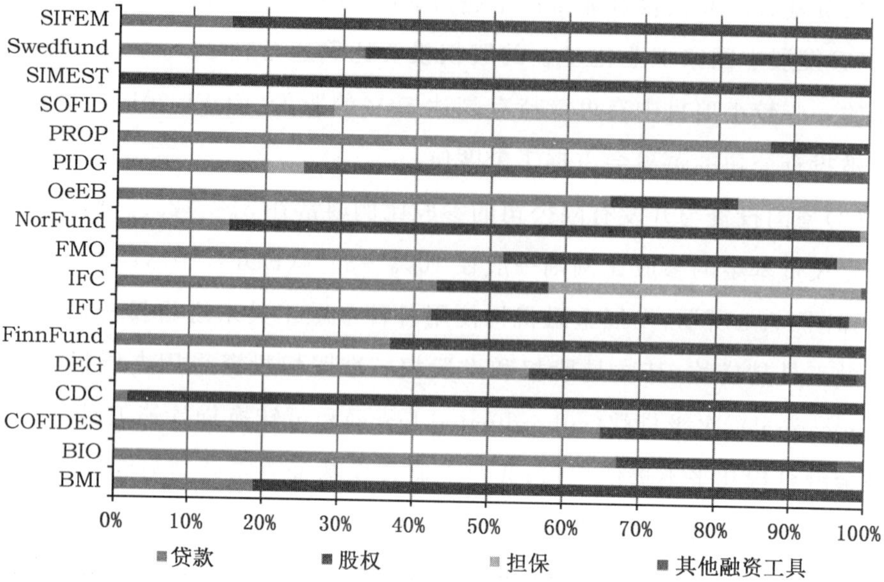

注：股权工具包括准股权产品。SIFEM、Swedfund、SIMEST、SOFID、PROP、PIDG、OeEB、NorFund、FMO、IFC、IFU、FinnFund、DEG、CDC、COFIDES、BIO 和 BMI 分别是瑞士新兴市场投资基金、瑞典基金国际有限公司、意大利国家对外投资促进公司、发展金融公司(葡萄牙)、经合投资公司(法国)、私人基础设施开发集团(英国)、国际气候金融公司(奥地利)、挪威发展中国家投资基金、荷兰发展金融公司、国际金融公司(美国)、发展中国家工业化基金(丹麦)、芬兰工业合作基金有限公司、德国投资与开发有限公司、英联邦发展公司(英国)、西班牙投资发展公司、比利时发展中国家投资公司和比利时国际投资公司。

资料来源：EDFI 2012 年报，公司报告。

图 17.1　融资工具比较分析

析的全部发展金融机构中，葡萄牙发展金融公司的担保业务占其业务总量的比重最高，达到了 71%。

行业分析

如图 17.2 所示，发展金融机构的投资涉及领域广泛，从金融到基础设施再到农业综合企业。虽然有些发展金融机构(如英联邦发展公司)没有任何特定偏好，但有不少发展金融机构非常关注某些行业。

例如，英国的私人基础设施开发集团只做基础设施项目，而瑞士新兴市场投资基金主要从事工业/制造业业务(70%以上)。金融和基础设施业务约占法国经合投资公司业务总量的 44%，但这家公司在其他行业的投资没有明

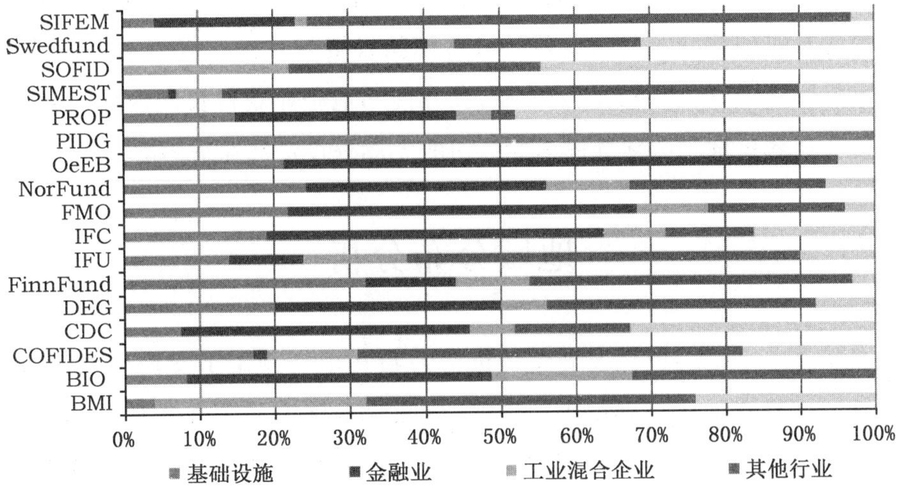

注：股权工具包括准股权产品。SIFEM、Swedfund、SOFID 、SIMEST、PROP、PIDG、OeEB、NorFund、FMO、IFC、IFU、FinnFund、DEG、CDC、COFIDES、BIO 和 BMI 分别是瑞士新兴市场投资基金、瑞典基金国际有限公司、意大利国家对外投资促进公司、发展金融公司(葡萄牙)、经合投资公司(法国)、私人基础设施开发集团(英国)、国际气候金融公司(奥地利)、挪威发展中国家投资基金、荷兰发展金融公司、国际金融公司(美国)、发展中国家工业化基金(丹麦)、芬兰工业合作基金有限公司、德国投资与开发有限公司、英联邦发展公司(英国)、西班牙投资发展公司、比利时发展中国家投资公司和比利时国际投资公司。

资料来源：EDFI 2012 年报，公司报告。

图 17.2　投资行业比较分析

确的模式，就像英联邦发展公司一样，还投资于环境和农业部门。从战略的角度看，意大利国家对外投资促进公司不排除任何行业，因为它承接意大利企业涉足的任何行业的业务。但从它的业务总量构成看，主要投资工业/制造业部门，金融业的投资占比很小。

2010 年，法国经合投资公司向它的合作伙伴瓜拉尼(Guarani)提供 5 000 万美元的优先贷款，为巴西的甘蔗种植业融资。瓜拉尼随后改善了巴西甘蔗种植业生产单位的绩效。通过资助瓜拉尼，法国经合投资公司在支持巴西经济的引擎部门——甘蔗种植业——的同时，还通过利用甘蔗生产乙醇开发生物燃料的方式来应对气候变化。乙醇生产项目产生了很高的效益，而车辆尾气排放减少了 80%～90%。

相比之下，比利时国际投资公司在金融业没有任何投资；芬兰工业合作基金有限公司根据自己在国内感觉到的比较优势来选择投资行业，因此有相对多样化的行业投资，而在可再生能源、林业和电信等行业则有一些迫切希望与其他发展融资机构共同融资的项目。虽然德国投资与开发有限公司为任何行业的项目提供资金，但特别关注金融业，以方便当地企业获得长期资金。最后，国际金融公司和奥地利国际气候金融公司的大部分投资都在金融部门。

地域分布分析

如图17.3所示，虽然发展金融机构为新兴市场制定了专门的发展战略，但其具体的投资地区差别很大。例如，英联邦发展公司的业务比其他双边发展金融机构更侧重于较贫穷国家。总的来说，非洲和亚洲占据了大多数发展金融机构投资总量的很大比重，这很可能是因为，发展金融机构在发展援助重点的选择上遵循本国政府推行的政策，通常向私人资本特别稀缺的高风险地区提供融资。

2008年，英联邦发展公司向中国的太阳能热水器制造商皇明(Himin)公司投资4 600万美元。皇明公司的生产技术比较简单，并且生产大多数中国家庭负担得起的产品。皇明公司是由鼎晖投资公司(CDH Investments, CDH)管理的一家公司，而鼎晖投资公司是英联邦发展公司在中国的一家管理公司，也是私募股权投资业的领先者。鼎晖投资公司与皇明公司已经保持了10多年的业务关系。鼎晖投资公司正在帮助皇明公司加强内部控制和高层管理。

西班牙投资发展公司是一家根据国家利益开展业务的发展金融机构，它好像比较偏好做南美和中美洲的业务，这也表明西班牙投资发展公司有兴趣与那里的企业合作。法国经合投资公司在四大洲开展融资业务，包括主要的新兴国家和最贫穷国家，特别是那些讲法语的非洲国家。

英国的私人基础设施开发集团在非洲也有大量的投资。虽然葡萄牙发展金融公司似乎只对非洲、加勒比和太平洋(“非加太”)地区感兴趣，但由于投资少，结果并不理想，目前只有11个投资项目。随着葡萄牙发展金融公司本身的发展，它的业务地理分布很可能会扩大。

德国投资与开发有限公司和西班牙投资发展公司在亚洲的大部分投资分布在中国。相比之下，比利时发展中国家投资公司在亚洲的投资主要集中在东南亚和南亚，而在中国只有一个投资项目。荷兰发展金融公司是另一个

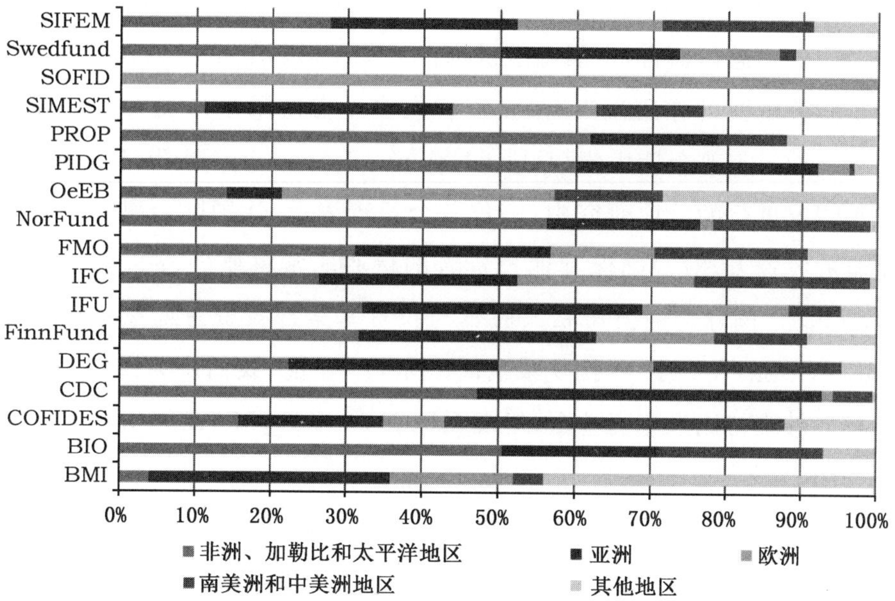

注：欧洲通常是指东欧；在国际金融公司在非洲、加勒比和太平洋地区的投资额中包括它在中东的投资。SIFEM、Swedfund、SOFID 、SIMEST、PROP、PIDG、OeEB、NorFund、FMO、IFC、IFU、FinnFund、DEG、CDC、COFIDES、BIO 和 BMI 分别是瑞士新兴市场投资基金、瑞典基金国际有限公司、意大利国家对外投资促进公司、发展金融公司（葡萄牙）、经合投资公司（法国）、私人基础设施开发集团（英国）、国际气候金融公司（奥地利）、挪威发展中国家投资基金、荷兰发展金融公司、国际金融公司（美国）、发展中国家工业化基金（丹麦）、芬兰工业合作基金有限公司、德国投资与开发有限公司、英联邦发展公司（英国）、西班牙投资发展公司、比利时发展中国家投资公司和比利时国际投资公司。

资料来源：EDFI 2012 年报，公司报告。

图 17.3　地域分布比较分析

在亚洲市场有很大“风险暴露”的机构，它参与投资的项目有 25%以上分布在这个地区（EDFI，2013）。此外，相对而言，英联邦发展公司的“最高国家风险暴露”（highest country exposures）分别为 21%（印度）和 15%（中国）（CDC，2012）。

私募股权投资

包括英联邦发展公司、国际金融公司、私人基础设施开发集团和荷兰发展金融公司在内的发展金融机构大力支持新兴市场的私人股本扩张。到

2011年底，仅国际金融公司就向差不多180只私募股权基金注资30亿美元(IFC,2012)。总体而言，发展金融机构在早些年对新兴市场私人股本的参与起到了至关重要的作用。当时，投资者大多不愿向陌生市场的企业投入资金。在约翰·霍普金斯大学(Johns Hopkins University)对新兴市场私人股本增长情况进行的一项研究中，一位基金经理表示，让国际金融公司作为我们基金的投资人，对于确保其他投资者的信心非常重要(Leeds and Sunderland,2003)。国际金融公司私人股本与投资基金部投资总监戴维·威尔顿(David Wilton)在2010年接受采访时表示，10年前，我们认为只有四五个新兴市场能够维持国家专用基金，但现在则有20多只(Meerkatt and Liechtenstein,2010)。

新兴市场的私募股权投资者通常提供"耐心资本"，投资期限要比美国和欧洲发达市场长。他们还力求在投资过程中以各种方式来增加价值，包括管理咨询、公司治理和业务帮助。经济转型国家的许多私募基金都把重点放在创办企业上，不仅仅是为了快速转售而对它们进行重组。此外，许多新兴市场的中小企业在业务和治理方面有很大的改进余地，使得私募股权公司能够大幅度增值。

新兴市场私募股权公司采取的主要退出策略是同行转让(trade sale)，而不是管理层收购(MBO)和首次公开发行(IPO)(Arosio,2011)。"英联投资"是专注于新兴市场的最大私募基金管理公司之一，管理着52亿英镑的资产(Actis,2013)。根据"响应研究"(Responsive Research)2011年的一份报告，有关英联投资公司退出战略的数据显示，绝大多数撤资(18/23)都是通过同行转让来完成的(Arosio,2011)。这是因为发展中国家的私募股权投资者往往不能通过首次公开募股来撤资，特别是在公司和交易规模往往都较小的国家，吸引大量的本地机构投资者投资于首次公开发行的股票，颇具挑战性，上市市场缺乏流动性可能是成功上市的一大障碍。因此，投资者往往通过同行转让的方式把自己的投资资产出售给其他战略投资者——在某些情况下，通过将投资组合公司出售给更大的地区或国际性企业来实现退出(AfDB,2012)。

据哈佛商学院2012年7月发表的一篇文章称：

> 有些私人机构试图采用创造性的方法来解决目前存在的问题，如在发达国家证券交易所上市，或者在发达国家收购一家类

似的公司(随后与发展中国家的公司合并)。这很可能是未来几年不断创新的领域。(Lerner, Leamon and Vase, 2011)

重点投资区域

根据监测研究所的一项研究,社会金融(影响力投资)私募股权基金的投资者按其主要投资动机可分为“财务回报优先”和“影响力优先”型投资者(Monitor, 2009)。“影响力优先”型投资者愿意放弃部分财务回报,以换取社会影响力(睿智基金、E+Co 基金就是这样的基金)。因此,这些基金的基本投资者往往就是慈善投资者,睿智基金的投资者包括洛克菲勒基金会、W. K. 凯洛格基金会、思科系统基金会(Cisco Systems Foundation)、比尔与梅琳达·盖茨基金会以及许多其他慈善和家族投资者。

与为获得财务和发展回报而投资的发展金融机构相似,几家在新兴市场投资的私募股权公司通常也希望通过投资获得财务和发展回报。表 17.2 列示了一些在新兴市场开展业务的私募股权公司和基金。该表显示,这类基金对发展影响力的重视胜过财务回报。

表 17.2　　影响力优先型基金和财务回报优先型基金发展样本一览

影响力优先型基金	影响力和财务回报兼顾型基金	财务回报优先型基金
睿智基金	创意投资基金(Creation Investments)	八英里基金(8 Miles)
E+Co 基金	草根企业基金	英联投资基金
	IGNIA	阿布拉吉集团(The Abraaj Group)
	跳蛙基金(LeapFrog)	绿竹融资基金(Bamboo Finance)
		升级股权基金(Elevar Equity)
	小企业援助基金(Small Enterprise Assistance Funds, SEAF)	格罗芬基金
	峰会发展集团	太阳神投资伙伴(Helios Investment Partners)
	威洛影响力投资者基金(Willow Impact Investors)	马格里布基金(Maghreb)
		帕蒂萨—非洲农业基金(Phatisa-African Agriculture Fund)
		塞拉投资基金(Sierra Investment Fund)

注:仅根据各基金网站提供的信息进行分类,阿布吉拉集团在 2012 年 7 月完成了对欧瑞斯资本公司(Aureos Capital)的收购。

除以上介绍的基金外，在发达的欧洲和美国市场上，还有一些非常成熟的社会金融/影响力投资基金为其所在的地理区域服务，如英国的桥梁风投基金。

另一方面，“财务回报优先”型投资者在寻求市场回报的同时，也通过投资寻求正的社会影响力。传统上，发展金融机构一直是这些基金的主要资金来源。据萨罗纳资产管理公司(Sarona Asset Management)估计，目前私募股权基金筹集到的资金中，有60%～85%来自发展金融机构(Sarona，2013a)。以下是一些具体例子：

(1)格罗芬是一只总部设在非洲的基金，它的很多投资者都是发展金融机构，其中包括英联邦发展公司、国际金融公司、荷兰发展金融公司、挪威发展中国家投资基金、荷兰发展金融公司、比利时发展中国家投资公司、芬兰工业合作基金有限公司和瑞士新兴市场投资基金(GroFin，2013)；

(2)“英联投资”是2004年成立的最大的“财务回报优先”型基金之一，它是在2004年从一家发展金融机构(即英联邦发展公司)分拆出来的公司；

(3)欧瑞斯资本公司也与英联邦发展公司有历史渊源，它最初是英联邦发展公司和挪威发展中国家投资基金的合资公司，2008年，欧瑞斯资本公司的员工获得这家公司的全部所有权，然后由阿布拉吉集团在2012年7月收购；

(4)帕蒂萨(Phatisa)这只泛非基金2011年因以下机构投资而完成了首次募资：法国开发署(Agence Française de Développement)、非洲开发银行、西班牙国际发展合作署(Spanish Agency for International Development Co-operation)、非洲企业投资支持基金(Investment and Support Fund for Businesses in Africa)、南部非洲开发银行、西非投资开发银行(Banque Ouest-Africaine de Développement)以及西非经济共同体投资开发银行(ECOWAS Bank for Investment and Development)(Phatisa，2013)；

(5)就在2012年2月13日，一家新成立的泛非私募股权基金“八英里”在国际金融公司、非洲开发银行和英联邦发展公司的支持下完成了2亿美元的首次募资(8 Miles，2012)。

与发展金融机构的情况一样，新兴市场私募股权基金似乎也没有共同的基本策略。每只基金都有自己的具体重点和目标。与任何其他资产类别一样，它们也有普通基金、专注于某个部门或者行业的基金、地区性基金或者是以上三种基金的组合。虽然发展中市场的基金一般以传统行业已有成熟企业为服务对象，但有些基金确实投资于处于发展早期阶段的企业。“技术密集型”风投参与有限的一个原因可能就是：许多国家的知识产权保护力度有限（Lerner，Leamon and Vase，2011）。

例如，格罗芬就是一只专注于非洲的投资基金，支持处于从初创到成长和/或扩张任何发展阶段的企业的基金。“太阳神”是另一只专注于非洲的投资基金，或许更喜欢“高增长、高运营杠杆和对价值链实行高度控制”的基金。此外，太阳神基金的运营总监亨利·奥比（Henry Obi）指出，太阳神基金的目标通常是“投资资本/资金 3 倍以上的回报”（Ware，2011）。

马格里布私募股权基金（Mahgreb Private Equity Funds）对阿尔及利亚、摩洛哥和突尼斯中小企业进行全方位的投资。它的策略通常是派代表参加董事会，其具体目标就是与寻求进入这个地区的外国企业结成伙伴关系。

IGNIA 基金的目标是成为一家创业企业风投公司，支持“瞄准金字塔底部市场的高成长社会企业的创建和发展”（IGNIA，2013）。尽管萨罗纳资产管理公司也投资于发展到后期阶段的新创企业，但它通常主要对盈利的成长型企业进行投资，而且还对人均国内生产总值在 500～12 000 万美元的国家进行投资（Sarona，2013b）。与萨罗纳资产管理公司相似，草根企业基金更倾向于对成长型企业进行投资，但也个案处理对处于发展早期阶段的企业的投资。此外，这只基金更愿意与直接影响范围在 500～2 000 人、投资期内成长或扩大潜力至少 5～10 倍的企业合作（GBF，2013）。

总的来说，有较多的私募基金关注企业的后期成长投资，而不是初创企业。2010 年，在灰色幽灵风投公司（Gray Ghost Ventures）调查的 31 只基金中，只有 3 只基金愿意对初创企业进行投资（*Forbes*，2010）。除非对新企业的早期投资有所增加，否则需要获得后期发展资金的企业的未来交易流会受到严重的限制。“水泵”应该在风险较大但极其重要的投资生命周期早期阶段启动。

2012 年，草根企业基金向斋普尔地毯公司（Jaipur Rugs Company，JRC）这家印度非常知名的社会企业投资了 100 万美元。斋普尔地毯公司目前正在为优化自己的供应链和降低成本而建造更多的仓库。这家地毯公司现在雇用 7 000 名家庭织毯工，使用 3 000 台羊毛纺纱机，为印度北部农村地区的失业者和就业不足的低收入人群创造了经济机会，而且每年都要培训数千名新的织毯工。

融资工具

“财务回报优先”型基金和“影响力优先”型基金都使用股权、准股权、担保和债务等融资工具。

绿竹融资基金、马格里布基金、草根企业基金和萨罗纳资产管理公司都进行债务和股权投资。草根企业基金也开展担保业务。此外，萨罗纳资产管理公司还在适当的时候选择共同投资的方式。这些基金或者资产管理公司的投资期限通常在4～8年。

与大多数基金不同，格罗芬基金在大多数情况下进行中期债务投资。此外，除了股票和债务工具外，小企业援助基金还为它投资的一些企业提供信贷额度、周转资本贷款和贸易融资。

然而，与发达市场的基金不同，非洲和南亚的基金还处在起步阶段，非洲和南亚的投资基金通常在交易规模较小、投资期限较长的情况下开展工作。

作为一只影响力优先型基金，睿智基金的投资方针略有不同。典型的业务就是25万～300万美元的股权或债务投资，期限可长达10年（Acumen Fund，2013）。

波士顿咨询集团（BCG）和莱塞商学院（Lese Business School）在2010年完成的一项研究报告称，不管使用哪种融资工具，在新兴市场，少数股权投资较为成功。这项研究对国际金融公司的私募股权投资业务进行了分析，结果发现“少数股权投资的回报率是多数股权投资的3倍……少数股权交易也是新兴市场最常见和最成功的私募股权投资”（Meerkatt and Liechtenstein，2010）。

1998年，“E＋Co”基金向为小型养猪场销售家用沼气系统的Vacvina公司提供了企业发展服务和贷款。这种沼气系统每个单位使用猪粪就能生产足以满足农村家庭日常烹饪所需的甲烷。后来，“E＋Co”基金又对Vacvina公司追加了贷款帮助它发展业务。这样，“E＋Co”基金总共给这家公司贷款8.2万美元，帮助它创造了200个就业机会。此外，这些沼气系统每年减少排放二氧化碳8万吨，并且用沼气替代木柴和煤炭，从而改善了卫生条件，并且降低了水污染。

部门或行业分析

表 17.3 着重显示了我们选定的一些基金的业务行业分布状况，以说明私募股权基金目前采取的一些策略。这些基金在新兴市场主要对农业综合企业以及能源、金融、教育和医疗卫生等行业进行投资。

表 17.3 行业偏好分析

机构名称	金融	医疗卫生	教育	清洁水	制造业	农业企业	住房	环境	能源	其他
八英里基金	√	√	√	√					√	√
英联基金	√	√				√				√
睿智基金		√	√	√		√	√		√	
阿布拉吉集团	√	√	√		√	√			√	√
绿竹融资基金	√	√	√	√		√	√		√	
创意投资资本/资金管理基金	√									
E+Co 基金									√	
升级股权基金	√	√					√			
草根企业基金						√			√	√
格罗芬基金		√	√		√	√				√
太阳神投资伙伴基金	√					√				√
IGNIA 基金		√	√			√	√			√
跳蛙基金	√									
马格里布基金	√	√			√	√				√
帕蒂萨—非洲农业基金						√				
萨罗纳资产管理基金	√	√		√		√	√		√	√
塞拉投资基金	√				√	√			√	√
小企业援助基金		√			√	√			√	√
峰会发展集团	√									
威洛影响力投资者基金		√	√					√	√	√

资料来源：相关基金网站。

马格里布基金中的每只基金都瞄准农业综合企业、电信、制药和金融服务等行业，因此有所重叠。在医疗卫生业，升级股权基金的重点就是投资改善医疗卫生条件，尤其是改善农村的医疗卫生条件。威洛影响力投资者基金是一只最近成立的总部设在迪拜的基金，它涉足的 6 个主要行业或部门中有食品与营养、环境与社区发展。它所投资的项目实际带来了正的环境影响力和社会回报。

有些基金在选择行业重点方面获得了非常具体的授权。例如，跳蛙基金的业务重点是金融服务企业，它主要投资于非洲和亚洲的保险公司，如南非仅有的艾滋病感染者寿险公司全寿保险(AllLife)。2009 年，跳蛙基金向全寿保险投资 670 万美元，在为这家公司带来金融资本的同时还改善了这家公司的经营，并且为它建立了全球网络。自得到跳蛙基金投资以来，全寿保险第一年客户就增加了 200%，年收入增长了 1 倍多。此外，全寿保险还发现客户的平均健康水平提高了 15%，而这仅仅是因为他们购买了全寿保险的保单。而另一只基金“E+Co”只投资于能源企业和项目。

与此相反，睿智基金是一只业务非常多样化的基金，它的投资涉及水务、医疗卫生、住房、能源和农业 5 个部门。图 17.4 提供了睿智基金业务分布的其他详细信息。

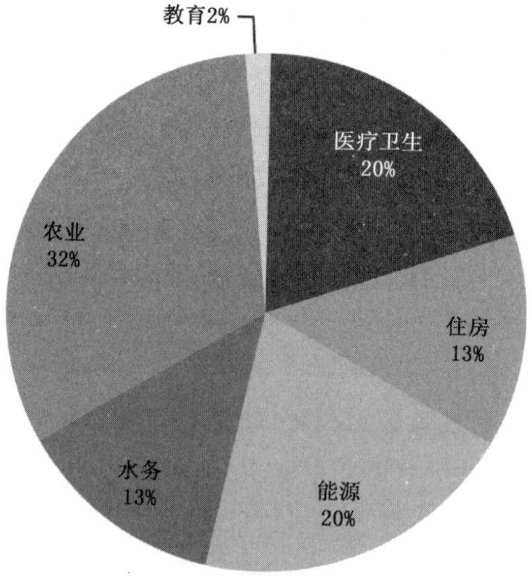

资料来源：睿智基金。

图 17.4 睿智基金重点业务行业分布

2008 年，睿智基金向 Pushpagiri Vitereo 视网膜研究所(Pushpagiri Vitereo Retina Institute ,PVRI)投资 200 万美元，帮助这家研究所增建 2 家医院，从而使其覆盖范围扩大到了约占安得拉邦 50%的居民(这个邦的居民总人数是 7 500 万)，并且有能力治疗近 100 万病人。

一些通常专注于金字塔底层的基金，如 IGNIA 和萨罗纳资产管理公司，重点关注对低收入人群影响巨大的部门，如医疗保健、金融服务、水务和环境卫生投资。一般而言，社会金融/影响力投资基金的宗旨就是利用可利用的资金来产生最大的正影响力。向提供优质医疗、能源、金融服务、住房、教育和清洁水等基本商品和服务的企业进行融资，也许能帮助所有人获得大幅度的经济和社会发展。

2005 年，非洲开发银行批准了对马达加斯加私营部门萨哈尼沃特（Sahanivotry）水电站项目的 780 万美元投资，用于建造一座 15 兆瓦的水电站，以便以比柴油发电厂低 50%的竞争性成本使发电量增加 10%以上。这个项目在施工阶段就创造了 140 个就业机会，促进了当地货物的直接和间接供应。此外，稳定向萨哈尼沃特村供电，也促进了中小工业企业（如采矿和去壳）发展，并且改善了村民的生活条件。

这种目标行业的多样性可能是“影响力投资的一种优势，有可能产生全面的发展影响力，并且促进营利性社会风投模式扩散，但也可能阻碍整个影响力投资行业的整合”（Simon and Barmeir，2010）。

地域分布分析

毫不奇怪，私募股权投资者往往会关注经济增长机会明显但繁荣程度较低的市场。非洲正处在“促进贸易、外国直接投资和国内创业”的经济深度转型阶段（Simon and Barmeir，2010）。阿布拉吉集团总共有 75 亿美元的投资资产（见图 17.5），其中在非洲和亚洲市场的投资多达 40 亿美元（Abraaj，2014）。

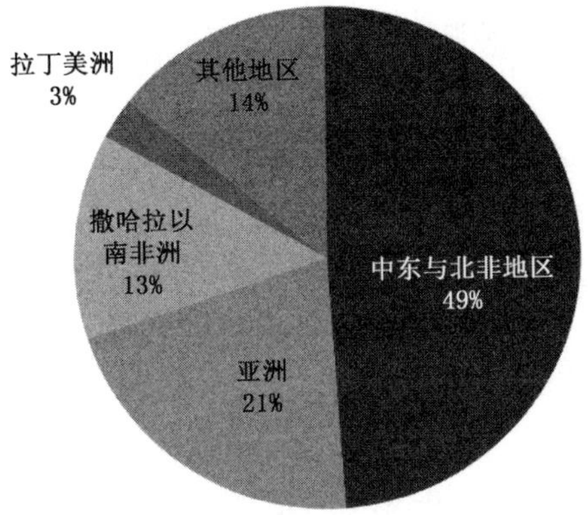

资料来源：阿布拉吉集团。

图 17.5　阿布拉吉集团投资的地域分布

表 17.4 显示了一些私募股权基金在不同地区投资的一般情况。

表 17.4　　私募股权基金投资地域分布分析

机构名称	中东与北非地区	撒哈拉以南非洲	欧洲	亚洲	拉美	其他
八英里基金	√	√	√	√	√	
英联基金	√	√				
睿智基金		√		√		
阿布拉吉集团	√	√		√	√	√
绿竹融资基金		√		√	√	√
创造投资资本/资金管理基金			√	√		√
E+Co 基金	√	√		√	√	
升级股权基金				√	√	
草根企业基金		√		√	√	
格罗芬基金	√	√				
太阳神投资伙伴基金	√	√				
IGNIA 基金						√
跳蛙基金	√	√		√		
马格里布基金	√					
帕蒂萨—非洲农业基金	√	√				
萨罗纳资产管理基金*						
塞拉投资基金		√				
小企业援助基金			√	√	√	
峰会发展集团		√				
威洛影响力投资者基金	√	√				

注：萨罗纳资产管理公司投资的地域分布取决于地区人均国内生产总值阈值。

资料来源：相关基金网站。

格罗芬公司几乎完全致力于非洲投资。例如，2009 年，格罗芬公司利用其旗下的格罗芬东非基金(GroFin East Africa Fund，GEAF)向东非 50 家中小企业投资 5 000 万美元，帮助这些企业增加了 87%的就业机会和 50%的营业额。虽然马格里布基金主要投资于摩洛哥、阿尔及利亚和突尼斯，但这只基金也在埃及、利比亚和一些欧洲国家进行机会型投资。

鉴于萨罗纳资产管理公司投资的地域分布在很大程度上取决于人均国内生产总值阈值，因此，它的投资分布在差不多 80 个国家(Sarona，2013 b)。

截至 2012 年 7 月，专注于清洁能源投资的“E+Co”基金实施了一项支持非洲清洁能源企业家的新战略。“E+Co”基金执行董事克里斯·艾登(Chris

Aidun)在宣布这个重组方案时表示:“在被迫缩小业务重点的情况下,我们选择了非洲,因为在这里,我们有机会进行清洁能源影响力投资。”在此之前,“E＋Co”基金的投资遍及五大洲的20国家。

未来可能会出现的问题

资金需要与发展金融机构的作用

未来10年,新兴市场日益增长的经济体可能需要大量的资金投入,并且超出各国政府和援助计划所能满足的程度。现可确定的投资需要估计包括:(1)非洲每年需要930亿美元的基础设施投资(Foster and Bricefio-Garmendia,2010);(2)发展中国家每年需要830亿美元的农业投资(FAO,2009);(3)撒哈拉以南非洲每年需要250亿～300亿美元的医疗卫生投资(医院、诊所、医疗仓库)(IFC,2009)。

因此,私营部门的投资必须与各国政府和援助计划密切配合才能满足发展中国家的资金需求。发展金融机构的融资约占发展中国家私人投资的1%,占非洲私人投资2%～4%(IFC,2011b)。发展金融机构今后面临的挑战是如何有效利用自己日益增加的存在来产生更大的发展影响力。根据国际金融公司关于国际金融机构(也就是发展金融机构)的一份报告,国际金融机构必须采用以下办法更具策略性地配置资金,才能产生更大的影响力(IFC,2011b):(1)重点关注有可能产生最大发展影响力的投资领域和方式;(2)提供通过商业渠道无法获得的投资和咨询;(3)杠杆化利用与私营部门、发展金融机构和各国政府的伙伴关系来最大限度地发挥影响作用。

总的来说,发展金融机构希望通过为基础设施和私营部门融资来帮助发展中经济体的私营部门增加价值,从而帮助这些经济体更好地运行。然而,要想不断取得成功,就必须认识到创新与扩展的重要性。把重点放在通过复制来扩大新部门上,有可能提高可持续创新水平(IFC,2011b)。发展金融机构改善了流向某些市场的资本流,并一直在帮助不同国家“创造必要条件,促进私营部门尽可能多地参与”(Politi,2012)。一些政策分析人士指出,即使在许多收入最低的国家变成“中等收入”国家以后,发展金融机构面临的首要问题仍然是“如何解决发展不平衡的问题”(Politi,2012),也就是它们如何与某些部门表现出可持续增长但教育和医疗卫生等其他部门却难以实现关键目标的国家进行合作。

有一个趋势很值得注意,那就是好像又出现了一些新的开发银行。金砖国家开发银行于 2015 年 7 月成立,从 2012 年 3 月开始,有关国家就一直在商讨创建这家银行的问题(Politi,2012)。这是 1991 年欧洲复兴开发银行创建以来成立的第一家多边银行。但应该关注的是,这家银行将做哪些现有的发展金融机构没有这样做的事情。如果金砖国家银行有具体的未实现目标,那么,是否能更好地利用政府资金把具体任务外包给现有的发展金融机构或私募股权基金,从而杠杆化利用现有的能力和网络?

总的来说,发展金融机构最有可能维持或扩大它们目前在高影响力市场上的业务。

业绩记录的必要性

摩根大通银行 2011 年度的投资者展望调查显示,投资者对未来有望产生发展影响力的投资额持乐观态度。然而,目前,基金管理公司在这个领域缺乏实质性业绩记录,是吸引更多资金所面临的一个关键挑战:

> 接受调查的投资者表示,对近期的乐观情绪有所减弱,而对影响力投资行业的长期前景则持乐观态度。接受调查的投资者表示,未来 10 年,机构投资者和高净值人士投资者分别会将其 5%和 10%的资产用于影响力投资。(J. P. Morgan,2011)

无论有些行业的报告有多么雄心勃勃和乐观,这是一个至少需要 10 年时间才能达到显著规模和可持续水平的行业。这个行业的乐观者都注意到了小微金融机构最近取得的成功,例如,墨西哥康帕图银行在 2007 年的成功上市经常被用来强调这个市场的潜力和需求。不过,同样重要的是还应该明白,这家银行花了整整 17 年的时间才真正引起了实质性的商业关注,最终才实现了公开上市和高财务回报。这家银行最初是一个由慈善捐款资助的非营利组织,多年来一直围绕其使命开展工作。因此,实现“影响力优先”型资本与“财务回报优先”型资本的有效互补是决定未来能否取得成功的一个关键因素。例如,前一种资本可为创新融资(就如康帕图银行所做的那样),而后一种资本则可为规模化扩张提供资金(Milligan and Schning,2011)。

金融创新的必要性

金融创新、提高透明度以及基金会、发展金融机构与商业投资者之间的知识共享,可以帮助整个行业走向成熟,并且在实现财务目标的同时又能实现社会目标。

金融创新特别有用,因为“创新”是推动市场发展的关键所在,而灵活的融资结构安排比单纯使用传统贷款或赠款更有利于发展中市场创新。IGNIA 基金的罗德里格斯·阿瑞奎(Rodriguez Arregui)最近指出,“贷款可能适合组织生命周期的后期阶段,而不是在你希望组织创新的时候”(Milligan and Schning,2011)。贷款有时会阻碍创新,因为借款组织的管理层会更加专注于偿还贷款,甚至可能做出糟糕的风险规避经营决策。

发展部门的投资需要“风险资本”,通常采取股权投资的形式。但如前所述,在新兴市场上,要退出股权投资,真是困难重重,而且往往仅限于同行转让。最终,金融从业者必须发展一个能为投资者提供多种退出选择的健康市场(Milligan and Schiining,2011),从而为传统投资者进入风险较大的发展中市场铺平道路。

非洲大陆一直是许多发展金融机构和发展金融机构支持的私募股权基金投资的一个重要地区,主要是因为非洲大陆被看作是一个有可能产生重大发展影响力的市场。但是,按照目前的经济增长速度来看,非洲大陆的资金需求远远大于目前的资金供给。一家总部设在尼日利亚的电话基础设施公司 HIS 的联合创始人伊萨姆·达尔维什(Issam Darwish)最近表示,非洲的风投融资仍然“极其困难”。尼日利亚的计算机仓储集团(Computer Warehouse Group)的首席执行官奥斯丁·奥克雷(Austin Okere)进一步指出,“许多有潜力的公司因为没有足够的资金为增长融资而不幸夭折”(Wigglesworth,2012)。

虽然非洲大陆的风投融资业务已经取得了一些进展,例如,凯雷集团(Carlyle Group)是最大私募股权基金管理公司之一,在 2011 年发起成立了首只规模达到 7 亿美元的撒哈拉以南非洲基金(Wigglesworth,2012),但主流机构投资者似乎还没有进入在非洲等新兴市场(特别是前沿市场)配置大量资金的阶段。发展金融机构和私募股权基金必须“展示它们不断成功增长的业绩记录，才能吸引主流机构投资者把大量的资金配置到非洲等新兴市场”(AfDB,2012)。

值得注意的是，由于某些新兴市场构建的资本市场体系仍欠发达，因此，“私募股权投资正越来越多地被用作基础经济增长的代理变量”(AfDB,2012)。由于非洲和南亚经济增长势头强劲，对私募股权投资的需求应该远远超过供给。

承担更大风险的必要性

投资者在与发展影响力领域的基金和/或中小企业合作时，特别是在非洲与发展影响力领域的基金和/或中小企业合作时，必须明确了解以下因素的重要性和必要性：(1)这类投资通常需要承担更大的风险；(2)这类投资通常交易规模较小；(3)这类投资通常需要耐心，并且需要做出长期承诺；(4)这类投资通常需要创业(即风投型)融资。

随着私募股权投资在美国逐渐发展成为一个产业，它主要由“有钱家族(如洛克菲勒家族和惠特尼家族)的投资机构主导”(*The Economist*,2004)。这类投资通常仅限于对小企业进行的风投。随着这个行业的逐渐成熟，占这个行业总资金更大比例的资金将被用来扩大或者收购已有企业。

然而，在今天的新兴市场上，特别是在非洲和南亚，这个行业的从业人员在新兴市场才刚刚初露端倪的时候似乎已经开始采取一种成熟市场观。与美国早期的私募股权融资一样，早期的中小企业融资需要更多的风投资金，而不是管理层收购(MBO)和公开上市前的退出机会。这个行业能否成功成长，在很大程度上取决于这个行业的企业在生命周期的各个阶段(即从创意到企业盈利)能否获得足够的资金。现在似乎有越来越多的发展投资基金对处于发展早期阶段的企业进行投资。企业发展早期阶段资金不足的问题除非现在能得到妥善解决，否则就会破坏创新性商业模式，进而在未来进一步增加资本扩张的机会。

在迈克尔·楚看来，必须开展更多的合作，发展影响力投资领域的不同参与者才能在一起有效地开展工作。如果不同的参与者能够在企业发展的不同阶段消除风险，并且发挥有意义的作用，那么就能像表17.5所示的那样把点连成面，从而使不同的投资策略都有相应的资金来源作为支撑，最终帮助这个行业真正走向成熟(Chu,2012)。

表 17.5　根据资金来源调整的投资策略

资金来源	预期财务回报	天使风险资本	种子风险资本	发展风险资本
风险慈善（个人和基金会）	动力是社会影响力（无财务回报预期）	√	√	×
公共部门/开发署	赠款（无财务回报预期）	√	√	×
公共部门/开发署	投资（从低回报到商业回报）	×	√	√
私人部门（个人和机构）	投资（从低回报到商业回报）	×	×	√
纯商业投资者	商业回报预期	×	×	无（太早）

资料来源：IGNIA。

20 世纪 80 年代，私募股权基金业在美国初露端倪时曾经是“不守规矩的人和外部人出没的场所”。社会金融影响力投资领域可能会得益于这类基金管理公司，因为它们通常有较高的风险承受能力，而高风险则是许多新兴市场投资机会的一个关键特征。

此外，首次投资非洲的私募股权基金往往难以筹集到资金，从而反映了目前投资者(包括许多发展金融机构)的避险心态。特别是发展金融机构能够并且理应投资于越来越多首次涉足非洲和南亚的私募股权基金，并且支持这种创业活动。如果发展金融机构俱乐部的其他成员也想投资这个领域(情况常常就是如此)，那么，那些准备率先涉足这个投资领域的发展金融机构就必须具备更强的领导力，而不是像羊群那样的盲目跟从。

持混合回报观的必要性

虽然私募股权投资者的投资动机从“影响力优先”到“财务回报优先”不等，但也许更有用的做法应该是避免把两者最大化的想法，并且考虑寻求能在财务回报和对整个行业发展产生影响之间达到最佳平衡的策略。“影响力优先”与“财务回报优先”两者并非相互排斥，而是可以相互融合的，为投资提供一个可持续、更长期的框架。如果社会金融的重要性有所增强，而且“财务回报优先”型私募股权基金的投资者又觉得有必要展示可持续发展影响力，那么，私募股权基金率先在非洲和南亚进行投资就指日可待。

新兴市场本地机构进行私募股权投资的必要性

正如发达市场主流金融机构在非洲和南亚的私募股权投资进展缓慢一样，非洲和南亚的保险公司和养老基金对本地这种资产的投资也非常之少。英联邦秘书处（Commonwealth Secretariat）的戴维·阿什阿格博尔（David Ashiagbor）评论说，“如果非洲最大的托管资产市场把它5%的资金投资于私募股权，就能释放170亿美元支持私营部门对非洲进行投资”（Ashiagbor，2012）。然而，除了特别是养老基金行业的改革和开放之外，还必须对养老基金和保险公司进行大量的教育。阿什阿格博尔评论称，“即使是金融市场非常成熟的南非，也只有很少的养老基金拥有私募股权投资的经验或者知识”（Ashiagbor，2012）。

东非和西非的保险公司大多回避私募股权投资——有时是因为监管约束，但主要是因为它们自身厌恶风险以及这个行业还处在发展早期阶段。然而，正如博茨瓦纳、南非和尼日利亚所显示的那样，情况正在发生变化：

（1）直到最近，博茨瓦纳的公共养老金机构（BPOPF）才把资金配置于私募股权基金。但这么做，按规定必须持有私募股权基金管理公司的当地所有权，因而实际上就把大多数在非洲开展业务的私募股权基金排斥在外。

（2）南非经修订后的《养老基金法案实施条例》（Regulation of The Pensions Fund Act）规定，养老基金可持有非上市股票。

（3）尼日利亚规定，5%的管理资产可投资于私募股权和其他资产，但75%的资产必须投资在尼日利亚，而基金必须有发展金融机构作为共同投资者。

但是，必须加快上述方向正确的步骤的实施速度，并且还必须进一步自由化，特别是鼓励跨国界私募股权投资。例如，应该鼓励肯尼亚的机构投资于乌干达的私募股权公司，或者加纳的机构投资于赞比亚的基金，而且还要进行税制和币制改革，以鼓励非洲内部的跨国界投资和投资组合多样化。

最后，发展金融机构界大量参与这些新兴市场私募股权基金的实践表明，拥有大量托管资产的当地机构必须学会利用学习曲线效应，把资金投在这一替代资产类别上——特别是在可能对本国的发展产生影响的情况下。

结束语

本章试图介绍非洲和南亚社会金融的发展现状。发展金融机构是这个领域的早期投资者，并且有地区、行业和规模等不同的投资偏好。有时，发展金融机构在进行任何投资之前，必须与自己的国家建立联系，并且（或者）让自己的国家获益。此外，发展金融机构通常归政府所有，因此必然会受到外交部/对外援助政策变化的影响。发展金融机构使用各种金融工具在不同行业和地区已经进行了产生正社会影响力的成功投资。

在过去的20年里，私募股权基金投资在非洲和南亚的发展应该归功于发展金融机构。有些私募股权基金专注于某个行业的投资，而另一些私募股权基金则同时在多个行业进行投资。在私募股权基金谱系的一端是“影响力优先”型基金，另一端则是“财务回报优先”型基金。与非洲金融机构一样，这些基金也利用不同的金融工具对不同的地区和行业进行投资，并且也产生了社会影响力。我们在这一章里还举了不少有关的例子。

最后，本章还讨论了非洲和南亚社会金融面临的问题。具体来说，我们在这一章里强调了发展金融机构应该承担更大的风险，投资于企业发展早期阶段的机会并支持创新。它们不应是稀释版的商业投资者，而应该是开拓者和激励者。此外，本地保险公司、养老基金、主权基金和其他机构对私募股权基金仍有很大的投资需要。非洲和南亚的私募股权基金由于缺乏资金，因此必然会制约经济增长和社会金融所能发挥的作用。

社会金融具有巨大的作用潜力，特别是在非洲和南亚的新兴市场上，但这个行业能否获得长期成功却取决于投资者（发展金融机构、国际机构和新兴市场的当地机构）如何应对为私营部门配置更多资金和企业发展早期阶段融资的挑战。如果它们能够成功地应对这些挑战，就能形成良性循环：进行更多的投资，提高经济回报，产生更大的发展影响力，并且配置更多的资金。

参考文献

8 Miles. (2012). *$200m First Close achieved, supported by: IFC, African Development Bank, CDC, and Vital Capital.* <http://8miles.com/news13_feb_2012.html>, accessed 1 August 2012.

Actis (2013). *Actis in Review 2013.* <http://www.act.is/ActisPDFs/Actis_In_Review_2013.pdf>, accessed September 2013.

Acumen Fund (*c.*2013). *Patient Capital.* <http://acumen.org/investments/investment-model/>, accessed: September 2013.

Africa Development Bank Group (AFDB)(2012). *Private Equity Investment in Africa.* Tunis-Belvedere: AfDB.

Arosio, M. (2011). 'Impact Investing in Emerging Markets', *Issues for Responsible Investors, 4.* New York: Responsible Research. <http://www.sustainalytics.com/sites/default/files/impact_investing_in_emerging_markets-issues_for_responsible_investors.pdf>, accessed September 2012.

Ashiagbor, D. (2012). 'Unlocking African Institutional Capital for Private Investment in Africa', *Africa Finance Forum Blog,* 1 October. <http://aff.mfw4a.org/africa-finance-forum-blog/time/2012/10/01/blogpost/unlocking-african-institutional-capital-for-private-investment-in-africa.html>, accessed 1 October 2012.

CDC Group (CDC) (2012). *Annual Review 2012.* <http://www.cdcgroup.com/Documents/Annual%20Reviews/CDC%20Annual%20Review%202012.pdf>, accessed October 2012.

Chu, M. (2012). 'Impact Investing: Reflections from the Front Lines', presented at Latin American Forum on impact investing, 14 February. <http://www.ignia.com.mx/bop/uploads/media/Impact_Investing_Merida_14_Feb_2012.pdf>, accessed 1 September 2012.

EDFI (European Development Finance Institutions) (2013). *2012 EDFI Annual Report.* Brussels: EDFI.

Food and Agriculture Organization of the United Nations (FAO) (2009). *How to Feed the World in 2050.* <http://www.fao.org/docrep/012/ak542e/ak542e00.htm>, accessed: September 2013.

Forbes (2010). 'Impact Investing Faces Hurdles'. <http://www.forbes.com/2010/08/16/impact-investment-hurdles-business-oxford-analytica.html>, accessed August 2010.

Foster, V., and Briceño-Garmendia, C. (eds) (2010). *Africa's Infrastructure: A Time for Transformation.* Washington, DC: Agence Française de Deíveloppement and the World Bank. <http://infrastructureafrica.org/system/files/Africa's%20Infrastructure%20A%20Time%20for%20Transformation%20FULL%20TEXT.pdf>, accessed 1 August 2012.

Grassroots Business Fund (GBF) (*c.*2013). *Impact Criteria.* <http://www.gbfund.org/investment-criteria>, accessed September 2013.

Grofin (*c.*2013). *Our Fund Investors.* <http://www.grofin.com/sme-fund-management-solutions/our-fund-investors.aspx>, accessed September 2013.

IGNIA (*c.*2013). *What We Do.* <http://www.ignia.com.mx/bop/>, accessed September 2013.

International Finance Corporation (IFC) (2009). *The Business of Health in Africa.* <http://www.unido.org/fileadmin/user_media/Services/PSD/BEP/IFC_HealthinAfrica_Final.pdf>, accessed September 2013.

International Finance Corporation (IFC) (2011a). *Sustainable Investment in Sub-Saharan Africa.* New York: IFC <http://www.ifc.org/wps/wcm/connect/65c3300048865905b7-faf76a6515bb18/IFC_Sustainable_Investment_in_Sub-Saharan_Africa.pdf?MOD=AJPERES>, accessed: 1 September 2012.

International Finance Corporation (IFC) (2011b). *International Finance Institutions and Development Through the Private Sector.* <http://www.miga.org/documents/IFI_report_09-13-11.pdf>, accessed September 2012.

International Finance Corporation (IFC) (2012). *Private Equity and Investment Funds.* <http://www.ifc.org/wps/wcm/connect/Industry_EXT_Content/IFC_External_Corporate_Site/Industries/Home/Portfolio/>, accessed September 2013.

International Finance Corporation (IFC) (2013). *IFC Annual Report 2012.* <http://www.ifc.org/wps/wcm/connect/2be4ef804cacfc298e39cff81ee631cc/AR2012_Report_English.pdf?MOD=AJPERES>, accessed September 2013.

J.P. Morgan (2011). *Insight into the Impact Investment Market.* <http://www.thegiin.org/cgi-bin/iowa/download?row=334&field=gated_download_1>, accessed September 2012.

Leeds, R., and Sunderland, J. (2003). 'Private Equity Investing in Emerging Markets', *Journal of Applied Corporate Finance*, 15(4): 111–19

Lerner, J., Leamon, A., and Vase, A. (2011). 'Private Equity in Developing Countries', Harvard Business School Background Note 811–102. <http://www.people.hbs.edu/jlerner/develop.html>, accessed 1 September 2012.

Meerkatt, H., and Liechtenstein, H. (2010). *New Markets, New Rules: Will Emerging Markets Reshape Private Equity?* The Boston Consulting Group, IESE Business School, November. <http://www.iese.edu/research/pdfs/ESTUDIO-127.pdf>, accessed 1 September 2012.

Milligan, K., and Schöning, M. (2011). 'Taking a Realistic Approach to Impact Investing', *MIT Innovations*, Special Edition for SOCAP 2011: 161–72. <http://www.weforum.org/pdf/schwabfound/TakingARealisticApproachToImpactInvesting_MIT_Innovations.pdf>, accessed 1 September 2012.

Monitor Institute (2009). *Investing for Social and Environmental Impact.* <http://www.monitorinstitute.com/downloads/what-we-think/impact-investing/Impact_Investing.pdf>, accessed August 2012.

Phatisa (*c.*2013). *Frequently Asked Questions about the African Agriculture Fund.* <http://www.phatisa.com/PhatisaIRRcalculatorapp/>, accessed 1 September 2013.

Politi, J. (2012). 'New World Order Sets a Double Goal', *FT Special Report*, 24 February. <http://www.ft.com/cms/c1628ce2-03a3-11e2-bad2-00144feabdc0.pdf>, accessed September 2013.

Private Infrastructure Development Group (PIDG) (2013). *2012 PIDG Annual Report.* <http://www.pidg.org/news/launch-of-the-pidg-annual-report-2012>, accessed: September 2013.

Sarona Asset Management (Sarona) (*c.*2013a). *Investment Strategy: Vision.* <http://www.saronafund.com/vision.php>, accessed September 2013.

Sarona Asset Management (Sarona) (*c.*2013b). *Investment Strategy: Strategy.* <http://www.saronafund.com/strategy.php>, accessed September 2013.

Simon, J., and Barmeir, J. (2010). *More than Money—Impact Investing for Develop-*

ment. Washington, DC: Centre for Global Development. <http://www.cgdev.org/publication/more-money-impact-investing-development>, accessed 1 September 2012.

Swedfund (*c.*2013). *Our Investments.* <http://www.swedfund.se/en/our-investments/>, accessed September 2013.

Swiss Investment Fund for Emerging Markets (SIFEM) (*c.*2012). *Strategic Objectives.* <http://www.sifem.ch/med/205-strategic-objectives-of-the-federal-council.pdf>, accessed September 2013.

The Abraaj Group (Abraaj) (2014). *An Introduction to The Abraaj Group 2013/14.* <http://www.abraaj.com/news-and-insight/introduction-abraaj-group/>, accessed January 2015.

The Economist (2004). 'The New Kings of Capitalism', 25 November. <http://www.economist.com/node/3427270>, accessed September 2012.

Ware, G. (2011). *Helios Investment Partners.* London: Helios Investment Partners <http://www.heliosinvestment.com/support/uploads/1320924897Helios-Shell.pdf>, accessed August 2012.

Wigglesworth, R. (2012). 'Africa: Funding on the Frontier', *Financial Times*, 18 September. <http://www.ft.com/cms/s/0/481612d8-00be-11e2-9dfc-00144feabdc0.html#axzz2e4Cz0SIC>, accessed September 2012.World Bank (*c.*2013). *World Bank Operational Lending Category Changes.* Report. <http://en.wikipedia.org/wiki/International_Bank_for_Reconstruction_and_Development>, accessed September 2013.

第十八章　环境影响力投资

——生态经济型家园的共同管理

雅各布·哈罗德　约书亚·斯皮泽　杰德·艾默生　玛丽·斯宾塞

引　言

"经济学"(economics)和"生态学"(ecology)的前缀"eco"来源于希腊语，这两个词的前缀相同并非是巧合。"eco"意为"居处"(household)。在现代语境中，"eco"是指如何最有效地配置稀缺资源的学科，它的本义是指有效的居处管理。

本章探讨了居处、环境管理经济学和经济投资的经济结果之间的交叉问题[1]，主要分四个部分：第一节首先探讨环境经济学中的主要议题，然后考察环境影响力投资与财务回报之间的关系，最后提出了一个用于了解不同环境导向型投资论坛的框架。第二节提出了10个关于环境问题如何产生影响并受到财务性投资影响的命题。第三节着重关注房地产这个非常"实在"的领域，并对三个案例进行了研究，以说明把环境价值纳入房地产投资的现有策略。第四节，也是最后一节，提出了结论和建议供进一步研究参考。[2]

---

[1] 在本章的讨论中，"影响力投资"是指考虑了环境、财务和其他方面价值创造的不同策略的投资。"混合价值"是这些策略创造的可计量总价值，而混合价值观可被理解为一种把经济、环境和社会分量纳入资本或企业层面价值命题的对价值创造的认识。

[2] 本章大量引用了本章作者的两篇论文。它们是牛津大学萨伊德商学院斯科尔社会创业中心发表的《混合价值投资：把环境风险和机会纳入证券估值》(Blended Value Investing: Integrating Environmental Risks and Opportunities into Securities Valuation)和《混合价值投资：房地产创新》(Blended Value Investing: Innovations in Real Estate)。

环境经济与金融的交叉问题

环境经济

自然环境使人类发展经济成为可能,木材、谷物、肉类和药用植物等关键“物品”供应有赖于天气模式、氮循环和食肉动物—猎物网络等自然因素的微妙平衡。同样,很大一部分人类经济受到自然系统提供的稳定“服务”的保护并因此而获得发展,因为自然系统能够过滤水、防止洪水并支持天然物品生产。卡特里娜飓风凸显了大密西西比河三角洲湿地在保护人类居住区免受热带风暴侵袭方面的关键作用或者说无能为力。

这里的问题是一出经典的“公地悲剧”(Ostrom,1990):个人可以从湿地开发中充分受益,但只承担很小一部分因湿地失去过滤和保护功能而造成的巨大社会成本——个人在从某种活动中获取财务价值时甚至不明白或者不知道要考虑哪些成本。

制定旨在避免未来公地悲剧的策略,可能会给整个社会带来各种好处,但这种策略也面临重大的政治和经济挑战。一些人主张制定法规阻止个人造成这样的社会成本;另一些人则声称,明晰财产权就能解决问题;而还有一些人则寄希望于文化变革。不管怎样,我们很难设计、启动和执行这种潜在的解决方案。不过,我们发现了一些个人或机构投资能够克服公地悲剧并且同时取得经济和环境效益的案例。一种常被认同为“生态系统服务”(ecosystem services)或“自然资本”的话语,通过对“生态系统服务”或“自然资本”提供给社会的服务进行定价来探讨生态系统的保护作用。[1] 我们在确定自然界提供的服务,然后拿它们与人类提供的服务进行比较时可以发现,保护自然资本的成本在多数情况下可能低于任其退化并用劣等替代品取而代之的成本。本章介绍的几个案例都可归入生态系统服务的范畴,但没有具体探讨

---

〔1〕 雷鸟全球管理学院(Thunderbird School of Global Management)全球商学教授、亚利桑那大学林肯全球管理伦理中心(Lincoln Center for Ethics in Global Management)主任格雷戈里·昂鲁(Gregory Unruh)在谈到评价生态系统服务时说:“怎样才能正确计算这种价值?我们知道森林或湿地能够提供净化我们用过的水的服务,但是,我们很难给这种服务定价。因为太难给这种服务定价,所以,大多数企业都不去尝试给这种服务定价。我们不可能完全正确,所以,我们可能会做出完全错误的决定:把价格定为零。”转引自布里登伯格(Bredenberg,2012)。

生态系统服务和自然资本问题，而是建议读者应该在查阅大量文献的基础上深入探讨这些概念。

有效市场

了解有效市场和经风险调整后的货币的时间价值有助于构建环境影响力投资的背景。首先，人们普遍认为，有些资产之所以有价值，是因为它们在未来仍有价值。例如，一块土地可能有价值，是因为它在可以预见的将来能产出小麦或者葡萄，但它的价值不仅仅是一年作物的价值，因为买地的人相信土地未来还会产出很多收成。此外，这块地的价值低于100年收成的价值，因为干旱或瘟疫可能会减少未来作物的产量。而且，大多数投资者更喜欢现在就捞现钱，而不是到将来再兑现。

土地的生产力可能会提高，但随着时间的推移，根据现有的技术和土地的基本物理状态，会达到上限。相比之下，其他流动性更强的资产的投资者受约束较小。有人根据传统的公司估值实践认为，一家公司的利润可能会无限增长，但仍会受到经济和非市场因素的制约。因此，资产的当前价值不仅反映当前的生产力和风险感知，而且还反映对未来的期盼。简单地说，一只股票的价值是它的公司未来利润的总和。因此，财务评估是一项涉及定量和定性——甚至情感——判断的工作。

1970年，经济学家米尔顿·弗里德曼(Milton Friedman)提出了他的著名观点，即公司经理人的社会责任就是为投资者赚钱。[1] 弗里德曼认为，追求任何其他目标的经理人——除了遵循法律和基本道德之外——都是在背叛自己的受托责任。自那以来，许多作者证实了这一观点；其他作者试图修正弗里德曼的鲜明立场；而还有一些作者基于经济学和伦理学直接对弗里德曼的观点提出了质疑。

2008年的金融危机及其后的经济持续动荡加深了公众对大型金融机构、公司经理人和他们经常使用的不透明工具的怀疑。与此同时，现在的新闻充斥各种环境灾难，比如墨西哥湾英国石油公司的漏油事件、2011年日本的震

〔1〕 Friedman(1970).

后核辐射问题以及更加频繁出现的极端天气事件——最近的飓风桑迪。[1][2] 这些包括金融和环境两个方面的失败，导致弗里德曼对社会责任的严格阐释招来了更加严厉的批评，而且还加大了要求更好地实现"经济—生态"平衡的压力。在这种背景下，既能带来社会、环境和财务回报又能更加准确地为包括风险在内的环境因素定价的投资策略越来越具有吸引力。

环境影响力投资

投资者参与应对社会和环境问题是一种全球性的现象，现在我们可获得的这方面的最好数据是美国这个世界上最大的社会和环境投资市场的数据。2010 年初，美国的社会和环境投资资产总额达到了 3.07 万亿美元，比 1995 年的 6 390 亿美元增长了 380%以上。总之，这种资产占美国全部托管资产的 12.2%。[3] 换句话说，当今美国几乎每 8 美元由专业人士管理的资产中就有 1 美元与某种社会责任投资策略有关。这些资金大部分是通过与广义的社会公益有关的金融机制流向社会责任投资的，但增加的投资与特定问题——常常是环境保护问题——有关。例如，2011 年富国银行（Wells Fargo）发放或进行了创纪录的 28 亿美元的环境贷款和投资，从获得能源与环境设计先锋奖（LEED）认可的商业和社区开发项目到太阳能和风能项目不一而足。[4]

个人投资者对注重环境效益的投资产品似乎正表现出越来越浓厚的兴趣。"安联全球投资者"（Allianz Global Investors）最近完成的一项调查表明，71%的受访者认为，环境技术是美国下一个重要的产业。更值得注意的是，声称在 2007—2010 年期间利用环境趋势的投资者人数增加了 70%。在同一项调查中，半数以上的受访者计划在未来一年里投资于清洁技术，63%的人将环境列为 11 个类别——其中包括金融服务、大宗商品和传统能源等行

---

〔1〕 Borenstein(2011).

〔2〕 美国国家海洋与大气管理局（National Oceanic and Atmospheric Administration，NOAA）国家气候数据中心（National Climatic Data Center）主任汤姆·卡尔（Tom Karl）指出，2011 年糟糕的极端天气是"不正常的，但这是我们自 1980 年以来遭遇的持续趋势的一部分"。2011 年前三个月，全世界因灾害造成的保险损失超过了有记录以来的任何一年，但卡特里娜飓风袭击世界许多国家的 2005 年除外（Borenstein，2011）。

〔3〕 Social Investment Forum Foundation(2010).

〔4〕 Wells Fargo(2012).

业——中最理想的投资机会。[1] 另一项研究显示，以环境为主题的投资产品以及影响力投资或项目相关型投资是促使美国社会责任投资快速增长的两个主要驱动因素。[2]

虽然环境投资者热情高涨，但目前尚不清楚环境导向型投资策略如何影响长期的财务回报。(本章引用的)大量证据表明，有些投资确实同时产出了财务回报和实质性的环境回报，但目前还不太清楚，这类投资策略作为一个类别，能否持续获得与传统策略相同甚至更高的财务回报。

有一个关键的相关问题与个人投资者的目的有关。与所有投资者一样，影响力投资者的风险预期各不相同，而他们所寻求的社会和环境回报也大相径庭。他们的投资策略从简单的负面筛选(如不投资烟草公司)到对转型技术的超前投资，尽管这些技术可能还没有一个流动性强、运行良好的市场(如对碳封存技术的投资)。因此，即使投资者的目标是创造混合价值，也是既没有单一完全一致的混合价值投资策略或资产配置框架，也没有"绿色蒙特卡罗方案"(Green Monte Carlo Scenario)来帮助指导投资过程。

经验证据

关于社会回报和财务回报关系的证据既复杂又矛盾。考虑到这个专题的丰富性和复杂性，因此，出现这种情况并不令人感到奇怪。当然，我们有重要的证据可以证明，影响力投资能获得与只关注经风险调整后市场回报率的投资策略相当甚至更好的回报率。例如，2007—2010 年，标准普尔 500 指数等主要市场指数下跌，与可持续和社会责任投资相关的资产增长了 13%以上。[3] 此外，社会投资论坛对 160 只社会责任基金的研究表明，2009 年 65%的社会责任基金表现好于基准。[4]

同样，最近一项检验"环境、社会和治理"(ESG)问题对投资绩效影响的研究取得了令人满意的结果：把"环境、社会和治理"指标用于选股，实际提高

[1] Baden(2010).
[2] SIFF Report, p. 11.
[3] SIFF Report, p. 8.
[4] Keane(2010).

了股票长期表现好于预期的可能性。[1] 重要的是，在 2006—2010 年的考察期里股市曾先后出现过强劲增长、崩盘和反弹等情况。最近有一篇文献综述大胆地指出，现在有明确的实证证据表明企业的社会和财务业绩之间存在正相关关系，而声称两者之间并没有正相关性的研究都采用了过时的证据。[2]

此外，虽然一些研究人员发现了企业社会和财务业绩之间的正相关性，但另有研究表明，积极主动的环保行动与创造财务价值之间并没有相关性，或者存在负相关性。例如，道富全球投资管理公司(State Street Global Advisors)2008 年的一项研究表明，环境、社会和治理评定结果较差的企业财务回报要好于同行，而污染最严重的企业评定结果明显好于同行。[3] 另一家投资顾问公司表示，令人沮丧的是，有多少声称环境、社会和治理因素对财务回报产生影响的研究，就有多少结论相反的研究。[4]

社会责任投资与环境、社会和治理投资的范畴要大于本章讨论的主题环境影响力投资的范畴。关于环境影响力投资的研究大多没有明确证明某一给定企业的环境实践对其证券价格产生明显的影响，或者在房地产市场上的混合价值投资始终获得了颇有吸引力的财务回报。

转向范畴较窄的研究，就能发现更加明确、可行的结论。例如，2010 年完成的一项具有里程碑意义的研究对 582 家企业 11 年的绩效进行了评估，结果发现较好的环境绩效与较低的债务成本之间存在很强的相关性。这项研究报告的结论是：研究结果与“气候变化的监管影响使贷款机构对不良环境实践的下行风险变得更加敏感”的观点一致。[5] 另一项考察 1999—2008 年负责任房地产开发状况的研究表明，这些房地产开发项目的净营业收入、市场价值、价格涨幅和总回报不是高于就是等于传统房地产开发项目，但资金成本却低于传统房地产开发项目。[6] 但不管怎样，所有相关研究都有一个共同的问题，那就是缺乏证据；另外，需要更加严谨的研究来支持投资决定。

对投资者来说，这些不确定的结果实际上可能是非常好的消息。它们提示，虽然人们更多地关注与实物资产有关的环境因素，但总的来说，这些因素

---

[1] RCM,“Sustainability:Opportunity or Opportunity Cost?” July 2011,pp. 1—12. 这项研究显示“投资者通过投资于环境、社会和治理评定结果高于平均水平的企业，就能在不到 5 年的时间里使投资回报增加 1.6%”。

[2] Van Beurden and Gossling(2008).

[3] Kennedy,Whiteoak,and Ye(2008).

[4] Carter(2012).

[5] Bauer and Hann(2010).

[6] Pivo and Fischer(2010).

仍然不能始终如一地反映在资产价格中，从而表明寻求预期市场可获得收益水平的精明投资者，也就是那些设法发现由于特定投资工具本身固有的因素而表现优于其市场细分投资机会的投资者，有机会通过运用自己对环境机会和风险的独到见解来获得超额回报。因此，对于环境和房地产业影响力投资者来说，21 世纪也许是一个特别好的投资时机：(1)投资者可以获得越来越多的信息；(2)监管机构正在学习如何利用市场机制来实现环境目标；(3)越来越多的消费者寻求对环境负责任的产品；(4)环境方面的考虑因素开始(虽然没有始终如一地)体现在定价上。

如上文援引的证据所示，影响力投资工具和视角可能有助于投资者发现以前未定价的环境价值的财务表现形式并从中获利；同时，获得利润和环境回报的前景听起来十分诱人，但具有很大的挑战性，轻率的假设和笼统的概括会损害潜在的投资者。只有保护自然资源的意愿或投资悟性，还不足以进行明智的环境影响力投资。想要进行明智的环境影响力投资，还需要扩大我们的工具箱，包括(但不限于)使用传统金融的术语、产品和市场，洞察获取适当的环境和财务风险与回报组合的独特机会，并且了解开展这些交易的常常受到监管的市场以及计量复杂的混合价值结果等所需的工具。

环境投资框架

那么，我们如何来组织环境影响力投资和交易呢？反映在以下三个不同方面的投资变化，为我们回答这个问题提供了一些线索：一是特定的交易；二是专业管理基金；三是组织程度越来越高的市场。

交　易

许多创新性投资最初都是在逐个项目的基础上发起的，投资者通过所谓的“利基市场交易”(niche deal)为风险投资融资。虽然单独筹资的项目可以在资本结构方面有所创造和创新，但这种筹资方式耗时费力，而且难以扩大规模。但不管怎样，这种复杂的交易是理解创新融资策略动态变化的重要一步。

环境影响力应用

在环境影响力投资领域，利基市场交易的例子比比皆是，这部分可归因于混合价值项目的特有性质。在对混合价值项目进行投资时，投资者可以优先考虑财务回报、环境效益或两者之间的任何平衡，而且有可能会签订很复杂的合同，如常常要具体制定地役权保护条款。交易的多样性非常恰如其分地反映了它们试图保护的自然界的多样性。

基　金

项目管理者和投资者在经过多个项目的学习以后，可能会发起成立投资基金。这样，专业的基金管理公司就会对它们认为合适的交易进行投资，从而提高效率并降低风险。这种聚合有助于跨越多(项或)种交易来实现多样化，从而降低风险并创造尽可能多的价值，进而促进资本的快速配置。然后，基金管理公司可以着手对投资工具和管理机制进行规范，这种规范常有助于降低成本并减少浪费，从而鼓励更多的投资者通过更多的交易投入更多的资金。

环境影响力应用

寻求环境影响力的房地产投资基金数量正在迅速增长，机构投资者也纷纷涌入这个领域。挪威养老基金管理机构挪威央行投资管理公司(NBIM)最近宣布计划向经过按照环境、社会和治理标准筛选的房地产项目投资160亿美元，占该基金总价值的5%。专注于“负责任房地产投资”的另类投资基金数量也在迅速增加，2011年美国境内经认定有此类基金95只，总共持有443亿美元的资产。

市　场

投资工具标准化和资本流的不断增加，为提高市场组织化程度创造了条件，从而使得市场交易变得越来越容易和便宜。投资工具标准化，也促进了业绩评价指标、交易规模和市场中介机构的标准化。

环境影响力应用

各种类型的混合价值产品的有组织市场才刚刚出现，而评级系统、社会证券交易所、交易平台和影响力投资咨询公司都处在起步阶段。在就这些标准达成更多共识之前，通往影响力投资市场的道路，更不用说以环境回报为重点的投资共同平台，充其量只能是曲折崎岖、非线性的。

随着这个领域的不断成熟，以环境或房地产为重点的投资很可能继续在资本市场的框架内发展。但是，这种投资可能需要新的创新交易框架和投资工具（如社会影响力债券）。有专家告诫我们不要过度依赖传统的投资机制，并且指出混合价值投资可能“需要比封闭式私募股权基金更加耐心的投资基金”。

关于环境影响力投资的十大命题

在努力搞清如何把环境因素计入资产市场估值定价过程时，投资者应该考虑一些市场特点和市场如何管理新信息的问题。本节简要介绍关于市场如何接收和吸收环境信息的十个命题。这十个命题并不是成熟的“经验真理”，而是根据在迅速变化的世界上观察到的证据提出的有根据的假设。

环境因素对财务价值产生直接和间接的影响

环境风险可以通过短期影响企业的财务业绩来影响对企业的估值，但也可能在较长的时间内破坏企业的战略稳定性。例如，短期风险可能包括联合抵制、大宗商品价格飙升和因疏忽造成的污染物泄露，而战略风险包括不利的监管变化、声誉受损、侵权责任和出现长期的意外风险。当然，机会与风险并存。丰田公司的普锐斯（Prius）和本·杰里（Ben&Jerry）公司的冰激凌都是著名的例子，都可证明消费者对更加环保的产品做出需求侧积极反应能产生经济效益。

许多环境因素对房地产投资产生直接的影响，并且可在房地产投资中测得它们的影响。任何房地产交易都离不开影响力评估和环境尽职调查，因此，环境因素往往会对房地产投资的财务估值产生直接和相当明确（虽然是暂时性)的影响。然而,可能影响企业战略的因素也会影响环保型房地产投资策略。

我们不妨想象一下对在超级基金污染场址(superfund site)* 上或附近开发的大型房地产项目进行的投资,而这种超级基金污染场址被归类为危险废物所在地、不受控制或废弃的地方,可能会影响当地的生态系统或居民身体健康。投资策略可能包括要考虑地点、承担清洁成本的潜在责任、土地用途限制、环境保险成本以及其他诸多因素。但很明显,并非所有的因素都是负面因素,例如,由于这种地方的收购价格有可能大打折扣,如果交易管理得当、结构设计合理,就有可能产生诱人的回报。

另一个例子表明环境风险对企业估值和战略的影响:在英国石油公司"深水地平线"(Deepwater Horizon)钻井平台发生灾难性的爆炸后不到2个月,英国石油公司的股价暴跌40%,市值缩水约200亿美元。[1] 英国养老基金因此损失了120亿英镑,墨西哥湾沿岸的住宅价格暴跌,而海上钻井平台及其运营商的保险费则大幅上涨。

有些问题会影响整个行业,而另一些问题则会改变行业单个参与者的估值。例如,有关烟草管制的争议会对所有的烟草公司的估值产生影响,但气候变化却对更有能力采用清洁燃料技术的不同能源企业——而不是依赖传统化石燃料的竞争对手——产生不同的影响。

价格调整滞后于环境问题新信息的出现

一般而言,市场能有效地汇集很多不同投资者的意见。由于环境系统极其复杂,我们对某些环境因素如何与任何资产的经济状况相互作用的认识仍不全面,因此,聪明的市场参与者可能会对环境信息如何影响特定企业有不同的看法。一开始,某种新风险或者机会会时不时地影响市场。例如,有关气候变化的科学研究成果刚发表,市场不会立即处理对不同行业企业的经济影响。同样,可能会出现复杂或矛盾的研究成果,给公众对某个问题的理解造成更多的不确定性。

只要有人对影响力投资持怀疑态度,证券市场价格就会滞后于混合价值

* 指美国土壤一级严重污染的场所。——译者注

[1] Gardner(2010).

投资信徒的预期估值。影响力投资可能是一种策略，在某些市场(在严格的财务意义上)取得成功，而在另一些市场则会遭遇失败。从某种意义上说，影响力投资者就是“价值投资者”，他们会设法找到被市场低估的投资，他们能够洞察创造和破坏财务价值的新维度。我们可以成为房地产板块的环境影响力投资者这种观点可能会对资产管理策略产生重大影响。

随着一个行业的经济状况与社会或环境问题越来越紧密地联系在一起，无论是消费者还是监管机构施加压力，市场都可能开始对风险或机会进行更加准确的估值。例如，2010 年，美国证券交易委员会正式承认气候变化引起的水风险的潜在重要性；此举迫使许多公司报告此前未披露的水风险暴露程度。自监管改革以来，可口可乐公司开始披露水质和水短缺可能会负面影响其生产成本和产能的信息；能源巨头爱克斯龙公司(Exelon Corporation)表示，发电设备降温用水供应可能会影响其运营。[1] 然而，这类信息披露基本上仍是自愿的，我们并不总能轻而易举地预测市场对新信息的反应。正如克瑞斯(Ceres)最近的一项研究显示的那样，“越来越多的投资者需要更加可靠、标准化，可比较，而且很容易获得并有助于他们做出投资决策的信息”。[2]

当然，如果信息以零敲碎打的方式渗透到市场，市场就有过度反应的危险(或机会)。在这里，英国石油公司的漏油事件同样具有启示意义。爆炸发生后不久，市场参与者反应过度，导致股价跌幅超过了合理水平；持环境不可知论的投资者可能会低买高卖(或者持股观望)。[3] 对于潜在的环境影响力投资者来说，这个例子就是一个警示“不要急于做出判断”，并告诫他们：环境风险定价比看起来要复杂许多(见图 19.1)。

了解环境影响力投资除财务以外的不同方面(科技、政治和监管)，可能有助于影响力投资者利用股价的涨跌。有几个因素有助于解释市场为什么对新的环境风险或机会做出非完美的反应，而这其中的每个因素对于投资者来说都是让他们通过深思熟虑的研究和预测获取价值的机会。这种滞后的

---

〔1〕 Branca(2012). A report released by Ceres in June 2012，“清理水域”(Clearing the Waters)调查了 8 个离不开水的行业——饮料、化学品、电力、食品、住宅建设、采矿、石油和天然气以及半导体——中的 82 家上市公司。

〔2〕 Branca(2012).

〔3〕 导致英国石油公司股价反弹的原因可以是：(1)对这只股票的高需求；(2)设立了责任上限，因此，英国石油公司只需承担 7 500 万美元的清污费用；(3)英国石油公司在同意承担漏油事件造成的全部费用，并赔偿受影响的企业和个人后恢复了公司在公众中的形象。市场停止超卖英国石油公司的股票以后，其价格就开始触底反弹，并在那年剩下的时间里持续攀升。任何在 2010 年 5 月买进这只股票并在 2011 年 5 月变现的人都能获得差不多 50% 的利润(‘Current Events Can Be an Investor’s Best Friend’，InfoBarre，http://www.infobarrel.com/Current_Events-Potentially_an_Investors_Best_Friend#ixzzlyqgffivxx，2012 年 7 月 10 日访问)。

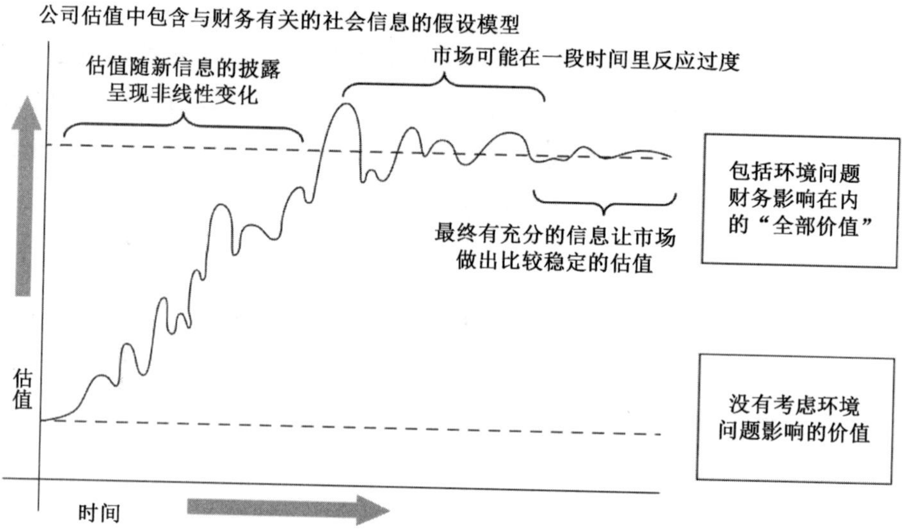

注：本图显示了市场如何把新出现的社会或环境问题的影响的定价转换为对受新出现问题影响的证券的估值。例如，本图可以代表在有关气候变化研究的新信息开始向市场扩散时，可再生能源板块股票在这个时期(1980～2005 年)的价格。

个人投资者面临的挑战是如何确定市场在价值重估的某个给定时点上处于什么水平——从而决定采取买进、出售或者持有的策略。

图 19.1　环境投资估值中的时间问题

部分原因可能是，新披露的信息肯定会对某家公司产生财务影响。另一个放缓因素是某些市场流动性异常。因此，投资者可能相信气候变化的风险会实际降低污染相对严重的行业的价值。但是，由于他们认为自己最终能够迅速抛掉手中的证券，因此会持有手中的证券，直到市场开始对环境风险定价。

环境信息对估值的影响也可能因政治地理而异。例如，一些投资者提到了《京都议定书》(Kyoto Protocol)的影响，即能源公司面临不同的估值，具体取决于其母国是否批准《京都议定书》。全球经济的进一步一体化将抑制这类变异，但不可能彻底消除变异。

有几种监管创新可能会影响市场估值，具体可分为两类：改变投资内在价值的创新和改变投资者行为的创新。前者的例子有强制企业把外部性(如碳税)内化的法规和意味着企业破坏环境要承担责任的侵权法，而后者的例子则包括降低市场换手率或延长投资期限的变化以及迫使把环境风险纳入财务报表的会计变革。

外部利益相关者可以间接影响市场估值和股票价值

随着世界许多国家放松对企业的监管，民间组织已经开始填补政府撤退留下的监管真空。从本质上讲，监管发生了部分“私有化”。在这个监管部分“私有化”的过程中，非政府组织承担起了迫使企业对公众关切负责的责任。在苏丹发生种族灭绝事件后以及之前南非的种族隔离时期，在苏丹和南非经营的公司纷纷撤资，这也许是投资者对非市场因素的担忧改变公司战略的最显著例子。

同样，20 世纪 90 年代后期向服装制造商施加压力以改善劳动条件的努力导致越来越复杂的维权运动，因为不同组织都开始重视全球供应链的结构，并且把企业正面的公众形象[如耐克和盖璞(Gap)公司]与供应链上的丑陋现实(血汗工厂)联系起来。在这些例子中，维权人士采取非市场行动(抵制、抗议等)来推动市场行动(改变经营实践)。近年来，投资者采取了一种类似的积极行动，通过资本市场行动(买卖证券和参与股东积极行动)来影响企业的非市场行为(如减少污染)。例如，总部设在波士顿的克瑞斯集团帮助建立了投资者气候风险网络(Investor Network on Climate Risk)。这个网络是一个支持 100 个资产总额达 10 万亿美元的机构投资者的平台，它的作用就是识别气候变化方面的融资机会和风险。克瑞斯集团还帮助解决阻碍投资者进入可持续性更大的资本市场的政策和治理问题。[1]

随着时间的推移，民间社团战略的复杂性和有效性有所提高。例如，我们来看看由森林伦理与雨林行动网络(Forest Ethics and Rainforest Action Network)旨在降低原始森林砍伐压力而做出的努力。随着主要纸生产商博伊斯·卡斯卡特公司(Boise Cascade)面临的压力的减弱，民间社团开始把这家公司的客户作为行动目标，最显著的例子就是鼓励凯哥(Kinko)公司取消与博伊斯公司签订的采购合同。

这些坚持不懈的努力并非只局限于公共关系，而且还针对跨国公司——特别是产品转换成本低的公司——的核心业务主张。面对这种外部问责制，许多公司实际上只做了一些表面文章，而其他公司(包括博伊斯·卡斯卡特公司)则实质性地改变了自己的业务。有相对较少的证据表明，这类消费者

---

〔1〕 克瑞斯集团网站首页(http://www.ceres.org/incr)，2012 年 7 月 6 日访问。

运动对表现不佳的企业产生直接的业绩影响，而企业对声誉受损的担忧使这些民间社团的行动非常有效。

民间组织通常不会试图改变对其行动目标的估值——因为金融监管机构能够把这看作是敲诈勒索，而只是想改变它们的做法。但不管怎样，这些如今已经变得非常强大的外部参与者的存在，可能是影响市场估值的一个隐含因素。

与价格有关的环境信息常很复杂，且/或难以获得——但现在变得越来越容易获得

金融市场的繁荣离不开信息，估值可以基于复杂的经济模型，也可能由传闻决定，但无论哪种情况都离不开信息。新出现的问题往往很复杂，对整个行业和特定企业的影响可能模糊不清。搜寻相关信息的投资者可能不得不通过晦涩难懂甚至相互矛盾的科学和经济学研究成果来理解某个问题。我们也可能很难估计监管机构和民间社团对新出现的问题做出反应的时间和程度。

跨国公司越来越多地发布可持续发展报告，发布可用来对环境绩效具体方面进行基准测定的数据。这种数据历来既稀缺又不可靠，而且前后不一。自从跨国公司发布可持续发展报告以来，这种情况就有了很大的改观，从而使得投资者能够对特定行业的企业进行比较和区别。可公开获得的数据也在迅速增加，可持续发展指数也从 2000 年的 21 个增加到了 2010 年 10 月的 108 个[1]，其中包括欧洲的富时社会责任指数(FTSE4Good)、巴西的“Bovespa”指数和美国的道琼斯可持续发展指数。

重要的是，金融服务机构提供越来越多的分析服务，帮助投资者了解环境问题对估值的影响。分析工作室，如 KLD 研究与分析公司(KLD Research & Analytics)和道德投资研究服务公司(Ethical Investment Research Service，EIRIS)提供内容丰富的报告和具体问题的信息。更重要的也许是，主流投资银行也已经开始发布环境问题的报告和建议。

那些认为自己是价值投资者的影响力投资者也可能认为，这是一个正确的命题。随着投资者可获得越来越多的环境信息，市场开始“补上”此前定价

---

〔1〕 Williams(2010).

没有包括在内的额外财务价值。这个观点也意味着以下这个命题。

企业的核心经济状况与环境价值日趋一致，影响力投资的机会正在发生变化

资本主义的基本经济状况并不总是与环境价值创造相一致。公地悲剧表明，社会成员会以某种个人受益但集体不可持续的方式利用资源。现代企业制度在地理、政治和法律上把投资者及其投资结果分开，而资本的全球化则可能会使这个问题变得更加严重。

本章提到的许多努力都是旨在把外部性内化于企业和投资者个体经济状况的广义努力的一部分。透明度的提高和公众压力的增强可能会缩小市场价格与包括环境问题成本和机会在内的"内在"价值的差距。同样，以市场为基础的法规，如《京都议定书》，直接把企业的经济状况与政策制定者的环境目标（或者有时是环境目标的缺位）联系在一起。

政府以环境效益为目标对房地产资产的监管也不例外，如"绿色"建筑认证和计划的变化。政府监管鼓励负责任的房地产开发，主要是通过加快批准速度和给予密度奖励以及税收抵免和减税等财政激励措施，特别是通过推行美国绿色建筑委员会（US Green Building Council）的能源与环境设计先锋奖（LEED）认证计划。2009 年，与绿色建筑相关的股票市值增长 10.1%，远远超过标准普尔 500 指数和纳斯达克指数。[1] 技术价格下跌和消费者对能源效率的需求激增，推高了绿色建筑的股票增值。一份主要的行业出版物显示，虽然政府监管目前可能正在推动对环境负责任的发展，但市场力量仍将是推动这种发展——如果不是主导，至少也是——同等重要的驱动力。[2]

新兴市场有可能为环境影响力投资者提供最具吸引力的机会，但也带来了重大的额外挑战

近年来，主要新兴市场经济体的增长速度快于发达世界经济体，即便在全球经济衰退时期情况也是如此：2011 年，中国经济的年增长率为 9.5%，印

---

[1] McQuilkin(2010).
[2] Pricewaterhouse Coopers and Urban Land Institute(2011).

度经济的年增长率为6.5%。相比之下，美国的经济增长速度徘徊在2%左右，而欧洲全面爆发的银行业和债务危机已经把经济增长率压低到1%的水平。因此，在未来的几年里，南方国家可能会出现很多非常有吸引力的融资机会。

主要新兴市场国家往往只有欠发达的金融和环境监管机制，其中有些国家制定了严厉的环境法，但根本就没有执行；另一些国家有很大一部分国内生产总值是通过非正式渠道，甚至非法渠道（如盗版光盘、非法毒品和政府腐败）产生的。它们的消费市场对环境问题的反应还不够灵敏。但不管怎样，这些国家的中央金融机构越来越多地向投资者提供获取环境信息的机会[如巴西的圣保罗证券交易所市场]，并且迫使企业管理层改革环境实践[如印度工业联合会（Confederation of Indian Industry）和印度其他产业团体采取的重大行动]。

南方国家还面临一些正在逼近的环境挑战——其中许多挑战具有政治和经济影响力。

简而言之，许多让北方国家市场成为混合价值投资成熟市场的因素，也在南方国家发挥同样的作用。在南方国家，由于金融基础设施相对较不发达、交易成本相对较高以及可获得较少的信息，因此，投资者面临重大挑战。南方国家的市场估值可能比发达国家更难理解，但正是这种不确定性为影响力投资者创造了机会。

环境影响力投资比“传统”投资需要更长的期限，而这种期限差异既是一种持续存在的张力，又是一个价值来源

解决这些困难的关键是投资者的投资期限。持短期观的投资者或管理者通常会把环境价值看作是一种外部性。例如，两个投资者可能都相信，虽然美国在国内推行温室气体排放限制的速度很慢，但美国石油公司的全部业务终将遵守温室气体排放规定。短期投资者可能不会考虑美国石油公司排放物的财务影响力，因为在市场对这些公司股票的估值反映碳排放管理成本之前，他们早就抛掉了这些公司的股票。长期投资者会考虑碳约束的成本和机会，并把它们纳入对公司的估值。

正如一名投资分析师所说的那样，“许多人认为，传统的财务分析短期观与‘环境、社会和治理’投资对企业影响长期性之间的脱节，是在发展更加可持续经济的征途中要应对的挑战之一”。[1]

新的影响力投资期限和筹资机制正在开始解决时间跨度差异的问题。例如，睿智基金创造了“耐心资本”这个术语，就是指投资处于发展早期阶段的社会或环境企业债务或股权的资本。这种投资预计要7～10年才能收回或退出投资。[2] 虽然睿智基金设置的时间框架对传统投资者来说似乎很长，环境影响力投资，特别是那些房地产导向型环境影响力投资，可能需要这个时间框架的许多倍才能实现回报。一些专家主张把环境、社会和治理因素投资观的时间框架延长到20年，并且表示，虽然今天的投资者正在关注能源短缺问题，但日益稀缺的水资源和可耕地将被证明会引发重大的市场变化。[3]

正如本章其他部分所指出的那样，市场参与者的不同投资期限偏好导致环境价值在公司股价中的表现复杂化。市场或非市场环境的任何变化，只要能够延长投资者的投资期限并且（或者）驱使公司把外部性内化，就能消除其中的一些复杂性。

信息架构标准化能够并将有助于加快环境投资市场的发展

高质量的信息有助于市场为参与者决策提供信息，而影响力投资者可以通过分享他们已做投资的信息来加快发展更有效率的市场。事实上，在大多数类型的影响力投资的演变过程中，影响力投资者都肩负着这项至关重要的任务。关于小微金融和社区经济发展投资，本章的作者在之前的一项研究中写道：“关于投资方法、定价、失败和股东利润的公开交流，对于为这些混合价值投资正确定价至关重要。保守数据秘密可能会给其他基金带来错误定价的风险。当有大量资本进入（或未能进入）一个建立在错误定价风险之上的市场，这个市场很容易出现严重失灵的问题。”[4]市场无法准确为与其交易的证券相关的风险定价，除非其公开探索失败和成功。新兴的混合价值资本

[1] O'Sullivan(2012).
[2] 请浏览 http://www.acumen.org。
[3] Carter(2012).
[4] Spitzer and Emerson(2006).

市场根本就承受不起参与者对自己的数据保密、为自己的失败感到羞愧，也不能让他们使用碎片化的术语。

为了使市场有序发展而进行的分类可能会对市场的未来产生巨大的影响。例如，土地使用专家克里斯托弗·莱因伯格(Christopher Leinberger)在美国商业房地产市场上观察到，“有19种标准房地产产品类别很容易获得融资……这些是仅有的大多数银行和上市房地产投资信托(REITs)能够建造、融资、交易和拥有的产品。”莱因伯格表示，房地产开发的同质化，促进了郊区的无序发展，并抑制了渐进式混合用途开发：“我们在错误的地点制造了错误的产品，而且没人再想要这类产品。”这就是造成房地产危机因而也是造成抵押贷款危机的原因，因此也是造成大萧条的原因。[1] 莱因伯格表示，比较乐观地看，经济增速放慢可能会促使开发商开发更多对环境负责的房地产产品。随着这类产品的迅速增加并且被证明其财务健全性，它们可能会迎来一个行业分类和类型学的新时代——帮助金融家加快分析和比较的速度，更准确地理解和预测财务业绩，并且开门吸收更多的资本。

此外，房地产市场包括各种信息交换机制，最显著的是多重上市服务系统(Multiple Listing Service，MLS)。像多重上市服务系统这样的信息论坛并不是金融交易所，而是提供待售房地产和历史销售价格信息的平台。混合价值房地产业可能需要这类信息交换机制，因此，要求市场参与者分享交易信息。

像卡通巴集团(Katoomba Group)的生态系统市场(Ecosystem Marketplace)这样的论坛发表了思想领先的研究和其他相关的生态系统服务市场信息，并且预示着信息共享的未来。一般影响力投资报告和评级系统最近获得的发展也是高度相关的，并且表明这类投资将继续朝着有组织的交易方向发展。全球影响力投资网络与洛克菲勒基金会、睿智基金和共益实验室合作，制定了影响力报告与投资标准，为与影响力有关的术语构建了一个框架和一套基本定义，从而方便了对不同投资的影响力数据进行比较。[2] 投资者可以通过不同的聚合平台获取影响力报告与投资标准。例如，“脉动”(Pulse)是一个项目组合数据管理系统，专门负责报告社会和环境绩效。“脉动”可在很受欢迎的“Salesforce. com”平台上免费运行，从而提高了易用性并且拓宽了被广泛采用的前景。共益实验室以“晨星”或资本智商财务分析为蓝本且整合影响力

[1] Badger(2011).
[2] IRIS网站，http://iris. thegiin. org/about-iris。

报告与投资标准分析并行开发的全球影响力投资评级系统(Global Impact Investment Ratings System),进一步表明这个领域正在走向成熟。[1]

环境影响力投资需要综合考虑多种因素

在有些方面,创建混合价值房地产基金,类似于开发高科技产品,可能有许多特点。在市场上取得成功的往往不是最有特色、功能最大的设备或产品。相反,最成功的产品能为购买它们的客户提供正确的功能(即使客户没有明确说明他们想要和需要的功能)。混合价值投资本身就像功能很多的产品:有很宽的风险回报系数值域、不同类型的社会和环境价值创造以及不同的地域重点。此外,这些维度大多以复杂的方式相互关联。设计有生存能力的混合价值投资工具,需要金融方面结构化的专门知识和管理社会价值创造机制的经验,但想要完成这项任务,还必须对产品的市场适应性和产品营销有敏锐的洞察力。

环境影响力投资还有一个从根本上讲涉及个性、情感和人性的方面

混合价值基金的许多有限合伙人本身就是委托投资者(风险资本家、私募股权基金普通合伙人或对冲基金经理),他们有兴趣保护土地、享受户外娱乐或者拥有牧场。最终,影响力投资基金可能会赋予有限合伙人许多特权,包括使用基金设施休闲、对基金交易进行共同投资以及在基金转售物业时按市价置业的优先购买权,因此可刺激人们对其产生更多的兴趣。

环境影响力投资的三个案例研究:以房地产为重点

木材投资管理案例研究:莱姆林木公司

莱姆林木公司(Lyme Timber Company,LP)是一家私人林地投资管理机构(TIMO),专注于具有特殊保护价值的土地的购置和可持续管理。自

---

[1] GIIRS网站,http://www.giirs.org。

1976 年成立以来，这家公司在林地和农村房地产投资中始终秉承一种严格的价值导向观。

莱姆公司的管理团队有着丰富的在美国东北部、阿巴拉契亚地区（Appalachian region）和大湖区（Lake States）经营和管理土地的经验。这家公司目前的投资资产包括位于纽约州、威斯康星州、宾夕法尼亚州、缅因州、马萨诸塞州、田纳西州、弗吉尼亚州、特拉华州和路易斯安那州的 47.5 万英亩林地。公司的土地主要是根据森林管理委员会（Forest Stewardship Council，FSC）认证计划进行认证。每年从莱姆岛收获超过 3 000 万平方英尺的 FSC 认证原木。

莱姆林木公司在 1976 年开始从事林地和农村房地产投资业务。在最初的 25 年里，莱姆公司对美国东部的林地进行了多笔 100 万～1 000 万美元的投资。2002 年，莱姆公司从 88 个有限合伙人那里获得了 6 450 万美元的资本承诺，于是就设立了莱姆北方森林基金（Lyme Northern Forest Fund）。在 2005 年的投资阶段，这个基金投资购置了 5 处林地，总面积为 26 万英亩。第二年，莱姆公司又组织成立了莱姆森林基金（Lyme Forest Fund ），从 171 个有限合伙人那里获得了 1.906 亿美元的资本承诺。在 2009 年 3 月投资期结束时，第二只基金投资购置了 7 处地产，总面积达 43.3 万英亩。2010 年，莱姆组织设立了莱姆森林第三基金（Lyme Forest Fund Ill ）。这只基金于 2011 年 2 月 15 日成立，从 180 个有限合伙人那里获得了 1.604 亿美元的资本承诺，投资交易规模从 400 万美元到 8 000 万美元不等，而名义回报率从 11%到 25%不等。

莱姆森林第三基金的一项投资明确显示，它是如何实现环境目标的，同时又为投资者创造了极具竞争力的回报。2004 年底，莱姆公司用 1 850 万美元在纽约北部购买了 8.5 万英亩的林地，其中近一半的资金是利用“新市场税收抵免”按低利率获得的。自然保护协会用 60 万美元购买了该处地产的保护地役权。4 年后，莱姆公司向纽约州出售了价值 1 000 万美元的保护地役权，确保了 38 400 英亩林地的公共使用权，维持了私人狩猎俱乐部的租约，并限制了任何进一步的开发。2009 年，这家公司以 2 000 万美元的价格出售了这处受地役权保护的地产。把所有的营业收入和损失、地役权出售收入和地产出售收入都考虑进去，投资产生了约 22%的内部回报率。

莱姆公司的成功部分可能得益于一个擅长谈判和销售有效的森林保护

地役权的团队，因为这些保护地役权限制了土地的开发，但可以通过可持续采伐木材和出租休闲场所来创造收入。莱姆公司的管理团队利用自己掌握的专门知识来设计有利的债务安排(如利用新市场税收抵免机制来融资)，调整林业和木材经营业务，并且利用新的机会进行开发，如通过湿地缓解银行融资(wetland mitigation banks)。

地产保护案例研究："熊牙资本"(Beartooth Capital)

"熊牙资本"是一家与众不同的"负责任地产"(responsible property)基金管理公司，专注于牧场保护投资。该公司成立于2005年，它的宗旨就是恢复和保护美国西部大批天然土地，同时为投资者追逐有竞争力的财务回报。

总部设在美国蒙大拿州博兹曼(Bozeman)的"熊牙资本"购置了一些往往由于环境退化而价值被低估的牧场。然后，这家公司与环保团体和政府机构合作，努力恢复这些牧场的"生态健康"，并解决任何现有问题，如分区或财产使用权等。由于生态系统的恢复和保护常常能提高自然美、野生动物多样性和农业生产力，因此，"熊牙资本"可以通过环境保护使其地产增加巨大的环境价值。此外，"熊牙资本"通过与环保团体建立关系，现在为自己增加了交易流量和资金来源。

"熊牙资本"设立的第一只基金专注于收购和保护规模相对较小的牧场，合伙人可以在为基金收购的牧场安排一整套生态改良方案。委托人发现，他们的价值主张最能吸引那些其个人价值观(通常是他们的公益努力)与"熊牙资本"的环保使命相一致的投资者。"熊牙资本"的共同创始人卡尔·帕尔默(Carl Palmer)报告称，虽然投资者非常关注对开放空间的保护，并且非常重视基金的环保目标，但大多数投资者首先对这项战略的经济基本面感兴趣。为了获得资本承诺，"熊牙资本"必须证明自己是在一个效率低下的市场上进行投资，因此，合伙人可以通过基金在这个领域掌握的专业知识和实施的独特策略来创造超额回报。

如果某个牧场部分或全部被认定为需要"优先级保护"，"熊牙资本"不仅会恢复它的生态健康，而且还与合伙人合作，为这个牧场设置保护地役权，以永久保护牧场免受不负责任开发的影响。这家公司很少或者根本就不求助于债务融资，从而排除了负债经营遭遇潜在损失的可能性。出售地役权和为恢复牧场生态筹资，为公司创造了早期收入用于支付费用；在投资者的优先回报达到8%之前,公司的收益全部分配给投资者,这种收益分配方式使得公司管理层能够与投资者保持利益一致。“熊牙资本”把基金存续的10年期里发生的收益分配给投资者,而不是把收益再投资于其他交易。[1]

截至我们撰写本章时,有11 141英亩(占“熊牙资本”托管土地总面积50%)的土地现在得到了永久性保护。在它的2个牧场里,“熊牙资本”通过把财产出售给环保团体或地方政府,实现了环保和为社区谋利的双重目标。2010年,“熊牙资本”把科罗拉多州南方公园盆地(South Park)1 640英亩的土地卖给了这个县创建的克莱恩牧场州立野生动物区(Cline Ranch State Wildlife Area)。这个新公园由科罗拉多公园和野生动物局(Colorado Parks and Wildlife)管理,并向公众开放。“熊牙资本”取得的环境回报以多种方式体现在其生态得到恢复的牧场上。“熊牙资本”在2008年购买了位于爱达荷州中部的大泉溪牧场后,与自然保护协会、爱达荷州鱼类与狩猎协会以及其他环保伙伴合作,拆除了几处干扰小溪自然流动的灌溉分水渠和障碍。在恢复后的第一年里,野生大鳞鲑鱼的产卵点从2个增加到69个,第二年也出现了相似的结果。更重要的是,保护地役权确保了这条小溪对于受到威胁的野生鲑鱼和钢头鱼种群来说仍是一个充满活力的河岸生态系统。

帕尔默对希望再创“熊牙资本”混合价值回报的投资者说过一些富有哲理的话:“眼下,这个领域和企业个体取得成功的关键就在于重视从小范围做好开始——在超越投资者回报目标的同时实现真正的保护——并以高度透明的方式做到这一点……这个行业有潜力以其他方式无法达到的规模来推进保护工作。我们这些在这个领域工作的人感到有责任挖掘这种潜力;而且,我们真的对投资者负有责任。”

湿地缓解生态系统案例研究:生态系统投资伙伴公司(Ecosystem Investment Partners,EIP)

总部设在马里兰州巴尔的摩的生态系统投资伙伴公司,通过一种基于环境资产货币化[也被称为“生态(系统)服务收费”(payments for ecosystem services,PES)]的商业模式来追求有竞争力的财务回报。如果房地产开发商(无论是私营还是公营)对湿地造成不可避免的负面影响,政府就会要求他们通过在其他地方恢复相同面积的湿地来抵消这种影响。开发商既可以自己

[1] Financing Fishers Conservation(2011).

来做[就是所谓的“自我缓解”(self-mitigation)],也可以签约委托第三方(如生态系统投资伙伴公司)来做。[1] 如采用后一种方式,那么,就由受托的第三方确定并购买适当的土地,然后交美国联邦政府认定为“缓解银行”(mitigation bank)的资产。在所购土地修复湿地功能以后,联邦政府就会给相关开发商记信用积分。开发商可以把这种信用积分卖给必须依法购买积分的开发商获利。湿地、河流和濒危物种缓解银行业务是目前美国最成熟、活跃的生态服务收费市场。这个市场目前已经很大,而且还在不断扩大。每年用于缓解对这些受到联邦保护的自然资源造成的影响的花费超过38亿美元,目前美国有1 000多家湿地缓解和保护“银行”,拥有湿地100多万英亩。[2]

生态系统投资伙伴公司成立于2006年,现被公认为是一个推动私人资本投资模式解决土地保护问题的佼佼者。这家公司承担着双重使命:向投资者创造风险调整后的市场回报,并为美国的土地保护工作带来积极而又持久的影响。生态系统投资伙伴公司的目标就是保护符合以下三个标准的乡村土地:首先,必须具备有生态意义以及可恢复的退化或受到威胁的水生或生境特征;其次,必须是能产生“缓解信用积分”(mitigation credits)需求的房地产开发活跃的地区;最后,必须是要严格执行环境法缓解规定的地区。一旦湿地完全恢复原来的功能(可能需要几年时间),生态系统投资伙伴公司就能获得湿地缓解信用积分,随后可把它们卖给需要这种信用积分的开发商,而且还可采用其他现金流策略,如可持续林木管理、发展可持续农业或出租休闲用地,最后还能把受地役权保护的土地出售给环保买家。

生态系统投资伙伴公司第一只基金的投资样本展示了它采取的不同现金流策略。2007年6月,生态系统投资伙伴公司在弗吉尼亚州东南部的大沼泽国家野生动物保护区(Great Dismal Swamp National Wildlife Refuge)边缘购置了1 030英亩土地,其中的许多土地已经开沟排水,然后被改造成农田。十几年来,美国鱼类与野生动物服务机构(US Fish and Wildlife Services,FWS)一直试图获得这块土地,但缺乏这样做的财力。生态系统投资伙伴公司和美国鱼类与野生动物服务机构、自然保护协会、弗吉尼亚州和美国陆军工程兵部队(US Army Corps of Engineers)合作,依靠湿地缓解银行来筹措保护和恢复963英亩湿地功能所需的资金,并为自己的投资者创造了颇具吸

[1] 根据2008年新颁布的一部联邦法,向特准湿地缓解银行购买信用积分,现在已经成为进行补偿性缓解的首选方法。

[2] 请浏览EIP网站(www.ecosystempartners.com)。

引力的回报。生态系统投资伙伴公司还把湿地缓解区的永久性地役权转让给自然保护协会。这笔交易价值的另一主要部分是通过建立濒危木纹响尾蛇的保护栖息地来减轻对濒危物种的影响。这家公司实施的次要现金流策略包括把农田临时出租给信誉良好的农业经营者,或者出租给周边土地所有者用于休闲。

生态系统投资伙伴公司每笔收购土地交易的平均交易额在 500 万~2 000 万美元,面积从 1 000 英亩到 1 万英亩不等。2012 年 6 月,这家公司宣布第二只(超额认购的)基金“EIP Ⅱ”最终募集到 1.807 亿美元的股本,主要由传统的私募股权有限责任公司以及包括公共养老基金、捐赠基金和高净值人士在内的投资者认购。EIP Ⅱ基金的目标是购买 10~15 处地产主要用于开办“缓解银行”,预计过十来年就可获得回报。[1]

当然,缓解银行——和其他生态服务收费市场——也并非没有风险。生态系统投资伙伴公司的总裁尼克·迪尔克斯(Nick Dilks)表示:“你必须真正熟悉它们的位置。这是我们增加的价值的一部分……你必须非常小心地选择合适的土地。”这家公司的联合创始人弗雷德·丹福思(Fred Danforth)指出,“缓解银行”市场是由监管驱动的,因此,可能会吓跑传统的投资者。但他也表示乐观,认为随着这种市场的成熟,它们将显示出足够的交易流量并且创造可复制的回报业绩记录。[2]

结束语

本章介绍的投资实例侧重于如何获取通过改善环境创造的部分财务价值。这些例子表明,精明的投资者可以通过实施保护、修复和能创造环境价值的相关策略来创造真正的财务回报。然而,仅仅因为投资能创造混合价值,并不意味着它就是实现环境回报的最有效方式,于是就提出了一个更大的问题:把环境保护与利润联系起来是否就是创造环境价值的最佳方式。

这种环境影响力评价观太过简单化,可用以下三个互补的论点来讨论:(1)通过实施保护和负责任的房地产开发,可以创造具有竞争力的财务回报;

---

[1] Witkowsky(2012).

[2] 威特科夫斯基(Witkowsky,2012)和 EIP 网站(http://www.ecosystempartners.com)。

(2)通过财务性投资可以产生显著的正环境影响力;(3)通过实施非市场策略,可产生非常显著的保护影响力。

前两个论点更好地表达了"在行善的同时把事情做好"这句越来越令人厌倦的老话所蕴含的情感。论点一表示,我们追求财务目标的方式也可以改善自然界。论点二是一个比较复杂的命题,它认为财务性投资可能是特别有利于改善环境的方式。论点三涉及一些本章没有深入探讨的策略。然而,许多这样的策略,包括自上而下的监管、有组织的抗议和抵制以及非暴力反抗,对于创造和保护环境价值至关重要。

那些旨在根据规划性投资(programmatic investment)来调整财务性投资策略的投资者可能会满足于进行论点一赞成的投资。投资者在决定提供赠款或者参与混合价值保护投资时可以设法了解论点二赞成的投资在多大程度上适合自己。虽然本章对论点二赞成的投资进行了一些探讨,但它们仍然是该领域努力解决的问题。前两个论点似乎都排斥论点三,但笔者认为,如果用更加微妙的方法来考察,这三个论点是相容的。每个论点的正确程度在很大程度上取决于具体的背景:在某些情况下,论点二很可能非常正确,而在其他情况下则是明显错误的。但笔者认为,更加深入、细致地探讨这三个论点,对于进行明智的投资具有重要的意义。

关于论点二的评价寥寥无几,而采用比较混合价值投资策略与更加传统的赠款或政府指令性解决方案的方式检验论点二的研究则更是凤毛麟角。这种检验性研究可能会提出这样一个问题:设法向环保组织捐赠土地,或者推进保护—开发投资模式(如"熊牙资本"奉行的那种模式),哪种方式能够产生更大的环境影响力。这类研究的缺失是目前环境影响力评价和衡量滞后的关键原因所在。首先,必须就适当的价值评估标准达成一致,以便对赠款和混合价值投资机会进行比较。我们一旦能确定影响力评价指标,就必须严格执行。其次,我们需要设计实验方案来比较这两种不同的策略所能产生的环境影响力。

即使没有对论点二进行具有科学效度的检验,我们也可以断言,在下列情况下,论点二很可能是正确的:

(1)当难以实施自上而下型控制时:论点二在美国清洁空气市场(通过配额交易市场机制来控制促成酸雨和雾霾的污染物排放)的背景下似乎是正确的。从理论上讲,积极的指挥和控制式监管可以把二氧化硫(SO_2)和氮氧化物(NOx)等污染物降低到低于环境保护署污染信用积分交易计划所规定的水平。但是,这样做会遭遇强烈的政治反对、法律挑战和执行方面的其他障碍。因此,污染物排放指标交易市场的环境价值可能要高于指挥和控制式监管。这一条件之所以能够成立,是因为非环境影响力解决方案(在本例中是监管)成本高、执行难度大,而混合价值投资策略有利于分散化决策,从而能激励企业遵守。

(2)在影响力投资能为解决环境问题注入新资本时:有一个简化的例子可用来说明这一点。假定一笔赠款可以创造100个单位的环境价值,而一种投资策略在资本金额与赠款相同的情况下也许只能创造50个单位的环境价值。但是,如果混合价值投资策略能吸引3倍于资本金额的资金,就能比标准方法(赠款)创造更多的总环境价值。回报与其他房地产投资工具相关性很低的影响力投资,也许能吸引本来会投资于持环境不可知论甚至破坏环境的企业的资金。

(3)在资本可以有效循环时:在资本能够创造环境价值,然后归还给投资者并被重新用于创造更多环境价值的情况下,这种投资策略可能比不能回收本金的"一次性慈善赠款"策略更具环境价值。这个条件只有在环境价值由财务性投资创造且不会因撤资而消失的情况下才能成立。不能利用资本循环的影响力投资有可能就是用于保护性收购并必须利用捐赠资金来偿还的低于市场利率的贷款。

(4)在监管变革创造可互换性或者其他适当的条件时:在某些情况下,非市场环境的变化——可交易产权或基于市场的交易论坛的出现——能够鼓励业绩可能会优于传统策略的影响力投资策略。监管机构在启动某些湿地的互换,从而允许实施补偿性缓解以后就改变了整个环境游戏,使"缓解银行"可能比保护湿地的其他替代性办法更加有效。

(5)在新模式可以永久性地改变激励机制或文化假设时:论点二的最大潜力未必在于那些被明确称为"混合价值"的投资,而在于有足够的例子可以改变文化假设——以至于在不考虑环境价值的情况下考虑交易已不再可以接受——并且改变引导行为变化以奖励多种价值的激励机制。这种"主流化"变化的价值最难评估,而且也是风险最大,但却最终有可能创造最大的价值。

研究人员和投资者仍应把这些例子牢记心中,明智地把影响力投资看作是一种创新，一种迄今仍未得到充分理解也未得到有效利用的创新。

无论是在美国还是在其他国家，环境影响力投资还处于相对较早的市场接受阶段。这个领域已经积累了结构化安排和管理这种投资的知识的先驱者，现在仅仅是在培养一种认识他们的模式最终会被用在何处和如何使用以及哪些模式有可能成为主导模式的意识。但是，由于人口的迅猛增长必然会对自然界产生越来越大的压力，企业也越来越被迫对环境外部性进行内化，因此，看到创造性投资策略的业绩开始超越目前的主流投资策略并不值得惊讶。不久前，湿地减缓银行还是一个高深莫测的概念。如今，美国采用这种银行业务每年要花费 38 亿美元来减轻联邦保护自然资源受到的影响，湿地保护面积超过 100 万英亩。无论将来发生怎样的变化，重视公私合作伙伴关系的长期观将是取得成功的关键。

当然，一些自然资源保护人士可能会考虑混合价值策略，并且断定它们在创造环境价值方面的表现还不如传统策略。有些投资者可能会认为，这种策略不是回报没有保证，就是风险太大。与此同时，像莱姆林木公司、熊牙资本公司、生态系统投资伙伴公司这样的企业以及其他企业都将继续获得发展，对假设进行检验，并最终提高影响力投资领域的效用和效能。围绕采取这种策略能创造哪些种类环境价值的创新年年翻新，在某些领域——而且势头越来越猛，这些影响力企业将证明论点二在哪些情况下将是正确的。最终，能增加生态价值和更有效配置资本方式的创造性金融工程和创新性环境战略将层出不穷。

把环境机会和风险纳入资产评估会带来许多挑战。笔者在前面已经提出了许多建议，如分解价格的不同组成部分、评估环境价值、预测外部环境的变化，等等。即使只考虑简单的前提，强调这一主题的操作复杂性，无论如何都不过分。

有人说，每一次关于环境的讨论都是关于如何平衡祖辈与孙辈关切的讨论。也许，环境影响力投资的未来能为经济遗产与生态遗产匹配创造机会。

参考文献

Baden, B. (2010). 'Investors Say Environment Is Key for Economic Turnaround', *US News and World Report*, 3 March.

Badger, E. (2011). 'The 19 Building Types that Caused the Recession', *The Atlantic Monthly*, 25 October. <http://www.theatlanticcities.com/jobs-and-economy/2011/10/buildings-that-caused-recession/345/>, accessed 9 July 2012.

Bauer, R., and Hann, D. (2010). 'Corporate Environmental Management and Credit Risk,' 23 December. <http://ssrn.com/abstract=1660470> or <http://dx.doi.org/10.2139/ssrn.1660470>, accessed 10 July 2012.
Borenstein, S. (2011). 'US Natural Disasters: 2011 An Extreme and Exhausting Year', The Associated Press, 3 September.
Branca, A. (2012). 'Water Disclosure Rising, But So Is the Risk—Ceres', *Environmental Finance*, June.
Carter, D. (2012). 'Towers Watson Shifting ESG Focus even more Long Term', *Pensions & Investments Online*, 23 January. <http://www.pionline.com/article/20120123/PRINTSUB/301199999>, accessed 8 July 2012.
Friedman, M. (1970). 'The Social Responsibility of Business Is to Increase Its Profits', *The New York Times Magazine*, 13 September.
Gardner, D. (2010). 'BP Market Plunge Wipes Billions off UK Pension Funds as Shares in Oil Giant Suffer Fresh Falls', *MailOnline*, 2 June. <http://www.dailymail.co.uk/news/worldnews/article-1282870/BP-shares-plunge-15-oil-giant-admits-oil-spill-August.html>, accessed 9 July 2012.
Keane, R. (2010). 'Socially Responsible Funds Outperformed Investing Benchmarks in 2009', *AdvisorOne*, 27 January. <http://www.advisorone.com/2010/01/27/socially-responsible-funds-outperformed-investing>, accessed 10 July 2012.
Kennedy, T., Whiteoak, J., and Ye, T. (2008). 'A Comprehensive Analysis of the Relationship between ESG and Investment Returns', *State Street Global Advisors*, 17 November: 1–3.
McQuilkin, A. (2010). 'Consumer Demand Drives Green Construction Growth', *Green Real Estate Investing News*, 13 September. <http://greenrealestateinvestingnews.com/green-real-estate-investing/consumer-demand-drives-green-construction-growth.html>, accessed 8 July 2012.
Ostrom, E. (1990). *Governing the Commons*. Cambridge: Cambridge University Press.
O'Sullivan, G. (2012). 'ESG Investing on the Rise', *State Street*, 18 January. <http://www.statestreet.com>, accessed 1 July 2012.
Pivo, G., and Fischer, J. D. (2010). 'Income, Value and Returns in Socially Responsible Office Properties', *The Journal of Real Estate Research*, 32(3) July/September: 243.
PriceWaterhouseCoopers and Urban Land Institute (2011). 'Emerging Trends in Real Estate', p. 43.
Social Investment Forum Foundation (SIFF) (2010). '2010 Report on Socially Responsible Investing Trends in the United States', December, p. 8.
Spitzer, J., and Emerson, J. (2006). 'Blended Value Investing: Capital Opportunities for Social and Environmental Impact', World Economic Forum, March.
Van Beurden, P., and Gossling, T. (2008). 'The Worth of Values: A Literature Review on the Relation Between Corporate Social and Financial Performance', *Journal of Business Ethics*, 82(2): 1.
Wells Fargo (2012). *Wells Fargo Environmental Finance Report*, April: 3.
Williams, R. (2010). 'Are Sustainability Ratings Sustainable?' *Future Energy*, 25 October. <http://www.futureenergyinvesting.com>, accessed 5 July 2012.
Witkowsky, C. (2012). 'Ecosystem Investment Partners Raises Conservation Fund', *Private Equity International*, 25 June.

跋

——是否存在替代资本主义的合作方式

丹·格雷戈里

“想象世界末日难道真比想象资本主义的末日容易?”[1]或许,使这句话家喻户晓的斯拉沃热·齐泽克本人沉溺其中的那种荒谬逻辑,在他说这话的时候就已经冲淡了它的真理性,因为即使承认存在哪怕是最小的替代可能性,至少也要能够想象得到。[2]

后来,而且似乎是在突然之间,这种替代资本主义的可能性就变得更加容易想象。暂且不谈那些长期提倡用其他模式来组织我们生产力的观点,有许多证据表明,在经历了几十年的“现行资本主义”之后,这种模式目前甚至已经无法按照其自己的方式运行。

首先,由于资本主义没能在许多资本主义历史最悠久的民族国家兑现其经济增长、就业、资本回报、物质安全和稳定等的核心承诺,因此,对许多人来说,经济增长已从一种期待变成了一种记忆。现实是,许多欧洲经济体的失业率达到了创纪录的水平;资本找不到令人充分信服的投资主张,以至于就连负收益率的德国联邦债券也被超额认购;我们只是直到最近才幸免于金融崩溃。

其次,目前,市场机制造成的负外部性已经严重到了吓人的地步——而且似乎还在不断恶化。在英国和其他国家,不平等现象在继续加剧,2011年的骚乱证明了社会关系紧张、环境不确定、儿童贫困和心理健康等问题依然存在。如果说有什么不同的话,那就是情况越来越令人担忧。目前,英国40%以上的经济处在公共部门的指挥和控制之下[3],主要由税收提供资金。

---

〔1〕 Z. Slavoj(2010)*Living in the End Times*.

〔2〕 本文的修改稿之前发表在罗布·哈里森(Rob Harrison)主编的《人民驾驭资本:替代资本主义的合作方式》(*People over Capital*:*The Cooperative Alternative to Capitalism*)。

〔3〕 HM Treasury(2012)“Budget”.

这样做的目的就是要减轻市场失灵对社会和环境造成的影响，但结果似乎令人失望。

因此，虽然政府干预可能会排挤私营企业，并且有可能阻碍市场创造就业和推动经济增长，但几乎没有人可信地表示，如果政府坐视不管，市场自己也会以某种方式纠正自身破坏环境和社会的倾向。反正横竖都是错，我们不能只靠市场来提供社会和经济福利，但我们也没有找到有效的方式通过政府干预来介入和收拾残局。因此，我们的资本主义制度充其量是以60%的效率在运行。

由此可见，公共和私人部门的净值实际上都是负数！[1] 企业和政府两者都是欠别人的比自己拥有的多。虽然国家近几年进行了规模巨大甚至空前的财政支持，但按官方统计目前仅私营部门的净价值已经小于零。我们似乎陷入了一场公共部门和私人部门之间的毁灭性决斗，双方都拼命想踩在对方的肩膀上逃离泥潭，但却是越陷越深。我们无意中闯入了一种不期而至的国家资本主义。这种国家资本主义把一种凯恩斯干预主义国家与哈耶克“看不见的手”的变异结合在了一起。这种版本的凯恩斯干预主义国家笨拙干预的时间和程度都超出了凯恩斯本人的想象。哈耶克版的“看不见的手”虽然已经伸到了公共部门和社会领域，但现在却无法兑现其诺言。照此看来，凯恩斯的俏皮话“从长远看，我们都将死去”，应该说是表达了一种乐观的情绪。

最后，回过头来再看看那些反对资本主义生产体系的人士。对资本主义生产体系道义上的反对似乎正在获得越来越广泛的支持，因为公众对银行家及其奖金的厌恶已经成为常态，社会关系的商品化和对消费主义模式的依赖也受到了质疑。

寻找资本主义替代品的研究必然要从私营部门着手。那么，问题的症结到底是什么呢？

首先，私营企业似乎并没能创造资本主义的预期回报。例如，风投基金的回报率因为互联网泡沫而接近于零。[2] 在许多西方经济体，虽然利率已经低得离谱，但私营部门仍陷入了低增长甚至负增长。许多人开始相信，在过去几十年里我们认为正常的经济增长，是建立在一个不可持续的房地产泡沫、债务和金融化骗局之上的。

---

〔1〕 Office for National Statistics(2012).
〔2〕 NESTA(2011)“Atlantic Drift”.

其次，自由市场并非十分自由。私营部门的竞争动力理应能够推动看不见的手，促使稀缺资源得到有效分配，但是，这种竞争动力似乎并没有以一种非常具有竞争力的方式发挥作用。撇开经济学教科书和经济现实中个人理性行为可证明的差异不谈，竞争委员会的工作量日益增加[1]，少数企业在食品零售、银行和能源部门占据着主导地位，所有这一切都表明：私营部门所有权日益集中；寡头垄断猖獗；进入壁垒依然存在；新企业和多样性惨遭扼杀。

再次，私营企业越来越狭隘并短视地关注单一的财务底线，因而必然会导致外部性的相应增加。对中央和地方政府日益增长的要求，无论是救助银行还是提供福利，都证明了这些外部性常是负外部性的程度。

最后一点，可能也是最可怕的一点，虽然我们的经济已经发出了这么多的信号，但我们并不真正知道私营部门是否正在走向衰退，因为我们的经济已经与它的“仪表”失去了联系。我们盲目地闯入了后现代主义的经济迷局：价值总是浮在表面，总是经过协商来议定，而且常常是通过二级甚至三级市场；而在这些市场上，中介机构的增加破坏了“能指”(signifier)和“所指”(signified)之间的关系。外行通常几乎不可能读懂财务报表；利率不能反映借款的实际成本；我们的国家基础设施大多没有列入国民核算；有数万亿英镑的隐匿或有负债；公关高管编制的新闻公告往往与基本经济状况没多大关系。

言行不一已经危及我们的福祉，因为我们无论是集体还是个人，都不能真正确定生产性经济正在发生的事情。就好像怀尔 · E. 科约特(Wile E. Coyote)戴着虚拟现实的头盔，忘记了自己是在安全的地面上，还是徘徊在深渊边缘甚至已经坠落深渊。据我们所知，我们可能接近对经济和地球造成的损害已经不可挽回的地步，而荧屏上的数字都是令人放心的绿色，甚至是更加不祥的红色，有谁知道它们到底意味着什么？

那么，合作模式是否有可能为我们提供治疗这些疾病的手段？有没有这样一种可能性：“在看不见的手失灵的地方，握手或许就能取得成功？”[2]

首先，规避传统资本主义所有制形式的合作社和社会企业，在它们自己的资本主义游戏中反常地取得了优于实力雄厚的商业企业的财务业绩。2008—2011 年期间，英国的合作部门增长了 25%以上；[3]苏格兰皇家银行报

---

[1] Competition Commission(2012)“Annual Report and Accounts”.
[2] S. Bowles and H. Gin tis(2011) *A Cooperative Species*: *Human Reciprocity and Its Evolution*.
[3] Guardian(2011). “The Cooperative Sector Has Grown more than 25 Per Cent”.

告称，社会企业“无视财政低迷，增长速度超过了英国经济的其他部门”；[1]社会企业在增长、商业信心和创新方面超过了中小企业；[2]2011 年第四季度，虽然西班牙的失业率创下了历史新高，但合作社的就业率平均增长了7.2%。此外，根据瑞兰茨和巴约（Roelants and Bajo）的研究，合作社对经济危机具有更强的应变能力。[3]

其次，合作社可以为反竞争难题提供两种解决办法：一方面，由于合作社的所有权结构内在地倾向于细分为较小的单位，因为辅助性和民主是合作模式的核心；另一方面，许多合作社和社会企业通过“资产锁定”、民主所有制或拒绝分红来抵御收购和集团化。因此，合作社可以把这种行为变成一种善行，从而避开反竞争的问题！合作和串谋当然是硬币的正反两面。远看竞争法、欧盟法律和竞争委员会关于“反竞争是一件坏事”的立法构想，就会发现政策制定者、经济学家和监管者都戴上了有色眼镜。合作社受其原则的约束，是为了公共利益而不是为了私人利益而合作，从而使我们能够构想一个不同于我们误入的非人道世界的世界——坦率地说，我们误入的那个世界把合作或者“共同努力”看作是一种不合理甚至是非法的活动。

再次，合作社和社会企业建立后有责任更多地关心其商业活动的外部性。除了纯粹的财务责任之外，它们还有义务预示一种不那么粗俗、猖獗的资本主义，并且构建一种企业在定价时会考虑环境和社会成本的更人性化的经济。正如合作社的财务业绩所显示的那样，这实际上是一种商业优势，就如合作社赢得了忠诚和信任，而不是对财务底线的触碰。即使这不是事实，而且内部消化社会和环境成本确实意味着牺牲几个百分点的资本回报率，但在损失个位数回报率和－40%之间仍有很大的回旋余地。

最后，合作模式不是通过回归传统模式，而是通过互助的形式，为走出后现代经济学毫无意义（或者更加危险）的死胡同另辟蹊径。在合作所有制下，投资人和所有者又是消费者或生产者。由于他们彼此相同或者都是同行，因此，他们之间的关系比东米德兰兹郡（East Midlands）超市购物者和波士顿交易员电子表格之间的关系更有意义。所以，这些更加直接、真实的关系的存在，可以通过在经济各组成部分之间重新构建更加具体的关系来避免距离和

---

[1] Social Enterprise Live(2011)“Vibrant Sector Defies Downturn with Powerful Growth”.
[2] Social Enterprise UK(2011)*Fightback Britain*.
[3] C. Baja and B. Roelants(2011) Capital and the Debt Trap: Learning from Cooperatives in the Global Crisis.

错位的危险。此外，在合作模式下，生产者、所有者和消费者更有可能具有相同的动机，因而可以减少操纵“能指”不适当地代表潜在经济“所指”的动机，进而重构经济指标与实体经济之间更有意义和更加透明的关系。

如果我们决定朝着更加合作化的市场经济过渡，那么，这在实践中可能意味着什么呢？这可能意味着，譬如说：

(1)创建更多的电话、自来水、能源和其他合作制的公用事业实体，以便重新使消费者和投资人的动机趋于一致；

(2)社区所有商店和酒吧的进一步扩张，向大型零售连锁店展示了与顾客的真正接触如何带来多样化和显著成功的财务业绩(只有3%的社区商店关门歇业)；[1]

(3)任命更多的外行、慈善机构代表、消费者和其他利益相关者参加银行董事会，以便给银行注入一些金融机构治理方面的现实主义和人道主义；

(4)由球迷信托基金接管足球俱乐部，以便把足球俱乐部的所有权交给对俱乐部的成功拥有最大既得利益的人；

(5)拥有铁路专营权的消费合作社，为使作为乘客的业主更有动机经营好铁路；

(6)通过社区信任模式把多佛港(Port of Dover)改制成所谓的“人民港”(People's Port)；

(7)顾客把钱存入“挑战者银行”(challenger banks)和(或)互助银行、合作银行或者信用社，以创建更加理性、注重长期和实体经济的金融体系。

但是，造成“现行资本主义”失败的原因主要在于公共部门和私营部门。市场很少真正自由：国家制定规则、支付补贴、创造收入、进行投资、征税和实施税收优惠，这一切都决定竞争环境，并且有可能扭曲市场。如果政府能够找到有效利用和引导私营部门的方法，没有足够的压力致命地损害自己的效率，并且拿出一定比例的收入来清理过去留下的烂摊子，那么，资本主义就能扫清前进的障碍。然而，英国和西方各资本主义经济体的历届政府在各种障碍面前纷纷倒下。那么，合作制能否帮助公共部门在资本主义模式下发挥更具建设性的作用呢？

政策制定者可以利用三种常规手段来纠正市场失灵，并努力实现任何既定的政策目标：支出、税收和监管(更不用说“刺激”了——但英国人在多大程

[1] Plunkett Foundation(2011)“Community-owned Village Shops: A Better Form of Business”.

度上愿意接受那些政治不和的人物实施的刺激以及这些人物是否有能力充分准确并带有必要细微差别地进行刺激还有待证明)。

政府可以更加明智地采取税收和监管干预措施,从而在国家和私营部门之间建立起更加合作的关系,与企业合作鼓励减少负外部性,进而实现政策目标,并换取财政或监管回报。国家应该超越传统的“黑白分明”的税收或者监管政策选择,即只选择多征或多监管(a)或者少征或少监管(b)——而只对那些未能采取预期行为的企业采用“灰色政策措施”来增加税收或监管负担,通过减轻税收和监管负担来促进私营部门发展,同时又为社会和环境以及经济繁荣做出更大的贡献。

那么,这在实践中意味着什么呢?我们已经可以看到这在环境领域的运作方式。例如,国家加大惩罚二氧化碳排放多的企业的力度。对这种模式进行改进并把它扩展到社会领域,并非遥不可及:英国政府最近表示,可能要对那些有良好合规记录的企业放宽卫生和安全监管。如果这种模式可以扩展到长期失业、培训与发展、研发、与当地社区合作等领域,可能就代表着一种向着更加自由、平衡的国家演变的趋势。这样,国家就能使权利与责任挂钩,奖励企业的合规行为,而不是笨拙地让所有的企业都承受其全面干预。

例如,可以增加针对投资者——如风险资本信托(Venture Capital Trust,VCT)和企业投资计划投资者——的税收减免,从而更多地资助扶贫、为啃老族创造就业机会或者支持环境目标的企业活动;减少烟草、快餐和其他对社会不太有益的行业的税收减免。总体来说,企业的净税负在短期内不会发生变化,而从长远看则会随着企业行为的转变而有所减轻。

在支出方面,公共服务通常由政府内部的公务员提供,或者通过招标由最有说服力的竞标者(通常是私营部门)提供。然而,这两种模式都存在明显的缺陷。

我们可以列举不利于中央集权模式的证据,如在中央集权模式下,教师、护士和其他公务员在入职时都曾立志要有所作为,但后来却因官僚作风、文牍主义、政策多变和组织动荡而受到打击;或者,其他人已经习惯了稳定的工作、优厚的养老金和其他保障,因此失去了往日的工作热情。此外,公共预算单位几乎没有什么动机降低成本,因此,为了证明本单位预算的合理性并确保来年的预算不会减少,每年在财政年度结束前都要疯狂、可耻地急于把钱花掉。

“私有化”“市场化”或“商业化”的替代方案同样令人反感。首先是部门和地方“各自为政”造成浪费制度化。例如，欧盟的法律明确规定，委托机构不得在“不相关”的合同中考虑涉及面更广泛的政策目标。在实践中，这就意味着，譬如说，医院设备的采购专员规定应该雇用远离劳动力市场的劳动力制造这种设备，可被理解为实际非法。其次，志愿和建筑行业等不同部门对委托程序表示不满——可从它们各自的专业媒体[1]上看到——表明公共部门市场发生了另一种失灵。这并不是没有道理的抱怨——通常有数以百计的建筑师动用资源为一份合同竞标。在英格兰东部，据一家慈善机构估计，他们花了上百个人工来竞标一份为儿童提供服务的合同，但后来他们没有得到这份合同。把浪费的时间乘以竞标者的人数，再乘上数百个地方政府，再乘以几十个服务领域，我们就能感受到巨大的浪费。更糟糕的是，随后的合同谈判、法律费用、目标的确定和维持、监测、检查和报告制度等又要花费数十亿英镑。最后，由于服务提供者被迫相互竞争，甚至不得跨越区域和制度边界为支持公民开展工作，因此，不合理的条款在合同中被奉为神圣。

那么，到底有没有一种替代性合作模式呢？虽然不同党派对这种模式表达的热情并非发自内心，而只是溢于言表，但有了工党合作委员会（Labour's Cooperative Councils）的计划和保守党的互助计划（Mutuals Programme），也能表明真有这种热情。在实践中，这两项计划都没有在受文化、技术和法律假设支配的只有自己完成和外包两个选项的两极世界里获得任何重大进展。对于基金会信托机构人力资源部的工作人员、地方政府的专业采购人员以及中央政府的战略决策者来说，他们熟悉的传统手段仍然是命令和控制，而不是竞争和竞赛。在规则手册、人力资源手册和政府委托业务的教科书中，很少能够看到关于如何合作和协作的指导意见。

然而，有几个例子表明，一直有人在寻求一种替代性的合作模式。共同风险投资公司（Mutual Ventures）的安德鲁·莱尔德（Andrew Laird）和埃西·库奈特（Essie Cunnett）谈到了地方政府如何采取“更加主动地做市”方式与本地组织合作，把潜在的供应商整合在一起……总的来说，这些机构宁可合作，也不愿被迫参加“赢家通吃”式的竞争。类似地，根据上届政府制定的请求权（Right to Request）政策，每年价值近10亿英镑的数百名初级保健信托（Pri-

---

〔1〕 请参阅有关第三部门的杂志（http://www.thirdsector.co.uk）和业务拓展文章（http:/www.bdonline.co.uk）。

mary Care Trust,PCT)员工和社区卫生服务合同,以无争议的初始合同形式“分拆”给了归员工所有的新型互助和社会企业。我们可以想象更多的服务用户共同拥有提供公共服务的组织,每个组织都有法律义务追求共同的利益,并且有自己的公共服务受益者或者本地的利益共同体。

因此,还有一种替代模式,但要使这种替代模式成为一种有希望的模式,就需要积极进取的公共服务提供者在社区目标、锁定资产以及更高水平的员工和社区参与的驱动下摆脱公共部门某些约束的可能性。这种替代模式为通过适当的顶层治理——从而使纳税人、服务提供者和服务使用者的动机趋同,而不是通过死扣合同条文等细节问题来管理公共资金的使用,尤其是降低交易复杂性和交易成本,开辟新的可能途径。

综合起来看,这样的替代模式将标志着国家朝着更具合作性的方向演化,具体表现在国家利用可支配的财政、监管和支出手段上,而且反过来又会促使更具合作性的私营部门的发展,因此,这种替代模式本身就更加符合共同利益。比起奉行比较狭隘的财务观的私营部门所走的迂回路线——必然会提高财政转移支付水平并维持一个代价昂贵、复杂且有争议的国家机器——来,这可是一条“捷径”。

因此,合作模式可以为避免公共和私营部门遭遇某些失败提供一种替代方案。但正如雷蒙德·威廉姆斯(Raymond Williams)早在1962年就指出的那样,“我们已经沦落到只能在投机者和官僚之间进行比较,不知道谁是心更黑的魔鬼的地步。不过,真正的问题或许在于,我们认为这些都是仅有的替代模式”[1]。

那么,那些通过自己的社会性和可能更加合作的精神来定义自己的部门——民间社团、社会部门或者志愿和社区部门——情况会怎样呢?无论我们如何称呼这些部门,也不管我们怎么对它进行定义,社会部门虽然较之于公共部门和私营部门有其正净值,但也受到了一些缺陷和失败的影响。

首先,社会部门在很大程度上要依靠其他两个部门。那些出于社会目的——不是私人的盈利目的——而不受国家控制的组织,在很大程度上要依赖政府拨款或合同以及私人施舍。虽然它们在理论上是按治理独立性来定义的,但它们的实际存在具有财务甚至是其他形式依赖的特点。

自由民主国家应该为有独立于国家执政理念的强大民间社团部门的存

〔1〕 R. Williams(1962).

在感到自豪。非民主国家的民间社团要受到(A)政治活动的限制;(B)严重依赖国家资金;(C)并非真正独立,国家直接影响它们的决策和治理。但令人担忧的是,我们今天也能在英国民间社团与国家的关系中发现上述民间社团模式的每一种特点。

在监管方面,《慈善法》(Charitable Law)对民间社团进行了规范。大多数智库都是公益机构,而公益机构不可以出于政治目的而存在,这里的政治目的包括"支持或者反对修订法律、改变政策或决策"。"如果某个组织有政治目的,那么就不是公益机构"。然而,民间组织在政府鼓励下采取公益组织形式,并因此而遵守有关规定,那么就能享受苏西·莱瑟夫人(Dame Suzi Leather)所说的"慷慨的税收优惠和其他优惠待遇"。

在资金方面,政府是社会部门的主要收入来源:2012年的《全英志愿组织委员会(NCVO)年度报告》告诉我们,志愿部门1/3～1/2的收入来自法定来源[1];其余大部分来自私人来源,即来自个人、企业和客户捐赠,而来自本部门的收入相对较少。

在治理方面,据2011年志愿部门独立性问题调查小组(2011 Panel on Independence of the Voluntary Sector)报告,"国家似乎对慈善机构的治理施加了不适当的影响……在某些情况下,唯一的受托人是地方政府雇员……可以对慈善机构施加压力要求它们在理事会安排1个地方政府雇员代表"[2]。

因此,对于当今英国的民间社团来说,政治活动受到限制,政府的资助至关重要,而且国家可以限制这个部门的独立治理。正如上述调查小组得出的结论表明的那样,志愿部门的独立性面临"实际且现时的风险","间接有时甚至是直接的自查压力压制了这个部门的一些声音"。

民间社团的第二大败笔在于,由于接受了无处不在的市场心态(虽然常常并非情愿),这个部门越来越倾向于采用竞争的方法和心态,但这样做对社会却没有带来相应的好处。为争夺资金展开的竞争会造成巨大的交易成本。例如,国民西敏寺银行(NatWest)管理的基金以及政府的社会行动基金(Social Action Fund)和社区建设者基金(Communitybuilders)目睹数百个组织为争夺资源展开竞争,但每个组织最终能获得很小比例(不到1%)的资金。

---

[1] J. Clarke, D. Kane, K. Wilding and P. Bass(2012). UK Civil Society Almanac 2012.

[2] Panel on the Independence of the Voluntary Sector(2012) Protecting Independence: The Voluntary Sector in 2012 (http://www.independencepanel.org.uk/wp-content/uploads/2012/01/ProtectingIndependence-final.pdf, 2012年9月27日浏览).

我们很难弄清谁能从这种竞争中受益；而且，如果公益机构能加深合作，那么，受益人怎么可能不多受益。

因此，我们可以想象一种更具合作性的经济，即每个不同部门都采取更加合作的方式——合作企业占据更大的市场份额，公共和第三部门的组织彼此合作，或者体现更多的合作精神。但这只是一种有限意义上的更具合作性的资本主义替代方式——只不过是有更多合作型行为主体参与资本主义博弈。就目前的情况而言，这种经济也许不难想象。

但从一个更加基本的角度看，就像齐泽克所说的那样难以想象，这种变化可能会成为不仅是改变部门内部的关系，而且是改变部门之间关系的踏脚石，并且创造一种可以被定义为资本主义替代模式或者合作主义生产体系。

这种替代“现行资本主义”的合作模式可把当前的竞争和对立性的紧张关系重塑成各部门之间的合作动态关系，这就意味着这个生产体系的参与者出于理性的自利会明白，他们可通过更加有效的合作来创造一种更加成功、均衡和相互支持的民主混合经济，从而获得更多的利益。

英国国家统计局的数据告诉我们，公共和私营部门并非那么一文不值，但志愿部门和私人家庭则保持着数万亿英镑的净值。[1] 简单地说，这可以被解释为，我们作为个人和集体，共同承担着公共和私人机构的责任。另一种说法是，私人企业和政府为了我们的利益做得有点过头——试图为我们带来作为投资者所期望的财务回报以及作为公民所期望的公共服务。

无论是以上哪种解释比较准确，或者还有其他更加准确的解释，这些数据都说明，各部门之间的相互关系对于英国经济和社会的持续活力和可持续发展有多么重要。然而，经济学家令人困惑地忽略了这种部门间的动态关系，因此，我们应该更多地考虑这种关系，特别是在我们两个部门的巨头目前（即使没有在技术上，也）几乎已经面临“破产”的情况下。很少有人试图认真地理解劳资双方在我们的经济中是多么紧密相关。

我们确实有关于市场社会主义的理论，如帕累托效率的兰格（Lange）模型[2]、由埃莉诺·奥斯特伦（Elinor Ostrom）主持的公共资源管理研究[3]以及约查伊·本克勒（Yochai Benkler）最近关于“合作战胜自利”的研究[4]。

---

[1] Office for National Statistics(2012). “UK Worth £6.8”.

[2] O. Lange(1936) On the Economic Theory of Socialism.

[3] E. Ostrom(1990) *Governing the Commons: The Evolution of Institutions for Collective Action*.

[4] Y. Benkler(2011) *The Penguin and the Leviathan: The Triumph of Co-Operation over Self-Interest*.

事实上，本克勒确实深入探讨过不同经济部门之间的关系，并且着重指出了霍布斯(Hobbes)的"利维坦"(Leviathan)和亚当·斯密的"看不见的手"的极端之处。

那么，关于个人和企业(竞争性地创造经济财富)，公共机构(通过指挥或控制资源来创造公共产品和服务)以及社会团体、慈善机构、信托基金和协会(通力合作使英国变成了一个社会和环境资源更加富饶的宜居地)之间的相互关系，我们到底真正了解多少呢？换句话说，关于自由、平等和博爱(粗略地说)之间的积极和消极的经济动态关系，我们到底真正了解多少呢？

国家能否帮助企业建造基础设施？企业能否重振社区？私营部门能否创造税收？社会行动能否节省政府的资金？市场是否要依靠信任和社会资本？更具破坏性的是，企业是否会产生给财政带来成本的负外部性？公共部门是否会排斥社会行动？福利制度是否会葬送我们的企业？

当然，以上所有这些问题的答案都是肯定的，但程度不同，具体取决于不同的情况。一种替代资本主义的合作模式将见证追求能产生更具正面支持、激励和扶持性但具较小扼杀、破坏和排挤性的行动、政策和创业观。如果公共、私人和社会三个不同的部门因出于自利而各行其是甚至互相拆台，那么，英国的经济就可能会变得非常低效。随着政府每年都要承担更多的费用解决市场的外部性和失灵，私营部门缴纳更多的税收供养公共部门，而社会部门也越来越依赖施舍承担排除其他方面"故障"的负担。相反，劳资双方在不同领域缔结更加和谐和共生的联盟，有助于打造更加可持续的公共财政、更加负责任的企业和更加有效的社会部门。

这与工党的一些想法有关，这些想法侧重于"预分配"(pre-distribution)，目的是要减少以后对财政转移支付的依赖。不过，这也同保守党的"大社会"主张有关。在保守党看来，如果国家不加干预，社会行动就会蓬勃发展。但这仅仅是三角形的一半(和它的阴影面)。同样，"预分配"也只考虑了私营部门和政府之间的动态关系。

因此，这不是一种从消极的立场提出的市场社会主义理论——作为资本家占有剩余价值的替代理论，而是对一种更加有效、更加注重社会影响的政治经济学的积极建构。

诚然，目前几乎没有证据证明，这样的制度确实更有效率，但也许令人鼓舞的是，这并不是因为我们曾经尝试过并且遭遇过失败(作为起点，我们似乎只需对一个运行效率达到60%的模式进行改进)。

也许在自然界里能找到一些相关的证据,许多有关自然界的研究表明,合作有利于进化。例如,生物学家林恩·马古利斯(Lynn Margulis)甚至得到了被认为自私自利的王子理查德·道金斯(Richard Dawkins,道金斯本人也总是举一些自然界里好人有好报的例子)的高度赞扬,因为他研究了合作如何成为我们人类进化的关键。例如,他认为“生命不是通过争斗,而是通过网络来占领全球”[1]。在《进化之箭》(*Evolution's Arrow*)中,约翰·斯图尔特(John Stewart)表示,“进化可以通过合作让合作的个体受益的方式来发挥合作的优势”[2]。

罗伯特·特里弗斯(Robert Trivers)关于“互惠利他主义”(reciprocal altruism)的研究[3]表明,短期内自己花钱帮助他人,从长远看可能是有益的,并且因此而演变成一种更加持久的合作策略。阿克塞尔罗德的《合作进化》(*Evolution of Co-operation*)[4]延续了他的“囚徒困境”研究,并得出结论认为,最成功的囚徒是第一次行动就选择合作,然后对另一个囚徒在上一次行动中所做的事情进行回报的囚徒。同样,马丁·诺瓦克(Martin Nowak)在《超级合作伙伴》(*Super Co-operators*)[5]中表示,“只有合作,而不是竞争,才是生命的关键”;我们许多重大的创新进化,从分子到语言和城市,都是由合作驱动的。鲍尔斯和金蒂斯(Bowles and Gintis)在《合作的物种》(*Cooperative Species*)[6]中也探讨了合作对人类的生存和进步有多么重要。

与部门间经济学(inter-sectoral economics)的参考书目相比,以上这份书单还在不断增加。虽然我们仍在等待一种令人信服的新经济学的诞生,但这些从自然界总结出来的经验教训,加上最近有关合作社在当地取得成功的证据,可能本身就足以表明,如何探索一种能更加准确地反映人类及其动机和行为的经济体制,也许是值得更加认真思考的问题。

那么,资本主义是否有替代它的合作模式呢?如果我们所说的资本主义是一种混合市场经济,那么可能就没有这种合作模式。但如果我们能在市场上找到一种替代“现行资本主义”的模式,那么,答案几乎必然是肯定的。私

---

[1] L. Margulis D. and Sagan(1996) *What is Life?*

[2] J. Stewart(2000) *Evolution's Arrow: The Direction of Evolution and the Future of Humanity*.

[3] R. Trivers(1971)“The Evolution of Reciprocal Altruism”.

[4] R. Axelrod(1984) The Evolution of Cooperation.

[5] M. Nowak(2011) *Super Cooperators*.

[6] Bowles and Gintis(2011).

营部门、公共部门和社会部门的近代史——以及我们内心深处的故事——可能促使经济参与者逐渐认识到，在一个资源日益稀缺的世界上，更加合作的方式可能会带来更加高效、人性化、和谐的市场经济。合作经济既符合我们的共同利益，又符合我们的自身利益。正如罗伯特·欧文（Robert Owen）所说的那样，“人人都是为了自己的利益而进行联合和合作”[1]。请读者想想，他说的是否有道理。

参考文献

Axelrod, R. (1984). *The Evolution of Cooperation*. New York: Basic Books.

Bajo, C., and Roelants, B. (2011). *Capital and the Debt Trap: Learning from Cooperatives in the Global Crisis*. New York: Palgrave Macmillan.

Benkler, Y. (2011). *The Penguin and the Leviathan: The Triumph of Co-Operation ove Self-Interest*. New York: Crown Business.

Bowles, S. and Gintis, H. (2011). *A Co-operative Species: Human Reciprocity and It Evolution*. Princeton, NJ: Princeton University Press.

Clarke, J., Kane, D., Wilding, K., and Bass, P. (2012). *UK Civil Society Almanac 2012* London: NCVO.

Competition Commission (2012). *Annual Report and Accounts*. London: The Stationer Office.

Guardian (2011). 'Co-operative Sector Has Grown more than 25 Per Cent', 26 June <http://www.guardian.co.uk/business/2011/jun/26/co-operative-sector-has-grown-more-than-25-per-cent>, accessed 27 September 2012.

Harrison, R. (ed.) (2013). *People over Capital: The Co-operative Alternative to Capitalism*. Oxford: New Internationalist and Ethical Consumer.

Lange, O. (1936). 'On the Economic Theory of Socialism, i', *The Review of Economi Studies* 4(1): 53–71.

Margulis, L., and Sagan, D. (1996). *What Is Life?* London: Weidenfeld & Nicholson.

NESTA (2011). *Atlantic Drift*. <http://www.nesta.org.uk/library/documents/AtlanticDrift9.pdf>, accessed 27 September 2012.

Nowak, M. (2011). *Super Cooperators*. New York: Free Press.

Office for National Statistics (2012). 'UK Worth £6.8 Trillion'. Press release. <http://www.ons.gov.uk/ons/rel/mro/news-release/uk-worth–6-8-trillion/nbsnr0812.html>, accessed 27 September 2012.

Ostrom, E. (1990). Governing the Commons: The Evolution of Institutions fo Collective Action. Cambridge: Cambridge University Press.

Owen, R. (1826). The Social System: Constitution, Laws, and Regulations of a Community.

[1] R. Owen(1826) *The Social System: Constitution, Laws, and Regulations of a Community*.

Plunkett Foundation (2011). 'Community-owned Village Shops: A Better Form of Business'. <http://www.plunkett.co.uk/templates/asset-relay.cfm?frmAssetFileID=1062>, accessed 27 September 2012.

Social Enterprise Live (2011). 'Vibrant Sector Defies Downturn with Powerful Growth', 11 July. <http://www.socialenterpriselive.com/section/se100/management/20110711/vibrant-sector-defies-downturn-powerful-growth>, accessed 27 September 2012.

Social Enterprise UK (2011). *Fightback Britain*. <http://www.socialenterprise.org.uk/uploads/editor/files/Publications/Fightback_Britain.pdf>, accessed 27 September 2012.

Stewart. J. (2000). Evolution's Arrow: The Direction of Evolution and the Future of Humanity. Canberra: The Chapman Press.

Trivers, R. (1971). 'The Evolution of Reciprocal Altruism', *Quarterly Review of Biology*, 46(1): 35–57.

Williams, R. (1962). *Communications*. Harmondsworth: Penguin.

Zizek, S. (2010). *Living in the End Times*. London: Verso.